东亚侵权法

中国香港和澳门法域报告

DONGYA QINQUANFA

ZHONGGUO XIANGGANG HE AOMEN FAYU BAOGAO

杨立新 主编
唐晓晴 丁春艳 副主编

知识产权出版社
全国百佳图书出版单位

图书在版编目（CIP）数据

东亚侵权法. 中国香港和澳门法域报告/杨立新主编. —北京：知识产权出版社，2019.8
ISBN 978-7-5130-3700-6

Ⅰ.①东… Ⅱ.①杨… Ⅲ.①侵权行为—民法—研究报告—东亚 Ⅳ.①D931.03

中国版本图书馆 CIP 数据核字（2015）第 176856 号

内容提要

本书主要介绍香港特别行政区和澳门特别行政区的侵权法律制度的基本理论，内容涵盖侵权法的保护范围、侵权责任的归责原因体系和调整范围、行为与违法性、损害、因果关系、故意与过失、共同侵权行为、损害赔偿及消灭时效等，另外对产品责任、环境侵权责任、网络侵权责任等具体领域的侵权制度也进行了深刻的剖析。

本书既可以作为法学类研究生的教学用书，也可供司法系统从事侵权法实践及理论研究者参考。

责任编辑：安耀东　　　　**责任印制**：孙婷婷

东亚侵权法：中国香港和澳门法域报告
DONGYA QINQUANFA：ZHONGGUO XIANGGANG HE AOMEN FAYU BAOGAO
杨立新　主编　唐晓晴　丁春艳　副主编

出版发行：	知识产权出版社有限责任公司	网　　址：	http://www.ipph.cn
电　　话：	010-82004826		http://www.laichushu.com
社　　址：	北京市海淀区气象路 50 号院	邮　　编：	100081
责编电话：	010-82000860 转 8534	责编邮箱：	anyaodong@cnipr.com
发行电话：	010-82000860 转 8101	发行传真：	010-82000893
印　　刷：	北京中献拓方科技发展有限公司	经　　销：	各大网上书店、新华书店及相关专业书店
开　　本：	720mm×1000mm　1/16	印　　张：	25.75
版　　次：	2019 年 8 月第 1 版	印　　次：	2019 年 8 月第 1 次印刷
字　　数：	537 千字	定　　价：	125.00 元

ISBN 978-7-5130-3700-6

目　录

第一部分　中国香港项目组法域报告

郁光华[*]　丁春艳[**]　习超[†]

* 郁光华，加拿大多伦多大学法律博士、法学博士，香港大学法学院教授。研究领域为公司法、合同法、宪法学。

** 丁春艳，香港大学法学博士，香港城市大学法学院助理院长、副教授。研究领域为医事法学、侵权法、合同法和比较法。

† 习超，伦敦大学法学博士，香港中文大学法学院教授、助理院长，中国商法、普通法和国际经济法法学硕士项目主任，香港中文大学亚太研究所中国法项目负责人。研究领域为比较公司法、证券监管和金融监管。

专题之一：侵权法的保护范围

一、基本问题

侵权法保护人的尊严、人身自由和财产权利。

二、保护范围

侵权法通常用来解决因一方当事人侵害他人的权利而造成损害或其他后果时双方当事人的争议。故意侵权的救济旨在减少威胁伤害或侵犯他人身体（assault）❶，殴打他人（battery）❷，非法监禁（false imprisonment）❸，侵犯他人土地（trespass to land）❹，侵犯他人物品（trespass to chattels）❺ 等行为。疏忽侵权（negligence）的救济方法主要用来避免能合理预见到自己的行为或不作为会给他人带来人身伤害或财产损失而仍然作为或不作为的现象。滋扰行为（nuisance）❻ 的救济方法用来降低人们在使用自己的财产时给他人造成的滋扰，如制造噪声，造成震荡，释放异味、灰尘、烟气等。诽谤（libel 和 slander）❼ 的救济方法主要是用于保护人的声誉。基于英国普通法的香港法律也被用于保护人们的某些经济权利。这些救济方法包括针对干预合约的行为（interference with contractual relations）❽、损害性的虚假陈述

---

❶ Fairclough v. Whipp [1951] 2 All ER 834; Wong Kwai Fun v. Li Fung [1994] 1 HKC 549.

❷ Fagan v. Metropolitan Police Commissioner [1969] 1 QB 439; William Alan Terence Crawley v. Attorney General [1987] HKLR 379.

❸ Bird v. Jones (1845) 7 QB 742; Murray v. Ministry of Defence [1988] 1 WLR 692; Re Tran Quoc Cuong & Anor [1991] 2 HKLR 312.

❹ McPhail v. Persons (Names Unknown) [1973] Ch 447; Mason v. Clarke [1955] AC 778。

❺ National Coal Board v. Evan (JE) & Co, [1951] 2 KB 861; Cassell & Co, Ltd. v. Broome [1972] AC 1027.

❻ Southport Co. v. Esso Petroleum Co, Ltd. [1956] AC 218; Bradburn v. Lindsay [1983] 2 All ER305; St Helen' s Smelting Co. v. Tipping (1865) 11 HL Cas 642; Attorney General v. PYA Quarries [1957] 2 QB 169.

❼ Hong Kong Polytechnic University & Others v. Next Magazine Publishing Ltd & Another (1997) 7 HKPLR 286; Debyshire County Council v. Times Newspapers Ltd. [1993] AC 534; Wong Shui Kee v. Victor Chu & Others [2001] 3 HKC 589; Reynolds v. Times Newspapers Ltd [1993] 3 WLR 1010.

❽ JT Stratford & Son Ltd. v. Lindley [1965] AC 269; Merkur Island Shipping Co. v. Laughton [1983] 2 AC 570.

(injurious falsehood)❶、合谋（conspiracy)❷、不正当竞争（unfair competition or passing off)❸。典型案例在上文的注释中。从侵权法的保护范围可以看出，侵权法的救济方法主要包括故意性的侵权救济和过错性的侵权救济。

❶ De Beers Abrasive Products Ltd. v. International General Electric Co. of New York [1975] 2 All ER 599.

❷ Allen v. Flood [1898] AC 1; Mulcahy v. R (1868) LR 3 HL 306.

❸ Reckitt v. Colman [1990] 1 WLR 491; Warnink (Erven) BV v. Townend & Sons (Hull) Ltd. [1979] AC 731; Interlego AG v. Tyco Industries Inc. & Others [1986] HKLR 50.

专题之二：侵权责任的归责原因体系及调整范围

一、基本问题

香港侵权法的归责原因包括过错（fault）责任和严格责任。其中过错责任覆盖绝大部分的侵权行为，而严格责任则适用于某些高危险性的侵权行为。

二、责任原则

大多数的侵权救济方法是建立在过错的基础之上。过错责任主要是由著名案例 Donoghue v. Stevenson［1932］AC 562 创立的。在该案中，Atkin 法官这样说：一个人应该采取合理的谨慎去避免能合理预见到的由自己的行为或不作为所给他的邻居造成的损害。邻居是指那些所受我行为或不作为直接和紧密影响以致我自己在决定是否作为或不作为时必须将他们考虑在内的人。该原则在早期只适用于对人身或财产造成的有形损害而不适用于纯粹的经济损失（pure economic loss）。但是 19 世纪 60 年代以来的一系列案例显示，Donoghue v Stevenson 也同样适用于因过失而产生的纯经济损失。[1] 由于普通法更注意保护人的安全和有形财产，所以对纯经济损失的求偿要相对困难些。[2] 现在由 Donoghue v Stevenson 所确立的过错责任已具普遍的适用性。

严格责任（strict liability）在英国和中国香港的侵权法中的适用范围很有限。它适用于行为人在从事高危险性行为时给其他人造成的损害。这一原则出自 Rylands v. Fletcher［1866］LR 3 HL330 一案。在该案中，原告的矿井由于被告水库的渗漏而被严重损坏。然而，原告无法用非法侵入（trespass）的救济方法。在早期的普通法下，非法侵入的救济方法必须具备三个条件。第一，被告有行为而不是不作为；第二，被告的行为必须是自愿的而不是被迫的；第三，被告的行为直接和强行地侵犯了受害人的权利。可是，被告在该案中的行为是间接的。由于被告不知自己地下有井坑，也无法预见对原告的损害，所以，原告也不能以过错侵权提起诉讼。然而，Blackburn 法官还是以严格责任的形式判决被告要向原告赔偿。他如此说：一个人为了自己的目的在自己的土地上堆积和储存任何在逃脱、溢出后会给别人造成损害的物质时，必须承担由这些物质的储存和堆放所带来的风险；如果他不谨慎保管这些物质，他需要承担由于该物质的逃脱或溢出给人带来损害的后果。

---

[1] Hedley Byrne & Co. v. Heller & Partners Ltd.［1964］AC 465.

[2] Caparo Industries PLC v. Dickman［1990］2 AC 605.

尽管这一案例建立了严格责任的原则，但是该原则的适用有一定的限制。第一，被告对土地或房产的使用是非自然的；❶第二，要有危险物质的逃离。英国 1994 年的一个案例❷也表明法院认为 Ryland v. Fletcher 只是非法妨碍或滋扰行为中的一种而已。如果真是如此，那么，在英国和中国香港的侵权法下，这一原则的使用极其有限。

严格责任原则还适用于危险动物的所有者或管理者。当他们所有或者饲养的危险动物给他人造成损害时，所有者或管理者需要承担赔偿责任。❸

---

❶ Wayfoong Credit Ltd. & Others v. Tsui Siu Man [1984] HKLR 529.

❷ Cambridge Water Co, Ltd. v. Eastern Countries Leather PLC [1994] 2 AC 264.

❸ Murphy v. Zoological Society of London [1962] CLY 68.

专题之三：疏忽侵权的构成要件

一、基本问题

上一专题已说明过错责任原则覆盖绝大部分的侵权行为。由于这一责任原则的重要性，我们有必要对建立在过错责任基础上的疏忽侵权（negligence）的构成要件进行比较详细的讨论。

二、主要规则及案件

在 Donoghue v Stevenson 一案中，Atkin 法官已经创立了邻居原则。根据该原则，一个人应该采取合理的谨慎去避免能合理预见到的由自己的行为或不作为而给邻居造成的损害。要成功起诉侵权行为人，原告必须证明：

（1）被告负有法律所规定的谨慎义务（duty of care）；

（2）被告违反了法律所确定的义务（breach of duty）；

（3）原告受到了损害；

（4）被告的违法行为和原告的损害之间有因果关系；

（5）损害是可以预见的（remoteness of damage）；

1. 被告负有法律所规定的谨慎义务（duty of care）

Donoghue v. Stevenson 原本是有关产品责任问题的案件。该案认为产品的生产商对最终消费者负有谨慎义务去避免厂商能合理预见到的由于产品的缺陷可能给消费者带来人身伤害或财产损失。前已论及，该案的重要性是建立了一个更普遍的邻居原则。合理的可预见性来源于一个合理的第三者的标准。这一标准有利于避免被告个体的特殊因素而使法律的适用更具客观性。Weinrib 的解释是建立在纠正正义基础上的侵权法在遇到侵权人和受害人权利冲突时需要借用康德人类目的王国的概念。由于有目的的人是平等的，在遇到冲突时必须防止双方各自扩大自己权利的倾向。而采用合理的第三者可以基本解决这一问题。

如果被告在作为或不作为时可以预见到自己的作为或不作为可能会对受害人造成损害，那么他对受害者负有行使谨慎的义务。明知自己的作为或不作为会给他人造成损害而不采取谨慎的措施，被告必须对受害者的可以预见的损害承担赔偿的责任。邻居原则现在已适用于各种不同场合的行为。[1] 例如，律师没有在遗嘱人死亡前按要求制作遗书被认为是违反了谨慎义务而需向遗书的受益人赔偿。[2] 青少年犯教养院在没有尽职看守好这些青少年而使他们在逃离教养院时损坏了别人的游艇时，负责教养院的机构因为违反了谨慎义务而需要承担游艇损失的费用。[3] 未出生的小孩受到损害在出生后或者死亡后可以向侵权行为人提出赔偿请求。[4]被告对原告造成的纯经济损失也可能要承担赔偿责任。[5]

2. 被告违反了法律所确定的义务

在侵权诉讼中，如果原告成功证明被告对他负有谨慎的义务，他还需要证明被告违反了法律所确定的义务标准，或者他的行为标准低于法律所要求的。在英国和香港的普通法中，这一标准通常是通过一个假定的第三者来客观衡量的。所以，疏忽（negligence）是指一个合理的人在考虑自己所从事的行为时，应该作为而没有作为或者应该避免而没有避免的行为。[6]在衡量一个人的行为是否符合法律所确认的标准时，法院会考虑作为或不作为可能造成后果的严重程度，事故发生的概率和避免事故发生所需的成本。[7] 小孩会以合理的小孩来衡量[8]，司机要达到一个平均驾驶员的水准[9]，专业人员要达到专业人员应该达到的标准。[10]

依据香港的侵权法，原告有举证的义务去证明被告违反了法律规定的标准或者没有达到法律确认的标准。原告需要证明更有可能（balance of probabilities）被告违反了法律的标准。但是在某些情况下，原告可以援用事实说明自己的规则来提高胜诉的概率。适用这一规则一般需要具备两个条件：第一，事件或场合是在被告的控制之下；第二，这样的事件在被告没有疏忽的情况下不太可能发生。[11] 原告使用这一规则的目的是在自己无法证明被告违反法律规定的标准时，可以从这一事实推定被告的疏忽。如果被告要推翻这样的推定，那么他必须证明这样的推定是不成立的。[12]从这一讨论可以看出，香港的侵权法中没有法律意义上的举证倒置。推定过失只在某些场合使用。

3. 原告的损害

依据香港的侵权法，由非法妨碍延伸出来的故意性侵权不需要有损害的事实，

---

[1] Home Office v. Dorset Yacht Co, Ltd. [1970] AC 1004.
[2] White v. Jones [1993] 3 All ER 481.
[3] Home Office v. Dorset Yacht Co, Ltd. [1970] 2 All ER 294.
[4] Burton v. Islington Health Authority [1992] 3 All ER 833; Watt v. Rama [1972] VR 353.
[5] Murphy v. Brentwood DC [1990] 2 All ER 908.
[6] Blyth v. Birmingham Waterworks Co. [1856] 11 Ex Ch 781, 784.
[7] Bolton v. Stone [1951] AC 850.
[8] McHale v. Watson [1965] 111 CLR 384.
[9] Nettleship v. Weston [1971] 2 QB 691.
[10] Edward Wong Finance Co, Ltd. v. Pomay Investments and Johnson, Stokes & Master [1980] HKLR 674.
[11] Scott v. The London & St. Katherine Docks Co. [1865] 3 H&C 596.
[12] Ng Chun-pui & Others v. Lee Chun-Tat & Another [1988] 2 HKLR 425.

而由基于案件的诉讼（action on the case）发展起来的疏忽侵权一定要有损害的事实。

4. 被告的违法行为和原告的损害之间有因果关系

香港侵权法的一个重要条件是侵权行为者的违法行为必须是损害的原因。也就是说，违法行为和损害后果之间必须有因果关系。当损害后果是由一个确定的原因造成时，争议的解决相对容易。处理因果关系的原则是：如果原告的损害在没有被告的违法行为的情况下不会发生，那么被告的违法行为是原告损害的原因。❶

当损害是由几个原因造成时，情况相对复杂一些。如果违法行为明显地（materially）增加了损害的风险，那么，法院会要求被告对原告的损害承担赔偿责任。❷ 当然原告必须在存在多个原因的情况下证明更有可能是被告的违法行为导致了原告的损害后果时，才能胜诉。❸ 当两个原因同时产生作用而造成损害时，这两个被告要对原告的损害进行赔偿。❹

当两个或两个以上的原因先后发生时，法律就有关因果关系的处理也相对复杂些。在 Baker v. Willoughby [1970] AC 467 一案中，原告在交通意外中因被告的过失而受到了损害。这一事故使原告的脚变得僵硬并降低了挣钱的能力。在诉讼前，原告的同一只脚又被另一个人用枪打残了。由于枪击伤害，原告的脚被截了。交通意外中的被告在诉讼中提出抗辩，认为原告的脚无论怎样都必须施行截肢手术，这就免除了他的侵权责任。但是英国上议院否决了被告的这一抗辩。Reid 法官认为，第二次的损害并没有减轻第一次损害的任何后果。所以，没有理由认为交通意外事故的被告可以不承担赔偿责任。

在 Jobling v. Associated Dairies Ltd. [1982] AC 794 一案中，被告的疏忽使原告的背部受到了损害。但是原告的背部在被告过失的事故前已经有病理现象，这一病情在诉讼前被诊断发现了。这一先前已存在的疾病使原告最后完全丧失了工作能力。上议院法官认为，在衡量对原告的赔偿时必须考虑原告已有的疾病并做出相应的调整。

在这两个案例中，除了被告的疏忽外都还有其他的原因使原告遭受了另外的损害。但是法院在第一个案例中不愿考虑另外的原因而在第二个案例中法院考虑了其他的原因。究竟是什么原因导致了法院判决上的差别一直不是很清楚。一个可能的解释是取决于另一个原因是侵权性的还是自然性的。香港的两个案例似乎符合这一解释。❺

❶ Barnett v. Chelsea and Kensington Hospital Management Committee [1969] 1 QB 428; Hotson v. East Berkshire Area Health Authority [1987] 2 All ER 909; Cheng Kin Ping & Another v. Woo Cho Wing John and Cheung Ming Wo (Third Party) [2000] 3 HKLRD 743.

❷ McGhee v. NCB [1973] 1 WLR 1.

❸ Wilsher v. Essex Area Health Authority [1988] 2 WLR 557.

❹ Hale v. Hants & Dorset Motor Services Ltd. & Anor [1947] 2 All ER 628.

❺ Lee Wong Sun v. Fantan Investment Limited & Others [1995] HCPI 769; Jacob David Godkin v. Shivsons Corporation Limited [1985] HCA 996.

事实上的因果关系的另外一种情况是一个被告的疏忽和接下来的一个意外过失有某种程度上的关联性。在这种情况下，如果第二个原因切断了第一个原因和受害人损害之间的因果关系，那么，第一个被告将无须承担赔偿责任。❶ 在判断第二个原因是否切断了第一个原因和受害人损害的因果关系时，第一个被告是否能合理地预见到第二个被告的过失行为是一个重要的考虑因素。❷ 相反，如果一个侵权行为人可以合理地预见到自己的过失给受害人带来由其他相关的原因造成的损害，第二个原因并不切断第一个原因和损害后果之间的因果关系。在这种情况下，第一个被告仍然要承担赔偿责任。❸

5. *法律上的原因*（cause in law）*或者远因原则*（remoteness of damage）

被告给原告造成损害的事实还不一定足以使被告向原告承担损害赔偿责任，原告还需要证明损害不是太遥远。在这一点上，法律现在相对清楚。不太遥远意味着被告的过失行为对原告造成的损害是合理地可预见到的。❹ 所以，只要原告损害的种类是可以合理地预见到的，被告就要对原告的损害作出赔偿而不论原告损害的程度或范围是否要比预期的大。❺ 在这样的原则下，即使原告更大程度的损害与自己相对虚弱的体质有关，被告依然要对原告的所有损害进行赔偿蛋壳原则（eggshell skull rule）。❻ 当然，如果原告损害的种类是无法被合理地预见到的话，被告是不用承担赔偿责任的。

---

❶ Knightly v. Johns [1982] 1 All ER 851.

❷ Mckew v. Holland & Hannan & Cubbits Ltd. [1969] 3 All ER 1621.

❸ Lord v. Pacific Steam (The Oropesa) [1943] 1 All ER 211.

❹ Overseas Tankship (UK) Ltd. v. Morts Docks & Engineering Co, Ltd. [1961] AC 388 (The Wagon Mound (No. 1)).

❺ Hughes v. Lord Advocate [1963] AC 837.

❻ Smith v. Leech Brain & Co. [1961] 3 All ER 1159; Lam Wing Ming v. Dragages et Travaux Publics (HK) Ltd. [1998] 2018 HKCU 1.

专题之四：故意与过失

一、故意

以故意为主观要件的侵权包括：侵犯人身（包括殴打、袭击、非法禁锢、非法骚扰等）、妨扰、侵犯土地、恶意虚假、恶意检控、欺诈、串谋、虚假陈述、恐吓、第三人侵害合同等。

二、过失

过失侵权是侵权法上相当重要且常见的案型，其以过失为主观要件。另外，占有人责任、违反法定义务则是两种特殊的过失侵权。

判定过失的标准为“合理的人”（reasonable person）原则，即一个合理的人处于相关情形下（in the circumstances）所达到的注意程度，具体需考虑“可导致损害之行为的发生概率”“可导致之损害的严重性”“避免该行为发生的成本”以及“实施该行为的正面效应”加以综合衡量和判定。汉德公式则是从法经济学的角度来判定是否存在过失。

通常而言，行为人的个人因素不影响过失与否的判定。但是某些特殊类别的行为人（如儿童、残障人士、精神病患者、专家等）的个人特征（如年龄、身体健全与否、精神状态、专业技能等）将对过失标准的确定起到重要的作用。

专题之五：共同侵权行为

一、基本问题

共同侵权行为涉及两个基本问题：①受害人向共同侵权行为人的请求权；②共同侵权行为人之间请求责任分担的权利。

二、受害人向共同侵权行为人的请求权

为追求同一目的而参与实施侵权行为并对他人造成同一损害，即通常所理解的共同侵权行为。在共同侵权行为中，受害人有权向所有的共同侵权行为人主张权利。于此情形，共同侵权人所承担的则为“个别且连带的责任”（joint and several liability）：受害人有权自主选择向其中一个或多个或所有的共同侵权行为人请求全额赔偿；一旦受害人获得全额赔偿，所有的共同侵权行为人（包括那些未被受害人主张赔偿权利的共同侵权行为人）对受害人的责任即告消灭。

不为追求同一目的而独立实施侵权行为并碰巧造成他人同一损害，受害人有权向该数个侵权行为人主张“个别且竞合的责任”（several and concurrent liability）。尽管数个侵权行为人之间不存在意思联络，但是在香港的《民事责任（分担）条例》[Cap 377, the Civil Liability (Contribution) Ordinance] 下，受害人仍享有与共同侵权行为情形下相同的请求权利。

香港《民事责任（分担）条例》第六条规定：“如受损害人或其代表，就所受损害而针对任何就该项损害负法律责任的多于一名人士（不论是负共同法律责任或是以其他方式负法律责任者）提出超过一项诉讼，则除第一次判决的诉讼的讼费外，原告人无权获得任何该等诉讼的讼费，但如法庭认为提出有关的诉讼是有合理理由的，则属例外。”可见，法律并不支持受害人获得多倍或超过其实际损失的赔偿。

受害人有权免除或解除侵权行为人的法律责任。但是香港《民事责任（分担）条例》第七条规定：“任何人如就任何债项或损害负法律责任，则债权人或受损害人免除或协议解除该人的债项或法律责，并不解除其他就该项债项或损害负共同法律责任的人的法律责任，但如所作出的免除或协议已有如此定，则属例外。”可见，受害人对其中一个或数个侵权行为人免除或解除法律责任，并不影响其他侵权行为人对受害人所负的侵权责任。

另外，香港《民事责任（分担）条例》第五条的规定：“凡判定任何就某项债

项或损害负法律责任的人败诉的判决，并不禁止任何人针对任何其他（如无任何此等禁制）与上述的人就同一项债项或损害负共同法律责任的人，提出诉讼或继续进行诉讼。”可见，受害人针对其中一个或数个侵权行为人的败诉，并不影响其对其他就同一损害负侵权责任的人主张损害赔偿的权利。

三、共同侵权行为人之间请求责任分担的权利

香港《民事责任（分担）条例》就“任何对同一损害或债项负共同或各别法律责任或兼负共同与各别法律责任的人之间的分担”作出规定。[1]

具体而言，香港《民事责任（分担）条例》第三条规定：

（1）除本条以下条文另有规定外，任何人如就他人所受损害负法律责任，可向任何其他就同一项损害负法律责任的人（不论是与其负共同法律责任或是以其他方式负法律责任者），追讨分担。

（2）即使任何人自有关损害发生后的任何时间起，已不再就该项损害负法律责任，只要在紧接他支付或被命令支付或同意支付他寻求分担的款项前，他是负该项法律责任的，该人即有权凭借第一款追讨分担。

（3）即使任何人自有关损害发生后的任何时间起，已不再就该项损害负法律责任，凭借第一款的规定，他仍负作出分担的法律责任，但如他乃因诉讼时效届满或时效归益权产生，致使就该项损害而向他提出的申索所根据的权利终绝（不仅止于禁止作出某项补救），以致他所负的法律责任终止者，则属例外。

（4）如任何人已支付或同意支付任何款项，作为就任何损害而向他提出的申索的真诚和解或妥协（包括缴存于法院并已获接纳的款项），而若向他提出的申索所根据的事实能确立他即会负法律责任，则不论他本人是否或曾否须就该项损害负法律责任，他均有权按照本条而追讨分担。

（5）法庭在评估根据本条作出的分担时，对于寻求分担的款项中法庭认为过多的部分，须不予理会。

（6）在由受损害人或其代表向根据本条被寻求作出分担的人提出的诉讼中作出的任何判决，如就任何争论点作出有利于被寻求作出分担的人的裁定，即为关于分担的法律程序中就该等争论点作出的最终判决。

（7）在本条中——

（a）凡提述任何人就任何损害负有的法律责任，即提述在受损害人或其代表所提出的诉讼中经确立或能够确立的任何该等法律责任；但就任何该等诉讼中所出现的任何争议事项是否经参照或会参照香港以外地方的法律（按照国际私法的规则）而作出裁定，则无关重要。

---

[1] 香港《民事责任（分担）条例》不仅适用于侵权责任，而且适用于其他形式的民事责任，例如，违约责任、违反信托的责任等。

（b）“款项”（payment）包括实物支付，或以服务或任何其他安排所作的支付，但此等以实物或服务或安排作出的支付须具有能合理地予以厘定的金钱价值。

（c）无论是承担个别且连带责任，还是个别且竞合责任的数个侵权人，如果其中一个或数个侵权行为人已经（经判决或和解方式）向受害人承担了法律责任，则其有权向其他侵权行为人主张责任分担。就数个侵权行为人之间的责任分担比例，有赖于法院按照“公正及衡平”（just and equitable）原则予以确定。[1]

---

[1] 例如，在 Mak Kwai Yin v. USA Fur Processing Ltd. & Another [1994] HKC 485 一案中，法官依据案情，最终确定两个被告须对原告的损失各自分担 60%和 40%的责任。

专题之六：替代责任

替代责任被视为严格责任的一种形式。构成替代责任的案型包括：雇主/雇员案型、政府的替代责任。

一、雇主/雇员案型

雇主为雇员的侵权行为承担替代责任的条件包括：①主仆关系（master/servant relationship）的存在，即侵权行为人与被告间存在雇佣关系，而非类似独立签约人的劳务合同关系，其原理在于雇员的行为受控或听从于雇主，但法院对“控制力”的要求已经逐渐缓和；②侵权行为发生于雇佣工作过程中（the course of employment），或为雇主授权为之，或为与所授权实施的行为紧密相关的行为。如何判定特定的侵权行为是否在受雇工作范围之内，需要考虑诸多因素，例如，受雇工作的性质、授权的范围、雇员自主性的程度、雇主因侵权行为而获利的程度等。

如果雇主将雇员“借出”给另一个雇主使用，若于雇佣工作过程中雇员实施侵权行为，就如何分配替代责任的问题，需要考虑两个雇主之间就出借员工所订立之合同的具体条款、对雇员的控制力、由谁向雇员支付薪水、准有权解雇该雇员等。

二、政府的替代责任

政府须为其雇员的侵权行为承担替代责任。香港《官方法律程序条例》第四条的标题为“官方的侵权法律责任”，具体条文为：

（1）在符合本条例条文的规定下，官方假若为一名成年而具有完全行为能力的私人时本会①就其受雇人或代理人所犯的侵权行为；②就某些责任的违反，而按照普通法该等责任是任何人因作为雇主而对其受雇人或代理人负有的；及③就某些责任的违反，而按照普通法该等责任是依存于财产的拥有、占用、管有或控制的，而须承担某些侵权法律责任，则官方须承担所有该等责任：但不得就官方的受雇人或代理人的任何作为或不作为而凭借①段针对官方进行法律程序，除非该作为或不作为若非有本条例的条文本会产生一项针对该受雇人或代理人或其遗产的侵权诉讼因由。

（2）凡官方受任何法定责任所约束，而该项责任对不属官方及官方人员的人亦具有约束力，在符合本条例条文的规定下，官方假若为一名成年而具有完全行为能力的私人时本会就没有履行该责任而须承担某些侵权法律责任（如有的话），则官方须承担所有该等责任。

（3）凡根据普通法的任何规则或根据成文法则或法规而将任何职能赋予或委予作为官方人员的官方人员，而该名人员在履行或其意是履行该等职能时犯了侵权行为，则官方的侵权法律责任，须为假若该等职能是纯粹凭借官方合法地发出的指示而赋予或委予时本会有的一样。

（4）任何成文法则，如对政府部门或官方人员就其所犯侵权行为须负的法律责任的程度予以否定或限制的，则在根据本条就该部门或人员所犯侵权行为而针对官方提出的法律程序中，就官方而言适用，一如针对官方提出的法律程序若是针对该部门或人员提出时，该成文法则本会就该部门或人员而言适用。

（5）不得因任何人在履行或其意是履行任何归于他的属司法性质的责任时，或在履行或其意是履行任何他具有的与司法程序文件的执行相关的责任时所作出或不作出的任何事情，凭借本条而针对官方进行法律程序。

专题之七：损害赔偿

侵权损害赔偿以“完全赔偿”及一次性支付赔偿数额为原则。

一、损害赔偿的种类

侵权的损害赔偿，通常是比较侵权行为前后受害人所处状态的差异以确定损害赔偿的数额。若是侵害财产，则赔偿该财产被减损的价值；若是侵害人身，则赔偿因人身性伤害而遭受的损失。

可赔偿的损害可分为一般损害（general damages）、特殊损害（special damages）、惩罚性损害（exemplary damages）、名义上的损害（nominal damages）和加重的损害（aggravated damages）。

一般损害是指受害人无须列出具体项目即可请求赔偿的损害；特殊损害是指受害人必须详细列出且证明具体各项方可请求赔偿的损害。在过失侵权中，具体损害则指在审判前已经产生、可以具体列项的损害，而一般损害则是无法在审判前具体列项的损害。

惩罚性损害仅能在两种情形下被请求：①政府工作人员实施压迫性的，或专断的，或不合宪的侵权行为；②侵权人有意通过侵权行为获得利益，且该利益高于其所需赔偿受害人的数额。

名义上的损害则是受害人并未遭受财产或人身上的损失但得以获得数额相当小的象征性的赔偿，以彰显法院对侵权行为的谴责和对受害人权利的保障。

当侵权行为具有加重性的效果，即伤及受害人的自尊或尊严时，可以请求获得加重的损害，例如，诽谤、恶意中伤、侵犯人身、侵犯土地等。

二、确定损害赔偿范围的规则

就损害的可赔偿性而言，可被合理预见的损害类型方可获得赔偿，但是对损害的程度则无类似要求。在人身伤害案件中，因某些先在原因导致受害人的损害远远大于侵权人的预期，此时侵权人仍须赔偿全部的直接损失，即“薄脑壳原则”（eggskull rule）。

对故意侵权行为而言，确定损害赔偿范围的规则是“直接损害”（direct physical damages）原则，即只要侵权人侵害了受害人的权利，其须为其行为所导致的所有直接损害承担赔偿责任。对过失侵权行为而言，确定损害赔偿范围的规则是“合理预见”或“遥远性”（remoteness）原则。

三、财产损害赔偿

如果受害人的财产因侵权行为而损毁，侵权人通常须赔偿该财产的市场价值以及暂时租用替代物的费用。如果受害人的财产因侵权行为而损坏，侵权人通常须赔偿该物品减损的价值或维修的费用以及暂时租用替代物的费用。

四、人身伤害的损害赔偿

1. 受害人仍然存活的案型

人身伤害中可获赔偿的损害分为具体损害和一般损害。前者包括审判前业已发生的医疗费用以及与治疗相关的支出、收入损失。后者包括审判后发生的经济损失、审判前后的非经济损失（例如，将来的医疗费用、将来的收入损失、劳动能力之减损、“痛楚、痛苦及生活乐趣丧失”）。

另外，受害人还可以为其家属请求“失去情谊或服务”的赔偿。具体由香港《法律修订及改革（综合）条例》第二十条规定：

（1）凡任何错误作为、疏忽或失责行为导致任何人受到伤害而令该人有权进行诉讼以追讨损害赔偿，并使（a）、（b）、（c）、（d）、（e）、（f）及（g）段所提述的人被剥夺了受伤害者的情谊，则对此诉讼须负法律责任的人，除第三款另有规定外，亦须对在诉讼因由产生日期后三十日之时仍然在生的下述各人负上赔偿责任，以赔偿他们因失去受伤害者的情谊而蒙受的损害。

（a）受伤害者的丈夫或妻子，除非是在紧接诉讼因由产生日期的前两年或更长的时间内，一直与受伤害者分开生活；或（b）如并无配偶有权根据a段追讨损害赔偿，则受伤害者的子女；或（c）如并无能够根据（a）或（b）段亲自或由他人代为提出申索的人，则死者于1971年10月7日前所纳娶的妾侍；或（d）如并无能够根据（a）、（b）或（c）段亲自或由他人代为提出申索的人，则符合下列条件的人①在紧接死者死亡的日期前，与死者在同一住户内生活，如同夫妻；及②在该日期的前两年或更长时间内，一直与死者在同一住户内生活，如同夫妻；或（e）如并无能够根据（a）、（b）、（c）或（d）段亲自或由他人代为提出申索的人，则死者的父母或（如死者是非婚生者）死者的母亲；或（f）如并无能够根据（a）、（b）、（c）、（d）或（e）段亲自或由他人代为提出申索的人，而死者在死亡当日是未成年人，则任何在有婚姻关系的期间，视死者为该段婚姻的家庭的子女的人；或（g）如并无其他能够根据本款亲自或由他人代为提出申索的人，则死者的任何兄弟姊妹。

（2）根据第一款就任何受伤害者所判给的损害赔偿总额（a）不得超逾《致命意外条例》（第二十二章）第四条第三款所指明的款额；及（b）如有两名或以上申

索人，须平均分配给各申索人。

（3）如受伤害者因第一款所提述的作为、疏忽或失责行为而死亡，而其死亡引致一项根据《致命意外条例》（第二十二章）第四条申索亲属丧亡之痛的损害赔偿的权利，则并无损害赔偿须凭借第一款而支付。

（4）凡任何错误作为、疏忽或失责行为导致任何人受到伤害而令该人有权进行诉讼和就其所受伤害追讨损害赔偿，并剥夺了其任何受养人获得其无偿的服务，则他进行的诉讼可包括一项就损及他提供该等无偿服务的能力的损害赔偿的申索。

（5）在本条中“子女”如属受伤害者的子女，包括（a）受伤害者依据根据《领养条例》（第二百九十章）发出的领养令或香港法律承认有效的任何其他领养手续领养的子女；及（b）于任何时间受伤害者在有婚姻关系的期间内，受伤害者视之为属于该段婚姻的家庭的儿女的人。

“父母”包括任何在有婚姻关系的期间中，视受伤害者为该段婚姻的家庭的儿女的人。

“妻子”的涵义与《致命意外条例》（第二十二章）中该词的涵义相同。

“受养人”（dependant），就受伤害者而言，指（a）受伤害者的妻子、丈夫、前妻或前夫，以及与受伤害者所缔结的婚姻已经作废或遭宣布无效的人；（b）死者在1971年10月7日以前合法纳娶的妾侍；（c）符合下列条件的人：①在紧接受伤害者受伤害的日期之前，与受伤害者在同一住户内生活，如同夫妻；及②在该日期的前两年或更长时间内，一直与受伤害者在同一住户内生活，如同夫妻。（d）受伤害者的父母或祖先；（e）任何在有婚姻关系的期间，视受伤害者为该段婚姻的家庭的子女的人（不包括受伤害者的父母）；f受伤害者的子女或后裔；（g）于任何时间受伤害者在有婚姻关系的期间内，受伤害者视之为属于该段婚姻的家庭的子女的人（不包括受伤害者的子女）；（h）受伤害者的兄弟姊妹、伯父母、叔父母、舅父母、姑丈、姑母、姨丈、姨母，或其后嗣；（i）受伤害者的祖父母的兄弟姊妹或其后嗣，或受伤害者的外祖父母的兄弟姊妹或其后嗣；（j）根据中国风俗是受伤害者的谊父母或谊子女的人。

“伤害”包括任何疾病和任何个人身体上或精神上的损伤，而为施行本条而对任何关系作出推断时，《致命意外条例》（第二十二章）第二条第二款须适用于本条，一如其为施行该条例而适用。

2. 受害人死亡的案型

1）《致命意外条例》根据《致命意外条例》，受害人的受养人可以通过死者的遗嘱执行人或遗产管理人请求抚养费赔偿、抚慰金赔偿和丧葬费赔偿。

其中，受养人包括：（a）死者的妻子、丈夫、前妻或前夫，以及与死者所缔结的婚姻已经作废或遭宣布无效的人；（b）死者在1971年10月7日以前合法纳娶的妾侍；（c）符合下列条件的人：①在紧接死者死亡的日期之前，与死者在同一住户内生活，如同夫妻；及②在该日期的前两年或更长时间内，一直与死者在同一住户内生活，如同夫妻；(d) 死者的父母或祖先；(e) 任何在有婚姻关系的期间，视死者为该段婚姻的家庭的子女的人（不包括死者的父母）；(f) 死者的子女或后裔；(g) 于任何时间死者在有婚姻关系的期间内，死者视之为属于该段婚姻的家庭的子女的人（不包括死者的子女）；(h) 死者的兄弟姊妹、伯父母、叔父母、舅父母、姑丈、姑母、姨丈、姨母，或其后嗣；(i) 死者的祖父母的兄弟姊妹或其后嗣，或死者的外祖父母的兄弟姊妹或其后嗣；(j) 根据中国风俗是死者的谊父母或谊子女的人。

有关抚养费和丧葬费的具体条文是：

(1) 在该等诉讼中，除了亲属丧亡之痛的损害赔偿外，可将损害赔偿按照反映各受供养人因死者死亡而受损的程度的比例判给各受养人。

(2) 凡根据第一款裁定给予损害赔偿，须扣减任何并无从被告人收回的讼费，然后按根据该款所决定的比例分给各受养人。

(3) 在根据本条例或《航空运输条例》（第五百章）提出的诉讼中，凡须就某人的死亡而评估须付予其遗孀的损害赔偿时，不得将该遗孀的再婚或再婚机会列为考虑因素。

(4) 在根据本条例提出的诉讼中，凡须就某人的死亡而评估须付予属第 2 条受养人一词的定义中 (c) 段所指的受养人的人的损害赔偿时，如该人在死者死亡时是与死者生活，如同夫妻者，则须将以下事项（连同法庭认为与该诉讼有关联的其他事项）列为考虑因素，即该受养人并不因为与死者共同生活而拥有可予强制执行的权利，向死者索取经济支持。

(5) 在根据本条例提出的任何诉讼中，如死者的殡殓费已由为其利益而提出诉讼的当事人承担，则在评估损害赔偿时须将此等殡殓费列为考虑因素。

(6) 缴存法院作为了结本条例下的诉讼因由的金钱，可以是一整笔款项而无须指明任何人所占的份数。

有关抚慰金的具体条文是：

(1) 除非有人已经因为第三条所指的作为、疏忽或过失，循诉讼或其他方式，根据《法律修订及改革（综合）条例》（第二十三章）第二十 C 条第一款就不能再与死者相处而追讨得到一笔款项，否则根据本条例提出的诉讼可包括亲属丧亡之痛的损害赔偿申索，亦可只是提出该项申索。

(2) 关于亲属丧亡之痛的损害赔偿申索，只可为下述的人的利益而提出，而且有关的人须在死者死后最少仍生存三十天。

(a) 死者的丈夫或妻子，除非是在紧接死者死亡日期的前 2 年或更长的时间内，一直与死者分开生活；或 (b) 如并无能够根据 (a) 段亲自或由他人代为提出申索的配偶，则死者的子女；或 (c) 如并无能够根据 (a) 或 (b) 段亲自或由他人代为提出申索的人，则死者的丈夫或妻子（即使在死者死前已与死者分开生活）；或 (d) 如并无能够根据 (a)、(b) 或 (c) 段亲自或由他人代为提出申索的人，则死者在 1971 年 10 月 7 日前纳娶的妾侍；或（e）如并无能够根据（a）、（b）、（c）或（d）段亲自或由他人代为提出申索的人，则符合下列条件的人：①在紧接死者死亡的日期前，与死者在同一住户内生活，如同夫妻；及②在该日期的前两年或更长时间内，一直与死者在同一住户内生活，如同夫妻；或（f）如并无能够根据（a）、（b）、（c）、（d）或（e）段亲自或由他人代为提出申索的人，则死者的父母或（如死者是非婚生者）死者的母亲；或 g 如并无能够根据（a）、（b）、（c）、（d）、（e）或（f）段亲自或由他人代为提出申索的人，而死者在死亡当日是未成年人，则任何在有婚姻关系的期间，视死者为该段婚姻的家庭的子女的人；或（h）如并无其他能够根据本款亲自或由他人代为提出申索的人，则死者的任何兄弟姊妹。

（3）根据本条裁定给予的损害赔偿款额为 150000 美元，并须符合第四款的规定。

（4）凡为两人或多于两人的利益而根据本条提出损害赔偿申索，裁定给予的款额须平均分配给他们（唯先须扣减任何并无从被告人收回的讼费）。

（5）立法会可藉决议修订第三款而将其中所指明的款额更改。

2）香港《法律修订及改革（综合）条例》。

死者的遗嘱执行人或遗产管理人可为“死者之遗产”（the estate）请求“所积累财富的损失”、（如果受害人并非立即死亡的）死亡前发生的各项费用（包括医疗费用、收入损失、“痛楚、痛苦及生活乐趣丧失”）、丧葬费和抚慰金（如果未通过《致命意外条例》请求赔偿）。具体条文为第二十条：

（1）除本条条文另有规定外，任何人在 1951 年 10 月 26 日后死亡时，别人针对他提出诉讼的所有现正存续的诉讼因由，或他针对别人提出诉讼的所有现正存续的诉讼因由，须针对其遗产而留存，或（视属何情况而定）须为了其遗产的利益而留存：但本款不适用于诽谤或诱惑的诉讼因由，或诱使配偶一方离开另一方或继续与另一方分离的诉讼因由，或以通奸为理由而提出损害赔偿的申索的诉讼因由。

任何人根据《致命意外条例》（第二十二章）提出申索（关于亲属丧亡之痛）的权利，或根据本条例第二十条第一款提出申索（关于失去情谊）的权利，在他死亡时不得为了其遗产的利益而留存。

（2）如任何诉讼因由为了死者遗产的利益而以上述形式留存，则为了该人遗产的利益而可追讨的损害赔偿，须受下述条文的规限：（a）不得包括任何惩戒性的损害赔偿；（b）如该人的死亡是由引致该诉讼因由的作为或不作为所导致的，则①在计算损害赔偿时，不得将其遗产因其死亡而受到损失或获得利益的部分计算在内，但可包括一笔关于殡殓费的款项；②可追讨的损害赔偿不得包括就其死后失去提供服务能力的任何损害赔偿；③可追讨的损害赔偿不得包括就其死后任何期间的财产损失的任何损害赔偿，不论该财产是收入或其他方面的，除非法院信纳如无引致该诉讼因由的作为或不作为，该死者到他将来本会死亡时，本会累积到一笔财富，则在法院如此信纳范围内者，可就该笔财富的损失判给损害赔偿：但根据本节判给的损害赔偿，须受到法院因该人会提早获得该笔财富和避免作出过度补偿而在任何特定情况下认为公正的扣减。

（3）由 1987 年第 52 号第 45 条废除。

（4）凡因任何作为或不作为而蒙受损害，而假若某人并非在损害造成之前或之时死亡，本会有针对该人就该作为或不作为提出诉讼的诉讼因由本应已存在，则为施行本条以及第二十一及二十二条，须当作就该作为或不作为针对该人提出诉讼的诉讼因由在他死前已经存在，犹如他在损害造成后才死亡一样。

（5）本条以及第二十一条、二十二条为了死者遗产的利益而赋予的权利，须增加而不减损《致命意外条例》（第二十二章）赋予死者受养人的权利，而本条以及第二十一及二十二条在关于针对死者遗产而提出诉讼的诉讼因由的范围内，须适用于根据该条例而进行的诉讼因由，一如其适用于其他诉讼因由，而该等其他诉讼因由是并无明示豁免于第一款施行的范围者。

（6）凡凭借本条可针对一笔遗产进行法律程序，而该笔遗产不足以抵偿债务时，则该可进行的法律程序所关的诉讼因由所关的任何法律责任，均须当作是在管理遗产时可证明的债项，即使其属未经算定损害赔偿的性质的要求，并且不是由合约、承诺或违反信托所引致的。

专题之八：抗辩事由

一、基本问题

过失行为的抗辩事由包括共分疏忽、自愿承担风险及违法性。此三项抗辩事由均与侵权行为受害人相关，任何一项事由的存在将限制或剥夺其获得侵权损害赔偿之权利，即受害人须对自己的损害承担责任。抗辩事由的举证责任由被告承担，并遵循盖然性权衡（balance of probabilities）原则。

故意侵权行为的抗辩事由因具体的诉因而异。例如，侵犯人身（trespass to the person）之诉的抗辩事由包括同意、正当防卫、紧急避险、法定授权、挑衅行为、违法性等；排除妨扰之诉（nuisance）的抗辩事由包括法定授权或准许、不可抗力、共分疏忽等；而侵犯土地之诉（trespass to the land）的抗辩事由则包括同意、法定授权、正当防卫、紧急避险、第三人权利（jus tertii）等。

二、共分疏忽

所谓共分疏忽（contributory negligence）是指受害人本身未能尽到合理注意（reasonable care）而共同造成损害结果的发生。其作为最常见、最重要的抗辩事由，为判例法和成文法所确定。被告若要援用该项抗辩事由，须证明两个事项：①受害人的行为未能达到注意标准（standard of care）；②受害人未尽合理注意与损害的发生或者恶化存在因果关系（causation）。被告若成功援用该项抗辩事由，其所需承担的损害赔偿责任将获减轻。此时，受害人的过失需要与施害人的过失进行对比衡量，以确定责任分摊（apportionment of liability）的合理比例。

1. 成文法

《法律修订及改革（综合）条例》第二十一条的标题为“有共分疏忽时法律责任的分摊”，其具体条文为：

（1）如任何人受到损害，部分原因是该人本人的过失，而部分原因是他人的过失，则就该损害提出的申索，不得因受损害者有过失而败诉，但就该申索可追讨的损害赔偿则必须减少，而减少的程度是法院在顾及申索人对损害应分担的责任后，认为是公正与公平的款额（由 1989 年第 337 号法律公告修订）。

但本款的施行不得推翻根据合约而产生的任何免责辩护；如有任何合约或成文法则规定法律责任的限度，并适用于该申索，则申索人凭借本款可追讨的损害赔偿款额，不得超逾适用于该申索的最高限额。

（2）如任何人凭借第一款可追讨损害赔偿，而款额须按照该款所述的规定减少，则法院须裁断并记录若申索人没有过失时本可追讨的损害赔偿总额。

（3）如凭借第一款有两人或以上要对某人所受的损害负法律责任，或假如他们一同被起诉，便会对该人所受的损害负法律责任，则《民事责任（分担）条例》（第三百七十七章）即须适用（由1984年第77号第十条修订）。

（4）如任何人的死亡，部分原因是该人本人的过失，而部分原因是他人的过失，并若据此根据第二十条为死者遗产的利益提出诉讼，可追讨的损害赔偿会根据第（1）款减少，则在根据《致命意外条例》（第二十二章）而提出的诉讼中可追讨的任何损害赔偿，须按比例减少（由1986年第40号第四条修订）。

（5）凡根据第二十C条就失去另一人的情谊而提出诉讼，如该另一人在其提出的法律程序中可追讨的任何损害赔偿会根据本条第一款减少，则因该等失去情谊而判给的任何损害赔偿，亦须按比例减少（由1986年第40号第四条增补）。

（6）凡在第一款适用的任何案件中，犯过失的其中一人以任何限制提出法律程序的期限的成文法则作诉，使其免除对任何其他人或其遗产代理人所负的法律责任，则该人无权凭借第一款向该其他人或其遗产代理人追讨损害赔偿（由1984年第77号第十条修订）。

（7）如第一款适用的任何案件在审讯时是有陪审团的，则陪审团须厘定若申索人没有过失时本可追讨的损害赔偿总额，以及该等损害赔偿须减少的款额。

（8）《1932年航空运输法令》（1932 c. 36 U. K.）附表1所载公约的第二十一条（如承运人证明受伤害者的损害是受伤害者本人的疏忽所导致或促成的，该条授权法院免除承运人全部或部分的法律责任），在香港适用时的效力，须受本条条文的规限。

（9）《1911年海事公约法令》（1911 c. 57 U. K.）适用的任何申索，本条均不适用，该法令对该等申索须具有效力，犹如本条以及第二十及二十二条并没有制定一样。（比照1945 c. 28 s. 3 U. K.）

（10）如引起申索的作为或不作为在1951年10月26日前发生，本条即不适用。（比照1945 c. 28 s. 3 U. K.）

在本条中：

“法院”就任何申索而言，指由其裁定或在其席前裁定该项申索的法院或仲裁人；

“受养人”指能够根据《致命意外条例》（第二十二章）为其提出诉讼的人；

“过失”指疏忽、违反法定责任或引致侵权法下的法律责任的其他作为或不作为，或除本条外会使共分疏忽成为免责辩护的其他作为或不作为；（比照1945 c. 28 s. 4 U. K.）

“损害”包括失去生命及人身伤害。

2. 判例法

1）注意标准。

《法律修订及改革（综合）条例》第二十一条第十款规定了“过失”的法定定义，包括：①疏忽；②违反法定责任；③引致侵权法下的法律责任；④除本条外会使共分疏忽成为免责辩护的其他作为或不作为。理论上[1]判定受害人是否疏忽的注意标准与判定被告在实施相同行为时所需达到的注意标准相同；换言之，判例法下过失侵权中的“注意标准之判定方法”同样适用于共分疏忽的案情。[2] 然而，若正是施害人的过失将受害人置于危险境地、迫使受害人必须采取相应的注意措施，法院在判定受害人是否疏忽的问题时通常会放宽注意标准。[3]

2）因果关系。

根据《法律修订及改革（综合）条例》第二十一条第一款，受害人遭受损害，部分原因在于受害人自身的过失，即受害人未尽合理注意与损害的发生或者恶化存在因果关系。侵权法下因果关系的一般规则亦适用于此。

3）责任分摊。

《法律修订及改革（综合）条例》第二十一条第一款规定，共分疏忽的法律后果是“损害赔偿则必须减少，而减少的程度是法院在顾及申索人对损害应分担的责任后，认为是公正与公平的款额”，但该条文并未对如何进行责任分摊作出具体规定，从而留待判例法予以解决。在对比衡量施害人与受害人的过失时，法院通常考虑两项要素：①因果关系的程度；②应受责难的程度。[4] 当受害人的过失并非损害发生的原因而是损害恶化的原因时，法院通常要求受害人分摊较少的责任。

三、自愿承担风险

“Volenti non fit injuria”直译为“自愿者不受损”，即自愿承担风险的受害人无权请求损害赔偿，简称“自愿承担风险”。若要援用该项抗辩事由，需证明如下两点：①受害人知悉被告的行为对其构成风险及该项风险的性质和程度；②自愿（明示或默示）同意承担该项风险并放弃该风险成就时的损害赔偿请求权。一旦“自愿承担风险”这项抗辩成立，受害人则不能获得任何赔偿。

四、违法性

“Ex turpi causa non oritur actio”直译为“不良起因不产生诉权”，又称违法性抗

---

[1] 不过在实践中，考虑到被告通常购买保险的事实，或者出于对身为雇员之受害人的同情，或者案情涉及施害人既存在普通法上的疏忽，又违反了某项法定义务，法院可能放宽对认定受害人是否具有疏忽的注意标准。

[2] 例如，Ho Wing Cheung v. Liu Siu Fun & Another [1980] HKLR 300.

[3] 例如，Jones v. Boyce (1816) 1 Stark 493.

[4] 例如，World Wide Stationery Manufacturing Co, Ltd. v. Fong Chi Leung [1994] 2 HKC 449.

辩。一般而言，“违法性”这项抗辩事由发生于两种案型：①受害人于实施违法行为时因与其无关的被告之过失而遭受损害；②受害人与被告在共同实施违法行为时因被告之过失而遭受损害。若要援用该项抗辩事由，需证明如下两点：①受害人的违法行为与使其遭受损害的被告之过失具有紧密关联性；②受害人行为之违法性达到足以令法院谴责该违法行为的程度。法院在判定后项要件时需考虑法律政策，必须确保向受害人提供救济并未触犯公共利益或者间接地协助或鼓励违法行为。

专题之九：消灭时效

消灭时效问题主要由《时效条例》（第 347 章）加以规范。主要条款涉及消灭时效的起算点、消灭时效的期限、消灭时效的延长与延后、法院凌驾时效的权力等。

一、消灭时效的起算点

通常而言，诉因产生之时，即消灭时效起算之时。在侵权案件中，权利人知道或应当知道损害赔偿的产生[1]或者侵权行为的发生[2]是判定消灭时效起算点的关键因素。

二、消灭时效的期限

1. 一般规则

《时效条例》（第 347 章）第四条的标题为“有关合约及侵权行为的诉讼以及某些其他诉讼的时效”，其第一款第一项规定：

（1）以下诉讼，于诉讼因由产生的日期起计满六年后，不得提出基于简单合约或侵权行为的诉讼等。

2. 人身侵害（personal injury）案型

《时效条例》第二十七条的标题为“人身伤害的时限”，其具体规定为：

（1）本条适用于任何因疏忽、妨扰或违反责任（不论有关责任是凭借某合约或是凭借经由或根据任何条例或英国成文法则所订立的条文而存在，或是独立于任何合约或上述任何条文而存在）而要求损害赔偿的诉讼，而原告人就该项疏忽、妨扰或违反责任所申索的损害赔偿乃属或包括与原告人或任何其他人所遭受的人身伤害有关者。

（2）第四条不适用于本条所适用的诉讼。

（3）除第三十条另有规定外，本条所适用的诉讼，不得在第四及五款所指明的期限届满后提出。

（4）除第五款适用的情况外，上述期限为以下日期起计三年，（a）诉讼因由产生的日期；或原告人的知悉日期（如属较后者）。

---

[1] 例如，过失侵权。

[2] 例如，侵犯人身或侵犯土地。

（5）如受伤害的人在第四款所指期限届满前去世，则凭借《法律修订及改革（综合）条例》（第二十三章）第二十条，为死者遗产的利益而尚存的诉讼因由的期限，由以下日期起计3年：去世日期，或遗产代理人的知悉日期。两日期中以较后者为准）。

（6）在本条及第二十八条内，凡提述某人的知悉日期，即提述该人最初知悉以下事实的日期：有关的伤害乃属重大；及该项伤害完全或部分是归因于指称构成疏忽、妨扰或违反责任的作为或不作为；及被告人的身份；及如指称上述作为或不作为乃被告人以外的人的作为或不作为时，该人的身份以及其他支持针对被告人提出诉讼的事实，而对任何作为或不作为在法律上是否涉及疏忽、妨扰或违反责任知悉与否，并不相关。

（7）就本条而言，如原告人本会合理地认为某项伤害的严重程度，足以令原告人有充分理由，针对一名并不就法律责任提出争议、且有能力履行判决的被告人而提起要求损害赔偿的法律程序，该项伤害即属重大。

（8）就本条及第二十八条而言，某人所知悉者包括可合理地预期该人从以下事实所获知者该人可观察或确定的事实；或该人透过其合理地应寻求的医学或其他适当专家意见的协助而可确定的事实，但任何人如已采取一切合理步骤以取得专家意见（及如属适当时依循该意见行事），则不得根据本款而断定他已知悉只有在专家意见的协助下始可确定的事实。

（9）就本条而言，“遗产代理人”（personal representative）包括现时是或曾经是死者遗产代理人的人，亦包括未申领遗嘱认证的遗嘱执行人（不论他是否已放弃遗嘱认证），而任何上述的人在担任遗产代理人时或之前所知悉之事，均须予以顾及。

（10）如有多于一名遗产代理人，而其知悉的日期并不相同，则第五条（b）款须解释为提述此等日期中之最早者。

需要注意的是，侵犯人身之诉不受本条款约束，即仍然适用一般规则。[1]

3. 过失侵权：受害人已经死亡的案型

《时效条例》第二十八条的标题为“根据《致命意外条例》提出诉讼的时限”，其具体条文为：

（1）本条的效力，须受第三十条所规限。

（2）如受伤害的人在已不再能够就有关伤害继续进行诉讼及追讨损害赔偿（不论是因本条例或任何其他条例所订的时限或因其他理由）之时去世，则任何人不得根据《致命意外条例》（第二十二章）提出诉讼；如受伤害的人所提出的任何上述诉讼受第二十七条所订的时限所禁制，即不得考虑是否可能根据第三十条凌驾该时限。

（3）由以下日期起计满三年后，不得根据《致命意外条例》（第二十二章）提出任何诉讼：（a）去世日期；（b）该诉讼为其利益而提出的人的知悉日期，两日期

[1] 例如，Stubbings v. Webb [1993] AC 498.

中以较后者为准。

（4）第三款不适用于经由或根据本条例以外的任何条例订明时效期的诉讼，而第二十七条则不适用于根据《致命意外条例》（第二十二章）提出的诉讼。

（5）第二十二条适用于根据《致命意外条例》（第二十二章）提出的诉讼，但除此之外，第二十二至二十六条以及第 IV 部均不适用于该等诉讼。

4. 未知不涉及人身伤害的潜在损害业已发生的案型

《时效条例》第三十一条的标题为“在诉讼因由产生的日期不知悉有关诉讼因由的事实时疏忽诉讼的特别时限”，其具体条文为：“不涉人身伤害的潜在损害所关乎的诉讼”

（1）本条适用于因疏忽而要求损害赔偿的诉讼（第二十七条所适用者除外），而原告人或先于原告人而获归属诉讼因由的人最先兼有以下两者的最早日期（本条内提述为“知悉日期”）是迟于该诉讼因由产生的日期者：（a）就有关损害而提出损害赔偿诉讼所需的知悉；及（b）提出该诉讼的权利。

（2）第四条第一款就基于侵权行为的诉讼所订明的时效期，不适用于本条所适用的诉讼。

（3）按照第四款而适用的期限届满后，不得提出本条所适用的诉讼。

（4）上述期限为：（a）由诉讼因由产生的日期起计六年；或（b）由知悉日期起计三年，如该期限是于（a）段所述的期限之后届满者。

（5）在第一款中，“就有关损害而提出损害赔偿诉讼所需的知悉”（the knowledge required for bringing an action for damages in respect of the relevant damage）指对以下事项的知悉：（a）与申索损害赔偿所关乎的损害有关的事实，该等事实会令一个蒙受该项损害的合理的人，认为损害的严重程度足以令其有充分理由，针对一名并不就法律责任提出争议且有能力履行判决的被告人而提起要求损害赔偿的法律程序；（b）该项损害完全或部分是归因于指称构成疏忽的作为或不作为；（c）被告人的身份；（d）如指称上述作为或不作为乃被告人以外的人的作为或不作为时，该人的身份以及其他支持针对被告人提出诉讼的事实。

（6）就第一款而言，对任何作为或不作为在法律上是否涉及疏忽知悉与否，并不相关。

（7）就本条或第三十三条而言，某人所知悉者包括可合理地预期该人从以下事实所获知者：该人可观察或确定的事实；或该人透过其合理地应寻求的适当专家意见的协助而可确定的事实，但任何人如已采取一切合理步骤以取得专家意见（及如属适当时依循该意见行事），则不得凭借本款或第三十三条而被视为已知悉只有在专家意见的协助下始可确定的事实。

5. 不涉及人身伤害的潜在损害的长时效

《时效条例》第三十一条的标题为“不涉人身伤害的疏忽诉讼的凌驾性时限”，

其具体条文是：

（1）属以下情况的作为或不作为发生的日期（如有多于一个日期，以最后者为准）起计十五年届满后，不得提出因疏忽而要求损害赔偿的诉讼（第二十七条所适用者除外）：（a）该作为或不作为被指称构成疏忽；（b）申索损害赔偿所关乎的损害完全或部分是归因于该作为或不作为。

（2）如属第一款所适用的情况，本条禁制有关诉讼权，即使在本条所订明的时效期结束前：（a）诉讼因由仍未产生；（b）如第三十一条适用于有关诉讼，就该条而言属知悉日期的日期仍未出现。

三、消灭时效的延长与延后

1. *在无行为能力的情况下时效期的延长*

《时效条例》第二十二条规定：

（1）本条例订明时效期的诉讼权，如在该诉讼权产生的日期，在该诉讼权在其方面产生的人并无行为能力，则有关诉讼可在该人停止无行为能力或该人去世（以首先发生者为准）的日期起计六年内的任何时间提出，即使该时效期已届满亦然：

但（a）如诉讼权最初在某人（并非无行为能力者）方面产生，而无行为能力的人透过该人而申索，则本条对此情况并无影响；（b）如诉讼权已在无行为能力的人方面产生，而该诉讼权于该人在仍属无行为能力的情况下去世时在另一个无行为能力的人方面产生，则不得由于该另一人的无行为能力而容许将时限再予延长；（c）自诉讼权在某人方面产生或在任何其他人（而该人是透过该其他人申索的）方面产生的日期起计满三十年后，该人即不得凭借本条提出收回土地或追讨以土地作押记的款项的诉讼；（d）本条不适用于凭借任何条例或英国成文法则而提出追讨罚金或追讨没收款项或追讨属作为罚金或没收款项的款项的诉讼，但如诉讼是由感到受屈的一方所提出则除外。

（2）如诉讼为第二十七或二十八条第三款所适用者，则第一款的效力犹如“六年”一词已由“三年”一词所取代一样。

凡本条凭借第六条而适用，则第一款的效力犹如“六年”一词已由“两年”一词所取代一样。

（3）就本条及第二十二条（a）款而言，幼年人或精神不健全的人均当作无行为能力；此外，在以不影响本款前述条文的概括性为原则下，任何人当其依据授权拘留精神不健全的人（包括被判罪名成立或听候审讯的人）的法例或英国成文法则而被拘留时，或当其根据《精神健康条例》（第一百三十六章）的条文自愿接受治疗时，即须不可推翻地推定为精神不健全。

2. *就时效期为第三十一（四）（b）条所订的期限的个案而做的延长*

《时效条例》第二十二条（a）款规定：

（1）除第二款另有规定外，如诉讼的时效期由第三十一条所订明，而（a）按照第三十一条第四款适用的期限为第三十一条第四款b中所述的期限；（b）在就该条而言是知悉日期的日期，根据第三十一条第一款决定该日期时须以其所知悉作为参照的人，属无行为能力；及（c）第二十二条并不适用于该诉讼，则该诉讼可于该人停止无行为能力或该人去世（以首先发生者为准）的日期起计三年内的任何时间提出，即使上文所述的期限已届满亦然。

（2）第三十二条所订明的时效期结束后，不得凭借第一款提出诉讼。

3. 在欺诈、隐瞒及错误的情况下时效期的延后

《时效条例》第二十六条规定：

（1）在不抵触第四款的条文下，凡诉讼的时效期由本条例订明，而（a）有关诉讼是基于被告人的欺诈行为；（b）被告人蓄意对原告人隐瞒任何有关原告人的诉讼权的事实；或（c）该诉讼是为解除某项错误所致的结果而寻求济助，则时效期在原告人发觉或经合理努力而应可发觉该欺诈行为、隐瞒或错误（视属何情况而定）之前，并不开始计算。

（2）第一款内对被告人的提述，包括提述被告人的代理人，及被告人透过他而申索的人及该人的代理人。

（3）就第一款而言，在若干时间内相当可能不被发觉的情况下蓄意地违反责任，即构成蓄意隐瞒涉及该宗违反责任的事实。

（4）凡在欺诈行为或隐瞒或（视属何情况而定）有错误的交易进行后，有关财产已由不知情的第三者以有值代价购买，则本条的规定，并不使任何人得以针对该财产的承购人或任何透过该承购人而申索的人提出以下诉讼：（a）收回该财产的诉讼或追讨财产价值的诉讼；或（b）强制执行在该财产上的任何押记的诉讼或将任何影响该财产的交易撤销的诉讼。

（5）就本条而言，如有以下情况，承购人即属不知情的第三者：（a）如属欺诈或隐瞒有关原告人的诉讼权的事实，承购人并非该项欺诈或（视属何情况而定）隐瞒该项事实的一方，而于购买时并不知悉、亦无理由相信该项欺诈或隐瞒已经发生；及（b）如属有错误，承购人于购买时并不知悉、亦无理由相信已有该项错误。

（6）第三十一及三十二条不适用于第（一）（b）款所适用的诉讼（据此，该款所提述的时效期，在上述任何一条若非因本款即予适用的情况中，即为根据第四条第一款适用的时效期）。

四、法院凌驾时效的权力

法院拥有凌驾于时效规则的自由裁量权，《时效条例》第三十条规定：

（1）如法院经顾及以下事项后，觉得容许某宗诉讼进行是公平的：（a）第二十七或二十八条的条文损害原告人或由原告人代表的人的程度；及（b）法院根据本款

所作的决定会损害被告人或由被告人代表的人的程度，则法院可指示该等条文不适用于该诉讼或任何与该诉讼有关的指明诉讼因由。

（2）除非受伤害的人不再能够继续进行诉讼是因第二十七条所订时限所致，否则法院不得根据本条而使第二十八条第二款不适用；因此，举例而言，如受伤害的人去世时因《航空运输条例》（第五百章）所订的时限而不再能够根据《致命意外条例》（第二十二章）继续进行诉讼，则法院无权指示第二十八条第二款不予适用。

（3）法院根据本条行事时，须顾及个案的所有情况，尤其是以下各项：（a）原告人方面延误的时间长短及延误的理由；（b）经顾及有关延误后，原告人或被告人所提出或相当可能会提出的证据，与有关诉讼如已在第二十七或二十八条（视属何情况而定）所容许的时间内提出时相比，会或相当可能会具有较低的说服力的程度；（c）被告人在诉讼因由产生后的行为，包括原告人为确定与其针对被告人的诉讼因由有关或可能有关的事实，而合理地要求有关资料或要求查看时，被告人就该项要求作出回应的程度（如有的话）；（d）在诉讼因由产生的日期后，原告人无行为能力的持续期；（e）原告人知悉被告人的作为或不作为（有关伤害所归因者）在当时可能足以引致损害赔偿诉讼后，迅速及合理地行事的程度；（f）原告人为取得医学、法律或其他专家意见而采取的步骤（如有的话），以及他取得的该等意见的性质。

（4）凡属受伤害的人在去世时因第二十七条的规定而不再能够就有关伤害继续进行诉讼及追讨损害赔偿的情况，法院尤须顾及在死者方面延误时间的长短及理由。

（5）如属第四款所订情况，或属时限或其中一个时限乃取决于原告人以外的人的知悉日期的其他情况，则第三款的效力须犹如该款已作适当变通，尤其是对原告人的提述包括提述其知悉日期是或曾经是与决定某一时限有关的人一样。

（6）法院作出使第二十八条第二款的条文不适用的指示，具有使《致命意外条例》（第二十二章）第三条的条文不适用的相同效用。

（7）在本条中，“法院”指有关诉讼已经向其提出的法院。

（8）本条内对第二十七条的提述，包括提述经本部及第Ⅳ部的条文扩阔的该条规定。

专题之十：产品责任

一、概述

在香港法律制度下，产品责任的产生存在三种情形：违约、侵权、违反法定义务。合同法下产品责任的产生，须消费者与卖方之间存在直接买卖合同关系，且卖方违反了合同的明示或默示条款。而产品制造商、零售商或供货商违反香港相关条例（ordinance）下的产品安全和标准规定，则可能构成产品刑事责任。[1]

在此着重介绍香港的产品侵权责任。香港的产品侵权责任制度，很大程度上承继了英国以 Donoghue v. Stevenson 案[2]为基础发展起来的，以疏忽为一般原则的普通法产品侵权责任制度。香港法律改革委员会试图通过立法，确立产品严格责任（strict liability）制度，但尚付阙如。

二、负有谨慎义务的主体范围

Donoghue v. Stevenson 案确立了产品生产者对最终消费者负有谨慎义务的原则。由于产品生产者的疏忽对最终消费者的人身或财产造成的损害，产品生产者承担赔偿责任。生产者对其生产的制成品负有谨慎义务。产品生产者还有义务对从第三方获得的、用于生产的组件进行测试，确保其适合产品设计需要。[3] 生产者的谨慎义务还是一项持续义务。在产品进入销售后，如果生产者发现产品缺陷，也有义务采取适当措施（例如，发出警告）。[4]

在英国普通法下，对最终消费者负有注意义务的主体范围，涵盖产品的整个制造和销售过程。除了产品生产者，负责产品设计、供应、组装、安装或修理等各方

---

[1] 例如，《消费品安全条例》（*Consumer Goods Safety Ordinance*）第六条规定，除非消费品符合消费品的一般安全规定；或适用于该消费品的认可标准（如有此认可标准），任何人不得供应、制造或者把消费品输入香港。违反该条规定，首次被裁定有罪可被判处第六级罚款以及入狱一年，此后每次定罪可被罚款 500000 港币以及入狱两年。其他可能产生产品刑事责任的香港条例还包括《玩具与儿童产品安全条例》（*Toys and Children's Products Safety Ordinance*）、《公共卫生及市政条例》（*Public Health and Municipal Services Ordinance*）、《药剂及毒药条例》（*Pharmacy and Poisons Ordinance*）等。详见香港法律改革委员会《不安全产品的民事责任研究报告书》，1998 年版，第 8 页 .

[2] [1932] AC 562.

[3] Winward v. T. V. R. Engineering [1986] B. T. L C. 366.

[4] E. Hobbs (Farms) Ltd. v. Baxenden Chemical Co. [1992] 1 Llyod's Rep. 54.

都对最终消费者负有谨慎义务。[1] 产品的销售商、进口商、批发商和零售商，如果被合理的期待应对产品进行检查或测试，对最终消费者也负有谨慎义务。例如，在 Andrews v. Hopkinson 案[2]中，被告销售的是一辆已使用超过十八年的二手汽车。被告被合理的期待对这辆二手车的车况（特别是二手车常易出现缺陷的转向系统）进行检查。但是，被告既未检查其出售车辆的车况，也没有警告原告其购买的车辆未经检查，因此违反了其负有的谨慎义务。在 Watson v. Buckley, Osborne Garrett & Co. 案[3]中，染发剂批发商未能对染发剂进行检测，并宣称染发剂无害、无须任何测试，法院认为其违反了谨慎义务。

三、违反谨慎义务的举证责任

Donoghue v. Stevenson 案确立了在产品侵权案件中，原告承担举证责任的一般原则。

由于现代工业社会产品生产过程的复杂性，原告很难举证被告在产品生产过程中违反了谨慎义务。在某些情况下，原告可以援引事实说明了自己（res ipsa loquitur）规则。法院可以依据原告举证，经盖然性权衡（on the balance of probabilities），推定原告所遭受的损害是因被告疏忽造成。[4] 如果被告要推翻这样的推定，须举证证明这样的推定不成立。但是，事实说明了自己规则在产品侵权责任案件中的适用存在较大不确定性。例如，在 Daniels and Daniels v. R White & Sons Ltd. and Tabbard[5] 案中，原告在饮用了被告生产的柠檬汽水后重病不起，而柠檬汽水中发现含有大量碳酸。被告举证证明其已采取适当防范措施，防止碳酸在生产过程中混入柠檬汽水。法院接受了被告举证，认为原告未能证明生产商有疏忽。

四、产品责任制度的改革

香港现行产品侵权责任制度主要存在三方面问题。第一，举证困难。除非可以援引事实证明了自己规则，否则原告须举证证明被告违反了谨慎义务。第二，诉讼费用高昂，特别是专家证人费用。第三，由于产品侵权诉讼完全基于普通法，不确定性较大。此外，就香港产品责任制度的总体架构而言，由于零售商负有合同法下的严格责任，而制造商则仅承担过错责任，在实践中零售商往往比制造商负有更重

---

[1] 例如，Malfroot v. Noxal Ltd. (1935) 51 TLR 551; Barnes v. Irwell Valley Water Board [1939] 1 KB 21; Stennett v. Hancock [1939] 2 All ER 578; Haseldine v. C A Daw & Son Ltd. [1941] 2 KB 343; Griffths v. Arch Engineering Co. (Newport) Ltd. [1968] 3 All ER 217.

[2] [1957] 1 QB 229.

[3] [1940] 1 All ER 174.

[4] Grant v. Australian Knitting Mills Ltd. [1936] AC 85.

[5] [1938] 4 All ER 258.

的责任，不尽合理。[1]

因此，香港法律改革委员会在1998年发布了《不安全产品的民事责任研究报告书》，建议香港应当借鉴欧共体1985年《产品责任指令》和英国1987年《消费者保护法》，设立产品严格责任制度。建议改革的主要内容包括[2]：

（1）产品严格责任以侵权法责任为基础。任何受损人士，无论是否为合同当事方，也无论是否产品使用者或旁观者，均在产品严格责任制度下获得法律保护。

（2）产品严格责任的重要构成要件是缺陷。缺陷是指产品的安全性如不符合人们一般有权期望的标准。认定产品缺陷有三项标准：第一，产品的安全标准，应以市民大众期望的标准，而不是原告所期望的标准，作为判断的参考；第二，产品的安全标准不应以熟悉有关产品的使用及操作的某类人士的期望为判断的依据；第三，产品的安全标准应以在市场推出产品时作判断的参考。

（3）义务主体。包括制成品的制造商及任何组件的制造商、天然产品的生产商、商标持有人及进口商。批发商、分销商及零售商则在不能于合理时间内指出供应产品人士时才须负责。

（4）免责事由。应借鉴英国1987年《消费者保护法》第I部所提供的免责辩护，以保障合法的商业权益。此外，生产商也可采用“在供应产品当时的科学及技术知识水平下未能发现欠妥之处”作为免责辩护。但如生产商未能符合任何法定收回产品令的要求，则不能采用此项免责辩护。

（5）赔偿责任。不设定上限或下限，并禁止通过设定免责条款限制或规避赔偿责任。但原告人不能因同一受伤或损害获得两次赔偿。

香港特区政府曾于1999年就法律改革委员会关于设立产品严格责任的改革建议，向当时的立法会贸易及工业事务委员会征询意见。有关建议遭到商界代表的强烈反对。特区政府商务与经济发展局在2010年11月宣布，由于产品严格责任制度争议较大，短期内较难达成共识，决定暂不落实法律改革委员会的有关建议。

---

[1] 香港法律改革委员会：不安全产品的民事责任研究报告书1998年版，第15-16页。

[2] 香港法律改革委员会：不安全产品的民事责任研究报告书1998年版，第49-83页。

专题之十一：环境侵权责任

香港环境法律制度主要由与环境保护相关的条例构成。这些条例主要包括《空气污染管制条例》（*Air Pollution Control Ordinance*）、《废物处置条例》（*Water Disposal Ordinance*）、《水污染管制条例》（*Water Pollution Control Ordinance*）、《噪音管制条例》（*Noise Control Ordinance*）、《保护臭氧层条例》（*Ozone Layer Protection Ordinance*）、《海上倾倒物料条例》（*Dumping at Sea Ordinance*）、《环境影响评估条例》（*Environmental Impact Assessment Ordinance*）、《有毒化学品管制条例》（*Hazardous Chemicals Control Ordinance*）以及《产品环保责任条例》（*Product Eco-responsibility Ordinance*）等。绝大多数环保条例并不涉及环境侵权民事责任。[1]

与产品侵权责任制度相似，香港环境侵权民事责任也承继了英国普通法下的环境侵权责任制度。环境侵权责任主要分为三类，即疏忽侵权、滋扰侵权和 Rylands v. Fletcher[2] 规则下侵权。在英国 Cambridge Water Co., Ltd. v. Eastern Counties Leather 案[3]中，被告是一家皮革生产商，其在鞣革的过程中使用四氯乙烯（PCE）作为溶剂。在 1976 年之前，在生产过程中不断有少量四氯乙烯泼溅到鞣革车间地板上，并渗透到原告（英国剑桥地区的主要供水公司）的一个取水口，造成污染。原告同时基于疏忽、滋扰和 Rylands v Fletcher 规则提起侵权之诉。本案中关键的法律问题是，Rylands v. Fletcher 规则是否以损害可预见为要件。法院认为，被告在 1976 年改进生产工艺之前，不可能合理预见到少量四氯乙烯长期泼溅到厂房地板会造成环境污染和损害。无论是疏忽侵权、滋扰侵权，还是 Rylands v. Fletcher 规则下的侵权，均须证明侵害后果是可以合理预见的。因此，被告不应承担侵权责任。在 Chan Ying Wah v. Bachy Soletanche Group Ltd. & Another 案[4]中，香港高等法院遵循了 Cambridge Water 案确立的原则。在该案中，被告用于冷却钻探设备的海水从其工地漏出（escape），并经原告所使用的雨水明渠被引导至原告灌溉农作物之用的水井，导致原告的农作物受损。法院认为，在该案中，被告和原告的土地同处香港新界，而该地区的土地通常用作农业、耕作或种植用途。因此，被告应当合理预见到从其工地上漏出或排出的海水可能会对临近土地上种植的农作物或植物造成损害。据此，法院裁定被告承担疏忽侵权责任、滋扰侵权责任和 Rylands v. Fletcher 规则下侵权责任。

---

[1] 唯一的例外是《商船（油类污染的法律责任及补偿）条例》中有关油类污染的民事赔偿责任。

[2] ［1868］LR 3 HL 330.

[3] ［1994］2 AC 264.

[4] ［2005］2 HKLRD 176.

专题之十二：网络侵权责任：网络服务提供者责任

一、网络版权侵权

香港关于版权侵权行为的现行主要法律规定为《版权条例》(*Copyright Ordinance*)。根据《版权条例》，任何人未经版权人许可或授权，通过互联网向公众提供作品的复制品，即构成版权侵权行为。如果网络服务提供者授权第三人实施侵权行为，或者故意联同第三人实施侵权行为，即与第三人承担共同侵权责任。但是，如果网络服务提供商仅提供网络硬件和网络基础设施，使得第三人版权侵权行为得以实施，则不属于侵权行为，无须为第三人通过网络实施的侵权行为承担法律责任。至于网络服务提供者知悉第三人利用其提供的网络服务实施版权侵权行为，而不加以禁止，是否应承担共同侵权责任，在现行香港法下没有明确规定。[1]

为加强在数码环境下对知识产权的有效保护，明确网络服务提供商的责任，香港特区政府于2006年12月发布了《在数码环境中保护知识产权》的咨询文件，并在2009年11月向香港立法会提交了《在数码环境中加强保护版权的建议》。在此基础上，香港政府于2011年6月正式向立法会提交了《2011年版权（修订）条例草案》(下文简称《条例草案》)。

《条例草案》就网络服务提供者责任，在《版权条例》第八十八条的基础上，新增了第88A至88I共九项新条款，旨在为网络服务提供者提供法定“安全港”（safe harbor)，使其在满足指定条件的情况下，对服务平台上的侵权行为承担有限的法律责任。

其中，第八十八条（B）款规定，网络服务提供者在满足有关条件的情况下，“不会只因该服务提供者为有关连线服务提供或操作设施，而须就在该服务提供者的服务平台上发生的侵犯作品版权行为，承担支付损害赔偿获其他任何金钱上的补救的法律责任”。这些条件包括：(1）在下述事情发生后，有关服务提供者已在切实可行范围内，尽快采取合理步骤，以限制或遏制有关侵犯版权行为：（a）该服务提供者就该项侵犯，收到指称侵权通知；（b）该服务提供者知悉该项侵犯已发生；或(3）该服务提供者知悉某些事实或情况，而该等事实或情况无可避免地令人得出该项侵犯已发生的结论；(2）该服务提供者之前没有收取（而现时亦没有收取）任何可直接归因于该项侵犯的财务利益；（3）该服务提供者容许使用及不干涉版权拥有人用以识别或保护他们的版权作品的标准技术措施；及（4）该服务提供者指定一个

[1] 香港工商及科技局：《在数码环境中保护知识产权》(2006年12月)。

代理人接收指称侵权通知，方式是透过该服务提供者的服务（包括在服务提供者的网站上一个公共可以接达的位置）提供代理人的姓名或名称、地址、电话号码及电子邮件。

《条例草案》还规定，政府应制定与“安全港”相配套的、供网络服务提供者自觉遵守的《实务守则》（*Code of Practice*），说明网络服务提供者在限制或遏制在其服务平台上发生的侵犯版权行为时，应当采取的相关做法和程序。《条例草案》第八十八条B款（三）项规定，服务提供者如遵守《实务守则》内所有有关规定，则该服务提供者即视作已采取合理步骤，以限制或遏制有关侵犯版权行为。

二、网络诽谤侵权

就网络服务提供者是否应对发表在其服务平台的诽谤性言论承担责任，香港高等法院于2011年2月在Oriental Press Group Ltd. & Other v. Fevaworks Solutions Ltd. [1] 一案的判决，具有里程碑意义。

在该案中，被告是一家热门香港本地某网络论坛的服务提供商、运营商和管理人。某些匿名注册的人士在被告的论坛上先后三次发表了关于原告及其创始人的诽谤性言论。原告向香港高等法院起诉，要求被告承担诽谤性言论侵权责任。在该案中，关键的法律问题是，作为网络服务提供者，被告是其网络论坛上诽谤性言论的发布人（publisher）还是次要分发人（subordinate distributor）。如果被告是发布人，则无论被告是否知悉其网络论坛上存在诽谤性言论，都要承担侵权责任。如果原告是次要分发人，被告只需证明有关诽谤内容是无意传播（innocent dissemination），则构成对诽谤的抗辩。

香港高等法院认为，在该案中，被告并未对网络论坛积极施加管理，其管理仅限于在收到用户投诉后进行处理。而在收到原告的投诉之前，被告确实不知悉本案涉及的诽谤性言论的存在。因此，被告是诽谤性言论的次要分发人。本案共涉及三项诽谤性言论。其中两项诽谤性言论，被告在收到原告投诉后一天内予以删除，因此不承担责任。但是，对于另一项诽谤性言论，被告在收到原告投诉后长达八个月后才予以删除，应承担责任。

该案似乎确立了网络服务提供者对发表在其网上论坛的诽谤性言论责任承担的原则。即网络服务提供者对发表在其管理的网络论坛上的诽谤性言论，在确实不知悉诽谤性言论的存在，并且在收到投诉后及时采取了适当措施的情况下，不承担间接责任（secondary liability）。这与英国L’ Oreal v. eBay [2] 案的司法取向接近。

---

[1] HCA 2140/2008, HCA 597/2009, 25 February 2011.

[2] ［2009］EWHC 1094（Ch）.

第二部分　中国澳门项目组法域报告

唐晓晴[*]　吕冬娟[**]

* 唐晓晴，法学博士，澳门大学法学院院长、教授、博士生导师。
** 吕冬娟，法学博士，澳门城市大学法学院助理教授、博士生导师。

专题之一：侵权法的保护范围

一、该问题基本规则

债法在澳门民法中占据着十分重要的地位，《澳门民法典》第二卷“债法”共计有七百八十四个条文，是整本法典中篇幅最长的一卷。《澳门民法典》第三百九十一条规定：“债为法律上之拘束，使一人须对他人作出一项给付。”《澳门民法典》第三百九十二条则规定了给付之内容：“一、当事人得在法律限制范围内自由设定给付之积极或消极内容。二、给付不以具金钱价值为必要，但应符合债权人受法律保护之某种利益。”债的渊源即债所产生之来源，又称债的发生原因或发生根据，是债之形成的法律事实。澳门民法承袭了大陆法系民法对债的来源规定，债的渊源有：合同❶、单方法律行为❷、无因管理❸、不当得利❹和《澳门民法典》第四百七十七条至第五百零三条规定之“民事责任”等。

民事责任也是债的发生根据之一，澳门民法中的民事责任包括了违反合同产生的责任和合同外的民事责任，如葡萄牙著名学者 Antunes Varela 在其经典著作《债法总论》中所说的，“民事责任（responsabilidade civil）这个标题既可以涵盖合同、单方法律行为或法律所生之债的不履行而产生的责任（合同责任），也可以包括侵害绝对权或作出一些虽然合法但是造成他人损失的行为所导致的责任（非合同责任）”❺，即民事责任涵盖合同责任或契约责任和非合同责任。❻ Antunes Varela 进一步指出，合同责任是“由于广义地不履行债所固有的相对义务”，而非合同责任则是

---

❶ 合同是债的发生根据之一，在《澳门民法典》债法第一编第二章“债之渊源”的第一分节至第十分节，首行对合同作了一般性的规定，接着在债法第二编专门对各种合同（规定了十四种典型的合同）做出了详细的规定。

❷ 单方法律行为也是债的发生根据之一。《澳门民法典》第四百五十一条：单方法律行为是指“单方许诺作出一项给付时，仅在法律规定之情况下该许诺方具约束力”。

❸ 《澳门民法典》第四百五十八条：“一人未经许可而管理他人事务，且此管理系为事务本人之利益，并本于为该人管理之意思为之者，即属无因管理。”

❹ 《澳门民法典》第四百六十七条第一款：“无合理原因，基于他人受有损失而得利者，有义务返还其不合理取得之利益。”

❺ Antunes Varela：《债法总论》，第一卷，第十版，唐晓晴译，未出版，第 446-448 页。

❻ 澳门民法对民事责任规定没有独立成章，较为分散，在《澳门民法典》中涵盖有民事责任的规定主要有三处：第一是“债法”第一编“债之通则”第二章“债之渊源”中第五节“民事责任”（《澳门民法典》第 477-503 条）；第二是“债之通则”第三章“债之类型”中第八节“损害赔偿之债”（《澳门民法典》第 556-566 条）；第三是“债之通则”第七章“债务之履行及不履行”中对违约的民事责任作了一般性的规定（《澳门民法典》第 799-806 条），而本文所探讨的非合同责任涉及前二处。

“基于违反与绝对权相对应的弃权、不作为或不干涉的一般义务”[1]，合同债权不属于侵权责任法的保护对象。

根据《澳门民法典》第四百七十七条（一般原则）之规定，“一、因故意或过失不法侵犯他人权利或违反旨在保护他人利益之任何法律规定者，有义务就其侵犯或违反所造成之损害向受害人作出损害赔偿。二、不取决于有无过错之损害赔偿义务，仅在法律规定之情况下方存在”，可知所谓侵权民事责任或非合同民事责任，一般是指行为人故意或过失地不法侵害他人人身或财产而造成损害，从而依法应当承担的法律后果。非合同民事责任以过错责任原则为原则，并以无过错责任原则为例外。加害行为的直接后果是产生相应的民事责任，即侵权人由于其不法侵权行为，侵害受害人合法权益，从而在侵权人和受害人之间产生债权债务关系。因他人的加害行为肇致自己合法权益受到损害的人是债权人，即受害人为债权人，享有要求加害人承担非合同民事责任之请求的权利；实施侵权行为的人是债务人，须承担相应的非合同民事责任。非合同民事责任或侵权法的目标或功能就是为了保障行为人的行为自由与他人的合法权益或社会公共利益保护之间达致平衡，当然这也是每一部民事责任或侵权法都无法回避的必须要承担的使命。

非合同责任也就是别的法域所说的侵权责任，严格来讲，澳门并没有侵权责任或侵权行为这一说法，但笔者在这个项目中一直有用到这些概念，只是为了行文的方便和为了与别的法域的概念的统一。侵权行为法是《澳门民法典》或《葡萄牙民法典》债法的重要组成部分。在侵权行为法上，《葡萄牙民法典》传承罗马法传统，将其视为债的发生的依据之一，列入债法范畴，而现行《澳门民法典》也是将侵权行为当作债之渊源而把其规定在债法编中，将侵权行为视为合同之债或契约之债之外引致债之发生的另外一个最重要的原因，主要以“债法”第一编“债之通则”第二章“债之渊源”中第五节“民事责任”单独规定之，分为因不法事实所生之责任（第四百七十七条至第四百九十一条）与风险责任（第四百九十二条至第五百零三条）。而非合同责任或合同外的民事责任或侵权责任主要包括因不法事实所产生的责任和风险责任。另外，值得注意的是，Antunes Varela 还指出，非合同责任除了因不法事实所生之责任与因风险所生的责任外，还有“因损害性的合法事实而生的责任”，这也便是我们这里所说的非合同责任或侵权责任所要保护的范围。Antunes Varela 还进一步对此予以说明，认为这种情况散落在《民法典》和一些单行法中。[2]如《澳门民法典》第一千二百六十八条第二款和第一千二百六十九条第三款（《葡萄牙民法典》第一千三百四十八条第二款和第一千三百四十九条第三款）都是因造成损害之合法事实而产生的民事责任。[3]

非合同民事责任或侵权责任法所保护的权利主要是绝对权，如物权、亲属权、

---

[1] Antunes Varela：《债法总论》，第一卷，第十版，唐晓晴译，未出版，第 373 页。

[2] Antunes Varela：《债法总论》，第一卷，第十版，唐晓晴译，未出版，第 374-375 页。

[3] Antunes Varela：《债法总论》，第一卷，第十版，唐晓晴译，未出版，第 375 页。

人格权[1]、知识产权（著作权以及邻接权和工业产权），它们都是侵权法的保护对象。侵权行为之不法性首先表现为一种侵害他人“权利”的行为。绝对权是指其义务主体及于不特定的多数人的权利，权利人之外的一切人都有一种不得侵害他人权利的义务，物权、亲属权、知识产权（著作权以及邻接权和工业产权）、人格权均为绝对权。绝对权意味着权利本身包含了不可侵性，侵犯绝对权者毫无疑问当属侵权行为，所以绝对权是侵权责任法所保护的范围。

这里可能会产生一个疑问，除权利之外，法定权利之外的合法权益能否成为非合同民事责任或侵权责任法所保护的对象？根据《澳门民法典》第四百七十七条第一款前半部分（《葡萄牙民法典》第四百八十三条）之规定，“因故意或过失不法侵犯他人权利或违反旨在保护他人利益之任何法律者……”，可知在主观权利体系之外，还有一些目前尚未上升为主观权利的特定利益也应受保护，也诚如AntunesVarela所言，“除了侵犯主观权利外”，“违反旨在保护他人利益的规范”也属于侵权行为。[2] Antunes Varela也指出，“除了侵犯主观权利外，法律还（在学说及司法见解在界定反法律性的范围时感到最困难的领域）设定了违反旨在保护他人利益的规范”[3]，即认为如果侵犯即使不能称为法律上的权利的行为，只要有法律上应予保护的利益受到侵害，也成立侵权行为。故而，除了主观权利体系，侵权责任法的保护范围也应包括法律上应予保护的利益。

二、本法域对该规则的规定

（一）《澳门民法典》

第六十七条（人格之一般保护）

一、任何人均获承认具有人格权，而人格权应在毫无任何不合理区分下受保护，尤其是应在不分国籍、居住地、血统、种族、民族、肤色、性别、语言、宗教、政治或意识形态之见解或信仰、教育、经济状况或社会地位下受保护。

二、任何人均有权受保护，以免其人身或精神上之人格遭受不法侵犯或侵犯之威胁。

三、受威胁之人或被侵犯之人得就有关情况请求采取适当措施，以避免威胁之实现或减轻已发生之侵犯所造成之后果，而不论有关威胁或侵犯之事实是否导致民事责任。

---

[1] 根据《澳门民法典》，人格权包括生命权（第七十条）、身心完整权（第七十一条）、自由权（第七十二条）、名誉权（第七十三条）、保留私人生活隐私权（第七十四条）、个人经历保密权（第七十八条）、肖像权及言论权（第八十条）、个人资料真实权（第八十一条）、姓名权及拥有其他识别个人身份方式之权利（第八十二条）等。

[2] Joo de Matos Antunes Varela：《债法总论》，第一卷，第十版，唐晓晴译，未出版，第383页。

[3] Antunes Varela：《债法总论》，第一卷，第十版，唐晓晴译，未出版，第383页。

四、受威胁之人或被侵犯之人，亦得按照诉讼法之规定请求采取上款所指之措施，作为保全措施。

第六十八条（对已死之人之侵犯）

一、人格权在权利人死亡后亦受保护。

二、属上款所指之情况，死者之生存配偶或与死者生前有事实婚关系之人，又或死者之任一直系血亲卑亲属、直系血亲尊亲属、兄弟姊妹、侄甥或继承人，均有请求采取上条第三款所指措施之正当性。

三、对人格权权利人已提起之诉讼，上款所指之任一人均有继续诉讼之正当性。

四、侵犯之不法性系因未经同意而产生时，具有正当性共同或分别请求采取第二款所指措施之人仅为应被取得同意之人。

第六十九条（人格权之自愿限制）

一、对行使人格权所作之自愿限制，凡涉及不可处分之利益，违反公共秩序原则或侵犯善良风俗者，均属无效。

二、在不属上款规定之情况下，如同意人格权受限制之本人满十四岁，且在表示同意时，具有判断同意之意义及其可及之范围之必要辨别能力者，则该自愿限制产生效力，但另有规定者除外。

三、即使有关之未成年人未满十四岁，只要其具有上款所指之辨别能力，且其反对其法定代理人所作之同意，则该同意不生效力。

四、同意得以任何方法表示，只要该方法能表现出受法律保护利益之人或其法定代理人之认真、自由及已明了情况之意思；但有特别规定者除外。

五、对人格权所作之合法自愿限制得随时废止，即使对他方当事人之正当期待造成损害而须负赔偿义务者亦然。

第七十条（生命权）

一、任何人均有生命权。

二、生命权不得放弃或转让，亦不得受法定或意定之限制。

第七十一条（身心完整权）

一、任何人均有身心完整受尊重之权利。

二、未经本人同意，不得对其施以可影响其身心完整之医学或科学方面之行为或试验。

三、禁止以人体器官及其他人体组成部分作交易，即使已与人体分离且取得有关权利人之同意亦然。

四、对身心完整权所作之自愿限制，如可预料对生命构成严重危险，或可能对权利人之健康造成严重及不可复原之损害后果，均为无效；但后者具应予重视之理由时，不在此限。

第七十二条（自由权）

一、任何人均享有自由权。

二、任何人不得使为奴隶或被役使，即使经其同意亦然。

三、任何人均有权受保护，以免受鼓吹国家、种族、民族或宗教仇恨之宣传或主张所损害，又或受鼓吹其他形式之不法歧视之主张所损害。

四、不得仅因任何人未履行合同义务，或未能履行合同义务，而将之拘留或拘禁。

五、不得以武力强迫任何人亲身作出某一行为，即使该人有义务作出该行为以及因不作出该行为而须受制裁；但另有特别规定者除外。

六、受期间不确定之合同约束而须亲身履行义务之人或受劳动合同约束之工作者，得随时自行单方终止合同，但须因应具体情况作适当之提前通知或按照特别法规定作提前通知。

七、未经本人同意不得以任何方法调查其人格，或对之采用旨在使其失去意识或表达意思自由之其他方法。

八、被违法剥夺自由之人有权就所受之损害获得赔偿。

九、对自由权仅得在自愿之情况下予以短期限制，此期间系视乎导致作出该限制之原因而定。

第七十三条（名誉权）

一、任何人均有权受保护，以免被他人以指出某种事实或作出某种判断，使其名誉、别人对其之观感、名声、声誉、个人信用及体面受侵犯。

二、唯对事实之指出系旨在实现正当利益，且不侵犯受害人私人生活或家庭生活之隐私，上述侵犯之不法性，方可透过证明该事实或判断属实而排除。

三、证明该指出事实之人有认真依据使其出于善意相信所指出之事实或所作之判断为真实者，等同于上款所指之证明该等事实或判断属实；但按事件之具体情况，该人系有义务查明所指出事实之真实性，而其不履行该义务者，则非属善意。

四、名誉权不得放弃或转让，对名誉权之自愿限制不得涉及权利人本身之人性尊严、职业尊严或经济尊严。

第七十四条（保留私人生活隐私权）

一、任何人均不应透露属他人私人生活隐私范围之事宜。

二、隐私之保留范围按有关事件之性质及各人之条件而界定，且尤其以本人所作之行为而显示出其欲保留之范围予以界定；对于公众人物，则尤其以有关之事实与具知名度之原因两者间所存有之关系予以界定。

第七十五条（秘密书函）

一、秘密信件之收信人应就信件之内容守秘；收信人利用从信件中获悉之资料，即为不法。

二、收信人死亡后，法院应发信人请求，或发信人已死亡，应第六十八条第二款所指之人请求，得下令将秘密信件返还；法院亦得下令将秘密信件毁灭、交予适当之人保管或采取其他适当措施处理。

三、经发信人同意或经法院作出许可以取代该同意后，方得将秘密信件公开；但以该信件作为文学、历史或传记性之档时，则不得透过上述之法院许可而将信件公开。

四、发信人死亡后，由第六十八条第二款按顺序所指之人给予许可。

五、以上各款之规定，经作出必要配合后，适用于其他具秘密性质之书函。

第七十六条（亲属记事及其他秘密文书）

上条第三款及第四款之规定，经作出必要配合后，适用于亲属及个人记事，以及其他具秘密性质之文书或涉及私人生活隐私之文书。

第七十七条（非秘密书函）

对非秘密书函，收信人仅在不违背发信人之期待下，方可使用该书函。

第七十八条（个人经历保密权）

一、关于某一指明身份之人之个人经历资料，未经其同意，不得将其全部或部分公开或使用。

二、基于安全或司法方面之要求，或为着科学、文化或教学之目的，又或基于与公众人物有关之其他应予重视之利益而有合理理由公开或使用某人之个人经历资料者，不适用上款之规定。

第七十九条（个人资料之保护）

一、任何人均有权知悉载于信息化之数据库或纪录内有关其本人之资料及该等资料之用途，并得要求就该等资料作出更正或更新；但关于司法保密方面另有特别规定者除外。

二、收集个人资料以便作信息化处理时，应严格依照收集该等资料之目的而进行收集，并应让当事人知悉该等目的。

三、为知悉关于第三人之个人资料而查阅信息化数据库及纪录，以及与信息化数据库及纪录连接，须就每一个案获得负责监察个人信息资料之收集、贮存及使用之公共当局之许可。

第八十条（肖像权及言论权）

一、未经本人同意，不得对其肖像或其他在视觉上能认别本人之标志进行摄取、展示、复制、散布或作交易之用；肖像人死后，则由第六十八条第二款按顺序所指之人给予许可。

二、基于肖像人之知名度或担任之职务，或基于安全或司法方面之要求，或为着学术、教学或文化之目的，而有合理理由者，则无须肖像人同意；如该肖像系在公众地方、与公共利益有关之事实或公开进行之事实当中所摄得之影像之一部分，亦无须经肖像人同意。

三、然而，肖像之复制、展示或作交易之用，按照第七十三条之规定可能侵犯肖像人之名誉权时，即不得为之。

四、在公众地方为着安全或司法方面之目的而摄取之肖像仅得用于该等目的上，且在无需要时应立即销毁。

五、以上各款之规定，经作出必要配合后，适用于录取、复制及散布某人言词之情况。

第八十一条（个人资料真实权）

任何人均有权受保护，以免被他人指称某一虚假事实与其本人或其生活有关，即使该事实不侵犯其名誉及别人对其之观感，又或不涉及其私人生活亦然。

第八十二条（姓名权及拥有其他识别个人身份方式之权利）

一、任何人均有权拥有一姓名及有权使用该姓名之全名或简称，并有权反对他人不法使用其姓名，以认别该人本身身份或作其他用途。

二、然而，姓名权利人尤其在从事职业活动时，不得使用其姓名以损害与其姓名全部或部分相同之人之利益；如有此情况，法院须按衡平原则之判断，下令采取措施，妥善调解利益衡突。

三、保护姓名之诉权得由权利人行使；如权利人已死亡，亦得由第六十八条第二款所指之人行使。

四、笔名及其他识别个人身份之方式，如具有知名度，则享有赋予其本人姓名之相同保护。

第四百七十七条（一般原则）

一、因故意或过失不法侵犯他人权利或违反旨在保护他人利益之任何法律规定者，有义务就其侵犯或违反所造成之损害向受害人作出损害赔偿。

二、不取决于有无过错之损害赔偿义务，仅在法律规定之情况下方存在。

第四百七十八条（建议、提议或信息）

一、给予单纯建议、提议或信息之人，即使其本身有过失，亦无须负责。

二、然而，如上款所指之人已表示承担因损害而产生之责任，或在法律上有义务给予有关建议、提议或信息且在行事中有过失或损害意图，又或该人之行为构成可处罚之事实，则有义务作出损害赔偿。

第四百七十九条（不作为）

基于法律或法律行为，有义务为一行为而不为时，单纯不作为在符合其他法定要件下即产生弥补损害之义务。

第四百八十条（过错）

一、侵害人之过错由受害人证明，但属法律推定有过错之情况除外。

二、在无其他法定标准之情况下，过错须按每一具体情况以对善良家父之注意要求予以认定。

第四百八十一条（可归责性）

一、在损害事实发生时基于任何原因而无理解能力或无意欲能力之人，无须对该损害事实之后果负责；但行为人因过错而使自己暂时处于该状态者除外。

二、未满七岁之人及因精神失常而成为禁治产之人，推定为不可归责者。

第四百八十二条（由不可归责者作出之损害赔偿）

一、如侵害行为由不可归责者作出，且损害不可能从负责管束不可归责者之人获得适当弥补者，即可按衡平原则判不可归责者弥补全部或部分之损害。

二、然而，计算损害赔偿时，不得剥夺不可归责者按其状况及条件而被界定之生活所需，亦不得剥夺其履行法定扶养义务之必要资源。

第四百八十三条（行为人、教唆人及帮助人之责任）

不法行为之行为人、教唆人或帮助人有数人者，各人均须对所造成之损害负责。

第四百八十四条（有管束他人义务之人之责任）

基于法律或法律行为而对自然无能力人负有管束义务之人，须就该自然无能力人对第三人所造成之损害负责；但证明其已履行管束义务，又或证明即使已履行管束义务而损害仍会发生者除外。

第四百八十五条（由楼宇或其他工作物造成之损害）

一、楼宇或其他工作物因建造上之瑕疵、保存上出现缺陷而全部或部分倒塌者，该楼宇或工作物之所有人或占有人须对由此而造成之损害负责；但证明其本身无过错，又或证明即使已尽应有之注意义务亦不能避免该等损害者除外。

二、基于法律或法律行为而对楼宇或工作物负有保存义务之人，须代该楼宇或工作物之所有人或占有人对完全因保存上出现缺陷而造成之损害负责。

第四百八十六条（由物、动物或活动造成之损害）

一、管领动产或不动产并对之负有看管义务之人，以及对任何动物负有管束义务之人，须对其看管之物或管束之动物所造成之损害负责；但证明其本身无过错，又或证明即使在其无过错之情况下损害仍会发生者除外。

二、在从事基于本身性质或所使用方法之性质而具有危险性之活动中，造成他人受损害者，有义务弥补该等损害；但证明其已采取按当时情况须采取之各种措施以预防损害之发生者除外。

三、上款之规定，不适用于因陆上交通事故而产生之民事责任，但有关活动或其所使用之方法，与陆上通行时通常出现之危险相比具特别及更高之危险性者除外。

第四百八十七条（过失情况下损害赔偿之缩减）

责任因过失而生者，得按衡平原则以低于所生损害之金额定出损害赔偿，只要按行为人之过错程度、行为人与受害人之经济状况及有关事件之其他情况认为此属合理者。

第四百八十八条（因死亡或身体伤害而对第三人之损害赔偿）

一、侵害他人致死时，应负责任之人有义务赔偿为救助受害人所作之开支及其他一切开支，丧葬费亦不例外。

二、在上述情况及其他伤害身体之情况下，救助受害人之人、医疗场所、医生，又或参与治疗或扶助受害人之人或实体，均有权获得损害赔偿。

三、可要求受害人扶养之人，或由受害人因履行自然债务而扶养之人，亦有权获得损害赔偿。

第四百八十九条（非财产之损害）

一、在定出损害赔偿时，应考虑非财产之损害，只要基于其严重性而应受法律保护者。

二、因受害人死亡，就非财产之损害之赔偿请求权，由其未事实分居之配偶及子女或由其未事实分居之配偶及其他直系血亲卑亲属共同享有；如无上述亲属，则由与受害人有事实婚关系之人及受害人之父母或由与受害人有事实婚关系之人及其他直系血亲尊亲属共同享有；次之，由受害人之兄弟姊妹或替代其兄弟姊妹地位之甥侄享有。

三、损害赔偿之金额，由法院按衡平原则定出，而在任何情况下，均须考虑第四百八十七条所指之情况；如属受害人死亡之情况，不仅得考虑受害人所受之非财产损害，亦得考虑按上款之规定享有赔偿请求权之人所受之非财产损害。

第四百九十条（连带责任）

一、如有数人须对损害负责，则其责任为连带责任。

二、负连带责任之人相互间有求偿权，其范围按各人过错之程度及其过错所造成之后果而确定；在不能确定各人之过错程度时，推定其为相同。

第四百九十一条（时效）

一、损害赔偿请求权，自受害人获悉或应已获悉其拥有该权利及应负责任之人之日起经过三年时效完成，即使受害人不知损害之全部范围亦然；但不影响自损害事实发生时起已经过有关期间而完成之一般时效。

二、应负责任之人相互间之求偿权，亦自履行时起经过三年时效完成。

三、如不法事实构成犯罪，而法律对该犯罪所规定之追诉时效期间较长，则以该期间为适用期间；然而，如刑事责任基于有别于追诉时效完成之原因而被排除，则损害赔偿请求权自发生该原因时起经过一年时效完成，但在第一款第一部分所指之期间届满前不完成。

四、损害赔偿请求权之时效完成，不导致倘有之请求返还物之诉权或因不当得利请求返还之诉权之时效完成。

第四百九十二条（适用规定）

规范因不法事实而产生责任之规定中可适用之部分，延伸适用于风险责任之各种情况，但法律另有规定者除外。

第四百九十三条（委托人之责任）

一、委托他人作出任何事务之人，无论本身有否过错，均须对受托人所造成之损害负责，只要受托人对该损害亦负赔偿之义务。

二、委托人仅就受托人在执行其受托职务时所作出之损害事实负责，但不论该损害事实是否系受托人有意作出或是否违背委托人之指示而作出。

三、作出损害赔偿之委托人，就所作之一切支出有权要求受托人偿还，但委托人本身亦有过错者除外；在此情况下，适用第四百九十条第二款之规定。

第四百九十四条（公法人之责任）

任何公法人之机关、人员或代表人在从事私法上之管理活动中对第三人造成损害者，该公法人须按委托人就受托人所造成之损害负责之有关规定，对该等损害承担民事责任。

第四百九十五条（由动物造成之损害）

为本身利益而饲养或利用任何动物之人，须对该等动物所造成之损害负责，只要损害系因饲养或利用动物而生之固有危险所引致者。

第四百九十六条（由车辆造成之事故）

一、实际管理并为本身利益而使用任何在陆上行驶之车辆之人，即使使用车辆系透过受托人为之，亦须对因该车辆本身之风险而产生之损害负责，而不论该车辆是否在行驶中。

二、不可归责者按第四百八十二条之规定负责。

三、为他人驾驶车辆之人，须对因该车辆本身之风险而产生之损害负责，但该人虽在执行职务，而车辆不在行驶中者除外。

第四百九十七条（责任之受益人）

一、由车辆造成之损害而产生之责任，其受益人包括第三人及被运送之人。

二、如运送系基于合同而作出，有关责任之范围仅涉及对被运送之人本人及对其所携带之物所造成之损害。

三、如属无偿之运送，有关责任之范围仅涉及对被运送之人造成之人身损害。

四、排除或限制运送人对损及被运送人之事故所负责任之条款，均属无效。

第四百九十八条（责任之排除）

第四百九十六条第一款及第三款所定之责任，仅在就事故之发生可归责于受害人本人或第三人时，或事故系由车辆运作以外之不可抗力原因所导致时，方予排除，但不影响第五百条之规定之适用。

第四百九十九条（车辆碰撞）

一、如两车碰撞导致两车或其中一车受损，而驾驶员在事故中均无过错，则就每一车辆对造成有关损害所具之风险按比例分配责任；如损害仅由其中一车造成，而双方驾驶员均无过错，则仅对该等损害负责之人方有义务作出损害赔偿。

二、在有疑问时，每一车辆对造成有关损害所具之风险之大小及每一方驾驶员所具有之过错程度均视为相等。

第五百条（连带责任）

一、如风险责任须由数人承担，各人均对损害负连带责任，即使其中一人或数人有过错者亦然。

二、在各应负责任之人之关系中，损害赔偿之义务按每人在车辆使用中所具有之利益而分配；然而，如其中一人或数人有过错，则仅由有过错之人负责，在此情况下，就该等有过错之人相互间之求偿权或针对该等有过错之人之求偿权，适用第四百九十条第二款之规定。

第一千二百六十八条（采掘）

一、不动产所有人有权在其房地产内开凿坑道或井，亦有权进行采掘，只要不致破坏相邻之房地产为防止倾倒或泥土疏松而存有之必要支撑。

二、如基于所进行之工作使相邻之房地产所有人受到损害，则进行工作之人须向该等所有人作出损害赔偿，即使已采取认为必要之预防措施亦然。

第一千二百六十九条（暂时强制之信道）

一、如为修葺楼宇或其他建筑物而须搭建建筑架、在他人房地产上放置对象、经过他人之房地产以运送工程所需之材料，又或作出其他类似行为，则该房地产之主人必须同意该等行为之作出。

二、一人欲拾回属其所有而因意外处于他人房地产之物或欲采摘其树上之果实，而不能在其本身之房地产内为之时，亦可进入他人之房地产；但该房地产之所有人得以交还该物或果实予物主而拒绝其进入。

三、在本条所指之任一情况下，房地产之所有人均有权就遭受之损失收取赔偿。

(二) 9月4日第7/89/M号法律《订定广告活动之制度事宜》

第二十五条（民事责任）

一、广告媒介的业权人、广告商及广告客户对违法广告的传播引致第三者受损害时共同负起民事责任。

二、倘广告客户能证明事先并不知悉所传播广告的内容时，则可免除负起上款所规定的责任。

(三) 12月13日第109/99/M号法令《核准海上商事之法律制度》

第十二条（所有人对污染之民事责任）

一、经1976年11月19日及1992年11月27日伦敦议定书修改之1969年11月29日《油污损害民事责任布鲁塞尔公约》之规定，或当时生效之该公约之任何修正案或议定书之规定，适用于在澳门地区导致之污染损害之民事责任，以及为避免或减少该等损害而采取之救助措施。

二、该公约第七条之规定，适用于在澳门注册之船舶。

第二十六条（适用于船舶经营人因船员之行为而负之民事责任之法律）

一、船舶经营人因船员之不法行为而负之责任，受适用于非合同责任之法律规范。

二、船舶经营人因作为其履行辅助人之船员之作为或不作为而负之责任，受适用于该等债务性质之法律行为之法律规范。

第二十八条（船舶经营人因船员之行为而负之民事责任）

一、船舶经营人对船员在履行获交托之职务时所作之不法行为，须按委托人对受托人之行为承担责任之规定，承担责任。

二、船舶经营人在履行债务时对船员之作为或不作为，须按债务人对其履行辅助人之作为或不作为承担责任之规定，承担责任。

三、然而，如船长为救助、保证航行安全或保障海上航行所涉及之整体利益而履行法律规定之义务，则船舶经营人无须承担责任。

四、对于引航员在船上之作为或不作为，船舶经营人须承担责任，但引航员之登船系由当地有关法律所规定者除外。

第四十四条（适用于油污损害责任限制之特别制度）

一、在澳门地区造成之油污损害之责任限制，适用经1976年11月19日及1992年11月27日之伦敦议定书修改之1969年11月29日《油污损害民事责任布鲁塞尔公约》之规定。

二、责任限制基金之设立及分配，适用上款所指公约之规定，并补充适用程序法之规定。

三、如对船舶所有人以外之人主张因油污损害而生之债权，则第一款之规定并不影响以上数条之规定之适用。

第一百九十三条（拖航情况下之民事责任）

一、拖航期间所造成之损害，由须对实际指挥拖航作业之人之作为或不作为负责之一方承担责任，但如证明损害不可归责于该指挥拖航作业之人，则无须承担责任。

第二百六十一条（碰撞之概念；适用范围）

一、碰撞系指船舶碰撞。

二、本编之规定，规范因碰撞而生之非合同责任。

三、如船舶因作操航或不作操航，或因不遵守航行规章，导致其他船舶或船上之人、物遭受损害，由此而生之非合同责任亦适用该等规定，即使并未发生碰撞亦然。

（四）3月11日第2/91/M号法律《环境纲要法》

第三十条（客观责任）

一、任何人因某类特别危险的行为，即使经遵守适用法例，无论有否过错，当对环境造成明显损害时，须负赔偿责任。

二、对因损害环境而根据环境受损程度而定的赔偿数额，将由补充法例订明。

（五）4月22日第28/91/M号法令《订定本地区行政当局、公共法人其权利人及公共管理代理人之合约外民事责任制度》

第一条（适用范围）

本地区行政当局及其他公法人在公法管理行为方面之非合同民事责任，凡未被特别法所规定者，应由本法规之规定所规范。

第二条（行政当局及其他公法人之责任）

本地区行政当局及其他公法人，对其机关或行政人员在履行职务中以及因履行职务而作出过错之不法行为，应向受害人承担民事责任。

第三条（机关之据位人、行政人员及公法人之责任）

在不影响上条规定之情况下，本地区行政当局之机关据位人及行政人员和其他公法人，对于其超越其职务范围所作出的不法行为或在履行职务中以及因履行职务故意作出之不法行为，应承担民事责任。

第四条❶（过错之认定）

一、机关据位人或行政人员之过错，须按《民法典》第四百八十条之规定予以认定。

二、如有多名责任人，则适用《民法典》第四百九十条之规定。

第五条（求偿权）

当履行任何赔偿时，本地区行政当局及其他公法人对犯过错之机关据位人或行政人员享有求偿权，但必须该过错人之所为系出于故意或明显欠缺担任职务所需之注意及热心。

第六条❷（损害赔偿请求权之时效）

一、公共实体、其机关据位人及行政人员因其公共管理行为造成损失而须承担非合同民事责任时，因此产生之损害赔偿请求权，包括求偿权，系按《民法典》第四百九十一条之规定完成时效。

二、损害赔偿请求权系因受司法上诉所针对之行为而产生时，如按第一款之规定，该权利之时效应于就该司法上诉所作之裁判确定后满六个月之前完成，则有关时效必须待该裁判确定六个月后方完成。

第七条（不法性）

一、为本法规之效力，不法性是指违反他人权利或违反保障他人利益之法律规定。

二、违反法律和规章规定或违反一般适用原则之法律行为，以及违反上述规定和原则或违反应被考虑之技术性和常识性规则之事实行为亦被视为不法。

第八条（损害赔偿义务）

一、本地区行政当局及其他公法人、其机关据位人及行政人员之赔偿义务不取

---

❶ 已更改，请查阅：第110/99/M号法令。

❷ 已更改，请查阅：第110/99/M号法令。

决于受害人行使对造成损害之非法行为之上诉权。如尽管已撤销非法行为并已执行撤销之判决而损害继续时，上述赔偿义务仍然存在。

二、如损害系归因于受害人没有提起上诉或其诉讼行为之过失，则该受害人之补偿权不得保持。

第九条（危险责任）

本地区行政当局和其他公法人对由于行政部门异常危险之运作或由于具有同样性质之对象和活动造成的特别和非常之损害承担责任，但根据一般规定，能证明在该部门运作或在执行其活动时发生外来不可抗力或系受害人或第三人之过错者除外。

第十条（符合规范行为之责任）

一、本地区行政当局和其他公法人为了总体利益通过合法之行政行为或符合规范之事实行为对私人施加负担或造成特别和非常损失时，应向其负责赔偿。

二、本地区行政当局或其他公法人当在紧急情况下以及为了必须维护之公共利益之目的不得不特别牺牲第三人全部或部分之对象或权利时，应向其赔偿。

（六）澳门《医疗事故法》咨询文本

适用范围：

凡是在澳门特别行政区合法居住或者逗留的人士，在澳门特别行政区医疗机构接受医务人员提供的医疗服务时，如果遭受了人身损害，就有权要求损害赔偿。

澳门特别行政区医疗机构和医务人员将由专门法规规范。

三、有关该规则的典型案例（关于侵权法的保护范围）

澳门终审法院2006年1月18日统一司法见解的合议庭裁判第23/2005号上诉案[1]

（一）案情简述

（1）吴添伟和吴嘉骏在行政法院对政府护士陈焕霞和卫生局提起宣告之诉，请求因非合同责任连带判处其支付澳门币3806000元，其依据是第一被告造成产妇邓锦英在仁伯爵综合医院死亡的不法和过错事实。

（2）行政法院法官认为，本案涉及的是医院的合同责任，裁定免除被告陈焕霞的责任，判处卫生局向两原告支付澳门币2644650元的款项。

（3）卫生局向中级法院提起上诉，中级法院裁定该上诉败诉，维持第一审的决定。

（4）随后，卫生局以上述判决与中级法院于2003年10月30日在第85/2003号案件中作出的合议庭裁判互相对立（该判决将相同事宜认定为非合同责任）为理由，

[1] 本案由澳门城市大学助理教授艾林芝总结。

向终审法院提起上述。

（二）法律问题

最终，终审法院面对的法律问题是，如何区分合同责任与非合同责任的范围（即侵权法的保护范围）。

（三）主要观点

在本案中，上诉方卫生局指出：

“合同责任是因未履行合同、单方法律行为或法律产生的义务造成的，而非合同责任则是由于侵犯绝对权利或者实施某些虽然合法但却给他人造成损失的某些行为而产生的；在公共卫生机构与其使用者的关系之下，隐藏的是一种权利——一种不可侵犯的绝对权利，即后者必须得到适当和殷勤的对待”。

同时，其援引葡萄牙最高行政法院的判决：

“……我们面对的是一种纳入‘非合同民事责任规则适用范围’的具体情况。实际上，凡是到公立卫生机构就医的使用者，都是根据使用者行政法律关系去做的，这种关系由法律规范，受先前制定的一般法律制度和规章制约，一律平等地适用于该公共部门的所有使用者，确定其一整套权利、义务和所受的约束，并且不得透过协议，以引入正面或负面不平等待遇的规定将其废除。因此，其使用者并不是以合同缔约方的身份去做的，即使有一个假设的定式合同或者根据事实上的合同关系也不是以缔约方的身份去做的。显而易见，我们面对的这种具体情况属于非合同民事责任规则的适用范围，这是因为，各方之间没有任何债务关系。”（载于 www. dgsi. pt，最高行政法院 2004 年 4 月 20 日合议庭裁判，第 0982/03 号案件）

参与本案的助理检察长也指出：

“众所周知，民事责任分为合同责任和非合同责任，根据是‘因未履行合同、单方法律行为或法律产生的债务而出现的责任’还是‘因违反绝对权利或实施某些虽然合法但对他人造成损失的行为而产生的责任’来加以区分。”（见 Antunes Varela, Das Obrigações，第一卷第 473 页）

我们相信，本案中不存在因合同而产生的任何债权或债务问题，存在的是受害人的绝对权利问题。

这就是一些学者将公共机构中实施的造成损害的医疗行为产生的责任定性为非合同责任的决定性原因。合议庭法官指出：

“理论上，很容易区分这两种形式的民事责任。”

“非合同责任的依据为对不作为的一般义务的违反，该等义务是针对绝对权利而言的，如生命权或人身完整权。”

“合同责任则来自于没有履行本身在债权关系方面所承担的义务。”[1]

---

[1] Antunes Varela：*Das Obrigações em Geral*，Almedina 出版社，2003 年版，第一卷，第十版，第 521、522 页。

法官引用了 Ana Raquel Moniz 的理解：

"在公共医疗机构、卫生医护人员与患者/使用者之间所建立的关系，归入为行政法的特别关系的类别：法律关系确立后（一般来讲，透过作出行政行为，有时该等行为需要配合），即出现一个状态，并从中产生一个由一系列权利和义务组成的特定法律规则，并以此与规范其他公民面对行政机关的行为的法律制度区分开来。"❶

法官最后认为：

"没有任何迹像显示使用者向相关公共医疗机构获取卫生护理服务是透过合同进行的。"

合议庭作出的强制性司法见解如下：

"在公共医疗机构内，因向 3 月 15 日第 24/86/M 号法令第三条第二款所指使用者提供卫生护理服务过程中的作为或不作为而要承担的民事责任具非合同性质。"

四、在《东亚侵权法示范法》中对该规则作出规定的基本意见

澳门法域的建议是侵权责任法的保护范围应包括主观权利和法律上应予保护的利益，侵权责任法对两者的保护应区别考量，一方面保护主观权利❷，另一方面对一些目前尚未被法律上升为主观权利的特定利益提供保护（应尽可能地详细地说明合法利益的具体类型）。同时，在明确侵权责任法的保护范围的同时，也应坚持包容性和与时俱进，使其能够更好地满足未来侵权责任法的发展方向和要求。

---

❶ Antunes Varela：*Responsabilidade Civil Extracontratual por Danos Resultantes da Prestação de Cuidados de Saúde em Estabelecimentos Públicos：O Acesso à Justiça Administrativa*，科英布拉出版社，2003，第 14-18 页。

❷ 关于澳门法学界所接受的主观权利概念，参看唐晓晴：《论主观权利的概念——从澳门民法的语境出发》，载《澳门法学》，第 3 期，2011 年版，第 1-24 页。

专题之二：侵权责任的归责原因体系及调整范围

一、该问题基本规则

目前，澳门侵权民事责任的归责原则采用二元归责原则：第一，过错责任原则，包括《澳门民法典》第四百七十七条第一款规定之一般过错责任和第四百八十条第一款规定之过错推定责任；第二，第四百九十二条规定之风险责任原则，各归责标准组成一个完整的逻辑严密的体系。

归责原则在侵权民事责任理论占据最重要的核心地位，准确把握归责原则是正确适用法律的基础或前提，其决定或影响着侵权责任的构成要件、适用范围、免责条件和赔偿范围等重要内容，也是处理侵权民事责任纠纷的基本依据，并作为损害赔偿之债的准则。归责原则在侵权民事责任法律制度中具有重要意义，主要体现在以下几个方面：第一，归责原则决定着侵权责任的构成要件。对于过错责任原则，过错是侵权责任的构成要件，而对于风险责任的归责原则[1]，过错不是侵权责任的构成要件。第二，归责原则影响着免责事由的适用。对于过错责任原则，没有过错可以成为行为人的免责事由，而对于风险责任原则，免责事由只能基于法律作出特别明确之规定，行为人只能以法定的免责事由而得以免责，而不能以自己没有过错作为自己的免责事由。第三，归责原则影响着赔偿之范围。过错责任中一般以全部赔偿为原则，无过错责任或风险责任中以限额赔偿为原则，如《澳门民法典》第五百零一条和第五百零三条规定的责任之最高限额。第四，归责原则决定着两者的适用范围，过错责任原则的适用范围一般无须法律特别规定，而风险责任的适用范围须法律特别规定。另外，还体现在举证责任的分配上。

《澳门民法典》第四百七十七条第一款规定之过错责任原则标准居于主要地位，是最基本的归责标准，对于侵权民事纠纷必须首先适用该归责标准，而根据《澳门民法典》第四百七十七条第二款之规定，可知只有在法律有特别规定时，才适用第四百九十二条规定之风险责任原则。简而言之，现行侵权民事责任制度是以过错责任原则为主，风险责任原则为例外。可知风险责任归责标准处于次要地位，基于过错责任原则不足以应付新型风险社会，风险责任原则的出现和广泛应用是对过错责任原则的补充和修正，以弥补过错责任归责原则的不足，但无法完全取代过错责任

[1] 在这里，笔者并没有尝试着将风险责任、无过错责任、客观责任或严格责任作出区分，将它们视为相似的概念。

原则的作用。尽管如此，风险责任原则在现代化的工业社会中也越来越彰显出其重要作用，同过错责任归责原则一样也是不可或缺的，已成为一项重要归责原则，与过错责任原则一起构成现代侵权行为法的基础。

（一）过错责任原则

过错责任原则，又称过失责任原则、过错责任，是指以过错作为价值判断的标准或基础，判断行为人对其所造成的损害应否承担民事责任的归责原则。过错责任原则作为一项基本的归责原则，最早出现在1804年的《法国民法典》第一千三百八十二条中，1900年的《德国民法典》采用了这一归责原则，这一过程对大陆法系其他国家或地区的民事立法也产生了深远的影响，随后，它们也陆续将其确认为侵权损害赔偿责任的归责标准或原则。《澳门民法典》第四百七十七条第一款规定了过错责任的基本原则，“因故意或过失不法侵犯他人权利或违反旨在保护他人利益之任何法律规定者，有义务就其侵犯或违反所造成之损害向受害人作出损害赔偿”，其基本含义是指，行为人基于故意或过失的主观心理状态不法侵害他人权利时（行为人在实施某种作为或不作为的情况下），因行为人主观上具有可归责的事由，所以应就基于其过错所生之损害负民事责任。反之，如果加害人在主观上不存在故意或过失，即使其行为造成了他人的人身或财产损害，也不必承担民事责任。过错责任以行为人的主观过错为责任成立与否的根本依据，这意味着，一般而言，侵权行为人承担民事责任，必须以行为人有故意或过失为条件，有过错才有责任，无过错一般不负责任。[1]过错责任原则中的“过错”有两个特点，一是过错为行为人的某种心理状态，二是将“过错”与“不法性”区别开来。另外，对于过错的判断标准，根据《澳门民法典》第四百八十条第二款之规定，“在无其他法定标准之情况下，过错须按每一具体情况以对善良家父之注意要求予以认定。”[2]至于过错的适用范围，过错责任原则适用于一般的侵权行为，适用于法律法规对此没有作出特别规定的侵权行为。

（二）过错推定责任

过错推定是一般过错责任原则的相当重要之发展。[3]《澳门民法典》第四百七十七条第一款规定了过错责任的基本归责原则，又依照《澳门民法典》第四百八十条

---

[1] 过错责任属于是侵害行为的一种无法原有性或说是应受谴责性，将加害人的主观过错程度和责任承担捆绑在一起，世界上大多数国家在其法律中都确立了过错责任的归责原则。请参见：《法国民法典》第一千三百八十二条和第一千三百八十三条，《荷兰民法典》第一千四百零一条；《意大利民法典》第二千零四十三条；《西班牙民法典》第一千九百零二条；《葡萄牙民法典》第四百八十三条；《巴西民法典》第一百五十九条；《瑞士债法典》第四十一条；《希腊民法典》第九百一十四条；《日本民法典》第七百零九条；《德国民法典》第八百二十三条、第八百二十六条等。

[2] 早在查士丁尼法典时期，盖尤斯将故意和过失归纳入抽象的过错责任理论之中，其认为过错是一种客观性的标准，是一种善良家父的标准。

[3] 过错推定首创于17世纪法国法学家让·多马的过错理论，其后为《法国民法典》（第一千一百四十七条）和《德国民法典》（第八百三十七条）所采纳。另外，英国法中的“事实本身说明”也包含过错推定内容。请参见：朱宣峰、吉峰主编，《中国赔偿法律实务全书》，科学普及出版社，1995年版，第25页。

第一款之规定“侵害人之过错由受害人证明，但属法律推定有过错之情况除外”，可知“过错责任”有两种形式，第一种是“一般过错责任”，第二种是“过错推定”。过错推定是指在法律特别规定的场合，基于损害事实的本身而推定被告有过错的归责方式。过错推定中行为人可以以自己无过错作为免责事由，但过错推定以行为人有过错为适用要件之一，过错推定的责任承担仍是以行为人的过错为基础或前提，这与一般过错责任原则一样，两者并没有本质区别，前者是后者的一种特殊情形，而不是一种独立的民事责任归责原则。一般过错责任原则与过错推定的根本区别在于举证责任上。依据一般过错责任原则，行为人主观上是否存在过错的举证责任由受害人承担，因为根据《澳门民法典》第三百三十五条第一款之规定，“创设权利之事实，由主张权利之人负责证明”，而被告不承担证明自己的行为没有过错的证明责任。但根据该民法典第四百八十条所说的“但属法律推定有过错之情况除外”的“但书”情形，可知在侵权不法行为人肇致他人人身权、财产权受到损害时，即在侵权行为发生后，法律从一开始虚拟或假定行为人的过错，或说就推定行为人是有过错的，原告不必就被告的主观过错负举证责任；相反，过错的举证责任由侵权行为人即由被告负担，由被告自己予以举证反驳，证明自己没有过错，推定过错是透过《澳门民法典》第三百三十七条第一款规定之“举证责任之倒置”的方式来实现的。❶又依照《澳门民法典》第三百四十二条，过错推定中的所谓推定“系指法律或审判者为确定不知之事实而从已知之事实中作出之推论”，可知推定的过错不具有确定性，如果加害人不证明或者不能证明自己主观上没有过错，被告将被推定对原告的损害有过错，进而应承担相应的侵权民事责任，有义务弥补其对他人造成的损害；推定的过错是可以推翻的，如果加害人能够证明自己没有过错，则无须承担民事责任。简而言之，过错推定，意味着如果加害人对其行为给他人所造成的损害不能证明自己主观无过错，就推定其主观上存有过错并承担相应的侵权民事责任。❷受害人的过错举证责任被免除，其无须对行为人的过错加以举证，突破了一般的过错责任原则中对于《澳门民法典》第三百三十五条所规定的证明责任分配所采用的“由主张权利之人负责证明”创设权利之事实这一基本原则，此原则要求“任何一方当事人应对对其有利的规则的构成要件进行证明及解释”，而例外适用的是过错责任原则中的过错推定，根据《澳门民法典》第四百八十条第一款和第三百三十七条之规定将侵权受害人的举证责任倒置给加害人，对其给予倾斜性的保护。❸但是，应该注意的是，我们这里所说的举证责任倒置并不是全部举证责任的倒置，只是行为人对自

❶ 《澳门民法典》第三百三十七条第一款，“如存在法律上之推定、举证责任之免除或解除，或存在具上述意义之有效约定，则以上各条规则中之责任倒置；在一般情况下，法律每有此倒置责任之规定时亦然。”

❷ 过错推定仅仅是对“过错”的推定，而不是对其他别的什么推定。

❸ 克雷斯蒂安·冯·巴尔、乌里希·德罗布尼希：《欧洲合同法与侵权法及财产法的互动》，吴越、王洪、李兆玉、施鹏鹏等译，法律出版社，2007年版，第44页。

己主观过错方面进行举证，而受害人免除的仅仅是对加害人的主观过错举证，而不是全部举证责任，受害人仍负有其他部分的举证责任，如损害事实、加害人的行为或对象与损害事实之间的因果关系承担举证责任，即只有在受害人提出有损害事实、加害人的行为与损害事实因果关系成立的前提下，并且加害人没有法定抗辩事由和法定免责事由的情况下，才能推定加害人有过错。

过错推定仍是以过错为基础的，行为人主观过错仍是确定其民事责任的主要依据，将过错作为民事责任的不可或缺的最终构成要件或归责的根本理由❶，主观上的过错和过错程度仍是其承担责任以及责任大小的必要条件。❷但将过错推定原则运用到一些特殊侵权领域所具有的优越性是无法轻视更是无法抹杀的。虽然法律并没有剔除以加害人的过错作为最终构成要件，即它没有从根本上改变过错归责，只是其免除了受害人证明加害人有过错的举证责任，但保留了对损害事实和行为与损害事实有因果关系的等其他方面的证明，在行为人与受害人之间更合理地分配了举证责任，加强了对特殊侵权领域的受害人利益的保护，进而使其有了更多的受偿机会。在捍卫受害人权益的同时，也给予加害人申辩、免除民事责任的机会，除了其他的法定抗辩事由和法定免责事由之外，行为人还是可以通过证明自己没有过错而排除责任的。

这种情况下，在肇致他人损害的民事责任领域程序法上确立过错推定来加强对一些特殊侵权案件中受害人权益的保护。然而，过错推定在侵权致人损害领域的适用也并不是无懈可击的，因为其效果到底只不过是使过错举证责任发生移转，加害方仍然可能凭借自己的财力或科学技术水准等让受害人望尘莫及的强大优势证明自己“无过错”，从而仍可能会导致对受害人救济的美好愿望落空❸，由此引致了我们后面要说的风险责任。

过错推定责任的适用范围包括，有管束他人义务之人之责任（《澳门民法典》第四百八十四条），由楼宇或其他工作物造成之损害（第四百八十五条），由物、动物或活动造成之损害（第四百八十六条），以及因环境污染造成他人人身、财产损失或环境权或其他合法权益之损害等。❹

（三）风险责任

1. 风险责任

根据《澳门民法典》第四百七十七条第二款之规定，“不取决于有无过错之损害

---

❶ 如上所述，行为人只要能证明自己无过错，仍然无须承担责任。

❷ 只不过这个过错是推定的，其突破了一般过错责任原则举证责任方面的限制，没有一般过错责任严格，由被告承担过错的举证责任，是过错责任的一种特殊表现形式。

❸ 法律对此似乎束手无策而最终由弱势的受害人一方自己承担这种不利后果，如此一来，法律公平正义受到他人的质疑姑且不论，它更不知该如何去面对受害人的怀疑和诘问。

❹ 根据《澳门民法典》第四百八十六条第二款之规定：“在从事基于本身性质或所使用方法之性质而具有危险性之活动中，造成他人受损害者，有义务弥补该等损害；但证明其已采取按当时情况须采取之各种措施以预防损害之发生者除外。”而因环境污染造成他人人身、财产损失或环境权或其他合法权益损害的，属于适用那些“基于本身性质或所使用方法之性质而具有危险性之活动”所引致的损害。

赔偿义务，仅在法律规定之情况下方存在”，即属《澳门民法典》第四百九十二条和后续数条所规定之风险责任的情形，另外，民法典所规定的风险责任在其他特别立法中也有规定，如澳门第2/91/M号法律《环境纲要法》第三十条所规定之纯粹环境侵权责任。风险责任有一个重要特点就是法定性，即风险责任的适用范围需法律特别规定。风险责任原则要求没有过错的行为人承担民事责任时，仅限于法律有特别规定的情形，即只有在法律明文规定的情况下才能适用，不得随意滥用。风险责任，或无过错责任原则，抑或严格责任，指在法律特别规定的情况下，只要行为人实施了加害行为，不管其主观上有无过错，都应承担侵权责任的归责原则。风险责任原则与过错责任原则以是否有“过错”为最终责任根据为区别的。作为与过错责任相对立的概念，风险责任原则不以加害人的主观上具有过错作为承担侵权民事责任构成要件，行为人主观上既可能有过错也可能完全无过错，但受害人和行为人都不需要对行为人有无过错举证，受害人只需证明民事责任其他构成要件成立，受害人即可得到损害赔偿。风险责任的抗辩理由或免责事由是由法律严格规定的，必须通过援引并证明法定免责事由才能免于承担责任，行为人不能以无过错为抗辩理由，其没有过错仍要承担责任。

不可否认，现代社会因工业化带来经济的迅猛发展，但同时也伴随着风险的产生，这一趋势也引起侵权法学界的重视。以过错原则为核心的归责原则在现今风险社会已显出不足之处，虽然它有过彷徨与挣扎，并据此适时衍生出过错推定责任，但在人们遭受来自无法预测的现代高度工业化与科技化与其他的社会风险，无法适当响应。因为对于风险活动与事故之发生，一方面，行为人即使尽到合理的注意义务也难以避免，常常是并不存在着主观的过错；另一方面，受害人的损失往往十分巨大，不对之加以救济也显失公平。再者，如果问题是出在因果关系之无法认定或难以确定上时，无论是一般过错责任原则还是过错推定责任都显得有些不堪重负，只好转而求助于风险责任。[1]基于分摊风险的考量，葡萄牙把风险责任嵌入《民法典》中，采用因不法事实所生之责任与风险责任二元制，风险责任正是为弥补过错责任不足而设的制度，认为虽然风险是难以逃避的，但它同样可能是社会所无法容忍的，所以透过采用风险责任来伺候和对抗风险[2]。归责原则的变化表达出现代侵权法的价值理念从矫正正义（corrective Justice）到分配正义（distributive Justice）的变迁，与诠释道义责任的过错责任原则相比，它被认为更多的体现了社会责任，这无疑为侵权法挖掘出符合时代的意义内蕴。[3]

“风险责任”就是以“风险”作为侵权民事责任的归责标准，法律之所以规定某些特殊侵权行为的责任主体即使没有过错也要承担责任，把风险责任原则作为侵权

---

[1] Antunes Varela：《债法总论》，第一卷，第十版，唐晓晴译，未出版，第446-448页。
[2] Antunes Varela：《债法总论》，第一卷，第十版，唐晓晴译，未出版，第446-448页。
[3] 亚里斯多德：《尼各马科伦理学》，苗力田译，中国社会科学出版社，1990年版，第95页。

民事责任的归责原则的法理基础在于风险利益一致原则，如 Mota Pinto 所强调的，“如某人在从事利己的活动时给他人增加了风险，那么当然应由此人负责赔偿该等利己活动给别人造成的损失。法律规定风险责任或称客观责任时，是基于一个符合社会公正和互助的古老原则：哪里有舒适，哪里就产生不舒适。”也正如 Antunes Varela 所说的，“谁为本人之利益而使用危险物品，谁将使用时带有风险的东西引入企业，或者说，谁为本身利益创造或保留风险，谁就应该承担使用这些东西所造成的损害后果，因为他们从中收取了主要利益。谁收取工业生产的（主要）利润，那么由他来承受该生产的负担（当中包括工作意外这种一种正常的及不可避免的现象）就是公平的”❶。以“风险”作为归责标准不是因为行为人侵害他人合法权益的故意或过失，即不是因为行为人有道义上的可责难性，而是因为行为人制造了危险来源并且透过支配或控制某种危险物或从事某项危险活动而因此受益，并且受害人受损与这些人受益有关联，故法律要求该行为人即使没有过错也要其为此给社会造成的“风险”付出代价。这在某种程度上无疑是强调保护社会弱势群体、注重整体社会利益的体现，兼顾不同利益群体的利益，体现和诠释了法律公平和公正的价值观。

但值得注意的是，风险责任并不代表绝对责任，也绝不意味着行为人不享有以抗辩事由或免责事由来抗辩，即使按照《澳门民法典》关于风险责任之规定，行为人无过错也要承担责任，行为人还是可以根据民事责任的抗辩事由之相关条款规定减轻或免除责任，只是行为人不能以证明自己没有过错而要求免于承担责任。民事责任的抗辩事由涵盖自助行为、正当防卫行为、紧急避险行为、受害人之同意、受害人之过错、第三人之过错以及不可抗力等。抗辩事由作为免除或减轻责任的事由的作用就是为了破坏民事责任之构成要件，肇致民事责任成立要件之缺少，从使行为人免除责任。

风险责任的适用范围主要涵盖，委托人之责任（《澳门民法典》第四百九十三条），公法人之责任（第四百九十四条）❷，由动物造成之损害（第四百九十五条），由车辆造成之事故（第四百九十六条），由电力或气体之设施造成之损害（第五百零二条）。当然，除了《澳门民法典》外，还有《澳门商法典》规定之产品责任，即

❶ Antunes Varela：《债法总论》，第一卷，第十版，唐晓晴译，未出版，第 448 页。

❷ 《澳门民法典》第四百九十四条规定公法人在从事私法管理活动中对第三人造成损害之民事责任，“任何公法人之机关、人员或代表人在从事私法上之管理活动中对第三人造成损害者，该公法人须按委托人就受托人所造成之损害负责之有关规定，对该等损害承担民事责任”。而对于公共行政当局或其工作人员的公共行政管理行而引致的非合同民事责任，采用过错归责和风险责任原则双轨制，根据澳门 4 月 22 日第 28/91/M 号法令《订定本地区行政当局、公共法人其权利人及公共管理代理人之合约外民事责任制度》第二条规定：“行政当局及其他公法人，对其机关或行政人员在履行职务中以及因履行职务而作出过错之不法行为，应向受害人承担民事责任。”而同法第九条则规定了危险责任原则，“本地区行政当局和其他公法人对由于行政部门异常危险之运作或由于具有同样性质之对象和活动造成的特别和非常之损害承担责任。”

作为生产商之商业企业主之客观责任（《澳门商法典》第八十五条第一款）❶。再者，还有其他法规中规定的诸如工伤事故及职业病所引致之损害中雇主实体的责任❷、加害人对环境造成明显损害之客观责任（澳门3月11日第2/91/M号法律《环境纲要法》第三十条）、由航空事故对第三人所造成之损害（澳门第11/2004号行政法规《空运人及航空器经营人的民事责任制度》第十四条）❸以及由轻型航空器对第三人所造成之损害（澳门四月二十二日第27/91/M号法令《核准超轻型航空器条例》）等而产生的客观责任。另外，澳门四月二十二日第28/91/M号法令《订定本地区行政当局、公共法人其权利人及公共管理代理人之合约外民事责任制度》第九条规定，"本地区行政当局和其他公法人对由于行政部门异常危险之运作或由于具有同样性质之对象和活动造成的特别和非常之损害"承担"危险责任"。❹

2. 风险社会的社会化

现代侵权民事责任制度更加关注受害人的利益保护和救济，更注重风险分配与承担责任。风险责任原则的适用正是为了加强对受害人的保护，向分配正义的价值目标的靠近，从而尽可能的在社会成员或群体的权利、义务和责任之间实现最优化的配置。❺但风险责任原则的适用同时也加重了加害人的负担，为了消除风险责任所带来的不良后果，侵权民事责任制度在责任制度之外寻求弥补方法。借此契机，作为损失分散机制的民事责任保险制度❻和专项赔偿基金❼等社会保障制度便应运而生，透过实现责任主体和赔偿主体的逐渐分离，以适当的方式分散风险、转移损失，正如 Manuel Trigo 所言："民事责任保险是损害保险的一种，旨在确保因对第三人造成损害而生的民事责任。"❽其在保护受害人的同时在一定程度上也减轻了加害人的负担。

---

❶ 《澳门商法典》第一卷第八编"商业企业主之民事责任"第八十五条至第九十四条对生产商的产品责任作了规定。

❷ 澳门8月14日第40/95/M号法令《核准对工作及职业 》规定了由工作事故及职业病所造成的损害而生的雇主实体之客观责任，该法规第二条第一款规定任何行业提供服务之劳工都有要求工作意外及职业病所引致之损害之弥补权，但公共行政当局的工作人员除外，对其适用专有法例之规定。

❸ 澳门第11/2004号行政法规《空运人及航空器经营人的民事责任制度》第十四条。

❹ 4月22日第28/91/M号法令《订定本地区行政当局、公共法人其权利人及公共管理代理人之合约外民事责任制度》第九条（危险责任）：本地区行政当局和其他公法人对由于行政部门异常危险之运作或由于具有同样性质之对象和活动造成的特别和非常之损害承担责任，但根据一般规定，能证明在该部门运作或在执行其活动时发生外来不可抗力或系受害人或第三人之过错者除外。

❺ Antunes Varela：《债法总论》，第一卷，第十版，唐晓晴译，未出版，第449-410页。

❻ 如澳门1994年颁布了新修订的《汽车民事责任之强制性保险条例》（11月28日第57/94/M号法令）。

❼ 如汽车保障基金制度（FGA）。FGA是根据《汽车民事责任强制性保险条例》（11月28日颁布第57/94/M号法令）第二十三条第一款的规定设立。另外，值得注意的是，"游艇民事责任强制保险条例"（12月13日第104/99/M号法令）生效后，为将汽车保障基金的保障范围扩大适用于"游艇民事责任强制保险条例"内所述的游艇类型于事故对第三人造成损害的赔偿，原"汽车保障基金"的名字修改为"汽车及航海保障基金"。

❽ Manuel Trigo：《债法概要》，朱琳琳译，杜慧芳校对，1997—1998年，澳门大学法学院三年级教材，未发行，第122页。

同时，在适用风险责任制度的领域，往往是实行限额赔偿（《澳门民法典》第五百零一条或第五百零三条），这在客观上也刺激和促进责任保险的兴起和发展，而责任保险制度的确立与发展也为风险责任原则的实现提供了坚实的基础。责任保险制度与风险责任两者相辅相成，共同在解决侵权民事责任纠纷中发挥作用。下面对澳门的种种民事责任之强制性保险进行一个简单的罗列。❶

澳门8月14日第40/95/M号法令第六十二条第一款的规定，"雇主必须将本法规所规定之弥补责任转移予获许可于澳门地区经营工作意外保险之保险人"，可知工作意外及职业病的保险也具有强制性质。

在处理澳门道路交通肇事所造成的损害而生之民事责任上，1994年颁布的新修订的《汽车民事责任之强制性保险条例》（澳门11月28日第57/94/M号法令）第一条以及后续数条规定的强制汽车责任保险制度和第二十五条以及后续数条汽车保障基金（（葡文缩写为FGA）是风险责任重要的配套机制。❷同颁布于1983年的第一部汽车保险法例《汽车民事责任强制性保险条例》（澳门7月9日第7/83/M号法令）相比，新法不仅大幅度地增加了赔偿金额保险金额之最低限额，而且将保障范围扩大到被撞车车辆上的免费乘客。

澳门第11/2004号行政法规《空运人及航空器经营人的民事责任制度》第二十一条（保险的强制性）规定，住所设于澳门且以澳门为主要营业中心的航空器经营人，以及于澳门登记的航空器的经营人，须订立民事责任强制保险合同。而第二十三条则规定一切使用澳门民用航空基础设施或飞越本澳空域的，而在澳门以外地方登记的航空器也必须依照对在澳门登记的航空器所要求的相同规定、条件及金额而订立有关保险合同，以承保经营航空器所固有的危险。

澳门4月22日第27/91/M号法令《核准超轻型航空器条例》第1.4条规定，超轻航器之所有人及驾驶人有为因航空器对第三人造成损害而生的民事责任购买保险之义务性。

澳门12月13日第104/99/M号法令《设立游艇民事责任强制保险之法律制度》第一条规定用于海上运动、钓鱼运动或娱乐之船舶、水上摩托车等被列为游艇（葡文缩写为ER）之船舶，必须向获得许可之保险人购买在使用该船舶时对第三人引致损害之民事责任强制保险后，才可以航行。《训令核准装置宣传物及广告物之民事责任保险保费表及条件》澳门7月15日第38/96/M号法令《订宝装置宣传物及广告物之民事责任保险之最低限额》、同日第168/96/M号训令、同日第169/96/M号训令《核准装置宣传物及广告物之民事责任统一保险单之当体》表规定了由装置宣传物及广告物所产生之民事责任之保险属强制性以及保险的最低限额、装置宣传物及广告

---

❶ Manuel Trigo：《债法概要》，朱琳琳译，杜慧芳校对，1997—1998年，澳门大学法学院三年级教材，未发行，第122-123页。

❷ 1995年1月1日开始生效。

物之民事责任保险之保险费表及条件，装置宣传物及广告物之民事责任统一保险单等，以确保装置宣传物及广告物的准照持有人对由宣传物或广告物对他人或物所造成的损害承担民事责任。

澳门6月14日第263/99/M号训令《核准旅行社职业民事责任统一保险单之一般条件及特定条件》和第25/2007号行政命令《修改6月14日第263/99/M号训令》规定必须为旅行暨旅游社以及旅游旅社职业的活动购买民事责任保险。

澳门3月11日第2/91/M号法律《环境纲要法》第三十二条规定，“从事被类别为对环境造成高度危害的活动”之任何人购买民事责任保险的强制性。

澳门9月9日第25/96/M号法律《分层楼宇法律制度》第十八条规定以分层所有权制度建成的建筑物购买火险为强制性的。

澳门6月5日第38/89/M号法令《订定从事保险中介人业务的制度》❶第十一条规定保险经纪人的职业上固有的民事责任保险属于强制性保险。

澳门第39/2003号行政法规《设立律师职业民事责任强制保险》第一条规定设立律师职业民事责任强制保险，承保范围除了涵盖“以律师在从事业务时因作为、不作为或不履行义务而引致第三人财产受损害的情况”，也包括“因律师的非律师合作者及实习律师的作为或不作为而引致且可归责于律师的法定民事责任，以及第三人在律师的职业住所内遭遇意外的法定民事责任”。

总而言之，鉴于现代工业之风险社会逐渐形成，澳门建立起以一般过错原则为主轴，再透过起过渡作用的过错推定，最后与风险原则相结合成为逻辑严密的侵权法归责体系的结构，以便更充分地发挥侵权民事责任制度的各项功能。

（四）动物致害侵权责任的归责原则和理论基础

本部分拟以动物致人损害为例对其归责原则和理论基础进行一个简单的梳理。在澳门侵权行为法中，动物致人损害与高度危险作业一样，是风险责任，是侵权行为的重要构成部分，但是澳门侵权法中对动物致害责任并非全部适用风险责任，实际上对于动物造成的损害，动物致害责任主体依不同的身份承担不同的责任，《澳门民法典》对于动物致害侵权的规定是无过错责任原则与过错推定责任并存的二元归责体系。具体而言，根据现行《澳门民法典》第四百九十五条和第四百八十六条第一款这两个规定可以看出在关于动物致人损害的问题上将其归入特殊的民事侵权责任，可知动物致害侵权责任是指动物所有人或负有管束义务的人对自己所有或管束的动物造成他人人身、财产或其他损害时，根据责任主体的身份的不同适用无过错责任或者过错推定责任原则，应当承担责任的特殊侵权民事责任。作为一种特殊的民事侵权责任，《澳门民法典》对于动物致害侵权的规定是风险责任原则与过错推定责任原则并存的二元归责体系，相对于一般侵权行为，动物致害责任在归责原则及

---

❶ 后来有第45/91/M号法令、第51/94/M号法令、第27/2001号行政法规、第14/2003号行政法规对此法令有所修订。

构成要件均存在区别，其保持着特殊性。

1. 归责原则

归责原则是确定行为人的侵权民事责任的根据和标准。对于动物致害责任的归责原则，各国各地区法律规定不一，对动物致害责任的归责原则主要有三种体例。第一，有的不加区分地统一适用无过错责任，如《法国民法典》第一千三百八十五条和《意大利民法典》第二千零五十二条规定了动物致人损害的严格责任。[1]另外，还有荷兰、卢森堡、比利时、西班牙等国家的民法典都规定了动物侵权的严格责任。第二，有的实行过错推定责任原则，如日本、瑞士等国对此采用的是过错推定责任。[2]第三，还有的实行无过错责任与过错责任相结合的混合责任，如英国、德国、希腊、智利和葡萄牙。[3]

1）过错推定原则的适用范围。

《澳门民法典》第四百八十六条第一款的规定“管领动产或不动产并对之负有看管义务之人，以及对任何动物负有管束义务之人，须对其看管之物或管束之动物所造成之损害负责；但证明其本身无过错，又或证明即使在其无过错之情况下损害仍

---

[1] 《法国民法典》第一千三百八十五条规定：“动物的所有人，或者牲畜的使用人，在使用的期间内，对该动物或者牲畜造成的损害，不论该动物或牲畜在其管束之下，还是走失或逃逸，均应负赔偿之责任。”本条规定通常认为属于无过错责任原则。

《意大利民法典》第二千零五十二条规定：“动物的所有人或在利用动物期间对其进行管理之人，无论动物是在其保管下，或是遗失或逃走，都要对动物所致损害承担责任，除非证明损害是意外事件所致。”本条也是采用无过错归责原则。

[2] 《日本民法典》第七百一十八条规定：“1. 动物占有人，对其动物加于他人的损害，负赔偿责任。但是，按动物种类及性质，以相当注意进行保管者，不在此限。2. 代占有人保管动物者，亦负前款责任。”

1907 年《瑞士债务法》第五十六条规定：“对动物所致损害，由动物的占有人承担责任。但占有人证明在该种情况下已尽占有及管理的注意义务或纵然已尽占有及管理的注意义务仍然发生损害的，不受此限。”

[3] 请参考以下国家的民法典关于动物致害侵权责任的规定，它们都对动物进行区分立法：

根据《德国民法典》第八百三十三条之规定，“动物致人死亡，或者伤害人的身体或者健康，或者损害物的，动物饲养人有义务向受害人赔偿由此发生的损害。损害是由规定用于动物饲养人的行业、职业活动或者生计的家畜引起，并且动物饲养人在监督动物是尽了在交易中必要的注意，或者即使尽此注意损害也会发生的，赔偿义务即不发生”，可知本条规定了动物饲养人的责任。

又按照《德国民法典》第八百三十四条之规定，“以合同为动物饲养人承担对动物实施看管的人，对动物以第八百三十三条所称方式加给第三人的损害负有责任。看管人在实施看管时尽了在交易中必要的注意，或者即使尽此注意损害也会发生的，该项责任即不发生”，可知本条规定了动物管束人的责任。

按照《德国民法典》第八百三十三条和第八百三十四条之规定，《德国民法典》对于动物致害侵权的规定是无过错责任原则与过错推定原则并存的二元归责原则，说明德国民法将动物区分为役用动物与非役用动物，役用动物又称被为工作动物，是指用于维持动物占占有人的营业、职业或生计的动物。对役用动物适用过错归责中的过错推定责任，对役用动物以外的如宠物等则适用无过错责任，这无论对于动物的饲养人，还是动物管束人来说都是适用的。

《希腊民法典》第九百二十四条Ⅱ对饲养动物作了和《德国民法典》相似的规定。

《智利民法典》规定动物在逃逸或者迷失后造成损害，才适用过错推定责任。

另外，请参考英国法。英国《1971 年动物法令》将动物划分为危险动物和非危险动物。

会发生者除外”。这一条款属于过错责任原则中的一种形式——过错推定责任，对负有管束义务之人适用过错推定原则。如前所述，过错推定责任是过错责任的一种特殊形态，其并不是一个独立的归责原则，而是介于过错责任与无过错责任之间的一种责任承担方式，其本质上还是归属于过错责任的范畴，这里之所以将其称为过错推定责任，是为了以示其与一般过错责任的区别。因“物的行为”所肇致的损害，物的管领人即须根据过错推定来承担责任。具体对动物来说，在损害发生后，从损害事实的本身来推定对任何动物负有管束义务之人有过错（如推定负有管束义务的人未尽到相当的管束义务），并据此确定负有管束义务的人须对其管束之动物所造成之损害负责，从而使举证责任转移到作为被告的负有管束义务的人承担。然而由于过错是推定的，按照《澳门民法典》第三百四十三条第二款的前半部分，“法律推定得以完全反证推翻”，是可反证的推定的过错，允许加害方通过举证证明自己没有过错而免于承担责任，负有管束义务的当事人如能证明其本身无过错或证明即使在其无过错之情况下损害仍会发生（如其通过证明自己已经采取必要的防护措施尽到相当的管束义务或即使其尽到相当的管束义务也难以避免损害的发生）来抗辩自己不应承担责任，如果成立则可免除其损害赔偿责任；不能证明的，为有过错，应当承担赔偿责任。适用过错推定责任，实行举证责任倒置[1]，这使得受害者处于较为有利的地位，在一定程度上也可以更好地保护受害人，可以比较容易得到救济。另外，受害人的过错、第三人之行为以及不可抗力等都可以成为抗辩事由。

2）风险责任原则的适用范围。

《澳门民法典》第四百九十五条（由动物造成之损害）规定：“为本身利益而饲养或利用任何动物之人，须对该等动物所造成之损害负责，只要损害系因饲养或利用动物而生之固有危险所引致者。”本条关于是无过错责任之原则的规定，属于澳门现行法律上规定的“风险责任”，“为了自己的利益而饲养或利用动物之人”无论有无过错，只要动物之所有人或使用人等责任主体[2]所饲养或利用的动物对他人造成损害，如果没有法定的免责事由，动物之所有人或使用人都应当承担责任。[3] 现代社会侵权责任法的价值取向更加偏向于救济受害人，在风险责任的构成要件中，并不要求有过错的要件存在即可构成侵权责任，如 Pires de Lima 和 Antunes Varela 所说，该风险责任的适用并不取决于规范动物之利用的规章制度的违反[4]，其既不要求侵权人

---

[1] 动物致人损害侵权行为关于过错的举证责任倒置，并非免除了受害人的其他举证义务，诸如损害事实的存在、损害事实与致害行为之间的因果关系等都属于受害人的举证事项。

[2] 对动物致人损害的赔偿义务主体的认定，各国法律的规定不尽一致，如《法国民法典》第一千三百八十五条规定的是动物的所有人或使用人；《德国民法典》第八百三十三条和第八百三十四条规定的是动物的占有人或管理人；《意大利民法典》第二千零五十二条规定的是动物的所有人或管理人；《日本民法典》第七百一十八条规定的是动物的占有人。

[3] 即使加害人对其饲养的动物尽到了管理与控制义务，其没有过错，但如果没有法定免责事由，也不能免除其责任。

[4] 澳门第 28/2004 号行政法规《公共地方总规章》和第 4/2016 号法律《动物保护法》。

有过错，也不要求受害人对侵权人的过错进行举证，而将为了自己的利益而饲养或利用动物之人作为动物致人损害的责任人也不能通过证明自己没有过错来免除自己的责任，即使侵权人举证自己没有过错也不能免除其责任。毋庸置疑，风险责任的规定能够让为了自己的利益而饲养或利用动物之人更谨慎地履行看管的义务，加重了其注意义务，且对动物仅负有管束义务的人而言需要承担更重的责任，以便更好地保护他人的权利。值得注意的是，风险责任原则尽管不要求加害人有过错，但并非不承认任何免责事由，只不过加害人不能仅以自己无过错而得以免责，但是受害人的过错、第三人的行为、不可抗力等都可以成为风险责任原则中抗辩事由。

《澳门民法典》第四百八十六条第一款（《葡萄牙民法典》第四百九十三条第一款）与《澳门民法典》第四百九十五条（《葡萄牙民法典》第五百零二条）是针对不同情形之规定，两者是有区别的。首先，《澳门民法典》第四百八十六第一款的规定，适用范畴比较大，任何物所肇致的他人损害，无论是动产、不动产或是动物，均适用该条款的规定，而《澳门民法典》第四百九十五条的规定，适用范围较小，仅有动物造成他人损害，才可以适用该条款的规定。再者，根据葡国学者 Pires de Lima 和 Antunes Varela 之观点，两者之区别在于：《澳门民法典》第四百八十六条第一款所说的责任主体是指对动物的承担着管束义务的行为人，如受寄人、受任人、保管人、依合同约定照看动物的人、在动物试用买卖中的利害关系人等对动物负有管束义务之人，而《澳门民法典》第四百九十五条则不同，其所要求的责任主体是指为其本身利益而饲养或利用该动物者，如所有权人、用益权人、占有人、承租人、借用人等，这一责任建构在动物所有权人或其他对动物所拥有的享益物权❶的基础之上，并且 Antunes Varela 进一步解释，原则上动物所有权人或使用人有无能力都不重要。❷另外，值得指出的是，据上所述，Pires de Lima 和 Antunes Varela 认为《澳门民法典》第四百九十五条中的风险责任将处于从属地位的受托的管束人排除在真正的责任主体的范围外，笔者以为原因可能在于，依照《澳门民法典》第四百九十三条（委托人之责任）之规定，在一般情况下，基于利益风险一致原则，受托人的责任是

---

❶ 这一概念与中文教科书上所指的用益物权基本一致。然而，从20世纪中期开始，一些拉丁法学家构建了横穿物权与债权领域的享益权（direitos de gozo）理论，使观察有关法律现象的视角有所改变。引文所述的葡萄牙学者正是以该说为出发点的。关于享益权理论的介绍，参看：唐晓晴，《拉丁法系视野下的物权概念及物权与对人权（债权）的区分》，载易继明主编《私法》，第八辑第二卷，华中科技大学出版社，2010年版，第1189-119页。

❷ 在这个问题上，笔者有疑虑，这里 Antunes Varela 先生所说的“行为人无能力不重要”是不是与《澳门民法典》第四百八十二条所说的衡平原则有关呢？请参见：Antunes Varela，《债法总论》，第一卷，第十版，唐晓晴译，未出版，第460-461页。

归属于委托人的。[1]

按照风险责任理论，为本身利益而饲养或利用任何动物之人负有承担该动物致人损害的风险以及该动物损害的责任，但是在不同的情形下，动物损害责任主体的认定会有所不同，我们对此要具体情况具体分析。根据葡国学者 Pires de Lima 和 Antunes Varela 之观点，如果动物的主人通过使用借贷合同将动物借给别人，使用借贷的借用人也是为了本身的利益而利用它，所以让借用人为其使用的动物将来可能致害的行为承担风险责任也是符合公平正义之理念的，而动物的主人则不用承担责任。再者，如果动物被出租了，动物的出租人可以得到报酬，而动物的承租人也在租赁中直接得到利益，所以在动物致害责任中，出租人与承租人应根据风险责任共同向第三人承担连带责任。另外，如果动物的所有者或使用者将动物交给他人看管，此时，如果负有管束义务之人疏于管束动物，即负有管束义务之人在动物管理上有过错，从而引致动物造成他人合法权益受到损害的，即“损害事实源自管束人之过错推定的话”[2]，则根据 Antunes Varela 的观点，要将《澳门民法典》第四百八十六条第一款和第四百九十五条（《葡萄牙民法典》第四百九十三条第一款和第五百零二条）两条所规定之责任累积叠加[3]，笔者以为所谓的累积叠加就是动物的所有者或使用者与负有管束义务之人应根据《澳门民法典》第四百九十条向受害之第三人共同承担连带责任[4]，但此时如果负有管束义务之人即是受害之第三人时，因其自己的过错（此时其有双重身份），依照《澳门民法典》第四百八十七条之规定[5]，动物的所有者或使用者的风险责任会得以减轻或免除[6]；如果负有管束义务之人在管理上并没有过错，则动物致害侵权责任仍按照《澳门民法典》第四百九十五条（《葡萄牙民法典》第五百零二条）之规定的风险责任来处理，由动物的所有者或使用者承担无过错责任，只要《澳门民法典》第四百九十五条（《葡萄牙民法典》第五百零二条）

---

[1] 《澳门民法典》第四百九十三条（委托人之责任）：

一、委托他人作出任何事务之人，无论本身有否过错，均须对受托人所造成之损害负责，只要受托人对该损害亦负赔偿之义务。

二、委托人仅就受托人在执行其受托职务时所作出之损害事实负责，但不论该损害事实是否系受托人有意作出或是否违背委托人之指示而作出。

三、作出损害赔偿之委托人，就所作之一切支出有权要求受托人偿还，但委托人本身亦有过错者除外；在此情况下，适用第四百九十条第二款之规定。

[2] Antunes Varela：《债法总论》，第一卷，第十版，唐晓晴译，未出版，第 461 页。

[3] Antunes Varela：《债法总论》，第一卷，第十版，唐晓晴译，未出版，第 461 页。

[4] 《澳门民法典》第四百九十条（连带责任）：(1) 如有数人须对损害负责，则其责任为连带责任。(2) 负连带责任之人相互间有求偿权，其范围按各人过错之程度及其过错所造成之后果而确定；在不能确定各人之过错程度时，推定其为相同。

[5] 《澳门民法典》第四百八十七条（过失情况下损害赔偿之缩减）：责任因过失而生者，得按衡平原则以低于所生损害之金额定出损害赔偿，只要按行为人之过错程度、行为人与受害人之经济状况及有关事件之其他情况认为此属合理者。

[6] Antunes Varela：《债法总论》，第一卷，第十版，唐晓晴译，未出版，第 461 页，注解 2。

规定之风险责任的适用前提条件成立，即“为本身利益而饲养或利用任何动物”。❶

最后，对于遗失、走散的动物，只要遗失动物之拾得人没有意欲视其捡到的动物为自己所拥有的动物那样使用就无须对拾得之动物所肇致之损害负风险责任❷，也正如冯·巴尔在参酌涵盖 Pires de Lima、Antunes Varela 以及 Neto Martins 等学者的观点之后所说的❸，“他必须对他有意从中获益的动物有实际的控制。在一个动物被‘强加’于某人或走失的动物将某人认作其监护人的情形，此等人只要不是为了其自己的目的照管该动物，他就不是该动物的保有者”。笔者以为，此时不排除其依照《澳门民法典》第四百八十六条第一款（《葡萄牙民法典》第四百九十三条第一款）承担过错推定之责任的可能。

笔者认为，澳门根据具体的情形分别适用无过错责任与过错推定责任的二元归责原则，摒弃一元化的归责体系，一并适用囊括二者的二元归责体系，在归责原则上采用了更加科学合理的维度。因为通过前述对国外立法例的简要介绍，笔者认为采取无过错责任或过错推定责任的一元化的归责原则，对不同类型的动物致害责任完全不做区分，难免失之僵化，对动物致害适用同一种归责原则可能不能很好地解决动物致害侵权的归责问题，不能符合动物致害的现实，也不能有力地保护有关当事人，对于他们的权益保障也十分不利。根据《澳门民法典》第四百八十六条第一款❹与《澳门民法典》第四百九十五条❺可知，在澳门对动物致害责任适用多元的归责原则不仅是可行的，而且是必须的。当动物造成损害后，对动物致害的侵权责任应当考虑到为本身利益而饲养或利用任何动物之人或对动物有管束义务的人应当承担的注意义务程度的不同，相应地采取不同的归责原则，没有简单地一概而论，适用的归责原则多样化，从而避免一元化归责的局限性，这样既能很好地保护受害人的利益，同时又不会过度加重对动物有管束义务的人的责任，更能彰显法律的公平正义。

再者，如前述的德国和英国一样，《澳门民法典》对于动物致害侵权的规定也是无过错责任原则与过错推定责任这两种责任同时并存的二元归责体系，三者虽然也都对动物进行区分立法，但是区分的方式有别，笔者认为澳门民法所采用的区分方法更加科学合理，笔者简明扼要地阐述一下理由。德国和英国都是根据致害动物的种类和性质的不同而采取严格责任和过错推定并存的二元归责原则。按照《德国民法典》第八百三十三条和第八百三十四条之规定，可知《德国民法典》对于动物致

---

❶ 《澳门民法典》第四百九十五条（由动物造成之损害）：为本身利益而饲养或利用任何动物之人，须对该等动物所造成之损害负责，只要损害系因饲养或利用动物而生之固有危险所引致者。

❷ Antunes Varela 著：《债法总论》，第一卷，第十版，唐晓晴译，未出版，第 461 页。

❸ 克雷斯蒂安·冯·巴尔：《欧洲比较侵权行为法》（上册），张新宝译，法律出版社，2001 年版，第 280 页。

❹ 《葡萄牙民法典》第四百九十三条第一款。

❺ 《葡萄牙民法典》第五百零二条。

害侵权的规定是无过错责任原则与过错推定原则并存的二元归责原则，德国民法将动物区分为役用动物与非役用动物，对役用动物适用过错归责中的过错推定责任，对役用动物以外的如宠物等则适用无过错责任。[1]另外，英国《1971年动物法令》将动物划分为危险动物和非危险动物，对于饲养危险动物引起的责任，根据《1971年动物法令》第二条第一款之规定，对于饲养危险动物引起的责任采用严格责任；而对于非危险动物引起的损害，根据该法令第二条第二款，对于非危险动物引起的损害适用过错责任。以上都是将动物划分为不同的种类，如德国民法所做的役用动物与非役用动物或者英国民法所做的危险动物与一般动物的分类，并按照动物种类或性质的不同适用不同的归责原则与责任构成要件。笔者认为，无论将动物分为役用动物与非役用动物，还是危险动物与非危险动物，首先在概念上都存在着一定的不确定性；无论将动物分为役用动物与非役用动物，还是危险动物与非危险动物，对人类而言它们都是有别于人类的非理性动物，由于动物的非理性致使其行为本身就存在着不可预测的潜在的固有危险的特性，动物致害可能是无法预见和避免的，是由动物本质上所固有的引致他人合法权益受损的危险性决定的。诚如冯·巴尔所说的："《葡萄牙民法典》第五百零二条谨慎地规定'保有动物的某种危害（hazard）'而不是规定一个动物或者一类动物的具体危险。一个动物到底有多危险，取决于其特性而不是取决于对其使用的方法"[2]，当然也不取决于别的，这是动物的一种本能，任何动物的都不同程度地存在着肇致他人合法权益损害的固有危险，基于其本能可能会成为对于他人的人身、财产或其他合法权益产生损害的危险之来源，而且动物的这种固有危险具有相当的不确定性，如一只被人们认为是没有杀伤力的小鸟可能引致飞行过程中的飞机坠毁；性格温顺的小猫也可能抓瞎小孩的眼睛；公鸡也有可能会啄伤幼儿的脸蛋，诸如此类。基于这种潜在的固有危险性，以动物为角度将动物分为性质上泾渭分明的役用动物与非役用动物或是危险动物与非危险动物，并适用不同的归责原则和不同的责任构成要件，是有失公平的，不利于对受害人的保护，因为很难说一只老虎对他人所造成的损害就一定大于一只小鸟所引致的，更何况这种区分不仅在概念上的准确性值得商榷，而且繁琐复杂。

相比较而言，《澳门民法典》虽然也对动物进行区分立法，但《澳门民法典》不是区分不同的动物种类，而是因动物责任主体依身份的不同而分别规定了不同的责任承担形式，规定不同的归责原则和不同的责任构成要件。笔者认为，精确划分动物侵权案件所涉及的各方主体的责任界限更加具有理论意义和实践意义。而关于动

---

[1] "《德国民法典》，在对第八百三十三条在经过1908年5月30日的修订后，设立了两个制度：如果损害是由用于使用人之职业，经营或生活之家养动物造成，则其仅需负过错责任；其他情况，则同样需要负无过错责任。"请参见：Antunes Varela，《债法总论》，第一卷，第十版，唐晓晴译，未出版，第460-461页。

[2] 克雷斯蒂安·冯·巴尔：《欧洲比较侵权行为法》（上册），张新宝译，法律出版社，2001年版，第287页。

物致害的加害行为如果以动物为视角来区分诠释没有太大的意义，因为动物作为行为主体并没有民法上的主体地位，其也不可能成为法律上的主体，如冯·巴尔所说的，“受害人被狗咬伤受到伤害是由动物‘造成’的，但是在法律上不能归责于狗，正如一台有缺陷的机器造成伤害在法律上是不能归责于机器一样”，因动物不能实施法律上的行为，而且“动物也不能对其‘作为’与‘不作为’进行解释”，因此动物不可能以动物致害侵权主体和责任主体的主体的身份出现，由其侵害他人合法权益所造成的损害只能由所有、利用或管束它们的人来承担。[1]所以，无论哪一种动物肇致损害，或者动物的任何一种行为产生损害，只要是由于动物固有的危险性即其本能所引致的，其在本质上根本就没有什么不同，而且“在法律上能够实施行为的仅仅限定于人”[2]，动物致害侵权的责任承担的主体归根结底也是人，所以笔者以为，无论是《葡萄牙民法典》还是《澳门民法典》，以动物背后的人的身份为视角作为考量判断区分的基础来解决动物致害以后的责任承担问题似乎更加科学更有可信度。

2. 理论基础

因动物责任主体身份的不同而规定不同的归责原则，根据葡国学者 Pires de Lima 和 Antunes Varela 之观点，依照《澳门民法典》第四百九十五条（《葡萄牙民法典》第五百零二条）对于动物致害责任主体承担风险责任的理论基础之一为风险利益一致原则，即行为人在追求利益的过程中肇致危险和损害的，应当由其承担侵权损害赔偿责任。对于动物致害责任主体承担风险责任在于饲养动物的所有人或使用人在享受相关利益，根据《澳门民法典》第四百九十五条前半部分之规定“为本身利益而饲养或利用任何动物之人，须对该等动物所造成之损害负责……”，可知饲养或利用任何动物的所有人或使用人一般能从其饲养或利用的动物中得到某种利益，这种利益可能是物质上的，以食用或以牟利为目的（或者说是为了获得利润）或基于对自己财产的安全防范考虑，又或者以观赏为目的，抑或是心理上或精神上的某种依赖需求（如情感上孤独时的慰藉）[3]，不论何种情况，动物的所有人或使用人都是动物的直接获益者，而适用风险责任原则是基于“谁从动物身上获益，谁就要承担风险”的考量[4]，根据利益与风险相一致的原则，在享受相关利益的同时，理应承担其所引起的风险，其意义旨在加强动物所有人或使用人的对动物的管理责任，所以由为本身利益而饲养或利用任何动物之人承担动物致他人损害的赔偿责任，不仅是有

---

[1] 克雷斯蒂安·冯·巴尔：《欧洲比较侵权行为法》（上册），张新宝译，法律出版社，2001 年版，第 287 页。

[2] 克雷斯蒂安·冯·巴尔：《欧洲比较侵权行为法》（上册），张新宝译，法律出版社，2001 年版，第 287 页。

[3] 现代社会，很多人都把动物作为一个宠物来对待，动物涉及他们的精神生活，是他们的一种精神寄托。

[4] Antunes Varela：《债法总论》，第一卷，第十版，唐晓晴译，未出版，第 460-461 页。

充分根据的而且也是最为合理的。[1]

另外，笔者认为，依照《澳门民法典》第四百九十五条（《葡萄牙民法典》第五百零二条），对于动物致害责任主体承担风险责任的理论基础之二在于动物本质上所固有的潜在的源于其非理性的特征所引致的难以预测的高度危险性，这种危险行为在某种程度上有一定的不可控性，即使加害人尽到相当的注意管束义务，也可能无法完全预见和消除该危险，所以可能无法完全避免损害的发生。而动物致害往往又是其固有危险肇致的后果，因此如果不对加害人的身份加以区分而统一适用过错推定，加害人往往易于举证证明其采取了相应的措施尽到了管束义务不存在过错而免责，这对受害人是不公平的，所以同时基于上述的风险利益一致原则对“为本身利益而饲养或利用任何动物之人”适用风险责任。因为相对于《澳门民法典》第四百八十六条第一款所说的仅负有管束义务的人而言，基于《澳门民法典》第四百九十五条中所说饲养或利用动物的所有人或使用人对于其饲养或利用的动物具有实质上的一定程度上的支配与管领的能力，在某种意义上来讲，饲养或利用动物的所有人或使用人是这种固有危险的肇事者（因为对他人的这种固有危险性是产生于他或她对动物的饲养或利用），而且在某种程度上其实际拥有控制这种危险来源的能力(虽然不能完全预见和控制动物致害)[2]，并由此产生了对动物认真注意、仔细小心的谨慎控制管束的义务，所以其也必须对动物所具有的这种固有危险性负责。当然这不是说，仅负有管束义务的人没有谨慎控制管束所要管束动物的义务，只是不仅相对于第三人来说，更是相对于仅负有管束义务的人而言，饲养或利用动物的所有人或使用人对于其饲养或利用的动物的种类与习性以及危险更加清楚了解和确定，而且从很大程度上来讲，也很难说仅负有管束义务的人是这种固有危险的制造者，他或她仅是一般意义上的管束义务，因此在某种程度上，相比较负有管束义务的人而言，饲养或利用动物的所有人或使用人更加应该也更加有能力对于其饲养或利用的动物的这些危险进行控制约束，更容易防范动物致人损害的发生，控制能力大小的不同在一定程度上可能会导致责任不同。因此，作为动物的所有人或使用人，对动物致害行为的发生，其不仅较一般人而且对仅负有管束义务的人而言都是具有更强之防范能力的，理应承担更大的风险更重的责任。

相比较之下，关于动物致害行为，对仅负有管束义务的人适用过错推定责任，因其已尽善良之人的管束义务或没有过错而免除其赔偿责任，根据上述两个理论基础，相比较饲养或利用动物的所有人或使用人而言，其应承担较轻的责任。当然，

---

[1] 又如 Antunes Varela 所言“因某人为自身利益利用动物的同时，会存在一些风险，因为通常来说，或多或少，它们都是危险的来源，所以应该承担因其利用而带来的特别风险之后果。”请参见：Antunes Varela,《债法总论》，第一卷，第十版，唐晓晴译，未出版，第 460 页。

[2] 在这段论述里，笔者一方面说危险行为的在某种程度上有一定的不可控性，另一方面又说当事人有控制这种危险的能力，都是相对而言的，而且都是以不同的视角来阐述的，笔者在这里并不是有意要引起歧义，相反，笔者其实是想让这里所探讨的问题更清晰，并不是要使这些问题模糊化。

适用过错推定责任不如无过错责任保护受害人有力度，但是如上所诠释的，让负有管束义务的人承担无过错责任过于严苛，缺乏理论基础。

二、本法域对该规则的规定

（一）《澳门民法典》

第三百三十七条（举证责任之倒置）

一、如存在法律上之推定、举证责任之免除或解除，或存在具上述意义之有效约定，则以上各条规则中之责任倒置；在一般情况下，法律每有此倒置责任之规定时亦然。

二、因对方之过错使负举证责任之人不能提出证据时，举证责任亦倒置，但诉讼法对违令或虚假声明所特别规定适用之制裁仍予适用。

第三百四十二条（概念）

推定系指法律或审判者为确定不知之事实而从已知之事实中作出之推论。

第四百七十七条（一般原则）

一、因故意或过失不法侵犯他人权利或违反旨在保护他人利益之任何法律规定者，有义务就其侵犯或违反所造成之损害向受害人作出损害赔偿。

二、不取决于有无过错之损害赔偿义务，仅在法律规定之情况下方存在。

第四百八十条（过错）

一、侵害人之过错由受害人证明，但属法律推定有过错之情况除外。

二、在无其他法定标准之情况下，过错须按每一具体情况以对善良家父之注意要求予以认定。

第四百八十四条（有管束他人义务之人之责任）

基于法律或法律行为而对自然无能力人负有管束义务之人，须就该自然无能力人对第三人所造成之损害负责；但证明其已履行管束义务，又或证明即使已履行管束义务而损害仍会发生者除外。

第四百八十五条（由楼宇或其他工作物造成之损害）

一、楼宇或其他工作物因建造上之瑕疵、保存上出现缺陷而全部或部分倒塌者，该楼宇或工作物之所有人或占有人须对由此而造成之损害负责；但证明其本身无过错，又或证明即使已尽应有之注意义务亦不能避免该等损害者除外。

二、基于法律或法律行为而对楼宇或工作物负有保存义务之人，须代该楼宇或工作物之所有人或占有人对完全因保存上出现缺陷而造成之损害负责。

第四百八十六条（由物、动物或活动造成之损害）

一、管领动产或不动产并对之负有看管义务之人，以及对任何动物负有管束义务之人，须对其看管之物或管束之动物所造成之损害负责；但证明其本身无过错，又或证明即使在其无过错之情况下损害仍会发生者除外。

二、在从事基于本身性质或所使用方法之性质而具有危险性之活动中，造成他人受损害者，有义务弥补该等损害；但证明其已采取按当时情况须采取之各种措施以预防损害之发生者除外。

三、上款之规定，不适用于因陆上交通事故而产生之民事责任，但有关活动或其所使用之方法，与陆上通行时通常出现之危险相比具特别及更高之危险性者除外。

第四百九十二条（适用规定）

规范因不法事实而产生责任之规定中可适用之部分，延伸适用于风险责任之各种情况，但法律另有规定者除外。

第四百九十三条（委托人之责任）

一、委托他人作出任何事务之人，无论本身有否过错，均须对受托人所造成之损害负责，只要受托人对该损害亦负赔偿之义务。

二、委托人仅就受托人在执行其受托职务时所作出之损害事实负责，但不论该损害事实是否系受托人有意作出或是否违背委托人之指示而作出。

三、作出损害赔偿之委托人，就所作之一切支出有权要求受托人偿还，但委托人本身亦有过错者除外；在此情况下，适用第四百九十条第二款之规定。

第四百九十四条（公法人之责任）

任何公法人之机关、人员或代表人在从事私法上之管理活动中对第三人造成损害者，该公法人须按委托人就受托人所造成之损害负责之有关规定，对该等损害承担民事责任。

第四百九十五条（由动物造成之损害）

为本身利益而饲养或利用任何动物之人，须对该等动物所造成之损害负责，只要损害系因饲养或利用动物而生之固有危险所引致者。

第四百九十六条（由车辆造成之事故）

一、实际管理并为本身利益而使用任何在陆上行驶之车辆之人，即使使用车辆系透过受托人为之，亦须对因该车辆本身之风险而产生之损害负责，而不论该车辆是否在行驶中。

二、不可归责者按第四百八十二条之规定负责。

三、为他人驾驶车辆之人，须对因该车辆本身之风险而产生之损害负责，但该人虽在执行职务，而车辆不在行驶中者除外。

第五百零一条（最高限额）

一、基于交通事故而须作之损害赔偿，如应负责任之人无过错，则每一事故之最高限额：如一人或多人死亡或受伤害，为法律对造成事故之车辆之类别所规定之汽车民事责任强制保险之最低金额；如对物造成损害，即使有关之物属不同所有人所有者，为上述金额之一半。

二、弥补之优先次序，以及以年金方式定出损害赔偿时确定年金之标准，为有关汽车民事责任强制保险之法律所规定者。

第五百零二条（由电力或气体之设施造成之损害）

一、实际管理用作输送或供应电力或气体之设施并为本身利益而使用该设施之人，须对因输送或供应电力或气体而导致之损害负责，亦须对因设施本身而造成之损害负责，但在事故发生时，该设施符合现行技术规则之要求，并处于完好之保存状态者除外。

二、对因不可抗力所导致之损害，无须弥补；凡与以上所指之物之运作及使用无关之外因，均视为不可抗力之原因。

三、对耗用能源之器具所造成之损害，不得要求依本条之规定获弥补。

第五百零三条（责任之限额）

一、如应负责任之人无过错，则就每一事故中死亡或身体受伤害之每一人，上条所指责任之最高限额为有关强制保险之最低金额之十分之一，又或在无此强制保险之规定时为轻型汽车之汽车民事责任强制保险之最低金额，而最高总限额则为上述金额之十倍。

二、如对物造成损害，即使有关之物属不同所有人所有，亦适用上述限额。

三、如对房地产造成损害，则就每一房地产之风险责任最高限额为以上两款所定总金额之两倍，而总限额则为此金额之五倍。

（二）《澳门商法典》

第八十五条（作为生产商之商业企业主之客观责任）

一、作为生产商之商业企业主不论有否过错，均须对因其投入流通之产品之瑕疵而对第三人所造成之损害负责。

二、生产商系指制成品、组件或原料之制造商，以及透过加于产品上之名称、商标或其他识别标志而表现为生产商者。

三、下列者亦视为生产商：

a. 经营企业时进口产品以便出售、出租、融资租赁或以其他方式销售；

b. 无澳门之生产商或进口商之认别资料之产品之销售商，但获受害人书面通知后以书面将生产商、进口商或前手销售商之认别资料回复受害人者除外。

第八十六条（产品）

一、任何动产，即使与其他动产或不动产组装，均视为产品。

二、来自土地、畜牧、捕鱼及狩猎之产物，如未加工不视为产品。

第八十七条（瑕疵）

一、考虑到包括外表、特性及可作之合理使用在内之各种具体情况，一项产品于开始流通时未能提供合理预期之安全者，则视为有瑕疵。

二、产品并不因后来有另一更完善之产品在市场上流通而视为有瑕疵。

第八十八条（责任之排除）

如证明有下列情况，商业企业主无须对产品瑕疵负责：

a. 商业企业主未将产品投入流通；

b. 根据具体情况，可合理推定产品于开始流通时并无瑕疵；

c. 制造产品并非为了出售或其他具经济目的之形式之销售，亦非在经营企业时生产或销售有关产品；

d. 产品瑕疵系因遵守公共当局之强制性规定而造成；

e. 以产品投入流通时之科技知识水准未能验出瑕疵之存在；

f. 如为组件，有关瑕疵系因其所组装之产品之设计或产品生产商之指示而造成。

第八十九条（连带责任）

一、如须对损害负责之企业主多于一名，则各人之责任为连带责任。

二、在责任人之内部关系上，应考虑有关情况，尤其是每一责任人所造成之危险、倘有之行为过错之严重性及对所造成之损害应分担之责任。

三、如不能确定各人之责任，则须平均分担。

第九十条（与受害人及第三人之责任竞合）

一、如受害人对损害之发生亦有过错，法院得根据有关情况将损害赔偿减少或排除。

二、如第三人之行为亦系造成损害之原因之一，则企业主之责任不得减少，但不影响上条第二款及第三款之规定之适用。

第九十一条（可获赔偿之损害）

瑕疵产品造成人身伤亡之损害，以及对瑕疵产品以外之物造成之损害，只要该物一般系供私人使用或消费，受害人亦主要将之作此用途者，则属可获赔偿之损害。

第九十二条（不得排除）

对受害人之责任不得排除或设定限制，与此相反之订定视为并无订定。

第九十三条（时效）

损害赔偿请求权之时效，自受害人知悉或应知悉损害、瑕疵及企业主认别资料之日起经三年完成。

第九十四条（失效）

损害赔偿请求权自企业主将造成损害之产品投入流通之日起经过十年而失效，但受害人所提起之诉讼正待决者除外。

（三）澳门第11/2004号行政法规《空运人及航空器经营人的民事责任制度》

第十四条（客观责任）

航空器经营人，不论是否有过错，均须按照下条的规定及所订限度，就飞行中的航空器或其脱落物，包括不可抗力所引致的投弃物，对地面上的第三人造成的损害，以及就于地面上静止或移动中的航空器造成的损害，承担赔偿责任。

第十五条（因对第三人造成的损害而产生的责任的限度）

一、航空器经营人因对第三人造成的损害而按照上条的规定所承担的责任，其上限为：

（1）如航空器的最大起飞重量不超过2000公斤，上限为澳门币15000000元（澳门币一千五百万元）；

（2）如航空器的最大起飞重量超过2000公斤，但不超过6000公斤，上限为澳门币45000000元（澳门币四千五百万元）；

（3）如航空器的最大起飞重量超过6000公斤，但不超过25000公斤，上限为澳门币120000000元（澳门币一亿二千万元）；

（4）如航空器的最大起飞重量超过25000公斤，但不超过100000公斤，上限为澳门币500000000元（澳门币五亿元）；

（5）如航空器的最大起飞重量超过100000公斤，上限为澳门币900000000元（澳门币九亿元）。

二、本条第一款所指金额可透过行政长官批示定期修订，使之适应空运市场情况的演变。

三、如航空事故所引致损害的价值预计高于本条所订限度，应为全部受害人登记，并随即优先结算对死亡或身体上的损伤引致的损害的赔偿，如有必要，则按比例分配；如尚有余额，则按比例分配予受财产损害的其余受害人。

第十六条（航空器经营人与对航空器拥有权利的人的连带责任）

如航空器经营人在损害发生时不拥有对航空器的专用权，则向其移转航空器使用权的实体须与航空器经营人负连带责任。

第十八条（民事责任的延伸）

一、如受害人或其继承人证实损害是由航空器经营人或其代表有过错的行为或不作为引致，且航空器经营人代表的行为并未超越本身的劳动关系范围，则第十五条第一款所指经营人的责任的限度可提高。

二、如属盗窃、盗用、抢劫航空器或属任何不法僭用航空器指挥权的情况，航空器经营人仍须负弥补所造成损害的责任，但不影响经营人针对以作为或不作为的行为造成有关损害的人享有求偿权。

三、如航空器是由经营人的代表指挥或操作，即使该等代表的行为超越本身职务范围，经营人亦须就航空器对第三人造成的损害承担责任，但不影响经营人针对该等代表享有求偿权。

第十九条（航空器的碰撞）

一、如两艘或两艘以上的航空器于飞行中或在地面操作时发生碰撞，则赔偿对第三人造成损害的义务应由引致事故的航空器的经营人承担，又或由牵涉在内的各经营人按照在碰撞中所占责任比例分担。

二、如无法确定引致碰撞者，责任应视为平均分担，并由每一直接涉及碰撞者按此比例承担就所造成的损害向第三人作出赔偿的义务。

第二十一条（保险的强制性）

一、住所设于澳门特别行政区且以澳门特别行政区为主要营业中心的航空器经营人，以及于澳门特别行政区登记的航空器的经营人，须按本行政法规所订的规定、条件、限度及金额订立保险合同，以承保经营航空器所固有的危险。

二、空运经营人证明书的发出或使其重新有效，即使属例外及暂时性质者，以及航空器适航证明书的发出或使其重新有效，均取决于事先向民航局呈交保险证明书或保险单，以证明备有以相关经营人的名义订立的有效保险合同。

三、上两款所指保险合同是用作保证对本行政法规第二章及第三章所指损害的赔偿，尤其应承保：

（一）按第五条第三款的规定用作赔偿第四条（一）项所指损害的保险的最低保险金额；

（二）第六条、第七条、第八条及第十五条第一款所订民事责任上限。

四、保险合同可由独一保险单承保一切因经营航空器所引致的危险，此外，尚应承保：

（一）就有关代表的行为所承担的责任；

（二）对本行政法规所指损害的赔偿责任，即使损害属故意造成，又或因盗窃、盗用、抢劫航空器或不法僭用航空器指挥权而造成者亦然；

（三）对武装冲突、战争、革命、起义、骚乱或恐怖主义的行为造成的损害的赔偿责任。

第二十二条（有效性）

空运经营人证明书或航空器适航证明书是否有效，取决于是否备有关于拟经营或拟证明适航的航空器的有效保险证明书或保险单。

第二十三条（在澳门特别行政区以外地方登记的航空器的民事责任强制保险）

一、应为使用澳门特别行政区民用航空基础设施或飞越澳门特别行政区空域的、在澳门特别行政区以外地方登记的航空器订立保险合同，有关合同的规定、条件及金额与为在澳门特别行政区登记的航空器而订者相同，并应证明该保险合同已透过保险证明书或保险单订立。

二、非以澳门特别行政区正式语文或英文发出的保险证明书或保险单，应附具一份中文、葡文或英文的官方译本。

（四）澳门4月22日第27/91/M号法令《核准超轻型航空器条例》

1 一般规定

1.3 损害第三人之责任：

1.3.1 超轻航器之所有人及驾驶人，不论有否过错，因航空器对第三人造成损害，须负连带赔偿责任，但事故仅因受害人之过错而引致者，不在此限。

1.3.2 上款所订定责任之最低限额为澳门币一百万元。

1.4 保险之义务性：

1.4.1 超轻航器之所有人及驾驶人必须订立保险合同，以确保对第1.3.1. 款所指之损害负起民事责任，其限额为本规章第1.3.2. 款所订定者。

1.4.2 当监察实体要求时，应出示保险合同副本。

（五）澳门3月11日第2/91/M号法律《环境纲要法》

第三十条（客观责任）

一、任何人因某类特别危险的行为，即使经遵守适用法例，无论有否过错，当对环境造成明显损害时，须负赔偿责任。

二、对因损害环境而根据环境受损程度而定的赔偿数额，将由补充法例订明。

第三十二条（民事责任的保险）

从事被类别为对环境造成高度危害的活动的任何人，必须购买民事责任的保险。

（六）澳门12月13日第109/99/M号法令《核准海上商事之法律制度》

第十二条（所有人对污染之民事责任）

一、经1976年11月19日及1992年11月27日伦敦议定书修改之1969年11月

29日《油污损害民事责任布鲁塞尔公约》之规定，或当时生效之该公约之任何修正案或议定书之规定，适用于在澳门地区导致之污染损害之民事责任，以及为避免或减少该等损害而采取之救助措施。

二、该公约第七条之规定，适用于在澳门注册之船舶。

第二十六条（适用于船舶经营人因船员之行为而负之民事责任之法律）

一、船舶经营人因船员之不法行为而负之责任，受适用于非合同责任之法律规范。

二、船舶经营人因作为其履行辅助人之船员之作为或不作为而负之责任，受适用于该等债务性质之法律行为之法律规范。

第二十八条（船舶经营人因船员之行为而负之民事责任）

一、船舶经营人对船员在履行获交托之职务时所作之不法行为，须按委托人对受托人之行为承担责任之规定，承担责任。

二、船舶经营人在履行债务时对船员之作为或不作为，须按债务人对其履行辅助人之作为或不作为承担责任之规定，承担责任。

三、然而，如船长为救助、保证航行安全或保障海上航行所涉及之整体利益而履行法律规定之义务，则船舶经营人无须承担责任。

四、对于引航员在船上之作为或不作为，船舶经营人须承担责任，但引航员之登船系由当地有关法律所规定者除外。

第三十九条（在未设立责任限制基金之情况下之责任限制）

一、虽然未按第四十一条之规定设立责任限制基金，亦得援引责任限制。

二、第四十二条之规定，经作出必要配合后，适用于未设立责任限制基金而援引责任限制之情况。

第四十条（适用于责任限制基金之设立及分配之制度）

一、责任限制基金之设立及分配，适用以下数条之规定，并补充适用程序法之规定。

二、为下条第一款之效力而适用之利率，根据训令订定。

第四十一条（责任限制基金之设立）

一、请求偿付受责任限制之债权之诉讼在法院提起后，任何被指为须承担责任之人，得透过该法院设立责任限制基金；责任限制基金数额应为按第三十五条及第三十六条之规定确定且适用于该人可能须承担责任之债权之责任限额总数，加上自产生该责任之事故发生之日起至基金设立之日止之利息；任何以此方式设立之责任限制基金，仅可用以偿付可援引责任限制之债权。

二、责任限制基金得以存款方式设立，或以提供澳门当时生效之法律所允许且法院认为适当之担保设立。

三、由第三十八条第一款 a~c 项或第二款所指之任一人或其保险人设立之责任限制基金，分别视为系由该条第一款 a 项至 c 项或第二款所指之全部人设立。

第四十二条（责任限制基金之分配）

一、责任限制基金应在债权人之间，依其对基金确立之债权金额，按比例分配，但不影响第三十五条第一款至第三款及第三十六条之规定之适用。

二、在分配责任限制基金前，如责任人或其保险人清偿一项对基金之债权，则在所清偿之金额范围内代位取得受偿人依本章之规定享有之权利。

三、上款所指代位权，除该款所指者以外，亦得由其他人在其已付赔偿金额范围内行使，但以所适用之法律允许行使该代位权为限。

四、如责任人或任何其他人证明，如某一赔偿金额在责任限制基金分配之前即已支付，日后其可能被强制支付该赔偿金额之全部或部分，而按第二款及第三款之规定，其对该金额享有代位权，则法院得命令暂时保留一笔足够数额，以便该人日后能对该基金主张其权利。

第四十四条（适用于油污损害责任限制之特别制度）

一、在澳门地区造成之油污损害之责任限制，适用经 1976 年 11 月 19 日及 1992 年 11 月 27 日之伦敦议定书修改之 1969 年 11 月 29 日《油污损害民事责任布鲁塞尔公约》之规定。

二、责任限制基金之设立及分配，适用上款所指公约之规定，并补充适用程序法之规定。

三、如对船舶所有人以外之人主张因油污损害而生之债权，则第一款之规定并不影响以上数条之规定之适用。

（七）澳门 4 月 22 日第 28/91/M 号法令《订定本地区行政当局、公共法人其权利人及公共管理代理人之合约外民事责任制度》

第二条（行政当局及其他公法人之责任）

本地区行政当局及其他公法人，对其机关或行政人员在履行职务中以及因履行职务而作出过错之不法行为，应向受害人承担民事责任。

第三条（机关之据位人、行政人员及公法人之责任）

在不影响上条规定之情况下，本地区行政当局之机关据位人及行政人员和其他公法人，对于其超越其职务范围所作出的不法行为或在履行职务中以及因履行职务故意作出之不法行为，应承担民事责任。

第九条（危险责任）

本地区行政当局和其他公法人对由于行政部门异常危险之运作或由于具有同样

性质之对象和活动造成的特别和非常之损害承担责任，但根据一般规定，能证明在该部门运作或在执行其活动时发生外来不可抗力或系受害人或第三人之过错者除外。

第十条（符合规范行为之责任）

一、本地区行政当局和其他公法人为了总体利益通过合法之行政行为或符合规范之事实行为对私人施加负担或造成特别和非常损失时，应向其负责赔偿。

二、本地区行政当局或其他公法人当在紧急情况下以及为了必须维护之公共利益之目的不得不特别牺牲第三人全部或部分之对象或权利时，应向其赔偿。

（八）澳门6月14日第263/99/M号训令《核准旅行社职业民事责任统一保险单之一般条件及特定条件》

第二条（保险范围）

一、保险须与法律规定旅行社有义务订定保险合同以承担其职业民事责任之保险一致。

二、本保险单之保险范围，仅包括在民事上要求被保险人作出弥补其故意或非故意对其顾客或第三人造成之财产及非财产损害之赔偿，以及纯粹因被保险人之本身及/或补充业务而引致之赔偿，且赔偿仅限于下列范围：

a. 因被保险人未提供与顾客约定之服务，又或所提供之服务不足或有瑕疵而引致出现额外费用；

b. 因被保险人之代理人或工作人员之作为或不作为而引致顾客或第三人之身体受到侵害；工作人员仅指其民事责任须由被保险人承担者。

三、因气候条件变化而导致改变服务，不视为服务不足或有瑕疵，但在有关行程表、广告或与顾客所订合同内已有相反之说明者，不在此限。

四、除第二款所定之范围外，保险人仅负责牵涉被保险人且被保险人须听从保险人指示之诉讼程序之费用及开支，以及保险人已书面同意之费用。

第三条（除外责任）

一、本保险单之保险范围，不包括由下列原因引致之损害赔偿：

a. 被保险人之代理人或工作人员在非进行其职业活动时对其他人造成之身体侵害；

b. 对属于被保险人、其代理人或工作人员之财产造成之损害；

c. 被保险人根据在本身及/或补充业务范围以外订立之协议或合同所须承担之责任后果；

d. 由顾客或第三人引致、因不遵守关于被保险人所提供服务之现行法律规定或不遵守被保险人之指示而引致之财产或非财产损害；

e. 被保险人一方以不诚实、欺诈、犯罪或恶意之方式实施之不作为或作为；

f. 根据法律规定作为强制性民事责任保险标的之被保险人或其使用之交通工具发生事故；

g. 顾客不接受提高经议定之价格，但提高价格之可能性已在有关行程表内规定或已向顾客明确说明，且该价格之提高系因兑换率变动或提供约定服务之企业更改价格所引致；

h. 因报名之顾客人数未达到预定数目而至少提前十五日取消服务，但该条件须在行程表内清楚说明；

i. 骚乱、罢工（包括提供约定服务之企业内之罢工）、扰乱公共秩序及其他同类性质之行为、恐怖或破坏活动、暴动、革命、内战、侵略、战争（已宣战或未宣战）、敌对行为及由此而产生之交战行为等不可抗力之原因所造成之财产或非财产损害，无论不可抗力系造成损害之直接或间接原因、近因或远因，又或直接或间接由地壳运动或地下火所造成之财产或非财产损害；

j. 直接或间接由下列原因造成之灾祸：

①离子辐射又或由任何核燃料、核残余物或燃烧任何核物质而产生之辐射污染；为此项除外责任之效力，“燃烧”一词包括任何自发之核分裂程序；

②核武器材料。

二、除非在保险单特定条件中有明确之相反协议，否则该保险单之保险范围不包括顾客交予被保险人保管及负责之物品、金钱或行李丢失、毁损、被盗窃或抢劫之情况。

（九）澳门11月28日第57/94/M号法令《汽车民事责任之强制性保险条例》

第一条（范围）

机动车辆及其挂车，须在被许可之保险人处设有在其使用过程中对第三人引致损害之民事责任保险后，方得在公共道路通行。

第二条（有义务投保者）

一、车辆之所有人有投保之义务，但在行使用益权、保留所有权之出卖、融资租赁制度及由车辆转让合同订定其使用权之情况下，投保之义务则由车辆之用益权人、保留所有权之取得人、承租人或使用人承担。

二、如其他人士已对车辆投保，上款所指之义务在该保险之有效期内视为已履行。

三、车房之所有人，及其他经常从事车辆买卖、维修、拖车服务或监督车辆良好运作业务之人士或实体，亦有义务对在从事有关业务时使用车辆而引致之民事责任投保。

第三条（责任受保障之人士）

一、保险保障车辆所有人、用益权人、保留所有权之取得人、承租人或使用人、正当持有人或驾驶员之民事责任。

二、保险之保障亦包括在故意造成之交通事故，及在抢劫、盗窃或窃用车辆时发生可归责于犯罪行为人之交通事故中，对第三人所受损失作弥补之义务。

三、在上款所指之情况下，保险不保障应由有关正犯、从犯、包庇人对车辆所有人、用益权人、保留所有权之取得人、承租人或使用人，以及对其他正犯、从犯或包庇人，或对虽知悉车辆为非正当占有而自愿乘搭之乘客履行之损害赔偿。

第四条（除外责任）

一、保险之保障不包括对下列人士造成之任何损害：

a. 车辆驾驶员及保险单权利人；

b. 所有根据上条第一款之规定，尤其是因共有被保车辆而责任受保障之人士；

c. 上两项所指人士之配偶、直系血亲尊亲属、直系血亲卑亲属或其所收养者，及直至第三亲等之其他血亲或与其共同居住或由其供养之直至第三亲等之姻亲；

d. 在执行职务时发生交通事故且应对该事故负责任之法人或公司之法定代理人，以及替被保险人服务之雇员、散工及受托人；

e. 因与上数项所指人士有联系，而根据《民法典》之规定有权要求赔偿之人士。

二、保险之保障亦不包括下列之任何损害：

a. 对被保车辆本身造成之损害；

b. 在运送、上货或卸货过程中对被保车辆运输之财货造成之损害；

c. 因上货及卸货而对第三人造成之损害；

d. 违反《道路法典》有关运输之规定而运送乘客时，对其造成之损害；

e. 直接或间接由原子蜕变或聚变、人工粒子加速或放射现象所引致之爆炸、热能释放或辐射造成之损害；

f. 在体育比赛及与比赛有关之正式练习中造成之损害，但按本法规规定有特定保障者除外。

第十六条（保险人之求偿权）

保险人在缴付赔偿后，仅对下列者有求偿权：

a. 故意造成事故者；

b. 抢劫、盗窃、窃用车辆之正犯及从犯且以该车辆造成事故者；

c. 未具法定资格或在酒精、麻醉品、其他毒品或有毒产品之影响下驾驶者，或遗弃遇难人之驾驶员；

d. 对在货物运输过程中或因货物处理不当引致之跌落而对第三人造成之损害负民事责任者；

e. 有责任将车辆送往以作第十条所指之定期检验而未履行该义务者，但如其能证明灾祸非因车辆之运作不良所引致或加重者除外。

第二十三条（性质及目的）

一、汽车保障基金（葡文缩写为 FGA），为在汽车民事责任强制保险方面设立，且拥有行政、财政及财产自治权之公法人。

二、在下列情况下，汽车保障基金有权限对受强制保险约束之车辆造成事故而引致之死亡或身体侵害，作损害赔偿：

a. 不知悉责任人或不受有效或产生效力之保险保障；

b. 保险人被宣告破产。

三、在涉及汽车保障基金之权利及义务之行为及合同方面，汽车保障基金受私法管辖。

四、汽车保障基金在每起事故中之赔偿限额，系根据本法规附件 I 所载表订定之数额确定。

第二十四条（不受保险保障之情况）

一、汽车保障基金不负责对涉及下列人士之死亡或身体侵害作赔偿：

a. 第四条第一款所指人士；

b. 在上条第二款 a 项之前提下，而被受强制保险约束之车辆运送之人士。

二、汽车保障基金亦不保障抢劫、盗窃或窃用车辆之正犯、从犯或包庇人以该车辆造成事故而引致之对其本身之人身损害，亦不保障虽知悉车辆为非正当占有而自愿乘搭之乘客之损害。

第二十五条（代位及诉）

一、当汽车保障基金对受害人支付损害赔偿后，将为受害人权利之代位人，且有权享有法定迟延利息及就在赔偿之支付及征收过程中之开支获得偿还。

二、在保险人破产之情况下，汽车保障基金仅对保险人而言为受害人权利之代位人。

三、受害人得直接对汽车保障基金提起诉讼，汽车保障基金有权使强制投保人及共同责任人参与诉讼。

四、受强制保险约束之人士如未投保，得由汽车保障基金根据第一款之规定对其提起诉讼，如事故有其他责任人，上指人士有权就其所付之款项向其他责任人求偿。

（十）澳门 7 月 15 日第 38/96/M 号法令《核准装置宣传物及广告物之民事责任保险之最低额》

第一条（装置宣传物及广告物之民事责任保险之最低限额）

装置宣传物及广告物之民事责任保险之最低限额为澳门币十万元、二十万元或五十万元，并由有关市政厅按照其制定之技术标准确定。

（十一）澳门 7 月 15 日第 168/96/M 号训令《核准装置宣传物及广告物之民事责任保险之保险费表及条件》

第一条

核准附于本法规之装置宣传物及广告物之民事责任保险之保险费表及条件，而所有在澳门经营此类保险之保险人均须遵守之。

（十二）澳门7月15日第169/96/M号训令《核准装置宣传物及广告物之民事责任统一保险单之条件》

第一条

装置宣传物及广告物之民事责任保险之一般条件及特约条件，载于成为本训令组成部分之附件内。

（十三）澳门8月14日第40/95/M号法令《核准对工作意外及职业病所引致之损害之弥补之法律制度》及澳门第6/2015号法律《修改工作意外及职业病损害的弥补制度》

第一条（标的）

本法规订定适用于弥补因工作意外及职业病所引致之损害之制度。

第二条（范围）

一、在任何行业提供服务之劳工，享有本法规所规定之对工作意外及职业病所引致之损害之弥补权，但根据专有法例之规定，适用在职时意外之公职人员，不在此限。

二、在澳门招聘而为在本地区合法从事业务之雇主提供服务之劳工，如在外地发生工作意外，该受害人有权收取本法规所规定之给付，但发生意外地点之法律赋予劳工及其家人享有弥补权之情况除外。

三、如上款所指之弥补低于本法规所规定者，雇主应负担有关之差额。

第三条（概念）

为本法规之效力，下列词之概念为：

a. “工作意外”或“意外”指在工作地点及工作时间内发生且直接或间接造成身体侵害、机能失调或疾病，并由此而引致死亡、暂时或长期无工作能力或谋生能力之意外。

在下列情况下发生之意外亦视为工作意外：

①因执行劳务活动或提供雇主指定或经其同意之服务，而非在工作地点或工作时间内发生者；

②执行自发提供而可为雇主带来经济收益之服务时发生者；

③当劳工为收取回报而处于支付回报之地点时发生者，但透过在银行账户入账之方式作支付者除外；

④劳工在往返因上指意外之原因而需接受疗理或治疗之地点途中，或为此而处于该地点时发生者；

⑤在使用由雇主提供之交通工具而往返工作地点途中发生者。

b. “职业病”指附于本法规之职业病表所载且劳工完全因在一段时间内处于在曾提供或现提供服务中存有之工业危险、职业活动危险或环境危险而患上之疾病，而下项所指之疾病视为特别情况。

c. “呼吸系统职业病”或“肺尘埃沉着病”——指因吸入尘埃、气体、烟雾及喷雾或受离子辐射或暴露于其他物理因素，而引致确定为与职业活动有因果关系之个人身体健康之变化，不论所表现出之症状及所涉及之病理生理机能为何。

d. “劳工”指以取得回报方式而为他人从事业务者——不论确立该等服务或劳务活动之法律行为之性质及方式为何——以及按学徒或实习制度提供劳务者，但在任何情况下，以下者不属“劳工”之定义范围内：

①与雇主同住且共同生活并为雇主之家庭成员者；

②于本身住所或其他地点对所接获对象或物料作加工、清洁、清洗、改装、装饰，最后完工或维修之人士，但该等人士必须为提供对象或物料之实体工作，而不受其监督或指导；

③透过一总价格受聘提供具体确定服务之人士，而该等人士对其所服务实体而言，享有绝对支配及自主权。

e. “雇主”或“雇主实体”指劳工直接或间接提供服务或劳务活动之所有自然人或法人，而不论确立该等服务或劳务活动之法律行为之性质及方式为何；

f. “卫生场所”指任何医院、卫生中心或医疗诊所。

g. “长期无能力”指由于意外或职业病，使劳工确定性失去完全之工作或谋生之能力，并分下列两种：

①“绝对”指因遭受侵害或疾病而完全不能工作或谋生；

②“部分”指虽然根据附于本法规之“减值表”而确定其工作能力或谋生能力已下降，但可继续提供一些服务。

h. “暂时无能力”指由于意外或职业病，使劳工暂时失去完全之工作或谋生之能力，并分下列两种：

①“绝对”指于无能力之期间内，绝对不能工作或谋生；

②“部分”指于上指期间内，可提供在其工作或谋生之正常活动中之一些服务；

i. “侵害”指因从事职业或因工作意外所引致之身体侵害、机能失调或疾病；

j. “工作地点”指雇主属下之劳动或经营地方。

k. “医生”指持有由澳门卫生司发出以从事有关职业之准照之医生或中医师。

l. “责任人”或“责任实体”指可将有关意外或职业病之责任归责于其之实体。

m. “基本回报”回报由下列者构成：

①指雇主实体因劳动法律关系之效力，向劳工支付之未被本法规排除在外之任何金钱给付；

②指雇主实体因劳动法律关系之效力，向劳工给予之能以金钱衡量且未被本法规排除之特定给付，其中尤其包括食品、燃油或住宿；但仅以在发生工作意外或职

业病时，不向劳工作该等给付者为限；

③指对所进行超时工作之报酬，及因提供工作而收取之以花红、奖金、津贴、佣金等形式或其他形式之任何特别之报酬，但在任何情况下，该等报酬须为惯常性之报酬或上述之工作须为惯常进行之工作；

④酬劳，仅以劳工惯常收取且由雇主实体承认者为限。

但基本回报不包括：对偶然超时工作之报酬；对劳工作出之非固定性支付；旅费津贴或其他出外优惠；雇主实体所支付之与任何定期金或福利基金有关之供款；向劳工支付用以补偿因提供劳务而引致之任何特别开支之金额。

n.“保险人”指根据法律获许可于澳门经营工作意外保险之实体。

o.“遇难人”或“受害人”指遭受工作意外或患职业病之劳工。

p.“工作时间”指正常工作时间、该时间开始之前用作进行准备行为之时间、之后用作进行与工作有关之行为之时间，以及正常中断或被迫中断工作之时间。

第四条（责任）

在不妨碍第十七条第一款之规定及由十月十八日第58/93/M号法令核准之社会保障一般制度之情况下，雇主实体对为其提供服务之劳工负本法规所规定之弥补责任及承担本法规所规定之负担。

第六条（除外事项）

一、在下列情况下发生之工作意外，不属本法规之适用范围内：

a. 在进行不固定或偶然性短期工作时所发生者，但向营利组织提供服务者除外；

b. 在进行偶然性短期工作时所发生者，而该工作提供予通常单独或仅与家庭成员一起工作之人。

二、上款b. 项所指之除外事项，不包括因使用机器而引致之工作意外。

第七条（不给予弥补权之情况）

一、在下列情况下发生之工作意外，不给予弥补权：

a. 受害人故意引致者，或因受害人在无正当理由而违反雇主所定安全措施情况下作为或不作为所引致者；

b. 完全因受害人之严重且不可原谅之过失而引致者；

c. 因受害人长期或偶然丧失理智而引致者，但丧失理智系因提供劳务而引致者，或非属受害人之意愿，又或在明知劳工丧失理智之情况下，雇主或其代表人仍容许其提供劳务者除外；

d. 因不可抗力之情况而引致者；

e. 因公共秩序之变更或其他相同性质之事实引致者；

f. 因第三人作出的行为，经考虑受害人在有关行为作出前或作出时的行为，以及受害人与行为人之关系或受害人与行为人的活动圈子之关系，尤其是与有组织犯

罪的关系后，证实纯属因受害人之个人原因而非工作原因所引致者，即使是在受害人从事职业活动时发生者亦然。❶

二、上款b）项之规定不包括因习惯于所提供劳务之危险而引致之作为或不作为。

三、为第一款d）项规定之效力，不可抗力是指不可避免的非人力干预的自然力量，但下列情况不属不可抗力：①工作条件引致的危险；②大执行雇主实体在省略显危险的情况下暗示即重进行的工作；③正常执行由于出现不能预测的自然力量而必须进行的工作；④第三条a项（七）分项所指的情况。四、发生第一款所指之任一情况，不免除雇主实体向遇难人提供急救及确保将其送往可作医治之地点之义务。第六章 补足规定

第五十六条（由其他劳工或第三人引致之意外）

一、如意外系由其他劳工或第三人引致，已作出弥补之雇主实体或保险人有权对所有支付获偿还，而引致意外者及受害人有承担该偿还之义务，但受害人仅偿还其从引致意外者处取得之弥补。

二、为上款之效力，雇主实体或保险人得作为主要当事人而参与由受害人向引致意外者提起之损害赔偿之诉，或得直接要求受害人返还由雇主实体或保险人已作之给付。

三、如意外因故意或严重过错引致者，而受害人在意外发生之日起一年内仍未作偿还，雇主实体或保险人亦得对引致意外者提起偿还之诉。

四、雇主实体及保险人如未作出全部或部分弥补，则无义务弥补受害人已从引致意外者处取得之弥补。

五、如意外非因故意或严重过错引致，雇主实体或保险人不享有向劳工索取偿还之权利，但得就受害人从该劳工取得之弥补要求受害人返还由雇主实体或保险人已作之给付。

第五十七条（由雇主实体或其受托人引致之意外）

一、雇主实体或其受托人为引致意外者，上条之规定经必要之配合后亦适用之。

二、如意外系引致意外者故意所为，且受害人在发生意外之日起一年内未提起损害赔偿之诉，保险人方得对引致意外者提起偿还之诉。

第五十八条（交通事故及工作意外）

一、如意外同时为交通事故及工作意外，由根据本法规之规定获转移而承担工作意外责任之保险人作弥补，并由其代位行使遇难人对引致交通事故之车辆之保险人之权利。

---

❶ 请查阅第12/2001号法律。

二、如引致交通事故之车辆之保险人有责任之情况，该保险人得通知工作意外之保险人于六十日内行使上款所规定之权利，引致交通事故之车辆之保险人有权能在该期间过后直接向遇难人清偿应付之损害赔偿。

三、在针对引致交通事故之车辆之保险人之司法诉讼中，应有遇难人、雇主及工作意外之保险人参与，而有权限之法院为此目的应依职权传唤之。

四、无合理理由而妨碍保险人行使第一款所指代位权之遇难人，须对工作意外之保险人负起该行为而导致费用增加之责任。

五、属未购保险之情况，以上四款中关于工作意外保险人及交通事故保险人之规定，分别适用于遇难人之雇主实体及交通事故之责任实体。

第六十二条（责任之转移）

一、雇主必须将本法规所规定之弥补责任转移予获许可于澳门地区经营工作意外保险之保险人。

二、如雇主在第三条a）项（七）分项规定的情况下提供工作，则无须就该情况转移弥补责任。

三、对附于本法规之职业病表所规定之呼吸系统职业病——肺尘埃沉着病——之弥补，为社会保险基金之责任。

第六十三条（保险人之责任）

一、由保险人支付之给付，系以为保险效力所申报之报酬作计算基础。

二、如上款所指之报酬低于实际报酬之情况，雇主实体应支付给付之差额，该支付包括第二十八条所规定之给付。

三、如受保险合同保障之劳工数目，少于在意外或确定及明确诊断疾病之当日之实际提供服务之劳工数目，由雇主负责证明遇难人为受保险合同所保障者。

四、雇主实体应将有关保险合同上所涉及报酬或劳工数目之修改，于其与保险人双方协议之期间内通知保险人；如无协议，应于每半年结束后之三十日内通知保险人。

五、上款所指修改亦在合同之范围内，且保险人有权根据新接获之资料，对保险费立即作调整。

第六十四条（保险合同之订立及续期）

一、获许可经营工作意外保险之保险人，仅得根据第七十二条所指统一保险单之规定、一般条件及特别条款，订立保险合同。

二、当拟投保之活动或职业具有特别特征，而不属工作意外保险费表及条件所定者，或当拟投保之活动或职业容易发生非常灾祸，澳门货币暨汇兑监理署有权限按个别情况规定保险合同之接受或续期条件。

第六十五条（保险之拒绝）

一、当最少有三个保险人拒绝订立保险合同，雇主应请求澳门货币暨汇兑监理署订定保险合同之特别条件。

二、由雇主选定或由澳门货币暨汇兑监理署指定之保险人，必须按所定之特别条件订立保险合同。

三、按本条规定订立之保险合同之经营结余，将根据澳门货币暨汇兑监理署以通告所订之规定由经营工作意外保险之保险人摊分，而该通告内须载有结余之确定方式及摊分标准。

四、按本条规定订立之保险合同，不得有保险中介人之参与，亦不得给予佣金。

（十四）澳门第6/2007号法律《修改工作意外及职业病保险法律制度》

第一条 修改8月14日第40/95/M号法令

8月14日第40/95/M号法令第二十八条第四款修改如下：

“第二款规定的限额应每年作出分析，且在考虑社会发展状况及通货膨胀率，以及听取劳工事务局及澳门金融管理局的意见后，得以行政命令调整。”

（十五）澳门第89/2010号行政命令

第一条 调整限额

8月14日第40/95/M号法令第四十七条第二款、第五十条第四款及第五十一条第一款所规定的限额，按照作为本行政命令组成部分的附表的规定予以调整。

（十六）澳门第90/2010号行政命令

第一条 提高保险费金额

根据8月14日第236/95/M号训令核准并经第131/2009号行政命令调整的“工作意外保险费表及条件”第二章所载的表内订定的百分率而计得的保险费金额，提高百分之五。

（十七）澳门第39/2003号行政法规《设立律师职业民事责任强制保险》

第一条 承保范围

一、设立律师职业民事责任强制保险，以便对可依法要求律师承担的损害赔偿责任提供保障，但仅以律师在从事业务时因作为、不作为或不履行义务而引致第三人财产受损害的情况为限。

二、保险的承保范围亦包括因律师的非律师合作者及实习律师的作为或不作为而引致且可归责于律师的法定民事责任，以及第三人在律师的职业住所内遭遇意外的法定民事责任。

第二条 除外责任

保险的承保范围不包括下列责任：

（一）与律师一起参与法律行为的人无订立合同的能力或正当性所引致的损害赔偿责任，但仅限于律师被人故意隐瞒该等事实，或无法履行其依法应核实与其参与法律行为的人是否具有订立合同的能力或正当性的义务的情况；

（二）为取得税务优惠或减少在税务上的成本，经客户同意而由律师作出的行为的责任；

（三）因不可抗力且不可归责于律师的事实而导致无法履行合同义务或任何法定义务所引致的损害赔偿责任；

（四）任何性质的费用及罚款的缴付的责任；

（五）由可界定为工作意外的意外或职业病造成律师的任何雇员身体伤害、情绪焦虑、心灵创伤、机能衰退、疾病或死亡，又或造成该等雇员的任何财产受到损害或毁坏（包括丧失效用）的责任；

（六）责任受保障的实体的股东、经理及法定代表所受损害的赔偿责任；

（七）责任受保险合同保障的任何人及其配偶、直系血亲尊亲属、直系血亲卑亲属，或与其共同居住或由其供养的人所受损害的赔偿责任；

（八）对律师因私人协议或合同而须承担的责任所提出的索赔的有关责任，但仅限于该责任超出保险合同所保障的律师法定责任的部分；

（九）由战争、内战、侵略、敌对行为、叛乱、起义、篡夺军权或企图篡夺权力、恐怖活动、破坏或涉及劳务的骚乱（包括强占、罢工、暴动及关闭工厂）等所引致的损害赔偿责任；

（十）依法应属民事责任强制保险承保范围的车辆或游艇意外所引致的损害赔偿责任；

（十一）在保险单特约条款内指定的追溯日前发生的或指称在该日前发生的任何错误、不作为或过失的责任；

（十二）因被指称或实际违反著作权、注册商标、注册设计或专利而引致的责任；

（十三）直接或间接基于或可归咎于或由于律师的任何商业债务或律师为债务提供的任何保证、任何涉及律师服务费的分歧、任何因信贷预付或类似的交易所引致在本金及利息上的负担或给付，或律师作出或取得的信用期延长而产生的责任；

（十四）直接或间接由律师的无偿还能力或破产而产生的责任或与其无偿还能力或破产直接或间接相关的责任；

（十五）因具爆炸性的核设备或其构件的任何核燃料或因燃烧任何核燃料、辐射性有毒爆炸物或其他性质燃料所产生的核废料等造成的离子辐射或辐射性污染而直接或间接导致或引致的任何法定责任或其他性质的责任；

（十六）直接、间接或被指称因渗漏，空气、水或土壤污染或任何其他污染而造成或导致的任何经济损失的赔偿责任；

（十七）涉及诋毁或诽谤的责任；

（十八）由石棉直接或间接造成或引致的损失的赔偿责任，或由任何含有石棉成分的物质直接或间接造成或引致的损失的赔偿责任。

第三条 保险金额的最低限额

律师职业民事责任保险金额的最低限额为澳门币2000000元（澳门币二百万元）。

第四条 强制保险合同的订立

一、获许可经营律师职业民事责任保险业务的保险人，须根据以行政法规制定的统一保险单的规定及条款订立保险合同。

二、保险合同内可明确约定律师须负责向第三人支付部分应付的赔偿，但不得以该保障的限制对抗受害人或其继承人。

（十八）澳门12月13日第104/99/M号法令《设立游艇民事责任强制保险之法律制度》

第一条（范围）

一、被列为游艇之船舶（葡文缩写为ER），须向获许可之保险人投购在使用该船时对第三人引致损害之民事责任保险后，方得航行。

二、为本法规之效力，游艇系指用于海上运动、钓鱼运动或娱乐之船舶，包括水上摩托车。

第二条（有义务投保者）

一、游艇所有人有投保之义务，但在行使用益权及保留所有权之出卖之情况下，投保之义务则由游艇之用益权人及保留所有权之取得人承担。

二、如其他人已对游艇投保，上款所指之义务在该保险之有效期内视为已履行。

三、为本法规之效力，下列名称定义为：

a）游艇所有人——游艇以其名义登记之人；

b）AMCM——澳门货币暨汇兑监理署之葡文缩写。

第三条（责任受保障之人）

一、保险系对游艇所有人、船长、用益权人或保留所有权之取得人，以及游艇正当持有人或驾驶员等人提供民事责任之保障。

二、保险亦包括在故意造成之水上交通事故中，以及在抢劫、盗窃或窃用游艇时发生可归责于犯罪行为人之交通事故中，对第三人所受损失作弥补之义务。

三、在上款所指之情况下，保险不保障有关正犯、从犯、包庇人对游艇所有人、船长、用益权人或保留所有权之取得人之任何损害赔偿，亦不保障对正犯、从犯或包庇人，又或对虽知悉游艇为非正当占有而自愿乘搭之乘客之任何损害赔偿。

第四条（除外责任）

一、保险之保障不包括对下列之人造成之任何损害：

a）所有根据上条第一款之规定，尤其是因共有游艇而责任受保障之人；

b）上项所指之人之配偶、直系血亲尊亲属、直系血亲卑亲属或其所收养者，及直至第三亲等之其他血亲或与其共同居住或由其供养之直至第三亲等之姻亲；

c）在执行职务时发生交通事故且应对该事故负责之法人或公司之法定代理人，以及为被保险人服务之雇员、散工及受托人；

d）因与以上数项所指之人有联系而根据《民法典》之规定有权要求赔偿之人。

二、保险之保障亦不包括下列之任何损害：

a）对游艇本身造成之损害；

b）在运送、装货或卸货过程中对游艇运载之财货造成之损害；

c）因装货及卸货而对第三人造成之损害；

d）违反有关运输之规定而运载乘客时，对其造成之损害；

e）直接或间接由原子蜕变或聚变、人工粒子加速或放射现象所引致之爆炸、热能排放或辐射造成之损害；

f）在体育比赛及有关之试赛中造成之损害，但按本法规规定有特定保障者除外。

第五条（体育比赛之保险）

一、游艇之体育比赛及有关之试赛，均须按个别情况投购保险后方得进行，该保险旨在保障主办者、游艇所有人或船长，以及游艇持有人或驾驶员等人因游艇造成事故而负之民事责任。

二、上款所指保险之保障不包括对参赛者及有关辅助组、参赛者及辅助组使用之游艇所造成之损害，以及对主办实体及为其服务之人员或其任何协助者所造成之损害，但不妨碍上条之规定。

第六条（保险金额之最低限额）

一、游艇民事责任保险金额之最低限额为澳门币 1000000 元。

二、如法院裁定损害赔偿系以定期金形式支付，则保险人赔偿之义务在实际价值上不超过保险金额之最低限额，而该定期金之支付应根据澳门货币暨汇兑监理署通告内就采用即期给付之终身定期金方式支付之人寿保险而定之技术基础为之。

第七条（强制保险合同之订立）

一、获许可经营“船舶民事责任”保险之保险人，仅得根据训令订定之统一保险单之规定及条件订立保险合同。

二、透过适用保险合同内之相应特别条款，得由保险单持有人向第三人就物质损害作部分赔偿，而保险人在任何情况下均不得以此种保障之限制对抗受害人或其继承人。

三、如拟投保之游艇因其特别特征，不属“船舶民事责任”保险收费及条件表所定之类别，或发生该表内所定之非常灾祸时，澳门货币暨汇兑监理署有权限按每一情况订定保险合同之接受或续期条件。

第八条（接受合同之特别条件）

一、当最少有三个保险人拒绝与要保人订立合同时，要保人得通过澳门货币暨汇兑监理署订定接受合同之特别条件。

二、在上款所指情况下，由要保人选定或由澳门货币暨汇兑监理署指定之保险人，必须按该署所定条件接受有关保险，否则将被中止经营“船舶民事责任”保险6个月至3年。

三、上款所指合同之经营结余，将根据澳门货币暨汇兑监理署确定该结余之方式及其分配标准之通告内所载之规定，分配给经营“船舶民事责任”保险之保险人。

四、按本条所定条件订立之合同，不得有保险中介人参与，且不具备给予任何种类之佣金之权利。

第九条（保险费之缴付）

一、在收到保险人发出之有关保险收费单时，应缴付保险费。

二、被保险人仅在缴付保险费后，方获发民事责任保险卡。

三、在欠缴保险费时，保险人应通知保险单权利人保险将于以挂号信发出通知之日起30日后失效。

四、在上款所指之期间内，保险人不应发出民事责任保险卡。

五、如在第三款所指期间过后仍未缴清保险费，保险人应立即撤销合同，且不妨碍有权根据现行价目制度收取与所过期间相应之保险费。

六、如被保险人拖欠前保险人之保险费，保险人得拒绝以被保险人之名义为游艇投保。

第十条（游艇之转让）

一、保险合同之效力于游艇转让当日之24时终止，但在此时刻之前该保险转用于另一游艇者除外。

二、保险单权利人应在24小时之内尽快将游艇之转让通知保险人。

三、不履行上款所指之义务，导致合同失效。

四、游艇转让之通知书应附同民事责任保险卡。

五、如不遵守上款之规定，保险人应将事实告知监察实体，以扣押有关民事责任保险卡。

第十一条（被保险人之死亡）

保险合同不因被保险人之死亡而被撤销，有关权利及义务将转移予其继承人。

第十二条（抗辩之不可对抗性）

一、在保险金额之最低限额之范围内，保险人不得以本法规未有规定或于保险单内未作有效订定之任何抗辩、无效、撤销或限制责任条款对抗受害人。

二、保险人以挂号信发出撤销合同通知之日起30日后，合同失效。

第十三条（多项保险）

如对同一游艇按第二条之规定投有数份保险，为所有法律效力，适用该条第二款所指之保险。

第十四条（优先赔偿）

一、凡涉及本法规所指之保险合同，将优先对身体伤害赔偿保险金。

二、如有数名受害人享有损害赔偿权，而赔偿总额超过保险金额者，各受害人对保险人之权利按比例减少至保险金额之总额，但不妨碍其他责任人负责赔偿超出保险金额之部分。

三、如保险人属善意且在不知悉有其他要求赔偿之情况下，对受害人缴付超出上款所指其应得之数额，保险人则无义务对其他受害人赔偿超出保险金额之余额。

第十五条（保险人之求偿权）

保险人在作出赔偿后，仅对在下列情况下须负民事责任者有求偿权：

a）事故为故意造成；

b）抢劫、盗窃或盗用游艇之正犯及从犯在使用该游艇时造成事故；

c）在系泊或安全条件不足或不适当之情况下抛锚或停泊；

d）已投保之游艇由不具备有关法定执照者，或处于精神错乱及醉酒状态者，又或受麻醉品、其他毒品或有毒产品影响者驾驶；

e）违反有权限当局之指示或禁令出航，或在有权限当局列为不适宜或不准停留之区域航行或停留；

f）使用功率不适合游艇之发动机；

g）游艇被用于保险合同内无声明之用途，但为拯救或支持处于危险中之船舶或人之情况除外；

h）保险单持有人、被保险人、受托人或受任人又或实际指挥游艇者故意之作为或不作为。

（十九）澳门12月13日第109/99/M号法令《核准海上商事之法律制度》

第一百九十五条（海上保险合同）

海上保险，系指一方当事人透过收取保险费而对海上风险所造成之损害承担赔偿责任之合同。

第二百一十一条（保险人须承担之风险）

一、对上条所指海上风险所生之损害，保险人须承担赔偿责任，但另有明示约定者除外。

二、对船舶之隐有瑕疵所生之损害，保险人须承担赔偿责任，但证明被保险人透过一般注意即可发现该瑕疵者除外。

三、对于仅因装船货物本身或固有之瑕疵而生之损害，或因货物包装不当而生之损害，保险人无须承担赔偿责任。

四、对战争风险所生之损害，保险人无须承担赔偿责任，但另有明示约定者除外。

第二百一十二条（因船舶不适航而生之损害）

一、如被保险人有义务保证船舶处于适航状态，对于因船舶不适航而生之损害，保险人无须承担赔偿责任。

二、如属航次船舶保险，被保险人有义务保证船舶于开航时及随后之每一航段开航时处于适航状态。

三、如属定期船舶保险，被保险人无义务保证船舶处于适航状态；然而，如船舶于保险期间开始时位于港口，开航时不适航，而被保险人或其受雇人有过失，则保险人无须承担责任。

四、如属货物保险，被保险人无义务保证船舶处于适航状态，亦无义务保证船舶适宜运载被保险之货物；然而，如船舶开航时不适航或不适宜运载货物，而被保险人或其受雇人有过失，则保险人无须承担责任；虽属无须承担责任之情况，但如对保险之债权已移转予善意取得保险标的之第三人，则保险人亦须承担责任。

第二百一十三条（责任之推定）

一、如对损害之原因有疑义，则推定损害系由海上风险造成。

二、如保险人仅承保保险单上详尽列明之风险，则无须对不能确定原因之损害承担赔偿责任。

第二百一十六条（风险之增大）

一、如风险之增大并非由可归责于被保险人之事实造成，则保险人须承担责任。

二、如风险之增大系由可归责于被保险人之事实造成，而风险之转变或增大足以使保险人于订立合同时，如知悉该新情况之发生，不会订立相同内容之合同，则保险人无须承担责任。

三、然而，如风险之转变或增大，系因被保险人履行人道援助义务，或因保护其与保险人之共同利益而作出之行为所导致，或由保险人本身须承担责任之事故所导致，或对意外事故之发生并无影响，或对意外事故发生后保险人应付赔偿之计算无影响，则保险人须承担责任。

三、有关该规则的典型案例（关于侵权责任的归责原因体系及调整范围）

澳门中级法院2008年5月22日之合议庭裁判第507/2006号上诉案：

（一）案情简述

（1）2002年9月24日，大约12时8分，C离开学校×××回家，从佑汉新村第六街向佑汉新村第一街的方向行走。

（2）在离开图标137C15所指地点时，C靠近行人道旁的泊车处行走，在路缘停下，想横过行人道。

（3）在C行走时，D正好驾驶牌照为MD-×××-××的车辆经过上述地点。

（4）D未注意C在路缘打算过马路。

（5）D并没有减慢速度或者停车。

（6）D驾驶的车辆左侧与C发生擦撞，左前轮辗过未成年人C的右脚面。

（7）C被辗过的右脚掌骨折。

（8）发生车祸时光线良好，能见度高，天气良好，地面清洁，没有阻塞，交通正常。

（9）发生车祸时，因为正值放学时间，行人很多。

（10）车祸发生后，C不能独立行走，仅在3个月后方能够独立行走。

（11）D驾驶的牌照为MD-××-××的车辆由保险公司SA承保。

（12）A和B为未成年受害人C的法定代理人，初级法院判处保险公司向A和B赔偿151041澳门元，作为车辆事故引起的财产损失以及非财产损失的赔偿。

（13）保险公司就上述判决向中级法院提起上诉。

（二）法律问题

中级法院面临的主要争议，是适用当事人有过错的主观责任，还是无论有无过错的风险责任。

（三）主要观点

初级法院在判决中指出：

根据以上所述事实，并不能确定这一情形能适用主观责任，换句话说，并不能确定这是一个追究肇事车辆驾驶员或者受害人过错的责任的情形，因为：

（1）没有足够要素证明驾驶员存在过错，即不能证明她违反道路法典的规定；

（2）然而，在听证中，驾驶员尝试为自己行为辩护，所陈述的事实与发生车祸现场其他人的陈述有一些不同。

（3）换句话说，无论是保险人还是驾驶员，都想推托在这场事故中的责任，他们有权这样做，但是他们并没有提供足够的证据。

（4）保险人认为受害人有过错，因为他正在过马路而且在行人道之外过马路，然而，并不能证明受害人在过马路，而是准备过马路，后者更为可信，因为如果是在过马路，受害人身体的其他部位肯定会受伤，而不只是一个脚面。

（5）这已足够不采信受害人有过错及受害人不使用行人道的主张。

（6）保险人也主张受害人父母有过错，因为父母有监管未成年子女的责任，这个主张是正确的，但是，在事故发生时刻，受害人同其同学一起，往家走，根据学校老师的证人证言，因为此时是放学时间，路上有很多学生，在这种情况下公共道路使用者应有加强注意义务。

因为没有足够要素适用主观责任机制，也没有提供足够以及确凿的证据向法院证明事故完全是由受害人或者第三人过错所致，无法适用《澳门民法典》第四百九十八条。

《澳门民法典》第四百九十六条第一款规定：

实际管理并为本身利益而使用任何在陆上行驶之车辆之人，即使使用车辆系透过受托人为之，亦须对因该车辆本身之风险而产生之损害负责，而不论该车辆是否在行驶中。

应该强调的是，“引起风险的可以是所有人，用益权人，承租人，借用人，以自己名义的占有人，保留所有权的在车辆移交使用之后的买受人，未获授权使用或者违反实际管理人的意愿使用的人……”

而且，“对车辆的实际管理是带有规范性质的，涉及实际使用车辆的权力，而且是固有的权力，不管是维修还是保养，还是监管的权力。很明显，并不仅指驾驶的现象。关键内涵是指保管，Rodière 指出：保管是从使用所控制的物品的事实引申出的义务”。

因此，在主张客观责任时，需要满足驾驶员对车辆拥有实际管理及为本身利益使用的条件。本案符合这一条件。中级法院合议庭裁判认为：

（1）该上诉案的目的乃在已有证据下，确定如保险人即上诉人主张的事故的当事人的过错，特别是驾驶员或者准备过马路的行人的全部或者部分过错，或者确定这种责任是对驾驶车辆所引起的风险承担的客观责任。

（2）上诉人的陈述仅是立足于对已证事实的解释上，并不能被采信，因为除了其他未知的瑕疵外，上诉人错误地解释事实以及错误地适用法律。

我们认同以上引述的裁决的理由。

（3）实际上，根据事实，无法得出车辆驾驶员或者行人有过错的结论，因为行人陈述他只是准备过马路，我们无法知道在何种情况下他的脚被辗压；无法知道未成年人是否无意识地将脚放在路上；也不知道驾驶员是否有可能看见这一行为。

无法确定谁对这个碰撞负责，以及谁实际上或推定有过错，因此适用风险责任。根据《澳门民法典》第四百九十六条，责任只在发生事故的车辆所有人一方。

（4）风险是指对法益侵害的可能性，在这里，是指使用车辆并且产生损害，因此引起损害赔偿的责任。因交通事故引起的赔偿责任，当不存在应负责任之人的过错时，《澳门民法典》第五百零一条第一款对于身体受伤害的损害赔偿责任有最高限额的规定，本案的损害赔偿金额不能超过这一限额。

（5）在本案中无法确定当事人存在过错以及由此引发的损害，不存在不法性、因果关系、损害赔偿义务——《澳门民法典》第四百七十七条确定的构成因不法事实所生之责任的要素，因此在这里应适用风险责任。

四、在《东亚侵权法示范法》中对该规则作出规定的基本意见

从罗马法以来，过错责任一直是侵权责任归责的标准，但是近年来风险责任迅猛发展以应付新型风险社会，这一趋势应引起侵权法学界的重视。对此，澳门法域的建议是，要坚持或秉持过错责任原则的归责方式，同时辅以类型化的方式规定其他类型的责任。

专题之三：行为与违法性

一、该问题基本规则

（一）行为（损害行为人的自愿事实）

要讨论因不法事实所生之责任或说侵权行为，首先要有行为的存在。侵权行为是一种事实行为，根据侵权行为的性质或表现形式的不同，可将侵权行为分为积极侵权行为与消极侵权行为，或作为的侵权行为与不作为的侵权行为。没有这种外在的客观行为，侵权行为无法存在。对此，冯·巴尔有经典的论述："在现代侵权行为法上，一个被广泛接受，甚至已经被成文法所规定的法制观念是人们因自己的不当行为所产生的责任，要么是作为责任，要么是不作为责任，作为就是指侵权行为人在受害人的法益上制造了危险，是行为人积极的举止动作；不作为则是指未排除威胁到受害人的危险 。"❶作为的侵权行为，是指法律禁止实施某种作为，行为人违反对他人的不作为义务而实施了该行为而导致他人损害的侵权行为。根据《澳门民法典》第四百七十九条（不作为）之规定，"基于法律或法律行为，有义务为一行为而不为时，单纯不作为在符合其他法定要件下即产生弥补损害之义务"，可知不作为的侵权行为是指法律要求人们在某种情况下应实施某种作为，行为人违反对他人的作为义务应履行而不履行义务肇致他人损害的侵权行为。一般来说，以不作为构成致害行为的，一般要以行为人负有特定的义务为前提，但也有例外，如《澳门刑法典》第一百九十四条之规定就是一个例外，"在发生使他人生命、身体完整性或自由有危险之严重紧急状况，尤其该状况系由于祸事、意外、公共灾难或公共危险之情况而造成时，不提供不论系亲身作为或促成救援而排除危险之必需帮助者。"《澳门刑法典》第一百九十四条规定的"帮助之不作为"属于第八章规定的侵犯其他人身法益罪之一，也正如 Manuel Trigo 教授所言，本条诠释了体现的"人人均有帮助义务"这一内涵，为此，Trigo 教授给出来了"因 C 未有救助发生意外的 D，D 才因脚部的刀伤流血过多致死，C 除受刑法制裁外，亦须赔偿因未提供援助而生的损害"这样一个例子来解释说明之 。❷

---

❶ 克雷斯蒂安．冯．巴尔：《欧洲比较侵权行为法》（下册），焦美华译，张新宝校，法律出版社，2001 年版，第 261 页。

❷ Manuel Trigo：《债法概要》，朱琳琳译，杜慧芳校对，1997—1998 年，澳门大学法学院三年级教材，未发行，第 85 页。

另外，按照《澳门民法典》第四百八十四条（《葡萄牙民法典》第四百九十一条）和第一千七百二十九条（《葡萄牙民法典》第一千八百七十四条）以及后续数条之规定，如果父母以及监护人怠于履行或未尽到在行使亲权时的对儿女或被监护人的管束义务，而儿女或被监护人等被管束人因为肩负有管束他人义务之人违反了这一监督义务而实施加害行为，并因此导致他人的合法权益受到侵害，父母以及监护人须对受害人的损害负责。比如 A 与 B 的儿子 E，在其所居住的社区门口玩耍，乘父母和朋友聊天之际，与其他小朋友发生争执，造成他人人身伤害，父母 A 与 B 作为该孩童的行使亲权之人，对 E 负有管束的义务，但却没有尽到监督和保护义务，导致他人利益受损，推定 A 与 B 对第三人利益的损害具有对未成年人行为疏于监督管束的过错，因此，受害人有权就其所遭受到的损害要 E 的父母 A 与 B 给予弥补，A 与 B 应就未成年人 E 的致损行为承担侵权责任。当然，《澳门民法典》第四百八十四条所说的管束义务或者是源于我们这里所说的父母以及监护人在行使亲权时的对儿女或被监护人的管束义务这一法定义务，抑或是基于合同而产生，如幼儿园老师在工作范围内对其学生所承担的管束义务，其要为怠于履行合同约定的管束职责而造成的损害承担赔偿责任。因被管束人致人损害的行为而可能承担责任的主体可能包括父母、监护人、幼儿园、学校等教育管理机构、精神病院以及其他源于法律或法律行为而承担管理照料义务的自然人、法人或其他组织等，《澳门民法典》的四百八十四条将这些责任主体统一称为有管束他人义务之人，其透过管理或约束被管束者的行为，防止被管束者对他人或社会造成损害，如果有管束他人义务之人在被管束者致人损害中没有尽到相应的约束义务或说是违反监督义务，其对作为第三人的受害者呈现出一种为不作为的侵权。

Antunes Varela 认为，虽然“由不法事实而引起的责任总是全部或部分基于负有赔偿义务之人所做的事实”，但在风险责任中，可赔偿的损害不一定要出自责任人所作出的事实[1]，如《澳门民法典》第四百九十六条第一款所规定之“实际管理并为本身利益而使用任何在陆上行驶之车辆之人，即使使用车辆系透过受托人为之，亦须对因该车辆本身之风险而产生之损害负责，而不论该车辆是否在行驶中”。[2] 在风险责任中，对一辆汽车的拥有就足以引发车辆侵权责任，对车辆行驶这一行为并不是必需的，如汽车的持有人 A 将车辆停泊在路边，若汽车突然爆胎，而汽车爆胎的碎片又击中刚好路过的一位行人的耳朵，致使其听力严重受损或者听力丧失，汽车的所有人 A 要对因该车辆本身的风险而引致的损害承担责任，而不论该车辆是否在行驶中。当然如果车辆爆胎事故是因为生产商的产品之瑕疵所肇致时，对事故造成之损害，车辆生产商也要按照《澳门商法典》第八十五条所规定的作为生产商之商业企业主之客观责任原则承担责任。

---

[1] Antunes Varela：《债法总论》，第一卷，第十版，唐晓晴译，未出版，第 379 页。

[2] 《葡萄牙民法典》第五百零三条第一款。

Antunes Varela 认为“自愿事实（facto voluntário）仅仅表示客观上可以由意思控制或支配的事实。只要有控制作为（acto）或不作为（omissão）的可能性，便足以构成民事责任的理由；它不需要一项既定的行为形态、一项由特定目的所引导的作为或不作为（一项目的性行为）。”❶ 对此，冯·巴尔也认为，“行为通常是指‘受意识支配和意志左右，因而是可以控制的作为或不作为’”❷。Antunes Varela 还进一步指出，凭借这一标准就可以排除“因不可抗力原因或偶发情事而造成的不可抗拒的作为”等。❸笔者认为，根据《澳门民法典》第四百八十一条第一款，还可以剔除该条款所述的“在损害事实发生时基于任何原因而无理解能力或无意欲能力之人”的民事责任，除非属于“行为人因过错而使自己暂时处于该状态”的情形。❹只是，根据《澳门民法典》第四百八十二条第一款之衡平原则，即使被排除了可归责性，不可归责之人也不一定能完全免责。

（二）不法性要件

在澳门的侵权法中，将过错和不法性分离为两个不同的概念，并分别作为侵权责任的独立构成要件。过错在侵权行为归责中的重要地位并没有湮没行为不法性的独立性，在界定侵权行为时将过错要素和不法性要素并重，并没有厚此薄彼。根据《德国民法典》第八百二十三条第一款之规定，“故意或有过失地不法侵害他人的生命、身体、健康、自由、所有权或者其权利的人……”；再者，依据《澳门民法典》第四百七十七条第一款前半部分（《葡萄牙民法典》第四百八十三条）之规定，“因故意或过失不法侵犯他人权利或违反旨在保护他人利益之任何法律者……”，可知葡萄牙和中国澳门特别行政区效法德国法也将不法性概念独立出来，将不法性作为侵权责任独立的构成要件，明确了不法性在侵权责任构成要件中的独立地位。认为行为人承担侵权责任的根源具有极强的主观性，而并没有将带有客观属性的不法性仅仅作为行为的一种表象，从而认定其仅处于从属地位的，所以并没有像法国法那样只是将其纳入过错范畴进行讨论从而否定其独立性，中国澳门特区采取的是明示性的规定。诚如冯·巴尔所言：在欧洲，“除了葡萄牙以外，没有任何其他国家选择如同规定在《德国民法典》第八百二十三条中的‘侵权性’这样一个正式的概念”。❺笔者以为冯·巴尔所说的“侵权性”正是我们这里所要介绍的“不法性”。

不法性是澳门侵权责任法作为澳门侵权责任独立的基本构成的要件之一，行为人实施了不法行为是其承担侵权责任的前提要件，是界定侵权行为的必备要素和本

---

❶ Antunes Varela：《债法总论》，第一卷，第十版，唐晓晴译，未出版，第 378-379 页。

❷ 克雷斯蒂安·冯·巴尔：《欧洲比较侵权行为法》（下册），焦美华译，张新宝校，法律出版社，2001 年版，第 244 页。

❸ Antunes Varela：《债法总论》，第一卷，第十版，唐晓晴译，未出版，第 379 页。

❹ 《澳门民法典》第四百八十一条第一款：“在损害事实发生时基于任何原因而无理解能力或无意欲能力之人，无须对该损害事实之后果负责；但行为人因过错而使自己暂时处于该状态者除外。”

❺ 克雷斯蒂安·冯·巴尔：《欧洲比较侵权行为法》（上册），张新宝译，法律出版社，2001 年版，第 22 页。

质要件，对侵权行为的判断离不开不法性。[1] 一个行为如果造成了他人权利和特定的法益遭受侵害的后果，原则上就具有不法性。当然，一个导致他人利益遭受侵害的行为并不当然具有不法性，并不必然要对受害人承担损害赔偿之债，它只有在违反了以保护他人为目的的法律的情况下才具有不法性，甚至不仅仅是违反法律之反射作用所保护之利益。[2]换言之，只要法律没有禁止，一个行为纵使肇致他人遭受损害，也不具有不法性，并不会因此而引致侵权责任。行为的不法性是法律对行为人之行为所作出的一种客观评价。原告所主张的事实必须要经得起不法性的考验。不法性是指行为人违反社会对一般人所课加的客观注意义务，认为某种行为因缺乏正当性而被赋予了“加害”性质，行为人的行为给法律所保护的权益造成一定损害时，在客观上行为具有不法性并且没有不法阻却事由或抗辩事由，不法性这种客观的负面或否定性评价便成为该行为的一种属性。简而言之，行为具有不法性的根本原因是侵害了法律所保护的权益。不法性之所以表现为对法律所保护权益的侵害，是因为侵权行为的一般规定明确了受法律保护的人身、财产、其他权利以及利益具有不可侵犯性，法律规定一般人有不为加害的义务，法律要求行为人之行为不得损害他人的合法权益，一旦加害则具有不法性。在实践中，判断考量一个行为是否具有不法性取决于行为人之行为肇致的受损之权益是否在法律所保护的范畴内。正如 Antunes Varela 所言，“现行民法典企图以更清楚的方式界定不法性这个概念；它具体地描述了两种可以反映事实的反法律（antijurídico）或不法（ilícito）特性的基本类型。它的意图不仅仅是要在这样一个经常以常识、平衡，甚至衡平观念作为标准的制度中限制法官的随意专断，而且还要帮助解释者在（一些虽然可能对他人构成损害，但是却是法律所要求或规定的或至少是法律秩序所不在意或容忍的）行为的范畴内界定出不法作为之范围这项困难的工作。”[3]

那么，如何认定不法性？即在一项具体的侵权行为中如何判断加害行为是否具有不法性的问题。行为不法还是结果不法？对于不法性的判断标准，Antunes Varela 认为，理论学界有结果不法与行为不法两种判断加害行为不法性的学说，行为不法与结果不法采用了两种迥然不同的方法来确定行为的不法性，二者的区别源于我们对其关注的重心不同，并由此可能会肇致规范效果差异迥异，其进一步指出，结果不法对于行为本身无法作出是否具有不法性的判断，不法性是指加害行为具有不法性，是依照侵害行为本身来判断分析的，而不是单纯地按照行为所造成的损害结果来认定行为的不法性。[4]违法性的判断标准具有一定的弹性，判断方法宜采取用行为不法说，而不是行为后果具有不法性。

---

[1] 在理论界，对违法性的本质有两种基本观点，即形式违法性与实质违法性。

[2] Antunes Varela：《债法总论》，第一卷，第十版，唐晓晴译，未出版，第 379-380 页。

[3] Antunes Varela：《债法总论》，第一卷，第十版，唐晓晴译，未出版，第 381 页。

[4] Antunes Varela：《债法总论》，第一卷，第十版，唐晓晴译，未出版，第 380 页。

1. 不法的形态

要判断一项加害行为是否具有不法性，首先要了解“不法性”中的“法”的具体内容到底指的是什么呢？根据《澳门民法典》的规定和 Antunes Varela 之观点，“不法性”中的“法”的含义涵盖多个层次或维度。[1]例如，澳门第 28/91/M 号法令《订定本地区行政当局、公共法人其权利人及公共管理代理人之合约外民事责任制度》第七条所诠释的“不法性”的含义：“一、为本法规之效力，不法性是指违反他人权利或违反保障他人利益之法律规定。二、违反法律和规章规定或违反一般适用原则之法律行为，以及违反上述规定和原则或违反应被考虑之技术性和常识性规则之事实行为亦被视为不法。”

1）侵犯他人的一项权利。

法的第一层含义指的是民法典上所规定的权利。侵权行为之不法性首先表现为一种侵害他人“权利”的行为。侵权行为的对象——权利，在本质上应是一种私权。按权利效力范围的不同，民事权利一般被分为绝对权和相对权，但这里的权利主要是指绝对权，侵害法律明确规定的所有权、生命权、身心健康权、自由权等绝对权是法律所不能允许的。[2]

绝对权是指其义务主体及于不特定的多数人的权利，权利人之外的一切人都有一种不得侵害他人权利的义务，物权、亲属权、知识产权（著作权以及邻接权和工业产权）和人格权均为绝对权。绝对权具有两项重要的功能，即积极的分配功能和消极的排除功能，前者是决定了权利人对自己的权利有处分的自由；后者是指该权利能排除权利人之外的一切人对权利人行使权利的干涉，意味着权利本身包含了不可侵性。行为人侵害绝对权，即侵害了该项权利的消极的排除功能的发挥，行为的不法性，违反的是权利不得非法侵犯的一般义务。一个行为只要造成了他人绝对权遭受损害的后果，就具备了《澳门民法典》第四百七十七条所规定的不法性要件，如果没有阻却不法的事由，原则上就应当认定为不法，因此，侵犯绝对权者毫无疑问当属侵权行为。

根据《澳门民法典》，人格权包括生命权（第七十条）、身心完整权（第七十一条）、自由权（第七十二条）、名誉权（第七十三条）、保留私人生活隐私权（第七十四条）、个人经历保密权（第七十八条）、肖像权及言论权（第八十条）、个人资料真实权（第八十一条）、姓名权及拥有其他识别个人身份方式之权利（第八十二

---

[1] Antunes Varela：《债法总论》，第一卷，第十版，唐晓晴译，未出版，第 381 页。

[2] 相对权是指义务主体限于特定人的权利，债权是相对权。从侵害对象的角度来看，侵权行为侵害的对象是绝对权，相对权是违约行为侵害的对象，但随着侵权法保护范围的不断扩大，相对权也逐渐被一些国家纳入侵权行为的所侵害的对象中，如第三人侵害债权制度在一些国家中已得到承认。认为第三人侵害债权的情况下可以成立侵权行为，认为它所侵害的虽然是作为相对权的债权，但在责任性质上却属于侵权责任。如德国肯定第三人侵害债权有《德国民法典》第八百二十六条的适用，但我国澳门对此持踌躇态度。

条）等。Antunes Varela 认为，虽然人格权是不是真正的主观权利悬而未决，但这不妨碍其成为侵权行为所保护的客体，对人格权的侵犯当然会导致损害赔偿之债。[1]在著作权方面，在 Antunes Varela 看来，对财产权利之侵犯显然要多于精神权利之之侵犯。[2]另外，Antunes Varela 指出，“财产性亲属权的侵犯……同样可以导致赔偿义务。但是根据主流思想，人身性质的权利（配偶间的忠诚；父母与子女之间的亲权……）则不是这样，它的法律制裁是另一个层面上的 ”。[3]

2）违反保护他人利益的法律。

至于侵权法所保护的范围是否包含“利益”，根据《澳门民法典》第四百七十七条第一款前半部分（《葡萄牙民法典》第四百八十三条）之规定“因故意或过失不法侵犯他人权利或违反旨在保护他人利益之任何法律者……”，可知目前还没有形成权利的利益并没有完全被忽视。也诚如 Antunes Varela 所言，“除了侵犯主观权利外”，“违反旨在保护他人利益的规范”也属于侵权行为。[4] Antunes Varela 也指出，“除了侵犯主观权利外，法律还（在学说及司法见解在界定反法律性的范围时感到最困难的领域）设定了违反旨在保护他人利益的规范”[5]，即不法性中“法”的另一种含义是指“违反旨在保护他人利益的规范”，认为如果侵犯即使不能称为法律上的权利的行为，只要有法律上应予保护的利益受到侵害，即是对这些法律的违反，即为不法，成立侵权行为。

在法律发展的过程中，在主观权利体系之外，还有一些特定利益也应受保护，虽然这些利益目前尚未为法律上升为权利，没有变为一种主观权利，离权利仅一步之遥或处于权利边缘，法律仍然要对其予以保护。法律确定主观权利之外的某种利益应受保护时，实质上拓展了法律保护的范围，因为它对当事人而言具有重要的意义，虽然其他主体与其并不构成权利义务关系，但是仍负有不可侵害的义务，侵害这些特定利益即具有不法性。但也并非对任何利益都能受到侵权行为法的保护，正如 Antunes Varela 所言，“损害他人利益只会当表现为违反或侵犯他人权利时才构成赔偿损害的义务，所以，不仅仅是作出一项损害他人利益的事实，甚至不仅仅是违反任何‘间接保护’或‘反射地保护’利益的法律规范”[6]，对此，冯·巴尔也深有同感，“不能仅仅由于一个利益或行为标准被违反就认定构成侵权，还需要受到的损害或侵害的利益属于行为标准的保护范围之内的”[7]。

那么，什么样的法律才是“违反保护他人利益的法律”？Antunes Varela 指出，确

[1] Antunes Varela：《债法总论》，第一卷，第十版，唐晓晴译，未出版，第 382 页。
[2] Antunes Varela：《债法总论》，第一卷，第十版，唐晓晴译，未出版，第 382 页。
[3] Antunes Varela：《债法总论》，第一卷，第十版，唐晓晴译，未出版，第 382 页。
[4] Antunes Varela：《债法总论》，第一卷，第十版，唐晓晴译，未出版，第 383 页。
[5] Antunes Varela：《债法总论》，第一卷，第十版，唐晓晴译，未出版，第 383 页。
[6] Antunes Varela：《债法总论》，第一卷，第十版，唐晓晴译，未出版，第 379 页。
[7] 克雷斯蒂安·冯·巴尔：《欧洲比较侵权行为法》（上册），张新宝译，法律出版社，2001 年版，第 31 页。

认保护性法律的关键性标准是考量该法律规范的立法目的，其认为“被违反的法律要么虽然保护个人利益，但是并没有赋予其保护的利益持有人一项主观权利；要么同时或主要为了保护集团利益，但又不忘保护背后的个人（个人或一群或一组人）利益”，另外，“法律的设定还包括违反旨在预防单纯抽象意义上的损害危险的规范，而不是预防具体损害产生的规范”。[1]在这种情况下则要以是否违反了相关的保护性法律作为不法性判断的标准，不法性是否具备，完全取决于个案中受害人所受侵害的利益是否在法律保护的范围之内，视乎该法律规范的立法目的是为受害人提供“个人保护”。

第二种不法性维度上的法一般都是一些特别法，而且不以私法为限。当然，作为法定权利（一般是绝对权）与法律想要保护之利益在受保护的程度上还有所区别，这些法所保护的受害人的权利和利益的强度一般都不能与民法上所规定的主观权利的强度相提并论，如 Antunes Varela 所说的：“法律想要保护这些利益，但又不想使其成为当事人可自由处分原则的保护措施。”第二种不法性要分以下情形。如 Antunes Varela 所言，首先，“此一（对侵犯法律所保护的单纯利益的）独立及明确的表述（尤其是对于刑法所保护的个人利益或“单纯的社会违反”而言）最为具有实务重要性”[2]。再者，“当被违反的规范保护个人利益，但是却没有赋予持有人一项主观权利时，只有其他更强的个人利益才会盖过它”[3]。另外，“在新的不法事实类型的菜单上，还包括损害并非源自犯罪行为，而是源自单纯的轻微违反或行政性质的违法，只要被违反的规范旨在保护个人利益，但又不向其赋予主观权利”[4]。鉴于法律所保护之利益内涵、外延的不确定性，侵权法对其附加了一些必要的条件限制，Antunes Varela 进一步阐述了这种不法性的特别要件。第一，“个人利益的损害是因为违反了一条法律规范”。第二，“个人利益的保护实际上体现于被违反之规范的目的之中”。在这个要件中 Antunes Varela 着重强调了“个人利益的保障必须不属于法律所旨在保护的纯粹集体利益的反射”。第三，“损害必须处于法律所旨在保护的个人利益之内”。这三个特别要件也正如 Manuel Trigo 所言[5]，侵害人的不法行为是指或者违反“旨在保护私人利益（间接保护私人利益）的法律规定的行为”，或者违反“旨在保护公共及私人利益的公法规定，尤其是刑法及行政法方面的规定”，两者都可能肇致民事责任的产生，而非违反“纯粹旨在保护公共利益的规定”，因为其已经逾越了“民事责任的范畴”。

2. 不法性要件的作用或功能

不法性是澳门侵权行为法最基本的特征，不法性要件的存在是必不可少的，不法性要件的独立设定有着重要意义。从本质上讲，对侵害法律所保护的利益之行为

---

[1] Antunes Varela：《债法总论》，第一卷，第十版，唐晓晴译，未出版，第 383 页。
[2] Antunes Varela：《债法总论》，第一卷，第十版，唐晓晴译，未出版，第 384 页。
[3] Antunes Varela：《债法总论》，第一卷，第十版，唐晓晴译，未出版，第 384 页。
[4] Antunes Varela：《债法总论》，第一卷，第十版，唐晓晴译，未出版，第 384 页。
[5] Manuel Trigo：《债法概要》，朱琳琳译，杜慧芳校对，1997—1998 年，澳门大学法学院三年级教材，未发行，第 86-87 页。

的否定性评价，行为的不法性是侵权行为的根本属性。不法性不管是在侵权责任的构成要件上，抑或是在侵权责任的归责原则上，都具有不可替代的作用。

自公元前287年前后颁布的《阿奎利亚法》（*Lex Aquilia*）将不法性规定为私犯的构成要件以来，关于不法性与过错的关系在侵权责任构成中就一直颇富争议。[1] 1804年颁布的《法国民法典》在设计侵权行为制度时，并没有将两者区分开来。[2]正如Antunes Varela所说，“总的趋势是将此二者纳入faute这个一般概念之中”。[3]可见“faute”具有二元性的特征，涵盖主观因素与客观因素，主观因素即过错属于主观的心理状态，可归责性；而客观因素就是客观的不法性。[4]如前所述，1896年的《德国民法典》则将过错与不法性分离为两个不同的要件。尽管冯·巴尔对此提出评判：“这（不法性）不过是修辞上的堆积和重复而已，（不法性）概念不过是对条文中所罗列内容的再次总结而已。它并不具有责任法上的独立功能。”[5]而且其还尖锐地指出：“它在理论上显得过于雄心勃勃而在实践中又极具局限性。侵权行为法只有当它能够独立现在并自主决定本法中的‘对与错’时才是有效率和生命力的，换句话说：侵权行为法应更多地依赖受个案熏陶的司法而不是服务于法制系统化的教条。”[6]但笔者仍然认为，将不法性与过错进行区分是源于德国立法的独具匠心以及其注重对理论构建的累累硕果，不法性要件的独立存在具有积极意义，有着逻辑上的说服力和实践上的生命力。

如Antunes Varela所说：“过错的概念以及它的表现方式显示出过错与不法性是两个不同的概念。它们涵盖了事实行为人之行为的不同方面，尽管这些方面在某种意义上是互补的。”[7] 这里所说的互补性可能源于因为过错之客观化使得不法性的判断内容与过错的判断内容在某种程度上出现了重叠，即当行为违反了法律所要求的一般注意义务时，行为的不法性和过错都可以据此得以认定，但是不法性与过错毕竟是不同层面的侵权责任构成要件，代表了不同的价值判断，我们无法对它视而不见。明确不法性与过错的内涵与判断标准，是正确区分两者的前提和基础。不法性和过错具有不同的社会功能，正如Antunes Varela所说，“不法性从法律规范的一般

---

[1] 江平，米健：《罗马法基础》，中国政法大学出版社，2004年版，第373-375页。

[2] 1804年颁布的《法国民法典》第一千三百八十二条和一千三百八十三条规定：“行为人因自己的主观过错而致他人遭受损害时，应对该他人负赔偿责任”，“任何人不仅对因其行为所引起的损害，而且对因其过失或懈怠所造成的损害，负赔偿的责任”。

[3] Antunes Varela：《债法总论》，第一卷，第十版，唐晓晴译，未出版，第416页。

[4] 1804年颁布的《法国民法典》第一千三百八十二条和一千三百八十三条规定：“ 行为人因自己的主观过错而致他人遭受损害时，应对该他人负赔偿责任”，“任何人不仅对因其行为所引起的损害，而且对因其过失或懈怠所造成的损害，负赔偿的责任”。

[5] 克雷斯蒂安·冯·巴尔：《欧洲比较侵权行为法》（下册），焦美华译，张新宝校，法律出版社，2001年版，第282页。

[6] 克雷斯蒂安·冯·巴尔：《欧洲比较侵权行为法》（下册），焦美华译，张新宝校，法律出版社，2001年版，第285页。

[7] Antunes Varela：《债法总论》，第一卷，第十版，唐晓晴译，未出版，第416页。

与抽象层面出发”，属客观范畴，而“过错则从裁判者在法律的支持下根据个案的具体情事评价行为人（或不作为者）之行为的可谴责性的主观层面出发”，属主观范畴，两者从客观和主观两个不同的层面评价人的行为，在本质上是不一样的。[1]不法性是法律上的价值判断，是法律对行为人行为的客观评价，根据损害后果（结果不法说）或是行为违反了某项注意义务（行为不法说）来判断，同时判断考量其是否存在阻却不法事由。过错是对主体行为的非难，对损害事件之发生的主观心理状态问题，重在可归责性考察。简而言之，两者的关注点不同，前者关注点在于是否有受法律保护的利益受到侵害，后者关注点则是在于该侵害是否可归责于行为人。并不是所有的过错行为都是不法行为，同时也并不是所有的不法行为都是过错行为，因为无过错行为也可以成就或构成不法行为。

不可或缺的不法性要件的作用主要体现在以下几个方面。第一，不法性作为独立的构成要件可以克服《澳门民法典》侵权责任一般原则在解释适用上的困难，有利于正确归责，正如 Antunes Varela 所指出的："实际上，之所以有必要将这两个概念分别开来，是因为不法性与过错的区分是一些法律规定的前提又或者它有助于理解（法律上）很多的解决方案（例如，过错指向不法事实而不指向损害、不法事实与过错间的因果关系的定义只有通过事实的不法性这一概念才可确定）。"[2]第二，不法性要件有利于最大程度保障人们的自由。将可归责性与不法性区别开来二元并立，透过明确限定权利的保护范围而最大程度和最大限度地保证个人的行动自由或活动自由，这在一定程度上限制责任范围，更是为了防止出现“有过错则有赔偿”的灾难性后果。[3]第三，不法性作为侵权行为的要件可以避免或减少诉讼的泛滥。行为之所以不法是因为其侵犯了受法律保护的客体，即受法律保护之客体的被侵犯诠释了行为的不法性，其实这在本质上有利于对加害人施加保护，避免侵权责任的扩大化，因为单纯以是否具有过错作为判断标准，可能会导致侵权责任范围无边无际，有利于法益保护的平衡。第四，不法性要件可以为阻却不法事由或正当化事由提供理论支撑，引发行为人举证证明阻却不法性事由的存在。阻却不法事由或正当化事由，是指行为虽然造成他人损害，但依法能够阻断或排除行为不法性的法定的客观事实。将不法性独立可以增强正当化事由的理论说服力，有助于解释在不法阻却事由存在的情况下，行为人虽然实施了加害行为但因为行为人的行为是一种实施法律赋予其权利的行为，不具有本质上的社会危害性，行为本身固有的属性是适法行为，因此不负侵权责任。正如 Manuel Trigo 所说的，“当法律认为有理由侵犯他人的权利或受法律保护的利益时，便可消除行为上的不法性”，比如产品瑕疵系因遵守公共当局之强制性规定而肇致的（《澳门商法典》第八十八条 d 项）、在权利冲突时所采取的行

---

[1] Antunes Varela：《债法总论》，第一卷，第十版，唐晓晴译，未出版，第 417 页。
[2] Antunes Varela：《债法总论》，第一卷，第十版，唐晓晴译，未出版，第 417 页。
[3] 个人的行为一旦超出了法律允许的范围必然要受到法律的约束。

为（《澳门民法典》第三百二十七条）。后面我们将要探讨的自助行为（第三百二十八条）、正当防卫（第三百二十九条）、紧急避险（第三百三十一条）等私力救济方式，以及得到受害人之同意（第三百三十二条）后作出的行为或时效的消灭或丧失。❶ 第四，可以为风险责任提供理论依据。风险责任中不考虑过错，不法性是认定风险责任的基础。以上这些功能无不意味着不法性要件具有独立存在的价值。

3. 法律所特别规定的不法事实

Antunes Varela 指出，对于不法性，除了《葡萄牙民法典》第四百八十三条（《澳门民法典》第四百七十七条）在一般意义上给予规定外，《葡萄牙民法典》（《澳门民法典》亦同）还效仿德国民法以自己独特的方式处理了一些特殊的反法律之情形。❷这其中主要指的是《澳门民法典》第三百二十六条规定之“权利之滥用”和第四百七十八条之“建议、提议或信息”（《葡萄牙民法典》第三百三十四条和第四百八十五条）。❸依据《葡萄牙民法典》（第三百三十四条）和《澳门民法典》（第三百二十六条）之规定可知，葡萄牙和我国澳门将法律权利不得滥用原则明确规定在它们的民法典中。如反映在诉讼领域，如对恶意诉讼之规定，《澳门民事诉讼法》第三百八十五条对恶意诉讼行为人的处罚方式、恶意诉讼的构成要件以及恶意诉讼行为的具体类型或说是表现形式等方面做出了规定。❹《澳门民事诉讼法》第三百八十六条规定了恶意诉讼之受害人的损害赔偿请求之权利。另外，该法典第三百八十七条和第三百八十八条则分别规定了无行为能力人之代理人或法人之代表以及诉讼代理人的恶意诉讼民事责任。另外，根据《澳门民法典》第四百七十八条（《葡萄牙民法典》第四百八十五条）第一款，只是单纯的提供不正确的信息、作出错误的建议或提议，行为人原则上无须负责的，“即使其本身有过失”。但《澳门民法典》第四百七十八条（《葡萄牙民法典》第四百八十五条）第二款规定有三个例外，如 Antunes Varela 所说的，“①当对损害承担了责任；②当有义务作出这些建议、提议或信息，而作为时又有过错；③当行为人的程序是可受刑法处罚的”，此时可将行为人的

---

❶ Manuel Trigo：《债法概要》，朱琳琳译，杜慧芳校对，1997—1998 年，澳门大学法学院三年级教材，未发行，第 87 页。

❷ Antunes Varela：《债法总论》，第一卷，第十版，唐晓晴译，未出版，第 390-391 页。

❸ 另外，还有《葡萄牙民法典》第四百八十四条，但澳门地区并没有相关条款的规定。

❹ 《澳门民事诉讼法》第三百八十五条（恶意诉讼）：

一、当事人出于恶意进行诉讼者，须判处罚款。

二、因故意或严重过失而作出下列行为者，为恶意诉讼人：

a）提出无依据之主张或反对，而其不应不知该主张或反对并无依据；

b）歪曲对案件裁判属重要之事实之真相，或隐瞒对案件裁判属重要之事实；

c）严重不履行合作义务；

d）以明显可受非议之方式采用诉讼程序或诉讼手段，以达致违法目的，或妨碍发现事实真相、阻碍法院工作，或无充分理由而拖延裁判之确定。

三、不论案件利益值及因所作之裁判而丧失之利益值为何，对恶意进行诉讼所作之判处，均得提起上诉，但仅得上诉至上一级法院。

行为视为不法。[1]

二、本法域对该规则的规定

（一）《澳门民法典》

第七十条（生命权）

一、任何人均有生命权。

二、生命权不得放弃或转让，亦不得受法定或意定之限制。

第七十一条（身心完整权）

一、任何人均有身心完整受尊重之权利。

二、未经本人同意，不得对其施以可影响其身心完整之医学或科学方面之行为或试验。

三、禁止以人体器官及其他人体组成部分作交易，即使已与人体分离且取得有关权利人之同意亦然。

四、对身心完整权所作之自愿限制，如可预料对生命构成严重危险，或可能对权利人之健康造成严重及不可复原之损害后果，均为无效；但后者具应予重视之理由时，不在此限。

第七十二条（自由权）

一、任何人均享有自由权。

二、任何人不得使为奴隶或被役使，即使经其同意亦然。

三、任何人均有权受保护，以免受鼓吹国家、种族、民族或宗教仇恨之宣传或主张所损害，又或受鼓吹其他形式之不法歧视之主张所损害。

四、不得仅因任何人未履行合同义务，或未能履行合同义务，而将之拘留或拘禁。

五、不得以武力强迫任何人亲身作出某一行为，即使该人有义务作出该行为以及因不作出该行为而须受制裁；但另有特别规定者除外。

六、受期间不确定之合同约束而须亲身履行义务之人或受劳动合同约束之工作者，得随时自行单方终止合同，但须因应具体情况作适当之提前通知或按照特别法规定作提前通知。

七、未经本人同意不得以任何方法调查其人格，或对之采用旨在使其失去意识或表达意思自由之其他方法。

八、被违法剥夺自由之人有权就所受之损害获得赔偿。

---

[1] Antunes Varela：《债法总论》，第一卷，第十版，唐晓晴译，未出版，第391-392页。

九、对自由权仅得在自愿之情况下予以短期限制，此期间系视导致作出该限制之原因而定。

第七十三条（名誉权）

一、任何人均有权受保护，以免被他人以指出某种事实或作出某种判断，使其名誉、别人对其之观感、名声、声誉、个人信用及体面受侵犯。

二、唯对事实之指出系旨在实现正当利益，且不侵犯受害人私人生活或家庭生活之隐私，上述侵犯之不法性，方可透过证明该事实或判断属实而排除。

三、证明该指出事实之人有认真依据使其出于善意相信所指出之事实或所作之判断为真实者，等同于上款所指之证明该等事实或判断属实；但按事件之具体情况，该人系有义务查明所指出事实之真实性，而其不履行该义务者，则非属善意。

四、名誉权不得放弃或转让，对名誉权之自愿限制不得涉及权利人本身之人性尊严、职业尊严或经济尊严。

第七十四条（保留私人生活隐私权）

一、任何人均不应透露属他人私人生活隐私范围之事宜。

二、隐私之保留范围按有关事件之性质及各人之条件而界定，且尤其以本人所作之行为而显示出其欲保留之范围予以界定；对于公众人物，则尤其以有关之事实与具知名度之原因两者间所存有之关系予以界定。

第七十八条（个人经历保密权）

一、关于某一指明身份之人之个人经历资料，未经其同意，不得将其全部或部分公开或使用。

二、基于安全或司法方面之要求，或为着科学、文化或教学之目的，又或基于与公众人物有关之其他应予重视之利益而有合理理由公开或使用某人之个人经历资料者，不适用上款之规定。

第八十条（肖像权及言论权）

一、未经本人同意，不得对其肖像或其他在视觉上能认别本人之标志进行摄取、展示、复制、散布或作交易之用；肖像人死后，则由第六十八条第二款按顺序所指之人给予许可。

二、基于肖像人之知名度或担任之职务，或基于安全或司法方面之要求，或为着学术、教学或文化之目的，而有合理理由者，则无须肖像人同意；如该肖像系在公众地方、与公共利益有关之事实或公开进行之事实当中所摄得之影像之一部分，亦无须经肖像人同意。

三、然而，肖像之复制、展示或作交易之用，按照第七十三条之规定可能侵犯肖像人之名誉权时，即不得为之。

四、在公众地方为着安全或司法方面之目的而摄取之肖像仅得用于该等目的上，且在无需要时应立即销毁。

五、以上各款之规定，经作出必要配合后，适用于录取、复制及散布某人言词之情况。

第八十一条（个人资料真实权）

任何人均有权受保护，以免被他人指称某一虚假事实与其本人或其生活有关，即使该事实不侵犯其名誉及别人对其之观感，又或不涉及其私人生活亦然。

第八十二条（姓名权及拥有其他识别个人身份方式之权利）

一、任何人均有权拥有一姓名及有权使用该姓名之全名或简称，并有权反对他人不法使用其姓名，以认别该人本身身份或作其他用途。

二、然而，姓名权利人尤其在从事职业活动时，不得使用其姓名以损害与其姓名全部或部分相同之人之利益；如有此情况，法院须按衡平原则之判断，下令采取措施，妥善调解利益衡突。

第三百二十六条（权利之滥用）

权利人行使权利明显超越基于善意、善良风俗或该权利所具之社会或经济目的而产生之限制时，即为不正当行使权利。

第三百二十七条（权利之冲突）

一、在相同或同类权利上出现冲突时，各权利人应尽量妥协，使有关权利能在不对任一当事人造成较大损害之情况下同样产生效力。

二、权利不相同或其所属类别不相同时，以在具体情况下应被视为较高之权利为优先。

第三百二十八条（自助行为）

一、为实现或确保自身权利而使用武力，且因不及采用正常之强制方法以避免权利不能实现而有必要采用上述自助行为时，只要行为人之行为不超越避免损失之必要限度，则为法律所容许。

二、为消除对行使权利之不当抵抗，自助行为得为将物押收、毁灭或毁损之行为或其他类似之行为。

三、如所牺牲之利益大于行为人欲实现或确保之利益，则自助行为属不法。

第三百二十九条（正当防卫）

一、为排除行为人或第三人之人身或财产受正进行之违法侵犯而作之行为，只要系在不能以正常方法排除该侵犯之情况下作出，且行为所引致之损失并非明显超越该侵犯可引致之损失者，视为正当。

二、即使防卫属过当，只要过当系因行为人本身无过错之精神紊乱、恐惧或惊吓而引致者，其行为亦视为正当。

第三百三十一条（紧急避险）

一、在同时符合下列要件时，为排除威胁行为人本人或第三人受法律保护之利益之正在发生之危险而作出之行为，如其系排除该危险之适当方法，则为法律所容许：

a）危险情况非因行为人已意造成，但为保护第三人之利益者，不在此限；

b）保全之利益明显大于牺牲之利益；

c）按照受威胁利益之性质或价值，要求受害人牺牲其利益属合理者。

二、然而，危险系完全因行为人之过错而造成时，行为人必须向受害人赔偿其遭受之损失；如非纯因行为人过错而造成危险，则法院得依衡平原则定出赔偿，且除判令行为人作出赔偿外，还得判令其他从该行为得益之人或导致该紧急避险情况出现之人作出赔偿。

第三百三十二条（受害人之同意）

一、在取得他人同意之情况下作出损害该人权利之行为，为法律所容许。

二、然而，如上述行为系法律所禁止或违背善良风俗之行为，受害人之同意不阻却行为之不法性。

三、为受害人之利益及按其可推定之意思而造成之损害，视为经受害人同意之损害。

第四百七十七条（一般原则）

一、因故意或过失不法侵犯他人权利或违反旨在保护他人利益之任何法律规定者，有义务就其侵犯或违反所造成之损害向受害人作出损害赔偿。

二、不取决于有无过错之损害赔偿义务，仅在法律规定之情况下方存在。

第四百七十八条（建议、提议或信息）

一、给予单纯建议、提议或信息之人，即使其本身有过失，亦无须负责。

二、然而，如上款所指之人已表示承担因损害而产生之责任，或在法律上有义务给予有关建议、提议或信息且在行事中有过失或损害意图，又或该人之行为构成可处罚之事实，则有义务作出损害赔偿。

第四百七十九条（不作为）

基于法律或法律行为，有义务为一行为而不为时，单纯不作为在符合其他法定要件下即产生弥补损害之义务。

第四百八十条（过错）

一、侵害人之过错由受害人证明，但属法律推定有过错之情况除外。

二、在无其他法定标准之情况下，过错须按每一具体情况以对善良家父之注意要求予以认定。

第四百八十一条（可归责性）

一、在损害事实发生时基于任何原因而无理解能力或无意欲能力之人，无须对该损害事实之后果负责；但行为人因过错而使自己暂时处于该状态者除外。

二、未满七岁之人及因精神失常而成为禁治产之人，推定为不可归责者。

第四百八十二条（由不可归责者作出之损害赔偿）

一、如侵害行为由不可归责者作出，且损害不可能从负责管束不可归责者之人获得适当弥补者，即可按衡平原则判不可归责者弥补全部或部分之损害。

二、然而，计算损害赔偿时，不得剥夺不可归责者按其状况及条件而被界定之生活所需，亦不得剥夺其履行法定扶养义务之必要资源。

第四百八十四条（有管束他人义务之人之责任）

基于法律或法律行为而对自然无能力人负有管束义务之人，须就该自然无能力人对第三人所造成之损害负责；但证明其已履行管束义务，又或证明即使已履行管束义务而损害仍会发生者除外。

第四百九十一条（时效）

一、损害赔偿请求权，自受害人获悉或应已获悉其拥有该权利及应负责任之人之日起经过三年时效完成，即使受害人不知损害之全部范围亦然；但不影响自损害事实发生时起已经过有关期间而完成之一般时效。

二、应负责任之人相互间之求偿权，亦自履行时起经过三年时效完成。

三、如不法事实构成犯罪，而法律对该犯罪所规定之追诉时效期间较长，则以该期间为适用期间；然而，如刑事责任基于有别于追诉时效完成之原因而被排除，则损害赔偿请求权自发生该原因时起经过一年时效完成，但在第一款第一部分所指之期间届满前不完成。

四、损害赔偿请求权之时效完成，不导致倘有之请求返还物之诉权或因不当得利请求返还之诉权之时效完成。

第一千七百二十九条（父母子女之义务）

一、父母与子女应互相尊重、帮助及扶持。

二、扶持义务包括扶养义务，以及在共同生活期间按各自所拥有之资源而承担家庭负担之义务。

（二）《澳门刑法典》

第一百九十四条（帮助之不作为）

一、在发生使他人生命、身体完整性或自由有危险之严重紧急状况，尤其该状况系由于祸事、意外、公共灾难或公共危险之情况而造成时，不提供不论系亲身作为或促成救援而排除危险之必需帮助者，处最高一年徒刑，或科最高一百二十日罚金。

二、如上款所指之情况，系由应当提供帮助而不提供之人所造成，该不作为者处最高二年徒刑，或科最高二百四十日罚金。

三、如提供帮助可能使该不作为者之生命、身体完整性或自由出现严重危险，又或基于其他重要理由，系不可要求该人提供此帮助，则帮助之不作为不予处罚。

（三）《澳门民事诉讼法典》

第三百八十五条 （恶意诉讼）

一、当事人出于恶意进行诉讼者，须判处罚款。

二、因故意或严重过失而作出下列行为者，为恶意诉讼人：

a）提出无依据之主张或反对，而其不应不知该主张或反对并无依据；

b）歪曲对案件裁判属重要之事实之真相，或隐瞒对案件裁判属重要之事实；

c）严重不履行合作义务；

d）以明显可受非议之方式采用诉讼程序或诉讼手段，以达致违法目的，或妨碍发现事实真相、阻碍法院工作，或无充分理由而拖延裁判之确定。

三、不论案件利益值及因所作之裁判而丧失之利益值为何，对恶意进行诉讼所作之判处，均得提起上诉，但仅得上诉至上一级法院。

第三百八十六条 （损害赔偿）

一、他方当事人得请求判处恶意诉讼人作出损害赔偿。

二、上述损害赔偿得为：

a. 偿还因诉讼人之恶意导致他方当事人所作之开支，包括诉讼代理人或技术员之服务费；

b. 偿还上述费用及因诉讼人之恶意而对他方当事人造成之其他损失。

三、法官根据恶意诉讼人之行为选择认为最适当之赔偿方式，且必须订定一定金额。

四、如未具备立即在判决中订定损害赔偿金额所需之资料，则在听取双方当事人之意见后，作出谨慎裁断，订定认为合理之金额，并得将当事人提出之开支及服务费之款项缩减至合理范围。

五、服务费须直接向诉讼代理人支付，但当事人指明已向其代理人支付者除外。

第三百八十七条 （无行为能力人之代理人或法人之代表）

如当事人为无行为能力人或法人，则诉讼费用、罚款及损害赔偿之责任由恶意进行诉讼之代理人或代表负责。

第三百八十八条　（诉讼代理人）

如证实当事人之诉讼代理人对其在案件中恶意作出之行为负有个人责任，则知会代表律师之机构，以对其处以有关处分，并判处该诉讼代理人就诉讼费用、罚款及损害赔偿负担被视为合理之份额。

（四）澳门 4 月 22 日第 28/91/M 号法令《订定本地区行政当局、公共法人其权利人及公共管理代理人之合约外民事责任制度》

第七条（不法性）

一、为本法规之效力，不法性是指违反他人权利或违反保障他人利益之法律规定。

二、违反法律和规章规定或违反一般适用原则之法律行为，以及违反上述规定和原则或违反应被考虑之技术性和常识性规则之事实行为亦被视为不法。

三、有关该规则的典型案例（关于非合同民事责任中的不法性）

澳门中级法院 2009 年 3 月 12 日之合议庭裁判第 331/2008 号上诉案：[1]

（一）案情简述

第一被告甲和第二被告乙分别在统计暨普查局（以下简称为“统计局”）担任代局长和代副局长，原告丙为该局职员。

2006 年 3 月 1 日，统计局职员戊向甲作出书面投诉，指丙与另外两位职员在电梯内用污言秽语影射戊。

2006 年 3 月 20 日，甲、乙及另外数名统计局高层人员与丙及另一位职员丁会面，期间甲说收到了针对丙、丁的投诉，询问他们是否说了上面那番话。同时，甲、乙还警告丙、丁，要注意言行，提到统计局的职员要维护该局的形象，不应做出损害或可能损害该局形象的行为。乙问丙、丁是否不承认曾以污言秽语侮辱同事，并表示，至少有三个证人指证他们讲了上述话。[2]

随后丙、丁表示不同意甲的行为，多次申请展开调查，未果。有部分同事知道丙、丁当着多位高层的面被甲、乙训斥。

丙事后情绪受到影响，曾前往镜湖医院就诊，医生确认其情绪受影响，需要接受治疗。

丙向法院提起诉讼，将甲、乙及特区政府分别列为第一、第二及第三被告，要其承担非合同民事责任。行政法院判处第三被告支付赔偿 38824 澳门元，在支付后，

---

[1] 本案由澳门城市大学助理教授艾林芝翻译及总结，内容已做适当删减

[2] 见裁判书第 31 页第 3 行及第 4 行，请参见 http：//www. court. gov. mo/decision/ctsuidetail. asp？ seqno = 2966&courtid = TSI#self.

对甲、乙享有求偿权，前者的责任为75%，后者为25%。

甲、乙就上述判决向澳门中级法院提起上诉。

（二）法律问题

中院面临的主要争议是，甲、乙二人的行为是否具有不法性，正如我们所知，行为的不法性是要求损害赔偿的构成要件之一。

（三）主要观点

行政法院在判决中指出：

“澳门特区及其他公法人因公法管理行为而导致的非合同民事责任由4月22日第28/91/M号法令规范。”

“上述法令第二条规定，本地区行政当局（即澳门特区）及其他公法人，对其机关或行政人员在履行职务中以及因履行职务而作出过错之不法行为，应向受害人承担民事责任。”

“这类民事责任的构成要件如下：①有意的事实或行为，可以是作为或不作为；②不法性，侵犯第三人权利或违反旨在保护他人利益的规范；③过错，可以是故意或过失；④损害之存在，财产或精神方面的损害；⑤不法行为和损害之间存在因果联系。这五个要件必须同时存在。”

“透过上述展示，可见这类民事责任的构成要件基本上与《澳门民法典》第四百七十七条第一款规定的不法事实之责任的要件一致。”

“尽管如此，对于行为的不法性，第28/91/M号法令第7条订定的定义比《澳门民法典》的定义[1]要宽广一些：违反法律和规章规定或违反一般适用原则之法律行为以及违反上述规定和原则或违反应被考虑之技术性和常识性规则之事实行为亦被视为不法。”

“在本案中，根据已经检视及证实的事实，显然第一被告和第二被告的行为是不法的，即便他们是想尝试了解原告有没有在电梯中说出侮辱同事的说话，他们的行为方式也是违反了《公共行政人员通则》第三百二十五条及后续条文。”

乙在上诉书中提出：

“《公共行政人员通则》第二百九十条第四款、二百九十一条第二款以及第三百二十五条第二款赋予上诉人权限做出相关行为…其行为是在其自由裁量权及权限范围内做出的。因此上诉人没有违反《公共行政人员通则》第三百二十五条及后续条文，也没有违反法律和规章规定或一般适用原则或技术性和常识性规则……其行为不存在任何不法性。”

中级法院合议庭裁判认为：

“根据《公共行政人员通则》第二百七十九条，担任公共职务时，公务员及服务

---

[1] 《澳门民法典》第四百七十七条提到的不法性是指：违反他人权利或违反保障他人利益之法律规定。

人员专门为公共利益服务，并应以庄重之方式从事其活动，从而为公共行政当局之声誉作出贡献。”

“面对所发生的事情，第三人、公务员及该局负责人在部门内公共地方听到使人受辱的言论时，可以理解局方负责人的担心，并希望防制这些行为损害良好的工作环境、局方的良好形象及有礼义务。”

……

“因此，应代局长的言论是一种提醒，以防止那些情况的出现以及职员不做出该等行为。我们不应忘记曾有过具体的投诉针对这些职员。”

……

“因此，我们认为第一被告并没有违反职务上及章程所定的义务，其行为没有不法性。”

同样的，中级法院合议庭裁判也认为第二被告的行为也没有不法性。最终判决上诉得直，开释各被告。

尽管如此，参与合议庭的一位助审法官对合议庭裁判有不同意见，该法官在表决落败声明中指出：

“如果说上级对下属拥有纪律权，这种权力典型的构成领导权的一部分，那么这种权力也应在符合法律规定的前提条件下行使。”

这位法官又引用终审法院顾问 Manuel Leal-Henrique 的观点，指出纪律权必须在纪律程序中行使。

法官认为：

“简单阅读一下这个学说，就可以理解，如果上级在法律规定的程序外对其下属行使纪律权，以及/或对下属适用一种法律没有预先规定的种类的处罚[1]，那么上级的行为不能不被认为是不法的。”

……

“综上所述，两位上诉人的行为不能不被认为是应受非难的，这构成不法行为并导致民事责任。”

四、在《东亚侵权法示范法》中对该规则作出规定的基本意见

自《德国民法典》将不法性概念独立出来以后，部分其他法域也效仿德国法，将过错和不法性分开，长期的实践证明这种方式更有利于侵权责任的认定。对此，鉴于不法性要件之独立设定存在着的重要意义，澳门法域的建议是，将过错和不法性分离为两个不同的概念，并分别作为侵权责任的独立构成要件。

[1] 澳门公职法中没有规定口头申诫的处罚。

专题之四：损害

一、该问题基本规则

（一）损害的含义

"损害"范畴是非合同民事责任构成要件中的核心范畴之一。虽然并非所有损害都可以得到赔偿，但是若没有《澳门民法典》第四百七十七条第一款所规定之构成要件之一损害一般便不存在非合同民事责任损害赔偿的问题，认定行为人之行为是否成立侵权行为一般是以损害事实之发生为前提，损害事实是判定非合同民事损害赔偿责任是否成立以及赔偿范畴之基础，原则上必须有损害事实的存在才有追究行为人的侵权责任的必要，才有要求其承担损害赔偿责任的必要。

欧洲法域成文法很少对"损害"下定义，奥地利是一个例外。《奥地利民法典》第一千二百九十三条规定："损害是给某人的财产、权利或人身造成的不利益。损害应区别于所失利润损失，这些利润是某人按照事物的进程可获得的。"其给出了损害之含义。❶欧洲法域其他成文法大多都没有给出损害的概念，葡国民法的追随者《澳门民法典》也没有界定什么是损害。由乌尔里希·马格努斯主编欧洲侵权法的统一之损害与损害赔偿篇中的国别报告和比较研究报告分析主张，"损害是一个法律概念"，所以并非任何损害都可以得到侵权责任法的救济，认为"只有法律上的损害才能赔偿"，只有这样的不利后果才可以得到救济。❷比较报告还指出，"损害是受害人领域必然发生的在法律上的不利变化"，而这种变化是"可归责于加害人的"，故而"有必要比较事物的两种状态（即'差额说'）"以"判断变化是否是不利的，而对损害的评定之"固有方法是比较受害人受害前后的不同状况"。❸基于以上的分析介绍，我们可以看出损害具有事实或自然和法律的双重属性。在"自然"或"事实"意义上，这一层面的损害是指行为人之行为对受害人的人身和财产状况在事实层面上所产生的一种不利影响，如人身的伤害、财产的减少，甚至还涵盖纯粹经济损失。但这种并非所有"事实"或"自然"意义层面的损害事实都可以得到非合同民事责

---

❶ 乌尔里希·马格努斯：《侵权法的统一：损害与损害赔偿》，谢鸿飞译，法律出版社，2009年版，第16页、275页。

❷ 乌尔里希·马格努斯：《侵权法的统一：损害与损害赔偿》，谢鸿飞译，法律出版社，2009年版，第275–276页。

❸ 乌尔里希·马格努斯：《侵权法的统一：损害与损害赔偿》，谢鸿飞译，法律出版社，2009年版，第275页。

任法的救济，一个人所遭受之损害和这个人从责任主体所得到之赔偿是两个不同的问题，[1]不是所有的损害都可以得到赔偿，事实层面上的损害或不利益要转化为可以得到侵权损害赔偿救济之法律层面意义上的损害，不得不接受法律上的考核和评价，可获得非合同民事责任损害赔偿之救济的损害必须具有内在的不法性，同时兼有“不法性”的那部分事实或自然损害才是获得法律承认的可得到损害赔偿救济之损害，才具有可救济性，如 Antunes Varela 所说的“仅仅当不法事实带来损害时，责任才产生”[2]。

而包含了法律上的否定性评价之行为的不法性是侵权责任的侵权行为的构成要件之一，依照《澳门民法典》第四百七十七条第一款之规定，或者是因为它是加害人侵犯他人的一项权利，要么是因为加害人违反保护他人利益的法律。

损害事实是因他人的加害行为或可归责于某人的事件使权利主体之合法权益遭受到的某种不利益，损害的客观存在成为侵权行为的构成要素，是行为人承担民事责任的基础和受害人获得救济的前提，责任主体只有因自己一定的行为（作为或不作为）及自己所控制或管理的对象肇致他人的人身、财产受损时，才有可能承担损害赔偿责任，而权利主体也只有在因他人的行为而其权利或法益受到损害时才可能获得法律上的救济。侵权行为应是造成一定损害的行为，而损害作为一种客观存在的事实，其数额常常是可以用一个具体的数值去衡量的，但损害并不一定都是有形的或经济上的不利益，未必都能以金钱评定的，但无论对权利主体的人身权利、财产权利以及其他利益之损害能不能以金钱予以计量，只要对他人人身或财产等合法权益引致了受损的事实，造成他人财产利益和非财产利益的减损或灭失的客观存在之事实，就构成损害事实。[3]《澳门民法典》第四百七十七条第一款所规定的一般原则中所规定的损害事实包括了财产损害和非财产损害。依侵权损害的性质和内容，大致可分为财产损失、人身伤害和精神损害等三种。

（二）财产损害和非财产损害之区分和赔偿范围

关于损害之赔偿范围在欧洲最重要和最普遍、最常见的分类方法是将其区分为财产损害和非财产损害。[4]澳门效仿葡萄牙，其非合同民事责任损害赔偿责任制度中的损害范畴也是包括财产损害和非财产损害。对于财产损害和非财产损害的区分和赔偿，由乌尔里希·马格努斯主编的损害赔偿法的比较研究报告指出，几乎所有欧洲国家都认可在财产损害和非财产损害上应全部赔偿，作出区分的原因在于财产损害可以根据客观市场价格标准很容易认定，而非财产损害涵盖了主观因素的考量权

---

[1] 克雷斯蒂安·冯·巴尔：《欧洲比较侵权行为法》（下册），焦美华译，张新宝审校，法律出版社，2001年版，第163页。

[2] Antunes Varela：《债法总论》，第一卷，第十版，唐晓晴译，未出版，第425页。

[3] 杨立新：《侵权法论》，吉林人民出版社，2000年版，第191-198页。

[4] 克雷斯蒂安·冯·巴尔：《欧洲比较侵权行为法》（下册），焦美华译，张新宝审校，法律出版社，2001年版，第192页。

衡，受制于各种因素的限制。❶ 所谓财产上的损害，是指因侵害人的侵害造成的权利人遭受的能以金钱衡量的一切具有财产价值或物质利益方面的损失，是一种财产上的不利变动，其涵盖因人身伤害造成的财产损失，但不包括因人身伤害所肇致的精神损害。人身伤害是指由于致害人对受害人的人身施以加害行为所导致的其人身上的损害，对自然人的人身之损害往往也会肇致其财产上的损失，如伤害他人身体导致其支付医疗费、护理费以及交通费等，可知肇致受害人的健康和生命受到损失的可转化为财产上的有形损害。财产损害一般可分为直接损失和间接损失。根据《澳门民法典》中一般赔偿责任制度之第五百五十八条（损害赔偿之计算）第一款“损害赔偿义务之范围不仅包括侵害所造成之损失，亦包括受害人因受侵害而丧失之利益”，可知前者所说的财产损害是指直接损失（积极的财产损失），或说“显性损害或财产损失”，而后者则是指间接损失（消极财产损失），或说“中断的利润或受挫的利润”，消极财产损失一样可以得到弥补。直接（财产）损失是指受害人现有实际财产的减少或说是财产的积极减少，是一种现有利益之损失，“包括在损害发生之日已存在于受害人手上的财物或权利”；间接（经济）损失是指受害人可得利益的减少或是财产的消极不增加，是一种未来的应得而未得到之利益，或称是一种可得利益之损失，“包括受害人因不法事实而无法获取、但是在损害发生之日还未有权获取之利益”。❷但实际上澳门民法也没有对上述的积极的财产损失和消极财产损失做出严格的区分，因为这两种损害都应完全赔偿。并非有损害就有损害赔偿，因为还需要具备其他的非合同民事责任构成要件，如《澳门民法典》第五百五十七条（损害赔偿之计算）规定损害赔偿责任以适当因果关系为成立要件之一。

对《澳门民法典》第四百八十八条（《葡萄牙民法典》第四百九十五条）规定之因死亡或身体伤害而对第三人之损害赔偿，即属于冯·巴尔“第三人（反射性）财产损失”❸，将“第三人（反射性）财产损失”解释为“第三人因侵权行为直接受害人死亡而遭受的一切财产上的损失”。《澳门民法典》第四百八十八条第三款（《葡萄牙民法典》第四百九十五条第三款）规定，“可要求受害人扶养之人，或由受害人因履行自然债务而扶养之人，亦有权获得损害赔偿”。《澳门民法典》第三百九十六条（《葡萄牙民法典》第四百零二条）对“自然债务”做了界定。自然债务是基于“道德上或社会惯例上之义务”，葡萄牙法院对配偶是“自然债务”之赔偿权利人采取否定态度，葡萄牙里斯本上诉法院（刑事庭）1992 年 3 月 17 日的判决、葡萄牙里斯本上诉法院 1973 年 12 月 5 日的判决、葡萄牙波尔图上诉法院 1979 年 11 月

---

❶ 乌尔里希·马格努斯：《侵权法的统一：损害与损害赔偿》，谢鸿飞译，法律出版社，2009 年版，第 271 页；第 277-278 页。

❷ Antunes Varela：《债法总论》，第一卷，第十版，唐晓晴译，未出版，第 426 页。

❸ 克雷斯蒂安·冯·巴尔：《欧洲比较侵权行为法》（下册），焦美华译，张新宝审校，法律出版社，2001 年版，第 227 页。

21日的判决对此都持这一立场。❶但自然债务及于父母死亡时尚未出生之子女，未出生之子女享有该条所规定的损害赔偿请求权，葡萄牙波尔图上诉法院1989年4月13日的判决也对此持赞成态度。❷《澳门民法典》第四百八十八条第二款（《葡萄牙民法典》第四百九十五条第二款）规定，“在上述情况及其他伤害身体之情况下，救助受害人之人、医疗场所、医生，又或参与治疗或扶助受害人之人或实体，均有权获得损害赔偿”，即在受害人死亡或身体伤害的情形下，对受害人提供帮助的人有权请求损害赔偿，如葡萄牙最高法院1993年12月16日的判决（“作为一海员的父亲为照顾自己事故中受伤的儿子而不得不暂时放弃自己工作的损害赔偿请求权”）对此持肯定态度。❸

自1900年《德国民法典》第一次提出非财产损害之概念以来，大陆法系愈来愈多的国家或地区都开始承认精神损害是损害赔偿之不可分割的部分，葡萄牙和澳门地区对此也持赞同态度，认为仅仅赔偿由于加害人的行为给受害人造成的财产损害或第三人（反射性）财产损失不足以弥补受害人及其近亲家属由于侵权行为所造成的精神损害。可知反射性损害不仅针对上述的财产性损失，包括受害人因照顾受害人所支出的费用，也针对非财产性损失。葡萄牙民法学者Mota Pinto认为：“葡萄牙民法规定在确定损害赔偿时，考虑到因损害之严重程度而产生之非财产损害，该等损害必须受法律保护（第四百九十六条第一款）。造成非财产损害，传统上称为‘精神损害’的原因是受害人遭受非财产性质的伤害（如受害人的身体完整性、健康、安宁、身心幸福、自由、名誉、声誉受损）。”冯·巴尔指出：“非财产损失则是指那些自始至终就不能以金钱加以衡量因而只能以一般损害赔偿加以补偿的损失。”❹非财产损害则是指权利人遭受的上述财产损害之外的其他一切损害，主要是指精神损害。精神损害作为非财产损害的下位概念，主要是指自然人因人格权受损而导致的精神痛苦，如侵害名誉权、保留私人生活隐私权等。与其他损害不同的是，精神损害具有无形性，对精神损害给予弥补有利于对侵权加害行为人之制裁。尽管非财产性损害不同于财产损害，非财产性损害无法用金钱计量或衡量的损害，但非财产损害也可采用金钱赔偿的方式。《澳门民法典》第四百七十七条第一款所规定的一般原则涵盖了财产损害和非财产损害，而《澳门民法典》第四百八十九条则进一步补

---

❶ 克雷斯蒂安·冯·巴尔：《欧洲比较侵权行为法》（下册），焦美华译，张新宝审校，法律出版社，2001年版，第228页，注解1171。

❷ 克雷斯蒂安·冯·巴尔：《欧洲比较侵权行为法》（下册），焦美华译，张新宝审校，法律出版社，2001年版，第228页，注解1172。

❸ 克雷斯蒂安·冯·巴尔：《欧洲比较侵权行为法》（下册），焦美华译，张新宝审校，法律出版社，2001年版，第232页，注解1189。

❹ 克雷斯蒂安·冯·巴尔：《欧洲比较侵权行为法》（下册），焦美华译，张新宝审校，法律出版社，2001年版，第191页。

充规定了赔偿范围及于非财产上的损害。❶《澳门民法典》第四百八十九条和《葡萄牙民法典》第四百九十六条（非财产之损害）第一款“在定出损害赔偿时，应考虑非财产之损害，只要基于其严重性而应受法律保护者”，本条款规定了非财产之损害的适用条件，不是所有的情况都适用非财产之损害，该条款设置了获得赔偿的前提——非财产之损害须达到一定的严重程度。正如冯·巴尔所指出的“在葡萄牙重要的不是侵权行为的种类或所侵害的利益类别，而是受害人精神受损的程度”，可知葡萄牙和澳门地区侵权行为法以“侵害的严重性”为根据来确定是否准予精神损害赔偿。❷值得指出的是，与《德国民法典》第二百五十三条（非财产损害）所规定的“对于非为财产损害的损害，只有在法律规定的情形，才可以请求以金钱赔偿”不同❸，《澳门民法典》第四百八十九条（《葡萄牙民法典》第四百九十六条）对于受害人之非财产之损害并不是仅限于在法律有明文规定的情况下才能得到赔偿，而是交由法院去判断衡量，直接取决于法官的自由裁量，法院需要考量加害人之过错程度等重要因素。❹

在实务中，对于具体精神损害形态的可赔偿性问题的确定，冯·巴尔列举了葡萄牙的几个经典案例，值得我们去考量。如葡萄牙科因布拉上诉法院 1977 年 6 月 17 日的判决“将机动车使用利益的损害认定为了非财产损失”，原因是根据《葡萄牙民法典》第四百九十六条其可赔偿性被认定。❺考究葡萄牙科因布拉上诉法院 1985 年 2 月 21 日的判决（“涉及因一载重车开进一建筑物而导致办公室遭受破坏的案件”），“如果一个人因营业场所遭受破坏而不能给顾客提供满意的服务也遭受了可获得赔偿的非财产损失”，认定了其可赔偿性。❻更有甚者，探究葡萄牙最高法院 1975 年 11 月 18 日的判决：“一个人因住宅未按时建成而恼怒，依照《葡萄牙民法典》第四百九十六条，其也可以主张精神损害赔偿，但遗憾的是他的恼怒依照《葡萄牙民法典》

---

❶ 《澳门民法典》第四百八十九条（非财产之损害）：一、在定出损害赔偿时，应考虑非财产之损害，只要基于其严重性而应受法律保护者。二、因受害人死亡，就非财产之损害之赔偿请求权，由其未事实分居之配偶及子女或由其未事实分居之配偶及其他直系血亲卑亲属共同享有；如无上述亲属，则由与受害人有事实婚关系之人及受害人之父母或由与受害人有事实婚关系之人及其他直系血亲尊亲属共同享有；次之，由受害人之兄弟姊妹或替代其兄弟姊妹地位之甥侄享有。三、损害赔偿之金额，由法院按衡平原则定出，而在任何情况下，均须考虑第四百八十七条所指之情况；如属受害人死亡之情况，不仅得考虑受害人所受之非财产损害，亦得考虑按上款之规定享有赔偿请求权之人所受之非财产损害。

❷ 克雷斯蒂安·冯·巴尔：《欧洲比较侵权行为法》（下册），焦美华译，张新宝审校，法律出版社，2001 年版，第 202-203 页。

❸ 《德国民法典》，杜景林、卢谌译．中国政法大学出版社，1999 年版，第 25 页。

❹ 克雷斯蒂安·冯·巴尔，乌里希·德罗布尼希主编：《欧洲合同法与侵权法及财产法的互动》，吴越、王洪、李兆玉、施鹏鹏等译，法律出版社，2007 年版，第 79 页。

❺ 克雷斯蒂安·冯·巴尔：《欧洲比较侵权行为法》（下册），焦美华译，张新宝审校，法律出版社，2001 年版，第 195 页。

❻ 克雷斯蒂安·冯·巴尔：《欧洲比较侵权行为法》（下册），焦美华译，张新宝审校，法律出版社，2001 年版，第 195 页。

第四百九十六条没有达到获得精神损害赔偿之侵权严重性程度要求而承担败诉的结果。”[1]另外，根据葡萄牙里斯本上诉法院（刑事庭）1984 年 10 月 31 日的判决（“诱导外甥女进行同性恋行为”），可知“性生活的丧失”也成为葡萄牙司法实务上所接受的“确定精神损害赔偿的相对独立因素”，也判定了其可赔偿性。[2]根据以上理论上和实务上的介绍分析，可知无论是在葡萄牙还是在澳门，原则上，任何一种侵权行为都可能引致精神损害赔偿，只要达到侵害的严重性程度即可。

另外，《澳门民法典》第四百八十九条第二款（《葡萄牙民法典》第四百九十六条第二款）则对死者近亲属的“非财产性反射损害”的赔偿作出了特别规定。[3]冯·巴尔指出，与德国、荷兰、奥地利等国的法律制度一贯坚持，与“对丧失近亲属的悲伤不予金钱赔偿”不同，比利时、卢森堡以及葡萄牙等民法都规定了对死者近亲属的“非财产性反射损害”的补偿。[4]

（三）纯粹经济损失

在《澳门民法典》中没有使用纯粹经济损失的概念，澳门对于纯粹经济损失问题的研究也比较薄弱，纯粹经济损失是否可以获得澳门侵权法上的救济是我们这里关心的议题。纯粹经济损失是近年来欧洲比较法上相对而言比较热门的话题之一。[5]纯粹经济损失作为一项饱受争议的新概念或新课题正给各国或各地区的法律实践带来新挑战。纯粹经济损失在欧洲被认为是“戈尔迪”难结。[6]其作为民法领域中众多损失中的一种相当特殊的损失，处于民事法律保护的边缘地带，因为其距离侵害行为所导致的原始损害并不近，致损事件与纯粹经济损失的因果关系比较远，充满了抽象性、模糊性和不确定性等特点，定义和范围都比较难以界定，所以想要揭开纯粹经济损失的面纱并不简单。迄今为止少有如瑞典和芬兰那样对纯粹经济损失在立法中进行定义的，尽管这两部法律规定的主要目的是为了排除纯粹经济损失的赔偿（因犯罪行为而肇致的纯粹经济损失例外）。[7]1972 年《瑞典赔偿法》第二条规定：“根据本条的纯粹的金钱上的损失是一种在任何方面都与对人身伤害和财产损失没有

---

[1] 克雷斯蒂安·冯·巴尔：《欧洲比较侵权行为法》（下册），焦美华译，张新宝审校，法律出版社，2001 年版，第 195 页。

[2] 克雷斯蒂安·冯·巴尔：《欧洲比较侵权行为法》（下册），焦美华译，张新宝审校，法律出版社，2001 年版，第 206-207 页。

[3] 克雷斯蒂安·冯·巴尔：《欧洲比较侵权行为法》（下册），焦美华译，张新宝审校，法律出版社，2001 年版，第 224 页。

[4] 克雷斯蒂安·冯·巴尔：《欧洲比较侵权行为法》（下册），焦美华译，张新宝审校，法律出版社，2001 年版，第 224 页。

[5] 毛罗·布萨尼，弗农·瓦伦丁·帕尔默：《欧洲法中的纯粹经济损失》，张小义、钟洪明译，林嘉审校，法律出版社，2005 年版，第 3 页。

[6] 廖朵朵：《纯经济性损失的侵权赔偿责任》，载于《政法学刊》，2005 年 8 月，第 22 卷第 4 期，第 33 页。

[7] 毛罗·布萨尼，弗农·瓦伦丁·帕尔默：《欧洲法中的纯粹经济损失》，张小义、钟洪明译，林嘉审校，法律出版社，2005 年版，第 117 页。

关联的经济损失。”❶《芬兰侵权责任法》第五章第一条规定：“赔偿包括对人身伤害或财产损害的获赔，如果损害是因被刑法禁止的行为或者授权行为所致，或者在其他情况下有特别的理由，则赔偿应包括与人身伤害或者财产损害不相联系的经济损失。”❷对于纯粹经济利益的损失或说是纯粹财产上损失的损害赔偿，德国学者冯·巴尔教授在其专著《欧洲比较侵权行为法》中指出：“对于什么是‘纯粹经济损失’，各国规定一直都有很大区别，但从中仍可以总结出两个主要流派：其一是，所谓‘纯粹经济损失’是指那些不依赖于物的损害或者身体及健康损害而发生的损失；其二是，非作为权利或受到保护的利益侵害结果存在的损失。”❸有学者认为，德国、葡萄牙以及奥地利的学者“倾向于将纯粹经济损失定义为与权利所受之侵害并无直接联系的任何损失，这样就将其他国家认可的许多典型的纯粹经济损失排除在外”。❹海尔穆特·库齐奥认为：“纯粹经济损失是一种并非因侵害人身（生命、身体、健康、自由、其他人格权）或财产（有形财产和无形财产）而导致的损害。”❺

综合以上介绍，可知纯粹经济损失是受害人因他人的不法行为（当然不限于侵权行为）遭受到的经济上的损失，但纯粹经济损失不依赖于任何具体财产权利损害或者人身权利损害，“它是一种在原告人身和财产事先都未受到侵害之情形下发生的损害”，即受害人既没有遭受人身权的伤害，也没有遭受财产权的侵害，纯粹经济损失是行为人的行为给他人造成的人身伤害和有形财产损害之外的无形损失，这种经济上的损失与受害人人身或财产受到的任何侵害没有发生关联（责任构成要件并没有得到不满足），仅表现为纯粹经济损失之受害人在财产或经济总量上遭受到的某种不利益，纯粹经济损失并不涵盖精神损害。❻纯粹经济损失作为损失的一种，它具有损失的一般特征之“不利益”，但其也有不同于直接损失、间接损失等其他损失的特殊性。对于纯粹经济损失与直接损失和间接损失的区别，毛罗·布萨尼和弗农·瓦伦丁·帕尔默指出，直接损失和间接损失“只描述同一财产集合范围内的因果关系”，而纯粹经济损失描述的是多个财产集合之间的因果关系。❼ 区分直接损失与纯

---

❶ 克雷斯蒂安·冯·巴尔：《欧洲比较侵权行为法》（上册）[M]. 张新宝译，法律出版社，2001 年版，第 49 页注释 158。

❷ 毛罗·布萨尼，弗农·瓦伦丁·帕尔默：《欧洲法中的纯粹经济损失》，张小义、钟洪明译，林嘉审校，法律出版社，2005 年版，第 116-117 页。

❸ 克雷斯蒂安，冯·巴尔：《欧洲比较侵权行为法》（下册），焦美华译，张新宝审校，法律出版社，2001 年版，第 33-34 页。

❹ 克雷斯蒂安·冯·巴尔，乌里希·德罗布尼希：《欧洲合同法与侵权法及财产法的互动》，吴越、王洪、李兆玉、施鹏鹏等译，法律出版社，2007 年版，第 25 页。

❺ 海尔穆特·库齐奥：《欧盟纯粹经济损失赔偿研究》，朱岩、张玉东译，《北大法律评论》第 10 卷第 1 辑，北京大学出版社，2009 年版，第 243 页。

❻ 毛罗·布萨尼，弗农·瓦伦丁·帕尔默：《欧洲法中的纯粹经济损失》，张小义、钟洪明译，林嘉审校，法律出版社，2005 年版，第 5-6 页。

❼ 毛罗·布萨尼，弗农·瓦伦丁·帕尔默：《欧洲法中的纯粹经济损失》，张小义、钟洪明译，林嘉审校，法律出版社，2005 年版，第 6 页。

粹经济损失并不难，但要区分间接损失与纯粹经济损失可能就没有那么容易，两者在司法实务上并没有泾渭分明，毛罗·布萨尼和弗农·瓦伦丁·帕尔默认为，“间接损失和‘纯粹’经济损失并不是在种类和原则上有差异，而是因为它们各自赖于发生的情形以及被加之于其各自可获赔与否上的技术性限制，才彼此区分开来”，他进一步指出，在他们探讨研究范围内的欧洲法中，间接损失原则上基本都可以获得赔偿，但纯粹经济损失则不一定。至于纯粹经济损失的类型，在毛罗·布萨尼和弗农·瓦伦丁·帕尔默主编的《欧洲法中的纯粹经济损失》一书中，纯粹经济损失被分为：反射损失；转移损失；公共市场、运输信道以及公用设施的关闭；以及对错误信息、建议和专业服务的信赖等四类。[1]

大陆法系国家或地区并没有采取统一的保护模式，有的采用放任式体系，如法国、比利时、意大利、西班牙和希腊等。[2]在这些国家的民法典中存有一般条款，如《法国民法典》第一千三百八十二条和第一千三百八十三条、《比利时民法典》第一千三百八十二条和第一千三百八十三条、《意大利民法典》第二千四百零三条、《西班牙民法典》第一千九百零二条以及《希腊民法典》第九百一十四条和第九百一十九条，该条款并没有事先排除纯经济损失，对纯粹经济损失的赔偿持放任式的态度。[3]《法国民法典》通过第一千三百八十二条和第一千三百八十三条采取一般条款的保护模式，法国因此而被认为拥有世界上最为自由、最为宽泛的侵权责任制度，法国对纯粹经济损失的保护程度非常高。[4]《法国民法典》没有使用纯粹经济损失的概念，法国立法并没有区分实际损害和纯粹经济损失。侵权责任制度关注的重心是致损事件，并没有对“任何受保护利益范围或受保护自然人群体”施加任何先决限制条件，[5]换言之，只要能证实原因与结果之间存在因果关系以及满足侵权损害赔偿责任其他构成要件，任何人均享有法定的损害赔偿权利，无论何种类型的损害都能得到赔偿。可知法国对纯粹经济损失（无论是故意还是过失侵权肇致的）给予充分的保护，即便是遭受纯粹经济损失的人也可以依《法国民法典》第一千三百八十二条和第一千三百八十三条寻求侵权法的救济。

而德国、奥地利、芬兰、瑞典和葡萄牙等采取的是保守式体系，对侵权行为所致纯粹经济损失的索赔予以限制，这一体系的特征是纯粹经济损失并没有被置于侵

---

[1] 毛罗·布萨尼，弗农·瓦伦丁·帕尔默：《欧洲法中的纯粹经济损失》，张小义、钟洪明译，林嘉审校，法律出版社，2005年版，第9-11页。

[2] 毛罗·布萨尼，弗农·瓦伦丁·帕尔默：《欧洲法中的纯粹经济损失》，张小义、钟洪明译，林嘉审校，法律出版社，2005年版，第93页。

[3] 毛罗·布萨尼、弗农·瓦伦丁·帕尔默：《欧洲法中的纯粹经济损失》，张小义、钟洪明译，林嘉审校，法律出版社，2005年版，第93-102页。

[4] 毛罗·布萨尼、弗农·瓦伦丁·帕尔默：《欧洲法中的纯粹经济损失》，张小义、钟洪明译，林嘉审校，法律出版社，2005年版，第93-97页。

[5] 毛罗·布萨尼、弗农·瓦伦丁·帕尔默：《欧洲法中的纯粹经济损失》，张小义、钟洪明译，林嘉审校，法律出版社，2005年版，第97页。

权法所保护的“绝对权利”之中。[1]如《德国民法典》第八百二十三条之规定：“在这一所谓的‘绝对权利’的清单里有意排除了任何对纯粹经济性质之损害的指称。因此，可以毫无争议地说，作为一项基本规则，在侵权法里纯粹经济损失是不可赔偿的”。[2]尽管在这些大陆法系国家，原则上认为纯粹经济损失是不能赔偿的，但也存在着一些例外情况。大陆法系的部分国家采取混合模式，对于不同类型的纯粹经济损失也是采取不同的保护方法，德国采取合同效力扩张和权利扩大解释相结合的混合保护模式对纯粹经济损失予以侵权保护。[3]首先，或者采用权利扩大解释保护模式。如前所述，《德国民法典》第八百二十三条第一款以列举“绝对权利”清单的形式剔除了对纯粹经济损失的保护，基于此，遭受纯经济损失的人或者透过第八百二十三条第二款、第八百二十四条和第八百二十六条的扩大解释来寻求侵权救济，[4]或者扩大《德国民法典》第八百二十三条第一款中的“其他权利”的外延，为其注入新的权利等。[5]再者，又或者采用合同救济，依赖合同效力的扩张（通过《德国民法典》第二百七十八条和二百八十二条等）来保护纯粹经济损失。[6] 如前所述，《葡萄牙民法典》对此也采取保守式体系。《澳门民法典》作为其忠实追随者，当然也属于这一体系。对于葡萄牙和澳门地区对纯粹经济损失所持的态度，葡萄牙学者 Jorge Sinde Monteiro 指出：“葡萄牙侵权行为人在下述情形下要承担责任：当他们侵权了一项绝对权利时（由此排除了纯粹经济损失）；当损害属于保护性制定法的范围和目的时：虽然违反保护性制定法的行为可能产生对纯粹经济损失的赔偿责任，但这只是一般赔偿规则的例外。因此，葡萄牙断然地对此类损失的损害赔偿采取了敌对的态度。葡萄牙的主体权利学说和德国的绝对权利之限制有同样的范围。也就是说，葡萄牙法官和学者并不以开放的方式来发掘不法性的概念。”[7]冯·巴尔亦认为，《葡萄牙民法典》第四百八十三条第一款（《澳门民法典》第四百七十七条第一款）“并没有确认对纯粹经济利益的一般注意义务”[8]，意味着纯粹经济损失一般无法获得赔偿，“除

---

[1] 毛罗·布萨尼、弗农·瓦伦丁·帕尔默：《欧洲法中的纯粹经济损失》，张小义、钟洪明译，林嘉审校，法律出版社，2005 年版，第 110 页。

[2] 毛罗·布萨尼、弗农·瓦伦丁·帕尔默：《欧洲法中的纯粹经济损失》，张小义、钟洪明译，林嘉审校，法律出版社，2005 年版，第 110 页。

[3] 毛罗·布萨尼、弗农·瓦伦丁·帕尔默：《欧洲法中的纯粹经济损失》，张小义、钟洪明译，林嘉审校，法律出版社，2005 年版，第 110-111 页。

[4] 克利斯蒂安·冯·巴尔，乌里希·德罗布尼希：《欧洲合同法与侵权法及财产法的互动》，吴越、王洪、李兆玉、施鹏鹏等译，法律出版社，2007 年版，第 24 页。

[5] 毛罗·布萨尼，弗农·瓦伦丁·帕尔默：《欧洲法中的纯粹经济损失》，张小义，钟洪明译，林嘉审校，北京：法律出版社，2005 年版，第 110-111 页。

[6] 毛罗·布萨尼，弗农·瓦伦丁·帕尔默：《欧洲法中的纯粹经济损失》，张小义、钟洪明译，林嘉审校，法律出版社，2005 年版，第 111-112 页。

[7] 毛罗·布萨尼，弗农·瓦伦丁·帕尔默：《欧洲法中的纯粹经济损失》，张小义、钟洪明译，林嘉审校，法律出版社，2005 年版，第 115 页。

[8] 克雷斯蒂安·冯·巴尔：《欧洲比较侵权行为法》（上册），张新宝译，法律出版社，2001 年版，第 1 版，第 49 页。

非有特定条款处理所涉问题或原告因相关保护性法律的存在而受益”[1]，即主张不予赔偿，但又不绝对地排除对其的保护。也有学者指出，“葡萄牙法官和学者认为，1966年《葡萄牙民法典》的起草人Vaz Serra在《葡萄牙民法典》使用‘不法性’一词仅是为了保护‘绝对权利’，除非损害落入保护性制定法的保护范围并符合其保护目的（在这种情况下，纯粹经济损失可获得赔偿）。葡萄牙法官和学者并未以开放的眼光来发掘不法性这一概念的内涵”。[2] 透过非合同民事责任的一般原则之规定，立法者从一开始就创设出受保护的“绝对权利”或主观权利[3]之清单，侵权法条款仅限于对“绝对权利”或主观权利的保护，而纯粹经济损失并没有被放于受到非合同民事责任法保护的“绝对权利”或主观权利之中，即将纯粹经济损失明确排除在《澳门民法典》第四百七十七条第一款（《葡萄牙民法典》第四百八十三条第一款）所保护的范围之外。对于那些没有上升为权利的纯粹经济利益，纯粹经济损失的获赔是一个例外，出于无奈，对它的救济不得不通过其他法律制度，效仿德国采取合同效力扩张和权利扩大解释相结合的混合保护模式，通过更具体更特别的侵权条款规定或者合同法原则的扩张适用来保护纯粹经济损失，如原告若因人格权和商业名誉受到侵害而肇致其承受到损害，可得到侵权损害赔偿，因为《澳门民法典》（第六十七条以下数条）和《葡萄牙民法典》（第七十条以下数条以及第四百八十四条）都对这些权利作了特别之规定。[4]再者遭受纯经济损失的人可以援引《澳门民法典》第四百七十八条（《葡萄牙民法典》第四百八十五条）来寻求侵权救济，该条规定行为人过失提供错误信息时承担之责任。[5]所以原则上，纯粹经济损失不能得到赔偿，除非法律对此作出特别规定。可知虽然《澳门民法典》第四百七十七条第一款对纯粹经济损失关上一扇门，但这并不意味着澳门地区非合同民事责任法或侵权法对纯粹经济损失绝对的拒绝提供救济，它也为其打开了几扇窗，它们为纯粹经济损失的侵权救济提供了可能的空间，使其不至于在葡萄牙或澳门地区法律中全无保护之可能。

（四）大规模侵权和生态侵权损害赔偿[6]

大规模侵权或集体损害以及生态损害赔偿的问题，如瑕疵产品给许多使用者造

---

[1] 毛罗·布萨尼，弗农·瓦伦丁·帕尔默：《欧洲法中的纯粹经济损失》，张小义、钟洪明译，林嘉审校，法律出版社，2005年版，第116页。

[2] 克雷斯蒂安·冯·巴尔，乌里希·德罗布尼希：《欧洲合同法与侵权法及财产法的互动》，吴越、王洪、李兆玉、施鹏鹏等译，法律出版社，2007年版，第119页。

[3] Antunes Varela：《债法总论》，第一卷，第十版，唐晓晴译，未出版，第382页。

[4] 毛罗·布萨尼，弗农·瓦伦丁·帕尔默：《欧洲法中的纯粹经济损失》，张小义、钟洪明译，林嘉审校，法律出版社，2005年版，第115-116页。

[5] 克雷斯蒂安·冯·巴尔，乌里希·德罗布尼希：《欧洲合同法与侵权法及财产法的互动》，吴越、王洪、李兆玉、施鹏鹏等译，法律出版社，2007年版，第119页。

[6] 乌尔里希．马格努斯：《侵权法的统一：损害与损害赔偿》，谢鸿飞译，法律出版社，2009年版，第4页。

成损害或环境污染肇致社区居民的集体利益受损。[1]正如我们在环境污染责任中所介绍的，根据《澳门民事诉讼法典》第五十九条（维护大众利益之诉讼）之规定："对于尤其旨在维护公共卫生、环境、生活质素、文化财产及公产，以及保障财货及劳务消费之诉讼或保全程序，任何享有公民权利及政治权利之居民，宗旨涉及有关利益之社团或财团，市政厅以及检察院，均有提起以及参与之正当性。"本条以法律的形式确认了上述主体参与环境民事公众诉讼的权利，即赋予普通公民和环保团体为了保护环境公益提起环境民事公益诉讼的权利，赋予公众环境诉讼主体资格。[2]当然，这不限于生态损害赔偿，环境公益诉讼制度是民事公益诉讼的一种典型适用，基于环境是人类赖以生存和发展的基本条件，对环境公共利益的保护已成为澳门公众诉讼的一个重要组成部分，集体损害赔偿之方法不仅仅只是适用于环境侵权领域。总体而言，针对损害社会公共利益的行为，为了保护社会公共利益，上述主体享有直接的起诉权，都有以自己的名义，代表澳门地区政府或者不特定的多数人，向司法机关提起或参与侵权之诉或保全程序的权利，要求法院对社会公益予以救济的法律制度，并不需要原告证明有任何法律上的利害关系或利益遭到了侵犯。公益诉讼制度是对任何分散性或集合性利益的保护，赋予个人或团体为集体利益起诉侵权行为人的权利。

二、本法域对该规则的规定

（一）《澳门民法典》

第三百九十六条（概念）

单纯属于道德上或社会惯例上之义务，虽不能透过司法途径请求履行，但其履行系合乎公平之要求者，称为自然债务。

第四百七十七条（一般原则）

一、因故意或过失不法侵犯他人权利或违反旨在保护他人利益之任何法律规定者，有义务就其侵犯或违反所造成之损害向受害人作出损害赔偿。

二、不取决于有无过错之损害赔偿义务，仅在法律规定之情况下方存在。

第四百八十九条（非财产之损害）

一、在定出损害赔偿时，应考虑非财产之损害，只要基于其严重性而应受法律保护者。

二、因受害人死亡，就非财产之损害之赔偿请求权，由其未事实分居之配偶及子女

[1] 九澳堆填区被怀疑有毒飞灰损害邻近居民的身体健康。请参见：《澳门堆填区毒飞灰祸民》，载于《东方日报》，2011年1月16日。

[2] 《澳门民事诉讼法典》第五十九条。

或由其未事实分居之配偶及其他直系血亲卑亲属共同享有；如无上述亲属，则由与受害人有事实婚关系之人及受害人之父母或由与受害人有事实婚关系之人及其他直系血亲尊亲属共同享有；次之，由受害人之兄弟姊妹或替代其兄弟姊妹地位之甥侄享有。

三、损害赔偿之金额，由法院按衡平原则定出，而在任何情况下，均须考虑第四百八十七条所指之情况；如属受害人死亡之情况，不仅得考虑受害人所受之非财产损害，亦得考虑按上款之规定享有赔偿请求权之人所受之非财产损害。

第五百五十七条（因果关系）

仅就受害人如非受侵害即可能不遭受之损害，方成立损害赔偿之债。

第五百五十八条（损害赔偿之计算）

一、损害赔偿义务之范围不仅包括侵害所造成之损失，亦包括受害人因受侵害而丧失之利益。

二、在定出损害赔偿时，只要可预见将来之损害，法院亦得考虑之；如将来之损害不可确定，则须留待以后方就有关损害赔偿作出决定。

（二）《澳门民事诉讼法典》

第五十九条（维护大众利益之诉讼）

对于尤其旨在维护公共卫生、环境、生活质素、文化财产及公产，以及保障财货及劳务消费之诉讼或保全程序，任何享有公民权利及政治权利之居民，宗旨涉及有关利益之社团或财团，市政厅以及检察院，均有提起以及参与之正当性。

三、有关该规则的典型案例（非合同民事责任中的损害所包括的范围）

澳门终审法院 2007 年 4 月 25 日之合议庭裁判第 20/2007 上诉案：[1]

（一）案情简述

在一宗交通意外中，初级法院认定受害人因案中之交通意外而处于 70% 的长期部分无能力，尽管如此，受害人仍能继续从事其受意外前的职务（海关关员），且获取相同之薪俸点。最终初级法院判处被告赔偿 624226. 40 澳门元给原告。

受害人认为上述判决没有考虑到受害人处于 70% 的长期部分无能力而受的损失，于是向中级法院提起了上诉。

中级法院透过 2007 年 2 月 8 日第 9/200 号上诉案的合议庭裁判，裁定受害人甲针对初级法院合议庭裁判所提出的上诉部分胜诉，被告须另外再支付 850000 澳门元给受害人。

被告不服，向终审法院提出上诉。

---

[1] 本案由叶江福和艾林芝总结。

（二）法律问题

法院面对的主要问题是，收入能力的丧失是否属于非合同民事责任中损害所包括的范围，即使意外后受害人的实际收入并没有减少。

（三）主要观点

上诉方（被告）所持之主要理据：

“在事故中没有导致受害人丧失将来之收入的结果，不可以将‘收入能力的丧失’与‘将来之损失’混淆，只有收入的丧失才是一项将来的损失，收入能力的丧失是已遭受到的损失（现已存在）及可核查的。”

“《澳门民法典》第五百五十八条第二款规定：‘在定出损害赔偿时，只要可预见将来之损害，法院亦得考虑之……’”从本案的既证事实中，初级法院在其可预见的评估中肯定受害人不会因这一交通事故而有任何将来的损失。因此中级法院并没有依据可作出判处850000澳门元的赔偿。”

终审法院的意见：

“因不法事实所失之债的一般原则载于《澳门民法典》四百七十七条第一款，‘因故意或过失不法侵犯他人权利或违反旨在保护他人利益之任何法律规定者，有义务就其侵犯或违反所造成之损害向受害人作出损害赔偿’。一如法规所明示规定那样，如要有赔偿义务，必须要有损害。”

同时，法官引用了ANTUNES VARELA，亦持相同见解：

“如要有赔偿之债，基本条件是有损失，即故意的不法事实对他人造成一项损害[1]。”

法官进一步指出：

“法律及法学理论对财产损失和非财产损失（精神损失）做了区分，财产损失是那些可以进行金钱评估的，能予以修复或赔偿的损失，而非财产损失是那些不能以金钱予以衡量的损失，如肉体的疼痛、悲痛、名誉（在受害者的财产中不受影响的部分）等，但这些均可以透过施加于行为人身上的一项金钱之债来补偿。”[2]

“在财产损失中，通常把“‘已确认之损失’与‘将失去之收益’相区分。”

对于已确认之损失，法官引述ANTUNES VARELA的见解认为：

“包括在损害发生之日，对在受害人名下已存在的财物或权利所造成之损失，而后者（将所失去的收益）则包括那些受害人因不法事实而不能获得的，但在损害发生之日仍不具有权利的利益”（见Antunes Varela，“Das Obrigações”，第一卷，第599页）。”

---

[1] 如看护人没有履行其义务，但无行为能力人并没有攻击任何人；如汽车司机违反了交通规则，但既没有撞到任何人，亦没有撞坏他人之财物……所有这些均不涉及责任问题，仅当不法事实带来损害时，责任才产生。详见Antunes Varela，*Das Obrigações*，第一卷，第597—598页。

[2] Antunes Varela：*Das Obrigações*，第一卷，第600页。

而民法典五百五十八条第一款亦是如此规定：

"损害赔偿义务之范围不仅包括侵害所造成之损失，亦包括受害人因受侵害而丧失之利益。"

终审法院法官指出：

"受害人自其出院时其收入能力即减低，最终导致其将来之无能力达70%，这属于一项现在之损失，而不是将来之损失。如果受害人因其无能力而变为获取一项低于现行之薪酬或不能获取任何工作酬劳的话，那相差部分的工作收益可以构成将来之损失。上诉人说得好，仅仅收入的丧失是一项将来之损失，但收入能力的丧失则是一项已受到（现已存在）和可查证的损失。""不可争辩的是受害人所遭受之损失是可补偿的，尽管其薪酬维持，但其工作能力受到影响。因除其原任职之职位外，受害人亦可以选择从事其他工作，同时获得相关之收益，但对受害人而言，这种可能性已在根本上受到影响了。"

"同样，即使某人不从事工作，一般均因长期部分无能力而有权获得赔偿，因为其从事一项体力或脑力劳动的工作能力受到确定和长期的影响，是一个被永久剥夺的财富，故而应根据法律规定给予赔偿。"

同时，法官还引述理论界及司法界亦持上述之观点，在 *Acidentes de Viação e Responsabilidade Civil* 一书中，第453页及续后各页亦有如上之见解。以及意大利最高法院在1981年6月6日的裁判中提到："对所谓生理损失，当损害宪法明文规定的属个人基本权利的健康权时，即使没有涉及赚取收入的能力，即使与此能力无关，亦应获得补偿。"本案法官提到：

"虽然受害人维持了其职务和薪酬，但《澳门特别行政区基本法》第三十五条赋予所有居民均享有自由选择职业和工作的权利，面对其收入能力的根本性下降，受害人很难享受此一权利，或获取更高薪酬，故亦基于此一理由，而明显地受害人所受之损失是现在的。"

最终，法官赞同："因长期部分或全部无能力而丧失收入能力是可赔偿的，即使受害人仍保持受伤前所获取的薪酬亦然。"

四、在《东亚侵权法示范法》中对该规则作出规定的基本意见

财产损害是指直接损失（积极的财产损失）和间接损失（消极财产损失），是可用金钱计量或衡量的损害，但精神损害具有无形性，难以用金钱计量或衡量的损害，《澳门民法典》第四百八十九条规定了赔偿范围及于非财产上的损害，并规定了非财产之损害的适用条件，该条款设置了获得赔偿的前提——非财产之损害须达到一定的严重程度，但何谓"达到一定的严重程度"？对此，澳门法域的建议是，应规定一些标准来界定或判断这里所说的"达到一定的严重程度"，以避免造成适用上的不统一。

专题之五：因果关系

一、该问题基本规则

无论在自然科学领域、哲学领域还是在社会科学领域，都会通过对因果关系的考察而进行研究。因果关系的思维模式在法律领域中被广泛应用，无论是非合同民事责任的承担还是合同民事责任的承担，乃至刑事责任的承担无不以不法行为与损害结果之间具有因果关系为重要构成要件，它是联结案件事实和法律责任的枢纽。因果关系作为非合同民事责任及损害赔偿法的核心概念，尽管其一直是非合同民事责任最令人头疼的问题之一。侵权法中因果关系作为一个归责的考量因素的历史可以追溯到古罗马法❶，几百年来两大法系的法律人士透过艰苦卓绝的努力对因果关系的认定提出了许多精辟的理论以解决这个难题，构建了大量的杰出的法律因果关系学说，如英美法系的“两分法”判断方式❷，大陆法系因果关系理论则经历了“条件说—原因说—适当或相当因果关系说”的大致发展路线，其间也出现了法规目的说等。❸其中适当因果关系说在德国、奥地利、葡萄牙、希腊、日本等很多国家以及台湾、澳门地区起着主导作用。❹

侵权法因果关系的存在是侵权责任的构成要件之一，因果关系的考察是侵权民事责任认定的一个重要的问题，脱胎于哲学上因果关系的侵权法因果关系继承了哲学因果关系的一些内涵❺，如两者都反映了社会现象之间的关系，但其也被加入具体特殊的语境，因而有不同于哲学因果关系的自身的特殊性。❻哲学上的因果关系旨在探求寻找事物之间内在的本质的一般性规律，但侵权法因果关系探讨或研究的不是哲学

---

❶ 王旸：《侵权行为法上因果关系理论研究》，载于梁慧星《民商法论丛》第 11 卷，法律出版社，1999 年版，第 458 页。

❷ 王旸：《侵权行为法上因果关系理论研究》，载于梁慧星《民商法论丛》第 11 卷，法律出版社，1999 年版，第 479-501 页。

❸ Antunes Varela：《债法总论》，第一卷，第十版，唐晓晴译，未出版，第 610-623 页。

❹ 克雷斯蒂安·冯·巴尔：《欧洲比较侵权行为法》（下册），焦美华译，张新宝审校，法律出版社，2001 年版，第 527 页，脚注 22。

❺ 在哲学上，因果关系是指原因和结果等客观事物之间的引起与被引起的关系，原因是指能够引起某一事件产生的事件，结果是指被某种事件引起的事件。原因和结果是揭示客观世界中普遍联系着的事物之间彼此制约的、同时在时间上的先后相继性的一对范畴，展现的是两个现象或事件之间的时间上的前后连续性和空间上的相互作用。请参见：H. L. A. 哈特、托尼·奥诺尔，《法律中的因果关系》（第二版），张绍谦、孙战国译，中国政法大学出版社，2005 年版，第 9-53 页。

❻ 杨立新：《侵权法论》，吉林人民出版社，2000 年版，第 201-202 页。

意义上的事物间的普遍联系，它是通过攫取因果关系链条中特定的一段来考察，把损害事实作为结果，并以此作为起点，透过从侵权损害回溯到侵权行为，向前去寻找民事法律关系中发生的导致损害发生的数个条件中确定应承担损害赔偿责任的原因，考量行为人在法律上是否应承担责任。[1] 侵权责任中的因果关系是在正确地归责并合理控制非合同民事责任范围的背景下，为了寻找承担非合同民事责任的主体，来探讨研究不法行为与损害之间是否存在着一定的联系，损害是否因不法行为而产生的，从而把损害归咎到引起损害发生的有归责能力的行为人，以此确定责任的归属，让加害行为的侵权行为人来弥补或赔偿受害方因此而遭受到的损害，达至有效保护侵权受害人的目的，同时以此排除他方责任的承担，以防因果关系链条被漫无边际地无限延伸拉长。

侵权民事责任的构成要件是侵权法理论的核心问题，是判断行为人是否应当承担侵权责任的标准或对损害负赔偿义务之人承担责任的必要条件。中国澳门地区侵权行为法以过错责任为主要归责原则，对于《澳门民法典》第四百七十七条第一款规定的最典型的侵权行为，其构成要件为：加害行为、行为不法性、损害事实的存在、行为与损害之间存在因果关系、行为人有故意或过失。在非合同民事责任的构成要件中，因果关系和过错通常存在着密切的联系；因果关系是存在于行为与损害之间的一种客观联系，而过错则是一种主观状态。因果关系作为侵权法上责任的构成要件之一，在侵权责任构成中处于重要地位。它是把损害结果和行为人的有关行为联系起来的关键，是判断侵权责任成立与否的核心要件，是行为人是否承担民事损害赔偿责任的前提或出发点。另外，它也是法律对侵权责任承担的限制。因果关系构成了几乎所有民事赔偿责任构成要件和责任承担的基础，在所有侵权法律制度中起着举足轻重的作用。因为在既定损害事实的基础上，探询损害后果发生之原因，未必会关乎过错问题，但一定会涉及因果关系问题，无论是在《澳门民法典》第四百七十七条规定的过错责任原则归责中还是第四百九十二条规定的风险责任中，因果关系要件都是不可或缺的。相对于过错责任原则而言，特定行为与损害之间的因果关系在风险责任之损害赔偿责任的承担上更加关注，因为在风险责任的确立上过错基本发挥不了作用，起主导作用的是损害与行为人的行为之间的因果关系。因此，在侵权案件中，对因果关系的研究是很有必要的，透过因果关系的认定，可以有效地确定侵权责任的主体，并将责任限定在一个合理的范围之内。尽管因果关系这一概念具有高度的抽象性，《澳门民法典》第五百五十七条（《葡萄牙民法典》第五百六十三条）对于因果关系仍给出了明确的定义。值得指出的是，葡萄牙和澳门在侵权责任的因果关系理论上采用相当因果关系说或适当因果关系说。

---

[1] 杨立新：《侵权法论》，吉林人民出版社，2000 年版，第 201-202 页。

侵权因果关系的表现形式[1]主要有一因一果型因果关系[2]、一因多果型因果关系[3]、多因一果型因果关系[4]、多因多果的因果关系[5]、积累的因果关系或称聚合因果关系（亦称双重因果关系）[6][7]、共同因果关系[8]以及虚拟关系[9]等。如前所述，大陆法系因果关系认定的学说主要有以下三种。

（一）原因作为必要条件（等同条件说）[10]

"条件说"，亦称"等同条件说"[11]，是大陆法系中有关因果关系认定问题的最早的学说之一，为德国学者弗·布里于19世纪70年代提出，该学说最早应用于刑事领域，后来也应用到侵权法上。[12]条件说认为条件就是结果发生的原因，认为条件和原因之间并不存在区别，主张所有引起损害结果发生的不可或缺的条件都是损害结果的原因。正是因为这些条件所起的重要贡献，具备因果关系要件，才肇致了损害的发生。葡萄牙民法对条件说的介绍也不少，例如 Antunes Varela 就指出，"只有当某侵犯的后果在某侵犯行为不出现的情况下，即使其他可能导致其产生的因素均齐备也不会发生时，受侵犯之人所蒙受的损害才被视为侵犯的后果"，这是"条件说"中的必要条件理论。[13]同时，根据该学说，"条件说"认为只要是条件，那么都是等值性的，即造成损害的所有必要条件都具有同等的价值，缺乏任何一个条件，损害都不

---

[1] 王旸：《侵权行为法上因果关系理论研究》，载于梁慧星主编《民商法论丛》第11卷，法律出版社，1999年版，第464-466页。

[2] 一因一果型因果关系是指原因以及引起的结果都是单一的，一个原因引发一个结果，行为人的单个加害行为肇致受害人的单个损害后果。

[3] 一因多果型因果关系是指一个行为造成两个或两个以上的损害后果，每个结果与原因之间都存在因果关系。这种损害后果大致有两种情况，一种为使一个受害人遭受多种损害后果，另一种是让数个受害人遭受损害后果。前者如A伤害B使之左腿留下残疾，而同时使B的精神上饱受折磨。后者如A交通肇事撞伤B，同时将C的电动车撞坏。

[4] 多因一果型因果关系是指多个行为同时引起一个损害后果，其主要体现为两个或两个以上的加害人的个别行为同时发生引发了损害后果的发生，从而给受害人造成损害，这种因果关系的关注要点在于多个加害行为在时间上的同一性。

[5] 多因多果的因果关系是指多个原因肇致了多个损害后果，即多个行为人之行为导致数个受害人或是一个受害人的数种损害，简而言之，其是指原因和结果均非单一，都为复数的情形。

[6] 克雷斯蒂安·冯·巴尔：《欧洲比较侵权行为法》（下册），焦美华译，张新宝审校，法律出版社，2001年12月第1版，第528页。

[7] J. 施皮尔：《侵权法的统一：因果关系》，易继明等译，法律出版社，2009年版，第1版，第154页。

[8] 有数个行为人参与了致害行为，即存在多个加害行为，每个加害行为不足以单独导致损害结果的发生，换言之，其各自的行为并不具有独立性，但多个行为共同肇致了损害结果的产生，且不以各个行为人之间存在意思联络为必要，则各行为都是损害发生的共同原因，正是他们的统一行为导致了损害结果的发生，即成立共同侵权之共同因果关系。如A、B、E以及F分别对C下毒，各人落毒的分量不能导致C死亡，但合起来后共同引致C死亡。A、B、E以及F的落毒行为都属C死亡的共同原因，这就是共同因果关系，应认定成立共同侵权行为。

[9] 本文的最后部分会对虚拟关系加以探讨。

[10] Antunes Varela：《债法总论》，第一卷，第十版，唐晓晴译，未出版，第610页。

[11] Antunes Varela：《债法总论》，第一卷，第十版，Almeida，2010年版，第881页。

[12] 杨立新：《侵权法论》，吉林人民出版社，2000年版，第206页。

[13] Antunes Varela：《债法总论》，第一卷，第十版，唐晓晴译，未出版，第611页。

会发生，因而所有造成结果发生的原因都是等价的，它们有着同等的作用效果。[1]比如A故意打伤D，D在送往医院的途中为B驾车撞断左臂，在医院接受治疗时因医生C的过失医疗行为而死亡。据“条件说”来判断，A的伤害行为，B的驾车行为，C的过失医疗行为都是造成D死亡这一损害的原因，同时A、B以及C的行为都是必要的，如果没有以上的原因，损害便不会产生，而且是等价的，因为是由A、B以及C共3人肇致第4个人D之死亡的，其中每人的伤害行为对死亡结果的作用效果难以区分，以上所有原因都能肇致上述损害，它们有着同等的原因力作用，都是造成同一后果的等同原因。

正如Antunes Varela所说的一样，“条件说”在其被采纳的时代背景下是具有相当大进步意义的，因为它对因果关系的判定中坚持贯彻对因果关系的客观性的把握，尽可能地排除了人们主观因素的干扰，同时“它比单纯按时间顺序的经验标准有所改进”，并且对最大限度地保护受害人的权益发挥了功不可没的作用。[2]但它同时也存在很多不足之处。首先，建立在机械决定论的基础之上的“条件说”并没有考量“在一般层面上的法律以及具体层面上的民事责任制度的特殊目的”。[3]其次，“条件说”认为一切必要条件对损害后果发生之作用都是一样的或都具有同等价值。[4]从某种意义上来讲，“条件说”在肯定必要条件的同时，模糊了必然性和因果关系的界限，将必然性推向极至，否认偶然因素的存在可能性。实际上，客观存在的因果关系是相对的和复杂多样的。具体案件必须要具体分析，特别是对一因多果和多果一因的情形，“条件说”没有对主要原因和次要原因、直接原因和间接原因、内部原因和外部原因等进行区分，从而无法真正地从本质上把握因果关系以解决侵权损害责任的承担问题。[5]再者，这种因果关系学说显然非常严格，其在无条件地保护受侵害人的同时，但“由于事件是连续不断发生的，所以因果过程所涉及的人为事实是那样的广泛”[6]，不截取因果关系链条，容易使因果关系的链条无限制地拉长，非合同民事责任上的原因不当地推向了无限，会扩大侵权损害责任成立和承担的范围，不利于侵权法功能的正常发挥，会严重阻碍现代社会经济的发展。[7]以至于后来“条件说”逐渐为理论界与司法界所摈弃。[8]但尽管“条件说”逐渐走向没落，后面发展起来的许多理论都是以“条件说”中的必要条件理论为基础而构建的。

---

[1] 朱岩：《当代德国侵权法上因果关系理论和实务中的主要问题》，载于《法学家》，2004年第6期，第145-146页。

[2] Antunes Varela：《债法总论》，第一卷，第十版，唐晓晴译，未出版，第611页。

[3] Antunes Varela：《债法总论》，第一卷，第十版，唐晓晴译，未出版，第612页。

[4] Antunes Varela：《债法总论》，第一卷，第十版，唐晓晴译，未出版，第610-612页。

[5] Antunes Varela：《债法总论》，第一卷，第十版，唐晓晴译，未出版，第610-612页。

[6] Antunes Varela：《债法总论》，第一卷，第十版，唐晓晴译，未出版，第613页。

[7] 朱岩：《当代德国侵权法上因果关系理论和实务中的主要问题》，载于《法学家》，2004年第6期，第146页。

[8] Antunes Varela：《债法总论》，第一卷，第十版，唐晓晴译，未出版，第611-612页。

(二)"在导致损害的事实过程中，原因作为实质上不同于条件的因素"[1]

因为适用"条件说"不足以避免因果关系认定的范围过广，故而，学者们认为需要其他的理论来对因果关系作进一步限制。为了弥补或避免"条件说"之缺陷，在批判反思"条件说"的基础上，"原因说"这种理论诞生了。[2]"原因说"实质上不是对"条件说"的否定而是对它的一种发展改进。坚持该学说的学者们主张将"条件说"中所有条件加以区分，一部分为条件，一部分为原因，采用某种规则为标准将作为原因的部分独立出来加以考量，即主张对损害发生的原因和条件严格加以区别，仅承认原因与结果之间存在因果关系，在法律上应负责任；而对条件与结果之间的因果关系则不予以承认，在法律上不应负责任，否定了条件等价的观点。[3]

对于原因说的认定标准，归纳起来，存在以下几种不同的主张。[4]第一种是主张"赔偿的范围只能包括债务人或行为人有过错者"，即利用过错要件来矫正或弥补"条件说"过度归责肇致责任过于宽泛的缺陷。但 Antunes Varela 指出，这种主张的弊端在于"因为损害赔偿之债很多时豁免过错的存在，这不仅仅发生在基于风险之责任上，而且也发生在产生自不法事实之损害的弥补上"。[5]第二种是主张引起损害发生的各种条件对损害的作用力不相同，条件对结果的发生仅起到一定的背景性的烘托作用或为结果的发生提供某种可能性，并不具有对结果发生起原因力作用，而原因是对损害结果的发生有重要贡献之条件，是必然引起损害结果发生的因素，只有原因才是损害结果产生的真正的原因，从而应当使联结这些原因与损害后果之行为人承担非合同民事损害赔偿责任。当然，对于原因可能有不同的表述方法。有的学者认为"原因是在形成损害的具体过程中的一个具有特别情状或特殊重要性的条件"；也有学者主张"将原因等同于损害的最有效条件或最紧密条件"；或者将原因当作"损害的决定性条件"，以示其与"单纯的推动性条件或阻却性条件"之区别；还有学者赞成"将损害的责任加在有最后的明显机会避免损害发生的人身上"。[6]

"原因说"这种因果关系学说对"条件说"不当扩大条件之范围有所限制，有助于因果关系链条的截取，避免因果关系被无限拉长，因其探讨考量和确立法律上真正导致损害产生且应当承担责任的真实原因，从而使责任范围无限扩大的趋势得到了缓解，这对于确定责任的承担是不无裨益的，"原因说"具有其合理性或成功之处。[7]然而，在非合同民事责任之构成中如果采用这种因果关系学说，认为条件不是

---

[1] Antunes Varela：《债法总论》，第一卷，第十版，唐晓晴译，未出版，第 613 页。
[2] "原因说"由德国学者宾丁·库雷尔提出。请参见：杨立新，《侵权法论》，吉林人民出版社，2000 年版，第 207 页。
[3] Antunes Varela：《债法总论》，第一卷，第十版，唐晓晴译，未出版，第 613-614 页。
[4] Antunes Varela：《债法总论》，第一卷，第十版，唐晓晴译，未出版，第 613-614 页。
[5] Antunes Varela：《债法总论》，第一卷，第十版，唐晓晴译，未出版，第 613 页。
[6] Antunes Varela：《债法总论》，第一卷，第十版，唐晓晴译，未出版，第 613-614 页。
[7] Antunes Varela：《债法总论》，第一卷，第十版，唐晓晴译，未出版，第 613-614 页。

原因，可能会人为地缩小责任的因果关系之客观基础而走向另一个极端，以至可能会明显、过度地限制受害人行使赔偿请求权和请求赔偿的范畴，从而限定承担非合同民事责任的主体范围，这可能肇致受害人的损害在某些情况下难以得到救济，这对于保护受害人的合法权益让其免受损害是极其不当的，难以彰显和维护非合同民事责任法之公平、正义的价值追求，不利于抑制不法侵害行为的发生。❶ 诚如 Antunes Varela 所指出的，“这些学者在自然层面上区分这两个概念（原因与条件）所作的努力是失败的”，因为在实务上如何区分原因和条件是存在疑虑的，条件作用力强弱的区分并不是一个很容易的问题，“此一区分由于其不明确而对法院造成极大的疑惑与犹豫不决”。❷虽然“原因说”曾发挥过重要的作用，但因这一学说在司法实务中缺乏一个因果关系统一合理的判断标准以及固有的缺陷，因此，在理论界相当因果关系说或适当因果关系说为学者所提出。

（三）适当因果关系说

1. 渊源和内涵

以德国为代表的大陆法系民法在因果关系问题上最具影响力的是适当因果关系理论，该学说又被称为适当条件说或相当因果关系，是为了弥补“条件说”的缺陷而产生的。❸最早提出“相当因果关系说”的是德国学者冯·巴尔（L. von Bar），其研究为相当因果关系理论正式的创立打下了基础。❹后来德国弗莱堡（Freiburg）大学生理学教授冯·克里斯（Johamn von Kries）于1888年在其发表的论文《论客观可能性的概念》中给出的风靡全世的相当因果关系理论的清晰的定义，构筑了相当因果关系说的理论基础，成为大陆法系众多国家或地区认定因果关系的权威理论。❺冯·克里斯教授将应用数学上的可能性理论与社会学上的统计分析方法运用到法律领域以诠释因果关系，后来的民法学者们在克里斯的理论基础上，对相当性的判断问题做了进一步的研究，从而形成了侵权责任法上因果关系范畴的相当因果关系理论。❻

按照克里斯教授的理论，相当因果关系说认为某项事件与损害之间具有相当因果关系必须符合两项要件：第一，该事件必须是损害结果发生之“不可欠缺的条件”，即“必要条件”，不受主观行为人是否预见所左右；第二，该事件实质上“具有极大增加损害发生可能性之性质”，即作为必要条件的原因必须极大地增加了损害

---

❶ Antunes Varela：《债法总论》，第一卷，第十版，唐晓晴译，未出版，第613-614页。

❷ Antunes Varela：《债法总论》，第一卷，第十版，唐晓晴译，未出版，第614页。

❸ Antunes Varela：《债法总论》，第一卷，第十版，唐晓晴译，未出版，第614-615页。

❹ 杨立新：《侵权法论》，吉林人民出版社，2000年版，第207页。

❺ 朱岩：《当代德国侵权法上因果关系理论和实务中的主要问题》，载于《法学家》，2004年第6期，第146页。

❻ H. L. A. 哈特，托尼·奥诺尔：《法律中的因果关系》（第二版），张绍谦、孙战国译，中国政法大学出版社，2005年版，第421-422页。

发生的客观盖然性。❶后者为适当性的定义。只有在同时满足以上两个条件时，事件才是损害的必要之适当原因。将因果关系的判断分为条件关系和适当性关系的认定两个筛选阶段被认为是相当因果关系理论的一大卓越贡献。❷相当因果关系或适当因果关系理论在大陆法系国家或地区具有相当大的影响，它源于德国，后为瑞士、荷兰、希腊、奥地利、葡萄牙、日本、中国台湾和澳门地区所继受❸，成为认定因果关系的核心理论。时至今日，适当因果关系说在葡萄牙和澳门地区非合同民事责任法中仍居于主导地位。

在法律条文中对侵权事实与损害之间因果关系予以明确的规定，根据《澳门民法典》第五百五十七条（《葡萄牙民法典》第五百六十三条），"仅就受害人如非受侵害即可能不遭受之损害，方成立损害赔偿之债"，该条内容是关于加害人行为与受害人损害之间必须具有因果关系之规定。葡萄牙和澳门地区在侵权责任的因果关系理论上运用的是相当因果关系说或适当因果关系说，冯·巴尔指出，该理论在葡萄牙法院的大量判决如葡萄牙最高法院1980年3月6日之判决、1993年4月15日之判决以及波示图上诉法院1995年8月29日之判决中都有体现："该理论已经和第五百六十三条一起成为葡萄牙民法典的组成部分。"❹相当因果关系说认为没有这种行为通常必然不产生此种损害，但是有了这种行为则足以产生此种损害，两者之间存在适当或相当因果关系，其诠释的是加害行为与特定的受害者的损害之间的非此就无彼的一种联系，所体现的是侵权行为与损害结果之间的一种内在的联系。❺ Antunes Varela认为："该说的基本思想是，要使一人有义务弥补另一人所受的损害，不仅仅要行为人所作出的事实在具体上是损害的（必要）原因；而且还必须该事实在抽象或一般的层面是损害的适当原因。"❻尹思哲教授对此给出类似解释："适当因果关系的理论就指出，如果一事实在具体情况中是造成某损害的自然原因（亦即没有该事实便不会造成该损害），而在抽象的理念中亦是造成该损害的适当原因，那么此一事

---

❶ H. L. A. 哈特，托尼·奥诺尔：《法律中的因果关系》（第二版），张绍谦、孙战国译，中国政法大学出版社，2005年版，第425页。

❷ 台湾学者王泽鉴先生认为，相当因果关系的这种二阶段的思考方法与英美侵权法对于"事实上的因果关系"与"法律上的因果关系"的划分相当。请参见：王泽鉴，《侵权行为法第一册》，中国政法大学出版社，2001年版，第191-192页。

❸ 按照日本和台湾地区学者对相当因果关系理论的理解，该理论的认定方式是："此行为，虽不必生此损害，有此行为，通常即足生此种损害者，是为有因果关系。无此行为，必不生此种损害，有此行为通常亦不生此种损害，即无因果关系。"请参见：王泽鉴，《侵权行为法》，中国政法大学出版社，2001年版，第204-205页。

❹ 克雷斯蒂安·冯·巴尔：《欧洲比较侵权行为法》（下册），焦美华译，张新宝审校，法律出版社，2001年版，第527页，脚注22。

❺ 克雷斯蒂安·冯·巴尔：《欧洲比较侵权行为法》（下册），焦美华译，张新宝审校，法律出版社，2001年版，第525页。

❻ Antunes Varela：《债法总论》，第一卷，第十版，唐晓晴译，未出版，第615页。

实便是该损害的法律原因”。❶可知要确定行为与结果之间有因果关系，在抽象层面，依照一般社会知识经验和智力水准作为判断基准，认为某行为或事件有引起某种损害结果的可能性能够造成这种损害，而在实际或事实层面上，这种行为或事件又确实导致了这种损害后果的产生，则可认定该行为与该结果二者之间存有适当因果关系。Antunes Varela 指出学者们对《葡萄牙民法典》第五百六十三条（《澳门民法典》第五百五十七条适当因果关系采用积极意义形式和消极意义形式两个公式中哪一个持不同意见。❷从积极意义角度而言，“只要损害是事实的正常或典型后果当”或某种事实肇致受害人承受某种损害时，那么该事实便是损害的适当原因。❸ 如果以消极意义为视角，尹思哲教授引用了 Enneccerus-Lehmann 从消极意义的层面对适当原因所做的诠释：“‘如某一事实基于其本身性质是不能引致某一损害的，而只是由于其他特殊原因才变成导致该损害的原因’，那么该事实就不是该损害的适当原因，如一事实，‘依照事情的正常发展及生活经验，是不能引致某一损害，亦不能增加或更改造成该损害的风险’，该事实便不能成为适当原因。”❹ Antunes Varela 对适当原因之消极说做如下解释：“只有当作为损害条件的事实由于其一般本质而表现出对损害的发生完全无关重要，而它之所以引致损害仅仅是由于例外的、不正常的、非一般的或异常的情事插入到具体情况中才发生的，才不会被视为适当原因。” Antunes Varela 指出，原则上，葡萄牙制定法采用消极说的立场。❺似乎没有理由怀疑，澳门地区目前对此持同样的见解，以更好地捍卫和保护受害人之合法权益。

Antunes Varela 进一步指出，从适当因果关系这个概念本身可以得出以下几个推论。❻第一个推论是“适当原因存在与否，不取决于该事实是否在不需要其他事实协作的情况下独自产生损害”。❼ Antunes Varela 对此解释：“倘若车辆被损害的车主必须在车辆维修期间乘坐出租车外出，汽车的无法使用以及其替代费用将会是一项可归责于责任人的适当效果。”这正如 H. 库西和 A. 万达斯比肯在比利时国别报告中所说的，如果受害人“利用设备来挽救侵权行为人带来的损害（以备用车辆替代损坏的车辆），则侵权行为人承担全部责任”。❽ Antunes Varela 进一步指出，“该事实是损害的条件，但是它不妨一正如很多时也是这样发生——仅仅是损害的其中一个条件”，其可能有“其他情事的竞合”。❾下面套用欧洲侵权法工作组在起草《欧洲侵权法原

---

❶ 尹思哲：《债法概要》，朱琳琳译，杜慧芳校对，1997—1998 年，澳门大学法学院三年级教材，未发行，第 99 页。

❷ Antunes Varela：《债法总论》，第一卷，第十版，唐晓晴译，未出版，第 616-617 页和 623 页。

❸ Antunes Varela：《债法总论》，第一卷，第十版，唐晓晴译，未出版，第 616 页。

❹ 尹思哲：《债法概要》，朱琳琳译，杜慧芳校对，1997—1998 年，澳门大学法学院三年级教材，未发行，第 99 页。

❺ Antunes Varela：《债法总论》，第一卷，第十版，唐晓晴译，未出版，第 623 页。

❻ Antunes Varela：《债法总论》，第一卷，第十版，唐晓晴译，未出版，第 619-620 页。

❼ Antunes Varela：《债法总论》，第一卷，第十版，唐晓晴译，未出版，第 619 页。

❽ J. 施皮尔：《侵权法的统一：因果关系》，易继明等译，法律出版社，2009 年版，第 1 版，第 39 页。

❾ Antunes Varela：《债法总论》，第一卷，第十版，唐晓晴译，未出版，第 619 页。

则》（*Principles of European Tort Law*）时探究的一个案例可能对此更有说服力。行人B为A所驾车辆撞倒了，在B受伤躺在地上失去知觉，其钱包为小偷偷走了，B诉A，被告A是否要为小偷的盗窃行为承担责任？[1]对此，包括意大利在内的大多数国家给予怀疑或否定的答案，但德国和美国对此持肯定态度。[2]盗窃行为虽然不属于车辆肇事的典型特有之风险，但德国学者认为A肇致了B的间接损失，因为A制造了B的钱包被偷的风险。[3]而美国学者认为A之行为将B置于被偷盗的危险中是可预见的。[4]而葡萄牙学者Antunes Varela持同样观点，其主张“即使是因意外事实或第三人之故意或过失行为等其他状况亦不妨碍其构成损害之效力”[5]，TRIMARCHI认为“将一个因被残害而失去知觉之人遗弃在马路旁同样构成盗窃的适当原因”[6]，所以那些损失仍是事件的正常结果，小偷引发的损害仍可以归因或归咎于被告A，即被告A要为小偷的盗窃行为承担责任。Antunes Varela给出的第二个推论是“要将一项损害视为某事实的适当效果，也无需该效果是事实的行为人可预见的”。[7] 对于此推论，Antunes Varela给出如下解释，“倘若责任取决于加害人的过错，则责任之构成事实的可预见性是不可或缺的”，“可是随之而来的损害却并不需要可预见”，即对于损害的行为人而言，而不论根据侵权人“所知悉或可以认知的情事”，对“正在产生的损害”是否可以预见，尽管它们可能都是“不法事实的间接后果”，都要被纳入到行为人的损害赔偿责任中。[8]

2. 适当因果关系的判断

如上所述，大陆法系的侵权法理论中，一般认为相当因果关系说实际上是将对加害行为与损害后果之因果关系的判断分为两个步骤或层次：即条件关系和适当性，两个层次的因果关系承载不同的功能。首先是应判断导致结果发生的行为是否为损害发生的被称为“必要条件关系”的判断；第二步是在“必要条件关系”的判断的基础上，依据一般人的社会经验来判断在事物自然发展的过程中所发生的某一事件或行为是否是在极大程度上增加或严重加重了损害结果发生的可能性，被称为“适当性”的判断。[9]简而言之，适当因果关系是由“必要条件关系”与“适当性”共同构成的，首先须以“条件说”为基础，判断一原因是不是结果发生之必要条件，然后用“适当性”来检验，即以先前所述消极说来限制。

---

[1] J. 施皮尔：《侵权法的统一：因果关系》，易继明等译，法律出版社，2009年版，第1版，第6页。

[2] J. 施皮尔：《侵权法的统一：因果关系》，易继明等译，法律出版社，2009年版，第1版，第64、121、141页等。

[3] J. 施皮尔：《侵权法的统一：因果关系》，易继明等译，法律出版社，2009年版，第1版，第99页。

[4] J. 施皮尔：《侵权法的统一：因果关系》，易继明等译，法律出版社，2009年版，第1版，第175页。

[5] Antunes Varela：《债法总论》，第一卷，第十版，唐晓晴译，未出版，第619页。

[6] Antunes Varela：《债法总论》，第一卷，第十版，唐晓晴译，未出版，第619页注解2。

[7] Antunes Varela：《债法总论》，第一卷，第十版，唐晓晴译，未出版，第620页。

[8] Antunes Varela：《债法总论》，第一卷，第十版，唐晓晴译，未出版，第620页。

[9] J. 施皮尔：《侵权法的统一：因果关系》，易继明等译，法律出版社，2009年版，第1版，第87页。

1）因果关系的必要条件的判断。[1]

采用相当或适当因果关系标准进行认定，检验因果关系的首先要考虑的是在大陆法系被称为“无之则不然”的必要条件关系是否存在，即第一步应判断结果发生之条件，是否为损害发生之不可欠缺的条件。这一步所考察的正是“等同条件理论的纯粹条件说”为基础来判断或检验。[2]

适当因果关系说中的必要条件规则是指事件或行为是否是损害产生的必要条件，考虑的是侵权法上因果关系成立的必要性，作为法律上所认定的原因，一个事件首先必须满足肇致损害产生的“无之则不然”这一构筑要件。[3]如果没有行为人的加害行为，损害后果则不会产生，“而且抽去该事实的话，应预期损害不会产生”，该行为是损害结果发生的不可欠缺的条件，那么必要条件关系成立，行为人之行为必须是造成非合同民事责任之损害的原因，才能够成立作为非合同民事责任归责基础或前提的因果关系，否则可能归属于偶然的条件行为；如果没有行为人的加害行为，仍会产生损害后果，那么必要条件关系不成立，行为人的行为则不是非合同民事责任上的原因，即无论是否存在 A，B 总会发生，那么 A 不是 B 的侵权法上之原因。[4]当行为与损害都为单一时，必要条件的判断较易，当存在数个因果关系时，必要条件的判断可能就会复杂得多。

适当因果关系说在必要条件理论的认定上遭到质疑，如冯·巴尔在《欧洲比较侵权行为法》中说：“必要条件理论的主要不足不是它将过多的事件列入原因中，而是它根本无力在原因和非原因之间进行区分。……既然如此，在作者看来，适用必要条件理论本身也是毫无意义的。”[5]冯·巴尔进一步指出必要条件理论在葡萄牙里斯本上诉法院 1984 年 11 月 14 日的判决中就表现出“明显的思维错误”。[6]

2）因果关系适当性的判断。

上述必要条件关系的考量是适当性关系判断的基础，采用适当因果关系标准进行认定，除了上述必要条件关系判断外，还需要进一步确定该条件关系是否具有因果关系的适当性。关于适当性或相当性的含义，德国联邦最高法院在早期的判决中提到：“当某一事件从总体上以明显的方式提高了案件中结果出现的客观可能性时，该事件就是结果的相当条件。在对此作认定时只须考虑到：①一个理性的观察者在事件发生时能够观察到的一切情形；②超越行为人认知之外的已知情况。在这一测试过程中必须采用判决时可供支配的一切经验知识。相当性测试涉及的实际上并非

---

[1] Vincent R. Johnson：《美国侵权法》，赵秀文等译，中国人民大学出版社，2004 年版，第 110 页。

[2] Antunes Varela：《债法总论》，第一卷，第十版，唐晓晴译，未出版，第 622 页。

[3] J. 施皮尔：《侵权法的统一：因果关系》，易继明等译，法律出版社，2009 年版，第 87 页。

[4] J. 施皮尔：《侵权法的统一：因果关系》，易继明等译，法律出版社，2009 年版，第 87-92 页。

[5] 克雷斯蒂安·冯·巴尔《欧洲比较侵权行为法》（下册），焦美华译，张新宝审校，法律出版社，2001 年版，第 551 页。

[6] 克雷斯蒂安·冯·巴尔：《欧洲比较侵权行为法》（下册），焦美华译，张新宝审校，法律出版社，2001 年版，第 555 页，脚注 165。

因果关系问题，而是要获知实践结果尚能公平地被归责于行为人的界限。”❶德国联邦最高法院在运用相当因果关系理论判决时又做了如下的阐释：“只有当一项事实在一般情况下就会导致某种结果的发生时，它才会被视为该结果的原因；如果该事实在极其特殊的、可能性极小的情况下导致了结果的发生，并且该事实是一种事物在一般进程中可以忽略不计的情况，则这种事实不属于导致结果的原因。”❷德国学者对相当性或适当性原因又进一步明确道：“所谓相当性或适当性原因，系指对损害发生之机会，具有原因力，且非由于特殊异常之情况所引起者。换言之，依据人类经验与事件发生之通常过程，若某条件具有引发某结果发生之倾向，该条件即为结果发生之相当性原因。”❸正如 Antunes Varela 在从相当因果关系说中导出的第三个推论中所说的，“适当因果关系所指向的并非孤立地被考虑的事实或损害，而是指向导致损害发生的具体事实过程”❹。适当因果关系需要确定损害是否是在事件自然正常发生的过程中形成的，或者是依特殊情事而产生的，是否具有外来独立因素的介入，等等。可见，适当性或相当性之判断重点需要关注以下两个方面的问题：第一，行为人的行为介入受害人目前之既存状态，是否对损害发生之风险程度有所增加或改变？第二，在行为人的行为与受害人的损害结果之间，有无独立之外来原因介入，以及该介入原因是否肇致因果关系之中断？

一方面，对损害结果发生之风险程度有所增加或改变。适当性是以社会经验法则的客观可能性为标准的，Antunes Varela 指出：“要使一项损害可被事实的行为人弥补，该事实必须曾经充作损害的条件。但是仅仅在事实与损害之间存在具体的条件关系是不足够的。在抽象层面上，该事实还必须是该损害的适当原因。”❺这里借用 pessoa jorge 所引用的可以反映解释行为与损害间的因果关系不具有适当因果关系学说之相当性的典型案例，一学生 A 在去其同学 B 家里拿那本 B 早已承诺给但却没给他的书的途中发生交通肇事，“不履行虽然是学生死亡的不可或缺的条件，但这两个现象却没有一个必要的联系，因为根据一般生活经验，即使没有第一种情况（不履行），第二种情况（车祸死亡）也可能会发生”❻，即依一般人的知识和经验来理解，B 的不履行与受害人 A 的死亡之间不具备适当因果关系。因为如果某一行为事实仅仅于现实生活中发生某种结果，尚不足以说明或认定行为与损害二者间存在因果关系，必须在现实中该种行为确实引起了该种损害结果，在一般情况下，依据一般社会经验或常识和智力水准都能认识到，该种行为也能够引起该种损害结果或说足以

---

❶ 克雷斯蒂安·冯·巴尔：《欧洲比较侵权行为法》（下册），焦美华译，张新宝审校，法律出版社，2001 年版，第 527 页。

❷ 马克西米里安·福克斯：《侵权行为法》，齐晓琨译，法律出版社，2006 年第 5 版，第 80 页。

❸ 陈聪富：《侵权法因果关系》，载于《台大法学论丛》，第 29 卷第 2 期，第 178 页。

❹ Antunes Varela：《债法总论》，第一卷，第十版，唐晓晴译，未出版，第 620 页。

❺ Antunes Varela：《债法总论》，第一卷，第十版，唐晓晴译，未出版，第 622-623 页。

❻ Antunes Varela：《债法总论》，第一卷，第十版，唐晓晴译，未出版，第 622 页。

肇致特定的侵害法益的事实产生，即满足了因果关系适当性之判断，可以认定行为与损害结果的因果关系具有适当性，该行为是损害发生之适当原因，否则不具有适当性。

另一方面，因果关系之中断。而在导致损害发生的具体事实过程中，第三因素的介入是侵权行为法上因果关系理论所必须要面对的一个巨大挑战，因为其可能引发我们这里要谈的行为人之行为与损害之间的因果关系被中断。❶因果关系中断是指被告侵权行为发生后，又发生了第三人的行为、受害人的行为以及介入的自然因素等介入原因，使行为人之行为与损害之间原本存在的因果关系产生被切断的效果，而按照介入行为的因果关系之锁链发生损害之后果。实务中，介入因素主要有第三人的作为或不作为、受害人的作为或不作为或可归责于受害人之原因而肇致的情事，以及不可抗力等非人为因素的自然事件等几类。第一，第三人之行为（作为或不作为）。例如，E 殴打 F，并致 F 遭受轻伤，F 在被送治过程中，为 G 所驾车辆撞死。第二，不可抗力等非人为因素的自然事件。第三，受害人之自杀行为。如 J 所驾驶车辆将 Q 撞成轻伤，但 Q 因忍受不了轻伤的痛苦而自杀，那受害人因行为人之侵权行为受害后自杀，行为人 J 对于受害人 Q 之死亡，应不应该负损害赔偿责任？又如患者 A 在经历了医生 B 为其所做的一次失败的肺叶摘除手术后，致使其左全肺全部丧失功能，右侧肺大面积受损。手术后的半年内，患者 A 一直饱受呼吸困难的折磨，终日痛苦不已而罹患忧郁症，最终其选择了自杀结束自己的生命。患者 A 的妻子 C 以医疗侵权之诉将医生 B 告上法庭。在这个案例中，如果说失败的手术肇致了患者 A 的身心痛苦是可以预见的话，那么手术最终导致患者 A 自杀的结局是可以预见的吗？C 能否向医生 B 就 A 的死亡部分请求损害赔偿呢？被告医生 B 对于受害人即患者 A 之死亡，应不应该负损害赔偿责任？医生 B 作为被告可不可以主张，患者 A 之自杀行为中断或阻隔了事件之因果关系？第四，受害人之特殊体质，最典型者如“蛋壳头盖骨”（the egg-shell skull rule）问题。❷如 X 开车撞伤 Y，其实不过只是擦伤，但是 Y 因为本身有心血管疾病，因惊吓过度肇致其入院数日后死亡，驾驶人 X 可不可以主张 Y 的特殊体质切断不法行为与损害之间的因果关系？又或者当医生 M 因医疗过失行为给患者 N 造成非常规损害时，如果是受害人 N 的特殊体质使得损害远远大于理性的行为人所能预见到的其行为的可能性结果，医生 M 是否要对这个伤害所引发的一系列后续的连锁损害后果负赔偿责任？

对于不可抗力之等非人为因素的自然事件介入因素，因为它们十分异常，非事件正常发展过程所能预见到的，该介入行为可阻隔或中断因果关系。如澳门 4 月 22 日第 28/91/M 号法令《订定本地区行政当局、公共法人其权利人及公共管理代理人

---

❶ 王旸：《侵权行为法上因果关系理论研究》，载于梁慧星《民商法论丛》第 11 卷，法律出版社，1999 年版，第 523-525 页。

❷ 克雷斯蒂安·冯·巴尔：《欧洲比较侵权行为法》（下册），焦美华译，张新宝审校，法律出版社，2001 年版，第 580-583 页。

之合约外民事责任制度》第九条（危险责任）、第11/2004号行政法规《空运人及航空器经营人的民事责任制度》第十七条（因对第三人造成的损害而产生的责任的阻却事由）第一款第一项以及8月25日第35/97/M号法令《规范在海事管辖范围内禁止投掷或倾倒有害物质》第九条（例外）C项等指规定行为人可以以外来不可预知且不可避免的损害之不可抗力通常认为可以使原加害行为与损害结果之间的因果关系中断，可作为其抗辩事由或免责事由能够对抗非合同民事责任之成立，从而免于承担侵权损害赔偿责任。

对于第三人的作为或不作为作为介入因素而引致之情事，Antunes Varela给出一个经典案例："假设A以足以引起死亡的方式侵犯B。然而，由于B超乎常人的体格而在侵犯之后挽回性命，但是在走出医院的时候却被汽车撞倒或被一护士枪击致死。"❶ Antunes Varela认为，"对于损害的产生而言，事实的一般与抽象适当性必须与这一具体的过程相对应"，而"并不是仅凭该事实原则上足以造成他人的死亡，就可以要将受害人的死亡强制地视为这一事实的适当效果"。❷而本案中A对B之侵犯是造成B在A的非法侵害行为中所遭受的财产以及非财产损害的适当原因，但却并不是肇致受害人B死亡的适当原因，B的死亡是"因为一项完全独立于侵犯本身的第三人事实所造成的"，与A的行为相距甚远，造成受害人死亡的具体情事或直接原因是B被汽车撞倒或被枪击，所以该介入行为中断或阻隔因果关系，而A对B之侵犯"既没有重要地增加也没有重要地改变损害发生的风险"，A的非法侵犯行为根本不曾改变或增加B被汽车撞倒或被枪击之风险。❸再者，一般情况下，如果死亡的直接原因不是第三人之作为或不作为导致的，而是由受害人的作为或不作为或可归责于受害人之原因而肇致的情事，如"在被侵犯后接受治疗的末期，自愿地结束生命"，同样的理论亦成立，受害人对自己肇致的损害应自己承担责任。❹如对于前述交通肇事后受害人Q仅受轻伤自杀事件案，虽然可以认定交通肇事与自杀间存有事实上的因果关系，但对于自杀是交通事故后轻伤所通常会产生之后果却是难以认定的，不只是加害人J，此为一般人无法预见之情事❺，自杀并不是交通事故轻伤之必然结果，从而否定交通肇事与自杀之间的相当因果关系之存在，或说自杀者Q对于其有意识之自杀行为可以阻却原加害行为对损害结果发生的原因力，即足以中断因果关系，在这种情形下，自杀者Q应属于可归责者。

一般而言，相当因果关系说对于介入因素的处理方法如上，但与此同时，Antunes Varela进一步指出："倘若第三人或受害人本人造成直接损害的行为应被视为

---

❶ Antunes Varela：《债法总论》，第一卷，第十版，唐晓晴译，未出版，第621页。

❷ Antunes Varela：《债法总论》，第一卷，第十版，唐晓晴译，未出版，第620-621页。

❸ Antunes Varela：《债法总论》，第一卷，第十版，唐晓晴译，未出版，第620-621页。

❹ Antunes Varela：《债法总论》，第一卷，第十版，唐晓晴译，未出版，第621页。

❺ 大陆法系对适当性的判断，一般将介入因素作为考察因素，但最近这些年来欧洲不少大陆法系国家也将英美法系探究介入因素对因果关系所施加的影响之可预见性规则作为侵权法因果关系归责的重要衡量标准之一。

责任人所作之事实的适当效果，则该行为被归责于加害人也是可能的。”对此Antunes Varela举例以示说明之：“一个被严重侵犯的人因手术医生无经验或因输血时没有所需的血浆而死在医院内：上述情事并不妨碍将受害人之死亡归责于侵害人的行为。至少在某个情度上，这些风险都是由侵害人的不法侵犯所造成的，并可以作为侵害人行为的适当效果而归责于他。”❶此案中并不认为医疗过失阻隔或切断了严重侵犯他人之人的行为与其造成损害增加之间的因果关系，侵害人的不法侵犯仍然被认为是受害人死亡的原因之一，侵害人之不法行为在事件的自然进程中实质性增加了受害人之死亡这一损害发生的可能性，判断不法行为与损害事实之间具有相当因果关系，即便后面出现了医疗过失，介入事件也没有打断加害人之侵害行为与受害人之死亡之间的因果关系链条。又如对于前述手术失败后患者自杀案，法律原则上旨在保护人身不受他人不法侵害，并不在于保护当事人自己伤害自己，但如果手术失败后情形相当严重而有使患者A自杀的自然趋势，如此案中手术失败后患者罹患忧郁症而引发无法控制之自杀行为，则自杀部分成为伤害部分的必然结果，即医疗过失侵权被认为是受害人死亡的原因之一，此为一般人可以预见之通常情形，医疗事故侵权及忧郁症与自杀间具有适当因果关系，或者说自杀并没有阻隔或切断了医疗过失与其造成损害增加之间的因果关系，医方B就患者A自杀部分的损害应负赔偿责任，受害人A之继承人C对于医疗侵权事件之侵害人即医方B能请求死亡部分损害赔偿。当然，鉴于受害人自身之心理素质之脆弱性，可考虑适用《澳门民法典》第五百六十四条所规定之过失相抵原则以减少医方B所要承担的损害赔偿数额。

而对于前述X汽车交通肇事伴随受害人Y之心血管疾病发作案，笔者认为在处理上存有分歧从而仍有研究的余地或空间。依“适当性”理论之一般可预见性，即依行为时一般人的知识经验及行为人所知之情事可否预见到这一损害后果，擦伤不至于造成Y的死亡，X的行为与Y的死亡没有因果关系，被告X的赔偿责任并不延及受害人Y心血管疾病发作时的损害。但如引入“蛋壳头盖骨”理论，就会强化X撞伤Y与Y死亡之间的因果关系联结，或者说至少不会切断不法行为与损害之间的因果关系，从而排除一般人之不可预见之适用，于是X对损害的赔偿责任就会延伸到对Y的死亡之赔偿，而根据《澳门民法典》第四百八十七条规定之衡平原则，受害人Y的特殊体质可能会影响对损害赔偿数额的确定，当然受害人的特殊体质需要在多大程度上考虑仍是值得商榷的。另外，如Antunes Varela对此也举出下面的例子，A打了B一记耳光，但因为B罹患有严重心脏病，A的这记耳光肇致B之死亡。❷A的行为虽然于具体情形下产生了损害，但无论依一般社会理解还是依A当时所知情事，在通常情形下，一记耳光不可能造成如此严重的后果，对“适当性”检验失败，因此A的行为与B的死亡之间没有适当因果关系，但若引入如上所讨论的

---

❶ Antunes Varela：《债法总论》，第一卷，第十版，唐晓晴译，未出版，第620页。
❷ Antunes Varela：《债法总论》，第一卷，第十版，唐晓晴译，未出版，第618页。

“蛋壳头盖骨”理论，结论可能就完全不一样了。另外假若我们设想A明知B有极其严重的心脏病，但却打了B一记耳光而导致B的死亡，行为人的主观状态能否引致客观因果链条的变化呢？此时的通常情形是以A当时对B罹患有严重心脏病已有所知为基础来判断的，A已能预见到其行为可能带来的后果，即对损害后果应是可以预见的，虽然并不为一般人所知也不可能认知，所以A的行为与B的死亡之间存有适当因果关系，此时即便我们不引入“蛋壳头盖骨”理论，A的行为都是B的死亡的适当原因。

总而言之，相当性的认定实际上是一个在必要条件关系之上的依照人们日常经验来进行价值判断的过程，若因果关系存在必要性的可能，则同时在因果关系具备适当性时可以认定存在适当因果关系，反之，如依照人们日常经验看来是偶然的条件行为，不存在适当因果关系，不是侵权法上的原因。适当因果关系学说希冀以条件的为一般人可以接受之“相当性”或“适当性”来合理界定非合同民事责任之范畴，作为连接责任主体与损害的纽带，其是责任主体对损害承担赔偿责任的基础。关于因果关系中断的事由，一般而言，必须在行为人的行为与损害结果之间，具有直接引发损害结果的独立介入之原因，才可以被认定为因果关系的中断。正如Antunes Varela所说的：“只有当非正常、偶发或例外（它可以源自不法事实，也可以源自其他适法事实）情事的竞合对于损失的发生具有决定性，可归责于……行为人的（不法）事实才不会被视为损害的正当原因。”❶ 因果关系的切断因素可以是不可抗力，还可以是第三人的故意侵害行为或受害人之作为或不作为之情事等。当然，适当性判断并非一个因果关系学说，它只解决了某一事件或行为作为非合同民事责任上的原因在法律上的适当性问题，其必须与前面探讨过的必要条件理论结合起来才能勾勒完整的适当因果关系理论。

3. 评析

适当因果关系说较之以往的等同条件说或原因说等因果关系学说主要有以下优点。❷第一，适当因果关系说在最大程度上保护了受害人的合法权益，更有利于保护处于弱势地位的受害人的合法权益得以救济和实现的同时，也倾其所能平衡了加害人与受害人之间的权利义务关系。第二，适当因果关系理论有利于坚持因果关系的客观性，透过“适当性”限定了责任范畴。第三，从举证责任的角度看，由于其“适当性”的判断基准是在一定程度上使因果关系的确认得以简化，这种做法有利于减轻受害人在因果关系举证责任方面的负担，从而加大了保护受害人之力度，同时赋予了法官一定的自由裁量权，使得法官能够根据具体案情、一般社会经验或常识、公平正义观念以及善良风俗等因素灵活地进行确定和把握。但是，有学者指出，适当因果关系说亦存在一定的不足之处，具体表现在以下方面：一方面，适当因果关

---

❶ Antunes Varela：《债法总论》，第一卷，第十版，唐晓晴译，未出版，第619页。

❷ Antunes Varela：《债法总论》，第一卷，第十版，唐晓晴译，未出版，第614-621页。

系说对通常情况可能性之盖然性判断赋予法官以较多的自由裁量权，主观随意性相对而言较大。再者，一旦相当因果关系被证实或肯定时，行为人必须负全部损害赔偿责任；而在否定存有相当因果关系时，则否定全部责任。正如 Antunes Varela 所言，“有一些情况是，如非可归责于行为人的不法事实，受害人很可能不会遭受某些损害的，然而，又不能将这些损害纳入损害赔偿之债内，因为这样做的话会违反第百五六十三条毫无疑问地采纳的适当因果关系的思想”❶，因为无论是肯定全部责任，还是全盘否定全部责任，无论对受害人还是行为人都可能是不利的。

虽然德国、葡萄牙以及亚洲的日本、台湾地区也将相当因果关系理论作为权威学说，但也有越来越多的学者对该理论提出了质疑或挑战。如部分德国的学者对适当因果关系提出了激烈的批评。❷而日本学者平井宜雄教授在其专著《损害赔偿法的理论》中就对相当因果关系理论进行了根本性的批判。❸而在中国台湾地区，曾世雄教授也对“相当因果关系理论”有过强烈的批判。❹ 在葡萄牙，学者对于相当因果关系理论在无不当行为的责任方面的运用也不是没有质疑的，冯・巴尔指出：“在对严格责任是否以及在何种程度上应创造一套独立的因果关系归责要件问题的争论一直方兴未艾的葡萄牙，Vaz Serra 甚至……指出了，严格责任条款应放弃‘相当性’理论，而以‘条款保护目的’取而代之。”❺

在非合同民事责任中引入相当因果关系学说对于解决侵权中的责任认定、保护受害者的合法权益可起到非常重要的作用，其能够更充分地保护受害人。但适当因果关系理论本身也是在一个不断发展完善的过程之中，在适用过程中可能仍存有一定的问题，有着自身的局限性。

（四）法规目的说或法律目的保护说

当然，如上评析，相当因果关系或适当因果关系也不是完美的。虽然大陆法系国家仍主要采取相当因果关系说，但是也以其他许多因果关系理论来加以修正、补充、完善，法规目的说就是其中的代表之一。适当因果关系理论在德国的状况是盛

---

❶ Antunes Varela：《债法总论》，第一卷，第十版，唐晓晴译，未出版，第 622 页。

❷ 朱岩：《当代德国侵权法上因果关系理论和实务中的主要问题》，载于《法学家》，2004 年第 6 期，第 147 页。

❸ 平井宜雄教授在其专著《损害赔偿法的理论》一书中指出，“相当因果关系”的采用，是以德国侵权损害赔偿法的完全赔偿原则为前提而产生的，但与德国不同的是，日本的损害赔偿制度所采用的就是限制赔偿原则，因为赔偿原则的不同，所以他认为在一定程度上，相当因果关系的引入肇致了理论上的混乱失衡。加害人就必须赔偿基于因果关系可能发生之所有的损害，则不可避免会不合理的加重侵害人之赔偿责任。平井宜雄教授建议运用“事实因果关系（或条件因果关系）、保护范围、损害的金钱评价”这三个概念来取代“相当因果关系”理论，透过建立符合《日本民法典》构筑的本土化的概念来界定或限定责任，以此完善损害赔偿法理论的体系。请参见：于敏，《日本侵权行为法》（第二版），法律出版社，2006 年版，第 185-186 页。

❹ 曾世雄：《损害赔偿法原理》，中国政法大学，2001 年版，第 100-116 页。

❺ 克雷斯蒂安・冯・巴尔：《欧洲比较侵权行为法》（下册），焦美华译，张新宝审校，法律出版社，2001 年版，第 592 页。

极而衰，继之而来的是目前日益流行的法规目的说或法律保护目的说。作为一个新兴的学说，法规目的说由德国学者 Rabel 于 20 世纪 40 年代所创立，60 年代再经其学生 Von Caemmerer 教授加以阐述和发展，现如今已成为德国通说，德国联邦法院也采取此种见解来解决实际发生之案件。❶法规目的说理论为相当因果关系的困境提供了一种思考路径或方向，其主张对于侵权行为人之行为所导致的损害是否应负赔偿责任之认定应透过研究侵权行为法之保护目的或立法原意或意义来加以判断决定，即主张直接根据法律规范的内容与目的来判断衡量行为与损害之间的关系。❷

法规目的说认为，适当因果关系说的存在的判断标准比较抽象不确定，探究适当因果关系的必要条件和适当性仍不能准确地把握责任的成立和难以界定损害赔偿的具体范围，因而需要对因果关系做一个非合同民事责任法之立法原意和或法律保护目的之政策考量或价值判断，以限制和补充其不足之处，而其中一个重要部分就是对“法律规范之目的”所保护的真正利益之考察，据以剔除或确认对损害应承担责任的行为或事件。综合采用了法规目的说之各国或各地区的立法，法律规范之目的主要运用以下三个视角作为其判断、筛选、排查之依据：“①侵权人必须补偿的仅仅是法律所要保护的那些人，原告必须属于规则设想的那类人；②侵权人补偿原告的仅仅是被违反的规则所要避免的损失；损失必须属于规则设想的类型；③侵权人仅仅在他造成了规则禁止发生的那些损失时负责任，特定的行为（作为或不作为）必须属于规则设想的类型。”❸

但是，法规目的说同其他因果关系学说一样，都有自己难以解决的问题，法规目的说对因果关系问题的解答似乎也难尽如人意，姑且不问有没有明确的判断标准去规范确定法规目的或立法意义本身，也不问立法者在制订法律时基于当时的社会状况所做出的法律目的或立法本意之确定或判断是否仍然可以适用于现在的案情之解决，亦不问法规目的说能不能充当一个独立判断因果关系的工具。因为更为重要的是，法律目的保护说首先可能面临功能或作用定位的整体性迁移的问题之极大质疑或困惑。

Antunes Varela 指出，不可否认，一方面，“当不法性或因果关系的存在与否产生疑问时，有机会应用这一元素作为解决疑问的宝贵辅助工具”❹，如果不法性或因果关系本身充满了模糊性，不具有直观性时，法规目的说可以对因果关系的归责起引导作用，其可以在某种程度上为限制或扩展相当因果关系提供说明，可以将法规目的因素的考量纳入相当因果关系中的一般之社会经验中。具体而言，相当因果关系说在判断因果关系是否具有适当性时，以一般的社会经验加以判断时可以考虑有关

❶ 曾世雄：《论相当因果关系说》，《法学论刊》，1965 年版，第 40 期，第 84 页。

❷ 克雷斯蒂安·冯·巴尔：《欧洲比较侵权行为法》（下册），焦美华译，张新宝审校，法律出版社，2001 年版，第 586-595 页。

❸ J. 施皮尔：《侵权法的统一：因果关系》，易继明等译，法律出版社，2009 年版，第 194 页。

❹ Antunes Varela：《债法总论》，第一卷，第十版，唐晓晴译，未出版，第 624 页。

法律法规之目的或立法本意，发挥法律的政策性指引功能，从这个意义上来说，法规目的说是对相当因果关系的限制和补充。

但另一方面，法规目的说与不法性直接相关。如 Antunes Varela 所说的："关于不法地侵犯他人的主观权利（第四百八十三条所述的第一种不法性），简单地指出相关规范所保护的利益显然是不足以界定可赔偿之损害的范围的。至于第四百八十三条所规定的第二种不法性（违反旨在保护他人利益的法律规定），确实是有必要知道受害人是否就是被违反的规定所保护之利益的持有人，以及有关侵害是否属于规范所保护之利益的范围之内。在这些情况中，根本就没有必要应用法律保护之目的理论来剔除行为人的责任；由于他没有对法律客观地描述的利益做出典型的侵犯，他的责任一开始就会被不法性这个要件所排除。"❶ 法律目的保护说的初衷是透过考察相关的法律、法规的意义和目的，旨在寻求一种使行为人的行为与其所承担的责任相符的方法，但其并非一种独立的因果关系理论或说法规目的说并未真正研究探讨行为与损害间的因果关系，它实质上绕过了因果关系，所以试图用法律目的理论取代相当因果关系理论不是没有疑问的。再者，深入探究法规目的说，会发现其实际上解决正是明确作为侵权责任构成要件之一的不法性的问题，但问题是行为的不法性要件已解决了法规目的说所要处理的难题。

在德国，在涉及侵权责任案件中因果关系之认定问题时，对于法规目的理论与相当或适当因果关系理论之适用关系，以 Huber 为代表的学者认为前者应该取代后者。❷也有以拉伦茨为代表的学者认为在涉及侵权责任案件中因果关系之认定问题时，二者可以并存，即同时兼采或承认适当因果关系理论和法规目的说，但两者的地位有所不同，在探究因果关系时，首先须认定加害行为与损害之间有无相当因果关系，只有在特定情形下适用法规目的说，探讨损害是否符合法律保护之目的，从而起到次要之帮助适当因果关系理论的作用，透过符合法规目的的因果关系概念对损害赔偿范围进行诠释或限制界定。❸ 亦有以 Fickentscher 为代表的学者认为法规目的理论不能取代适当因果关系理论，也不是对其起帮助、补充作用的，而仅仅只是损害归责的理论。❹

对于澳门侵权责任行为法的因果关系之认定，由于法规目的说之弊端，不能以法规目的理论取代适当因果关系理论，但同时我们也不能否定适当因果关系理论也有着自身的缺陷，所以在侵权责任因果关系的认定遭遇瓶颈时，借鉴某些成功经验仍是有必要的，如以法规目的说作为辅助工具，为法官可以进行价值判断有重要意

---

❶ Antunes Varela：《债法总论》，第一卷，第十版，唐晓晴译，未出版，第 624 页。

❷ 朱岩：《当代德国侵权法上因果关系理论和实务中的主要问题》，载于《法学家》，2004 年第 6 期，第 149 页。

❸ 王泽鉴：《侵权行为法（第一册）：基本理论、一般侵权行为》，中国政法大学出版社，2001 年版，第 221-222 页。

❹ 朱岩：《当代德国侵权法上因果关系理论和实务中的主要问题》，载于《法学家》，2004 年第 6 期，第 149 页。

义，以更好地解决侵权责任构成中的因果关系认定问题。

（五）虚拟原因的重要意义

对于葡萄牙学者使用虚拟原因（causal virtual）或假设原因[1]，德国学者则使用了假设因果关系[2]、超越因果关系[3]等术语，而英美国家的学者使用了超越原因等。欧洲侵权法工作组在起草《欧洲侵权法原则》时有研究过虚拟原因这种因果关系，其给出一个经典案例。“X 用一种慢性毒药给马厩里的一匹马下毒，在这匹可怜的马毒发身亡之前，Y 放火焚烧了马厩，马在火中丧生。谁将被诉：X 和（或）Y，为什么？”[4]到底谁将被追究责任？

侵权法欧洲工作组（Principles Group on Tort Law）——蒂尔堡工作组（Tilburg 小组）经过对包括欧洲 8 个国家以及美国、南非在内的 10 个国家进行研究。[5]针对本案，多数学者认为，如比利时[6]、希腊[7]、意大利[8]、瑞士[9]、美国[10]等国的学者认为，马并非死于中毒，X 并未导致马的死亡而无须承担责任，因为马是在火中丧生或窒息而死，X 的行为不构成无之则不然条件，所以 X 与损害之间的因果关系无法建立，故而 X 对此不承担责任，而应由 Y 承担损害赔偿责任。

但也有对此观点提出质疑或挑战的，如奥地利学者 Helmut Koziol 认为应由 X 和 Y 承担连带责任，因为“X 和 Y 都是潜在的原因”，“X 的行为不是被这匹马招致的死亡损害的无之则不然条件，因为它是被 Y 点燃的火烧死的，但是 Y 的行为也不是造成这匹马的死亡之损失的条件，因为即使没有 Y 的行为，这匹马也可能死于中毒”。[11]英国学者 W.V.Horten Rogers 认为：“X 试图杀死一匹马但失败了（没有关于企图侵权的法律）。Y 的确是杀了马，但是他杀的是一匹价值降低了的马。就像是杀了 90 岁老人比杀了 30 岁的年轻人应该来得更便宜。”[12]法国学者 Suzanne Galand-Carval 认为，马的死亡是 Y 的过错行为直接导致的，因此应由 Y 承担损害赔偿责任，但如果 Y 发生支付不能无力偿还的情形，则仍有让 X 承担赔偿责任的余地，其认为“在

---

[1] Antunes Varela：《债法总论》，第一卷，第十版，唐晓晴译，未出版，第 438 页。

[2] 迪特尔·梅迪库斯：《德国债法总论》，杜景林、卢谌译，法律出版社，2004 年版，第 45 页。

[3] 克雷斯蒂安·冯·巴尔：《欧洲比较侵权行为法》（下册），焦美华译，张新宝审校，法律出版社，2001 年 12 月第 1 版，第 528 页。

[4] J. 施皮尔：《侵权法的统一：因果关系》，易继明等译，法律出版社，2009 年版，第 1 版，第 4 页。

[5] J. 施皮尔：《侵权法的统一：因果关系》，易继明等译，法律出版社，2009 年版，第 1 版，第 3 页。

[6] J. 施皮尔：《侵权法的统一：因果关系》，易继明等译，法律出版社，2009 年版，第 1 版，第 35 页。

[7] J. 施皮尔：《侵权法的统一：因果关系》，易继明等译，法律出版社，2009 年版，第 1 版，第 103 页。

[8] J. 施皮尔：《侵权法的统一：因果关系》，易继明等译，法律出版社，2009 年版，第 1 版，第 113 页。

[9] J. 施皮尔：《侵权法的统一：因果关系》，易继明等译，法律出版社，2009 年版，第 1 版，第 156 页。

[10] 美国学者认为：“这是一个因果关系问题，适用因果关系的一般原理。Y 要承担责任。但是，因为马的寿命缩短，Y 可以减轻责任。X 是否要对马的寿命缩短负责，还是一个未决的问题。”请参见：J. 施皮尔：《侵权法的统一：因果关系》，易继明等译，法律出版社，2009 年版，第 1 版，第 173 页。

[11] J. 施皮尔：《侵权法的统一：因果关系》，易继明等译，法律出版社，2009 年版，第 1 版，第 20 页。

[12] J. 施皮尔：《侵权法的统一：因果关系》，易继明等译，法律出版社，2009 年版，第 55&180 页。

Y的介入前去谈论是可行的”，因为“X的错误行为已经导致了实质上的损害”。[1]德国学者Ulrich Magnus认为，主流观点认为此案涉及损害问题而不是因果关系问题，X应对马死亡的所有损失承担赔偿责任，而Y“仅对马更早死亡产生的损失（如果有的话）承担责任”，当然这在“很大程度上取决于第一个事件的作用和第二个行为加入的作用有多么确定”，因为Y烧死的是一匹价值已遭到损害的马，Y仅需对可能加剧了的损害承担赔偿责任。[2]南非学者Johann Neethling则认为，“X若没有导致（无之则不然）马的死亡，则不能基于该马的死亡这一损害控诉X”，因为“不存在事实因果关系”，而Y导致了马的死亡，所以应承担对此的责任，但这并意味着X可以据此免责，“X应因自身造成的损害负相应法律责任（对于马的价值的减少），而Y则应当从马死亡之时对马（减少后的）价值承担法律责任”。

关于虚拟原因的典型案例还有诸如A因过失将C撞伤，几天之后B又因过失将C撞成残疾。又如A因过失将邻居B的房子烧坏，但是随后又发生强烈地震，B的房子在地震中坍塌。Antunes Varela指出“虚拟原因是一项原本趋于产生若干损害的（真实或假设的）事实，若非损害已被另一项事实（真实原因）所造成的话”。[3]意即一加害人B之加害行为事实上已成立侵权责任而导致损害发生后，即加害人的行为已经肇致损害发生，但即便如果没有B的行为时，也会因第二个独立的原因（这里所说的虚拟原因），即可归责于或另一加害人A的事由，或不可抗力或受害者自身原因，而产生同样的损害效果或类似的损害效果。这种情形牵涉两个因果关系，一是对损害的发生有事实上的原因力的加害行为（包括作为和不作为），此为真实原因或真正原因；另一个是相对于损害结果的产生或发生并没有事实上的或说《澳门民法典》第五百五十七条所规定的因果关系所应具有的原因力，但如果第一个原因（即真正原因）不存在时，损害也必定会因第二个原因而产生，后者为我们这里所说的虚拟原因，其并不是《澳门民法典》第四百七十七条非合同民事责任构成要件所要求的因果关系。对于前述的“马匹案”，如果让葡萄牙或我国澳门回答这个问题，按照它们目前的法律，马的中毒是死亡的虚拟原因，因为事实上马是被火烧死的，这才是马之死亡的真实或真正原因。具体而言，下毒则是产生同一效果的虚拟原因，因为如果另一介入之事实（Y放火焚烧了马厩）没有中断前面条件（下毒）与最终结果（马之死亡）之间的因果关系，下毒行为一事实也会产生该损害。因为马的死亡是因为Y放火焚烧了马厩而并非X的下毒行为而死亡，依据适当因果关系理论的检验，X的下毒行为与马的死亡并没有因果关系。从Antunes Varela和尹思哲两位学者对此举出的例子来说，也可以看出他们对此持同样的见解。[4]

一般而言，虚拟原因毕竟只是虚拟，虚拟原因事实上并未真正发生作用，对损

---

[1] J.施皮尔：《侵权法的统一：因果关系》，易继明等译，法律出版社，2009年版，第76页。
[2] J.施皮尔：《侵权法的统一：因果关系》，易继明等译，法律出版社，2009年版，第95-96页。
[3] Antunes Varela：《债法总论》，第一卷，第十版，唐晓晴译，未出版，第438页。
[4] Antunes Varela：《债法总论》，第一卷，第十版，唐晓晴译，未出版，第438-440页。

害的发生没有实际的原因力，所以无法产生损害后果。因此，从本质上来说，虚拟原因并非因果关系。虚拟原因没有积极重要性，即引起虚拟原因之行为人原则上无须对损害负责。❶再者，原则上来讲，虚拟原因也不具有消极重要性，其存在并不能剔除或排除引起损害之真实原因之加害行为人的责任，但对此也非绝对，在一些如《澳门民法典》第四百八十四条、第四百八十五条第一款以及第四百八十六条第一款所规定的过错推定责任的特殊情形下，虚拟原因的消极重要性被激活。❷

如根据《澳门民法典》第四百八十五条第一款的规定，楼宇或其他工作物因建造上之瑕疵、保存上出现缺陷而全部或部分倒塌者，该楼宇或工作物之所有人或占有人须对由此而造成之损害负责，但如证明即使已尽应有之注意义务（如“按有效的行政规定所指的技术规则建造及保存”）同等的损害或类似的损害仍会发生的，因为随后发生强烈地震，因此即便楼宇或其他工作物不因建造上之瑕疵、保存上出现缺陷而全部或部分倒塌也会在地震中坍塌，则楼宇或工作物之所有人或占有人无须对此负责。❸依照《澳门民法典》第四百八十四条之规定，对自然无能力者，如精神失常的禁治产人不法侵害他人合法权益的，在这种情形下，负管束义务之人应就自己的过错按照过错推定责任承担因自己的不作为肇致自然无能力人对第三人所造成损害的赔偿责任。但负有管束义务之人承担侵权责任的前提是管束人具有过错推定责任下的过错，如果负有管束义务之人可以举证自己没有过错，即证明自己已履行监督义务，或证明纵使自己尽到了相当的管束义务仍无法避免损害的发生，仍然会产生同样的或类似的效果的，负管束义务之人不用承担责任。❹

Antunes Varela 认为，“在这些情况中，虽然有一项不法事实（原则上是不作为）充作损害的真实或操作性原因，但是正因为考虑到对于同一损害效果有虚拟原因的存在，行为人（有过错与否）便免于责任”。但 Antunes Varela 同时指出，“这些是例外规范，原则上不得类推适用”。❺另外，值得注意的是，相对于损害而言没有产生事实上的原因力的虚拟原因其本身可以是“进入执行”的客观存在的事实，也可以是假设的或想象的事实或状态，其可以是事前的亦可以是事后的。❻

最后，值得指出的是，如前所述，对于前述的“马匹案”，X 的下毒行为与马的死亡并没有因果关系，马的中毒是死亡的虚拟原因，马之死亡的真实原因是马为 Y 纵火所引致。作为责任基础的因果关系即真正原因一旦导致马之死亡这一损害后果的发生，Y 损害赔偿责任即告成立，笔者对虚拟原因无法对这种既存的真实的因果关系施加影响没有疑问，但虚拟原因之存在对加害人 Y 的赔偿责任的范围有无影响

❶ Antunes Varela：《债法总论》，第一卷，第十版，唐晓晴译，未出版，第 438-440 页。
❷ Antunes Varela：《债法总论》，第一卷，第十版，唐晓晴译，未出版，第 439 页。
❸ Antunes Varela：《债法总论》，第一卷，第十版，唐晓晴译，未出版，第 440 页。
❹ Antunes Varela：《债法总论》，第一卷，第十版，唐晓晴译，未出版，第 439 页。
❺ Antunes Varela：《债法总论》，第一卷，第十版，唐晓晴译，未出版，第 440 页。
❻ Antunes Varela：《债法总论》，第一卷，第十版，唐晓晴译，未出版，第 439 页。

有进一步研究的空间，因为虽然X的下毒行为与马的死亡是虚拟原因，但X的下毒行为却也是马的价值之减损的真实原因，因为如果没有X的下毒行为致使马的健康受损，马从火中逃生的可能性也不是没有的，所以，对于X是否应当赔偿马之主人的损害，如果应当赔偿其赔偿额度又该如何确定的问题尚待研究。笔者认为，因果关系原本就是一个开放的体系，对于因果关系的探讨与研究，还存在广阔的空间来发展和完善。

二、本法域对该规则的规定

（一）《澳门民法典》

第四百七十七条（一般原则）

一、因故意或过失不法侵犯他人权利或违反旨在保护他人利益之任何法律规定者，有义务就其侵犯或违反所造成之损害向受害人作出损害赔偿。

二、不取决于有无过错之损害赔偿义务，仅在法律规定之情况下方存在。

第四百八十四条（有管束他人义务之人之责任）

基于法律或法律行为而对自然无能力人负有管束义务之人，须就该自然无能力人对第三人所造成之损害负责；但证明其已履行管束义务，又或证明即使已履行管束义务而损害仍会发生者除外。

第四百八十五条（由楼宇或其他工作物造成之损害）

一、楼宇或其他工作物因建造上之瑕疵、保存上出现缺陷而全部或部分倒塌者，该楼宇或工作物之所有人或占有人须对由此而造成之损害负责；但证明其本身无过错，又或证明即使已尽应有之注意义务亦不能避免该等损害者除外。

第四百八十六条（由物、动物或活动造成之损害）

一、管领动产或不动产并对之负有看管义务之人，以及对任何动物负有管束义务之人，须对其看管之物或管束之动物所造成之损害负责；但证明其本身无过错，又或证明即使在其无过错之情况下损害仍会发生者除外。

第五百五十七条（因果关系）

仅就受害人如非受侵害即可能不遭受之损害，方成立损害赔偿之债。

第五百六十四条（受害人之过错）

一、如受害人在有过错下作出之事实亦为产生或加重损害之原因，则由法院按双方当事人过错之严重性及其过错引致之后果，决定应否批准全部赔偿，减少或免除赔偿。

二、如责任纯粹基于过错推定而产生，则受害人之过错排除损害赔偿之义务，但另有规定者除外。

第五百六十五条（法定代理人及帮助人之过错）

受害人之法定代理人或使用人有过错，即等同受害人有过错。

（二）澳门4月22日第28/91/M号法令《订定本地区行政当局、公共法人其权利人及公共管理代理人之合约外民事责任制度》

第九条（危险责任）

本地区行政当局和其他公法人对由于行政部门异常危险之运作或由于具有同样性质之对象和活动造成的特别和非常之损害承担责任，但根据一般规定，能证明在该部门运作或在执行其活动时发生外来不可抗力或系受害人或第三人之过错者除外。

（三）澳门第11/2004号行政法规《空运人及航空器经营人的民事责任制度》

第十七条（因对第三人造成的损害而产生的责任的阻却事由）

一、就航空器基于下列原因而对第三人造成的损害，航空器经营人不负赔偿责任：

（一）地震、地动及其他自然灾祸；

（二）第三人使用变更原子核的武器或爆炸装置。

二、如经营人证实倘有的对第三人造成的损害是由受害人或已继承其请求赔偿权的人实施的过错行为引致，即使过错行为属过失或不作为，均须准确地按有关的行为或不作为造成的损害的程度及比例，解除经营人的责任。

（四）澳门8月25日第35/97/M号法令《规范在海事管辖范围内禁止投掷或倾倒有害物质》

第九条（例外）

本法规之规定不适用于在下列情况下投掷或倾倒第二条所指之物质又或固体或液体废物：

a）船舶为本身安全或其他船舶之安全，又或为救助人命所作之投掷或倾倒；

b）任何设施为本身安全或为有关工作人员之安全所作之投掷或倾倒；

c）在适当证明之不可抗力之情况下所作之投掷或倾倒，但在事后必须采取适当措施制止继续投掷或倾倒，或减少投掷或倾倒之数量，以及制止及减轻所产生之后果。

三、有关该规则的典型案例（关于非合同民事责任中的因果关系）

澳门中级法院2002年5月23日第77/2002号上诉案：[1]

[1] 本案由叶江福总结及翻译，内容已做适当删减。

（一）案情简述

在一交通意外中，受害人甲状告一保险公司，因其作为侵害人车辆的保险人之身份，应对受害人的损害作出赔偿。最终，初级法院判处保险公司向甲赔偿 103829 元，其中包括甲方的律师费 15000 元。

保险公司不服，认为不应包括律师费，因此向中级法院提出上诉。

（二）法律问题

中级法院面对的主要问题是，在一宗交通事故中，受害人的律师费是否与交通事故有因果关系。

（三）主要观点

保险公司所持之主要理据：

做出不法事实导致交通意外的车辆驾驶者所负的民事责任，不包括与受害方透过诉讼行使请求赔偿之权利相关的开支，尤其是律师费（《澳门民法典》第四百七十七条）。

律师费是受害人在交通意外中，状告保险公司之费用，不应作为该交通事故所产生的财产损失而受到赔偿。

受害人所支付的律师费与交通事故之间，并不存在必然及直接的因果关系。

侵害方并非对所有损害均负有责任，他只对基于不法事实或由该事实所导致的损害负责，而不是对不法事实随后发生的所有损害都负有责任。

原审法院错误解释了《澳门民法典》第五百七十七条的规定，因为根据《澳门民法典》第四百七十七条的规定，律师费并不是属于受害人可请求的损害赔偿范围。

律师费并不是一般情况下均会有的，因其并非源于不法事实，而是涉及权利之争讼时才会有的，它不是损害赔偿应该包括的实质损害。

被上诉人所持的主要理据：

……根据《澳门民法典》（第五百五十七条），仅就受害人如非受侵害即可能不遭受之损害，方成立损害赔偿之债。

上诉人认为产生损害的原因的成立条件为，从抽象层面上，该原因适当地会导致损害发生。

在事实与损害之间的因果关系并不需要表现为实时及直接的，而仅需要非实时的及间接的便足够。.

该交通事故，虽然并不能产生上述的损失（律师费），然而，由于保险公司拒绝赔偿受害人遭受的损害，这使得受害人必须因此提起诉讼，这必然导致了额外的诉讼费用以及律师费。

中级法院认为：

根据《澳门民法典》第四百七十七条，基于非合同民事责任的赔偿义务仅限于“侵犯他人权利导致的损害”。产生民事责任的前提是不法事实，过错（归责予行为人)，损害以及因果关系。……

对于因果关系，存在多种的学说理论，如等同条件说（或必要条件说），将因果关系扩展至了所有及任何不发生即不会有损害后果的条件；最近原因理论（最终条件或者有效条件)，以及基本一致被认为是我们法律所采用的适当因果关系说。

关于此一学说，中院合议庭裁判引用了不少著名学者的理论：

Antunes Varela 教授认为（*Das Obrigações em Geral*，I，801)：“重要的是，该事实是损害的条件，但并不妨碍——正如很多时候也这样——它仅仅是损害的其中一个条件。”

A. Costa 教授认为（*Direito das Obrigações*，518)：“产生损害的条件为，从抽象层面上，会适当地导致损害发生。”

《澳门民法典》第五百五十七条正采纳了这个学说，并规定，“仅就受害人如非受侵害即可能不遭受之损害，方成立损害赔偿之债”。虽然 Galvão Telles 教授不同意法律条文的表述方式，其认为更加适当的是，应该赔偿的是“倘若没有侵害存在，则受害人较少可能遭受的损害”（*Direito da Obrigações*，I，310）

Pessoa Jorge 教授认为：损害赔偿之债只有在损失是源于侵害且（基于事后对可能性的判断）可能是由其导致时才存在；或者从消极层面看，损害赔偿之债不存在的情况是，损失虽然源于侵害但所基于可能性的判断，损失并不是由侵害导致的。

中级法院在综合上述学者的理论后，得出的结论为：

相关事实必须是适当地导致损害根据事物发展进程实际地发生。

这符合实际的事物发展进程，而非任何假设的事物发展进程。

如果损害是基于非典型的事物发展过程而产生的，那么，应被排除于因果关系的联系。合议庭裁判又提出了两位教授的观点作为补充：

“Manuel de Andrade 教授以消极角度的表述方式，以下的条件视为不存在因果关系：根据其法定性质，该条件对于所导致的损害是完全无关联的，而其之所以作为条件，是因为加入了其他非正常的情节，因此，该条件对于损害来说，并不具有适当的因果关系。”

不应忘记 Vaz Serra 教授的忠告：适当因果关系理论仅是提供了一个总体上的方向，因此，审判时必须因应每一具体个案的情节而作出调整，在了解完情节后，若有疑问存在，往往需要法官根据审视案件的情节后，再谨慎地作出决定。

对中级法院而言：

法律上重要的原因是指，从抽象层面上看，根据一般经验法则或侵害人的认知，将会适当地产生这一损害，或者根据一般标准是产生这一损害的适当条件的原因。

同时，法院援引了葡萄牙类似案例。在 1867 年民法典生效期间，葡萄牙高等法院在 1930 年 3 月 28 日发出的判例，内容如下：

“在丧失与损害的赔偿中，除非另有约定，判处败诉方所支付的费用，不得包括胜诉方的律师费。”

近期的，在1999年法典之前的民法典（两者的规定内容一致）生效期间，葡萄牙高等法院判决："没有明示协议，不得将律师费及法律代办的人工包括在损害赔偿内，作为刑事案件辅助人之受害人的法院代理的律师费或人工亦然。

澳门中级法院认为：

……根据诉讼费用法（第二十六条），胜诉当事人有权向败诉当事人"以算入诉讼费用之职业代理费名义"收取一笔款项。

……

此外，民事诉讼法亦有规定，从处罚角度而言，倘若当事人是恶意向对方提起诉讼的，除了其他处罚外，需支付诉讼代理人或技术员之服务费，而服务费须直接向诉讼代理人支付，但当事人指明已向其代理人支付者除外（《澳门民事诉》讼法典第三百五十六条第二款a项及第五款）。

因此，立法者在诉讼法及法院费用法律中，规定了返还律师费的情况。

最后，法院相信：

基于此，相关金额，已经算入诉讼费用并判给予胜诉方了。

……

再者，即使不这么认为，根据上文所述，由于不法事实（本案中是交通事故）与律师代理费之间并不存在因果关系，即因缺少民事责任成立的最后一个条件（因果关系），因而不成立。

四、在《东亚侵权法示范法》中对该规则作出规定的基本意见

以德国为代表的大陆法系民法在因果关系问题上最具影响力的是适当因果关系或相当因果关系。适当因果关系理论在大陆法系国家或地区具有相当大的影响，它源于德国，后为许多国家（如日本、葡萄牙）或地区（如中国台湾、中国澳门）所继受，时至今日，它在葡萄牙和澳门仍具有支配性地位，澳门在侵权责任的因果关系理论上也是将适当因果关系理论作为通说，但有越来越多的学者对该理论提出了挑战和批评。[1]对此，澳门法域的建议是，侵权责任法在责任构成中的因果关系要件上的立法思路，应是在将适当因果关系理论作为主导的基础上，应当充分借鉴两大法系所各自独有的优秀成果，兼容并包亦勇于尝试，以弥补适用相当因果关系说这一单一判断方式的缺陷和不足，以更好地解决侵权责任构成中的因果关系认定问题。[2]

---

[1] 于敏：《日本侵权行为法》（第二版），法律出版社2006年版，第185-186页。

[2] 王旸：《侵权行为法上因果关系理论研究》，载于梁慧星《民商法论丛》第11卷，法律出版社，1999年版，第479-501页。

专题之六：故意与过失

一、该问题基本规则

正如 Antunes Varela 所说："仅仅行为人具有可归责性是不足够的。要将事实归责，还必须可归责的人真正有过错地作为、必须在所做出的事实与加害人的意思之间有若干心理的联系。"❶过错概念源于罗马法，过错是侵权法中的一个核心概念，是指行为人故意或者过失侵害他人的应受谴责之主观心理状态，过错这一概念对整个侵权法理论体系的构建以及侵权立法都起着至关重要的作用。与属于客观范畴的不法性不同，"过错"描述的是行为人的主观状态，属于主观范畴，两者呈现出不同的意义。传统侵权行为法认为行为人只有在主观上存在可以被非难谴责之因素，即故意或过失，同时在满足侵权行为的其他构成要件时，才应对其行为造成之损害承担非合同民事责任，即我们这里所说过错责任归责原则。但是随着现代社会工业化进程的加快，各种危险活动导致的损害事故频发，过错责任已不足以保护受害人受侵害之权利，难以满足侵权法的现实需要，为救济受害人、彰显社会公平正义，《澳门民法典》第四百九十二条以及后续数条所规定之风险责任或无过错责任应运而生并不断发展，逐渐成为与过错责任并驾齐驱的归责原则。但尽管如此，《澳门民法典》第四百七十七条第二款规定，风险责任只能在法律有明确规定的情况下适用，对于法律没有明文规定为风险责任归责原则的侵权行为，仍要诉诸非合同民事责任法的一般原则，即在侵权法中发挥基础地位的过错责任原则。

（一）故意或过失

《澳门民法典》第四百七十七条第一款规定"因故意或过失……"，而该规定的第二款又进一步指出："不取决于有无过错之损害赔偿义务，仅在法律规定之情况下方存在。"可知侵权法当中的过错可以分为两种不同的形式，即将行为人的心理状态归纳为两种，故意以及过失或疏忽或单纯过错，这是根据行为人的意志状态的不同所做的区分。葡萄牙著名学者 Mota Pinto 指出，"故意实施的不法事实，有时称为不法行为，单纯过错事实则称为准不法行为"。❷ 故意以及过失都是应受责难之心理状态。Antunes Varela 认为，相对过失而言，"故意表现为一种更为严重的过错"，所以

---

❶ Antunes Varela：《债法总论》，第一卷，第十版，唐晓晴译，未出版，第 404 页。

❷ Carlos Alberto Da Mota Pinto：《民法总论》（中译本），澳门法律翻译办公室、澳门大学法学院及法务局，2001 年版，第 57 页。

"行为人的行为受到更强烈的谴责"。[1]这意味着过错类型的区分不仅在刑法领域有着关键性的作为，在民法范畴同样有着相当重要的作用，尽管以前这种作用为人们所忽视，这种区分的作用主要体现于《澳门民法典》第四百八十七条、第四百九十条第二款以及第五百六十四条（《葡萄牙民法典》第四百九十四条、第四百九十七条第二款以及第五百七十条）等条款中。[2]正如 Mota Pinto 所说的，如果责任单纯是基于过失产生的，是透过《澳门民法典》第四百八十七条所规定的衡平赔偿原则来限制（《葡萄牙民法典》第四百九十六条），而故意实施的不法事实则要求弥补所肇致的一切损害。[3]

故意可分为以下不同的形式：①直接故意。"故意的第一个层面所包括的是行为人直接想实现不法事实"[4]。这种故意意味着指行为人明知自己的行为可能产生某种损害结果，但仍然希望这种损害结果的发生。②必然故意。"行为人虽然不直接地欲求不法事实的发生，但是预料到该事实乃是其行为的必然、肯定的后果。不法效果以及他所欲求的结果之间有不可割断的联系，行为人知道这一因果关系，但即使这样也不放弃作为"[5]。这种故意意味着行为人明知自己的行为可能产生某种损害结果，虽然不是直接希望这种损害结果的发生，但其至少是放任这种损害结果的发生。③或然故意。"行为人预料到不法事实的产生不是其行为的必然后果，而仅仅是一项可能或必然的后果的情况"[6]。Antunes Varela 认为，前两者即直接故意和必然故意显然是我们这里所说之故意，有疑问的是第三种或然故意，学者一直处在纠结和徘徊中。[7]

过失或疏忽不同于故意，"它是行为人欠缺了可期待的注意"。过失又可区分为两种类型：①有意识的过失。"行为人预料到不法事实的产生是可能的，但是由于轻率、考虑不周、粗心大意或漫不经心而相信其不会发生，而正因这样才没有采取必要的避免措施"[8]。意味着行为人对自己行为的结果已经预见却轻信能够避免。②无意识的过失或疏忽。"行为人因为缺乏预见能力、不小心、无经验或无能力而无法想象到事实发生的可能性"[9]。意味着行为人对自己行为的结果应当预见而没有预见。

（二）过错的认定或判断标准

过错强调对行为人内在的主观状态的非难，过错意味着侵权行为人违反了某种

---

[1] Antunes Varela：《债法总论》，第一卷，第十版，唐晓晴译，未出版，第 405 页。

[2] Antunes Varela：《债法总论》，第一卷，第十版，唐晓晴译，未出版，第 404-405 页。

[3] Carlos Alberto Da Mota Pinto：《民法总论》（中译本），澳门法律翻译办公室、澳门大学法学院及法务局，2001 年版，第 57 页。

[4] Antunes Varela：《债法总论》，第一卷，第十版，唐晓晴译，未出版，第 405 页。

[5] Antunes Varela：《债法总论》，第一卷，第十版，唐晓晴译，未出版，第 406 页。

[6] Antunes Varela：《债法总论》，第一卷，第十版，唐晓晴译，未出版，第 406 页。

[7] Antunes Varela：《债法总论》，第一卷，第十版，唐晓晴译，未出版，第 405-407 页。

[8] Antunes Varela：《债法总论》，第一卷，第十版，唐晓晴译，未出版，第 408 页。

[9] Antunes Varela：《债法总论》，第一卷，第十版，唐晓晴译，未出版，第 408 页。

法定的注意义务，其行为不符合社会公众对该种行为的合理期待，违背了其应当履行的法定义务，那对行为人适用什么样的注意义务标准呢？即什么可以作为衡量行为人是否违反注意义务的标准呢？关于违反注意义务的判断标准，葡萄牙民法和澳门民法从行为主体的角度，采用“善良家父”标准，建立一个假想的谨慎的“合理人”。Antunes Varela 认为，判断过错时采用“抽象过失（客观意义上的）”的标准，“是一个正常的、中等敏锐的、审慎的、细心及小心的人的谨慎”，即采用客观的过失原则，透过判断行为人是否违反某种注意义务来确定其是否具有过错，而不采用“具体过失（主观意义上的）”的标准，不采用“行为人在平常作为时所表现出来的谨慎能力”，不“以加害人本人真正的标杆行为来量度具体的过失”。[1]

《澳门民法典》第四百八十条第二款：“在无其他法定标准之情况下，过错须按每一具体情况以对‘善良家父’之注意要求予以认定。”可知澳门采用了古罗马的“善良家父”这一拟制人的客观标准，而不是现实中存在的人作为衡量行为人是否存在过错的标准[2]，即 Antunes Varela 所说的“抽象过失的规范标准”。[3]

Antunes Varela 进一步指出，抽象过失的规范标准“是以一个典范的人作为模型、以一个理想的主体作为标准，即罗马人以‘善良家父’这个平凡的名称来形容的、实际上即是法律在决定人在社会上的权利义务时所考虑的中等或正常的人”[4]，可知所谓“善良家父”的标准实际上是一种中等人的注意标准，这在一定程度上体现了本是主观范畴的过错一定程度上的客观化。在实践中，可以将行为人的行为与“善良家父”的行为进行比较，从而判断行为人是否存在过错以及过错的程度，主要是视“善良家父”在相同的客观环境下会不会实施与行为人同样的行为（无论是作为还是不作为），如果“善良家父”不会实施与行为人同样的行为，意味着行为人没有达到善良家父应具有注意程度等，就可以据此认定行为人有过错，反之亦然。以“善良家父”的标准来要求行为人无疑可以督促强化人们谨慎行事，同时也具有可行性。

另外，《澳门民法典》第四百八十条第二款（《葡萄牙民法典》第四百八十七条第二款）中所述的“按每一具体情况”并不是试图让裁判者针对不同情况采用不同的评价标准（采用抽象过失或具体过失），Antunes Varela 认为：“它只是想说明对于过错之确定有重要性的谨慎是指一个正常人在面对有关具体情况时所应有的谨慎（善良家父）而已。”[5]无论何种情况，它都坚持抽象过失的规范标准。

（三）过错是意思的缺陷还是行为的缺陷

过错是意思的缺陷还是行为的缺陷？Antunes Varela 认为：“可以断言，从立法论

---

[1] Antunes Varela：《债法总论》，第一卷，第十版，唐晓晴译，未出版，第 409 页。

[2] 罗马法所确定的“善良家父”客观标准对现代大陆法侵权法产生了深远的影响，比如法国就是一个采用“善良家父”标准的典型国家。

[3] Antunes Varela：《债法总论》，第一卷，第十版，唐晓晴译，未出版，第 408-409 页。

[4] Antunes Varela：《债法总论》，第一卷，第十版，唐晓晴译，未出版，第 409 页。

[5] Antunes Varela：《债法总论》，第一卷，第十版，唐晓晴译，未出版，第 412 页。

上最好、而且最忠于现行立法选择的指导思想是‘抽象过错’的标准，以及在赋予‘人的可期待注意’一个更广的概念的同时，将单纯的过失界定为一种行为上的缺陷而不是将其限定于简单的行为意思的缺陷。”❶这意味着在认定行为人的意志状态时，是以某种表现于外的客观行为作为标准来认定行为人过错的有无的。

（四）对于未成年人等自然无能力者过错的认定标准

如我们在被管束人（自然的无能力者）致人损害的民事责任部分所介绍的那样，归责能力并不等于过错，二者属于不同的范畴，归责能力是以识别能力或理解和意欲的能力为认定标准的❷，是对行为主体承担非合同民事责任资格之确定，而过错是在行为人具有归责能力的前提下，对其在实施加害行为时是否具有主观上的故意或者过失之判断。故而首先值得指出的是，未成年人是否具有归责能力是考量研究未成年人是否具有过错的前提或基础。如冯·巴尔所说的：“在无辨别能力被允许作为免除责任的保护性规定之情形，就行为之错误性质而言，它不过是一个不可避免的误差，因此不发生责任问题。”❸也正如 Antunes Varela 所说的要产生“行为人具有自然能力预见其所做出之行为所产生的效果以及衡量其行为的价值，以及根据其对这些东西的判断而作出决定”的“可归责”，意即行为人需具有理解能力或意欲能力才有可能承担责任❹，在未成年人没有识别能力（理解能力或意欲能力）时，没有未成年人自己责任的问题。而对于具有归责能力的未成年人来说，侵权行为认定的关键就在于对于未成年人过错的判断，对未成年人等自然无能力者的过错采用什么样的判断标准就成了未成年人侵权行为成立与否之首先要解决的问题。如前所述，在过错责任归责原则下，对于成年人过错的认定采用《澳门民法典》第四百八十条第二款（《葡萄牙民法典》第四百八十七条第二款）所规定的“善良家父之注意要求”标准，而对于未成年人之过错的认定应适用什么样的注意义务标准，是适用“善良家父”之注意要求之理性成年人标准给予认定？还是应采用加害人的同龄之未成年人的注意标准？

冯·巴尔指出，“适用什么样的注意标准，没有一部欧洲民法典对此做出过回答”，尽管各国的民法典都采用了“基于对一个理性之人可以指望的（注意标准）”这一过错检验方法，但究竟应适用“善良家父”的标准还是与加害人同龄的勤勉之人的标准仍交给法院来决定。除了法国，“欧洲国家的法院一般是参考对被告同龄的人可以指望的注意标准来判断少年人的责任”。❺可知除了法国以外，欧洲国家的法院

---

❶ Antunes Varela：《债法总论》，第一卷，第十版，唐晓晴译，未出版，第 412 页。

❷ 请参见《澳门民法典》第 481 条（可归责性）第一款之规定。

❸ 克雷斯蒂安·冯·巴尔：《欧洲比较侵权行为法》（上册），张新宝译，法律出版社，2001 年版，第 103 页。

❹ Antunes Varela：《债法总论》，第一卷，第十版，唐晓晴译，未出版，第 401 页。

❺ 克雷斯蒂安·冯·巴尔：《欧洲比较侵权行为法》（上册），张新宝译，法律出版社，2001 年版，第 106 页。

一般以加害人的同龄之未成年人的注意标准来判断未成年人的责任，笔者这里以法国和德国的做法做一个比照分析。对于法国的对于未成年人的立场，冯·巴尔进一步指出：“根据法国法律，未成年人的民事责任不再依赖于其辨别能力……辨别能力不再是民事责任的前提，民事责任或者基于监管或者基于过错…… 自1984年以来，这已经成为确定的判例法，辨别能力不再是一个要讨论的问题。”[1]可知法国不仅是“剥夺要求儿童有辨别能力的这一保护性条件”，从而“给他们在开始自己的生活之前就加上了沉重的义务”，更是无情地剥夺了第二条保护抗辩线，即我们这里所探讨的对未成年人过错判定所适用之标准，因为法国强调客观过错概念，对儿童和未成年人适用对一个“善良家父”所要求的注意标准，即适用与成年人同样的标准。[2]认为未成年人的过错应采客观过错标准，即理性成年人标准，以“善良家父”所要求的注意义务标准来认定行为人是否有过错，这种注意义务是客观的，并不以行为主体的年龄、智力、身体状况等具有特殊性而不同，所有的人都应该尽到一个成年理性人的注意义务标准，未成年人亦不例外。对此，冯·巴引用了学者 Henri Mazeaud 的话加以说明，“因此，我们不能将一个幼儿的行为与另一个幼儿的行为进行比较，而是将幼儿的行为与一个理性的个人的行为进行比较。如果一个理性之人不像他们那样行事的话，我们就认定他们实施了过错行为”。[3]与法国不同，德国采用年龄组类型与辨别能力结合的衡量标准来保护未成年人。[4]冯·巴尔指出，德国最高法院一直以来都沿用“年龄组类型过失”（group specific negligence 之方法来判断认定未成年人是否具有过错，主张“对儿童的心理成熟度的检测，必须与对该年龄组的人可以一般地指望的（注意）进行比较……”。[5]除了以辨别能力对未成年人进行保护外[6]，德国侵权行为法对未成年人的过错采用相同年龄、相同智力状况下的未成年人的标准来判断衡量，对未成年人参考与其同龄的人可以期待的注意标准来判定责任。另外，根据《欧洲侵权法原则》第一百零二条第二款之规定，可知对于自然无能力者的行为，不适用理性人之“必需的行为标准”，该理性人标准可以依据行为人的年龄、精神或身体的障碍或者根据无法期待该人遵守该理性人之行为标准之特别情形来进行调整。[7]

---

[1] 克雷斯蒂安·冯·巴尔：《欧洲比较侵权行为法》（上册），张新宝译，法律出版社，2001年版，第99页。

[2] 克雷斯蒂安·冯·巴尔：《欧洲比较侵权行为法》（上册），张新宝译，法律出版社，2001年版，第101-102页。

[3] 克雷斯蒂安·冯·巴尔：《欧洲比较侵权行为法》（上册），张新宝译，法律出版社，2001年版，第101页。

[4] 克雷斯蒂安·冯·巴尔：《欧洲比较侵权行为法》（上册），张新宝译，法律出版社，2001年版，第103-107页。

[5] 克雷斯蒂安·冯·巴尔：《欧洲比较侵权行为法》（上册），张新宝译，法律出版社，2001年版，第106-107页。

[6] 《德国民法典》，陈卫佐译，法律出版社，2004年版，第266页。

[7] 欧洲侵权法小组：《欧洲侵权法原则》，于敏、谢鸿飞译，法律出版社，2009年版，第7页。

对于葡萄牙学者对此所持的态度，冯·巴尔指出，Autunes Varela、Pires de Lima、Pereira Coelho，以及 Martins de Almeida 等葡萄牙学者对未成人都倾向于支持采用《澳门民法典》第四百八十条“善良家父”之注意标准，采用客观的过错概念。❶如 Antunes Varela 主张过错是行为的缺陷，而非意思的缺陷，其对此的解释是，第一，“倘若行为人的不胜任、无经验、不称职、精神失常、因性格或暴躁而做出的不正常反应不是对他自己造负担，而是损害与他接触的第三人（损害的受害人）的人身或财产，将会是不公平的”，在刑事责任的范畴，过错用于“制裁行为人”，而“在民事责任的范畴，关键是交换正义的基本问题，概括而言，就是由谁承担损害更为公平：是物的持有人、权利受损的人或是做出不法事实的行为人”。❷第二，“以个人为出发点，这个方案是更有教育性或教学性的，而且更为有利于实现社会安全，以及缔约和法律交易的一般利益。它是一种激励，使人在进行职业活动时尽量改正自己的自然缺陷或能力缺乏，直到接近一个法律秩序在设定其要求时用作参照样板的中等及正常的一般人为止。倘若每人都可以合法地以其软弱、智力的不足、对于某些行为的特别抗拒，或由于无经验而未准备好作为其对第三人所造成的损害的借口，声称自己已经尽了最大努力，那么对他人作为之信赖的原则（德国人所说 der Vertrauensgrundsatz）将受到严重的冲击”❸。但尽管如此，Antunes Varela 同时也指出：“德国学说与司法见解的总趋势（在葡萄牙现行法中没有理由不采取）是，在确定疏忽时引入一个客观及抽象的标准，这一标准不仅适用于意思上的注意，而且还适用于人的可期待的知识以及能力，又或者称职与否的问题。然而，这些在客观上可期待的知识及称职与否却可以因职业以至人的年龄不同而有所不同。”❹

而且，葡萄牙法院也开始倾向于对未成年人过错之判断适用或参考的是低于成年人，即未成年人自己同龄理性人的注意义务标准，冯·巴尔举出葡萄牙最高法院于 1978 年 3 月 2 日的一个判决加以说明：“被告（Fernando），十四岁，在一个朋友 x 家玩的时候发现了一支来福枪。他用这支枪挨个瞄准其朋友。在朋友 x 被瞄准时，x 说，‘不用担心，来福枪绝对没有子弹。’Fernando 扣动扳机，该朋友当即被打死。Fernando 对其死亡遭受了巨大的痛苦。葡萄牙最高法院维持了上诉法院认定 Fernando 没有过错的判决。父母亲违反监督义务也被驳倒。”❺冯·巴尔进一步指出：“葡萄牙最高法院并不反对上诉法院作出 Fernando 没有过错的判决，该判决（尽管是间接地）正是适用了适合于其同样年龄的人的较低的注意标准：应当指望一个成年人对枪

---

❶ 克雷斯蒂安·冯·巴尔：《欧洲比较侵权行为法》（上册），张新宝译，法律出版社，2004 年版，第 107 页。

❷ Antunes Varela：《债法总论》，第一卷，第十版，唐晓晴译，未出版，第 413 页。

❸ Antunes Varela：《债法总论》，第一卷，第十版，唐晓晴译，未出版，第 413 页。

❹ Antunes Varela：《债法总论》，第一卷，第十版，唐晓晴译，未出版，第 414 页。

❺ 克雷斯蒂安·冯·巴尔：《欧洲比较侵权行为法》（上册），张新宝译，法律出版社，2001 年版，第 107 页。

（是否装了子弹）进行检查并不将枪瞄准任何人。”❶

考察法国法和德国法以及《欧洲侵权法原则》的做法，比照成年理性人标准与同龄未成年人标准，显然，“善良家父之注意要求”理性人标准要比同龄未成年人标准更高，理性人之标准无疑有利于受害人的保护。由于未成年人这一特殊年龄的因素，在通常情况下，以作为加害人的未成年人同龄人的标准在认定未成年人的过错方面显然更为公平合理，因为它充分考虑了未成年人这一特殊群体的心理成熟程度，考虑到“一个孩子不能不像一个孩子一样实施行为”❷，其与富有经验的成年人之间存在的差距，未成年人因智力、知识结构、经验等因素的影响会使他们根本不可能预见到自己的某些行为对他人可能产生的后果。而理性成年人标准忽视了未成年人的特性，将未成年人的注意义务与理性成年人的注意义务不加差别，以成年人群体的理性标准，即“善良家父之注意要求”来判断未成年人的行为，来要求未成年人对其做出的行为负责，这就相当于给未成年人规定一个按照其理解能力或意欲能力根本就不可能达到的注意义务标准，这对未成年人的注意义务要求过高，从而最大限度地使未成年人承担责任，或者至少可以说这极大地增加了其担负自己责任的可能性，这样的认定未免过于苛刻，有违公平正义之价值理念之追求，不利于未成年人的保护。因此，针对未成年人致他人损害之情形，基于对风险之控制与其合理的分担，首先要根据体现私法自治原则之自己责任原则来处理和分配未成年人致人损害的风险，未成年人承担自己责任的基础在于其有过错，而过错的前提是其具有归责能力，《澳门民法典》第四百八十一条（《葡萄牙民法典》第四百八十八条）对未成年人提供了这一层面的保护，本条以年龄和理解能力或意欲能力为标准来判断一个自然人是否具有可归责性。❸ 在另外一个层面，如果未成年人有归责能力，未成年人的过错的认定应采用什么标准？基于上述的分析探讨我们也可窥探出葡萄牙学者对此的立场已经逐渐转变，葡萄牙的法院开始采用德国的做法对未成年人进行特殊的保护，即适当降低他们的行为标准。作为受影响的澳门地区民法对于未成年人过错之认定中也是适用一个低于成年理性人的“善良家父”之注意义务标准，对未成年人的过错采用相同年龄、相同智力状况下的未成年人的标准来衡量，即就其违反同龄人注意标准的过错行为承担自己责任。

---

❶ 克雷斯蒂安·冯·巴尔：《欧洲比较侵权行为法》（上册），张新宝译，法律出版社，2001年版，第106-107页。

❷ 克雷斯蒂安·冯·巴尔：《欧洲比较侵权行为法》（上册），张新宝译，法律出版社，2001年版，第102页。

❸ 《澳门民法典》的第四百八十一条（可归责性）：“一、在损害事实发生时基于任何原因而无理解能力或无意欲能力之人，无须对该损害事实之后果负责；但行为人因过错而使自己暂时处于该状态者除外。二、未满七岁之人及因精神失常而成为禁治产之人，推定为不可归责者。”

二、本法域对该规则的规定

（一）《澳门民法典》

第四百七十七条（一般原则）

一、因故意或过失不法侵犯他人权利或违反旨在保护他人利益之任何法律规定者，有义务就其侵犯或违反所造成之损害向受害人作出损害赔偿。

二、不取决于有无过错之损害赔偿义务，仅在法律规定之情况下方存在。

第四百八十条（过错）

一、侵害人之过错由受害人证明，但属法律推定有过错之情况除外。

二、在无其他法定标准之情况下，过错须按每一具体情况以对善良家父之注意要求予以认定。

第四百八十一条（可归责性）

一、在损害事实发生时基于任何原因而无理解能力或无意欲能力之人，无须对该损害事实之后果负责；但行为人因过错而使自己暂时处于该状态者除外。

二、未满 7 岁之人及因精神失常而成为禁治产之人，推定为不可归责者。

第四百八十七条（过失情况下损害赔偿之缩减）

责任因过失而生者，得按衡平原则以低于所生损害之金额定出损害赔偿，只要按行为人之过错程度、行为人与受害人之经济状况及有关事件之其他情况认为此属合理者。

第四百九十条（连带责任）

一、如有数人须对损害负责，则其责任为连带责任。

二、负连带责任之人相互间有求偿权，其范围按各人过错之程度及其过错所造成之后果而确定；在不能确定各人之过错程度时，推定其为相同。

第四百九十二条（适用规定）

规范因不法事实而产生责任之规定中可适用之部分，延伸适用于风险责任之各种情况，但法律另有规定者除外。

第四百九十八条（责任之排除）

第四百九十六条第一款及第三款所定之责任，仅在就事故之发生可归责于受害人本人或第三人时，或事故系由车辆运作以外之不可抗力原因所导致时，方予排除，但不影响第五百条之规定之适用。

第四百九十九条（车辆碰撞）

一、如两车碰撞导致两车或其中一车受损，而驾驶员在事故中均无过错，则就每一车辆对造成有关损害所具之风险按比例分配责任；如损害仅由其中一车造成，而双方驾驶员均无过错，则仅对该等损害负责之人方有义务作出损害赔偿。

二、在有疑问时，每一车辆对造成有关损害所具之风险之大小及每一方驾驶员所具有之过错程度均视为相等。

第五百条（连带责任）

一、如风险责任须由数人承担，各人均对损害负连带责任，即使其中一人或数人有过错者亦然。

二、在各应负责任之人之关系中，损害赔偿之义务按每人在车辆使用中所具有之利益而分配；然而，如其中一人或数人有过错，则仅由有过错之人负责，在此情况下，就该等有过错之人相互间之求偿权或针对该等有过错之人之求偿权，适用第四百九十条第二款之规定。

第五百五十七条（因果关系）

仅就受害人如非受侵害即可能不遭受之损害，方成立损害赔偿之债。

第五百六十四条（受害人之过错）

一、如受害人在有过错下作出之事实亦为产生或加重损害之原因，则由法院按双方当事人过错之严重性及其过错引致之后果，决定应否批准全部赔偿，减少或免除赔偿。

二、如责任纯粹基于过错推定而产生，则受害人之过错排除损害赔偿之义务，但另有规定者除外。

（二）澳门12月13日第110/99/M号法令

第四条（过错之认定）

一、机关据位人或行政人员之过错，须按《民法典》第四百八十条之规定予以认定。

二、如有多名责任人，则适用《民法典》第四百九十条之规定。

三、澳门4月22日第28/91/M号法令《计宝与地区行政当局、公共法人共权利及公共管理代理人之合约外民事责任》

第五条（求偿权）

当履行任何赔偿时，本地区行政当局及其他公法人对犯过错之机关据位人或行政人员享有求偿权，但必须该过错人之所为系出于故意或明显欠缺担任职务所需之注意及热心。

（三）12月13日第109/99/M号法令《核准海上商事之法律制度》

第二百六十五条（可归责于其中一船船员之过失行为之碰撞）

如碰撞可归责于其中一船船员之过失行为，该船舶之经营人须负损害赔偿责任。

第二百六十六条（可归责于双方船员之过失行为之碰撞）

一、如碰撞可归责于双方船员之过失行为，有关船舶经营人，有义务各依过失严重程度之比例负损害赔偿责任；如无法确定比例，则平均分担损害赔偿责任。

二、对于船舶上之人之人身伤亡所生之损害，上款所指船舶经营人仅负连带责任。

第二百六十七条（可归责于引航员之过失行为之碰撞）

一、为确定因碰撞而生之责任，在船舶上之引航员之过失行为，视为船员之过失行为。

二、船舶经营人对引航员有求偿权。

三、有关该规则的典型案例（关于非合同民事责任中过错之认定）

澳门中级法院2004年3月25日的合议庭裁判第279/2003号上诉案：[1]

（一）案情简述

1993年9月17日，热带风暴“贝姬”横过澳门，在外港码头造成了一宗碰撞事件，一艘驳船与当时正在兴建中的友谊大桥发生了碰撞。

9月16日，由于“贝姬”的逼近，气象局于中午12时悬挂一号强风信号；由于风势的增强，于9月17日凌晨0时30分开始悬挂三号强风信号；时至是日清晨6时30分，气象局改挂八号强风信号。由于风暴继续增强，同日9时30分，再次改挂九号强风信号。

在“贝姬”登澳门期间，港务局并没有收到任何有关驳船的求救信号。

该出事驳船在澳门港务局注册，归属于B公司所有。

在直到三号强风信号悬挂之时为止（9月17日凌晨0时30分），船主并没有作出任何将船只撤回安全地方的指示。船员们与驳船公司联络，要求立刻派船将该驳船拖回内港码头，一直等到早上6时左右，对方表示在如此恶劣的天气下，不适宜派出拖船。后来，船员亦试图要求负责建设澳门国际机场相关设施的承包商允许他们将驳船停泊到附近的人工岛，但亦遭到了拒绝。而当时风势越来越猛，全体船员一直坚持到9时左右才离开驳船。

驳船装有为减缓撞击而设的木制的防撞栏与橡胶轮胎，船员离开时已下了四个

---

[1] 本案由钱钊强总结及翻译，内容有适当删减。

钢锚，然而，因为风势与海浪的冲击过于强劲，其中两个锚的缆绳被拉断，致使驳船与附近的建筑物发生多次碰撞。

这些碰撞对友谊大桥（当时正在建筑中）的建桥辅助设施、桥面、梁柱、桥墩以及相关的其他设施（包括电力设施）等造成了严重的损毁。

为建筑中的大桥作保的澳门保险有限公司要求船主（B公司）为此负赔偿责任。

初级法院判决船主（B公司）需要向保险公司进行损害赔偿。

（二）法律问题

最终问题是，对于当事人是否存在《澳门民法典》第四百八十六条所指的过错的问题。

（三）中级法院的见解

对于‘非合同责任方面’方面。根据《澳门民法典》第四百八十三条的定义："一、因故意或过失不法侵犯他人权利或违反旨在保护他人利益之任何法律规定者，有义务就其侵犯或违反所造成之损害向受害人做出损害赔偿。二、不取决于有无过错之损害赔偿义务，仅在法律规定之情况下方存在。"

第四百八十条第一款规定，侵害人之过错由受害人证明，但属法律推定有过错之情况除外。

第四百八十六条第二款规定："在从事基于本身性质或所使用方法之性质而具有危险性之活动中，造成他人受损害者，有义务弥补该等损害；但证明其已采取按当时情况须采取之各种措施以预防损害之发生者除外。"

所以，结合《澳门民法典》第四百八十条及第四百八十六条二款之规定，原则上，侵害人的过错要由受害人去证明，除非存在法律推定的情况，又或者此损害的结果发生是基于一个"危险性活动"而造成的。

认为本案可适用《澳门民法典》第四百八十六条的上述规定，因为上诉人所从事之活动本身毫无疑问就具有危险性质，因为其不会排除可以考虑为"海洋航行"的一部分，航海行为的本身就是具有危险性质。

在上述有关"情况"中，对当事人是否存在过错进行评价时，应该以人类本身的思维模式来处理，对此，罗马人给出了"善良家父"这一普遍性的标准，进一步而言，是法律就一般的或普通的人类而言，所考虑到人于社会中的权利及义务的确定。另外，在本案中，上诉人亦没能表现出其已按当时的情况采取了各种措施以达致预防损害的发生的目的。

（四）决定

驳回上诉。

另：1966年生效之《葡萄牙民法典》第四百八十三条、第四百八十七条、第四百九十三条、第五百条、第五百零三条及第五百九十二条分别对应1999年生效之《澳门民法典》第四百七十七条、第四百八十条、第四百八十六条、第四百九十三条、第四百九十六条及第五百八十六条。

四、在《东亚侵权法示范法》中对该规则做出规定的基本意见

澳门法域的建议是，对于行为人是否存在过错的考量基准，不错的选择是采用“善良家父”这一拟制人的客观标准，即 Antunes Varela 所说的“抽象过失的规范标准”[1]，不要以现实中存在的人作为判断行为人是否存在过错的标准。

另外，在认定未成年人的过错时，以违反了“善良家父”应有的注意义务来判断给未成年人确定了过高的义务标准，应实行降低的注意义务标准，即应该采用未成年人的同龄人的注意标准，未成年人因违反对同龄人的可以期待的注意义务来承担过错责任，方符合正义的要求。

---

[1] Antunes Varela：《债法总论》，第一卷，第十版，唐晓晴译，未出版，第408-409页。

专题之七：共同侵权行为

一、该问题基本规则

（一）共同侵权行为的概念和特征

作为侵权行为理论的一个重要组成部分的共同侵权行为制度是整个侵权行为法中的一种相当特殊而又比较复杂的问题，相对于单独侵权而言，因其具有单独侵权所不具有的特点，故而，世界各国或各地区民事立法都较为关注共同侵权行为，《澳门民法典》亦不例外。由于《澳门民法典》的民事责任是从责任的角度出发的，所以共同侵权行为的问题在该法典上就被表达为复数责任人的问题。

共同侵权行为是指两个或两个以上的加害人即数人共同实施侵害他人人身权、财产权以及其他合法权益肇致受害人遭受同一、不可能分割的损害后果，共同加害人对外应当根据《澳门民法典》第四百九十条承担连带责任的侵权行为。[1]另外，值得指出的是，除了《澳门民法典》第四百九十条规定的加害人因不法事实所生之责任之共同侵权行为所承担之连带责任外，第五百条对加害人因风险责任之共同侵权行为所承担之连带责任也做了明确的规定，“如风险责任须由数人承担，各人均对损害负连带责任，即使其中一人或数人有过错者亦然”。可见，适用过错责任原则和风险责任原则的侵权行为都有可能成立共同侵权行为，即共同侵权行为既可以由一般侵权行为构成，亦可以由特殊侵权行为构成，甚至在一个共同侵权行为中一般的侵权行为和特殊的侵权行为的同时存在也不是没有可能的，只要符合共同侵权行为的其他构成要件之规定即可。

数个行为人实施的共同侵权行为中的共同侵权行为是作为一个整体而出现和存在的，首先要明确共同侵权作为一种侵权行为，应该具备非合同民事责任最基本的构成要件。这就是共同侵权行为产生的前提条件和承担连带责任之基础。关于一般侵权行为的构成要件，如 Antunes Varela 曾作以下列举：“①事实（受人的意思控制者）；②不法；③将事实归责于侵害人；④损害；⑤事实与损害之间的因果关系。”[2]共同侵权行为作为二人以上的侵权行为，比单独侵权行为或说只有一侵权主体的侵

---

[1] 《澳门民法典》第四百九十条（连带责任）：“一、如有数人须对损害负责，则其责任为连带责任。二、负连带责任之人相互间有求偿权，其范围按各人过错之程度及其过错所造成之后果而确定；在不能确定各人之过错程度时，推定其为相同。”

[2] Antunes Varela：《债法总论》，第一卷，第十版，唐晓晴译，未出版，第376页。

权行为复杂得多，与之相比较，共同侵权行为具有以下特点：

第一，共同侵权行为主体的多数性或复合性，复数的行为主体是共同侵权与一般之单独侵权的相区别最为典型的特征。共同侵害人的数量必须是两个或两个以上，即必须是多个行为人实施了加害行为，为“共同行为人”[1]，只有一个加害人或者损害其实是由受害人自己造成的都不适用共同侵权行为，这个行为或者如前者构成单独的侵权行为或者如后者根本就不构成侵权行为。例如停靠在路旁的A的车被旁边开过的车撞坏了，后经查明，确定在A的车停靠时间内，只有B醉酒超速开车撞击过A的车，在这种情况下，因为只有一个加害人就不构成共同侵权行为。在单独侵权行为中，单个的主体不管实施了何种加害行为或无论其实施了多少次的侵权行为都只构成单独的侵害行为而不可能构成共同侵权行为，其只存有加害人与受害人之间的法律关系，而在共同侵权行为中既存在加害人与受害人之间的发生之法律关系，同时并存有共同加害人内部之间产生的法律关系，有法律后果分配之必要。另外，从司法实践来看，大部分共同侵权行为的案例中，行为人一般是自然人，除此之外，共同侵权人还可以是法人抑或无法律人格之社团以及特别委员会等其他非法人组织，但共同侵权行为的成立要求各加害主体必须是能独立承担民事责任的主体，即具有可归责性（《澳门民法典》第四百八十一条），各加害主体都必须要有相应的识别能力，即相应的理解能力或意欲能力，依据自己责任原则对受害人承担侵权责任，不能对受害人独立承担民事责任的一方同他方无法构成共同侵权。因此，数人共同实施加害行为，如果其中只有一人具备归责能力，其他人或者是因为年龄问题或者是因为患有精神病而被宣告为禁治产人或准禁治产人从而均不具备归责能力，无归责能力者不能被认定为共同侵权行为人，“除非行为人因过错使自己暂时处于该状态者除外”。[2]故而，两个无责任能力者共同实施侵害他人合法权益的行为，依法不承担非合同民事责任，更不能成立共同侵权行为。另外，在共同加害人之中，若其中一人存有如《澳门民法典》规定的第三百二十九条（正当防卫）或第三百三十一条（紧急避险）等违法阻却事由，则只能在剩余其他的数个人之中成立共同侵权行为。另外，澳门并没有真正区别法人侵权责任和雇主责任，而是透过《澳门民法典》第四百九十三条规定的委托人之责任和第四百九十四条规定的公法人之责任的风险责任对之进行规范。

第二，侵权主体实施了共同的侵害行为，各加害人的行为具有不法性。共同的侵害行为是指数人之不法行为相结合而成的、各自既相对独立又相互联系，构成一个统一的肇致损害的原因。这是决定行为人是否应当承担共同侵权责任的至为关键

---

[1] 加害行为，是指行为人作出的导致他人损害发生之行为，加害行为一般是作为，亦可以是《澳门民法典》第479条规定之不作为。

[2] 《澳门民法典》第四百八十一条（可归责性）：“一、在损害事实发生时基于任何原因而无理解能力或无意欲能力之人，无须对该损害事实之后果负责；但行为人因过错而使自己暂时处于该状态者除外。二、未满七岁之人及因精神失常而成为禁治产之人，推定为不可归责者。”

性的因素。共同侵权行为通常表现为共同的作为，但也可以是共同的不作为，亦可以是作为与不作为之结合。这里的侵害行为既可以是共同实施行为，而根据《澳门民法典》第四百八十三条（行为人、教唆人及帮助人之责任），“不法行为之行为人、教唆人或帮助人有数人者，各人均须对所造成之损害负责”，可知共同的侵害行为也可以是实施行为与教唆行为或帮助行为的结合。再者，共同行为人的认定并不以其亲自实施了加害行为为必要。比如，A 和 B 二人共谋损坏 C 的财物，但具体行为由 B 来实施，A 虽没有具体参与实施，亦是共同行为人。

第三，数个行为人之间存有某种联系，即存在某种“共同性”，正是这种“共同性”才能使数个行为人的行为被认定为一个整体，数个侵权行为人的行为构成共同侵权承担连带责任，区别于数个行为人负分别责任之分别侵权行为。但对于如何判别“共同性”，则《澳门民法典》第四百八十三条没有做出明确规定，根据葡萄牙学者的理解，“共同性”的核心不在于各行为人是否一起实施有关行为，本文认为也不在于行为人主观上的过错之共同性，其本质在于考量行为人的行为与整个损害之间的关系，需要行为人客观上具有一定联系，并不以各行为人之间主观上共同的意思联络或共同过错为必要，虽然在共同侵权行为中共同过错侵权居多。正是共同侵权行为所导致的损害后果在法律上的不可分割性或统一性诠释了共同侵权行为之“共同性”要件，而损害后果的统一性是指共同侵权行为中相互联系的共同行为导致了作为一个整体的统一的无法分割的损害后果，各加害人的行为与损害后果之间一一对应的关系无法建立或确定，任何一部分损害后果都无法从这个整体中独立或割裂出来，故而各侵权行为人要作为一个整体对外承担连带赔偿责任。

第四，共同侵权行为与损害后果之间具有因果关系，根据《澳门民法典》第五百五十七条（因果关系），因果关系是所有非合同民事行为的必须具备的构成要件，行为人的行为与损害结果若无因果关系，则无须承担责任，共同侵权行为亦不例外。但在共同侵权行为中，因是侵权主体的共同行为肇致了受害人的损害，所以因果关系之认定并不要求每个共同行为人的行为与损害结果之间都存在因果关系，只要各行为人所为的共同行为作为一个整体与损害结果成立因果关系即可，即构成侵权主体要共同承担侵权责任之基础。

第五，各加害人承担连带责任是共同侵权行为的显著特征[1]，《澳门民法典》对这一问题的处理也主要体现在连带责任制度中。但在共同侵权行为的情形下，被侵权人可以向数侵权人中的一人或部分人主张全部的非合同民事责任，而各共同侵权主体基于共同的加害行为及不可分割的损害后果都应对全部的损害后果承担损害赔偿责任，基于保护受害人的立法宗旨对共同侵害人课以连带责任意味着加害人不仅要对自己的行为对受害人负责，同时还要对他人的行为对受害人所造成之损害结果

[1] 克雷斯蒂安·冯·巴尔：《欧洲比较侵权行为法》（上册），张新宝译，法律出版社，2001 年版，第 74 页。

负连带责任，这也是共同侵权区别于一般单独侵权的显著标志，这在某种程度上是加重了共同侵权行为人的责任，以确保受害人得到最为充分的救济。

（二）共同侵权人承担的责任形态

共同侵权行为作为一种比较特殊的侵权行为有广义和狭义之分，传统民法理论认为广义的共同侵权行为由三种基本形态组成：一是狭义共同侵权行为，即共同加害行为；二是共同危险行为；三是教唆及帮助行为。[1] 单本书在此采用广义的共同侵权理论来探讨。[2]

对于多数加害人之非合同民事责任，很多国家或地区法律都设有专门规定加以规范。[3] 1900年的《德国民法典》第八百三十条和第八百四十条规定首创了现代民法关于共同侵权行为及其责任的立法例。1900年的《德国民法典》的第八百三十条第一次以立法的形式确立了共同侵权行为法律制度，“数人因共同实施的侵权行为引起损害的，任何一人均对损害负责。不能明确数关系人中何人因其行为引起损害的，亦同。教唆和帮助他人实施侵权行为的人，视为共同侵权行为人”。第八百四十条则规定：“数人共同对某一侵权行为所发生的损害负有赔偿责任者，视为连带债务人。”[4]《德国民法典》不仅首度规定了共同侵权行为责任，并将准共同侵权行为即共同危险行为纳入共同侵权行为之中，把共同加害人区分为行为人、教唆人和帮助人，均为共同行为人。德国对共同侵权行为之规定具有如下特征：第一，规定了三种具体的共同侵权行为，即共同加害行为、共同危险行为以及教唆、帮助行为；第二，在法条中对于共同侵权行为之共同性要件没有给予明确规定；第三，共同侵权人必须承担连带责任。德国的这一规定对大陆法系民法的影响相当大，随后大陆法系很多国家和地区都追随德国对共同侵权行为予以类似之规定。[5]而《欧洲民法典》草案第二十六条亦规定了共同侵权行为。[6]

另外，对作为近代民法史上大陆法系的另一块丰碑的1804年《法国民法典》来说，其对于共同侵权行为没有做出一般的专门性规定[7]，法国判例和学说上透过因果关系的讨论和不真正连带责任制度的应用来处理解决数人的侵权行为的问题的。[8]对

---

[1] 张铁薇：《共同侵权制度研究》，法律出版社，2007版，第176-182页。

[2] 但值得指出的是，在不同的文献中，划分的标准有时并不一致。

[3] 克雷斯蒂安·冯·巴尔：《欧洲比较侵权行为法》（上册），张新宝译，法律出版社，2001年版，第400-409页。

[4]《德国民法典》，陈卫佐译，法律出版社，2006年版，第204页和311页。

[5] 如《日本民法典》第七百一十九条规定：“因数人共同实施侵权行为加害于他人时，各加害人负连带责任，不知共同行为人中何人为加害人时，亦同。教唆及帮助人，视为共同侵权人。”除了日本，还有奥地利、意大利、瑞士以及中国台湾地区等。

[6] 请参见《欧洲民法典》草案第二十六条：“①共犯、教唆犯和从犯作为侵权人负有相同的责任。②组织中任何一个成员故意对他人造成具有法律相关性的损害，如果造成这种损害的危险是可预见的并且该组织的成员应该拒绝参加该组织，则其他成员对损害也承担责任。”

[7] 1804年《法国民法典》中第一千三百八十二条至第一千三百八十六条关于侵权责任的规定。

[8]《法国民法典》（下册），罗结珍译，法律出版社，2005年版，第932-935页。

“共同性”的问题之探究，虽有过要求主观共同性或行为不可分性的判例，但法国司法界和理论界主要是从因果关系的角度去分析考量共同侵权之“共同性”问题，诚如冯·巴尔所言：“在加害行为是数人之过错造成的而且每个人的过错都是受害人遭受的整体损害的直接原因时，如果无法确定加害人在所造成的损害中的相关份额，受害人可能向任何一个加害人主张全部的损害赔偿。”[1]这体现了共同性在因果关系上的投射。

《澳门民法典》第四百八十三条的规定明显是参考了《德国民法典》的立法例，但在后果上则加害人过错责任或风险责任按照《澳门民法典》第四百九十条或第五百条承担连带责任。[2]

1. 共同加害行为

如前所述的1900年的《德国民法典》第八百三十条之规定确立了近代民法关于狭义的共同侵权行为的立法模式。狭义的共同侵权行为是我们常说的最为典型而传统的共同侵权行为，又被称为共同加害行为，是共同侵权中最重要的内容，指的是两个或两个以上的行为人共同不法侵害他人合法民事权益，导致同一损害后果，共同加害人应当共同对损害结果承担连带责任的侵权行为。比如数人共同伤害他人致使他人身心健康受损，数人共同毁坏财物肇致他人财产受损等应受法律责难之行为。

共同加害行为的构成要件涵盖如下。第一，两人或者两人以上的行为人都具备了侵权责任的构成要件。一般而言，共同加害行为是作为，但其也可以是不作为。共同加害行为作为一种特殊的侵权行为，如果属于过错责任原则下的侵害，数人的行为应首先满足某一特定侵权行为的要件，即需要有加害行为、不法性、因果关系、可归责性和损害这五个构成要件。比方在共同加害人之中的一个人无理解能力或意欲能力，且不是基于自己的过错处于这种不具有可归责性之状态的，此人属于不可归责者，其不能被认定为共同行为人。

第二，数个行为人的行为构成共同加害行为。共同加害行为的关键或本质问题在于其存在“共同性”的加害行为。对于该“共同性”应如何理解？各个行为人主观上的某种联络还是客观行为上的关联性？主观过错的共同性包括共同故意、共同过失、故意和过失的结合？具体而言，澳门民法对侵权行为人的主观方面是不是仅限于共同故意呢？各共同侵权行为人的主观要件形式可能不可能产生于共同过失？对于数人的侵权行为所肇致的同一危害后果，是否为其中某一个人或某几个行为人即

---

[1] 克雷斯蒂安·冯·巴尔：《欧洲比较侵权行为法》（上册），张新宝译，法律出版社，2001年版，第75页。

[2] 《澳门民法典》第五百条（连带责任）：“一、如风险责任须由数人承担，各人均对损害负连带责任，即使其中一人或数人有过错者亦然。二、在各应负责任之人之关系中，损害赔偿之义务按每人在车辆使用中所具有之利益而分配；然而，如其中一人或数人有过错，则仅由有过错之人负责，在此情况下，就该等有过错之人相互间之求偿权或针对该等有过错之人之求偿权，适用第四百九十条第二款之规定。”

一部分共同侵权行为人是出于故意而其他或另一部分共同侵权行为人是基于过失的情况？

根据德国的通说，共同实施中的“共同”是指“共同故意”，即主张加害人之间有意思联络才构成共同侵权行为，采用共同故意说的判别标准。❶德国联邦最高法院曾在一判例中旗帜鲜明地指出：“就第八百三十条第一款第一句所指的共同侵权来说，只要依据共同的意思就足以构成。因此每个共同行为人对损害结果的参与程度如何并不重要。特别是在行为人各自实施侵权行为时，无须身体上的协同，只要存在共同的意愿，且损害结果是全体活动共同作用所生即可。”❷随着社会不断发展，产品责任、环境责任等新的侵权类型，以及共同侵权类型多样化和复杂化之趋势，为调整应对新型之法律关系，德国的立法者和学者们逐渐扩大了主观共同认定之标准，认为将“共同性”要件仅解释为“共同故意”的观点有失偏颇，更倾向于将其诠释为“共同过错”，涵盖了共同故意、共同过失以及同时兼有故意和过失之情形。❸后来为了应对工业社会愈演愈烈风险社会之需要，1967年德国颁布《损害赔偿法修正草案》对侵权损害赔偿范围进行了扩展，对于数人无过失造成共同损害的，适用连带责任。❹但尽管如此，学者程啸指出：“迄今为止，德国民法学界的主流观点仍将共谋作为共同侵权行为主观构成要件。”❺但日本民法通说认为，共同侵权行为之成立并不以行为人主观上具有意思联络为必要，无论行为人是否具有共同过错或共同过失，只要在客观上数个行为人之共同侵权行为与损害后果存有适当因果关系即可。❻

为了探讨的深入，有必要先弄清以下概念。第一，共同故意侵权行为，即共同加害行为必须以共同行为人具有主观上的共同故意，即以数个加害人基于共同故意侵害他人合法权益。故意可分为直接故意和必然故意等不同的形式。❼所谓共同侵权故意，是指各共同侵权行为人透过某种意思的联络传递而生成的，就加害行为以存在意思联络为必要条件，明知自己的行为是和他人合作共同实施侵权行为，且明知共同的侵权行为会产生或可能产生某种损害社会的结果，但仍然希望（直接故意）或者至少是放任（必然故意）这种损害后果发生的心理态度，数个过失行为的竞合不能成立共同侵权。第二，共同过错侵权行为，认为共同加害行为的“共同性”要件本质上不仅在于共同行为人对损害结果存有共同故意，还涵盖他们之间具有共同过失（基于有意识的过失或无意识的过失）❽，把具有共同过失的侵权行为人也作为

---

❶ 程啸：《论意思联络作为共同侵权行为构成要件的意义》，载《法学家》，2003年第4期，第95页。

❷ 程啸，《论意思联络作为共同侵权行为构成要件的意义》，载《法学家》，2003年第4期，第95页。

❸ 张铁薇：《共同侵权制度研究》，法律出版社，2007版，第105页。

❹ 张铁薇：《共同侵权制度研究》，法律出版社，2007版，第105-106页。

❺ 程啸：《论意思联络作为共同侵权行为构成要件的意义》，载《法学家》，2003年第4期，第95页。

❻ 程啸：《论意思联络作为共同侵权行为构成要件的意义》，载《法学家》，2003年第4期，第95-96页。

❼ Antunes Varela：《债法总论》，第一卷，第十版，唐晓晴译，未出版，第405-407页。

❽ Antunes Varela：《债法总论》，第一卷，第十版，唐晓晴译，未出版，第408页。

共同加害行为之连带债务人处理，同时将故意与过失相结合的情形亦囊括其中。共同过失是指各行为人对损害后果之发生都具有共同的可预见性，但都有回避损害之可能性，然而因有意识或无意识之过失或疏忽等原因造成了同一损害后果。

再让我们看看《澳门刑法典》关于共同犯罪之规定。《澳门刑法典》没有明确规定共同犯罪的成立之主观罪过形式，有一些对澳门共同犯罪进行研究的学者认为共同犯罪的成立要求数个共同犯罪人在主观上存在共同的故意内容。如赵秉志和高德志认为："澳门地区刑法典虽无明文规定构成共同犯罪必须具备共同故意，但是从其立法精神来看也是肯定这一点的。"[1] 笔者对此亦持同样态度，从《澳门刑法典》第二十五条至第二十六条规定之用语，《澳门刑法典》对共同犯罪人的主观上应仅限于犯罪故意的，共同犯罪是故意犯罪的一种形态，各共同犯罪行为人基于相互意思联络而形成共同犯罪之故意，各行为人是在共同故意心理支配下完成犯罪活动的，数个共同犯罪行为人的主观罪过形式不可能是过失。但是民法上的共同侵权行为不同于刑法上的共同正犯，共同正犯以行为人有犯罪意图联络为基础或前提。刑事责任重在惩罚性，而作为财产责任的非合同民事责任有着自己独特的价值取向，以损害的补偿性为目标，让数个加害行为人就共同侵权行为承担连带责任，更多的关注点在于弥补无辜受害人所受之损害，要求共同侵权行为以恢复原状、金钱赔偿或其他方式来弥补相关损失，而不是为了惩罚行为人之主观过错。

《澳门民法典》第四百八十三条和第四百九十条将共同加害行为及其共同加害行为人应承担的民事责任确定下来，这一规定确立了澳门民法关于共同加害行为的立法模式，更好地平衡了受害人与加害人之间的利益。按照葡萄牙学说的理解，《澳门民法典》第四百八十三条中所包含的狭义的共同侵权行为既包括共同故意，也包括共同过失。而《澳门民法典》第四百九十条第一款明确规定共同侵权行为人的责任形式为连带责任，即各加害人之间承担连带责任。但值得注意的是，《澳门民法典》第四百九十条并不仅仅只是单纯地指共同过错侵权行为，是对数个侵权行为的责任主体应当承担哪一种责任的一般条款，除共同过错侵权行为之外，也包含分别的竞合多数加害人之数人侵权行为之情形。在非合同民事责任或侵权法体系中，具有特殊性的共同过错侵权行为只是属于数人侵权的一种重要形式，但不是全部。具体来说，因为基于共同过错的共同侵权行为和产生于分别过失的数个行为偶然结合而导致同一损害后果的数人侵权案型是既有区别也有联系的，源于分别过失的数人侵权的行为人或说分别的竞合多数加害人之间并不具有任何意思上之联络，即没有共同故意或共同过失，但这数个行为人存在分别过失，各行为人的行为因偶然因素的介入直接或间接相结合，也正因为各加害人彼此间的这种行为关联性而肇致一个统一不可分割之损害后果，即加害人的行为均构成损害结果发生原因之不可或缺的一部

[1] 赵秉志，高德志：《中国内地与澳门刑法中共同犯罪制度之比较研究》，载《中国法学》，2000 年第 1 期，第 133-134 页。

分，应归入无意思联络之数人侵权。两者的联系在于如前所述的共同过错侵权行为人和分别过失的数人侵权的行为人都要承担连带责任。

《澳门民法典》之非合同民事责任法将共同侵权行为的构成和责任承担分别进行规范。对于后者，第四百九十条就不法事实所生之责任的连带责任之规定作为补充或兜底条款，既涵盖共同过错侵权行为，也包含了无意思联络的分别过失之数人侵权，鉴于共同过错侵权行为的适用范围之有限性或对受害人保护力度之欠缺性，诠释了立法政策侧重于保护受害人之倾向性。正如冯·巴尔所指出的："关于传统上对共同加害人与分别的竞合多数加害人之区分，必须说明的是在实践中这种区分鲜有意义，因为两种加害人都承担连带责任。"[1]除了共同过错侵权行为人要负连带责任外，在无意思联络的分别过失之数人侵权中，根据《澳门民法典》第四百九十条之规定，如果加害人因他们行为之关联性要对同一受害人共同承担责任，这数个人的行为虽不具有共同故意或共同过失，但他们仍需要对受害人承担连带责任。对此Pires de Lima 和 Antunes Varela 也在对《葡萄牙民法典》第四百九十条（《澳门民法典》第四百八十三条）所做的注解中指出，本条不仅只是指数个行为人共同合作实行不法行为，教唆或帮助他人实行侵权行为，同时包括数个行为人的基于分别过失的独立行为，后者是指在多个侵权行为人中每个人都对受害人独立实施了侵权行为，且数人的侵权行为相互结合肇致受害人之损害，比如一个人 A 不小心在某一个地方留下一把猎枪，而另外一个人 B 基于同样的疏忽大意使用之从而对第三人 C 的人身造成了严重的伤害，每个加害人分别都要对他们对 C 所造成的所有的损害承担全部的责任。据此可推知，Pires de Lima 和 Antunes Varela 认为两人以上共同故意或者共同过失致人损害，或者虽无共同故意、共同过失，但其侵害行为基于分别过失而直接或间接结合发生同一损害后果的，都属于《葡萄牙民法典》第四百九十条（《澳门民法典》第四百八十三条）所规范之内容，都应按照《葡萄牙民法典》第四百九十七条（《澳门民法典》第四百九十条）之规定承担连带责任，数个过失行为的竞合亦能成立共同侵权行为。

值得指出的是，笔者并没有将所有的无意思联络的数人侵权行为都归入共同侵权行为范畴的企图，因为分别加害人完全可能承担分别责任，进入共同侵权行为是有门槛的，需要透过客观行为之间的关联性来限制，需要行为与共同损害结果具有原因力。具体说来，民事责任上之共同侵权行为并不以共同侵权中行为人间有主观联系为必要，即构成共同侵权无须各行为人间的意思联络，不要求共同侵权行为人主观上具有共同致人损害的故意或过失，不需要数个行为人均有过错，只要数人的行为在客观上发生了同一的损害结果，即便是数人不法侵害他人之权利之分别过失行为，或是在风险责任中数个行为人并没有过错之行为，均为对受害人所生损害之

---

[1] 克雷斯蒂安·冯·巴尔：《欧洲比较侵权行为法》（上册），张新宝译，法律出版社，2001 年版，第402 页。

共同原因，他们的行为共同造成了他人的损害，并依法肇致非合同民事责任，都可以构成共同侵权行为，应承担《澳门民法典》第四百九十条基于因不法事实所生之责任以及第五百条基于风险责任而生的连带责任。

2. 共同危险行为

1）共同危险行为制度的起源、发展和概念。

共同危险行为制度（又称为准共同侵权行为）可以追溯至罗马法。❶ 1900 年颁布的《德国民法典》第八百三十条首度以条文的形式正式规定了共同危险行为："数人因共同侵权行为造成损害者，各自对被害人由此所受的损害负其责任。不能查明在数人中谁为加害人者，亦同。"❷共同危险行为涉及危及他人人身或财产安全的行为，将他人的人身或财产置于一种危险状态，适用于加害人不明或各加害人的参与份额不明之情形。对于共同危险行为，鉴于各共同危险行为人的行为均是受害人所遭受损害之可能原因，《德国民法典》规定了共同危险各行为人对受害人承担连带责任。随后，德国的立法例为大陆法系其他国家如日本、希腊、奥地利、瑞士、意大利等以及我国台湾地区等采纳。❸而 1992 年 1 月 1 日实施的新《荷兰民法典》第六编第九十九条规定了共同危险行为的责任。❹另外，《欧洲民法典》草案第二十七条亦规定了共同危险行为。❺

而有的大陆法系国家（例如法国）则是试图通过法院判例彰显它们对共同侵权行为理论所持的态度。❻在司法实践中，法国最高法院民事审判庭 1957 年 1 月 4 日对"狩猎案"之判决反映出其所持的态度，A 和 B 个狩猎人同时向同一方向射击，结果原告 C 被其中一枚子弹击中，但无法确定该让 C 受损之子弹是由 A 和 B 中哪个狩猎者射出的，法院以原告 C 无法证明是哪个射击伤害到他而驳回其对 A 和 B 之赔偿请求，这无疑反映了其对共同危险行为理论的否定。❼但法国最高法院第二民事审判庭 1997 年 4 月 2 日的一个判决对共同危险行为持肯定的态度，"参加打群架的小团体的

❶ 如"倒泼和投掷责任之诉"。请参见：陈朝壁，罗马法原理（上），台湾商务印书馆，1979 年版，第 160 页。

❷ 《德国民法典》，陈卫佐译，法律出版社，2006 年版，第 308 页。

❸ 如《日本民法典》第七百一十九条第一款规定，"数人因共同的侵权行为给他人造成损害时，各自连带地负损害赔偿责任；共同行为者中谁施加了损害不明时，也各自负连带责任"。请参见：渠涛编译《最新日本民法典》，法律出版社，2006 年版，第 153 页。

❹ 《荷兰民法典》第六编第九十九条规定，"在损害可能产生于两个或者两个以上的人各自应当承担责任的事件时，如果能够认定损害至少产生于此等事件之一，这些人中的每一个人都对赔偿承担责任，除非他能证明损害不是由于他所负有责任的事件造成的。"

❺ 《欧洲民法典》草案第二十七条规定："①具有法律相关性的损害至少是多个行为中的一个造成的，但无法确定损害是哪个行为所致，那么所有的行为人都对该损害负有责任，除非他能够证明损害不是自己的行为所致。②交通工具在公共道路相撞，对肇事的交通工具有责任的每一方对其他相撞方的损失都将承担责任，除非他能够证明损害不是自己的行为所致。"

❻ 张民安：《现代法国侵权责任制度研究》，法律出版社，2003 年版，第 6-9 页。

❼ 克雷斯蒂安·冯·巴尔：《欧洲比较侵权行为法》（上册），张新宝译，法律出版社，2001 年版，第 82-83 页。

成员在斗殴中打死人，只要是这些成员的一系列过错行为导致了悲剧的发生，应当对这一致人死亡的行为'整体'负责任"❶，这无疑反映出法国法院的法官们又尝试着透过判例认可共同危险行为制度。而对于西班牙，1970年《西班牙狩猎法》的颁布改善了法院曾对狩猎事故中受害人作出不利判决的状况，其后透过西班牙1983年2月8日的判决将狩猎法的规定类推适用到了其他的领域。❷瑞典最高法院1961年7月31日有这样的一则判例："在1947年，原告差点被打死。1952年，在一次道路交通事故中他的头部再次被撞伤。无法确定的是，哪一次伤害应对原告遭受的疼痛负责。为了保护受害人利益，最高法院判决每一个负有责任的当事人都对受害人的全部损害承担责任。"❸丹麦西部高等法院1944年7月10日的一份判决做了类似的处理。❹

英美法系中，爱尔兰对共同危险行为亦在其成文法《民事责任法》中作出明确规定，爱尔兰《民事责任法》第十一条第三款规定："在两个或两个以上的有过错且其中之一人或数人对损害负有责任时，其他的人免于承担有因果关系之责任；但如果不能确定哪一个为原因时，这两人或两个以上的人被认定为对该损害的竞合的多数侵权行为人。"❺由此可知，爱尔兰的《民事责任法》也规定共同危险行为人承担连带责任。其他英美法系国家或地区虽无成文法对共同危险行为作出规定，但司法实践也对共同危险行为持赞成态度，如在美国著名的Sindell v. Abbott Laboratories（Cal. 1980）一案中，上诉法院判决多家药品制造商对原告负损害赔偿责任。❻又如1948年的美国加利福尼亚州的Summers v. Tice案也是一个非常有代表性的共同危险

---

❶ 《法国民法典》（下册），罗结珍译，法律出版社，2005年版，第1089页。

❷ 克雷斯蒂安·冯·巴尔：《欧洲比较侵权行为法》（上册），张新宝译，法律出版社，2001年版，第84页。

❸ 克雷斯蒂安·冯·巴尔：《欧洲比较侵权行为法》（上册），张新宝译，法律出版社，2001年版，第407-408页。

❹ "两个人正在花园里打麻雀，在附近吃草的两匹马被打伤。不清楚是哪一个被告击中的这两匹马，也弄不清伤害是一次射击造成的还是两次射击造成的。西部高等法院判决两个被告对全部损害承担责任"。请参见：克雷斯蒂安·冯·巴尔，《欧洲比较侵权行为法》（上册），张新宝译，法律出版社，2001年版，第407页。

❺ 克雷斯蒂安·冯·巴尔：《欧洲比较侵权行为法》（上册），张新宝译，法律出版社，2001年版，第407页。

❻ 1980年美国加利福尼亚州最高法院判决的著名的Sindell v. Abbott Laboratories（Cal. 1980）一案中，Sindell是一个乳腺癌患者，患病的原因是其母亲在怀孕期间服用了防止流产的乙烯雌酚（DES），后来经研究发现此药有致癌作用，为此Sindell提起侵权损害赔偿之诉。但当时生产销售DES的药品厂有很多家，Sindell根本无法证明她母亲究竟服用了哪一个生产者的药品并实际地引发了其所受到的损害。Sindell提起损害赔偿之诉之后，不想让因此药品受到损害的原告处于无法得到赔偿之境地，在无法确认谁为实际致害人的情形下，法院判决在原告母亲服药期间每个生产DES药品之制造商按照其当时所占的"市场份额"对Sindell承担责任。这虽是一个产品责任的判例，但它确定损害赔偿责任的理论依据基础之一便是共同危险行为制度。请参见：Sindell v. Abbott Laboratories，26 Cal. 3d，588，607 P. 2d 924，163 Cal. Rptr. 132，cert. denied，449U. S. 912（1980）.

行为肇致他人损害的案例。❶

基于以上认识，笔者认为，所谓共同危险行为，是指数人共同（同时或先后）实施了有侵害他人合法民事权益之危险行为，或者说数人的危险行为均有可能造成对他人的损害，但对他人所造成的实际损害后果仅为其中一人或数人之行为所致，却因真正实际上的加害人无法甄别不能判明或各加害人加害部分不明，为了最大限度地救济受害人，法律以每个具有危险性之行为都可能是肇致损害之原因而推定全体行为人都实施了引致实际损害的加害行为，从而令全部危险行为人对受害人承担连带赔偿责任的行为。

人们对共同危险行为常举的例子就是如上所述法国的“打猎案”❷，如A、B、C、D四个猎人相约去打野兽，4人同朝一个猎物开枪，其中一人发射子弹击中路人E导致其受伤，不能确定该击中受害人之子弹是由A、B、C、D哪个猎人射出的，造成原告E受伤的子弹可能是A、B、C、D四名被告中的任何一人射出的，即A、B、C、D之行为都有相当的危险性，都可能是肇致E受伤这一损害后果的原因，而且不能排除A、B、C、D之任一行为的可能性。在此种无法确定实际加害人之情况下，则推定A、B、C、D四名被告的行为都有可能引起原告E受伤这一损害后果的发生，基于这种推定的因果关系，同时出于对受害人保护之目的，从而让A、B、C、D这四位因共同的危险行为而成为共同侵权行为人这样一个整体来对同一损害后果承担连带赔偿责任，即构成我们这里所说的共同危险行为。在澳门的现实生活中，打猎的情况不多见，但是发生共同危险的情形却也并不是没有，而且可以说是屡见不鲜，因此引致的损害赔偿之纠纷亦不乏其例。如E、F、G三人站在一栋大厦楼顶往楼下扔砖头，其中一砖头砸伤了路人H的头部，但不能确定该砖头由从事危险活动之行为人E、F、G谁扔出的，E、F、G之中谁的行为给H实际造成了损失，究竟是谁的行为引发损害的真正原因，谁是真正的加害人并不明确。又如A、B、C、D、E、F六个朋友相约去登山，F走在最后，不幸被走在前面的朋友踩落的几块石头中的一块砸中而引致头部受伤，但究竟是为A、B、C、D、E中的哪一个或是哪几个踩落的石头击中却无法确定。再如受害人A被一居民楼上坠落的烟灰缸或花盆砸中，导致头部重伤，这座大楼共有30户居民，但难以确定该烟灰缸或花盆的所有人。再比如A、B、C、D、E、F、G、H8个小孩分成2组，在朝对方扔石头，打伤了旁边的一个小

---

❶ 在1948年的Summers v. Tice案中，原告C与两名被告A和B都是某一打猎协会之成员。某天相约外出打猎，两名被告A和B因过失同时向原告C所在方向各射出一枚子弹，其中一枚子弹击中C的眼睛。C无法证明究竟是A和B中何人的子弹击中自己的眼睛，但能证明A和B两名被告皆因过失而射出子弹，原告C自己本身则没有任何过错。加利福尼亚州最高法院认为，两名被告A和B均是不法行为实施者，相对于原告C来说都存在过失，因为A和B中的某一个人的过失行为导致原告的所受之损害。此时实行因果关系举证责任的倒置，即由两名被告A和B对因果关系承担举证责任，若不能举证证明，则两名被告A和B都必须承担连带赔偿责任。

❷ 克雷斯蒂安·冯·巴尔：《欧洲比较侵权行为法》（上册），张新宝译，法律出版社，2001年版，第82-83页。

孩Y，无法确认A、B、C、D、E、F、GH中究竟是谁扔的石头打伤了Y。或在“连环撞车”案中，受害人X是由于多名有过失的被告中之一人撞伤的，但是不知道该人是谁。又或者A和B在某禁止吸烟的房间内吸烟，A和B走后，该房间因为地毯上的烟头未灭而引起大火，导致该房间内的所有财物被火烧毁，无法确认A和B中是谁扔的烟头而引致的火灾。以上的案件均属于应由有关共同危险行为的制度来规范的对象。

2）共同危险行为的显著特征。

第一，作为共同加害行为的伴生物，同共同加害行为相比，共同危险行为有着自身的特征，即实际致害人不明。共同危险行为中的真正加害人是不明确的，损害后果由实施侵害行为中的一人或一部分人的危险行为所肇致的，即共同危险行为中一人或一部分人的行为是实际的致害行为，或说只有其中的一部分行为是真正的致害行为，而共同危险行为的实际致害主体可能是一人，也可能是多人，但是由于主客观条件的限制，真正实际上的加害人不能判明或各加害人致害部分无法确定。而实际加害人的不确定性也正是共同危险行为的最为主要的特征。

第二，对于作为共同危险行为成立要件之一的因果关系，法国近来的学说和判例都运用因果关系推定说，而德国、日本以及我国台湾地区通说都采用推定的因果关系说，优先保护被害人。[1]因为在举证究竟是谁造成了受害人之损害的问题上，被告较原告而言处于一个更有利的地位，故而进行因果关系举证责任的倒置，即由被告就因果关系承担举证责任，以减缓受害人之举证困难，若被告行为人不能举证自己对原告的伤害完全无责，法律基于保护受害人的立场认可推定之因果关系，推定各行为人具有危险性之共同行为与受害人之损害后果之间具有因果关系，推定共同危险行为是肇致他人合法权益遭受损害的原因，从而对受害人承担连带的赔偿责任。

第三，风险责任不以主观上的过错为构成要件，共同危险行为采用因果关系的推定，因果关系推定除了可用于过错责任范畴，亦可以用于风险责任领域中。[2]共同危险行为制度在过错责任和风险责任领域都有适用的空间。比如，某人X因为服用某药物而肇致了某种疾病，经查该药物由A、B、C三家药品制造商生产销售，存有给人体造成某种损害之不合理危险，没有《澳门商法典》第八十八条规定之免责事由，但X无法举证其到底是服用了A、B、C哪个制造商生产之药物而肇致的，在这种情况下可以考虑适用有关共同危险行为之规定，以保护消费者之合法权益。

第四，共同危险行为人承担损害赔偿的连带责任。在共同危险行为中，实质上，真正造成损害后果的是危险行为中的一人或一部分人而非全部，但因为真正的致害人无法甄别判明，共同危险行为人需要为此承担连带责任。值得注意的是，共同危险行为人的主体不限于是自然人，如在上述美国的Sindell案中，上诉法院判决多家

---

[1] 张铁薇：《共同侵权制度研究》，法律出版社，2007版，第218-222页。

[2] 张铁薇：《共同侵权制度研究》，法律出版社，2007版，第222页。

药品制造商等法人对原告之损害负连带责任。[1]

3）葡萄牙和中国澳门。

当世界上很多国家或地区（如上所述）的民事立法都对共同危险行为加以接受并予以规定时，意大利[2]和葡萄牙等国却采用了截然不同的做法。[3]而作为《葡萄牙民法典》追随者的《澳门民法典》也未对共同危险行为做出明确规定。

冯·巴尔指出，《葡萄牙民法典》第四百九十条只是规定了“竞合加害人、共同正犯、煽动者、协助者和教唆者”[4]。而与之相对应的，《澳门民法典》第四百八十三条中规定了共同侵权行为和教唆人、帮助人的民事责任，亦没有对共同危险行为作出明确规定，对于涉及此类案件的处理，在因果关系面对诘问时，一般是以不利于受害人的方式处理解决的。冯·巴尔进一步指出，“对于行为人对受害人利益的这种安排，差不多将《葡萄牙民法典》与任何一部其他欧洲大陆民法典区别开来”[5]。

葡萄牙学者 Pereira Coelho 对《德国民法典》第八百三十条对共同危险行为之规定的做法持排斥否定态度，而极力肯定赞扬《葡萄牙民法典》（旧）中没有对共同危险行为之规定。[6]如果说葡萄牙的另外一位著名民法学家 Vaz Serra 之前写的草案对共同危险行为这一制度是否规定有一些徘徊踌躇犹豫摇摆从而未置可否的话[7]，Vaz Serra 后来则旗帜鲜明地将其草案规定写入了第七百四十一条：“如果损害是由于共同危险行为造成的，尽管不是违法的，而且在其不能证实谁是实际加害人情况下，则推定过失参与同一行为的人都有过错。”[8] Vaz Serra 对共同危险行为做出了比较完整的定义，其对共同危险行为之设计无疑是为了解决加害人不明时对受害人的救济问题，以强化对受害人之保护。

冯·巴尔指出，在葡萄牙的法律中，对于“参与者基于推定的因果关系的责任仍然没有得到承认”[9]。笔者认为，共同危险行为与损害后果之间并不存在或具有必

---

[1] Sindell v. Abbott Laboratories，26 Cal. 3d，588，607 P. 2d 924，163 Cal. Rptr. 132，cert. denied，449U. S. 912（1980）.

[2] 《意大利民法典》第 2055 条。

[3] 克雷斯蒂安·冯·巴尔：《欧洲比较侵权行为法》（上册），张新宝译，法律出版社，2001 年版，第 83-84 页。

[4] 克雷斯蒂安·冯·巴尔：《欧洲比较侵权行为法》（上册），张新宝译，法律出版社，2001 年版，第 83 页。

[5] 克雷斯蒂安·冯·巴尔：《欧洲比较侵权行为法》（上册），张新宝译，法律出版社，2001 年版，第 83 页。

[6] 克雷斯蒂安·冯·巴尔：《欧洲比较侵权行为法》（上册），张新宝译，法律出版社，2001 年版，第 83 页，脚注 343。

[7] 克雷斯蒂安·冯·巴尔：《欧洲比较侵权行为法》（上册），张新宝译，法律出版社，2001 年版，第 83 页，脚注 343。

[8] 克雷斯蒂安·冯·巴尔：《欧洲比较侵权行为法》（上册），张新宝译，法律出版社，2001 年版，第 83 页，脚注 345。

[9] 克雷斯蒂安·冯·巴尔：《欧洲比较侵权行为法》（上册），张新宝译，法律出版社，2001 年版，第 83 页。

然的客观上的因果关系，或说这种作为法律上连带责任成立根据之必然的因果关系不可能或至少说难以得到证明。因为实际上在共同危险行为中并不是每一个人的行为都造成了实际的损害后果，所以可能部分危险行为与损害结果之间并不具有因果关系，或者说事实上可能某一个行为人或某一部分人作为非致害人的行为对损害结果之发生并无因果关系。具体而言，在共同危险行为中，共同危险行为的致害原因实质上是共同危险行为中的某一部分行为导致的，只能证明各行为人具有加害行为性质之可能性，但无法确认数人中谁是真正的加害人，无法判明究竟是谁的行为和损害后果之间才真正具有客观上的因果关系。共同危险行为之成立，因果关系作为构成要件之一适用的应是因果关系之推定，旨在减轻受害人之举证负担，但这种推定是允许反证推翻的。推定因果关系说认为，共同危险行为的因果关系是法律基于保护受害人之立场推定的，推定共同危险行为中所有共同危险行为人之危险行为都与损害后果之间存在因果关系，而由共同危险行为人承担其个人行为与损害后果之间不存在因果关系的举证责任，以此作为数个共同危险行为人作为一个整体承担连带责任之基础，从而要求所有危险行为人为此负法律责任，以确保受害人能够得到充分的救济。葡萄牙民法和澳门民法不接受共同危险行为制度的一个重要原因是其对推定因果关系说持怀疑态度，立法者仍没有被完全说服。

4）共同危险行为制度的归责基础或价值取向。

如前所述，当我们对共同危险行为进行深层次的研究后会发现，在共同危险行为中，致人损害结果已产生，但是实际加害人不明或无法确定各加害人致害部分。对于此种危险活动所造成之损害，应如何能让在共同危险行为之受害人得到应有的补偿，使其不会因为不能举证真正的加害人而无法受偿，或者说如何在受害人与共同危险行为人之间对损害后果进行合理的分配，让共同危险行为人更为合法和合理地承担非合同民事责任，是侵权责任法必须慎重对待的问题。共同危险行为制度正是对受害人与共同危险行为人之间的利益冲突进行考察后做出的一种理性选择，因为非合同民事责任法之主要目的在于填补无辜受害人所遭受之损害，故而要优先考虑受害人利益之保护，所以让共同危险行为人共同承担连带责任。当然，在法律基于对无辜受害人保护之立场捍卫受害人利益的同时，还要注意平衡受害人与共同危险行为人之间的利益，应明确共同危险行为人承担连带责任之合法性。共同危险行为的立法目的主要在于保护无辜受害人，这正是设立共同危险行为制度的初衷所在或逻辑基点，体现和诠释了共同危险行为归责的价值判断之取向和功能定位。

共同危险行为制度之确立正是在如上所述这一蕴含在其后的特殊的价值取向和立法趋势之考量下产生和发展的，许多国家或地区都将共同危险行为准用共同侵权行为之规定，然而，澳门地区并没有确立共同危险行为制度，而理论上的研究也非常匮乏，因此有必要对共同危险行为理论进行深入研究。经过古罗马法、大陆法系、英美法系等不断的演绎变革发展，共同危险行为作为一种现实之中客观存在的独立而特殊的侵权行为形态的地位日益得到彰显。因此，现有的《澳门民法典》应考虑在这一立法政策的指引下，对共同危险行为的独立地位加以确认，适用共同侵权行为之损害赔偿原则，毋庸置疑，这不仅有利于最大限度地保护受害人之合法民事权益，符合当今世界民事立法以保护处于弱者地位的受害人利益之主流，而且更为重要的是可以进一步健全和完善澳门的非合同民事责任制度，以填补法律空白。

3. 教唆与帮助行为

共同侵权人按其行为特征，可以分为实施侵权行为的直接的实行行为人、教唆行为人和帮助行为人。被认为是私法制度的起源的罗马法对于教唆、帮助行为也有所规定。❶随后的《德国民法典》以及日本、意大利、瑞士、奥地利、希腊、葡萄牙以及荷兰也都对其相当重视。❷

《澳门民法典》第四百八十三条作为一种共同侵权行为之规定确立了教唆人和帮助人的共同侵权行为人地位。根据本条可知教唆、帮助他人实施加害行为的，教唆人和帮助人与行为的实施者构成共同侵权行为人，在责任承担形态上应当承担连带责任。教唆与帮助行为不是典型的共同侵权行为，其作为法定的共同侵权行为，是侵权行为的一种特殊形态，涵盖教唆侵权和帮助侵权这样两种侵权类型，是指教唆、帮助行为人对他人实施教唆或者帮助，肇致被教唆人或被帮助人对第三人实施直接的侵权行为，最终给受害人造成损害，并应当承担相应的非合同民事责任的行为。对于教唆行为，如E劝F砸坏G的小汽车，F实施了对G的小汽车的破坏行为。至于帮助行为，如AB与D之间都曾有过争吵，A教唆C殴打D，B为C的加害行为提供帮助，使得C殴打伤害D的行为得以顺利实施，D受到伤害。基于教唆、帮助行为人等非直接实行人对于直接实行人所实施的侵权行为所起的某种作用或施加的某种影响，将教唆行为人或帮助行为人等非直接实行人与直接实行人视为一个整体共同连带承担对受害人的损害赔偿责任。

如冯·巴尔所言："教唆的成立需要满足下列三个条件：实施加害行为的人已经理解教唆之人想做什么的意图，教唆行为的介入先于加害行为，教唆之人所意欲的

---

❶ 比如《法学总论——法学阶梯》规定，"不仅可以对实施侵害的人，例如殴打者提起侵害之诉，而且可以对恶意怂恿或唆使打人嘴巴的人提起侵害之诉"。或者如"有时自己并未实行盗窃，但仍可以对之提起盗窃之诉，例如对于盗窃行为提供帮助和计谋的人"。请参见：查士丁尼，《法学总论——法学阶梯》，商务印书馆，1997年版，第207页和第218页。

❷ 《德国民法典》第八百三十条第二款规定，"教唆人和帮助人，视为共同行为人"。请参见：《德国民法典》，陈卫佐译注，法律出版社，2006年版，第308页。

《日本民法典》第719条第2款规定，"教唆人与帮助人，视为共同侵权人"。请参见：《日本民法典》，王书江译，中国法制出版社，2000年版，第128页。

《瑞士债务法》第五十条第一款规定，"如果数人共同造成损害，则不管是教唆者，主要侵权行为人或者辅助侵权行为人，均应当对受害人承担连带责任和单独责任"。另外，同条第三款又规定，"教唆者的责任范围限于其获得的利益和由于其帮助造成的损失的范围"。请参见：《瑞士债务法》，吴兆祥、石佳友、孙淑妍译，法律出版社，2002年版，第12页。

《葡萄牙民法典》第一百九十条规定，"不法行为之行为人、教唆人或帮助人有数人者，各人均须对所造成之损害负责"。

损害已经实际发生。”❶对于教唆和帮助行为，冯·巴尔进一步指出：“欧洲国家的侵权行为法认为，一个人实施的行为与造成的损害之间没有因果关系，但如果该行为是出于支持他人实施侵权行为（单独的或者是说明行为）之目的，则只能导致行为人对第三人遭受的全部损害承担责任……必须要证明的是，支持他们实施加害人行为的人必须是故意的。”❷冯·巴尔以为加害人提供精神支持构成共同侵权行为的德国联邦最高法院1974年10月29日关于一场学生组织的静坐示威的判决说明之。德国联邦最高法院在对此的判决中表明：“没有被告（的行为）是否会产生骚乱并没有意义，即使未能奏效，给予主要实施者提供帮助就能够被认为是协助和教唆。”❸ 教唆、帮助他人实施侵权行为的构成要件包括以下内容。

1）教唆、帮助人实施了教唆、帮助的行为。

教唆行为是指教唆行为人就特定目的透过劝说、怂恿、收买等各种可能的方式使原本没有侵害他人权利的意图之人接受实施特定侵权行为意图或者说产生特定的侵权意图，对被教唆人的意志产生影响，进而加以实施侵权行为并最终造成了受害人之损失。可见教唆行为人之教唆行为对直接侵权人之加害行为起决定性作用。教唆行为一般只能以积极的作为的形式完成，消极的不作为无法成立教唆行为。而在帮助行为中，被帮助人或加害人本来已有加害他人的意图，为了促成侵权目之实现，帮助行为人透过某种方式为实施加害行为的人提供物质上的帮助或精神上的支持，给予直接的或者是间接的援助，致使加害行为得以发生或肇致损害后果加剧，其对加害行为起辅助促进作用。一般而言，帮助行为人之帮助行为在形式上多是透过积极的作为来进行的或实施的，但在特定的情形下行为人的消极不作为也可能构成帮助行为。

2）教唆人、帮助人不是亲自实施侵害行为，而是实施从属于共同侵权行为之行为。

被教唆人、被帮助人实施了侵害行为，并给他人造成了损害。教唆者与帮助者不是本人亲自实行加害行为，而是透过加害人，即被教唆人和被帮助人之行为去侵害他人合法权益的，这也是教唆、帮助行为与其他共同侵权行为如共同加害行为或共同危险行为的最根本的区别。所以，教唆行为人或帮助行为人必须于被教唆者或被帮助者实施侵害行为并最终造成损害，符合非合同民事责任的构成要件时，教唆或帮助行为才会与直接的加害行为一起被视为共同侵权行为，教唆行为人或帮助行为人才与直接侵害人成为共同侵权人。

---

❶ 克雷斯蒂安·冯·巴尔：《欧洲比较侵权行为法》（上册），张新宝译，法律出版社，2001年版，第406页。

❷ 克雷斯蒂安·冯·巴尔：《欧洲比较侵权行为法》（上册），张新宝译，法律出版社，2001年版，第81页。

❸ 克雷斯蒂安·冯·巴尔：《欧洲比较侵权行为法》（上册），张新宝译，法律出版社，2001年版，第82页。

这与刑法中的教唆犯的处理类似，教唆行为在共同犯罪中处于从属于被教唆的犯罪行为之依附地位，即教唆行为并不具有独立性。《澳门刑法典》第二十五条（正犯）的后半部分之规定，“故意使他人产生作出事实之决意者，只要该事实已实行或开始实行，亦以正犯处罚之”，可知《澳门刑法典》并没有如内地那样将教唆犯单独列出来，但将教唆犯规定为一种正犯。[1]《澳门刑法典》没有规定被教唆人未实行所教唆的犯罪之情形，即并没有规定教唆未遂之处罚条款，对于教唆犯是否予以处罚是以被教唆人是否已“实行或开始实行”被教唆的犯罪行为为基础或前提的，只有被教唆人“实行或开始实行”被教唆的犯罪行为才构成教唆犯。[2]换而言之，教唆犯要成立共同犯罪中的正犯，必须是被教唆的人已实施或开始实施被教唆的犯罪行为，如果被教唆人并未实施或并未开始实施被教唆的犯罪行为，教唆犯就不构成共同犯罪中的正犯，对于教唆行为人而言并不成立教唆之犯罪未遂，对其并不以犯罪论处，教唆人无须承担刑事责任。在《澳门民法典》中，教唆行为、帮助行为在共同侵权行为中同样处于从属地位，即教唆人之教唆行为、帮助人之帮助行为从属于被教唆人、被帮助人之具体实行行为。假如被教唆人、被帮助人之具体实行行为构成侵权行为，则教唆行为、帮助行为也构成侵权行为。而如果被教唆人、被帮助人如果没有实施被教唆或被帮助的行为；或如果被教唆者或被帮助者的行为不满足非合同民事责任的五大构成要件的要求时，即实行行为不构成侵权行为；或该侵权行为是被教唆人、被帮助人自己单独完成的，即便教唆行为人与帮助行为人曾有过教唆或帮助之事实，该教唆、帮助行为仍不能被视为共同侵权行为，教唆行为、帮助行为也不成立侵权行为，不能视之为共同侵权人。

3）教唆行为人、帮助行为人之过错。

教唆行为人的教唆行为，教唆人在主观上一般具有教唆他人实施侵权行为之故意（涵盖直接故意和必然故意），教唆行为不可能是出于过失。如果教唆行为源于明知故犯，在给他人造成损害时当然成立教唆行为的共同侵权行为，对受害人承担连带责任。帮助行为一般为故意，但并非总是出于故意，在特殊条件下亦可以是过失。帮助人知悉或应知悉自己的行为是在为侵权人实施侵权行为提供帮助，如果不知他人的行为是侵权行为而给予物质或精神上的帮助，但帮助行为人之行为在客观上对加害行为的确起到了帮助作用，即便加害人并不知悉帮助人为其侵权行为提供了帮助，也并不妨碍帮助行为与直接加害行为的共同侵权之成立，只是此时不是成立帮助的共同侵权，而是直接成立典型的共同侵权行为（共同过失加害行为或兼有过失或故意的共同加害行为）。

---

[1] 《中华人民共和国刑法》第二十九条规定：“教唆他人犯罪的，应当按照他在共同犯罪中所起的作用处罚。教唆不满十八周岁的人犯罪的，应当从重处罚。如果被教唆的人没有犯被教唆的罪，对于教唆犯，可以从轻或者减轻处罚。”

[2] 《澳门刑法典》第二十五条。

4）因果关系。

对加害行为人之侵权行为予以教唆或帮助行为与损害后果之间的存有适当的因果关系。虽然教唆人和帮助人没有本人亲自策马出征直接实施侵权行为，教唆、帮助行为所指向或针对的是被教唆、被帮助人的加害行为，是借助于对直接实行人的教唆行为或者帮助行为而实现的。教唆行为人、帮助行为人虽然没有直接损害他人合法权益，但如果没有教唆人的教唆行为，被教唆人就不会产生实施侵权行为的意图直至实施侵权行为，故而，教唆人的教唆行为与被教唆人的侵权行为所造成的损害后果之间具有事实和法律上的因果联系。而如果没有帮助行为人之帮助行为，没有其为实施加害行为之人给予物质上的帮助或精神上的支持，提供直接的或间接的帮助，可能加害行为不会得以发生或至少侵害行为不会进行得如此顺畅无阻或损害后果不会得以加重，帮助行为与侵权行为造成的损害后果之间具有相当的因果关系。

5）可归责性。

从被教唆人的行为能力上来看，不管是具有民事行为能力人，未成年人，准禁治产人，还是禁治产人，他们都有可能被他人劝说、利诱、怂恿教唆从而实施侵权行为。当被教唆人为《澳门民法典》第四百八十一条第二款规定的“未满七岁之人及因精神失常而成为禁治产之人”等为法律所推定为不可归责者的情况下，法律推定未满七岁之人及因精神失常而成为禁治产之人没有理解能力或意欲能力，无法认识和识别自己行为的错误性质和后果，不具有辨别和控制能力从而作出相应的行为，所以此时该被教唆人实际上已沦为教唆人侵权的工具，是教唆人利用不可归责者去实施侵权行为，被教唆人的侵权行为在本质上无意就等于是教唆人的侵权行为，所以此时不构成共同侵权，只构成教唆人自身的独立侵权行为。《澳门民法典》的第四百八十一条以年龄和理解能力或意欲能力为标准来判断一个自然人是否具有责任能力，是否具有可归责性。《澳门民法典》第四百八十一条第二款推定未满七岁之人及因精神失常而成为禁治产之人是不可归责的，但这属于可以用反证予以推翻的推定，同时，高于7岁这一识别年龄的行为人、准禁治产人或没有被宣告为禁治产的但其实已失去理智的成年人也不一定拥有识别能力从而也未必具有可归责性。[1]正如Antunes Varela所言，“没有推定时也不会妨碍透过举证来证明准禁治产人、七岁以上儿童或没有被宣告为禁治产的失去理智的成年人不可归责，只要证明了他们在做出行为时不具备相应的理解和思考能力即可”[2]。换言之，不可归责者除了未成年人，还有精神障碍者或处于无意识状态者或处于酩酊状态的人等，除非行为人因自己的

---

[1] 《澳门民法典》第一百三十五条（受准禁治产约束之人），对于长期性精神失常、聋哑或失明，但尚未严重至须宣告为禁治产人之人，或因惯性挥霍、滥用酒精饮料或麻醉品而显示无能力适当处理其财产之人，均得被宣告为准禁治产人。

[2] Antunes Varela：《债法总论》，第一卷，第十版，唐晓晴译，未出版，第402页。

故意或过失“使自己陷入无责任能力的状态”[1]。总而言之，如果教唆人教唆不可归责者（包括但不限于“未满七岁之人及因精神失常而成为禁治产之人”）实施侵权行为，不构成教唆人与被教唆人的共同侵权，即不存在共同侵权的问题，仅构成教唆人自身的单独侵权行为，这体现了教唆行为在带有从属性特征的同时本身也具有独立性，教唆行为既有从属于共同侵权行为的一面，也有独立于共同侵权行为之外的一面。至于教唆人是否知悉被教唆人是未满七岁之人或因精神失常而成为禁治产之人等不可归责者这一客观的事实，不影响对教唆人单独侵权构成的认定，仍然应当由教唆人单独承担侵权损害赔偿责任。如果教唆人是具有理解能力或意欲能力之成年人，上述规则的适用无可非议，但如果教唆行为人本身是未成人、禁治产人或准禁治产人，他们是否具有相应的理解能力或意欲能力，其行为会不会具有教唆之意思，是不是法律意义上的教唆行为人是值得商榷的。比如准禁治产人教唆未成人或准禁治产人或禁治产人实施伤害他人的行为，或禁治产人教唆禁治产人或未成年人实施伤害他人的行为，或未满七岁之人作为不可归责者去教唆不可归责者实施伤害他人的行为，是否成立侵权或甚至成立共同侵权以及非合同民事责任该如何承担是有进一步研究的空间的。

帮助行为人可能是具有民事行为能力人、未成年人、准禁治产人，也有可能是禁治产人，同时对被帮助人而言亦没有任何限制。当被帮助人为《澳门民法典》第四百八十一条第二款规定的被法律所推定为不可归责者（未满七岁之人及因精神失常而成为禁治产之人）的情况下，是否与被教唆人为未满七岁之人及因精神失常而为禁治产之人等不可归责者的情况一样，也只是成立帮助人的单独侵权呢？我们认为，没有教唆行为亦没有导致损害发生之被教唆人的侵权行为，教唆行为对加害行为的实施起决定作用。与教唆行为相比，帮助行为对加害行为的产生和损害程度并不能起到决定性作用，而只是对加害行为起到某种促进或辅助作用，加剧了侵权行为的进程或侵权行为的损害后果，以促成被帮助人侵权行为的实施或侵权目的之实现，即使没有帮助行为人之帮助行为，侵权行为人之行为亦有可能会肇致损害的发生，所以让帮助人独立承担全部的非合同民事责任未免过于严厉苛责，难以彰显法律追求之公平正义理念。这种情形同样构成共同侵权，根据《澳门民法典》第四百八十四条和第四百九十条之规定，由帮助人和对不可归责者之被帮助人负有管束义务之人担负连带责任。如果帮助行为人亦为不可归责者，则由对不可归责者之帮助人负有管束义务的人和对不可归责者之被帮助人负有管束义务之人向受害人承担连带责任。

综上所述，除被教唆人为不可归责者的情形下由教唆行为人单独承担侵权责任外，其他的教唆、帮助行为都可以与加害行为成立共同侵权行为任。

---

[1] 克雷斯蒂安·冯·巴尔：《欧洲比较侵权行为法》（上册），张新宝译，法律出版社，2001年版，第128页。

（三）风险责任之共同侵权行为的简要介绍

正如冯·巴尔教授所说：“每一个欧洲国家的法律都包含有规定行为人实施的行为合法因此不能指责其有过错但是他也要承担责任的规则。”❶ 葡萄牙亦不例外，《葡萄牙民法典》第四百九十九条中规定有风险责任，《澳门民法典》中与之相对应的第四百九十二条也规定了风险责任，规定行为人对某些特定损害的发生即使没有过错也要负损害赔偿责任，当然风险责任只是在法律有规定的情况下才存在。风险责任之共同侵权行为是指数个行为人实施了法律规定即便没有过错也应承担非合同民事责任之行为，客观上造成了不可分割的损害后果而根据《澳门民法典》第五百条第一款应承担连带责任的侵权行为。❷ 本部分扼要探讨以下如下几类风险责任之共同侵权行为。

第一，缺陷产品的共同侵权行为。澳门产品责任法对产品的生产者实行严格责任制度，根据《澳门商法典》第八十五条第一款规定：“作为生产商之商业企业主不论有否过错，均须对因其投入流通之产品之瑕疵而对第三人所造成之损害负责。”该条明确规定生产者应对产品缺陷致损承担客观责任，不仅免除了受害者证明加害人过失的举证义务，而制造商也不得以自己没有过错作为自己免除责任的事由，除非生产者有《澳门商法典》第八十八条规定的法定免责事由。❸缺陷产品的共同侵权行为是指数家产品生产者所共同制造的产品存在缺陷共同造成他人人身伤害以及缺陷产品以外的其他财产损害后果的行为，对此，《澳门商法典》第八十九条第一款规定：“如须对损害负责之企业主多于一名，则各人之责任为连带责任。”

第二，污染环境引致的共同侵权行为。污染环境的共同侵权行为是指两个或两个以上的责任主体违反澳门特别行政区政府保护环境防止污染的规定，污染环境从而共同对环境造成明显且无法分割的损害后果的行为，根据澳门 1991 年制定的第 2/91/M 号法律《环境纲要法》的第三十条第一款之规定❹，对于污染环境造成明显损害的，不论行为人有无过错，都应共同对污染造成的损害结果承担非合同民事责任。

第三，饲养或利用的动物引起的共同侵权行为。根据《澳门民法典》第四百九十五条（由动物造成之损害）之规定：“为本身利益而饲养或利用任何动物之人，须对该等动物所造成之损害负责，只要损害系因饲养或利用动物而生之固有危险所引

---

❶ 克雷斯蒂安·冯·巴尔：《欧洲比较侵权行为法》（上册），张新宝译，法律出版社，2001 年版，第 10 页。

❷ 《澳门民法典》第五百条第一款规定：“如风险责任须由数人承担，各人均对损害负连带责任，即使其中一人或数人有过错者亦然。”

❸ 《澳门商法典》第八十五条第二款规定：“生产商系指制成品、组件或原料之制造商，以及透过加于产品上之名称、商标或其他识别标志而表现为生产商者。”第 3 款规定除了本身是产品制造者外，“经营企业时进口产品以便出售、出租、融资租赁或以其他方式销售”均视同为生产商，另外“无澳门之生产商或进口商之识别资料之产品之销售商”也被视为生产商，“但获受害人书面通知后以书面将生产商、进口商或前手销售商之认别资料回复受害人者除外”。

❹ 《环境纲要法》的第三十条第一款规定“任何人因某类特别危险的行为，即使经遵守适用法例，无论有否过错，当对环境造成明显损害时，须负赔偿责任”，可知对于单纯环境侵害之加害人采用客观责任。

致者。”本条关于无过错责任之原则的规定，属于澳门现行法律上规定的“风险责任”，“为了自己的利益而饲养或利用动物之人”不管有无过错，只要动物之所有人或使用人等责任主体❶所饲养或利用的动物对他人造成损害，如果没有法定的免责事由，动物之所有人或使用人都应当承担责任。❷值得指出的是，《澳门民法典》第四百八十六条第一款（《葡萄牙民法典》第四百九十三条第一款）与《澳门民法典》第四百九十五条（《葡萄牙民法典》第五百零二条）是针对不同情形之规定。葡国学者 Pires de Lima 和 Antunes Varela 认为，两者之区别在于：《澳门民法典》第四百八十六条第一款所说的责任主体是指对动物承担着管束义务的行为人，如受寄人、受任人、保管人、依合同约定照看动物的人、在动物试用买卖中的利害关系人等对动物负有管束义务之人，对负有管束义务之人适用过错推定原则；而《澳门民法典》第四百九十五条则不同，其所要求的责任主体是指为其本身利益而饲养或利用该动物者，如所有权人、用益权人、占有人、承租人、借用人等，这一责任建构在动物所有权人或其他对动物所拥有的享益物权的基础之上，适用前述的风险责任。按照风险责任理论，为本身利益而饲养或利用任何动物之人负有承担该动物致人损害的风险以及该动物损害的责任。根据葡国学者 Pires de Lima 和 Antunes Varela 之观点，如果动物被出租了，动物的出租人可以得到报酬，而动物的承租人也在租赁中直接得到利益，所以在动物致害责任中，出租人与承租人应根据风险责任共同向第三人承担连带责任。

第四，航空运输、车辆交通等高度危险作业的共同侵权行为。高度危险作业的共同侵权行为是指两个或两个以上的责任人从事航空运输、车辆交通等高度危险作业共同造成第三人损害后果的行为。对于车辆交通肇事，《澳门民法典》第五百条规定：“①如风险责任须由数人承担，各人均对损害负连带责任，即使其中一人或数人有过错者亦然。②在各应负责任之人之关系中，损害赔偿之义务按每人在车辆使用中所具有之利益而分配；然而，如其中一人或数人有过错，则仅由有过错之人负责，在此情况下，就该等有过错之人相互间之求偿权或针对该等有过错之人之求偿权，适用第四百九十条第二款之规定。”可知车辆致害行人（包括行人但不限于此）的责任为风险责任或无过错责任。根据《澳门民法典》第四百九十六条和第五百条，如两辆或两辆以上的车辆在道路上行驶时发生碰撞，则赔偿对第三人造成损害的义务应由对这两辆或两辆以上的车辆拥有“实际管理并为本身利益而使用任何在陆上行驶之车辆之人”来共同承担，此责任系无过错责任。这里值得注意的是，对于车辆

---

❶ 对动物致人损害的赔偿义务主体的认定，各国法律的规定不尽一致，如《法国民法典》第一千三百八十五条规定的是动物的所有人或使用人；《德国民法典》第八百三十三和八百三十四规定的是动物的占有人或管理人；《意大利民法典》第二千零五十二条规定的是动物的所有人或管理人；《日本民法典》第七百一十八条规定的是动物的占有人。

❷ 即使加害人对其饲养的动物尽到了管理与控制义务，没有过错，如果没有法定免责事由，也不能免除其责任。

肇事构成要件中的行为人的自愿事实，并不一定是处在行驶状态中的车辆致人损害。根据《澳门民法典》第四百九十六条第一款（由车辆造成之事故），“须对因该车辆本身之风险而产生之损害负责，而不论该车辆是否在行驶中”，即车辆侵权行为既可能发生于车辆行驶之时，也有可能发生在车辆处于停靠或停泊状态下而产生的损害，即该行为既可以是作为，也可以是不作为❶，即停靠或停泊之车辆所肇致事故之残局也用客观责任来应对，扩展风险责任适用之空间。如A和B共同拥有的一辆小汽车停在路边，某日车胎或油箱爆炸造成的事故，炸伤行人C，A和B要根据《澳门民法典》第五百条第一款对受害人C共同承担损害赔偿之债。再者，澳门第11/2004号行政法规《空运人及航空器经营人的民事责任制度》第十四条规定的由航空事故对第三人所造成之损害而产生的客观责任，“航空器经营人，不论是否有过错，均须按照下条的规定及所订限度，就飞行中的航空器或其脱落物，包括不可抗力所引致的投弃物，对地面上的第三人造成的损害，以及就于地面上静止或移动中的航空器造成的损害，承担赔偿责任”。该行政法规第十六条规定，若航空器经营人在第三人所造成损害发生时并不拥有对航空器的专用权，则应由转让航空器使用权之实体权利者与航空器经营人共同承担连带责任。❷

第五，公法人执行公务中引起的共同侵权行为。澳门4月22日第28/91/M号法令《订定本地区行政当局、公共法人其权利人及公共管理代理人之合约外民事责任制度》第九条规定“本地区行政当局和其他公法人对由于行政部门异常危险之运作或由于具有同样性质之对象和活动造成的特别和非常之损害”承担“危险责任”。如澳门地区行政当局和某一公法人合作或某两个或两个以上公法人合作处理公务中，对“由于行政部门异常危险之运作或由于具有同样性质之对象和活动”给受害人造成的特别和非常之损害共同连带承担危险责任。

（四）共同侵权人的外部责任和内部责任

共同侵权作为一种特殊的侵权行为，其责任主体的责任有外部责任和内部责任之分。共同侵权行为对外的法律效果，如上所述，共同侵权责任人应当对受害人承担连带赔偿责任。❸共同侵权责任人的外部责任主要有以下特征：第一，《澳门民法典》第四百九十条第一款和第五百条第一款之规定，无论是基于过错责任，还是源

---

❶ 《澳门民法典》第四百七十九条（不作为）。

❷ 澳门4月22日第27/91/M号法令《核准超轻型航空器条例》第一项亦规定由轻型航空器对第三人所造成之损害等而产生的客观责任。

❸ 如《德国民法典》第840条规定：“数人共同对某一侵权行为所产生的损害负有赔偿义务的，应作为连带债务人负其责任。”又如新《荷兰民法典》第六编第一百零二条规定：“二人或二人以上对同一损害负有救济义务的，为共同责任。为依本法第六编第十条确定其对造成损害所起的作用之大小，适用本法第六编第一百零一条决定其内部对损害的分担，但是法律对分担另有规定或者法律行为另有约定者除外。”第六编第九十九条则规定：“在损害可能产生于两个或者两个以上的人各自应当承担责任的事件时，如果能够认定损害至少产生于此等事件之一，这些人中的每一个人都对赔偿承担责任，除非他能证明损害不是由于他所负有责任的事件造成的。”

于风险责任，共同侵权责任人都要对受害人共同承担责任，换而言之，共同侵权责任系该法典第五百零五条第一款所指的“连带之债”，而非第五百二十七条所规定的“可分之债”。又如《澳门商法典》第八十九条第一款（连带责任）规定：“如须对损害负责之企业主多于一名，则各人之责任为连带责任。”第二，根据《澳门民法典》第五百零五条第一款的规定，共同侵权责任人中的每一个人都有义务对受害人承担全部给付之责任❶，各行为人需为自己行为造成的损害部分以外之其他损害或说对超越自己行为范畴之他人损害部分承担责任，而在单独侵权的情况下，行为人只需对自己所造成的损害承担责任。第三，依据《澳门民法典》第五百零五条第一款、第五百一十二条第一款以及第五百一十一条之规定，共同侵权责任人作为一个整体对损害结果承担责任，共同侵权行为人中的任何一个侵权主体都有义务就受害人的全部损失承担赔偿责任，受害人可以要求全体共同侵权责任人一起承担全部损害的赔偿责任，也可以只要求其中一个或者一部分侵权责任人（或债务人）承担全部给付或部分给付，受害人可以根据各侵权责任人（或债务人）的偿付能力等因素自由选择，而被要求之侵权责任人（或债务人）则没有选择的权利，必须要对受害人承担全部责任，不得以自己的行为只造成部分损害而主张仅承担部分责任。第四，按照《澳门民法典》第四百九十条第一款，共同侵权行为这种连带责任是一种法定责任，它并不会因为共同侵权责任人之间的内部约定而免除或部分免除，共同侵权责任人不得以此约定对抗或变更受害人要求其承担全部给付的权利。但是这并不意味着共同侵权责任人不能在内部达成减轻或者免除某个或某一部分责任人的责任的协议，只是这种约定仅对共同侵权责任人内部产生效力，对于外部的受害人并不产生效力。第五，如果一侵权行为人或部分侵权行为人对受害人承担了全部的损害赔偿责任后，即只要受害人的请求之权利得到全部满足后，即刻解除全部侵权行为人对受害人之损害赔偿义务，受害人不得再次向任何加害人提出损害赔偿之请求。

与共同侵权责任人要对外要承担连带责任的外部关系不同的是，对内部关系而言，共同侵权责任人仍然是承担“可分之债”。❷《澳门民法典》第五百一十七条第一款规定，“作出超过本身须分担部分之给付以满足债权人权利之债务人，有权向每一共同债务人要求偿还其各自须分担之部分”。再者，依据《澳门民法典》第四百九十条第二款之规定，“负连带责任之人相互间有求偿权，其范围按各人过错之程度及其过错所造成之后果而确定；在不能确定各人之过错程度时，推定其为相同”，可知当某一个或者一部分共同侵权责任人在承担了全部或者超出了自己应承担份额的责

❶ 《澳门民法典》第五百零五条第一款：“如多名债务人中任何一人均负有全部给付之责任，而全部给付一经作出时，全体债务人之债务随即解除者，或如多名债权人中任何一人均有权单独要求全部给付，而全部给付一经作出时，债务人对全体债权人之债务随即解除者，均为连带之债。”

❷ 其实本段内容不仅单单适用环境污染致人损害，也同样适用实行无过错责任原则纯粹涉及环境的损害。
《澳门民法典》第五百二十七条（可分之债）：“各债权人或债务人在可分之债中所占之部分均等，只要法律或有关法律行为并无指出其他分配比例……。”

任之后，其有权向其他共同侵权责任人追偿。而对损害结果承担连带责任之各共同加害责任人内部的责任承担适用过错程度说，应根据各人的主观过错程度或过错所造成的后果标准按比例承担责任的相应份额，即按照加害人的过错程度和加害行为的原因力大小来确定其各自应负的责任份额，如果各行为人之过错程度不能确定时，就推定为比例是相等的。

另外，按照《澳门民法典》第五百条第二款之规定，“在各应负责任之人之关系中，损害赔偿之义务按每人在车辆使用中所具有之利益而分配；然而，如其中一人或数人有过错，则仅由有过错之人负责，在此情况下，就该等有过错之人相互间之求偿权或针对该等有过错之人之求偿权，适用第四百九十条第二款之规定”。如前述的案例中，A 和 B 共同拥有的一辆小汽车停在路边，A 和 B 都没有过错，某日车胎或油箱突然爆炸伤行人 C，对外，A 和 B 对受害人要根据《澳门民法典》第五百条第一款共同承担损害赔偿之债；对内，因 A 和 B 都没有过错，源于风险责任之损害赔偿义务应根据“按每人在车辆使用中所具有之利益而分配”，如果 A 一年中只有 4 个月使用该车辆，而 B 则在剩下的 8 个月中使有该车辆，则原则上，A 应承担 1/3 的赔偿额，而 B 则应承担剩余的 3/2 的赔偿额。[1] 又如《澳门商法典》第八十九条第二款和第三款（连带责任），“二、在责任人之内部关系上，应考虑有关情况，尤其是每一责任人所造成之危险、倘有之行为过错之严重性及对所造成之损害应分担之责任。三、如不能确定各人之责任，则须平均分担”。对于客观责任而言，虽然在外部关系上对受害人承担连带责任，但对内归责时若没有过错时，如对车辆肇事要考虑“每人在车辆使用中所具有之利益”，如对产品责任而言要考量“每一责任人所造成之危险”，如有过错要遵循考虑每个责任人的主观过错程度及其过错所造成的后果的比例原则来确定不同的加害人的赔偿额，过错程度大的或损害后果严重的按比例多分担，反之，则少分担；只是在通过上述方法无法划分各自的损害后果或有疑问时，法律上才推定各行为人的损害后果均等的，由数个行为人平均分摊责任。据此可以认为，共同侵权责任人的内部责任上还是一种可分之债。

二、本法域对该规则的规定

（一）《澳门民法典》

第四百七十七条（一般原则）

一、因故意或过失不法侵犯他人权利或违反旨在保护他人利益之任何法律规定者，有义务就其侵犯或违反所造成之损害向受害人作出损害赔偿。

二、不取决于有无过错之损害赔偿义务，仅在法律规定之情况下方存在。

---

[1] Antunes Varela：《债法总论》，第一卷，第十版，唐晓晴译，未出版，第 490 页。

第四百八十一条（可归责性）

一、在损害事实发生时基于任何原因而无理解能力或无意欲能力之人，无须对该损害事实之后果负责；但行为人因过错而使自己暂时处于该状态者除外。

二、未满七岁之人及因精神失常而成为禁治产之人，推定为不可归责者。

第四百八十三条（行为人、教唆人及帮助人之责任）

不法行为之行为人、教唆人或帮助人有数人者，各人均须对所造成之损害负责。

第四百九十条（连带责任）

一、如有数人须对损害负责，则其责任为连带责任。

二、负连带责任之人相互间有求偿权，其范围按各人过错之程度及其过错所造成之后果而确定；在不能确定各人之过错程度时，推定其为相同。

第五百条（连带责任）

一、如风险责任须由数人承担，各人均对损害负连带责任，即使其中一人或数人有过错者亦然。

二、在各应负责任之人之关系中，损害赔偿之义务按每人在车辆使用中所具有之利益而分配；然而，如其中一人或数人有过错，则仅由有过错之人负责，在此情况下，就该等有过错之人相互间之求偿权或针对该等有过错之人之求偿权，适用第四百九十条第二款之规定。

第五百零五条（概念）

一、如多名债务人中任何一人均负有全部给付之责任，而全部给付一经作出时，全体债务人之债务随即解除者，或如多名债权人中任何一人均有权单独要求全部给付，而全部给付一经作出时，债务人对全体债权人之债务随即解除者，均为连带之债。

二、各债务人以不同方式负有债务或其债务附有不同之担保，又或其各自给付之内容不同，均不妨碍连带之债之存在；该等差异出现于债务人对其每一连带债权人所负之债务者，亦不妨碍连带之债之存在。

第五百零六条（连带关系之成因）

债务人间或债权人间之连带关系，仅基于法律或当事人之意思而产生时方成立。

第五百零七条（防御方法）

一、被要求给付之连带债务人，得以属于其个人或全体共同债务人之一切方法作为防御。

二、对连带债权人，债务人不仅得以涉及全体连带债权人之防御方法对抗之，亦得以涉及该连带债权人个人之防御方法对抗之。

第五百零九条（债务之分担或债权之分享）

在连带债务人或连带债权人之相互关系上，推定各人平均分担债务或平均分享债权，只要连带债务人之间或连带债权人之间存在之法律关系不导致各人之分担或分享部分不相等，或不导致仅应由其中一人承担整项债务或获取整项债权之利益。

第五百一十条（共同诉讼）

一、连带关系成立后，连带债务人仍可共同对债权人提起诉讼，而债权人亦可对全体连带债务人提起诉讼。

二、连带债权人对其债务人，或债务人对其连带债权人，亦享有上款所指之权利。

第五百一十一条（债务分担之利益之排除）

被诉之连带债务人不得以债务分担之利益予以对抗；即使该债务人传召其他债务人应诉，亦不解除其须作出全部给付之义务。

第五百一十二条（债权人之权利）

一、债权人有权对债务人中任一人要求全部给付，或要求不论是否符合被催告人之分担份额之部分给付；然而，如债权人透过司法途径对其中一债务人要求全部或部分给付，则该债权人不得透过司法途径向其他债务人要求已对上述债务人要求之给付，但有可接纳之理由，诸如被诉人无偿还能力或有出现无偿还能力之虞，或基于其他原因难以从其获得给付者除外。

二、如债务人中之一人具有针对债权人之任何个人防御方法，即使该防御方法已被采用对抗债权人，并不妨碍债权人向其他债务人要求全部给付。

第五百一十三条（给付不能）

给付因可归责于债务人中之一人之事实而成为不能时，全体债务人须对给付之价额负连带责任；但对超过给付价额之损害，仅由就该事实可归责之债务人负责弥补；如可归责之债务人为数名时，其责任为连带责任。

第五百一十四条（时效）

一、如因时效中止、中断或其他原因，使债务人中一人之债务在其他债务人之债务时效已完成时仍存在，则因被要求而必须履行该债务之债务人对其他共同债务人享有求偿权。

二、未主张时效完成之债务人，对债务时效已完成且已作出该主张之其他共同债务人，不享有求偿权。

第五百一十五条（已确定之裁判）

关系债权人与债务人中一人之已确定裁判，不得用以对抗其他债务人，但如该裁判之作出并非以涉及该债务人个人之理由作为依据，则其余债务人得以之对抗债权人。

第五百一十六条（债权人权利之满足）

透过履行、代物清偿、更新、提存或抵销而满足债权人之权利时，即导致全体债务人对债权人之债务消灭。

第五百一十七条（求偿权）

一、作出超过本身须分担部分之给付以满足债权人权利之债务人，有权向每一共同债务人要求偿还其各自须分担之部分。

二、如连带债务仅为债务人中一人之利益而被承担，则该债务人在求偿阶段须负责偿还全部给付。

第五百一十八条（共同债务人得使用之防御方法）

一、在求偿阶段中被要求给付之共同债务人，得以其获给予之履行债务期限未届至，对抗已满足债权人权利之共同债务人，及以其他共同或个人之防御方法对抗该债务人。

二、即已满足债权人权利之共同债务人，未以共同防御方法对抗债权人，且对此并无过错，在求偿阶段中被要求给付之共同债务人仍然拥有由上款赋予之权能；但基于可归责于拟使用该防御方法之债务人之原因以致未能以该方法对抗债权人者除外。

第五百一十九条（债务人之无偿还能力或履行不能）

一、如债务人中一人无偿还能力或基于其他原因而不能履行其须作之给付，其本身份额由包括求偿权人在内、及已被债权人解除债务或仅解除连带关系之债务人在内之其余债务人按比例分担。

二、求偿权人就仅因其过失而未能从连带债务中之共同债务人处获得偿还之部分，不得请求其他共同债务人分担。

第五百二十条（连带关系之放弃）

放弃要求债务人中之一人或数人负连带责任者，不妨碍债权人对其余债务人仍保留请求全部给付之权利。

第五百二十一条（对债权人之选择）

一、债务人可选择连带债权人向其作出给付，只要债权已到期之其他连带债权人尚未透过司法途径就有关诉讼传唤债务人。

二、如一债权人透过司法途径要求债务人给付，但债务人对另一债权人履行给付，则该债务人仍须对请求给付之债权人作出全部给付；然而，如债权人之连带关系为债务人之利益而成立，则债务人得透过放弃其全部或部分利益，而向每一债权人给付其各自在共同债权中应受领之部分，或在扣除起诉人之部分后，向其他债权人中一人给付余下之部分。

第五百二十二条（给付不能）

一、如给付因可归责于债务人之事实而成为不能，则在损害赔偿之债权上仍存在连带关系。

二、如给付因可归责于债权人中一人之事实而成为不能，则该债权人须对其他债权人作出损害赔偿。

第五百二十三条（时效）

一、债权人中一人在其他债权人之权利时效已完成之情况下，其权利却因时效中止、中断或其他原因而仍维持者，债务人仍得就其他债权人之债权部分以其时效已完成对抗该债权人。

二、债务人为债权人中一人之利益而放弃时效，不对其他债权人产生效力。

第五百二十四条（已确定之裁判）

关系债权人中一人与债务人之已确定裁判，不得用以对抗其他债权人；然而，其他债权人得以之对抗债务人，但不妨碍债务人有权对每一债权人主张个人抗辩。

第五百二十五条（债权人中一人权利之满足）

透过履行、代物清偿、更新、提存或抵销而满足债权人中一人之权利时，即导致债务人对全体债权人之债务消灭。

第五百二十六条（已受给付之债权人之义务）

债权人就其权利所获之给付超出其本身在债权人内部关系中应受领之部分时，必须向其他债权人给付其各自在共同债权中应受之部分。

第五百二十七条（可分之债）

各债权人或债务人在可分之债中所占之部分均等，只要法律或有关法律行为并无指出其他分配比例；但遗产分割后，债务人之各继承人在可分之债中所占之部分按其继承份额之比例确定，且不影响第一千九百三十六条第二款及第三款规定之适用。

第五百五十七条（因果关系）

仅就受害人如非受侵害即可能不遭受之损害，方成立损害赔偿之债。

(二)《澳门商法典》

第八十五条（作为生产商之商业企业主之客观责任）

一、作为生产商之商业企业主不论有否过错，均须对因其投入流通之产品之瑕疵而对第三人所造成之损害负责。

二、生产商系指制成品、组件或原料之制造商，以及透过加于产品上之名称、商标或其他识别标志而表现为生产商者。

三、下列者亦视为生产商：

a）经营企业时进口产品以便出售、出租、融资租赁或以其他方式销售；

b）无澳门之生产商或进口商之认别资料之产品之销售商，但获受害人书面通知后以书面将生产商、进口商或前手销售商之认别资料回复受害人者除外。

第八十六条（产品）

一、任何动产，即使与其他动产或不动产组装，均视为产品。

二、来自土地、畜牧、捕鱼及狩猎之产物，如未加工不视为产品。

第八十七条（瑕疵）

一、考虑到包括外表、特性及可作之合理使用在内之各种具体情况，一项产品于开始流通时未能提供合理预期之安全者，则视为有瑕疵。

二、产品并不因后来有另一更完善之产品在市场上流通而视为有瑕疵。

第八十八条（责任之排除）

如证明有下列情况，商业企业主无须对产品瑕疵负责：

a）商业企业主未将产品投入流通；

b）根据具体情况，可合理推定产品于开始流通时并无瑕疵；

c）制造产品并非为了出售或其他具经济目的之形式之销售，亦非在经营企业时生产或销售有关产品；

d）产品瑕疵系因遵守公共当局之强制性规定而造成；

e）以产品投入流通时之科技知识水准未能验出瑕疵之存在；

f）如为组件，有关瑕疵系因其所组装之产品之设计或产品生产商之指示而造成。

第八十九条（连带责任）

一、如须对损害负责之企业主多于一名，则各人之责任为连带责任。

二、在责任人之内部关系上，应考虑有关情况，尤其是每一责任人所造成之危险、倘有之行为过错之严重性及对所造成之损害应分担之责任。

三、如不能确定各人之责任，则须平均分担。

（三）澳门第 11/2004 号行政法规《空运人及航空器经营人的民事责任制度》

第十六条（航空器经营人与对航空器拥有权利的人的连带责任）

如航空器经营人在损害发生时不拥有对航空器的专用权，则向其移转航空器使用权的实体须与航空器经营人负连带责任。

（四）《澳门刑法典》

第二十五条（正犯）

亲身或透过他人实行事实者，又或与某人或某些人透过协议直接参与或共同直接参与事实之实行者，均以正犯处罚之；故意使他人产生作出事实之决意者，只要该事实已实行或开始实行，亦以正犯处罚之。

第二十六条（从犯）

一、对他人故意作出之事实，故意以任何方式提供物质上或精神上之帮助者，以从犯处罚之。

二、科处于从犯之刑罚，为对正犯所规定之刑罚经特别减轻者。

（五）澳门 1991 年制定的第 2/91/M 号法律《环境纲要法》

第三十条（客观责任）

一、任何人因某类特别危险的行为，即使经遵守适用法例，无论有否过错，当对环境造成明显损害时，须负赔偿责任。

二、对因损害环境而根据环境受损程度而定的赔偿数额，将由补充法例订明。

（六）澳门 4 月 22 日第 27/91/M 号法令《核准超轻型航空器条例》

1 一般规定

1.3 损害第三人之责任：

1.3.1 超轻航器之所有人及驾驶人，不论有否过错，因航空器对第三人造成损害，须负连带赔偿责任，但事故仅因受害人之过错而引致者，不在此限。

1.3.2 上款所订定责任之最低限额为澳门币一百万元。

1.4 保险之义务性：

1.4.1 超轻航器之所有人及驾驶人必须订立保险合同，以确保对第 1.3.1. 款所指之损害负起民事责任，其限额为本规章第 1.3.2. 款所订定者。

1.4.2 当监察实体要求时，应出示保险合同副本。

（七）澳门第 11/2004 号行政法规《空运人及航空器经营人的民事责任制度》

第十四条（客观责任）

航空器经营人，不论是否有过错，均须按照下条的规定及所订限度，就飞行中的航空器或其脱落物，包括不可抗力所引致的投弃物，对地面上的第三人造成的损害，以及就于地面上静止或移动中的航空器造成的损害，承担赔偿责任。

第十六条（航空器经营人与对航空器拥有权利的人的连带责任）

如航空器经营人在损害发生时不拥有对航空器的专用权，则向其移转航空器使用权的实体须与航空器经营人负连带责任。

第十八条（民事责任的延伸）

一、如受害人或其继承人证实损害是由航空器经营人或其代表有过错的行为或不作为引致，且航空器经营人代表的行为并未超越本身的劳动关系范围，则第十五条第一款所指经营人的责任的限度可提高。

二、如属盗窃、盗用、抢劫航空器或属任何不法僭用航空器指挥权的情况，航空器经营人仍须负弥补所造成损害的责任，但不影响经营人针对以作为或不作为的行为造成有关损害的人享有求偿权。

三、如航空器是由经营人的代表指挥或操作，即使该等代表的行为超越本身职务范围，经营人亦须就航空器对第三人造成的损害承担责任，但不影响经营人针对该等代表享有求偿权。

第十九条（航空器的碰撞）

一、如两艘或两艘以上的航空器于飞行中或在地面操作时发生碰撞，则赔偿对第三人造成损害的义务应由引致事故的航空器的经营人承担，又或由牵涉在内的各经营人按照在碰撞中所占责任比例分担。

二、如无法确定引致碰撞者，责任应视为平均分担，并由每一直接涉及碰撞者按此比例承担就所造成的损害向第三人作出赔偿的义务。

三、在《东亚侵权法示范法》中对该规则作出规定的基本意见

澳门法域的建议是，非合同民事责任之共同侵权行为应不以共同侵权中行为人间有主观联系为必要，即构成共同侵权不需要各行为人间的意思联络，不要求共同侵权行为人具有共同致人损害的故意或过失，只要数人的行为在客观上发生了同一损害结果便可成立共同侵权行为。再者，共同危险行为作为一种现实之中客观存在的独立而特殊的侵权行为形态的地位日益得到彰显，因此，侵权行为法应在优先保护无辜受害人这一立法政策的指引下，对共同危险行为的独立地位加以确认。其次，在目前的《澳门民法典》中没有对于团伙致人损害之共同侵权行为的明确规定，但是现代社会团伙侵权行为具有多发性和高危性等特征，不可小觑，而且对于团伙共

同侵权行为的确定是符合世界现代侵权立法发展之潮流的[1]，以解决黑社会帮派犯罪等情况下的非合同民事责任问题，《东亚侵权法示范法》可以考虑对团伙侵权作一个明确的规定。

---

[1] 1992年新修订的《荷兰民法典》中第6：166条规定了团伙共同侵权行为，“一个团伙成员不法造成损害，如果没有其集合行为则可以避免造成损害的危险之发生，如果该集合行为可以归责于这一团伙，则这些成员承担连带责任”。请参见：张新宝译，《荷兰侵权法》，载于杨立新主编《民商法前沿》（第1辑），法律出版社，2003年版，第233页。

《欧洲民法典》第二十六条第二款也明确规定了团伙共同侵权行为：“组织中任何一个成员故意对他人造成具有法律相关性的损害，如果造成这种损害的危险是可预见的并且该组织的成员应该拒绝参加该组织，则其他成员对损害也承担责任。”请参见：刘生亮译，《欧洲侵权行为法草案》，载于张新宝主编《侵权法评论》（第1辑），人民法院出版社，2003年版，第198页。

对于团伙共同侵权行为，德国学者马克西米利安·福克斯指出，“如果可以确定这种共同的意愿，则共同行为人应当对所有损害后果承担责任。至于他是否亲手（共同）造成了某个具体的损害，以及他对损害起了多少作用并不重要。关键是，他参与造成损害的行为时，意图将其当作自己的行为与他人来共同完成。相对其他参与人而言，某人即使较少地亲手完成了直接损害的行为，但共同参与行为的意图消除了他与其他参与人的差异。”请参见：马克西米利安·福克斯，《侵权行为法》，齐晓琨译，法律出版社，2006年版，第233—234页。

专题之八：侵权责任形态（替代责任和侵权责任分担）

一、该问题基本规则

（一）委托人之责任

在澳门，《澳门民法典》第四百九十三条所规定之委托人之责任作为现代侵权法中的一项重要制度，是指在委托关系中，委托人对其受托人在执行职务活动时致第三人损害所应承担的民事责任，委托人之责任制度之设立在于平衡委托人、受托人和受害人的利益。受托人在执行委托人交付的工作任务时❶，很可能肇致他人人身或财产等合法权益的损害。按照民事（侵权）责任的传统法理，被害人获得赔偿的机会在相当大的程度上取决于受托人的资产实力或者说是实际履行能力的强弱。倘若受托人的经济状况较差，被害人获得赔偿的机会就会减小，而受害人一般是无辜的。鉴于在这种关系中，委托人是最终的受益者，而且很多时还具有雇主的身份，所以在经济能力上较强。为保障受害人，法律在这个领域设置了特殊的民事责任制度。委托人之责任是以委托关系为基础的一种特殊的非合同民事责任，它不同于一般侵权责任。因为根据侵权行为法的基本原则，任何人只对自己的行为负责，一般侵权责任只需要加害人对自己的侵权行为承担责任，而委托人之责任不是委托人为自己的侵权行为承担责任，是为其受托人在执行职务过程中的对第三人的致害行为而承担的责任，其责任人和侵权行为人不是同一人，受害人可以直接向符合委托关系的侵权行为人的委托人请求侵权损害赔偿。以委托人之责任制度规范委托人、受托人和第三人之间的关系，权衡三方利益，使得委托人之责任制度的建构不仅具有理论意义，更加具有现实意义。世界上很多国家或地区的法律都规定了委托人之责任，但表述方式可能不尽一致，如使用者责任或雇佣人之责任❷、雇主责任❸、替代责任❹、指示者责任❺，虽然其概念的内涵与外延可能会有所不同，但是究其本质其关

❶ 因为在现在我们这个个人不必事必躬亲的时代，在法律允许的范围内，委托他人从事某项职务或工作日益成为现代社会的一个重要特征。

❷ 《日本民法典》第七百一十五条，中国台湾地区“民法”第一百八十八条。

❸ 周枏：《罗马法原论》（下册），商务印书馆，2005年版，第868-869页；毛瑞兆：《论雇主的替代责任》，《政法论坛》，2004年第5期，第129页。

❹ 普通法将其性质界定为“替代责任”。请参见：克雷斯蒂安·冯·巴尔，《欧洲比较侵权行为法》（上册），张新宝译，法律出版社，2001年版，第419页。

❺ J. 施皮尔：《侵权法的统一：对他人造成的损害的责任》，梅夏英、高圣平译，法律出版社，2009年版，第261页。

注的都是同一种制度。[1]

受托人的侵权行为既可以发生在因不法事实所生之责任领域[2]，也可能发生在特殊侵权即风险责任领域[3]，但无论受托人的侵权行为是发生在哪一领域，根据《澳门民法典》第四百九十三条第一款之规定，委托人对受害人所承担的侵权责任都是风险责任。

从澳门现行立法现状看，民法和劳动关系法分属于不同部门法，委托关系归《澳门民法典》调整，劳动关系由澳门第7/2008号法律《劳动关系法》调整。在适用法律方面，澳门的民法和劳动关系法构成普通法与特殊法的关系。《澳门民法典》第一千零七十九条规定："一、劳动合同，系指一人透过收取回报而负有义务在他人之权威及领导下向其提供智力或劳力活动之合同。二、劳动合同受特别法例规范。"劳动合同是出于保护劳工权益的需要而从委托关系中分离出去的，与委托关系的区别在于，劳动合同是任何自然人、法人、无法律人格之社团或特别委员会等雇主以追求利润为目的而使用劳动力，其要求有合同成立。而委托关系则并不以追求利润为目的，而且其可以基于合同而产生，甚至可以没有合同，即其并不要求有效的法律关系。但在委托人之责任问题上，很显然劳动合同符合委托与受托关系的要件，但是假如劳动合同中有特别的规定，应按劳动合同执行。所以从侵权的角度来看，委托关系中受托人致人损害的委托人之责任收揽了劳动合同中雇员致人损害的雇主责任。澳门第7/2008号法律《劳动关系法》第二条第一项对雇主进行了界定，"'雇主'是指透过合同，支配及领导雇员工作，并向雇员支付报酬的任何自然人、法人、无法律人格之社团或特别委员会"。而第二条第二项则给出了雇员的定义，"'雇员'是指透过合同，在雇主的支配及领导下工作，并收取报酬的自然人"。

然而，委托人之责任的责任主体范围更为广泛，应当是委托他人为其工作的人，囊括现实生活中形形色色的"委托人"类型，涵盖一切私法主体，泛指一切委托他

---

[1] 《法国民法典》第一千三百八十四条规定："任何人不仅对其自己的行为所造成的损害，并且对应由其负责的他人的行为或在其管理下的物体所造成的损害，均应付赔偿的责任。"《德国民法典》第八百三十一条第一款规定："为某事务而使用他人的人就该他人在执行事务中不法加给第三人的损害，负赔偿义务。使用人在挑选被用人时，并且，以使用人须置办机械或器具或须指挥事务的执行为限，使用人在置办或指挥时尽了交易上必要的注意，或即使尽此注意损害也会发生的，不负赔偿责任。"《日本民法典》第七百一十五条第一款规定："为某事业使用他人的人，对于被使用人在其事业的执行中对第三人造成的损害，负赔偿责任。但使用人对于被用人的选任及其事业执行的监督已尽到相当注意，或者即便尽到相当注意，损害仍不免要发生时，不在此限。"中国台湾地区"民法"第一百八十八条规定："①受雇人因执行职务，不法侵害他人之权利者，由雇佣人与行为人连带负损害赔偿责任，但选任受雇人及监督其职务之执行已尽相当注意，或纵加以相当之注意仍不免发生损害时，雇佣人不负赔偿责任。②被害人依前项但书之规定不能受损害赔偿时，法院因其声请，得斟酌雇佣人与被害人之经济情况令雇佣人为全部或一部之赔偿。③雇佣人赔偿时，对于侵权行为之受雇人，有求偿权。"

[2] 《澳门民法典》第二卷（债法）第一编（债之通则）第二章（债之渊源）第五节（民事责任）第一分节（因不法事实所生之责任）。

[3] 《澳门民法典》第二卷（债法）第一编（债之通则）第二章（债之渊源）第五节（民事责任）第二分节（风险责任）。

人为自己处理或执行事务的主体，包括任何自然人、法人、无法律人格之社团或特别委员会等，都可以归入到委托人的范围中，使各种委托者的责任在适用上达到一致，从而确保法律适用的平等性和普遍性；而受托人是指因委托合同或者事实上的委托关系受雇于他人，以自己的劳动服务于他人的人。[1]可知，委托关系与雇佣关系并不一样，委托人与雇主之间，受托人与雇员之间不能完全划等号。综上，委托关系与顾佣关系是有区别的，《澳门民法典》之规定是一切委托关系的一般规定，而雇佣关系只是其中一种形式，两者是一般与个别的关系。属于民法领域中的委托关系显然要比澳门第7/2008号法律《劳动关系法》中的雇佣关系宽泛得多，正如冯·巴尔所指出的，《葡萄牙民法典》第五百条（《澳门民法典》对此相对应的法条是第四百九十三条）中的委托关系“通常不需要技术意义上的雇主-雇员关系。也就是说，雇主和雇员这两个概念只是包括了大多数情形”。[2]本文所指的委托人之责任涵盖劳动合同中的雇主责任，但绝非限于此，委托关系中委托人和受托人的概念外延相当宽泛。

1. 委托人之责任的性质

(1) 担保责任理论。

在葡萄牙，Antunes Varela 等对于委托人之责任提出担保责任理论。[3]“委托人的最重要特征是其面对受损害之第三人时所处的担保人的地位”，正如 Antunes Varela 所说的：“原则上，他对受托人享有求偿权，可以补偿已经作出之支付”[4]，“委托人并不是永久地背负上赔偿的重担”[5]。委托人之责任中，委托人对受托人的职务侵权行为承担责任，是因为法律的特别规定，而不是因为其自己实施了侵权行为，委托人是为他人的行为负责，从性质上说是一种担保责任，符合担保责任的法律特征[6]，担保人或保证人（即这里的委托人）承担连带责任后，债权人（即这里的受害人）可以要求保证人或任何一个保证人（若委托人为复数）承担全部保证责任，保证人都负有担保全部债权实现的义务。已经承担保证责任的保证人，根据《澳门民法典》

---

[1] 获取报酬或者不获取报酬，即是否取得劳动报酬，不影响委托关系的存在。

[2] 克雷斯蒂安·冯·巴尔：《欧洲比较侵权行为法》（上册），张新宝译，法律出版社，2001年版，第233页，注解1061。

值得指出的是，《欧洲比较侵权行为法》（上册）第233页注解1061所说的是《葡萄牙民法典》第五十条，但其实应该是《葡萄牙民法典》第五百条。请参见：《葡萄牙民法典》，唐晓晴等译，北京大学出版社，2009年版，第89页。

[3] J. 施皮尔：《侵权法的统一：对他人造成的损害的责任》，梅夏英、高圣平译，法律出版社，2009年版，第265页。

[4] 《澳门民法典》第四百九十三条第三款（《葡萄牙民法典》第五百条第三款）。

[5] Antunes Varela：《债法总论》，第一卷，第十版，唐晓晴译，未出版，第456页。

[6] 普通法将其性质界定为“替代责任”。请参见：克雷斯蒂安·冯·巴尔，《欧洲比较侵权行为法》（上册），张新宝译，法律出版社，2001年版，第419页。

第四百九十三条第三款[1]，有权向债务人（即这里的受托人）追偿，或者要求承担连带责任的其他保证人清偿其应当承担的份额，责任人按各自责任的大小承担责任。另外，依照《澳门民法典》第六百三十三条第一款，“保证人除其本身之防御方法外，有权以属于债务人之防御方法对抗债权人，但与保证人之债务有抵触者除外”，即在后面要谈及的委托人对于受害人责任的承担可以援引受托人在其致害过程中存在的抗辩事由。简而言之，按照 Antunes Varela 的观点，委托人之责任的本质是要求委托人对受托人在委托活动范围内所有构成侵权的行为承担担保责任，包括侵权行为法意义上的过错责任、风险责任等，同时受托人致害过程中存在的法定抗辩事由也适用于委托人。

在 Antunes Varela 等学者看来，委托人相对因受托人的职务侵权行为损害的第三人而言之所以处于担保人这一特殊的地位，其要承担责任的原因是出于以下几个方面的考量：其一，委托人为受托人承担侵权责任的基础，是基于委托人和受托人之间的委托关系，委托人透过委托他人执行职务，使得整个工作得以执行，而且受托人实施的行为是为了委托人的利益并依照委托人的指示做事，受托人的行为须受委托人的监督。基于此，就执行委托事务而言，受托人只是委托人借以扩大自己工作范围的工具或手段，受托人执行职务的活动实际上是委托人自身意志和行为的延伸，受托人在职务范围内所实施的行为，也只能视为委托人的行为，而不能认为是受托人的独立行为。故而，委托人应对行为的后果承担责任，“就像行为是其本人所作出的一样”。其二，委托人自己选任、监督以及指示受托人从事所委托之活动，且委托人从受托人的行为中获得利益。其三，现代侵权法更多关注的是保障人的权利，委托人担保责任是对受害人最大的保护，因为在通常情况下，委托人相对受托人而言，对损害通常都具有更强的经济赔偿担负能力[2]，而且有可能投了责任险，从而使受害人得到合理的赔偿，无疑加强了对受害人之保护。[3]

（2）替代责任理论。

J. Sinde Monteiro 和 Maria Manuel Veloso 指出：“在葡萄牙法中，‘替代责任’没有一个准确的翻译。就侵权法而言，我们在‘指示者责任’这方面认可这个概念。”[4]他们进一步指出：“雇主的责任和父母的责任是有区别的。在雇主没有过错时，

---

[1] 《澳门民法典》第四百九十三条第三款。作出损害赔偿之委托人，就所作之一切支出有权要求受托人偿还，但委托人本身亦有过错者除外；在此情况下，适用第四百九十条第二款之规定。

[2] 再者，委托人也可以通过社会保险机制（责任保险）以及其他方式来减低、分散或化解侵权行为发生的风险。

[3] Antunes Varela：《债法总论》，第一卷，第十版，唐晓晴译，未出版，第 456 页。

[4] J. Sinde Monteiro 和 Maria Manuel Veloso：《对他人造成的损害的责任：葡萄牙法》。载于 J. 施皮尔《侵权法的统一：对他人造成的损害的责任》，梅夏英、高圣平译，法律出版社，2009 年版，第 261 页。

前者是单纯的替代责任案件上。”❶有学者如 V. Serra 认为委托人之替代责任从理论上讲应是主观责任，即雇主就雇员的行为所承担的侵权责任应是过错侵权责任，但立法却将之规定为风险责任。❷

委托人的法律责任是一种风险责任，委托人无过错时也承担责任，有利于保护受害人利益，但在一定程度上委托人的负担有所加重了，但并不过分。委托人之所以要对受托人的行为造成的损害承担责任，是因为受托人通过自己的行为为委托人创造经济利益和其他物质利益，但受托人本身并不是受益者，其只是透过此活动来换取自己的工资或报酬，而委托人从受托人所从事的活动中获得了利益，即所谓的“谁获利，谁担责”，其享受更多的利益，就理应承担更多的风险，正所谓我们通常所说的利益所在之地正是风险所在之处，将受托人侵权行为产生的赔偿责任的归属责令受益方即委托人承担，如《德国民法典》起草者认为“那些为了自己的利益雇佣劳动的人，应对雇佣承担风险”❸，这符合权利和义务一致的法律朴素公平正义的价值要求。❹正如 Antunes Varela 所说：“如果委托人利用他人去做出某项行为，并收取其中的利益，他承受因此而引致之损害后果也是公平的。”❺委托人可以透过社会保险机制以及其他方式来减低或化解侵权行为发生的危险，而不是在损害发生后去规避法律责任的承担。

S. S. Galvao 等学者认为委托人之替代责任是构筑在风险控制和风险来源等风险理论基础之上的一种责任。❻风险理论认为受托人之职务行为蕴含着可能发生损害之风险，尤其是如交通驾驶等高度危险作业领域，委托人之授权是危险之来源，委托人在很大程度上能够控制危险。如果用风险理论诠释替代责任可能面对委托人向受托人的行使追偿权这一论断的挑战。❼对于委托人可以起诉受托人，Cordeiro 认为，委

❶ J. Sinde Monteiro 和 Maria Manuel Veloso：《对他人造成的损害的责任：葡萄牙法》。载于 J. 施皮尔主编《侵权法的统一：对他人造成的损害的责任》，梅夏英、高圣平译，法律出版社，2009 年版，第 263 页。

❷ J. Sinde Monteiro 和 Maria Manuel Veloso，《对他人造成的损害的责任：葡萄牙法》。载于 J. 施皮尔《侵权法的统一：对他人造成的损害的责任》，梅夏英、高圣平译，法律出版社，2009 年版，第 264 页。

❸ 《外国法制史》编写组：外国法制史资料选编（上册），北京大学出版社，1982 年版，第 10 页。

❹ J. Sinde Monteiro 和 Maria Manuel Veloso：《对他人造成的损害的责任：葡萄牙法》。载于 J. 施皮尔《侵权法的统一：对他人造成的损害的责任》，梅夏英、高圣平译，法律出版社，2009 年第 1 版，第 264 页。

❺ Antunes Varela：《债法总论》，第一卷，第十版，唐晓晴译，未出版，第 456 页。

❻ J. Sinde Monteiro，Maria Manuel Veloso：《对他人造成的损害的责任：葡萄牙法》。载于 J. 施皮尔《侵权法的统一：对他人造成的损害的责任》，梅夏英、高圣平译，法律出版社，2009 年版，第 262、264 页。

❼ 根据《澳门民法典》第四百九十三条第三款，即在委托人自己本身没有过错，而在受托人有过错时，委托人可以得到救济，即委托人承担担保责任后有追偿权。在这种情况下，委托人在其对第三人做出了损害赔偿之后，委托人可以起诉受托人，其有权要求受托人偿还自己所付出的一切费用支出。但按照过错责任原则，如果委托人自己本身也有过错的，委托人与受托人及其他有关人员按照过错程度的大小以及各自过错所造成的后果而承担相应的责任，在不能确定他们之间的过错程度时，推定其为相同。

托人对于受托人的追偿权仅在受托人有过错时才存在，“并且这种权利不是替代责任的必要特征”。[1]

J. Sinde Monteiro 和 Maria Manuel Veloso 认为无论是担保责任还是替代责任，这两种理论都可以诠释委托人之责任所采用之风险责任。[2]委托人就其受托人的行为所承担的法律责任，并不是建立在委托人在选任、监督或指示应对其行为承担非合同民事责任的受托人之代理活动中所具有的主观过错（故意或过失）的基础上的，委托人就其受托人的行为所承担的法律责任仅是一种无过错之风险责任。但值得指出的是，正如 Alarcão 所言：“风险的承担并不意味着存在造成损害的特殊危险，……它是雇主处于类似侵权者地位的结果。”[3]

2. 委托人之责任的构成要件

委托人之责任的构成要件是委托人承担民事责任的要素，是判定委托人之责任的关键性问题，是委托人之责任制度的核心。委托人之责任的担保或替代责任性质，决定其构成要件与一般意义上的侵权责任构成要件有相似之处，但又不完全相同。在一般侵权责任中，责任主体为自己的行为负侵权责任，体现了责任主体与致害行为人的同一性；而委托人之责任中，委托人并非直接侵权行为人，委托人对受托人的职务侵权行为承担责任，只是基于法律的特别规定，而不是因为其自己本身实施了侵权行为，也不是因为其透过意思表示直接指示受托人实施了侵权行为，其在某种意义上诠释责任主体与侵权行为人的分离性，前者为后者的行为承担责任。委托人之责任是一种侵权责任，因此其具有一般侵权责任的构成要件，即受托人实施了侵权行为，该侵权行为给他人造成了损害。但是，作为一种特殊类型的侵权行为，委托人之责任的承担除了必须具备一般侵权责任的要件外，还必须具备使委托人为受托人承担担保责任的特殊要件。的确，侵权责任之所以发生担保关系是因为责任主体与侵权行为人之间在侵权行为发生前存在着某种特殊的关系，并且在该特殊关系的基础上又因满足某种条件，从而决定了受托人实施的侵权行为与委托人之间存在特定的关联，以致足以肇致委托人担保责任的产生，故而引致委托人应当以义务主体的身份承担民事责任。在委托人之责任制度中，这种特殊关系就是委托人和受托人之间的委托关系，而受托人对第三人的侵权行为如果是在执行职务的过程中发生的，这三个前题即满足委托人对此承担担保责任的条件。即委托人之责任的构成要件为：其一，委托人与受托人之间存在委托关系；其二，受托人造成的损害发生在执行职务过程中；其三，受托人的行为本身须构成侵权行为。因此，委托人之责任的构成以受托人行为或者符合因法事实所生之责任的构成要件为前提，或者满足风险责任的构成要件为基础，即以受托人或雇员的行为构成侵权行为作为必要条件，

---

[1] J. Sinde Monteiro 和 Maria Manuel Veloso：《对他人造成的损害的责任：葡萄牙法》。载于 J. 施皮尔《侵权法的统一：对他人造成的损害的责任》，梅夏英、高圣平译，法律出版社，2009 年版，第 264 页。

[2] J. Sinde Monteiro 和 Maria Manuel Veloso：《对他人造成的损害的责任：葡萄牙法》。载于 J. 施皮尔《侵权法的统一：对他人造成的损害的责任》，梅夏英、高圣平译，法律出版社，2009 年版，第 265 页。

[3] J. Sinde Monteiro 和 Maria Manuel Veloso，《对他人造成的损害的责任：葡萄牙法》。载于 J. 施皮尔《侵权法的统一：对他人造成的损害的责任》，梅夏英、高圣平译，法律出版社，2009 年版，第 265 页。

但同时还必须具备委托人为他人致害行为承担责任的特殊要素，即存在委托关系和受托人的行为属于处理受委托之事务或说是职务行为的范围，正如冯·巴尔所指出的："葡萄牙法官总是坚持认为，本人之责任基于三根支柱：'本人与下属之间的联系，在履行职务中实施的侵权行为以及本人的义务。'"❶ 另外也有葡萄牙学者认为，葡萄牙的雇主责任必须满足以下三个要件，"①雇主与雇员存在从属关系；②雇员履行职责时实施侵权行为；③雇员负有个人责任"。❷

委托人与受托人之间必须存在委托关系。委托人之责任的特殊性在于致害人与雇主之间必须存在委托关系，这也是委托人为其受托人的个人行为承担责任的基础或前提，因此，要判断委托人担保或替代责任是否成立，首先要准确判定致害人（即受托人）与委托人之间是否存在委托关系。判断委托人与受托人之间是不是存在着特定的人身关系，委托之前，双方的法律地位是完全平等的，但委托关系确定后，受托人便要接受其监督、管理以及指示，行为要受委托人意志的支配和约束，从这个角度讲，二者之间具有一定的隶属或从属关系，这种情况的例子有：佣人面对老板、工人或公司雇员面对雇主单位、授权人面对委任人，或司机面对车主。如J. Sinde Monteiro 和 Maria Manuel Veloso 所指出的："如果雇主与雇员之间存在从属关系，即使并不是雇主选择的雇员，雇主也要承担责任。"❸

另外值得注意的是，原则上，承揽人不是受托人。依照《澳门民法典》第一千一百三十三条的规定，"承揽系指一方透过收取报酬而负有义务为他方完成特定工作物之合同"，承揽是一方当事人为另一方完成一定的工作成果，他方支付报酬的民事法律行为，其中完成承揽工作并交付工作成果的一方为承揽人，另一方接受工作成果并支付报酬的一方为定作人。尽管承揽人与受托人有很多相似之处，他们同属于提供劳务，都是通过自己的劳动来获得报酬的，但承揽人不是定作人的受托人。❹之所以将承揽人与受托人区别开来，是因为委托人为其受托人的损害行为承担责任，依赖或依附关系或隶属关系是一个重要的因素。一旦承揽人与定作人签订了承揽合同，承揽人即负有为他人完成相应工作成果的义务，但是，承揽人并不会因此成为定作人的受托人，因为在承揽人和定作人之间并没有如上所言的委托人与受托人之间的这种从属或依附关系，这种从属关系"使前者可以向后者发出命令或指示。因

---

❶ 克雷斯蒂安·冯·巴尔：《欧洲比较侵权行为法》（上册），张新宝译，法律出版社，2001年版，第252页，注解1157。

❷ 克雷斯蒂安·冯·巴尔，乌里希·德罗布尼希：《欧洲合同法与侵权法及财产法的互动》，吴越、王洪、李兆玉、施鹏鹏等译，法律出版社，2007年版，第126页。

❸ J. Sinde Monteiro 和 Maria Manuel Veloso：《对他人造成的损害的责任：葡萄牙法》。载于J. 施皮尔《侵权法的统一：对他人造成的损害的责任》，梅夏英、高圣平译，法律出版社，2009年版，第262页。

❹ 另外，Antunes Varela 认为，出租车司机不是乘客的受托人，医生不是病人或患者的受托人或雇员。但J. Sinde Monteiro 和 Maria Manuel Veloso 指出，V. Serra 和 Varela 都认为医生是医院的雇员。请参见J. Sinde Monteiro 和 Maria Manuel Veloso《对他人造成的损害的责任：葡萄牙法》，载于J. 施皮尔《侵权法的统一：对他人造成的损害的责任》，梅夏英、高圣平译，法律出版社，2009年版，第273-274页。

为只有这种领导之可能才足以构成前者对后者的行为负责的理由”[1]。根据这种“领导之可能”，立法者才有理由让委托人去为非其本人所为的侵权行为承担责任，一旦委托人丧失了这种“领导之可能”，即使侵权行为人完全是为了委托人的利益而为侵权行为，委托人也无须为其承担责任，因为他们之间没有了委托人可以根据这种“领导之可能”而发出命令或指示的特殊关系。如果要委托人为了他无法拥有“领导之可能”的行为人的侵权行为承担责任，对于委托人来说是极不公平的，那么人人都可能要为他人的侵权行为承担责任，委托人之责任可能也就失去了其应有之意义。正如 J. Sinde Monteiro 和 Maria Manuel Veloso 所说的：“原则上，替代责任不适用于对独立承揽人的行为所造成的损害。”他们同时指出，“但是扩大规则的适用范围也并非不可能”[2]，认为独立承揽人不是完全没有担任受托人这一角色的可能，当然对此仍有进一步研究的余地。

是否存在委托关系的判定，最简单易行的方法似乎是视委托人与受托人是否签订了书面合同，但实际上委托人与受托人没有书面合同的情况并不罕见，所以不能因为没有书面合同而否定两者之间的委托关系。诚如冯·巴尔所说的，判断委托关系的存在与否，“决定因素不在于是否技术上存在一份雇佣合同”。[3]鉴于此，澳门也没有将书面合同的存在作为确认委托关系是否存在的依据，书面合同的存在与否并不是判断委托关系的必要条件。再者，有无劳动报酬不是判断委托关系的决定性因素或必要标准，即使是委托人与受托人之间是无偿的，亦构成委托关系，虽然在多数情形下，委托关系中受托人享有劳务报酬请求之权利。[4]双方不存在任何契约关系而且是无偿的，但仍然有委托关系的存在。

受托人造成的损害发生在执行职务过程中或者说委托人之行为属于职务行为。职务行为是指受托人为完成委托人安排的工作而实施的行为，而受托人作为独立的主体，在委托关系之外必然会存在属于其自身的行为空间，委托人并非在与受托人之间存在委托关系时就要对受托人的一切侵权行为承担责任，侵权行为与委托关系之间必须存在某种联系，也就是说，只有该侵权行为是受托人在执行委托职务过程中或完成委托范围内的工作时实施的，才会构成委托人之责任，委托人才承担责任，换而言之，委托人仅对受托人在执行工作任务过程中的侵权行为承担责任；受托人在执行职务范围之外所造成的损害，由受托人自己承担侵权责任。进一步而言，受托人之侵权行为必须是发生在委托范围内，即受托人是在执行受托职务中对他人的人身和财产造成损害，受托人侵权行为是发生在执行职务中是问题的关键所在。判断受托人是否是执行受托职务，一般而言，须以委托人授予受托人的业务范围和许可

---

[1] Antunes Varela：《债法总论》，第一卷，第十版，唐晓晴译，未出版，第 452-453 页。

[2] J. Sinde Monteiro 和 Maria Manuel Veloso：《对他人造成的损害的责任：葡萄牙法》。载于 J. 施皮尔《侵权法的统一：对他人造成的损害的责任》，梅夏英、高圣平译，法律出版社，2009 年版，第 279、283 页。

[3] 克雷斯蒂安·冯·巴尔：《欧洲侵权行为法中的替代责任》，张新宝译，载《民商法论丛》（第 15 卷），第 522 页。

[4] 如前所述，获取报酬或者不获取报酬，是否取得劳动报酬，不影响委托关系的存在。

之权利为准，但根据《澳门民法典》第四百九十三条第二款，为了保护第三人的利益，委托人也不能以受托人之行为系受托人的主观故意行为从而免除自己的责任。同时，即使受托人违反了委托人的指示而实施故意侵权行为，委托人的责任也没有被排除，其仍也要承担责任。另外，通常受托人出于个人原因而故意侵权损害他人，不在职务范围内，委托人不承担责任，但如果受托人实施的故意侵权行为与委托人的委托的职业业务有关联，委托人仍要承担责任。

关于时间和地点判断标准，受托人实施侵权行为的时间与地点对于判定其侵权行为是否属于执行职务范围内的行为非常重要，有时甚至是决定性因素。如 Antunes Varela 所说的，一般来说，"只有在特定时间或地点作出行为才算是执行委托"。❶的确，从理论上讲，受托人的行为只有在委托人规定或授权的工作期间或工作地点内实施，该行为才能被认定为其执行职务范围内的行为，委托人才要为其受托人的侵权行为对第三人承担侵权责任。但是正如 J. Sinde Monteiro 和 Maria Manuel Veloso 所指出的 Serra 所提出的"雇主利益的神学标准"失之偏颇外❷，时间和地点规则同样不应绝对化，正如 Antunes Varela 所指出的那样，这种规则有时"没有被遵守"❸，有两种情况需要具体分析：其一，受托人在工作期间内或工作地点所实施的侵权行为与职务完全不相关，不应被认定为职务内的侵权行为。诚如 Antunes Varela 所言："行为人利用执行委托之便利从事其本人欲做出之事实"的情况不包括在执行职务范围内，应将这些行为剔除在外。❹ 比如，在上班期间，受托人出于报复的目的而将受害人砍伤或杀害，虽然受托人与受害人之间的行为发生在工作期间和工作场所内，但委托人不应对受托人的行为承担责任。因为除了在工作时间和工作地点实施侵权行为以外，还需要考虑其他各种具体的因素，故而，受托人的侵权行为发生在工作时间内或工作场所内并非是委托人承担侵权责任的必要条件和充分条件。其二，受托人在工作时间或工作场所之外实施的行为与其职务有一定程度合理的关联的，委托人也应承担责任。

J. Sinde Monteiro 和 Maria Manuel Veloso 持此观点，他们对此作了解释，"Porto 上诉法院在 1995 年 7 月 3 日的判决中指出：'即使行为发生是在工作场所和工作时间之外，该行为也被认为发生在雇佣过程中，'如果存在'职责范围以外的行为'，只要受害者当时合理地认为那是权限的延伸，雇主或指示者仍然要承担责任"❺。例如，受托人在下班以后，留下继续处理没有完成的工作，在这段延长的工作时间内实施

---

❶ Antunes Varela：《债法总论》，第一卷，第十版，唐晓晴译，未出版，第 454 页，注解 2。

❷ J. Sinde Monteiro 和 Maria Manuel Veloso，《对他人造成的损害的责任：葡萄牙法》。载于 J. 施皮尔《侵权法的统一：对他人造成的损害的责任》，梅夏英、高圣平译，法律出版社，2009 年版，第 273 页。

❸ Antunes Varela：《债法总论》，第一卷，第十版，唐晓晴译，未出版，第 454 页，注解 2。

❹ "例如，仆人用主人家所藏之枪支将他人杀害，又或者司机在行程中使用主人携带用以在特定地点打猎枪支做出同样的事情"。请参见：Antunes Varela，《债法总论》，第一卷，第十版，唐晓晴译，未出版，第 454 页，注解 2。

❺ J. Sinde Monteiro 和 Maria Manuel Veloso：《对他人造成的损害的责任：葡萄牙法》。载于 J. 施皮尔《侵权法的统一：对他人造成的损害的责任》，梅夏英、高圣平译，法律出版社，2009 年版，第 275-276 页。

的侵权行为，应认定为职务内的侵权行为，应由委托人承担责任。因此，不宜迂腐刻板地界定工作时间和地点，只要受托人的侵权行为实际上发生在授权或规定的时间和空间内就属于执行职务的范围，正如 J. Sinde Monteiro 和 Maria Manuel Veloso 所指出的，“行为的性质才是问题的关键”，“替代责任要求，必须存在实质的联系。这意味着……与职责的履行没有联系的行为将被排除”[1]。

最后，对于“借用受托人”的替代或担保责任。在实践中，存在着企业间由于工作业务关系而发生受托人借用情况，一委托人将其受托人有偿的或无偿的出借给另一他人，在他人使用借用受托人的过程中，如果被借用的受托人侵害他人合法权益的，究竟由出借人还是借用人承担雇主责任？还是双方雇主对受托人在借用期间职务过程中致人损害的行为承担连带的替代责任？J. Sinde Monteiro 和 Maria Manuel Veloso 指出，如果第二个“雇主”对“借用的雇员享有指示权和控制权”，即若指示权和控制权已经转移给了临时雇主，其就要承担责任，而被借用雇员的雇主，即第一个“雇主”不用承当责任。[2]对此，J. Sinde Monteiro 和 Maria Manuel Veloso 举例说明，“在 1998 年 10 月 8 日的最高法院判决中，一个国家的雇员被借用到一个有指示权的公司（企业），该雇员和企业的关系使得国家不再对该雇员的行为负责任”[3]。正是因为临时委托人获得了对受托人的实际监督、指示、控制权，从而应当视为实际委托人；再者，在致人损害的行为发生时，受托人是为第二个“委托人”的利益完成委托工作任务，所以临时委托人应该承担委托人责任。

受托人的行为须构成侵权行为。根据《澳门民法典》第四百九十三条第一款，如果受托人本身有责任，那么委托人要承担替代责任或担保责任。受托人的职务行为构成侵权是委托人承担替代责任的前提，没有受托人的侵权行为，就没有在该基础之上的委托人之替代责任或担保责任。如果受托人的行为给他人造成了损害，但是行为本身不够成侵权行为，那么委托人也无须对第三人承担替代责任。

侵权行为是指行为人侵害他人人身、财产或其他权利，依法应承担损害赔偿等法律后果的行为。如 Antunes Varela 所说，侵权行为的构成要件一般有五项：“①事实（受人的意思控制者）；②不法；③将事实归责于侵害人；④损害；⑤事实与损害之间的因果关系。”[4] 受托人的行为是否应当承担侵权责任，应根据受托人从事的行为的性质和侵权行为的构成要件几个方面去确定。受托人的侵权行为既包括一般侵权行为，

---

[1] J. Sinde Monteiro 和 Maria Manuel Veloso：《对他人造成的损害的责任：葡萄牙法》。载于 J. 施皮尔《侵权法的统一：对他人造成的损害的责任》，梅夏英、高圣平译，法律出版社，2009 年版，第 262、273 页。

[2] J. Sinde Monteiro 和 Maria Manuel Veloso：《对他人造成的损害的责任：葡萄牙法》。载于 J. 施皮尔主编《侵权法的统一：对他人造成的损害的责任》，梅夏英、高圣平译，法律出版社，2009 年版，第 274 页。

[3] J. Sinde Monteiro 和 Maria Manuel Veloso：《对他人造成的损害的责任：葡萄牙法》。载于 J. 施皮尔主编《侵权法的统一：对他人造成的损害的责任》，梅夏英、高圣平译，法律出版社，2009 年版，第 274 页。

[4] 由于受托人侵权行为的构成是符合侵权责任法原理的，和其他侵权行为共通的相一致的构成要件，在侵权行为法上与一般自然人侵权行为的构成没有什么区别，所以这里不一一作重点论述。请参见：Antunes Varela，《债法总论》，第一卷，第十版，唐晓晴译，未出版，第 375 页。

也涵盖特殊侵权行为。侵权行为的类型不同，所要求的归责原则不同，构成要件也不同，两种侵权行为构成要件的主要区别就是关于过错的规定。值得注意的是，无过错责任原则，是针对委托人的主观因素而言的，而非针对受托人。受托人行为构成侵权时，其主观上可以有过错，也可无过错。第一种可能的情形，如果受托人因执行委托职务所从事的活动属于适用过错责任的场合，即某一个加害行为的侵权责任是以过错为要件的（即我们常说的一般侵权行为），要求行为人有主观过错，只有受托人主观上存在过错才能产生侵权责任，如果受托人在实施该行为时并没有过错，则不构成侵权，那么委托人自然不必对此行为造成的损害承担担保责任；如果受托人实施该行为时有过错，委托人就要为其承担担保责任。第二种可能的情形，如果受托人职务侵权属于适用无过错责任的特殊侵权行为中，过错并不是成立侵权责任的要件，则无需受托人主观上有过错，比如在产品责任中不必考虑受托人的主观上有无过错，即某一加害行为的侵权责任不以过错为要件，而受托人的职务行为又符合该责任的构成要件，则不考虑实施该加害行为的受托人有无过错，受托人的行为就成立侵权，委托人均应对此为其承担担保责任。当然，如果受托人的行为虽然造成他人的损害，但由于特定抗辩事由而无须承担责任时，委托人的担保责任也相应地免除。

受托人的行为须构成侵权行为，给第三人造成了损害，受害人因受托人的加害行为而遭受的人身或财产的不利后果，是产生侵权损害赔偿责任的基础。再者，受托人加害行为包括受托人积极的加害行为，也包括受托人不履行法定义务的消极加害行为。此外，受托人的侵权行为给第三人造成的损害的范围既包括人身损害也包括财产损害，既可以是直接的损害，也可以是间接的损害，当然也不排除承担精神损害赔偿的可能。受托人的侵权行为给第三人造成了损害的事实，这里值得关注的是第三人的范畴问题，第三人是否包括致害受托人之外的委托人的其他受托人？笔者认为，委托人之责任理论并没有排除受雇于同一委托人的其他受托人于第三人之外，所以此处的第三人应指除了委托人及致害受托人以外的其他所有人。[1]

此外，值得注意的是，如果受害人起诉了委托人，并且受托人的行为也有过错，根据《澳门民法典》第四百九十三条第三款的规定，委托人可以向受托人追偿，除非他本身也有过错，此时，委托人依据自身的过错程度和及其过错所造成之后果而承担责任。这意味着，在一般侵权行为中，要求行为人有主观过错，如果受托人实施该行为时没有过错，那么他就不构成侵权，而委托人也不必为其承担担保责任；如果受托人实施该行为时有过错，那么，他就符合一般侵权行为的构成要件，委托

---

[1] 如果受害人是同一委托人的其他受托人，此时分两种情况来对待，如果受损的受托人不是在执行职务的过程中的话，受同一委托人的其他受托人职务行为侵害的，这同受托人对普通的第三人侵害没有什么不同，都是由委托人承担担保责任。如果受损的受托人是在执行职务的过程中的话，受同一委托人的其他受托人职务侵害的，存在责任竞合问题，符合委托人之责任的构成要件情况下，可以追究其他受托人侵权的委托人之责任；符合工伤损害赔偿的条件，亦可按受托人工伤处理。基于请求之权利的基础不同，所导致的侵权行为构成要件、举证责任等许多方面会有不同，可以由受害人自主选择如何追究责任，是请求委托人承担担保责任还是请求工伤损害赔偿，不能剥夺受害人的选择权，不能因为受害人有其他权利救济途径而扼杀其向委托人请求其承担担保责任的权利。

人就要为其承担担保或替代责任，但在委托人承担了替代责任之后，如果委托人本身没有过错，那么他享有对受托人的追偿权。如果受害人基于对侵权行为人（即受托人）的严格责任而有权得到赔偿的，那么《澳门民法典》第四百九十三条第三款不适用，即委托人不能根据这一条款享有对受托人的追偿权。Cordeiro 认为，委托人不能根据《葡萄牙民法典》第五百条获得补偿❶，这是因为在特殊侵权行为中，过错并不是成立侵权责任的要件，比如在产品责任等风险责任中不必考虑受托人的主观过错，只要其实施了不法行为，造成了损害结果，委托人就为其承担担保或替代责任，而且委托人不拥有对受托人的追偿权。当然，如果受托人的行为虽然造成他人的损害，但由于特定抗辩事由而无须承担责任时，委托人的担保责任也相应地免除。再次，值得注意的是，J. Sinde Monteiro 和 Maria Manuel Veloso 指出，合同民事责任和非合同民事责任上雇主替代责任的一个非常重要的区别就是，前者可以根据《澳门民法典》第七百八十九条第二款（《葡萄牙民法典》第八百条第二款）“当事人可以排除这种严格责任”，而后者却不能透过利害关系人之事先协议将委托人之替代或担保责任这种严格责任排除。❷

总而言之，当上述三个要件符合后，根据《澳门民法典》第四百九十三条第一款，委托人无论本身有无过错，都要对受托人造成的损害负责。如前所述，这种风险责任的倾向是为了保护作为债权人的第三人的利益，为了保障其所遭受到的损害能得到及时的弥补。

3. 委托人之责任的归责原则

委托人之责任是以委托关系为前提的特殊侵权责任，而归责原则是侵权法的基本规则，效力贯穿于侵权法始终。委托人之责任中其实涵盖三个归责原则，第一个是委托人承担责任的归责原则，即我们这里所说的委托人之责任的归责原则，第二个是受托人侵权行为的归责原则，第三个是受托人最终承担责任的归责原则。

委托人之责任的归责原则是确定和追究委托人对受托人的侵权行为承担赔偿责任的基础，它在委托人之责任制度中起到的重要作用是不言而喻的。根据《澳门民法典》第四百九十三条（《葡萄牙民法典》第五百条）之第一款规定，可知葡萄牙民法或澳门民法把委托人就其行为承担责任的性质界定为客观责任或风险责任❸，即委托人应当对受托人活动产生的风险负责，如 Antunes Varela 所说的，“现行民事法律明确指出委托人责任的客观特征，肯定了其责任不取决于过错（《葡萄牙民法典》第

❶ J. Sinde Monteiro 和 Maria Manuel Veloso：《对他人造成的损害的责任：葡萄牙法》。载于 J. 施皮尔《侵权法的统一：对他人造成的损害的责任》，梅夏英、高圣平译，法律出版社，2009 年版，第 277 页。

❷ J. Sinde Monteiro 和 Maria Manuel Veloso：《对他人造成的损害的责任：葡萄牙法》。载于 J. 施皮尔《侵权法的统一：对他人造成的损害的责任》，梅夏英、高圣平译，法律出版社，2009 年版，第 279 页。

❸ 又或无过错责任原则。

五百条第一款）”。[1]风险责任原则认为：委托人之责任不是建立在委托人过错基础之上的，无论委托人自身有无过错，都应该为受托人在执行职务过程中肇致第三人损害的侵权行为承担责任，这不同于主要以德国和日本等国家为代表所采用的过错责任原则的特殊形式之过错推定责任[2]，如 Antunes Varela 所言，“在构建委托人责任时，排除了过错的前提，并超越了单纯的过错推定”[3]，将过错的问题剔除在责任构成要件之外。[4]

委托人责任属于无过错责任，即委托人对受托人侵权责任的承担不以委托人存在过错为依据[5]，“委托人本身不必有过失，雇员的过失由法律推在他身上”[6]。澳门对委托人之替代责任或担保责任的相关立法规定都没有提及委托人可以通过证明自己已尽对受托人的选任与监督之相当注意义务，或即便加以相当之注意义务仍不免发生损害而免责。委托人承担赔偿责任的前提，受托人的行为要符合侵权责任的要

[1] 《葡萄牙民法典》第五百条第一款即《澳门民法典》第四百九十三条第一款。请参见：Antunes Varela，《债法总论》，第一卷，第十版，唐晓晴译，未出版，第 451 页。

[2] 正如 Antunes Varela 所说的：“这里所指的并不是单纯的过错推定（如属过错推定，委托人如欲免除赔偿义务便必须推翻推定），而是一项免除过错的责任，所以，并没有证据证明委托人的行为无过错，或即使他的行为没有过错，损害照样也会发生。”请参见：Antunes Varela，《债法总论》，第一卷，第十版，唐晓晴译，未出版，第 451-452 页。

[3] Antunes Varela：《债法总论》，第一卷，第十版，唐晓晴译，未出版，第 456 页。

[4] 过错推定责任仍是以委托人存在过错为前提，即委托人本身对于损害的发生有过错，如其对受托人的选任、监督未尽必要的注意义务等，只是将原来由受害人证明委托人有过错的举证责任倒置到委托人身上，由委托人来证明自己没有过错，如果委托人能够证明自己在选任和监督方面没有过失或即使尽相当注意义务损害仍会产生时，则不对受托人造成的损害承担委托人之责任；如果委托人无法证明其没有过错，法律就推定委托人有过错，由委托人来承担赔偿责任。请参见：《德国民法典》第八百三十一条，《日本民法典》第七百一十五条。《德国民法典》第八百三十一条：“使用他人执行事务者，就该他人因执行事务不法加于第三人之损害，负赔偿责任。使用人于选任雇员及关于装置机器或器具或指挥事务之执行之际已尽交易上必要之注意，或纵加以注意仍不免发生损害者，使用人不负赔偿责任。”《日本民法典》第七百一十五条：“（一）因某事业雇佣他人者，对雇员因执行其职务而加于第三人的损害，负赔偿责任。但是，雇主对雇员的选任及其事业的监督已尽相当注意时，或即使尽相当注意损害仍会产生时，不在此限。（二）代雇主监督事业者，亦负前款责任。（三）前二款规定，不妨碍雇主对雇员行使求偿权。”另外，对于雇主责任，中国台湾地区较为特殊，其采用过错推定责任与衡平责任相结合的制度，根据台湾地区的“民法典”第一百八十八条之规定：“雇员因执行职务，不法侵害他人之权利者，由雇主与行为人连带负损害赔偿责任。但选任雇员及监督其职务之执行已尽相当之注意，或纵加以相当之注意仍不免发生损害时，雇主不负赔偿责任。被害人依前项但书之规定，不能受损害赔偿时，法院因其申请，得斟酌雇主与被告人经济状况，令雇主为全部或一部分之赔偿。雇主赔偿损害时，对于为侵权行为之受雇人，有求偿权。”依照本条，雇主可以通过证明自己在选任和监督上已尽相当之注意义务或即使尽到了相当之注意义务而仍不能避免损害的发生的抗辩事由而得以免责。但雇主证明自己没有过错而免于承担责任的情况下，法院可以根据受害人的请求适用衡平责任要求雇主承担部分或全部责任。

[5] 采用无过错责任原则的国家主要有大陆法系的法国、意大利等国以及英美法系国家。例如《法国民法典》第一千三百八十四条，《意大利民法典》第二千零四十九条、《希腊民法典》第九十二条、《比利时民法典》第一千三百八十四条都有类似规定。它们的表述可能不尽相同，其共同点是不以委托人选任或监督受托人的过错确定委托人的责任，无论委托人有无过错，均应对受托人执行职务中的侵权行为承担责任。

[6] 弗莱明：《民事侵权法概论》，香港中文大学出版社，1992 年版，第 142 页。

件，从而受害人向委托人要求赔偿时，其不用考虑委托人是否有过失，无须证明委托人的过错，委托人也不能通过证明自己没有过错而免责，委托人不得主张自己对选任或监督受托人已尽相当之注意义务，或即使尽到这种义务仍不免发生损害而免责。简而言之，委托人本身即使对侵权行为的发生无任何过失，仍应对受托人的行为负责，这体现了最大限度地保护受害人利益的民法理念。

但是，值得注意的是，正如 Pires de Lima 和 Antunes Varela 所言，委托人之责任的归责原则采用无过错责任原则，只是针对作为承担责任的委托人来说的，委托人承担责任不考虑委托人主观上是否存在过错，但并不是对受托人而言的，并不是不考虑受托人在实施侵权行为时的过错。实际上，按照《澳门民法典》第四百九十三条第一款（《葡萄牙民法典》第五百条第一款）的后半部分，“只要受托人对该损害亦负赔偿之义务”，Antunes Varela 和 P. N. de Carvalho 都将此诠释为法律“要求雇员有过错行为”，而 J. Sinde Monteiro 和 Maria Manuel Veloso 则将此理解为“法律要求雇员本身必须有责任的”。[1]对此，笔者更倾向于后面两位学者的观点，认为《澳门民法典》第四百九十三条第一款后半部分说明受托人的行为已构成侵权恰恰正是委托人之责任的构成要件之一，以受托人的职务行为应当承担侵权责任为基础条件，至于是否以受托人主观上具有过错（故意或过失）为必要，我们认为不能一概而论，应视受托人实施的侵权行为类型来定夺。概言之，蕴涵着受托人之责任的前提必须是以受托人的行为已构成第三人之合法权益之侵犯，无论这一责任是基于过错行为，抑或是基于严格责任或无过错责任而产生的。反之，如果客观上不存在受托人对第三人的侵权行为，就没有在该基础之上的委托人之责任，让委托人承担责任就无从说起，所以必须结合受托人侵权行为的具体侵权类型和受托人的主观状态，先判断受托人的行为本身是否构成侵权。正如 J. Sinde Monteiro 和 Maria Manuel Veloso 进一步指出的，“总体来讲，不管是过错行为案件，还是严格责任案件，雇员的责任是唯一要件”[2]，如果受托人在执行职务过程中给他人造成了损害，但是受托人的行为本身根本就不构成侵权，在法律上应受责难性是缺失的，则没有任何理由要求委托人为此对第三人承担侵权责任。具体而言，对于受托人（雇员）侵权行为的归责原则是根据侵权行为的构成要件来判断的，视受托人侵权行为是属于《澳门民法典》第四百七十七条第一款规定的一般侵权行为，还是归入《澳门民法典》第四百七十七条第二款中所述的法律明确规定的特殊侵权行为。如果受托人实施的侵权行为属于一般侵权行为，按照《澳门民法典》第四百七十七条第一款一般侵权责任即因不法事实所生之责任之过错责任原则，其成立以过错为要件，应以受托人主观上具有故意或过失为必要，即委托人承担责任的前提是该受托人在实施该行为时存在主观过

---

[1] J. Sinde Monteiro 和 Maria Manuel Veloso：《对他人造成的损害的责任：葡萄牙法》。载于 J. 施皮尔《侵权法的统一：对他人造成的损害的责任》，梅夏英、高圣平译，法律出版社，2009 年版，第 263 页。

[2] J. Sinde Monteiro 和 Maria Manuel Veloso：《对他人造成的损害的责任：葡萄牙法》。载于 J. 施皮尔《侵权法的统一：对他人造成的损害的责任》，梅夏英、高圣平译，法律出版社，2009 年版，第 263 页。

错，或出于故意，或出于过失，否则，委托人对此行为造成的损害不承担责任，此时如 J. Sinde Monteiro 和 Maria Manuel Veloso 所言，“当雇员有过错时，会构成雇主的过错”❶。但如果受托人实施的侵权行为是《澳门民法典》第四百七十七条第二款或第四百九十二条规定的风险责任之特殊侵权行为，其不以受托人主观上具有过错为必要，则不必考虑受托人主观上是否具有故意或过失，即便受托人尽到了合理注意义务，但是发生了风险责任，受托人就是有责任的，满足《澳门民法典》第四百九十三条后部分所说的“只要受托人对该损害亦负赔偿之义务”，因此委托人就要承担责任。

此时，诚如 J. Sinde Monteiro 和 Maria Manuel Veloso 所强调的，“很多严格责任的案件已经排除了雇员的责任，因为他不是从使用动物、汽车或煤气安装中受益的人(《葡萄牙民法典》第五百零二、第五百零三条、第五百零九条）”❷,《澳门民法典》相对应的法条为第四百九十五条、第四百九十六条以及第五百零二条。如果受托人实施的侵权行为属于《澳门民法典》第四百七十七条第二款中法律明确规定的特殊侵权行为，如《澳门民法典》第四百九十五条（由动物造成之损害)❸，第五百零二条第一款（由电力或气体之设施造成之损害）其成立不以过错为主观要件，则不必考虑受托人主观上是否具有故意或过失，即当受托人的行为造成第三人损害时，无论实施该侵权行为的受托人有无过错，即便受托人在主观上对此没有过错，而委托人都应对受托人之行为承担替代责任或担保责任，即应对此行为造成的损害承担责任，因委托人对此承担的是无过错之风险责任，而此时在主观上对此没有过错的受托人之责任已被剔除，不用承担赔偿责任。但《澳门民法典》第四百九十六条对《葡萄牙民法典》第五百零三条之规定有所修改，笔者在这里想重述 Antunes Varela 所说的一个经典例子：“如果受托人为着车主之利益而驾驶车辆，且在引致第三人遭受损害之事故中，未能证明或推定驾驶者有过错，而是因为与车辆有关之不可抗力所引致，此时事故之肇事者应为车主——而且只有他——应对受损害之第三人负责，受托人没有任何责任（《葡萄牙民法典》第五百零三条第一款)。”❹ 但是令人遗憾的是，这个例子在澳门却是没有说服力的，因为根据《澳门民法典》第四百九十六条第三款之规定，对于为他人驾驶车辆之人的归责原则，由《葡萄牙民法典》第五百

---

❶ J. Sinde Monteiro 和 Maria Manuel Veloso：《对他人造成的损害的责任：葡萄牙法》。载于 J. 施皮尔《侵权法的统一：对他人造成的损害的责任》，梅夏英、高圣平译，法律出版社，2009 年版，第 263 页。

❷ J. Sinde Monteiro 和 Maria Manuel Veloso：《对他人造成的损害的责任：葡萄牙法》。载于 J. 施皮尔《侵权法的统一：对他人造成的损害的责任》，梅夏英、高圣平译，法律出版社，2009 年版，第 263 页。

❸ 《澳门民法典》第四百九十五条规定：“为本身利益而饲养或利用任何动物之人，须对该等动物所造成之损害负责，只要损害系因饲养或利用动物而生之固有危险所引致者。”

❹ Antunes Varela：《债法总论》，第一卷，第十版，唐晓晴译，未出版，第 455 页。

零三条第三款规定之过错推定责任更改为风险责任。❶

如前所述，受托人行为构成侵权是委托人承担赔偿责任的必要条件，但是也并非只要受托人行为构成侵权，委托人就一定承担委托人之责任这一客观责任，现实中也存在受托人的职务行为虽然构成侵权，但委托人却并非作为担保或替代的身份代替受托人承担责任的情况，而是以自己的身份去承担自己的责任，不关乎委托人之责任这一风险责任。正如 Antunes Varela 所言："如果委托人在本身作为时有过错的话，他的责任也可以不取决于受托人之过错。在这种情况下，已经不是客观责任了，而是基于委托人过错行为的不法事实之责任。"❷

再者，需要注意的是，如果委托人本身也有过错，委托人故意指示或教唆受托人侵害他人权利而造成他人的损害的，受托人对此有过错的，则两者之间成立共同侵权，由委托人和受托人承担连带责任，而不发生委托人之担保或替代责任。即委托人和受托人双方都有过错应由委托人与受托人承担连带责任，并不产生委托人之客观责任。在这种情况下，适用《澳门民法典》第四百九十条第二款的规定，委托人与受托人将根据自身的过错程度及其过错造成的后果承担责任。另外，若基于委托人与受托人共同故意或共同过失而为的侵权行为，或者委托人对于受托人的侵权行为给予以便利或帮助，无论委托人是出于故意或是过失，都要与受托人承担共同侵权责任，也不发生委托人之风险责任。

4. 法人之责任

法人的侵权责任指法人对法人的机关❸、机关据位人、受权人及受任人在执行职务过程中所实施的致害行为所承担的责任。作为拟制主体的法人的一切活动只能透过法人的机关、机关据位人及工作人员去实施，法人可能承担个人自己责任，亦可能担负替代责任❹，前者是法人对其机关、机关据位人在执行职务中的侵权行为向受害人承担的赔偿责任，后者是法人对其一般工作人员在履行雇佣合同中的侵权行为对受害人所担负的损害赔偿责任。根据《澳门民法典》第一百五十二条，"法人对其

❶ 《澳门民法典》第四百九十六条第三款是对《葡萄牙民法典》第五百零三条第三款的修改。《澳门民法典》第四百九十六条（由车辆造成之事故）：一，实际管理并为本身利益而使用任何在陆上行驶之车辆之人，即使使用车辆系透过受托人为之，亦须对因该车辆本身之风险而产生之损害负责，而不论该车辆是否在行驶中。二，不可归责者按第四百八十二条之规定负责。三，为他人驾驶车辆之人，须对因该车辆本身之风险而产生之损害负责，但该人虽在执行职务，而车辆不在行驶中者除外。《葡萄牙民法典》第五百零三条（由车辆造成之事故）：一，实际管理并为本身利益而使用任何在陆上行驶之车辆之人，即使使用车辆系透过受托人为之，亦须对因该车辆本身之风险而产生之损害负责，而不论该车辆是否在行驶中。二，不可归责者按第四百八十二条之规定负责。三，为他人驾驶车辆之人，须对因该车辆造成之损害负责，但倘能证实驾驶人没有过错者除外；但若驾驶人不在执行其作为受托人之职务，则应按第 1 款这规定负责。

❷ Antunes Varela：《债法总论》，第一卷，第十版，唐晓晴译，未出版，第 456 页。

❸ 如《澳门民法典》第一百四十五条中所指的行政管理机关或监事会。

❹ J. Sinde Monteiro 和 Maria Manuel Veloso：《对他人造成的损害的责任：葡萄牙法》。载于 J. 施皮尔《侵权法的统一：对他人造成的损害的责任》，梅夏英、高圣平译，法律出版社，2009 年版，第 263 页。

机关据位人、人员、受权人或受任人之作为或不作为，负有一如委托人对受托人之作为或不作为所应负之民事责任”，这其中包含了对法人之非合同民事责任的规定。❶《澳门民法典》第四百九十三条（委托人之责任）亦有类似之规定，要求法人为其工作人员在执行职务中的侵权行为承担责任。而《澳门民法典》第四百九十四条则是对公法人之责任的特别规定：“任何公法人之机关、人员或代表人在从事私法上之管理活动中对第三人造成损害者，该公法人须按委托人就受托人所造成之损害负责之有关规定，对该等损害承担民事责任。”无论是公法人，还是私法人，法人作为一个社会组织，其本身并不能为具体的行为，不能亲自实施行为，它的一切行为只能透过法人的机关、机关据位人、人员、受权人或受任人所实施。❷这就在某种程度上诠释冯·巴尔所说的“法人不可能有过错，但它可能承担责任”❸。如 F. Correia 认为：“如果法人机关和代理人是在能力范围内行事，公司要承担责任。”❹

另外，值得注意的是，不是所有的民法典都区分法人对法人机关的责任这一特别情形和法人对其工作人员的责任，如冯·巴尔所指出的，除了一些关于公司法的判决中有关于法人机关责任的规则之外，在奥地利、比利时、法国、意大利、卢森堡、荷兰及西班牙等很多欧洲国家的民法典中，均没有涉及法人机关责任的专门性条款，但在德国、希腊及葡萄牙等国家的民法典中有着起“澄清作用”的此等规定。❺对于葡萄牙，请参见《葡萄牙民法典》第一百六十五条、第五百条和第九百九十八条。而在中国澳门地区，比较上述的《澳门民法典》第一百五十二条（法人之民事责任）和第四百九十四条（公法人之责任）这两个条款，可知第一百五十二条没有此等规定，但是第四百九十四条明确规定有法人机关这一特别情形。而根据《澳门民法典》第四百九十三条，可知法人的工作人员的侵权损害责任也属于委托人之责任的范畴，法人的替代或担保责任概括在委托人之责任的条款中。至于法人行为主体的不同会不会引致所产生的侵权行为的责任性质的不同，这似乎饱受争议，争议在于对于法人机关的侵权行为，法人对其机关的责任到底是对他人的责任，还

---

❶ 另外，请参见：《澳门民法典》第一百五十条（对第三人之直接责任）：“法人机关据位人须就其担任职务时所造成之损害，按照一般规定对第三人负责。”《澳门民法典》第一百五十一条（受任人及受权人）：“以上两条之规定，经作出必要配合后，适用于法人之受任人及受权人。”《澳门民法典》第一百五十一条所述的“以上两条之规定”，是指《澳门民法典》第一百四十九条和第一百五十条之规定，但第一百四十九条与此处探讨内容无关，所以在此没有列出此条的内容。

❷ 克雷斯蒂安·冯·巴尔，《欧洲比较侵权行为法》，张新宝译，法律出版社，2001 年版，第 224 页，注解 1020。

❸ 克雷斯蒂安·冯·巴尔：《欧洲比较侵权行为法》（上册），张新宝译，法律出版社，2001 年版，第 224 页。

❹ J. Sinde Monteiro 和 Maria Manuel Veloso：《对他人造成的损害的责任：葡萄牙法》。载于 J. 施皮尔《侵权法的统一：对他人造成的损害的责任》，梅夏英、高圣平译，法律出版社，2009 年版，第 266 页。

❺ 克雷斯蒂安·冯·巴尔：《欧洲比较侵权行为法》（上册），张新宝译，法律出版社，2001 年版，第 224 页，注解 1020。

是对自己的不当行为承担的责任？[1]因为法人机关一般被视为法人自身的组成部分，法人机关一般无须专门授权即可在法律和章程规定的权限范围内直接代表法人为一定的民事行为，法人机关在职务范围内的行为被视为法人自身的行为，其法律后果直接由法人承担。正如冯·巴尔所说的，如果法人机关理论的原则为绝大多数欧洲国家付诸实施，得出的结论可能是："法人对其机关的责任不是对他人的责任，而是对自己的不当行为的责任。"[2]对此可能的解释是，法人对其机关和机关据位人的职务侵权行为所承担的责任，不是对他人的行为承担责任，而是法人对自己的行为承担责任，类似于自然人为自己的侵权行为承担损害赔偿责任，这属于一般侵权行为，而非法律规定之特别侵权行为，可以透过适用一般侵权行为的条款加以规范，不必特别做出规定。但又正如冯·巴尔所言，"目前不可能也没有必要判断哪一种观点是正确的"，因为"法人对其机关的责任为严格责任的原则之理论没有任何争议"。[3]而在澳门，根据《澳门民法典》第一百五十二条、第四百九十三条和第四百九十四条之规定，当法人的机关[4]、机关据位人、人员、受权人或受任人在执行职务过程中致人损害时，法人所承担的赔偿责任，都视为风险责任之委托人之责任。由此可见，在澳门，法人对法人的机关、机关据位人及其他工作人员的职务侵权行为承担责任的性质没有明显的区别，并没有将法人机关的行为与后两者的行为区别开来，认为法人的机关、机关据位人及其他工作人员致害责任与委托人之责任在责任性质、构成要件、法律后果等方面没有实质差别，因此被纳入委托人之责任的范畴之中，法人在此种情况下承担的都是委托人之责任。据此可知法人侵权行为也属于特殊的侵权行为，是为他人的行为负责，是一种委托人之责任，法人侵权责任的责任主体是法人自己。

5. 委托人之责任的特殊情形——公法人之责任

相对于一般的委托人之责任，公法人之责任的特殊性在于，只有澳门特别行政区享有立法、行政、司法权和财政权的机关及工作人员才能构成公法人侵权行为的主体。对于公法人，J. Sinde Monteiro 和 Maria Manuel Veloso 指出："我们必须区别私人行为和为实现具体公共目标的行为。"[5] 民法关于在执行职务过程中的侵权，对本

---

[1] 克雷斯蒂安·冯·巴尔：《欧洲比较侵权行为法》（上册），张新宝译，法律出版社，2001 年版，第 223 页。

[2] "而且可以争论的是，法人是'通过'其机关实施行为的，即被任命作为其经理和代理人的自然人实际上是它的大脑和躯体。换言之，法人是被定义为由自然人来代表它（的人）。在任何时候，只有自然人行为时法人才行为。这是法人机关理论的原则。"请参见：克雷斯蒂安·冯·巴尔，《欧洲比较侵权行为法》，张新宝译，法律出版社，2001 年版，第 225 页。

[3] 克雷斯蒂安·冯·巴尔：《欧洲比较侵权行为法》，张新宝译，法律出版社，2001 年版，第 225-226 页。

[4] 至少根据上述的《澳门民法典》第四百九十四条。

[5] J. Sinde Monteiro 和 Maria Manuel Veloso：《对他人造成的损害的责任：葡萄牙法》。载于 J. 施皮尔主编《侵权法的统一：对他人造成的损害的责任》，梅夏英、高圣平译，法律出版社，2009 年版，第 266 页。

地区行政当局及其他公法人的机关或行政人员来说，执行职务既包括作为行使政府公权力的澳门特别行政区政府机关及公务人员依据法律，行使公法上的职权行为，也涵盖其作为公法人的政府机关和其工作人员，根据公法人的指示，所从事的私法上的管理活动，如购买办公用品、订立买卖合同、租赁合同及劳务合同等。

如果是后者，即公法人的机关及其机关工作人员在从事私法上管理活动中实施了侵权行为的，本地区行政当局及其他公法人没有行使公权力，只是作为一般民事主体参与到社会活动中时，与自然人、公司法人的民事权利义务并没有实质的差别，在民事法律关系中，本地区行政当局及其他公法人之机关、人员或代表人在从事私法管理上的职务活动中对第三人所造成之侵权行为，由公法人替代其承担损害赔偿责任，与委托人之责任并没有区别。根据《澳门民法典》第四百九十三条和第四百九十四条之规定，公法人要对公法人之机关、人员或代表人之行为承担替代责任或担保责任。

如果是前者，对于公共行为，按照 J. Sinde Monteiro 和 Maria Manuel Veloso 的解释，我们可知政府可以从它的政府事务行为和特殊的政府职责中获得利益，并且能用政府独特的方式方法去行事。[1]葡萄牙 1967 年 11 月 12 日《第 48051 号法令》第二条规定“公共行为”，如 J. Sinde Monteiro 和 Maria Manuel Veloso 所诠释的，“当代理人和机关的侵权行为，发生在雇佣范围内，由雇佣关系而生”，即对国家机关及其工作人员在从事公法上的职务活动中所造成的侵权，“国家要承担责任”，同时根据该法令第三条，“仅在公务员存在明显过失和疏忽时，赔偿诉讼才可以被提起”。[2]葡萄牙 1967 年 11 月 12 日《第 48051 号法令》没有在澳门生效，而是由澳门 4 月 22 日第 28/91/M 号法令对“公共实体受行政法律规范的活动的非合同民事责任作出规范”[3]，《订定本地区行政当局、公共法人其权利人及公共管理代理人之合约外民事责任制度》规定了本地区行政当局及其他公法人等公共机构的公法管理行为。该法令第二条（行政当局及其他公法人之责任）规定，“本地区行政当局及其他公法人，对其机关或行政人员在履行职务中以及因履行职务而作出过错之不法行为，应向受害人承担民事责任”，即当本地区行政当局及其他公法人之机关、人员或代表人在执行公务的活动中，存有过错从而侵犯自然人、法人等的合法权益的，或者说当机关或行政人员的过错之侵权行为，发生在行使公法上的职权行为或在履行职务之中，由履行职务或委托关系而生，本地区行政当局及其他公法人要承担民事责任。根据同一法令第五条之规定，仅在机关据位人或行政人员有过错，其是“出于故意或明显欠缺

[1] J. Sinde Monteiro 和 Maria Manuel Veloso：《对他人造成的损害的责任：葡萄牙法》。载于 J. 施皮尔主编《侵权法的统一：对他人造成的损害的责任》，梅夏英、高圣平译，法律出版社，2009 年版，第 266 页。

[2] J. Sinde Monteiro 和 Maria Manuel Veloso：《对他人造成的损害的责任：葡萄牙法》。载于 J. 施皮尔主编《侵权法的统一：对他人造成的损害的责任》，梅夏英、高圣平译，法律出版社，2009 年版，第 266 页。

[3] 澳门 2006 年 1 月 18 日 23/2005 号案统一司法见解，第 38 页。

担任职务所需之注意及热心”时，本地区行政当局及其他公法人对该有过错之机关据位人或行政人员才享有求偿权。另外，除了该法令第五条之规定本地区行政当局及其他公法人对其机关或行政人员在从事公务活动中过错之不法行为承担责任外，同一法令第九条和第十条分别规定了本地区行政当局和其他公法人之“危险责任”和“符合规范行为之责任”等无过错责任原则，是指本地区行政当局及其他公法人之机关及其工作人员履行职务中给第三人造成损害的，无论行为人有无过错，本地区行政当局及其他公法人均应承担赔偿责任。关于公法人之公共管理和私法管理活动所造成侵权行为的另一区别，体现在诉讼之有管辖权之法院的不同上。澳门特别行政区第 9/1999 号法律《司法组织纲要法》第三十条第二款第（三）项规定，“在行政上的司法争讼方面，在不影响中级法院的管辖权的情况下，行政法院有管辖权审理”，包括“关于澳门特别行政区、其他公共实体及其机关据位人、公务员或服务人员在公共管理行为中受到损害而提起的非因合同而产生的民事责任的诉讼，包括求偿诉讼”，即将行政当局和其他公法人的公共管理活动所肇致的损害的非合同民事责任而提起诉讼之审判权赋予行政法院，而行政当局和其他公法人的私法管理活动所导致的损害的非合同民事责任而提起诉讼之审判权则赋予普通管辖法院。比如在公立医院的医疗行为，公立医院医护人员在履行职责时所实施的行为为公共管理行为，公共医院对患者所造成的损害应承担非合同民事责任的损害赔偿责任。❶

6. 免除或减轻责任事由

委托人之责任是一种基于法律的制度设计，受托人的侵权行为是委托人之责任存在的前提条件，委托人要承担侵权责任，首先必须要求受托人的侵权责任完全符合《澳门民法典》所规定的构成要件。如果受托人的行为虽然造成了他人合法权益的损害，但若因某种正当的理由或不归责性事由（如不可抗力等）特定抗辩事由的存在引致受托人不必承担侵权责任，则委托人的责任也相应被免除。因此，受托人在其致害过程中存在抗辩事由应该同样适用于委托人对于受害人责任的承担，不可抗力、正当防卫、紧急避险、受害人之过错等也应该成为委托人免除或减轻责任的事由。J. Sinde Monteiro 和 Maria Manuel Veloso 指出，委托人可以以受害人明知道受托人没有得到授权而为之来对抗受害人，此种情形下受害人行使诉讼权利被认为是构成

---

❶ J. Sinde Monteiro 和 Maria Manuel Veloso：《对他人造成的损害的责任：葡萄牙法》。载于 J. 施皮尔主编《侵权法的统一：对他人造成的损害的责任》，梅夏英、高圣平译，法律出版社，2009 年版，第 267 页。

另外请参见：澳门 2006 年 1 月 18 日 23/2005 号案，“甲和乙在行政法院对护士丙和卫生局提起宣告之诉，请求因非合同责任连带判处其支付澳门币 3806000 元，其依据是第一被告造成产妇在仁伯爵综合医院死亡的不法和过错事实”。“在公共医疗机构内，因向 3 月 15 日第 24/86/M 号法令第三条第二款所指使用者提供卫生护理服务过程中的作为或不作为而要承担的民事责任具非合同性质”。澳门 2006 年 1 月 18 日 23/2005 号案统一司法见解，第 1 页和第 5 页。

《澳门民法典》第三百三十四条（《澳门民法典》第三百二十六条）权利之滥用[1]，同时，他们以葡萄牙2000年1月12日最高法院的判决来解释说明，“根据2000年1月12日最高法院的判决，虽然雇员签了一张没有授权的支票，但是最高法院拒绝适用替代责任，因为原告知道雇员在滥用职权”。[2]

此外，在现实生活中，可能存在委托合同约定委托期间受托人造成他人损害的，由委托人或受托人自行单独对受害人承担责任的情形，即委托双方对侵害第三人利益的责任承担做出的约定。对于这种免责条款（或减轻责任条款）的效力，可以从两方面去把握：一方面，根据合同相对性原则，委托双方的这种约定只能在合同当事人（即委托人和受托人）之间有效，这种约定不能对抗第三人，即我们这里所说的赔偿权利人，免责条款或减轻责任条款不能作为委托人免除责任的依据，委托人仍然应就受托人的职务行为给第三人造成的损害承担侵权责任。委托人对受托人职务侵权承担赔偿责任为一项法定义务，在受托人职务行为致人损害时，赔偿权利人有权请求其承担损害赔偿责任。那些试图通过事先约定的免责条款或减轻责任条款规避委托人之责任的做法，不能得到法律的支持。因为这种免责约定不是作为委托双方的委托人和受托人对自己民事权利的处分，而是对于第三人——受害人应负的法律强制义务的逃避。因此，委托人对受害人承担的外部责任不受委托合同双方内部约定的影响，该内部约定不能对抗受害人要求委托人承担侵权损害赔偿责任的请求，委托人对受托人在执行职务过程中对第三人造成损害的外部责任的承担上，不能因委托双方的约定而减轻或免除。另一方面，根据意思自治原则，法律也应保护民事主体的缔约自由，在不违反现行法律的前提下，有效的事先免责条款或减轻责任条款可以作为委托人和受托人内部责任分担的根据，委托人在承担对外责任后，可以依据免责条款或减轻责任条款要求受托人赔偿自己因对第三人承担赔偿责任所遭受的损失。

（二）被管束人（自然的无能力者）致人损害的民事责任

在被管束人（自然的无能力者）致人损害时，因为自然的无能力者在归责能力上的欠缺或不足，为了更好地保护受害人，澳门民法在作为加害人的自然的无能力者本人之外，引入了负有管束义务之人等其他的责任主体以填补受害人的损害。本部分主要是介绍在澳门现行侵权民事责任制度中，被管束人（自然的无能力者）致人损害后，为了平衡受害人、加害人、负有管束义务之人等诸多主体之间利益，应遵循什么样的原则和标准去解决自然无能力者致人损害所产生责任的承担问题。本部分首先旨在以自然无能力者（被管束者）的侵权责任能力（归责能力）为切入点

---

[1] 《澳门民法典》第三百二十六条（权利之滥用）：权利人行使权利明显超越基于善意、善良风俗或该权利所具之社会或经济目的而产生之限制时，即为不正当行使权利。

[2] J. Sinde Monteiro 和 Maria Manuel Veloso：《对他人造成的损害的责任：葡萄牙法》。载于J. 施皮尔主编《侵权法的统一：对他人造成的损害的责任》，梅夏英、高圣平译，法律出版社，2009年版，第276页。

去探讨，然后基本沿着自然无能力者和负有管束义务的人对自然无能力者致人损害所产生的责任的承担这一主线来进行探讨。值得指出的是，澳门地区立法中自然的无能力者可能构成侵权并承担侵权责任，自然的无能力者还可能承担衡平责任。

为了保护未成年人和特殊的成年人（如精神病人）等作为一个特殊的弱势群体的自然无能力者的人身、财产和其他合法权益，《澳门民法典》设置了相应的监护制度❶，只不过澳门立法将监护制度与亲权制度分别立法，即监护制度与亲权制度两者并存。❷滥觞于古罗马法中的“监护和保佐”制度之现代意义上的监护制度作为一项基础性的民事法律制度的设立❸，在于弥补被监护人民事行为能力之缺陷，以维护被监护人的利益，它关系着民法研究领域的一个重要课题，即未成年人和处于特殊情况下的成年人等自然无能力者的合法权益保护问题。纵观各国各地区立法，关于未成年人的监护问题主要有监护涵盖吸收亲权之广义监护，以及监护与亲权相分离之狭义监护这两种立法模式。广义的监护是对一切未成年人和处于特殊情况下的成年人的人身、财产权益或其他合法权益进行监督和保护的法律制度，英美法系国家或地区所采用的正是这种以监护制度囊括吸收亲权制度之广义监护的立法模式，统称监护，即监护涵盖亲权的内容，亲权与监护权不分。❹而大陆法系国家或地区，如法国、德国、日本、瑞士、加拿大魁北克、美国路易斯安那州等，一般采取狭义的监护制度，即监护和亲权相分离的模式，监护和亲权是两个不同的概念，两者有严格的区别。狭义的监护是指对不在亲权保护之下的未成年人，以及处于特殊情况下的成年人的人身和财产权益进行监督和保护的法律制度。❺狭义的监护不包括亲权的内容，即其排除亲权的内容，监护制度是亲权制度的延伸或补充。在这种立法模式下，父母不是未成年人的法定监护人，而是亲权人，面对未成年人的无行为能力的情形，只有在亲权不能发挥作用时❻，才以监护权弥补。葡萄牙和中国澳门地区采取的也是这种模式，即采取的是狭义的监护之概念，亲权制度和监护制度并存。监护权与亲权是有分别的，如葡萄牙著名学者 Mota Pinto 所说，“监护是补充亲权的一种方法”，而且“监护权不如亲权广泛”。❼ 再者，为了维护社会秩序，对于精神不健全等行为能力欠缺的成年人，《澳门民法典》为特殊的成年人建立成年人禁治产和准禁治产宣

---

❶ 这里所说的监护是指广义的，包括但不限于《澳门民法典》第一千七百七十八条所说的狭义的监护。

❷ 澳门地区立法区分亲权和监护权，享有权利的主体不同，而且权利的内容也不同；再者，监护权的获得一般必须经由法律程序，通过父母或法院指定；但是亲权获得于父母无需法律之赋予，只需父母子女间的身份关系即可获得。澳门有关亲权和监护方面的规定使得父母与未成年子女之间、监护人和被监护人之间的权利义务明晰化。

❸ 民事行为能力是指民事主体能够以自己独立的行为进行民事活动。请参见：周枏，《罗马法原论》（下），商务印书馆，1994 年版，第 241-267 页。

❹ 吴用：《儿童监护国际私法问题研究》，对外经济贸易大学出版社，2009 年版，第 14 页。

❺ 史尚宽：《亲属法论》，中国政法大学出版社，2000 年版，第 657-693 页。

❻ 指无父母或父母不能照顾的未成年人之情形。

❼ Carlos Alberto Da Mota Pinto：《民法总论》（中译本），澳门法律翻译办公室、澳门大学法学院及法务局，2001 年版，第 120 页。

告制度❶，被宣告为禁治产人或准禁治产人的财产通过保佐制度予以保护。❷具体而言，《澳门民法典》的第一百二十二条和第一百三十五条以及各自的后续数条规定对行为能力欠缺的成年人，通过法院进行司法拟制，宣告其为禁治产人或准禁治产人，并透过设立监护人或保佐人补充其行为能力的欠缺。❸简而言之，关于对未成年人和精神病人等自然无能力者的人身、财产及其他合法权益进行监督和保护的民事法律制度，澳门地区有三种：亲权、监护和保佐。

无论是亲权制度，还是监护制度的设立着眼点，都在于保护自然无能力者的人身、财产或其他合法权益❹，而且透过管理或约束自然无能力者的行为，防止自然无能力者对他人或社会造成损害。因为自然无能力者作为社会的一员，必然要参与到社会活动中去，在行为能力方面的缺陷和不足不能成为剥夺他们参加社会活动的借口。但不容忽视的是，同时在某些情况下自然无能力者的行为也可能会不可避免地对他人的人身、财产和其他合法权益造成损害，由此引致了本部分拟研究的自然无能力者致人损害的责任这样一个侵权行为法的重要课题。因自然无能力者致人损害的行为而可能承担责任的主体除被管束人本人外，责任主体还可能包括父母、监护人、幼儿园、学校等教育管理机构、精神病院，以及其他源于法律或合同而承担管理照料义务的自然人、法人或其他社会组织等。《澳门民法典》的第四百八十四条将这些责任主体统一称为有管束他人义务之人。为了与之相匹配，笔者将自然无能力者也称为被管束者。❺在自然无能力者（被管束者）致第三人损害的案件中，未成年

❶ 禁治产人制度，作为自然人（成年人）民事行为能力制度的组成部分，是民法为保护意识能力薄弱的成年精神病、酗酒成癖、吸毒以及因身体上的缺陷不能料理自己事务者等并兼顾交易安全而创设的一项制度。请参见：《澳门民法典》第一百二十二条（受禁治产约束之人）第一款：因精神失常、聋哑或失明而显示无能力处理本人人身及财产事务之人，得被宣告为禁治产人。《澳门民法典》第一百三十五条（受准禁治产约束之人）：对于长期性精神失常、聋哑或失明，但尚未严重至须宣告为禁治产人之人，或因惯性挥霍、滥用酒精饮料或麻醉品而显示无能力适当处理其财产之人，均得被宣告为准禁治产人。

❷ 关于《澳门民法典》的保佐制度，请参看：唐晓晴，《澳门民法》，载于《澳门法律新论》，社科文献出版社，2010 年版，第 197-198 页。

❸ 《澳门民法典》第一百二十二条至第一百三十九条。

❹ 严格意义来讲，在澳门特区，监护是对父母死亡或父母不能行使亲权的未成年人及禁治产人的人身、财产权益以及其他合法权益予以保护和管理的法律制度。

❺ 值得注意的是，仅指源于自然无能力的被管束者，至于因职业等原因造就的被管束者不是本文探讨方向所指。

人占有一定的比例。当然除了未成年人主体以外❶，还有精神障碍者❷，以及处于无意识状态者或处于酩酊状态的人，他们也与一般的行为主体不同。

探讨自然无能力者致人损害的责任承担问题，要研究自然无能力者是否要承担责任和其承担责任在法理上的逻辑起点，自然无能力者致人损害时管束人所应承担的民事责任和责任的性质，以及各自的归责原则，等等。但要弄清上述问题，首先要了解的便是管束的性质问题。管束的性质究竟是什么？❸是一项民事权利，还是一项民事义务，抑或是一项民事责任？笔者认为，从本质上来讲，管束不是一种单纯的权利❹、义务或者责任，而是一项涵盖了权利、义务和责任的民事法律制度❺，它有权利和义务的内容和特点，但不只是负有管束义务的人的权利和义务，它也是一种责任，却也不仅仅是指负有管束义务的人的责任。民事责任是行为人侵犯他人民事权利所应承担的法律后果，义务是责任的前提，责任是违反义务的后果，如果没有义务，责任就如空中楼阁，没有产生的基础。《澳门民法典》规定，在被管束人造成他人损害时，被管束人和负有管束义务之人是否承担责任及承担什么样的责任。在这一状况下的责任主体之所以也涵盖负有管束义务之人，这一责任正是源于我们这里所说的管束或监督义务。❻考量负有管束义务之人在此等情形下是否怠于其管束义务，这样的规定是为了防止负有管束义务之人不尽心尽责地履行自己的教育、督导任务，或是将自己置身事外而疏于履行职责，更有甚者，有的管束人甚至纵容自然无能力者的不法行为。而自然无能力者可能由于年龄或心智的原因无识别能力，不

---

❶ 例如，根据法院的裁定，一名14的男孩子A的父母已被解除亲权，男孩子A由社会教育机构监护至其成年。该机构对其监护期间的某日，A将由社会教育机构监护的一名女孩子B推倒在地，造成骨折，在医院花费了10000元葡币。按照《澳门民法典》第四百八十四条的规定，适用过错责任原则中的过错推定，不适用严格责任。因为A属于自然无能力的情况，该社会教育机构有义务去监管他。请参见：J. 施皮尔主编《侵权法的统一：对他人造成的损害的责任》，梅夏英、高圣平译，法律出版社，2009年第1版，第4、281页。

❷ 例如，一个25岁的精神病人（禁治产人）A与母亲一起生活，其母亲B是监护人。白天，A都去一个社会教育机构学习，晚上由该机构的巴士送回至母亲的家附近。一天，在下该教育机构的车后，他将石块扔向路上正在正常行驶的一辆小汽车，致使车辆驾驶者C受伤，经治疗后脸上还是有一块伤疤，在医院共花费了20000元葡币。因为A的侵权行为在下了该教育机构的巴士之后发生的，所以该教育机构不承担责任。按照《澳门民法典》第四百八十四条的规定，其母亲B有义务去监管她的孩子，所以B要承担责任。但B可以证明其已履行监管职责，又或证明即使已履行监管职责而损害仍然会发生。请参见：J. 施皮尔主编《侵权法的统一：对他人造成的损害的责任》，梅夏英、高圣平译，法律出版社，2009年版，第5、282页。

❸ 因为前述的原因，笔者这里不再称为监护，而称为管束。

❹ 说它有权利的因素，是因为不是所有的人都可以成为负有管束义务的人，负有管束义务的人一般是与被管束人具有一定的亲属关系或其他某种紧密的关系。

❺ 因此，笔者以为，管束从性质上是一项囊括了权利、义务和责任的民事法律制度。这种权利、义务和责任不限于仅是负有管束义务的人的权利、义务和责任，而是管束过程中负有管束义务的人、被管束者和其他与之有关的人各自的权利、义务和责任的共同构筑体。

❻ 对于自然无能力者致人损害的责任承担问题，早在罗马法中便已存在。《十二铜表法》第十二条第二项规定："家子因不法行为致他人损害的，家父应负赔偿责任；家父亦可将家子交予受害人而免责。"转引自：江平，米建，《罗马法基础》，中国政法大学出版社，1987年版，第291页。

能够认识自己行为的性质和后果，可能会给他人带来很大的破坏力或杀伤力，为了避免让第三人承担不合理的风险，必须用潜在的责任或者说某种不利后果去强化负有管束义务之人的监督职责，既加强了对受害人的保护，也有利于对未成年人或特殊成年人的呵护。《法国民法典》第一千三百八十四条或者《荷兰民法典》第一六十九条主张这是一种监护人的替代责任制度，即被监护人致人损害时，应由监护人承担损害赔偿责任。[1]而德国对此持反对意见，《德国民法典》第八百三十二条采用的不是替代责任，而是监护人自己责任的立法例。[2]《葡萄牙民法典》和《澳门民法典》都继受德国法的这种立法例。如 Antunes Varela 认为"这些人不是因为他人的事实而负上赔偿义务，而是因为其自身的事实，因为法律推定其没有进行（不作为）适当的管束（Culpa in Vigilando）"[3]，而 J. Sinde Monteiro 和 Maria Manuel Veloso 亦认为"对于孩子的行为造成的损害，父母可能会承担个人责任"。[4]笔者也极力赞同上述葡萄牙专家学者的观点，笔者认为对于负有管束义务的人在自然无能力者致人损害中的民事责任，负有管束义务的人之所以要承担责任，是因为其对自然无能力者负有监护责任，其承担责任的基础是其在自然无能力者致人损害中没有尽到相应的约束义务或者说是违反监督义务，其自然无能力者之损害和负有管束义务的人所违反的管束义务之间必须存有因果关系，换而言之，如果是因为负有管束义务的人没有尽到监督职责而导致被管束人的损害行为的话，管束人在主观上就存在过错，就应当为被管束人的不法行为承担责任，所以说其承担的并非替代责任，依旧是对自己的行为即未履行监督职责的责任，只是一种特别的过错责任，其仍然是一种自身责任，而不属于替代责任的范畴。负有管束义务的人和自然无能力者的关系不是委托关系，如负有管束义务的人仅对自然无能力者承担教育、监管义务，如父母等不会从孩子等自然无能力者处获得利益（尽管有的监护人可能会获得一定的报酬），故有管束他人义务的人之责任不能适用委托人之替代或担保责任的法理。这一管束义务是独立存在的，虽然负有管束义务的人的监督管束义务始终伴随着未成年人或精神障碍者左右，但不依附着致害的未成人或精神障碍者的责任能力，也不在于他们有无过错。如果致害的自然无能力者无责任能力，或即便是其有责任能力但无过错时，其不承担责任，但负有管束义务的人的责任并不因此而免除，管束人仍应因未对此行为尽

[1] J. 施皮尔：《侵权法的统一：对他人造成的损害的责任》，梅夏英、高圣平译，法律出版社，2009 年版，第 111、116-121、228 页。

[2] 《德国民法典》第八百三十二条："（1）依照法律规定对因未成年人或因精神上或肉体上的状况而需要监督者负有实施监督的义务的人，就需要监督的人所不法加给第三人的损害，负赔偿义务。监督义务人已尽其监督义务，或在适当地实施监督的情况下损害也会发生的，不负赔偿义务。（2）以合同承担监督的实施的人，负同样的责任。"转引自：J. 施皮尔，《侵权法的统一：对他人造成的损害的责任》，梅夏英、高圣平译，法律出版社，2009 年版，第 139 页。

[3] Antunes Varela：《债法总论》，第一卷，第十版，唐晓晴译，未出版，第 420 页。

[4] J. Sinde Monteiro 和 Maria Manuel Veloso：《对他人造成的损害的责任：葡萄牙法》。载于 J. 施皮尔主编《侵权法的统一：对他人造成的损害的责任》，梅夏英、高圣平译，法律出版社，2009 年版，第 267 页。

到管束义务而承担责任。[1]

法律在制度设计上给予自然无能力者以特殊的对待。在自然无能力者给他人造成损害时，由于其识别能力可能存在瑕疵，即在民事责任能力（归责能力）上的欠缺，而且往往没有相应的财产能用以全部或足额支付对受害人的赔偿，为合理保护受害人利益，故而通常对其存在管束义务的人苛以责任，让其来承担责任的一部分或全部，以期合理平衡各方当事人的利益。当然，澳门民法对未成年人等自然无能力者所进行的特殊保护有多个视角，除了实行这里所说的归责能力（理解能力或意欲能力）制度，还要如笔者在故意与过错部分所探讨的对未成年人过错之认定实行比理性成年人的"善良家父之注意要求"低的注意义务标准等。管束这一制度的关键性问题便是自然无能力者是否具有侵权责任能力（归责能力），也是研究被管束人致人损害的责任制度的起点。所以，对于自然无能力者（被管束者）致人损害的责任这样一种特殊的侵权责任，本部分首先旨在以自然无能力者（被管束者）的侵权责任能力（归责能力）为切入点，就自然无能力者和负有管束义务的人对自然无能力者致人损害所产生的责任的承担进行探讨。

1. 民事责任能力（可归责性）的认定标准

当我们谈及"归责能力"或是"责任能力"，是说只有当行为人对其行为的性质及其后果具有识别能力，也即 Antunes Varela 所说的要产生"行为人具有自然能力预见其所作出之行为所产生的效果及衡量其行为的价值，以及根据其对这些东西的判断而作出决定"的"可归责"，意即行为人只要具有理解能力或意欲能力才有可能承担责任[2]，简而言之，归责能力是指行为主体侵害他人权利时对自己的过错行为能够独立承担民事责任的一种能力或资格，其是认定过错的前提或基础。[3]按照《澳门民法典》第四百七十七条第一款，"因故意或过失不法侵犯他人权利或违反旨在保护他人利益之任何法律规定者"，具主观可归责性，但此项可归责性须以责任能力（归责能力）为前提，责任能力（归责能力）的有无，决定了该主体能否承担民事责任，在实体法中，如民事主体无民事责任能力，无论发生何种情形，法律都不能为其设定任何民事责任。正如 Antunes Varela 所言："如果侵害人是不可归责的，那么他不应该受到任何的谴责，也不应该承担任何的责任。要求不可归责者像可归责者那样行事，是反常的。换句话说，法律赞同在这种情况中存在一个真正的不可归责者的客观责任，是不可理解的。"[4]如果将民事责任能力（归责能力）仅限定于侵权行为承担民事责任的能力上，在责任能力范围之界定上未免过于狭窄，笔者无意缩小民事责任能力的内涵，民事责任能力不仅仅只限于侵权责任能力，但限于笔者研究的

---

[1] 当然，自然无能力者致人损害的责任也并非都是由负有管束义务的人承担，还存在行为人自己的责任问题。

[2] Antunes Varela：《债法总论》，第一卷，第十版，唐晓晴译，未出版，第 401 页。

[3] 还被称为"过错能力"。

[4] Antunes Varela：《债法总论》，第一卷，第十版，唐晓晴译，未出版，第 418 页，注解 1。

目的和方向，在本文中所指民事责任能力常常只是囿于侵权责任能力。

诚如冯·巴尔所言，在欧洲大陆侵权行为法中，对儿童的态度大多是保护性的，但是法国却是背道而驰的。[1]《法国民法典》使一切人均有民事责任能力，其并不考虑自然人的年龄、精神状况及辨识能力，规定任何人实施了侵权行为都要承担责任，任何人都无法逃遁无一幸免。1804年的《法国民法典》第一千三百八十二条规定："任何行为致他人受到损害时，因其过错致行为发生之人，应对他人负赔偿之责任。"第一千三百一十条规定："未成年人不得主张取消因其侵权或准侵权行为引起的损害赔偿之债。"[2]对于精神病患者的责任承担问题，1968年法国对《法国民法典》的第四百八十九条进行了修订，修订后的《法国民法典》第四百八十九条第二款规定："出于精神紊乱状态之下的人给他人造成损失者，仍应负赔偿责任。"[3]据此可知，《法国民法典》规定任何人，不论其年龄大小及精神状况如何，都应该对自己所造成的侵权行为承担侵权责任，即人人都自出生就具有侵权责任能力。不可否认，法国民法的这种处理方式是为了强调民事主体的平等性和保护受害人的合法权益，但同样毋庸讳言，这也极大地加重了未成年人和精神残障者的责任，这样极不利于未成年人和精神残障者的保护，这对于他们来说，无疑是相当残酷的。

像法国民法中规定的，在民事责任能力问题上采用出生主义，自然人自出生之日起就具有民事责任能力，无须考察是否具有识别能力或意欲能力，只要考量行为人是否违反一般人所应具有的注意义务，即可判定行为是否有过错，从而使得任何人都要对其致人损害的行为承担侵权行为。中国澳门地区则不同，《澳门民法典》并不认为人人都具有民事责任能力（归责能力），在处理侵权案件中对行为人的年龄、智力状况、识别能力等因素加以考量，其并没有对这些因素置若罔闻，有利于对未成年人或精神健康状态不正常的人等自然无能力者利益的保护。其背后的深意可能是，如果一味地要求自然无能力者承担责任，其结果不亚于剥夺责任能力制度对自然无能力者的保护。[4]鉴于此，《葡萄牙民法典》和《澳门民法典》在被管束者侵权责任能力问题上是效仿德国民法的，认为被管束者之侵权责任能力存在特殊性，以"年龄和识别能力"来认定责任能力的标准，据此来判定被管束者承担赔偿责任与否。[5]而《澳门民法典》的第四百八十一条（《葡萄牙民法典》第四百八十八条）以年龄

---

[1] 克雷斯蒂安·冯·巴尔：《欧洲比较侵权法研究》，张新宝译，法律出版社，2001年版，第99-102页。

[2] 《法国民法典》，罗洁珍译，中国法制出版社，1999年版，第316、330页。

[3] 《法国民法典》，罗洁珍译，中国法制出版社，1999年版，第158页。

[4] 克雷斯蒂安·冯·巴尔：《欧洲比较侵权行为法》（上册），张新宝译，法律出版社，2001年版，第101-102页。

[5] 《德国民法典》第八百二十七条规定："处于无意识状态中或者处于精神错乱而不能自由决定意志状态中，对他人施加损害的人，对损害不负责任。"《德国民法典》第八百二十八条规定："未满七周岁的人，对其施加于他人的损害，不负赔偿责任。已满七周岁但未满十八周岁的人，如果在采取加害行为时还不具有认识其责任所必要的理解力时，对其施加于他人的损害，不负责任。"

和理解能力或意欲能力为标准来判断一个自然人是否具有责任能力，是否具有可归责性。[1]

对于未成年人而言，年龄对辨别能力具有重要的评估作用，所以中国澳门地区将年龄作为判断未成年人辨别能力的重要依据。[2] 关于未成年人无侵权责任能力的年龄标准，丹麦[3]判例将侵权责任年龄确定为4岁，德国[4]、智利[5]、葡萄牙[6]及中国澳门地区[7]规定侵权责任年龄为7岁，希腊[8]、阿根廷[9]、哥伦比亚[10]为10岁，波兰[11]为13岁，荷兰[12]、蒙古[13]、俄罗斯[14]为14岁。以上大多数国家或地区在识别年龄问题上一般不存在例外规定，以一个固定的最低年龄作为判断民事责任能力有无的标准，等于或高于此识别年龄的行为人则有民事责任能力；而低于识别年龄的行为人就被视为没有辨别能力，不具有侵权责任能力，不过在葡萄牙法律《葡萄牙民法典》第四百八十八条第二款）和中国澳门地区法律（《澳门民法典》第四百八十一条第二款）却有例外规定。根据《澳门民法典》第四百八十一条（可归责性）第二款之规定："未满七岁之人及因精神失常而成为禁治产之人，推定为不可归责者。"[15]可知，葡萄牙、中国澳门地区以年龄和认识能力相结合来决定自然人的责任能力，不满7

---

[1] 克雷斯蒂安·冯·巴尔：《欧洲比较侵权行为法》（上册），张新宝译，法律出版社，2001年版，第104页，注解441。

《澳门民法典》的第四百八十一条（可归责性）："一、在损害事实发生时基于任何原因而无理解能力或无意欲能力之人，无须对该损害事实之后果负责；但行为人因过错而使自己暂时处于该状态者除外。二、未满七岁之人及因精神失常而成为禁治产之人，推定为不可归责者。"

但笔者以为最根本的还是，自然人责任能力的有无取决于其是否具备识别能力，见笔者后面的分析。

[2] 当然，稍后要谈到的，在具体案件中还要综合考虑其他因素以及行为的性质。

[3] 克雷斯蒂安·冯·巴尔：《欧洲比较侵权行为法》（上册），张新宝译，法律出版社，2001年版，第91页。

[4] 《德国民法典》，陈卫佐译，法律出版社，2004年版，第266页。

[5] 刘瑶：《未成年人侵权之责任承担研究》，硕士论文，中国政法大学，2009年版，第6页。

[6] 《葡萄牙民法典》第四百八十八条第二规定："未满七岁之人及因精神失常而成为禁治产之人，推定为不可归责者。"

[7] 《澳门民法典》第四百八十一条第二款规定，"未满七岁之人及因精神失常而成为禁治产之人，推定为不可归责者。"

[8] 克雷斯蒂安·冯·巴尔：《欧洲比较侵权行为法》，张新宝译，法律出版社，2001年版，第91页。

[9] 刘瑶：《未成年人侵权之责任承担研究》，硕士论文，中国政法大学，2009年版，第6页。

[10] 刘瑶：《未成年人侵权之责任承担研究》，硕士论文，中国政法大学，2009年版，第6页。

[11] 刘瑶：《未成年人侵权之责任承担研究》，硕士论文，中国政法大学，2009年版，第6页。

[12] 刘瑶：《未成年人侵权之责任承担研究》，硕士论文，中国政法大学，2009年版，第6页。

[13] 《蒙古民法典》第三百八十一和第三百八十三条规定。《蒙古民法典》第三百八十一条第一项："14岁以下的幼童致人损害的，由其法定代理人——父母、监护人——承担赔偿责任。"第三百八十三条第一项："未成年人致人损害的，由他们自己承担赔偿责任。"《蒙古民法典》，海棠、吴振平译，中国法制出版社，2002年版，第125页。

[14] 《俄罗斯联邦民法典》第一千零七十四条第一款规定："年满14岁不满18岁的未成年人致人损害，依照一般规定独立承担责任。"

[15] 《澳门民法典》第一百二十二条（受禁治产约束之人）第一款："因精神失常、聋哑或失明而显示无能力处理本人人身及财产事务之人，得被宣告为禁治产人。"

周岁的未成年人无责任能力，不具有可归责性，实际上是人为地用固定年龄界限来推定其没有识别能力，在此年龄界限下的未成年人一般无责任能力，不负侵权责任。又规定在此年龄界限上以识别能力或辨别能力为标准来确定其有无责任能力。不过，以上的两种推定并不是一劳永逸的，都属于可以用反证推翻的推定，允许在个案中由当事人透过举证证明其有识别能力而推翻法律上的推定，《葡萄牙民法典》和《澳门民法典》这一规定无疑克服了以固定而精确的年龄为界限的缺陷。正如 Antunes Varela 所言，“法律推定 7 岁以下的孩童以及精神失常的禁治产人在作出事实之时没有这种能力”，但并“不排除禁治产人及 7 岁以下儿童可归责的可能性”，因加害人并非绝对无责任能力，换言之，对原告造成损害的儿童即使低于 7 岁或禁治产人，原告也可以举证证明不满 7 岁或处于监护之下的精神病人并不缺乏民事能力，其有能力辨别其行为的错误性质以及作出相应的行为。❶

是否高于识别年龄的行为人、准禁治产人或没有被宣告为禁治产人的但是其实已失去理智的成年人就一定拥有识别能力？❷至于上述主体是不是就真的有法律所要求的辨识能力或判断能力，有进一步探讨的余地。葡萄牙和中国澳门地区民法都认为这需要根据具体情况作判断，要做个别审查。❸当已满 7 周岁的未成年人实施侵权行为致人损害时，法院对其辨别能力加以判断，于个案中审查其实施加害行为时有无认识责任所必要的识别能力，如无此能力，则不负责任。

根据《澳门民法典》第一千四百八十七条、第一百二十条以及第一百一十七条，可知如果得到行使亲权之父母或监护人之许可，16 岁以上的未成年人可以结婚，而一旦未成年人结婚，亲权即予解除，与此同时，未成年人之无行为能力也会随亲权解除而终止，就不再是自然无能力者，除非法律另有限制。❹同时，一般而言，认为 16 岁以上的未成年人对犯罪行为是具有可归责性的，可以为自己的犯罪行为承担责任，不再是自然无能力者，自然也是可以为自己的侵权行为承担损害赔偿责任。❺但 J. Sinde Monteiro 和 Maria Manuel Veloso 认为这并不是一个完美无瑕的方法，他们指出《葡萄牙民法典》第四百九十一条（《澳门民法典》第四百八十四条）同样适用于超

---

❶ Antunes Varela：《债法总论》，第一卷，第十版，唐晓晴译，未出版，第 402 页；克雷斯蒂安·冯·巴尔：《欧洲比较侵权行为法》（上册），张新宝译，法律出版社，2001 年版，第 123 页。

❷ 《澳门民法典》第一百三十五条（受准禁治产约束之人），对于长期性精神失常、聋哑或失明，但尚未严重至须宣告为禁治产人之人，或因惯性挥霍、滥用酒精饮料或麻醉品而显示无能力适当处理其财产之人，均得被宣告为准禁治产人。

❸ 采用同样做法的还有德国、荷兰、奥地利以及希腊等，但是波兰、阿根廷、智利以及哥伦比亚等国家的立法模式不同，认为无须做个案审查，认为高于识别年龄的行为人都有辨别能力。请参见：克雷斯蒂安·冯·巴尔，《欧洲比较侵权行为法》（上册），张新宝译，法律出版社，2001 年版，第 90-107 页。

❹ 《澳门民法典》第一百二十条（解除亲权）：未成年人结婚，亲权即予解除。第一千四百八十七条（父母或监护人之许可）：满 16 岁而未满十八岁之未成年人结婚，应获行使亲权之父母许可或获监护人许可。

❺ 《澳门刑法典》第 18 条（因年龄之不可归责性）：未满 16 岁之人，不可归责。另外，请参见：J. Sinde Monteiro 和 Maria Manuel Veloso：《对他人造成的损害的责任：葡萄牙法》。载于 J. 施皮尔主编《侵权法的统一：对他人造成的损害的责任》，梅夏英、高圣平译，法律出版社，2009 年版，第 267 页。

过16岁的未成年人，如果有实施监管的必要和有法律根据。[1]未成年人年龄越大，自治程度就越高，父母或其他管束义务之人的监管义务就越少，但这并不代表超过16岁的未成年人就一定是自然的有能力者。[2]

年龄是判断行为人有无责任能力的一个相当重要的因素，但是作为自然无能力者自己承担责任之基础的识别能力不仅与年龄有关，而且与行为人的智力发展状况，接受的教育程度、具体的行为性质、行为本身对于行为人的意义、生活习惯及生活环境等相关。在满足了年龄的条件限制之后，行为人并不必然地要承担责任，还需要将其他因素串联在一起进行综合的考量。Antunes Varela 所言甚是："没有推定时也不会妨碍透过举证来证明准禁治产人、7岁以上儿童或没有被宣告为禁治产人的失去理智的成年人不可归责，只要证明了他们在做出行为时不具备相应的理解和思考能力即可。"[3]

但是，如果说以年龄作为评估标准是比较具体的话，那么以识别能力作为侵权责任能力的判断标准则是相当抽象的，何谓识别能力？如何判断行为人行为时的识别能力？在民法司法实务中，如何判断识别能力绝非易事。根据《澳门民法典》第四百八十一条（可归责性）第一款之规定，"在损害事实发生时基于任何原因而无理解能力或无意欲能力之人，无须对该损害事实之后果负责；但行为人因过错而使自己暂时处于该状态者除外"，葡萄牙法律和中国澳门地区法律都将"识别能力"表述为"理解和意欲的能力"，要求加害人有以自己智力上的理解自愿实施行为的能力。[4]在侵权行为方面，一个人的可归责性意指行为人具有自由意志的能力，能够理解自己的行为及其后果。[5]可归责性将行为人在行为时的主观意志作为其对第三人的侵害承担损害赔偿责任的基础，将行为人在实施行为时对其行为的性质和后果的识别能力作为判定行为人为自己的行为承担侵权责任的依据。有无识别能力是认定侵权责任成立与否的基础或前提。一般而言，被管束者中不具备足够的理解能力或意欲能力的那一部分人不具有侵权责任能力，所以不成立侵权行为，其本人不需要承担侵权责任，由负有管束义务的人依法承担；[6]而另一部分具有足够理解能力或无意欲能力

---

[1] J. Sinde Monteiro 和 Maria Manuel Veloso：《对他人造成的损害的责任：葡萄牙法》，载于 J. 施皮尔主编《侵权法的统一：对他人造成的损害的责任》，梅夏英、高圣平译，法律出版社，2009 年版，第 267-268 页。

[2] J. Sinde Monteiro 和 Maria Manuel Veloso：《对他人造成的损害的责任：葡萄牙法》。载于 J. 施皮尔主编《侵权法的统一：对他人造成的损害的责任》，梅夏英、高圣平译，法律出版社，2009 年版，第 268 页。

[3] Antunes Varela：《债法总论》，第一卷，第十版，唐晓晴译，未出版，第 402 页。

[4] 英美法国家和斯堪的纳维亚国家在关于自然无能力者致害责任的规定方面，都没有采用"识别能力"的方法，对自然无能力者而言，相对于完全行为能力人而言，在判定过失时，法院要对他们适用与年龄或精神状态相关的较低的注意义务标准，以此来对他们进行免责或减轻责任。降低了注意义务的标准与我们现在探讨的澳门将年龄或识别能力视为一个不承担或减轻责任承担的抗辩事由的立法模式是有区别的。请参见：克雷斯蒂安·冯·巴尔，《欧洲比较侵权行为法》，张新宝译，法律出版社，2001 年版，第 409-412 页。

[5] Antunes Varela：《债法总论》，第一卷，第十版，唐晓晴译，未出版，第 401 页。

[6] 只是在具体制度设计上，在一定的程度上对该规定进行了补救，如后面所说的衡平责任。

的被管束者才具有侵权责任能力，才有承担责任的可能性。[1]

识别能力是侵权民事责任的前提，行为人行为的过错与否并不完全取决于实施的行为，其与加害人的年龄、智力、精神状况都有关系。[2]的确，理解能力以及意欲能力只有达到一定的年龄和满足一定的精神状态的人才可能具备，也只有具有理解能力和意欲能力的人在侵害他人时，才有可能构成过错，而只有具有过错，才需要为损害事实产生的后果承担侵权责任。[3]所以，《澳门民法典》第四百七十七条所说之故意或过失，须以行为人有理解能力或意欲能力为前提。[4]识别能力所指向的侵权责任能力是确定自然无能力者（被管束者）是否具有过错的基础，是适用过错责任归责原则的前提。值得注意的是，识别能力之有无原则上应由行为人负举证责任。

根据《澳门民法典》第四百八十一条（可归责性）第一款之规定，对于“在损害事实发生时基于任何原因而无理解能力或无意欲能力之人”，不可归责者除了未成年人，还有精神障碍者或处于无意识状态者或处于酩酊状态的人等。[5]对于有行为能力的人在神志不清的状态下致人损害，如在梦游、偶发癫痫病昏厥、高烧、因犯心脏病或中风或其他导致意识丧失的突然疾病等情况下肇致第三人的权益受损，如果行为人对出现这种病况其实没有过错，其对致害行为不具有可归责性，其本人的责任得被免除，而由负有管束义务的人按照过错推定承担赔偿责任，当然对此，由行为人举证证明不是因为自己的过错陷入无意识状态；但如加害人是有过错的，例如过量饮酒、服用麻醉品等肇致自己丧失识别能力，即如果行为人因自己的故意或过失“使自己陷入无责任能力的状态”[6]，理应由其本人承担责任，即如 Antunes Varela 所说的其“尽管没有这种能力，但是却被视为具有能力一样对待（有过错地使理解与欲求的能力暂时丧失）”，举证责任由被害人承担，证明加害人是因故意或过失使自己陷入这种状态。[7]

2. 归责原则

（1）关于被管束者（自然无能力者）责任的归责原则。

如 Antunes Varela 所言，“由于自然的无能力不一定导致不可归责”[8]，被管束者

---

[1] 不排除由本人与负有管束义务的人一道依法负连带责任的可能性，稍后会探讨。

[2] 但是无论如何，财产都不是责任能力的认定标准。依民法一般原理，只有对其行为的性质、后果有认识能力、判断能力的人才应对其行为负责，而经济能力或财产状况如何，与人的认识能力无关，所以故财产状况不应作为认定责任能力的标准。

[3] 正如黑格尔所言，“行动只有作为意志的过错才能归责于我”。请参见：黑格尔，《法哲学原理》，商务印书馆，1979 年版，第 119 页。

[4] 《澳门民法典》第四百七十七条，“一、因故意或过失不法侵犯他人权利或违反旨在保护他人利益之任何法律规定者，有义务就其侵犯或违反所造成之损害向受害人作出损害赔偿。二、不取决于有无过错之损害赔偿义务，仅在法律规定之情况下方存在。”

[5] Antunes Varela：《债法总论》，第一卷，第十版，唐晓晴译，未出版，第 401 页。

[6] 克雷斯蒂安·冯·巴尔：《欧洲比较侵权行为法》，张新宝译，法律出版社，2001 年版，第 128 页。

[7] Antunes Varela：《债法总论》，第一卷，第十版，唐晓晴译，未出版，第 402 页。

[8] Antunes Varela：《债法总论》，第一卷，第十版，唐晓晴译，未出版，第 420 页。

（自然无能力者）是可以构成侵权的，其前提是未成年人要有识别判断能力（即责任能力）。关于被管束者（自然无能力者）责任的归责原则，澳门采用一般过错责任原则，在自己的识别能力之内给他人造成损害的，即有识别能力的被管束者应承担过错责任。❶只有实施加害行为的被管束者行为时具有识别能力并构成了过错，才承担损害赔偿责任。采用过错责任的立法无疑有利于对未成年人的保护，但可能对受害人的保护相对而言比较弱。所以，在采取过错责任原则的同时，《澳门民法典》第四百八十二条第一款也规定了衡平责任或公平责任，以此平衡被管束者、负有管束义务之人、受害人之间的利益。❷关于行为人衡平责任的规定，或是因为负有管束义务之人也不具有过错，或是负有管束义务之人有过错没有财产，或是没有人对加害人进行监管或有义务对其进行监管，但无论基于何种原因，在受害人未能从负有管束义务之人处得到清偿或是合适弥补的情况下，实施加害行为的不可归责者可能被判定承担适当的赔偿责任。❸严格意义来讲，衡平责任不应该是侵权法普遍适用的归责原则，只是当事人均无过错之时，对受害人的一种道义上的补偿，只是基于公平正义而对“刚性法”的矫正需要，鉴于不可归责者的特殊性，可以适用但应当从严把握，注意适可而止。

（2）负有管束义务之人承担责任的归责原则。

被管束人一般没有或只有较少的个人财产，为了使受害人的权利能够获得救济，法律通常将负有管束义务之人也收编进责任主体的范围之内。德国民法在监护人责任上采用的是过错推定责任的原则。❹在这方面的处理，澳门民法同葡萄牙民法一样，都是德国民法的超级粉丝，负有监管他人义务之人承担责任的基础也是过错推定责任。❺《澳门民法典》第四百八十四条规定的负有管束他人义务之人的过错推定责任，是指如果负有管束他人义务之人证明已经履行管束义务，或者即使尽到了管束义务，

---

❶ 《澳门民法典》第四百七十七条：“一、因故意或过失不法侵犯他人权利或违反旨在保护他人利益之任何法律规定者，有义务就其侵犯或违反所造成之损害向受害人作出损害赔偿。二、不取决于有无过错之损害赔偿义务，仅在法律规定之情况下方存在。”

❷ 《澳门民法典》第四百八十二条第一款：“如侵害行为由不可归责者作出，且损害不可能从负责管束不可归责者之人获得适当弥补者，即可按衡平原则判不可归责者弥补全部或部分之损害。”
关于衡平原则稍后会详谈。

❸ Antunes Varela：《债法总论》，第一卷，第十版，唐晓晴译，未出版，第 402 页。

❹ 《德国民法典》第八百三十二条第一款规定：“根据法律对未成年人或者因精神或者身体状态而需要监督的人负有监督义务的人，对受监督人非法施加于第三人的损害，负有赔偿义务。如果监督人已尽监督义务，或者即使尽到必要注意仍难免发生损害的，不负赔偿义务。”

❺ 很多国家（地区）采用的是过错推定责任原则：如《德国民法典》第八百三十二条、《西班牙民法典》第一千九百零三条、《日本民法典》第七百一十四条，以及中国台湾地区《民法》第一百八十七条。埃塞俄比亚、越南、俄罗斯、路易斯安那州、巴西等国家或地区的民法典将监护人责任定为无过错责任。《荷兰民法典则》是通过区分未成年人的年龄而对监护人适用不同的归责原则，将未成年人的年龄分为三个阶段，不满 14 岁的未成年人侵害他人的，其监护人承担严格责任；14 岁到 15 岁的未成年人，其监护人承担过错推定责任；16 岁到 17 岁的未成年人，其监护人承担过错责任。请参见：克雷斯蒂安·冯·巴尔，《欧洲比较侵权行为法》（上册），张新宝译，法律出版社，2001 年版，第 121 页。

但是在损害仍然会发生的情形下，则不承担责任，若不能证明自己已尽监护义务，则推定其有过错，即应对被管束人致人损害负赔偿责任。实际上，这是采取了举证责任倒置的方式，受害人一方无须证明管束人的过错，证明责任转移给负有管束他人义务之人，由其承担不能举证的不利后果，达到保护受害人利益的目的。❶未尽监护义务的监管义务之人应承担责任，从某种意义上讲，表面上看，负有监管义务之人是在替被监管人承担责任（如法国或荷兰都认为是替代责任），但是实质上，负有监管义务之人对被监管人造成他人损害所承担的不是一种终极的或者说是真正意义上的替代责任，负有管束义务之人所承担的只是因自己疏于监管而承担的过错推定责任，并不是为被管束人的过错承担责任，其仍是责任自负原则的一种体现或贯彻。如果负有监管义务之人可以证明自己已经尽到了监护职责，即不存在过错，就可免于承担民事责任。

负有管束义务之人的这种责任是一种特别的过错责任，其有义务防止被管束之人对他人造成损害，违反监督被管束之人的一般义务是一种独立的责任依据。❷负有管束义务之人的监督职责具有独立性，不因为未成年人的侵权责任能力和主观过错而不同，无论被管束人是否具有归责能力，是否具有主观过错，监护人都应当全力以赴地履行自己的管束义务。所以，被管束人的行为致人损害时，负有管束义务之人承担责任是因为其未尽必要的监督义务或者说是违反了管束义务，具有主观过错，应当承担相应的赔偿责任。在此种情形下，负有管束义务之人主观上存在疏于监督的过失与被管束人的加害行为所产生的损害后果之间存在因果关系，负有管束义务之人是为自己的不作为承担责任。❸因而，从本质上说，负有管束义务之人承担过错责任是基于自己在履行监督义务时的过错，仍是对自己行为承担责任。负有管束义务之人只要证明已尽管束义务即可免责，其未尽管束义务被认为有过错，以负有管束义务之人的过错作为其承担责任的要件之一。当负有管束义务之人对被管束人的行为按过错推定承担单独责任（当被管束人没有识别能力无侵权责任能力）时，对被管束人不存在追偿的问题，换言之，负有管束义务之人承担赔偿责任之后，无权向被管束人追偿。但若被管束人和负有管束义务之人承担连带责任，则并不排除如父母对自己子女追偿的可能。

澳门民法之所以将负有管束义务的人的责任定位为过错推定责任，如 Antunes Varela 所说，是出于多方面的考虑：“（a）经验上的数据（根据这些数据，无能力人所作出的大部分不法行为都是由于缺乏适当的管束所致的）；（b）针对无责任的风险或损害的直接行为人无偿付能力的情况，有需要保障受害人请求赔偿的权利；（c）

---

❶ 《澳门民法典》第四百八十四条（有管束他人义务之人之责任）：基于法律或法律行为而对自然无能力人负有管束义务之人，须就该自然无能力人对第三人所造成之损害负责；但证明其已履行管束义务，又或证明即使已履行管束义务而损害仍会发生者除外。

❷ 过错推定仍属于过错责任的范畴，仍然是基于过错责任的归责原则。

❸ 如前所述，在侵权法领域，违法行为可以是作为，也可以是不作为。

有利于激励无能力人的监管者履行其义务。”[1] 也有学者认为多种原因可以解释这种推定，“首先，未成年人事实上对自己的行为缺少足够的警惕；其次，为了更有效地保护受害者，防止未成年人不具备偿付能力；再次，它在强化了监管义务方面起到了一定的作用，有利于未成年人和其他人的利益；最后，让父母能够证明自己履行了监管义务”。[2]笔者也认为，负有管束义务的人的责任源于其监督义务，按照《澳门民法典》第四百八十四条之规定[3]，由于负有管束义务的人与被管束人之间的血缘关系或其他特殊的关系，为了保护善意第三人的合法权益，基于法律或法律行为而由法律强加给负有管束义务的人对自然无能力人教育、监督和看管的义务，使其不能对他人实施不法侵害。当负有管束义务的人怠于履行其管束义务，被管束人因为负有管束义务之人违反了这一监督义务而实施加害行为，并因此而导致他人的合法权益受到侵害，表明其具有个人过错，因而要承担责任。就举证责任的分配而言，由于无辜受害人难以了解负有管束义务的人对被管束人的监护状况，由受害人举证绝非易事，若要证明负有管束义务的人没有尽到监督义务似乎有点苛求，难免会使受害人处于不利地位，因而对受害人来说极度不公平。当然，由负有管束义务的人举证自己无过失也绝非易事，但至少给其一个举证反驳的机会，当其证明已尽监督义务或纵使给予相当的管束仍然无法避免损害发生时，不应再对被管束人造成第三人的损失负损害赔偿责任。采用过错推定的归责方式，既有利于鼓励负有管束义务的人认真负责勤勉地履行监护职责，又有利于填补受害人的损失，相对而言比较科学合理。

值得强调的是，在研究未成年人肇致他人损害的父母责任时，是否对监督人的教育义务和监督义务进行区分，对作为长期引导之教育义务的履行欠缺是不是父母责任之要件是极富争议的问题。J. Sinde Monteiro 和 Maria Manuel Veloso 指出，葡萄牙判例法主张“监督上的过失”范围失之偏窄，而“教育上的过失”在一些认定父母责任基础的判决中居相当重要之地位，认为父母有义务提供良好的教育，不仅仅只是推定父母疏于监督，很多判决旗帜鲜明地表明，“父母的过错在于未履行监管职责和缺少对孩子人格的引导”，如果父母提供的教育有缺失或品质上有瑕疵，并且损害是由这个有缺失或品质有瑕疵的教育所肇致的，那么就可以运用过错推定制度，直接将教育义务的疏于履行作为父母承担赔偿责任的原因，以此强化对受害人之保

---

[1] Antunes Varela：《债法总论》，第一卷，第十版，唐晓晴译，未出版，第420页。

[2] J. Sinde Monteiro 和 Maria Manuel Veloso：《对他人造成的损害的责任：葡萄牙法》。载于 J. 施皮尔主编《侵权法的统一：对他人造成的损害的责任》，梅夏英、高圣平译，法律出版社，2009年版，第267页。

[3] 《澳门民法典》第四百八十四条：“基于法律或法律行为而对自然无能力人负有管束义务之人，须就该自然无能力人对第三人所造成之损害负责；但证明其已履行管束义务，又或证明即使已履行管束义务而损害仍会发生者除外。”

护。[1]可见葡萄牙法院认定行使亲权之父母的责任基础的判例不仅仅是推定父母疏于监督，而且是推定其疏于适当地教育孩子，说明葡萄牙法院在责任问题倾向于考察教育上的过失，声讨了对父母教育过错的谴责。如冯·巴尔所说的，“葡萄牙法院也惯于在责任问题领域检验教育上的过失”，尽管可能只是“检验教育的一些个别领域”。[2]故而，当下对父母管束子女的义务要求可能比较高，不仅仅是指监督子女的义务，亦指教育子女的义务，虽然有时要将两者绝对地作出区分并不是那么容易。父母不仅必须证明适当的监督无法防止孩子实施该侵权行为，其还必须向法院证明他们积极地履行了《澳门民法典》第一千七百三十九条规定的教育义务，对孩子的培养（尤其是《道路交通法》方面的）必须符合社会道德和法律的要求。例如，父母为方便15岁的孩子上学为其购买了轻型摩托车并允许其上路行驶，上学途中，该孩童驾驶轻型摩托车撞伤了行人。澳门第3/2007号法律《道路交通法》第三条（车辆的定义）：“为适用本法律及补充法规的规定，下列用词定义如下：（四）轻型摩托车：……”该法第八十一条（获取驾驶执照的要件）：“一、为获取机动车辆驾驶执照，申请人必须同时符合下列要件：（一）年满18岁，……”父母作为其孩子的行使亲权之人，对其违法驾驶轻型摩托车的行为具有控制能力，但却没有尽到教育、监督和保护义务，甚至起到帮助作用，导致该未成年人侵害他人利益，应推定父母对第三人之利益的损害具有对未成年人行为没有尽到监督义务的过错，因此，应承担损害赔偿责任。J. Sinde Monteiro 和 Maria Manuel Veloso 也指出，“1998年修改的《道路交通法》第一百三十六条第五款（5月17日第114/95号法令）规定，当父母意识到未成年人缺乏能力或者有过失，而没有阻止其驾驶时，父母要对任何侵害承担责任”。[3]他们进一步指出，“为了使父母承担替代责任”，1989年2月1日最高法院的判决甚至走得更远，葡萄牙的法院不惜动用“广义的指示者的概念”来对此作出诠释，“指示者的利益可能是精神上的。例如，父亲出于自我愉悦的目的，而将汽车借给孩子”。[4]

除了父母之外，幼儿园、小学或中学或者社会其他教育机构是否也承担责任要

---

[1] J. Sinde Monteiro 和 Maria Manuel Veloso：《对他人造成的损害的责任：葡萄牙法》。载于 J. 施皮尔主编《侵权法的统一：对他人造成的损害的责任》，梅夏英、高圣平译，法律出版社，2009年版，第271页。

[2] 克雷斯蒂安·冯·巴尔：《欧洲比较侵权行为法》（上册），张新宝译，法律出版社，2001年版，第194页。

[3] J. Sinde Monteiro 和 Maria Manuel Veloso：《对他人造成的损害的责任：葡萄牙法》。载于 J. 施皮尔主编《侵权法的统一：对他人造成的损害的责任》，梅夏英、高圣平译，法律出版社，2009年版，第269-270页。

[4] J. Sinde Monteiro 和 Maria Manuel Veloso：《对他人造成的损害的责任：葡萄牙法》。载于 J. 施皮尔主编《侵权法的统一：对他人造成的损害的责任》，梅夏英、高圣平译，法律出版社，2009年版，第270页。

视相关事实是否属于这些机构的管束范围。❶如果属于此种情形，则采用《澳门民法典》第四百八十四条规定的过错责任原则中的过错推定责任，实行举证责任的倒置，由学校承担举证责任，幼儿园、学校不能证明自己没有过错的，应当承担非合同民事责任。如一未成年人在学校期间，与其他人发生争执，造成他人人身伤害，因为学校老师对在校期间的未成年人的行为具备监督条件和拥有控制能力，对该未成年人的行为存在监督过失或不当，对其造成的损害应承担责任。如果是私立学校，由私立学校的所有者按《澳门民法典》第四百九十三条（委托人之责任）为学校老师的行为承担替代责任或担保责任；如果是公立学校，则由政府按照《澳门民法典》第四百九十四条（公法人之责任）来为学校老师的行为承担替代责任或担保责任。当然，如果学校老师有过错，私立学校的所有者或公法人有追偿权。❷如果受害人是另外一个学生，如一个 6 岁的儿童在学校操场上撞上另一儿童，后者摔倒并撞上板凳，导致头部被磕伤，受害人父母或监护人可以根据《澳门民法典》第七百八十九条（《葡萄牙民法典》第八百条）来起诉。❸

另外，值得注意的是，一般而言，统一规定对他人负有管束义务之人承担的是过错推定责任，有管束他人义务之人之责任的归责原则不因未成年人是否有归责能力而有所不同，但在特殊情况下，其也不是没有承担风险责任的可能。如前所述，父母、监护人、幼儿园、学校等教育管理机构、精神病院，以及其他源于法律或合同而承担管束义务的自然人、法人或其他社会组织，都有可能为要为其管束的未成年人、禁治产或准禁治产的行为承担个人责任。葡萄牙 1967 年 11 月 21 日 DL48052 第八条规定："对于特别危险的行政服务造成的异常的损害，国家和其他公共组织要承担责任，除非有不可抗力或受害者、第三人有过错。"❹ J. Sinde Monteiro 和 Maria Manuel Veloso 指出，根据此条，"即便职员没有过错或者医院本身没有过错，公共精神病医院也要承担责任"，国家和其他公共组织对此承担的是无过错责任或风险责

---

❶ 《德国民法典》第八百三十二条第二款、《希腊民法典》第九百二十三条、《日本民法典》第七百一十四条第二款、《葡萄牙民法典》第四百九十一条持同样态度，卢森堡、法国、比利时、意大利、西班牙和荷兰对此就没有这样严格，认为他们毕竟不是父母或监护人，对他们宽容得多。

❷ J. Sinde Monteiro 和 Maria Manuel Veloso：《对他人造成的损害的责任：葡萄牙法》。载于 J. 施皮尔主编《侵权法的统一：对他人造成的损害的责任》，梅夏英、高圣平译，法律出版社，2009 年版，第 270－271 页。

❸ J. Sinde Monteiro 和 Maria Manuel Veloso：《对他人造成的损害的责任：葡萄牙法》。载于 J. 施皮尔主编《侵权法的统一：对他人造成的损害的责任》，梅夏英、高圣平译，法律出版社，2009 年版，第 271 页。另外，请参见《澳门民法典》第七百八十九条（法定代理人或帮助人之行为）："一、债务人须就其法定代理人或其为履行债务而使用之人之行为对债权人负责，该等行为如同债务人本人作出。二、经利害关系人之事先协议，得排除或限制上述责任，只要该排除或限制不涉及违反公共秩序规范所定义务之行为。"

❹ J. Sinde Monteiro 和 Maria Manuel Veloso：《对他人造成的损害的责任：葡萄牙法》。载于 J. 施皮尔主编，《侵权法的统一：对他人造成的损害的责任》，梅夏英、高圣平译，法律出版社，2009 年版，第 272 页。

任。J. S. Carneiro 等学者对此表示支持。[1]更有判例法“Relacao de Coimbra（Coimbra 上诉法院，RC）1984 年 11 月 20 日”来认可严格责任对其力挺。但亦有人表示反对，认为 1967 年 11 月 21 日 DL48052 第八条的统帅范畴还没有伸展至此，所以目前仍未达成共识。[2]而澳门 4 月 22 日第 28/91/M 号法令《订定本地区行政当局、公共法人其权利人及公共管理代理人之合约外民事责任制度》第九条亦规定（危险责任）：“本地区行政当局和其他公法人对由于行政部门异常危险之运作或由于具有同样性质之对象和活动造成的特别和非常之损害承担责任，但根据一般规定，能证明在该部门运作或在执行其活动时发生外来不可抗力或系受害人或第三人之过错者除外。”如果被宣告为禁治产人或准禁治产人的精神病人对第三人造成不法侵害，对其负有管束义务之公法人（公立精神病院）是按照《澳门民法典》第四百八十四条承担过错推定责任还是依照第 28/91/M 号法令第九条承担危险责任仍有待进一步研究。

3. 构成要件

如果说归责原则决定构成要件，是构成要件的前提和基础，那么构成要件则是归责原则在不同的侵权类型中的一种反映或诠释。Antunes Varela 在其经典著作《债法总论》中详述了《葡萄牙民法典》第四百八十三条（对应《澳门民法典》第四百七十七条）第一款规定之一般侵权行为的五个构成要件：“（a）事实（受人的意思控制者）；（b）不法；（c）将事实归责于侵害人；（d）损害；（e）事实与损害之间的因果关系。”[3]这五个前提就是我们所说的一般侵权行为的五个构成要件，如果是风险责任，则无论行为人有无过错，都要为自己的加害行为负责。

Antunes Varela 所说的第三个构成要件，即“将事实归责于侵害人”包括可归则性和过错两个方面。所谓“归责能力”，如前所述，是指行为人侵害他人权利时对自己的过错行为能够独立承担民事责任的一种能力或资格，也正是我们这里所说的识别能力或是侵权责任能力，其是认定过错的前提。以过错为归责原则去认定被管束人致人损害的侵权责任的构成要件时，首先要考虑的是行为人具有归责能力与否[4]，如果行为人不具备认识致害行为的性质和后果的能力，则行为人没有责任能力，那么就无须再考虑其他的构成要件，因为责任能力是行为人承担责任的前提和基础，只有在行为人具有责任能力时，才有所谓的故意或过失，其次要考虑行为人是否具有过错，考虑行为与损害后果之间的因果关系等其他的构成要件的必要。如前所述，

[1] J. Sinde Monteiro 和 Maria Manuel Veloso：《对他人造成的损害的责任：葡萄牙法》。载于 J. 施皮尔主编《侵权法的统一：对他人造成的损害的责任》，梅夏英、高圣平译，法律出版社，2009 年版，第 272 页。

[2] J. Sinde Monteiro 和 Maria Manuel Veloso：《对他人造成的损害的责任：葡萄牙法》。载于 J. 施皮尔主编《侵权法的统一：对他人造成的损害的责任》，梅夏英、高圣平译，法律出版社，2009 年版，第 272 页。

[3] Antunes Varela：《债法总论》，第一卷，第十版，唐晓晴译，未出版，第 376 页。

[4] 如前所述，澳门民法以年龄和识别能力作为责任能力的认定标准。

根据《澳门民法典》第四百七十七条，被管束者承担的是过错责任，如果被管束者具备识别能力，其应负避免侵害他人合法权益的注意义务，其行为若违反该注意义务，则应认定其有故意或过失之过错。

若被管束者具备归责能力，再考察是否具备侵权的其他构成要件。第一，损害事实，即第三人遭受损害，包括人身损害或财产损害，第三人指被管束者以及负有管束义务以外的人。受害人是否囊括精神损害？笔者认为第三人的损害应当涵盖精神损害在内，因为被监护人有侵害第三人名誉权、保留私人生活隐私权等肇致其精神损害的可能，而且《澳门民法典》没有将第三人的损害限于财产损害，也收揽了财产损害，以便更好地保护第三人的合法权益。[1]行为，即被管束人独立实施了行为，而不是他人利用不完全民事责任能力人而实施的某种行为。如果他人教唆、帮助完全无责任能力的未成年人、精神障碍者实施某种侵权行为，未成年人、精神障碍者充其量只能被视为教唆人、帮助人实施侵权行为的一种手段或工具。独立实施的加害行为，是指行为人完全是基于自己的意思，而不受他人的故意唆使、指使、帮助而由自己独立实施的行为。[2]第三，不法性，被管束人的行为须具有客观的违法性。由于被管束人不一定具有识别能力，不一定意识到自己的行为后果，即不一定具有侵权责任能力（归责能力），而归责能力是认定过错的前提或是基础，故而对此，一般不要求被管束人存在主观过错，但是，对负有管束义务的人而言，被管束人的行为必须具有客观违法性，才可能引致负有管束义务的人为此承担民事责任的问题。从本质上讲，行为的不法性是侵权行为的基本属性。第四，事实与损害之间的因果关系。再者要考虑行为人是否具有过错、负有管束义务之人是否具有过错，考虑行为与损害后果之间的因果关系。被管束人致人损害存在两个因果关系：第一个因果关系，行为人（被管束人）与损害事实之间直接的因果关系，因果关系的存在同样是被管束人（自然无能力者）致人损害的重要构成要件之一，只有第三人的损害后果与被管束人的行为有因果关联，才可能存在被管束人致人损害责任的承担问题。的确，如果被管束人的行为与第三人所受的损害之间不存在因果关系，则不发生负有管束义务之人的民事责任。第二个因果关系便是负有管束义务之人未尽管束义务与被管束人的加害行为所产生的损害结果之间的因果关系。负有管束义务之人的疏于职责，是行为人即被管束人实施加害行为的原因，被管束人因为负有管束义务之人疏于监督职责而实施加害行为，并因此而导致他人的合法权益受到侵害，因此负有管束义务之人未尽管束义务与损害结果之间有着间接的因果关系。

---

[1] 《澳门民法典》第四百八十九条第一款："在定出损害赔偿时，应考虑非财产之损害，只要基于其严重性而应受法律保护者。"

[2] 如果不是独立实施的，责任承担按照《澳门民法典》第四百八十三条处理。《澳门民法典》第四百八十三条（行为人、教唆人及帮助人之责任）："不法行为之行为人、教唆人或帮助人有数人者，各人均须对所造成之损害负责。"

4. 负有管束义务之人与被管束人之间的责任承担

被管束人（自然的无能力者）致害责任情形会因被管束人有无识别能力即侵权责任能力（归责能力）而有所不同，如果说被管束人有无责任能力是其承担责任的前提或是基础，那么被管束人有无过错是其承担责任与否的终极原因；对于自然的无能力者的管束人而言，负有管束义务的人有无过错是其承担责任的基础或是构成要件。当被管束人不具有归责能力时，讨论其有无过错似乎没有必要，一般情况下，被管束人没有识别能力，但其导致他人利益受损时，不成立侵权行为，所以不用承担侵权赔偿责任，因而，在当被管束人不具有归责能力而其又肇致第三人合法利益受损时，责任如何承担则取决于负有管束义务之人是否履行了管束义务。当然，即便是被管束人有归责能力，也并不必然代表其要承担侵权责任，还要考量构成侵权责任的其他要件是否成立，其中被管束人的过错是承担责任的相当重要的原因。笔者尝试着从被管束人的归责能力和过错这两个作为侵权行为的根本要素作为切入点，结合负有管束义务之人的过错这一要素，就两种主体基于上述三种因素的分类组合就一般侵权行为（过错责任原则）而言对被管束人致人损害这同一个致害行为的责任承担以及该如何承担做一个简单的探讨。[1]

第一种可能的情形，当被管束人具有相应的识别能力即具有归责能力时，并具有过错时[2]，而负有管束义务之人不具有过错时，由被管束人就自己过错按照过错责任原则独立承担自己的责任，原因在于：第一，负有管束义务之人承担侵权责任的前提是管束人具有过错推定责任下的过错，如果负有管束义务之人可以举证证明自己没有过错，即证明自己已履行监督义务，或证明纵使自己尽到了相当的管束义务仍无法避免损害的发生，其不用承担责任。第二，如 Antunes Varela 所言，“由于自然的无能力不一定导致不可归责”[3]，在上述情形下，被管束人侵权责任的责任主体为其自己，即其本人是直接的责任主体，要承担实体责任。简而言之，被管束人在实施侵害行为时有识别能力并具有过错时，被管束人要向受害人承担赔偿责任。[4]

第二种可能的情形，被管束人具备责任能力时并且具有过错时，而负有管束义务之人亦具有过错或推定为有过错的情形下，损害的发生其实是被管束人与负有管束义务之人合力作用的结果，按照《澳门民法典》第四百九十条第一款之规定，“如有数人须对损害负责，则其责任为连带责任”，应对外承担连带责任，对内以各自的

---

[1] 在上述三种因素的分类组合下，被管束人（自然的无能力者）致他人利益受损害责任的归责原则、构成要件、责任主体以及性质以及会有所不同。

[2] 对于未成年人等自然无能力者过错之认定标准，是否是适用《澳门民法典》第四百八十条善良家父之注意要求的标准给予认定？还是应采用加害人的同龄人的注意标准？请参见：克雷斯蒂安・冯・巴尔，《欧洲比较侵权行为法》（上册），张新宝译，法律出版社，2004 年版，第 106-109 页。另外，还有笔者关于《东亚侵权示范法》澳门项目组关于故意与过失的探讨部分。

[3] Antunes Varela：《债法总论》，第一卷，第十版，唐晓晴译，未出版，第 420 页。

[4] 如果在司法实践中出现被管束人没有财产或财产不足以承担侵权责任时，能否判定负有管束义务之人承担补充赔偿责任呢？这值得商榷。

过错程度和原因力大小分担责任。诚如 Antunes Varela 所言："由于自然的无能力不一定导致不可归责，所以无能力人与有管束义务的人可以同时负责：在这个情况下，将根据第四百九十七条的规定负连带责任。"[1]可知在此情形下，由有识别能力的被管束人与负有管束义务之人对第三人造成的损害承担连带责任，受害人可向其中任一或向二者同时要求承担赔偿责任，即两者都是责任主体。被管束人在致害时具有责任能力且有过错，其应承担侵权责任[2]，被管束人承担责任的性质是自己责任，这种责任是因为被管束人实施了导致第三人损害的加害行为，归责原则为过错责任原则；而与此同时，负有管束义务的人同时也未尽到管束义务而要承担侵权责任，负有管束义务之人的过错是源于监督上的过失，具有独立性，并不因为被管束人具有责任能力具有过错而免于承担责任，只有负有管束义务之人管束义务的违反与受害人的损害之间具有因果关系，负有管束义务之人仍然承担侵权赔偿责任。负有管束义务之人承担责任的性质也是一种自身责任，虽然这种过失不是由于负有管束义务之人自己实施了致人损害的行为，而是基于自身的或来源于法定或来源于意定的管束义务上的不作为，系因违反管束义务而引起的，归责原则为过错推定责任。值得注意的是，此种情形下，因果关系具有双重性。简而言之，被管束人的加害行为与损害事实之间具有事实上的直接的因果关系，负有管束义务之人监督上的过失与加害行为之间的因果关系。虽然被管束人和负有管束义务之人不具有共同的过错，但是由于被管束人的行为和负有管束义务之人的不作为共同作用导致了损害后果的发生，而且该损害后果在被管束人和负有管束义务的人之间是不可分的，因而，在被管束人具有侵权责任能力且有过错时，负有管束义务之人也有过错的情形下，应由被管束人与负有管束义务之人对第三人承担连带责任。如父母和未成年人因各自的过错需要对受害第三人承担连带责任，连带责任就涉及损害赔偿求偿权的问题。当然，因为家庭伦理和经济之原因，对未成年人承担抚养教育义务的父母对其未成年子女行使损害赔偿追偿权的非常罕见。但冯·巴尔认为追偿权存在之必要性不是没有的，"不仅因为它支撑着保险的法律框架。而且在没有保险的情况下必须有这样的规定，在儿童长大有了自己的收入之后，对其的赔偿请求仍是可以执行的"。如《葡萄牙民法典》第三百零九条和第三百一十一条规定对行使损害赔偿追偿权之最长时效为 20 年，而里斯本上诉法院 1979 年 11 月 2 日之判决也见证了来父母对孩子的损害赔偿求偿权之行使。[3]而《澳门民法典》相对应的法条为第三百零二条和第三百零四条，但

---

[1] 即《葡萄牙民法典》的第四百九十七条（《澳门民法典》第四百九十条）的规定负连带责任。请参见：Antunes Varela，《债法总论》，第一卷，第十版，唐晓晴译，未出版，第 420 页。

[2] 当然要满足前面我们所说的侵权行为的五个构成要件。

[3] 克雷斯蒂安·冯·巴尔：《欧洲比较侵权行为法》（上册），张新宝译，法律出版社，2001 年版，第 118-119 页。

对非合同民事责任的损害赔偿请求之执行最长在15年内提出。[1]

第三种可能的情形，被管束人给他人造成了损害，在被管束人有识别能力即具备责任能力，但是其却并没有违反法律对其要求的注意义务标准（即被管束人无过错），因为被管束人不具有过错，故其不承担侵权责任，而由负有管束义务的人按照过错推定原则来承担责任。值得注意的是，侵权责任构成要件中的行为是被管束人对第三人的致害行为和负有管束义务的人有监督义务上的过错，因果关系具有双重的属性。

第四种可能的情形，在被管束人没有识别能力，不具备归责能力，不法侵害他人合法权益的，侵权行为不成立，故无须承担责任，被管束人为我们所说的不可归责者[2]，而与此同时监护人具有过错或推定为有过错的情形下，依照侵权责任构成要件的要求，负管束义务之人应就自己的过错按照过错推定原则承担因自己的不作为肇致自然无能力人对第三人所造成损害的赔偿责任，负有管束义务之人“因本身的行为，法定或意定管束义务的不作为，而承担赔偿责任”，因而是一种自己责任，负有管束义务之人的这种责任并不以被管束人的侵害行为成立侵权行为为必要条件。[3]的确，负有管束义务之人的过错系违反监督义务，具有独立性，并不因为被管束人侵权行为的不成立而免责，只要管束人没有免责条款所规定的情形就不能免责，法律并不会当然地排除负有管束义务之人的责任，此时，由负有管束义务之人独自承担责任。值得注意的是，侵权责任构成要件中的行为是被管束人的行为和负有管束义务之人的不作为，因果关系依旧具有我们前面所说的双重性，只是由于被管束人不具有识别能力，不成立侵权行为，因而其不承担侵权责任，而仅由负有管束义务之人因其过错需承担侵权责任。在侵权责任构成要件中，负有管束义务之人怠于履行其监督义务的行为与损害事实之间的因果关系仍要满足。

在此，值得说明的是，J. Sinde Monteiro 和 Maria Manuel Veloso 一方面认为“对于孩子的行为造成的损害，父母可能会承担个人责任”[4]，可见他们对《德国民法典》第八百三十二条所采用的父母责任是自己责任的立法例持肯定态度，但另一方面又主张，“如果未成年人本身是没有责任的（因为其行为没有过错并且不是法律规

---

[1] 《澳门民法典》第三百零二条：（一般期间）时效之一般期间为15年。第三百零四条（判决或执行名义所承认之权利）：一，如法律就某权利之时效定出较一般时效期间为短之时效期间，且其后该权利经确定判决确认或有其他执行名义存在，则该权利受一般时效期间约束，即使上述受法律规定之时效仅属推定性质亦然。二，然而，如上述判决或其他执行名义涉及尚未到期之给付，则针对该等给付之时效仍以较短之时效期间为准。

[2] 被管束人侵权行为的成立与否并不影响管束人责任的成立，被管束人不承担责任并不免除管束人的责任。

[3] 尹思哲：《债法概要》，朱琳琳译，杜慧芳校对，1997—1998年，澳门大学法学院三年级教材，未发行，第94页。

[4] J. Sinde Monteiro 和 Maria Manuel Veloso：《对他人造成的损害的责任：葡萄牙法》。载于J. 施皮尔主编《侵权法的统一：对他人造成的损害的责任》，梅夏英、高圣平译，法律出版社，2009年版，第267页。

定的属于严格责任的情形），父母还要为此行为承担责任，可能是不公平的，因为倘若该行为是由父母本身所为，也是不会导致责任的”，字里行间似乎又体现了《法国民法典》第一千三百八十四条或者《荷兰民法典》第一百六十九条所采用的父母责任是替代责任的立法例之思想。[1]笔者认为替代责任和自己责任是两种不同的立法例，如上所述，在被管束人的致害行为中，负有管束义务之人承担的是自己责任，对其有无尽到监管义务是采用过错推定责任制度，这种责任并不以被管束人的侵害行为成立侵权行为为必要条件，即便是被管束人本身是没有责任的，其或者无归责能力或者有归责能力但无过错且不是法律规定的属于风险责任的情形，也并不必然代表负有管束义务之人就不用为被管束人的行为承担责任，只能说是负有管束义务的人在上述情形可能通常没有过错，但未必，因为负有管束义务之人是否为被管束人的行为承担责任完全是取决于其本身有没有监管的过错，完全要从他或她自己的情况来判断，而不是取决于被管束人有无过错，负有管束义务之人和被管束人有没有过错是两个不同的问题。

第五种可能的情形（其实这种情形又包含三种可能性）。其一，在被管束人因为缺乏辨别能力或判断能力而不具有归责能力时，侵权行为都不成立，故对其无须自行承担责任，被管束人为不可归责者；负有管束义务之人也举证证明自己不存在监督管束过失，或者证明纵使自己尽到了相当的管束义务仍无法避免损害的发生，而主张不承担责任，即负有管束义务之人也不具有过错的情形下，对于受害人的损失，负有管束义务之人按照过错责任原则，也不承担责任。其二，被管束人有识别能力即具备责任能力，但被管束人没有过错，负有管束义务的人有过错，但是其因没有财产，而不能承担责任。[2]其三，再或者根本就没有人对行为人或加害人进行监管或有义务对其进行监管。[3]在以上三种情形下，受害人的损失还能得到赔偿吗？又或者说受害人的损失如何分担？

此情形下有公平原则或衡平原则适用的空间，依照《澳门民法典》第四百八十二条第一款规定，“如侵害行为由不可归责者作出，且损害不可能从负责管束不可归责者之人获得适当弥补者，即可按衡平原则判不可归责者弥补全部或部分之损害”，该条款的规定被学者们诠释为是侵害人承担衡平责任的体现。[4]诚如冯·巴尔先生所说的，就“个人的不当行为”所引发或产生的责任而言，“公平责任”是用来“决

---

[1] J. 施皮尔：《侵权法的统一：对他人造成的损害的责任》，梅夏英、高圣平译，法律出版社，2009 年版，第 111、116-121、150-152、228、269 页。

[2] “第四百八十九条第一款的后半部分的保留，从其文义及立法精神来看，不仅包含了负管束责任之人没有过错的情况，还包括了他有过错，但没有财产去承担责任的情况。”请参见：Antunes Varela，《债法总论》，第一卷，第十版，唐晓晴译，未出版，第 402 页，注解 5。

[3] Antunes Varela：《债法总论》，第一卷，第十版，唐晓晴译，未出版，第 402 页。

[4] 克雷斯蒂安·冯·巴尔：《欧洲比较侵权行为法》（上册），张新宝译，法律出版社，2001 年版，第 110 页。

定由谁对损害予以赔偿以及在何种程度上进行赔偿的问题”。[1]

冯·巴尔先生进一步指出，让造成损害之不可归责者与受害人分担因其加害行为而肇致的他人损失之理念源于1794年1月1日的《普鲁士一般通用法》第四十二条之规定，“但是于其监护人或者其父母亲没有能力或者不能赔偿损失之情形，儿童的财产可以用于赔偿损失”。[2]该条款对欧洲一些国家的民法产生了影响，逐渐开始适用这一原则，如《德国民法典》《奥地利民法典》《希腊民法典》《瑞士债务法》《意大利民法典》以及《葡萄牙民法典》的法律中都有有关公平责任的规定。[3]1965年，葡萄牙的立法者将一则独立的衡平责任条文（第四百八十九条）引入《葡萄牙民法典》，适用公平责任填补受害人的损害。按照葡萄牙和中国澳门地区法律规定，公平原则或衡平原则是指在被管束者不具有责任能力而负有管束义务之人也因举证而免责时，即在行为人与负有管束义务之人均无过错的前提下；或者被管束者没有过错，负有管束义务之人有过错，但是其因没有财产而不能承担责任时；又或者根本就没有人对行为人或加害人进行监管或有义务对其进行监管，赋予法官自由裁量权，由法院斟酌行为人与受害人双方的经济状况，由其根据案件的客观情况判定有经济能力的行为人以自己的财产对受害人的损失承担部分或者全部的赔偿责任。[4]值得注意的是，这里的赔偿不排除精神损害赔偿的可能性。[5]正如Antunes Varela所说的“因行为人有足够财物负起责任、因受害人处于困难的经济状况、当行为人与受害人的经济状况差距很大、因为损失的金额巨大、因为行为人的行为特别严重、因为所造成的侵害较重等”情形下[6]，适用公平原则来填补受害人的损害，使被管束者用自己的财产对受害人作出一定的补偿，故而公平责任被认为是“监督责任的补充”[7]。笔者认为此项规定是值得肯定的，例如，当不可归责者特别富有而受害人相当贫困时，此时如果行为人即使有财产也可以不承担责任的话，对受害人来说无论如何是不公

---

[1] 克雷斯蒂安·冯·巴尔：《欧洲比较侵权行为法》（上册），张新宝译，法律出版社，2001年版，第110页。

[2] 克雷斯蒂安·冯·巴尔：《欧洲比较侵权行为法》（上册），张新宝译，法律出版社，2001年版，第110页。

[3] 克雷斯蒂安·冯·巴尔：《欧洲比较侵权行为法》（上册），张新宝译，法律出版社，2001年版，第111-118页。

[4] 有澳门学者认为《澳门民法典》第四百八十二条第一款（《葡萄牙民法典》第四百八十九条第一款）意旨只有在监护人无能力去付赔偿时，才适用该衡平原则，但笔者以为《澳门民法典》第四百八十二条第一款涵盖这种情形但是不限于此。笔者更加认同Antunes Varela的观点，“第四百八十九条第一款的后半部分的保留，从其文义及立法精神来看，不仅包含了负管束责任之人没有过错的情况，还包括了他有过错，但没有财产去承担责任的情况”。当然，除了上面二种情形，还有Antunes Varela所说的第三种，即前面我们所谈到的，根本就没有人对行为人或加害人进行监管或有义务对其进行监管。请参见：Antunes Varela，《债法总论》，第一卷，第十版，唐晓晴译，未出版，第402页。

[5] 克雷斯蒂安·冯·巴尔：《欧洲比较侵权行为法》（上册），张新宝译，法律出版社，2001年版，第118页。

[6] Antunes Varela，《债法总论》，第一卷，第十版，唐晓晴译，未出版，第402页。

[7] 克雷斯蒂安·冯·巴尔：《欧洲比较侵权行为法》（上册），张新宝译，法律出版社，2001年版，第119页。

平的，似乎怎么也说不过去，社会公平要求行为人对受害人的损失予以赔偿，所以设置公平原则或衡平原则对此予以补救，以弥补过错责任的不足。❶故在特殊情况下，为防止富裕的不可归责者严重损害财产状况较差的人的利益，当受害人依正常程序无法获得赔偿时，法院可出于公平原则或衡平原则的考虑，判令有经济能力或财产状况良好的作为不可归责者的加害人以自己的财产负担一部分或全部赔偿费用，以维持不可归责者与受害人在损害后果负担与补偿方面的相对公平。

笔者认为，《澳门民法典》第四百八十二条第一款的规定在一定程度上可能会让我们产生某种错觉，认为这是在给我们某种暗示，说明澳门民法识别能力上即在归责能力问题上，也倾向于像法国民法所极力倡导的那样，所有人都应该是平等的，即人人均具有侵权责任能力或归责能力，都必须承担自己的侵权行为所引发的责任。这种错觉也会让我们以为这种有点含混晦涩的暗示虽然远没有像《法国民法典》那样干脆利落，但是至少是给不完全行为能力人某种警示，说明实际上在澳门即使是无侵权责任能力的不可归责者也是要对自己的侵权行为承担责任的，只要适用条件是符合公平原则的基本前提就万事大吉了。❷但其实不可归责之人的这种责任“不是一种客观责任”，衡平责任的范围与过错责任或风险责任的要求都不同，它并不以损害的全部填补为目的，不可归责之人的责任同可归责之人的责任相比较而言，具有根本的区别，“不可归责的人是根据衡平的准则而负上责任的；而可归责的人则是根据严格的法律规定负责”，法律对相关正常成年人设定更高的行为标准。❸另外，要求不可归责者之责任的目的只是为了保护受害人的合法权益，以实现对被害人的及时救济，旨在将损害在当事人之间进行合理的分担，在前面我们提及的 Antunes Varela 所说的由不可归责者承担损害赔偿责任的另一种情形，即负有管束义务之人有过错，但没有足够的经济能力或者说是财产去承担责任以偿还弥补受害人之损失的情形，法律规定可按衡平原则，令不可归责者对受害人的损失承担一部分或者全部的赔偿责任，但在不可归责者承担损害赔偿责任后，即代位取得受害人之权利，享有对有过错的负有管束义务之人的求偿权，其可以要求负有管束义务之人支付或者说是返还其赔偿给受害人的款项，因为在这种情况下，不可归责者本来就是不用承担损害赔偿责任的，要其承担只是一个不得已而为之的权宜之计，有过错的负有管束义务之人才是责任的最终承担者。❹笔者以为，立法精神还是凸显了被管束者之侵权责任

---

❶ 克雷斯蒂安·冯·巴尔：《欧洲比较侵权行为法》（上册），张新宝译，法律出版社，2001 年版，第 110 页。

❷ 如前所述，公平责任适用前提是在不完全行为能力人不具责任能力而监护人无过错也不承担责任的情形，或者监护人有过错，但没有财产去承担责任的情况，令有经济能力的行为人对受害人的损失承担一部分或者全部的赔偿责任。

❸ Antunes Varela：《债法总论》，第一卷，第十版，唐晓晴译，未出版，第 403 页。

❹ 在这种情形下令不可归责者承担责任，只是出于对受害人的保护而已，可推知其意图为让有过错的管束人最终承担责任。请参见：Antunes Varela，《债法总论》，第一卷，第十版，唐晓晴译，未出版，第 402 页，注解 5。

能力具有特殊性，所以对其侵权责任承担的具体制度设计中，充分考虑到该如何合理保障自然无能力者之权益。

即便在侵权赔偿责任最终或客观上只能由不可归责者承担的情况下，如何合理限制不可归责者的责任便成为立法者必须解决的问题。《澳门民法典》对其责任也给予了必要的限制，为了合理保障不可归责者的权益，依照《澳门民法典》第四百八十二条第二款（《葡萄牙民法典》第四百八十九条第二款）之规定，“然而，计算损害赔偿时，不得剥夺不可归责者按其状况及条件而被界定之生活所需，亦不得剥夺其履行法定扶养义务之必要资源”，让不可归责者承担责任需以不影响其正常生活或受教育等为前提条件。[1] Antunes Varela 也极力肯定这种做法，认为“赔偿的计算应以不损害不可归责者的生活费以及他所负有的扶养的法律义务为限”[2]，正如冯·巴尔力挺的 Martins Almeida 的观点，“相对于自我生计来说对他人的赔偿是次要的”。[3]

关于第四种可能性的这些法律规定，可以比较好地平衡了下面三方当事人的权益，既不至于对负有管束义务的人太过于苛刻，也不至于对被管束人太过严厉，同时还可以最大限度地保护受害人的利益，使其所受到的损害得到真正意义上的弥补。在这里套用一个例子解释一下第五种即适用衡平责任的情形[4]，一个 23 岁的精神病人 A（相当富裕），长期居住在某私人治疗中心 B 处接受专业的治疗。[5]有一次 A 点火烧着了 B 的邻居 C（非常贫困）的房屋。私人治疗中心 B 实行的是开放式管理，采取的方式是不用陪伴住院的病人，住院的病人可以自行进行日常生活。一般而言，监管职责源于法律规定或者合同约定，本案中因为这个私人治疗中心 B 采用的是开放式管理，没有任何人有义务去管束 A 或赔偿 A 基于侵权行为造成的损失，那么根据《澳门民法典》第四百八十二条第一款的规定，基于衡平原则，如果 A 自己有足够的经济能力弥补受害人的损失，就由其自己承担责任。但是根据本条的第二款，在承担损害赔偿责任时，要注意适可而止。

另外，让我们考察一下一种尽管少见但也可能会发生的情形。一个精神病人既是被管束者，又是一个受托人，该受托人因为缺乏辨别能力或判断能力而不具有归责能力时，而同时负有管束义务之人并不具有过错；又或者负有管束义务的人有过错，但是其因没有财产，而不能承担责任；再或者根本就没有人对该加害人进行监管或有义务对其进行监管，此时按照《澳门民法典》第四百八十二条（《葡萄牙民法

[1] 有些国家的民法典对此也有具体规定，也是采用这一方法。例如《德国民法典》第八百二十九条规定，如要判定未成年人承担责任，不得剥夺其维持适当的生计以及履行法定扶养义务之所需；《巴西民法典》第九百二十八条规定，损害赔偿不得剥夺不满 16 岁的未成年人本人或依靠他生活的人的必需品；若将剥夺无行为能力之人或依靠他生活的人的必需品，此等赔偿不发生。

[2] Antunes Varela：《债法总论》，第一卷，第十版，唐晓晴译，未出版，第 403 页。

[3] 克雷斯蒂安·冯·巴尔：《欧洲比较侵权行为法》，张新宝译，法律出版社，2001 年版，第 118 页。

[4] J. 施皮尔：《侵权法的统一：对他人造成的损害的责任》，梅夏英、高圣平译，法律出版社，2009 年版，第 5 页。

[5] 同样的案子如果发生在公立医院，处理又不一样。

典》第四百八十八条）的衡平责任，该受托人就要承担责任，而委托人得为该受托人承担替代责任。[1]此种情形下，委托人通常会以该受托人有精神病来对抗受害人，但是在实际案例中，委托人会被认为有选任上的过失而难辞其咎，从而要承担基于过错而产生侵权损害赔偿之债。[2]

综上所述，诚如 Antunes Varela 所言："要使不可归责者负上民事责任，则必须符合以下要件：（a）存在一项不法事实；（b）此一事实对某人造成损害；（c）倘该事实在同样情况下由一名可归责的人作出，则该事实便会被视为有过错的、可谴责的；（d）在事实与损害之间存在必要的因果关系；（e）不可能从不可归责者的监管人处获得损害赔偿；（f）根据个案的具体情事，可以用衡平（原则）解释行为人的全部或部分责任。"[3]

要件（a）、（b）和（d），笔者在构成要件里已谈论过。要件（e）和（f）在本部分也已探讨过，在这里就不再赘述。笔者想强调一下要件（c）。若将不可归责者假设成一个可归责者，如果可归责者在实施同样的行为在一般侵权行为中都没有过错，并且也不是法律规定的属于风险责任的情形，不可归责者当然不用为此承担责任，因为即便该行为是由可归责者实施的话，也是不会导致责任的。更何况诚如 Antunes Varela 所言："不可归责的归责条件应比可归责者的归责条件更加严格，因为这本来就是不公平的，也是违反法律精神的。为了确定这种适用于不可归责者的特别制度，需要考虑造成损害之人的客观或抽象过错。"[4]

另外，根据《葡萄牙民法典》第五百零三条第二款（《澳门民法典》第四百九十六条第二款），衡平责任还被扩展适用于"实际管理并为本身利益而使用任何在陆上行驶之车辆之人"。[5]最后，对于衡平责任，值得指出的是，对于葡萄牙和中国澳门地区民法来说，衡平责任与过错责任以及风险责任等归责原则不是同等一个层级范畴的概念，只是将衡平责任作为一个规则而存在，尚未将其视为一种独立的归责原则。

值得注意的是，如 J. Sinde Monteiro 和 Maria Manuel Veloso 所指出的那样，以上是就一般侵权行为而言的，如果被管束人没有识别能力、没有归责能力或具有归责能力但是没有过错，但是若对该行为法律规定属于风险责任归责原则的情形下，一般而言，负有管束义务的人要对被管束人致人损害的后果承担责任，推定为负有管

---

[1] J. Sinde Monteiro 和 Maria Manuel Veloso：《对他人造成的损害的责任：葡萄牙法》。载于 J. 施皮尔主编《侵权法的统一：对他人造成的损害的责任》，梅夏英、高圣平译，法律出版社，2009 年版，第 275 页。

[2] J. Sinde Monteiro 和 Maria Manuel Veloso：《对他人造成的损害的责任：葡萄牙法》。载于 J. 施皮尔主编《侵权法的统一：对他人造成的损害的责任》，梅夏英、高圣平译，法律出版社，2009 年版，第 275 页。

[3] Antunes Varela：《债法总论》，第一卷，第十版，唐晓晴译，未出版，第 403 页。

[4] Antunes Varela：《债法总论》，第一卷，第十版，唐晓晴译，未出版，第 403 页，注解 1。

[5] 《葡萄牙民法典》，唐晓晴等译，北京大学出版社，2009 年版，第 89 页。

束义务的人是有过错的，除非负有管束义务的人能够反证推定不成立，否则他们就被推定没有履行其管束义务。[1]为此，J. Sinde Monteiro 和 Maria Manuel Veloso 举出实例来加以说明，“如果一个 10 岁的男孩的一条蛇咬伤了来访的朋友，孩子是有责任的，并且他的父母由于准许他保有这种危险的宠物，而被推定为有过错”[2]。不过对于被管束人的行为是否属于风险责任，笔者也无意认为没有必要特别强调，因为不论是什么情况（无论是过错责任还是风险责任），对负有管束义务的人来说都是适用过错推定责任。

5. 负有管束义务的人的民事责任的抗辩事由

一般侵权行为中的抗辩事由，如自助行为、正当防卫、紧急避险等，对于被管束人致人损害的行为同样适用，负有管束义务的人可以此事由对受害人的请求进行抗辩，以减轻或免除自己可能承担的民事责任。另外，本文略谈一下与负有管束义务的人的民事责任有关的以下抗辩事由。首先，如负有管束义务的人无过错，根据《澳门民法典》四百八十四条（有管束他人义务之人之责任）[3]，规定了负有管束义务的人若不能证明自己已尽监护之责，则推定其有过错，对被管束人致人损害要负赔偿责任；但若其能证明其已尽了管束之责或证明纵使已履行了监督义务仍无法阻止被管束人的对他人的侵害行为的，则予以免责，无论被管束人所施加的行为是不法事实所生之责任还是风险责任。再者，《澳门民法典》五百六十四条（受害人之过错）也是一项重要的抗辩事由。[4]另外，第三人的过错也是违法行为的阻却事由，受害人的损害完全是由第三人的故意或过失所致。根据《澳门民法典》四百八十三条（行为人、教唆人及帮助人之责任）之规定，“不法行为之行为人、教唆人或帮助人有数人者，各人均须对所造成之损害负责”，可知当自然无能力者（被管束者）没有识别能力，完全是受人教唆、帮助为侵害行为的，负有管束义务的人可证明第三人的过错而免除或减轻责任。

---

[1] J. Sinde Monteiro 和 Maria Manuel Veloso：《对他人造成的损害的责任：葡萄牙法》。载于 J. 施皮尔主编，《侵权法的统一：对他人造成的损害的责任》，梅夏英、高圣平译，法律出版社，2009 年版，第 269 页。

[2] J. Sinde Monteiro 和 Maria Manuel Veloso：《对他人造成的损害的责任：葡萄牙法》。载于 J. 施皮尔主编《侵权法的统一：对他人造成的损害的责任》，梅夏英、高圣平译，法律出版社，2009 年版，第 269 页。

[3] 《澳门民法典》四百八十四条（有管束他人义务之人之责任）：“基于法律或法律行为而对自然无能力人负有管束义务之人，须就该自然无能力人对第三人所造成之损害负责；但证明其已履行管束义务，又或证明即使已履行管束义务而损害仍会发生者除外。”

[4] 《澳门民法典》五百六十四条（受害人之过错）“一、如受害人在有过错下作出之事实亦为产生或加重损害之原因，则由法院按双方当事人过错之严重性及其过错引致之后果，决定应否批准全部赔偿，减少或免除赔偿。二、如责任纯粹基于过错推定而产生，则受害人之过错排除损害赔偿之义务，但另有规定者除外。”《澳门民法典》五百六十五条（法定代理人及帮助人之过错）：“受害人之法定代理人或使用人有过错，即等同受害人有过错。”

二、本法域对该规则的规定

（一）《澳门民法典》

第一百一十一条（未成年人）

未满十八岁者为未成年人。

第一百一十二条（未成年人之无行为能力）

未成年人无行为能力，但另有规定者除外。

第一百一十三条（未成年人无行为能力之弥补）

一、未成年人之无行为能力，根据相关条文规定，以亲权弥补；不能以亲权弥补时，则以监护权弥补。

二、在某些情况下，未成年人之无行为能力，亦得根据相关条文规定透过财产管理制度弥补，以作为亲权或监护权之补充。

第一百一十六条（未成年人无行为能力之例外情况）

一、除法律规定之其他行为外，下列行为亦例外有效：

a）16岁以上之未成年人对因其工作而取得之财产所作之管理或处分行为；

b）未成年人在日常生活中所作之属其自然能力所及，且仅涉及小额支出或财产处分之法律行为；

c）未成年人所作、与其获法定代理人许可从事之职业、工艺或工作有关之法律行为，或在从事该职业、工艺或工作时所作之法律行为。

二、对于因与未成年人之职业、工艺或工作有关之行为而生之责任，以及因在从事该职业、工艺或工作时所作之行为而生之责任，仅以未成年人可自由处分之财产承担。

第一百一十七条（未成年人无行为能力之终止）

未成年人之无行为能力于其成年或亲权解除时终止，但法律另有限制者除外。

第一百一十八条（成年之效果）

年满18岁者取得完全行为能力，从而具备处理其人身事务及处分其财产之资格。

第一百一十九条（禁治产或准禁治产之诉之待决）

一、然而，如针对未成年人之禁治产或准禁治产之诉于未成年人成年时仍处待决状态，则亲权或监护权仍须维持，直至有关判决成为确定时为止。

二、未成年人在成年后直至导致禁治产或准禁治产诉讼结束之判决成为确定时之期间内作出之行为，受第一百三十二条所定之制度约束。

第一百二十条（解除亲权）

未成年人结婚，亲权即予解除。

第一百二十一条（解除亲权之效果）

解除亲权赋予未成年人完全行为能力，从而有资格如成年人般处理其人身事务及自由处分其财产，但属第一千五百二十一条所规定者除外。

第一百二十二条（受禁治产约束之人）

一、因精神失常、聋哑或失明而显示无能力处理本人人身及财产事务之人，得被宣告为禁治产人。

二、禁治产制度适用于成年人或亲权已解除之人；然而，对于亲权未解除之未成年人，为着禁治产之效果可自未成年人成年之日起产生，得在其成年前一年内请求并宣告禁治产。

第一百二十三条（禁治产人之能力及禁治产之制度）

禁治产人等同未成年人，关于因未成年而无行为能力之规定，以及订定亲权之弥补方法之规定，经作出必要配合后，适用于禁治产人，但不妨碍以下各条规定之适用。

第一百二十六条（负责监护之人）

一、下列之人依次获赋予监护权：

a）禁治产人之配偶，但因禁治产人配偶之过错而出现事实分居，又或禁治产人之配偶因其他原因而在法律上无行为能力者除外；

b）由父母或行使亲权之父亲或母亲以遗嘱、公文书或经认证之文书指定之人；

c）禁治产人之父母；

d）由法院按照禁治产人之利益而指定禁治产人之任一成年子女；

e）与禁治产人有事实婚关系之人。

二、如不能或因有应予考虑之理由而不应按上款之规定赋予监护权，则由法院在听取亲属会议意见后，指定监护人。

第一百三十五条（受准禁治产约束之人）

对于长期性精神失常、聋哑或失明，但尚未严重至须宣告为禁治产人之人，或因惯性挥霍、滥用酒精饮料或麻醉品而显示无能力适当处理其财产之人，均得被宣告为准禁治产人。

第一百三十六条（准禁治产之弥补）

一、准禁治产人由保佐人辅助；凡属生前之财产处分行为，以及属因应个别情况而被详细列明于判决书上之一切行为，均须经保佐人许可，方得为之。

二、保佐人之许可，得以法院之许可取代。

第一百三十八条（准禁治产之终止）

对于因挥霍、滥用酒精饮料或麻醉品而被宣告之准禁治产，如准禁治产人未经过按照恢复其能力之有关法律规定而视为适当之最短考验期，则不批准终止准禁治产。

第四百七十七条（一般原则）

一、因故意或过失不法侵犯他人权利或违反旨在保护他人利益之任何法律规定者，有义务就其侵犯或违反所造成之损害向受害人作出损害赔偿。

二、不取决于有无过错之损害赔偿义务，仅在法律规定之情况下方存在。

第四百七十九条（不作为）

基于法律或法律行为，有义务为一行为而不为时，单纯不作为在符合其他法定要件下即产生弥补损害之义务。

第四百八十条（过错）

一、侵害人之过错由受害人证明，但属法律推定有过错之情况除外。

二、在无其他法定标准之情况下，过错须按每一具体情况以对善良家父之注意要求予以认定。

第四百八十一条（可归责性）

一、在损害事实发生时基于任何原因而无理解能力或无意欲能力之人，无须对该损害事实之后果负责；但行为人因过错而使自己暂时处于该状态者除外。

二、未满7岁之人及因精神失常而成为禁治产之人，推定为不可归责者。

第四百八十二条（由不可归责者作出之损害赔偿）

一、如侵害行为由不可归责者作出，且损害不可能从负责管束不可归责者之人获得适当弥补者，即可按衡平原则判不可归责者弥补全部或部分之损害。

二、然而，计算损害赔偿时，不得剥夺不可归责者按其状况及条件而被界定之生活所需，亦不得剥夺其履行法定扶养义务之必要资源。

第四百八十四条（有管束他人义务之人之责任）

基于法律或法律行为而对自然无能力人负有管束义务之人，须就该自然无能力人对第三人所造成之损害负责；但证明其已履行管束义务，又或证明即使已履行管束义务而损害仍会发生者除外。

第四百九十条（连带责任）

一、如有数人须对损害负责，则其责任为连带责任。

二、负连带责任之人相互间有求偿权，其范围按各人过错之程度及其过错所造成之后果而确定；在不能确定各人之过错程度时，推定其为相同。

第四百九十二条（适用规定）

规范因不法事实而产生责任之规定中可适用之部分，延伸适用于风险责任之各种情况，但法律另有规定者除外。

第四百九十三条（委托人之责任）

一、委托他人作出任何事务之人，无论本身有否过错，均须对受托人所造成之损害负责，只要受托人对该损害亦负赔偿之义务。

二、委托人仅就受托人在执行其受托职务时所作出之损害事实负责，但不论该损害事实是否系受托人有意作出或是否违背委托人之指示而作出。

三、作出损害赔偿之委托人，就所作之一切支出有权要求受托人偿还，但委托人本身亦有过错者除外；在此情况下，适用第四百九十条第二款之规定。

第四百九十四条（公法人之责任）

任何公法人之机关、人员或代表人在从事私法上之管理活动中对第三人造成损害者，该公法人须按委托人就受托人所造成之损害负责之有关规定，对该等损害承担民事责任。

第七百八十九条（法定代理人或帮助人之行为）

一、债务人须就其法定代理人或其为履行债务而使用之人之行为对债权人负责，该等行为如同债务人本人作出。

二、经利害关系人之事先协议，得排除或限制上述责任，只要该排除或限制不涉及违反公共秩序规范所定义务之行为。

第一千四百八十七条（父母或监护人之许可）

一、满16岁而未满18岁之未成年人结婚，应获行使亲权之父母许可或获监护人许可。

二、如存在应予考虑之理由显示婚姻之缔结为合理，且未成年人之身心已足够成熟，则法院可透过批准取代上款所指之许可。

第一千七百三十二条（亲权之存续期）

子女在成年或亲权解除前受亲权约束。

第一千七百三十三条（亲权之内容）

一、父母须为子女之利益而关注子女之安全及健康、供给子女生活所需、安排子女之教育及作为已出生或未出生之子女之代理人，并管理子女之财产。

第一千七百三十六条（代理权）

一、代理权之范围包括代子女行使一切权利及履行一切义务，但纯属人身性质之行为、未成年人本人有权自由作出之行为及涉及非由父母管理之财产之行为者除外。

二、父母任一方与受亲权约束之子女之间存在利害冲突，或子女之间存在利害冲突，以致须由公共当局解决时，法院须指定一名或一名以上之特别保佐人以作为有关未成年人之代理人，即使在上述后一情况中之其中一名子女为成年人亦然。

第一千七百三十七条（不可放弃性）

父母不得放弃亲权，亦不得放弃由亲权特别赋予之任一权利，但不影响本法典内有关收养规定之适用。

第一千七百三十九条（教育）

一、父母应尽可能促进子女在身体、智力及道德上之发展。

二、父母应向子女，尤其伤残或弱智之子女，提供适当且尽可能符合其个人能力及兴趣之一般教育及职业培训。

第一千七百五十六条（婚姻关系存续期内之亲权）

一、在父母婚姻关系之存续期内，亲权由父母双方行使。

二、父母双方须就亲权之行使达成协议，对重大问题未达成协议时，任何一方均得诉诸法院，由法院试行调解；不可能调解时，法院在作出裁判前须听取十二岁以上子女之意见，但基于某些应予考虑之情况而不宜听取者除外。

第一千七百五十七条（由父母一方作出之行为）

一、如父母一方作出属行使亲权范围之行为，则推定其在他方同意下作出该行为，但法律明确要求须经父母双方之同意或该行为属特别重大者除外；不得以欠缺他方同意为由对抗善意第三人。

二、第三人应拒绝参与由夫妻一方作出之行为，只要按上款规定不能推定他方已同意，又或他方之反对为该第三人所知悉。

第一千七百五十八条（父母一方之障碍）

父母一方因失踪、暂时不可能处理事务、无行为能力或其他障碍，以致不能行使亲权时，由他方单独行使。

第一千七百五十九条（鳏寡）

婚姻因夫妻一方死亡而解销时，亲权归属生存之一方。

第一千七百六十条（离婚、事实分居或撤销婚姻）

一、在离婚、事实分居或撤销婚姻之情况中，子女之归属、子女应受之扶养及扶养之方式，均由父母以协议确定之，该协议须经法院认可；如协议不符合未成年子女之利益，包括子女与不获交托子女之父亲或母亲一方保持密切关系之利益，则法院须拒绝给予认可。

二、如未达成协议，则法院须作出符合未成年子女之利益之裁判，并得将未成年子女交由父母任一方照顾，或在出现第一千七百七十二条所指之任一情况时，交托第三人或适当之公共或私人机构照顾。

三、在上款所指之情况下，须为不获交托照顾子女之父亲、母亲或双方订立探访制度，但基于对子女利益之考虑而不宜订立者除外。

第一千七百六十一条（在离婚、事实分居或撤销婚姻之情况下之亲权行使）

一、在离婚、事实分居或撤销婚姻之情况下，亲权由获交托子女之父亲或母亲行使。

二、然而，父母得按照上条第一款之规定就共同行使亲权达成协议，对于涉及子女生活之各项问题，以如同在婚姻中之共同生活期间处理该等问题之方式作出处理。

三、父母亦得按照上条第一款之规定，约定某些事项须由双方协议解决，又或约定由不获交托未成年子女之父亲或母亲管理子女之财产。

四、无权行使亲权之父亲或母亲，有权监督子女之教育及生活状况。

第一千七百六十二条（子女被交托予第三人或机构照顾时之亲权行使）

一、子女被交托予第三人或机构时，该第三人或机构即具有为适当履行其职责所需之各项属父母拥有之权力及义务。

二、就不受上款规定所影响之亲权部分，在婚姻关系之存续期内须由父母双方共同行使，但法院裁判定出应由其中一方单独行使者除外。

三、在离婚、事实分居或撤销婚姻之情况中，对于不受第一款规定影响之亲权部分之行使，适用经作出适当配合之上两条之规则。

第一千七百六十三条（不获交托子女之父亲或母亲尚生存）

如出现第一千七百七十二条所指之任一情况，则法院在规范亲权之行使时得决定在获交托未成年子女之父亲或母亲死亡之情况下，子女不会转由尚生存之母亲或父亲照顾，为此，法院须指定临时照顾该未成年子女之人。

第一千七百六十四条（子女仅与父亲或母亲确立亲子关系）

如未成年子女仅与父亲或母亲确立亲子关系，则亲权归属该父亲或母亲。

第一千七百六十五条（子女与无婚姻关系之父母确立亲子关系）

一、如与未成年子女已确立亲子关系之父母在该子女出生后仍未结婚，则由照顾子女之父亲或母亲行使亲权。

二、为着上款规定之效力，推定由母亲照顾子女；此推定仅可透过司法途径予以推翻。

三、如父母在事实婚状况下共同生活，且在负责民事登记之公务员面前声明愿意共同行使亲权，则由双方共同行使亲权；在此情况下，适用经作出必要配合之第一千七百五十六条至第一千七百五十九条之规定。

四、上款所指制度之适用，不取决于事实婚关系存续期之长短，亦不受父母中任一方尚有未解销之先前婚姻或父母系未成年人所影响，但仍适用第一千七百六十七条第二款之规定。

第一千七百六十九条（行使亲权之禁止）

一、如父母一方因过错违反其须对子女承担之义务而使子女受严重损害，或基于无经验、患病、不在或其他原因而未能显示出其具备履行该等义务之条件，则法院得应检察院、未成年人之任何血亲之声请，又或应事实上或法律上获交托照顾未成年之人之声请，宣告禁止行使亲权。

二、禁止得为完全禁止或仅限于就子女之代理及其财产之管理方面之禁止；禁止之对象得为父母双方或仅其中一方，且所涉及之子女得为全部、仅其中一名或数名。

三、涉及全部子女之禁止，其效力延伸至在禁止宣告后出生之子女，但裁判另有所定者除外。

第一千七百七十二条（子女之安全、健康、道德培养及教育受危害）

如未成年子女之安全、健康、道德培养或教育受危害，但不属禁止行使亲权之情况，则法院得应检察院或第一千七百六十九条第一款所指任一人之声请，命令采取适当措施，尤其将子女交托予第三人或适当之公共或私人机构。

第一千七百七十三条（措施执行期间之亲权行使）

一、法院已命令采取上条所指之某种措施者，父母得在与该措施无抵触之范围内继续行使亲权。

二、未成年人已交托予第三人或机构者，须为父母订定探访制度，但基于对子女利益之考虑而不宜作出此订立者除外。

第一千七百八十四条（有监护权之人）

监护人一职，由父母指定并获法院确认之人担任，又或由法院指定之人担任。

第一千七百八十五条（父母指定之监护人）

一、父母得为假使其于将来死亡或成为无行为能力之情况，指定未成年子女之监护人；仅由父亲或母亲单独行使亲权时，该指定监护人之权力属行使亲权之一方。

二、为未成年子女指定监护人之父亲或母亲死亡后，如尚存之另一方未在行使亲权中废止该指定，则视该指定产生效力。

三、监护人之指定及其废止，须在遗嘱、公文书或经认证之文书上作出，方为有效。

第一千七百八十六条（数名监护人之指定）

如按照上条之规定为同一子女指定一名以上之监护人，且未以任何方式列明该等监护人之先后次序，则监护权按作出指定之顺序归属各被指定人。

第一千七百八十七条（法院指定之监护人）

一、如父母未指定监护人，或父母所指定之监护人未获确认，则法院有权于听取亲属会议之意见后，在未成年人之血亲或姻亲中指定监护人，或在事实上曾照顾或正在照顾未成年人之人中指定监护人，又或在显示爱护未成年人之人中指定监护人。

二、法院在指定监护人前，应先听取年满12岁之未成年人之意见。

第一千八百零四条（监护人之撤职）

监护人在下列情况下，得被撤职：

a）未履行监护职务之专有义务或显示欠缺履行监护职务之能力；

b）因就任后发生之事实而处于有碍其被指定为监护人之情况。

第一千八百一十七条（终止之时刻）

监护因下列任一事实而终止：

a）成年，但第一百一十九条所规定之情况除外；

b）解除亲权，但第一千五百二十一条所规定之情况除外；

c）收养；

d）禁止行使亲权之终止；

e）父母行使亲权障碍之终止；

f）母亲身份或父亲身份之确立。

第一千八百一十八条（监护职务之履行）

一、如无合条件履行监护职务之人，则须将未成年人交托予适当之公共或私人机构，并由该公共或私人机构之领导人履行监护人之职务。

二、在上款所指之情况下，无须指定监护监督人；然而，如属有可能且按有关具体情况未显示有任何不便之处，则须成立亲属会议。

（二）澳门4月22日第28/91/M号法令《订定本地区行政当局、公共法人其权利人及公共管理代理人之合约外民事责任制度》

第一条（适用范围）

本地区行政当局及其他公法人在公法管理行为方面之非合同民事责任，凡未被特别法所规定者，应由本法规之规定所规范。

第二条（行政当局及其他公法人之责任）

本地区行政当局及其他公法人，对其机关或行政人员在履行职务中以及因履行职务而作出过错之不法行为，应向受害人承担民事责任。

第三条（机关之据位人、行政人员及公法人之责任）

在不影响上条规定之情况下，本地区行政当局之机关据位人及行政人员和其他公法人，对于其超越其职务范围所作出的不法行为或在履行职务中以及因履行职务故意作出之不法行为，应承担民事责任。

第四条（过错之认定）

一、机关据位人或行政人员之过错，须按《民法典》第四百八十条之规定予以认定。

二、如有多名责任人，则适用《民法典》第四百九十条之规定。

（本条已更改，请查阅：第110/99/M号法令。

第五条（求偿权）

当履行任何赔偿时，本地区行政当局及其他公法人对犯过错之机关据位人或行政人员享有求偿权，但必须该过错人之所为系出于故意或明显欠缺担任职务所需之注意及热心。

第九条（危险责任）

本地区行政当局和其他公法人对由于行政部门异常危险之运作或由于具有同样性质之对象和活动造成的特别和非常之损害承担责任，但根据一般规定，能证明在该部门运作或在执行其活动时发生外来不可抗力或系受害人或第三人之过错者除外。

第十条（符合规范行为之责任）

一、本地区行政当局和其他公法人为了总体利益通过合法之行政行为或符合规范之事实行为对私人施加负担或造成特别和非常损失时，应向其负责赔偿。

二、本地区行政当局或其他公法人当在紧急情况下以及为了必须维护之公共利益之目的不得不特别牺牲第三人全部或部分之对象或权利时，应向其赔偿。

（三）《澳门刑法典》

第十八条（因年龄之不可归责性）

未满 16 岁之人，不可归责。

第十九条（因精神失常之不可归责性）

一、因精神失常而于作出事实时，无能力评价该事实之不法性，或无能力根据该评价作出决定者，不可归责。

二、患有非偶然之严重精神失常之人，如精神失常之后果不受其控制，且不能因此而对其加以谴责者，即使其于作出事实时有明显低弱之能力评价该事实之不法性，或有明显低弱之能力根据该评价作出决定，得宣告为不可归责。

三、行为人经证实无能力受刑罚影响，可作为上款所规定之情况之参考依据。

四、行为人意图作出事实，而造成精神失常者，不阻却可归责性。

（四）澳门 12 月 13 日第 109/99/M 号法令《核准海上商事之法律制度》

第二十六条（适用于船舶经营人因船员之行为而负之民事责任之法律）

一、船舶经营人因船员之不法行为而负之责任，受适用于非合同责任之法律规范。

二、船舶经营人因作为其履行辅助人之船员之作为或不作为而负之责任，受适用于该等债务性质之法律行为之法律规范。

第二十七条（船长代理船舶经营人之代理权）

对于船长因履行获交托之职务而生之债，船舶经营人须承担责任。

第二十八条（船舶经营人因船员之行为而负之民事责任）

一、船舶经营人对船员在履行获交托之职务时所作之不法行为，须按委托人对受托人之行为承担责任之规定，承担责任。

二、船舶经营人在履行债务时对船员之作为或不作为，须按债务人对其履行辅助人之作为或不作为承担责任之规定，承担责任。

三、然而，如船长为救助、保证航行安全或保障海上航行所涉及之整体利益而履行法律规定之义务，则船舶经营人无须承担责任。

四、对于引航员在船上之作为或不作为，船舶经营人须承担责任，但引航员之登船系由当地有关法律所规定者除外。

三、有关该规则的典型案例（关于侵权责任分担）

葡萄牙里斯本中级法院2005年11月3日之合议庭裁判第9027/2005-6号上诉案：❶

（一）案情简述

1998年10月26日，一辆由甲公司承保的属于丁的挖土机，因其过错，撞上了由乙公司承保的属于丙的汽车。

丙的汽车中运送的电子设备受到损害，2000年8月3日，丙向法院提起诉讼，要求判甲、乙两家公司以连带方式向其作出赔偿。

法院在2005年2月20日作出判决，甲、乙两家公司以连带方式向丙赔偿22.871 87欧元，并需支付迟延利息。

乙公司认为其既非造成损害的不法行为的责任人，也不是其民事责任的承保公司，因此不应该承担连带责任。

因此，乙公司向里斯本中级法院提起上诉。

（二）法律问题

里斯本中院面对的主要问题是：在非合同民事责任中，连带责任的适用范围的问题。

（三）主要观点

里斯本中院在合议庭裁判中指出：《民法典》第五百零五条规定的连带之债，可以是源于法律或当事人的意思。这些连带之债的渊源，在民法典第五百零六条中有明确规定。

源于法律的连带之债的其中一个例子便是《民法典》四百九十条所提到的情况，根据该条之规定，在基于不法事实的民事责任范畴（即侵权法范畴）❷，如果有数人须对损害负责，则其责任为连带责任。

为了不法事实的民事责任的规则的适用之效力，这里规定的连带责任包括了所有的直接对损害负责的人。例如，像是《民法典》第四百八十三条或第四百八十四条所提到的人。

这个连带责任还可以延伸到那些在风险民事责任范畴须要直接对损害负责的人，例如第四百九十三条规定的委托人的情况，基于第四百九十二条规定的援引条款而适用。

法院认定此次事故完全是由丁驾驶的挖土机的过错所造成的。

---

❶ 本案由艾林芝翻译及总结，内容有做适当删减，原有条文为葡萄牙法条文，已改为相应的中国澳门地区法条文。

❷ 括号内的文字是由译者所加。

甲与丁签订的保险合同使得甲承担债务，弥补挖土机所造成的损害。因此，被上诉人遭受之损害，相关不法事实导致的民事责任归于甲保险公司。

尽管上诉人乙和丙签订了保险合同，但乙并不因此而负上不法行为民事责任。

最后，法院认为："根据这些条件，而且也不存在当事人（承担连带责任的）意思，因此被上诉的判决要求乙对损害赔偿义务负连带责任是没有道理的。"

四、在《东亚侵权法示范法》中对该规则作出规定的基本意见

对于委托人之替代或担保责任，澳门法域的建议是，要注意区分委托关系与雇佣关系，前者甚至不要求有效的法律关系，而后者则要求合同成立。委托人与雇主之间，受托人与雇员之间概念的外延是不同的，不可将其等同视之。再者，委托人之责任是以委托关系为前提的特殊侵权责任，要明晰委托人之责任中涵盖的三个归责原则之间的联系与区别。第一个是委托人承担责任的归责原则，即我们这里所说的委托人之责任的归责原则；第二个是受托人侵权行为的归责原则；第三个是受托人最终承担责任的归责原则。

对自然无能力者的致人损害行为，澳门法律对未成年人或精神状况不正常的成年人等由于识别能力的欠缺的自然无能力者实行责任优待，法律没有仅从客观结果出发，而是将立足点放在主体的特殊性上，这一类人所实施的加害行为，是否构成侵权，责任的成立和责任的承担都有其特殊性和复杂性。《澳门民法典》通过民事责任能力（归责能力）制度保护自然无能力者，以年龄和识别能力作为侵权责任能力（归责能力）的判断标准，使不具有归责性的行为人一般情况下不承担责任，这是法律对弱势群体的保护，彰显了法律的人性化。同时以负有管束义务之人的监督义务来强化这种保护，对负有管束义务之人以监督义务是否违反以过错推定责任为归责基础来确定其监督责任，其不承担责任或承担单独责任或与被管束人承担连带责任。另外，以衡平责任作为例外补充监督责任来弥补受害人之损失[1]，使行为人分担损失以便对受害人加以保护，从而在行为人、负有管束义务的人和受害人之间实现利益的平衡。[2]因而，《澳门民法典》关于自然无能力者致人损害责任制度的规定相对而言是比较全面的，尤其在对受害人利益之保护方面，澳门地区立法中自然的无能力者可以构成侵权并承担侵权责任，自然的无能力者可以承担衡平责任，体现了侵权法以填补损害作为其第一要务的基本机能。澳门法域的建议是，《东亚侵权法示范法》对于被管束人的致害行为是不是也可以参考《澳门民法典》中自然无能力者致人损害责任制度之设计，同时，鉴于自然无能力者之侵权归责能力具有特殊性，可不可

---

[1] 克雷斯蒂安·冯·巴尔：《欧洲比较侵权行为法》（上册），张新宝译，法律出版社，2001年版，第118-119页。

[2] 如前所述，当行为人是不可归责者时，而负有管束义务之人又举证免责时，葡萄牙民法和中国澳门地区民法为弥补受害人之损失，规定行为人负衡平责任。

以考虑效仿德国和法国，在容易产生自然无能力者致人损害的场合实行个人责任保险制度，尤其是家庭责任保险，这种制度设计都可以起到合理保障自然无能力者和第三人的合法权益的重要作用，《东亚侵权法示范法》是不是可以引入这种责任保险制度？

专题之九：损害赔偿

一、该问题基本规则

正如 Mota Pinto 所言，“民事责任是指法律对给他人造成损害的人强加的使受害人在没有受害时所应置身的状态的义务”[1]，侵权民事救济的方式是指由法律规定的应负侵权责任的行为人，应以什么方式承担因其侵权行为所肇致的对其不利的法律后果。“没有救济的权利即非权利”，西方法谚所言甚是，民法赋予民事主体权利的同时，必须配套地赋予救济权，救济是对权利的捍卫和保障，是人类公平正义理想赖以存在的基础。有学者指出，对葡萄牙等欧洲大陆法系的许多国家涉及侵权责任一般都认可“同质救济”，亦可金钱弥补。对澳门来说，总体而言，侵权救济法律中的民事救济方式主要有事先预防性保护措施（《澳门民法典》第六十七条和第一千二百七十条）、恢复原状（《澳门民法典》第五百五十六条）、金钱之损害赔偿（第五百六十条）以及终止导致损害之事件（第五百六十条第四款）等形式，受害人可据此向法院提起诉讼请求来获得损害赔偿。

在侵权行为的各种救济方式中，金钱之损害赔偿是传统侵权民事责任中最基本的也是最为常见的责任承担方式。另外，针对各种特殊的侵权行为，除上述民事救济形式之外，其制度本身可能有自己独特的损害救济方式。如澳门 3 月 11 日 2/91/M 号法律《环境纲要法》的第三十五条第一款规定损害救济的方法之一消除起因；如澳门 8 月 14 日第 40/95/M 号法令《核准对工作意外及职业病所引致之损害之弥补之法律制度》第二十七条和第二十八条规定“特定给付”；澳门第 17/2008 号行政法规《产品安全的一般制度》第五条（生产商的义务）和第六条（经销商的义务）对售出产品的回收等。

（一）损害救济方式

1. 一般原则

（1）“预防性法律保护措施”。[2]

根据《澳门民法典》第五百六十条，责任主体承担非合同民事责任的方式以恢复原状为原则，不能恢复原状时，或恢复原状虽为可能，但不足以弥补受害人全部

---

[1] Carlos Alberto Da Mota Pinto：《民法总论》（中译本），澳门法律翻译办公室、澳门大学法学院及法务局，2001 年版，第 56 页。

[2] 克雷斯蒂安·冯·巴尔：《欧洲比较侵权行为法》（下册），焦美华译，张新宝审校，法律出版社，2001 年版，第 166 页。

的损害或恢复原状使责任主体的负担过重，则以填补受害人实际损失为准，通过承担非合同民事责任尽量使民事权利恢复至受侵害之前的状态，所以非合同民事责任的最为根本的属性或首要功能在于其补偿性，其基本的目的是使当事人所受损害得到赔偿。但预防也是现代侵权行为法的重要功能，基于侵权形态的日趋复杂多样化，在侵权责任法的保护范围日益扩展的形势下，侵权责任承担方式应呈现多样性和灵活性。非合同民事责任或侵权责任应被认为是一种广义的非合同民事责任，不能将侵权行为的法律效果始终囿于传统民法单一的损害救济方法上，侵权责任承担方式在强调以非合同民事责任的同质救济原则的同时，也应凸显侵权法律制度之事前预防功能，以适应时代的需求，从而更有效地维护受害人的合法权益。

对于预防性法律保护措施，迪特尔·施瓦布认为："通过把后果排除请求权和停止侵害请求权使用于保护任何侵权法上的受保护权利和利益，司法判例使这些请求权与侵权法建立了密切的关联关系。看起来，仿佛后果排除请求权和停止侵害请求权同损害赔偿请求权一样也是侵权行为的后果。"[1]迪特尔·施瓦布又进一步指出："按照行为不法说就必然得出这样的结论，即被设定为前提的损害不必非得是违法的不可。这就意味着：后果排除请求权和停止侵害请求权并非必定要以一项侵权法上的行为为前提，因此也不形成专门的侵权后果。"[2]而冯·巴尔亦指出，事实上损害的预防总是优于损害之赔偿的，"认为预防性法律保护是侵权行为法的必要部分的观点是正确的"，"预防性法律保护……是私法损害赔偿法的一部分，是必要的和先于损害赔偿制度的那一部分。如果法律仅赋予公民赔偿请求权而却不使其有机会制止即将发生的损害是很难让人接受的。如果一个国家不授予其法院在'损害尚未发生的期间'基于当事人的申请提供法律保护措施的职权，这个国家就未尽法律保护的义务"。[3]葡萄牙和澳门的立法者对此也持同样立场，也承认预防性法律保护措施与民事责任之间的紧密关系《澳门民法典》第六十七条（人格之一般保护）规定："一、任何人均获承认具有人格权，而人格权应在毫无任何不合理区分下受保护……二、任何人均有权受保护，以免其人身或精神上之人格遭受不法侵犯或侵犯之威胁。三、受威胁之人或被侵犯之人得就有关情况请求采取适当措施，以避免威胁之实现或减轻已发生之侵犯所造成之后果，而不论有关威胁或侵犯之事实是否导致民事责任。四，受威胁之人或被侵犯之人，亦得按照诉讼法之规定请求采取上款所指之措施，作为保全措施。"以上规定显示出澳门的预防性法律保护措施一般以人身或精神上之人格权为主要适用范畴，但是也不限于此。例如，《澳门民法典》第一千二百七十

---

[1] 迪特尔·施瓦布：《民法导论》，郑冲译，法律出版社，2006年版，第268页。
[2] 迪特尔·施瓦布：《民法导论》，郑冲译，法律出版社，2006年版，第269页。
[3] 克雷斯蒂安·冯·巴尔：《欧洲比较侵权行为法》（上册），张新宝译，法律出版社，2001年版，第1页。

条、第一千二百零一条等物权法范畴的规定也有预防性的保护措施。[1]

对于预防性法律保护措施的适用条件，冯·巴尔认为："预防性法律保护措施的本质在于它不以加害行为已经发生为前提。……'只要存在不法侵害行为的危险'当事人就可以提起停止侵害行为之诉，而不'以侵害行为已经发生为前提'。与此相联，预防性法律保护措施原则上不以被告方的过错为前提。因为在民法规定中只有对已经发生的损害给予赔偿时才考察加害人有无过错的问题。"[2] 迪特尔·施瓦布亦主张："对于后果排除请求权，司法判例要求以违法侵犯为前提，……而与损害赔偿请求权不同，过错并没有被作为前提……要求消除妨害的请求权不以妨害人的故意或过失行为为前提，这是正确的。同样，其目的在于制止损害反复出现的停止侵害请求权也不以此种损害有过错为前提。"[3]而根据《澳门民法典》第六十七条第二款之规定，为了"避免威胁之实现或减轻已发生之侵犯所造成之后果"，受威胁之人或被侵犯之人可以请求采取适当措施，"而不论有关威胁或侵犯之事实是否导致民事责任"，可知事先预防亦不以侵权行为之成立为必要。若侵权责任承担方式仅限于侵权行为后的损害赔偿，其以加害行为之发生为基础或前提，但当侵权责任承担方式并不限于事后的损害赔偿时，就不以侵权行为已产生为前提，不以请求人有实际的损害结果存在之发生为必要或说不要求其有现实的损害，仅造成侵害之威胁或危险就可以要求其采取事先预防。另外，值得注意的是，冯·巴尔指出："侵权行为法中也有所谓的'履行请求权'…… 侵权行为法上的这一权利通常体现为不作为履行请求权（停止侵权行为请求权）……可以作为诉讼标的的原则上仅是那些不以自己的积极作为给他人造成损害而以此保护他人合法权利的消极不作为义务。"[4]可知预防性法律保护措施一般表现为侵权责任中的不作为请求；是权利人在其权利受到侵害之威胁时，为保护自己的权利而请求义务方不为一定行为的权利。但这也有例外，冯·巴尔进一步指出，"只有在相邻关系中才存在可诉的以积极作为方式保护他人合法权利的义务"。[5]如《澳门民法典》第一千二百七十条（《葡萄牙民法典》第一千三百五十条）对建筑物之倒塌之规定："如任何楼宇或其他工作物有全部或部分倒塌之危险，且其倾倒可能引致相邻之房地产受损害，该相邻之房地产之主人得按第四百八

---

[1] 《澳门民法典》第1201条（防止之诉）：如占有人有合理理由恐防其占有受他人妨害或侵夺，此受威胁之占有人得声请勒令作出威胁行为之人不得作出伤害行为，否则须对因此而造成之损害负责及可能受到其他可予适用之处罚。

[2] 克雷斯蒂安·冯·巴尔：《欧洲比较侵权行为法》（下册），焦美华译，张新宝审校，法律出版社，2001年版，第167-168页。

[3] 迪特尔·施瓦布：《民法导论》，郑冲译，法律出版社，2006年版，第268页。

[4] 克雷斯蒂安·冯·巴尔：《欧洲比较侵权行为法》（下册），焦美华译，张新宝审校，法律出版社，2001年版，第166-167页。

[5] 克雷斯蒂安·冯·巴尔：《欧洲比较侵权行为法》（下册），焦美华译，张新宝审校，法律出版社，2001年版，第167页。

十五条之规定，要求须对损害负责之人采取必要措施以消除有关危险。”❶

虽然预防损害并不被认为是侵权法的主要目的，但随着现代工业社会之发展，侵权法的预防功能的重要性日益凸显而倍受关注。损害与损害赔偿法中坚持损害事先预防措施之必要首先是因为如果能事先预防损害之发生显而易见比事后去弥补受害人所受损害对权利人更有利，再者，事前的预防也有助于有效控制社会成本，从而实现经济社会发展成本的最小化。单一的损害救济方式是不足以发挥消除起因、停止侵害等责任形式的预防功能的，因为有些损害是可以透过事后恢复原状或金钱之损害赔偿可以弥补的，但可能有些损害是任何事后之损害赔偿都无法弥补的，如对《澳门民法典》第七十三条规定之名誉权、第七十四条规定之保留私人生活隐私权等方面所采取的“预防性保护措施也许甚至应被看作唯一有效的法律救济措施”，只有依赖于事先预防以避免侵害之发生才能最大限度地保护权利人之利益。❷

（2）恢复原状。

恢复原状在侵权责任的承担方式中的确占有重要的地位。恢复原状作为一种损害救济的方法，是对损害这种一个客观存在的事实的可救济性方式之一，在所有的赔偿方法中，如 Antunes Varela 所说，“恢复原状优先”❸。《澳门民法典》第五百五十六条将恢复原状作为对损害救济方式的一般性的原则予以规定，“对一项损害有义务弥补之人，应恢复假使未发生引致弥补之事件即应有之状况”，可知恢复原状在所有救济方式中应居首位。相对于金钱之损害赔偿，澳门民法明确规定应以恢复原状为原则，因为金钱有时无法或至少无法完全填补受害人所遭受的损失。恢复原状可以适用于财产损害，或非财产损害，或者两者兼而有之。而《环境纲要法》的第三十五条第一款也有恢复原状的明确规定：“一、违反者必须消除违反起因及将环境恢复原状或相当于原状。二、倘违反者在指定限期内不履行上述责任，有关当局将着令拆除及进行恢复环境原状所必需的工程和工作，费用则归违反者承担。”恢复原状是指受害人依法有权要求加害人将因侵权行为所遭受到损害的权利恢复至被损害前的圆满状态的责任方式。但恢复原状未必能圆满地解决弥补损害的所有问题，恢复原状未必能涵盖“所有的损害”或未必能涵盖“损害所涉及的所有方面”。❹其适用条件有两个，第一是具有恢复的可能性。由于加害人的侵权行为，受害人的合法权益受到侵害后，有的具有恢复的可能性，而有的几乎没有恢复的可能性或可能性甚

---

❶ 《澳门民法典》第四百八十五条（由楼宇或其他工作物造成之损害）：一、楼宇或其他工作物因建造上之瑕疵、保存上出现缺陷而全部或部分倒塌者，该楼宇或工作物之所有人或占有人须对由此而造成之损害负责；但证明其本身无过错，又或证明即使已尽应有之注意义务亦不能避免该等损害者除外。二、基于法律或法律行为而对楼宇或工作物负有保存义务之人，须代该楼宇或工作物之所有人或占有人对完全因保存上出现缺陷而造成之损害负责。

❷ 克雷斯蒂安·冯·巴尔：《欧洲比较侵权行为法》（下册），焦美华译，张新宝审校，法律出版社，2001 年版，第 169 页。

❸ Antunes Varela：《债法总论》，第一卷，第十版，唐晓晴译，未出版，第 625 页。

❹ Antunes Varela：《债法总论》，第一卷，第十版，唐晓晴译，未出版，第 626 页。

微，此时即使对加害人受到的损害能够予以一定程度的恢复，其恢复能力也是相当有限的，也无法弥补全部损害。对于恢复原状的不可能性，Antunes Varela 指出，其可能是“实质的”或“法律上的”。❶第二是具有经济上的合理性。有时对于加害人的侵权行为所肇致他人的人身或财产损害的恢复可能需要耗费侵害人无法负荷的巨大的经济代价，成为侵害人之不可承受之重。因此，如果恢复原状在经济上的代价过于高昂，已失去了其合理性，在这种情况下，根据《澳门民法典》第五百六十条第一至三款之规定，则可求助于金钱之损害赔偿这种救济方式来取代它。《澳门民法典》五百六十条第一款指出：“如不能恢复原状，则损害赔偿应以金钱定出。”另外，该条第二款规定：“如恢复原状虽为可能，但不足以全部弥补损害，则对恢复原状所未弥补之损害部分，以金钱定出其损害赔偿。”该条第三款规定：“如恢复原状使债务人负担过重，则损害赔偿亦以金钱定出。”有学者指出：“若实物赔偿不可能，或者不能完全消除损害，或者债务人负担过重，则适用金钱赔偿。”❷ 可知为了利益平衡的需要，立法并没有忽视了对侵害人利益的考虑，从这种意义上讲，澳门侵权责任法所关注的不仅仅是单纯的保护受害人的权益，它其实是在尝试着在保护受害人和加害人之间寻求一个最佳的平衡点，这无疑也是现代侵权责任法应涵盖之意义。

（3）金钱之损害赔偿。

虽然恢复原状得到优先的采用，但是目前金钱之损害赔偿作为一种替代的救济方式也倍受重视。《澳门民法典》第五百六十条规定，当恢复原状有障碍时，以金钱损害赔偿作为损害的救济方式。损害赔偿一般可以用金钱予以计量，分为财产性赔偿和非财产赔偿，以实现对受害人权益的救济，损害赔偿的方式有临时损害赔偿（《澳门民法典》第五百五十九条），一次性损害赔偿以及定期金之损害赔偿（第五百六十一条）等。财产赔偿数额应是受害人所遭受的全部损失的赔偿。第一，根据《澳门民法典》第五百五十八条第一款的规定，不仅包括直接损失（侵害所造成之损失），这主要是指直接导致经济利益的损失，亦涵盖间接损失（受害人因受侵害而丧失之利益）。侵权发生后，受害人可以向法院起诉请求损害赔偿 。第二，《澳门民法典》五百五十八条第二款规定：“在定出损害赔偿时，只要可预见将来之损害，法院亦得考虑之；如将来之损害不可确定，则须留待以后方就有关损害赔偿作出决定。”第三，《澳门民法典》第五百六十条第六款又指出：“如不能查明损害之准确价值，则法院须在其认为证实之损害范围内按衡平原则作出判定。”因为有的加害行为如环境侵害一般具有长期性、复杂性和潜伏性，不像一般侵权行为那样具有直接性和可见性，有时侵害可能是通过受害人的遗传基因来影响下一代的，而对于这种潜在的危害可能是无法量化的，因此在确定赔偿的时候必须予以考量权衡，才能真正全面、

❶ Antunes Varela：《债法总论》，第一卷，第十版，唐晓晴译，未出版，第 626 页。

❷ 克雷斯蒂安·冯·巴尔，乌里希·德罗布尼希：《欧洲合同法与侵权法及财产法的互动》，吴越、王洪、李兆玉、施鹏鹏等译，法律出版社，2007 年版，第 63 页。

公平地救济受害人所遭受到的损害。第四，根据《澳门民法典》第五百六十一条第二款，对定期金之损害赔偿决定“所根据之情况有明显变更者，任何一方当事人均得要求变更有关判决或协议”。第五，值得注意的还有《澳门民法典》第五百五十九条规定之“临时损害赔偿”，“损害赔偿应留待在执行判决程序中定出时，法院得在其认为证实之数额范围内实时判债务人支付一项损害赔偿”，如所解释的那样，“可能发生——而且很多时也发生——的情况是，既出现未确定而且可能是当时不可能确定的将来损害，同时又出现由（适法或不法）事实所造成的、价值已确定的损害，而对于后者，受害人有意实时获得补偿”。❶此外，根据《澳门民法典》第五百零一条和第五百零三条之规定，可知在如交通肇事、对物造成损害以及对房地产造成损害之风险责任下，对加害人向受害人所承担的损害赔偿设定有最高限额。

另外，当人们的生命、健康等利益受到损害时，常常会伴随着巨大的精神痛苦，故受害人因加害人的侵害行为所引致的损失既可能是财产损失，也可能是非财产损失或者两者兼而有之。而非财产赔偿主要指精神损害赔偿，加害行为使受害人遭受巨大痛苦的情形。像葡萄牙一样，中国澳门地区立法并没有将精神损害赔偿排除在侵权损害赔偿范围之外，对侵权行为的民事责任适用精神损害赔偿，因为依据《澳门民法典》第四百八十九条规定，其赔偿范围涵盖非财产上的损害。❷正如葡萄牙民法学者 Mota Pinto 所指出的，“葡萄牙民法规定在确定损害赔偿时，考虑到因损害之严重程度而产生之非财产损害，该等损害必须受法律保护（第四百九十六条第一款）”❸，而《澳门民法典》第四百八十九条规定在考量非财产损害时，是基于“其严重性而应受法律保护者”的，但对“严重性”的考核在司法实务中可能并不易把握。同时，Mota Pinto 进一步指出，“导致非财产损害的受害利益是不能以他物代替的，亦不能以等值金钱恢复。但是，在一定程度上可以借金钱所产生的满足来平衡损害，补偿损害”，从而“给受害人一种满足”❹，可知精神损害赔偿也仅指以给付金钱为内容的补偿，并不包括其他救济手段。对于非财产损害，值得我们考量的是金钱作为非财产损害唯一的损害赔偿方式是不是显得有些单薄，以及在实践中以什么样的标准去衡量“严重性”。

---

❶ Antunes Varela：《债法总论》，第一卷，第十版，唐晓晴译，未出版，第 630-631 页。

❷ 《澳门民法典》第四百八十九条：一、在定出损害赔偿时，应考虑非财产之损害，只要基于其严重性而应受法律保护者。二、因受害人死亡，就非财产之损害之赔偿请求权，由其未事实分居之配偶及子女或由其未事实分居之配偶及其他直系血亲卑亲属共同享有；如无上述亲属，则由与受害人有事实婚关系之人及受害人之父母或由与受害人有事实婚关系之人及其他直系血亲尊亲属共同享有；次之，由受害人之兄弟姊妹或替代其兄弟姊妹地位之甥侄享有。三、损害赔偿之金额，由法院按衡平原则定出，而在任何情况下，均须考虑第四百八十七条所指之情况；如属受害人死亡之情况，不仅得考虑受害人所受之非财产损害，亦得考虑按上款之规定享有赔偿请求权之人所受之非财产损害。

❸ Carlos Alberto Da Mota Pinto：《民法总论》（中译本），澳门法律翻译办公室、澳门大学法学院及法务局，2001 年版，第 56 页。

❹ Carlos Alberto Da Mota Pinto：《民法总论》（中译本），澳门法律翻译办公室、澳门大学法学院及法务局，2001 年版，第 57 页。

对于非财产性损害赔偿，澳门法院曾有这样一个判例[1]：1995年5月19日8时，在澳门高士德大马路与Roliz街十字路口发生了一起车祸，被告B驾驶的MC-62-26号电单车与原告A驾驶的MA-69-72号电单车相撞，原告A因被告B肇致的车祸而遭受到损害，导致永久丧失职业活动之能力，且受有非财产上的损害（精神损害）。原审法院法官认为原告A"有若干事故后遗症"，"受到永久无能力之影响"以及"由于车祸，对于可能不升职而感到恼怒"，认定原告A遭受到非财产上的损害，对非财产上的损害所确定的赔偿额为81563.33澳门元，对此，被告B不服，上诉于澳门高等法院。澳门高等法院也基于谋生能力的丧失而引致精神痛苦这一理由而认定原告A因车祸遭受了非财产性损害，从而维持原判。

总而言之，损害赔偿的内容既可能是财产赔偿也可能是非财产赔偿。据此，加害人在致人身体或者财产权以及其他合法权益损害的情况下，除了赔偿财产损失之外，还须就受害人的精神损害予以赔偿。意味着侵权损害赔偿的范围不仅包括因加害行为而致使的直接经济损失，其他相关的合理费用，以及预期可得利益的间接经济损失，也涵盖了精神损害赔偿，加害人对受害人支付一定的精神损害赔偿金，以使侵权事件的受害人在精神上所遭受的痛苦能得到合理的补偿。

对于该如何计算金钱之损害赔偿的金额，如Antunes Varela所说，"Teoria Mommseniana de diferença"（"差额理论"）被采用。[2]《澳门民法典》第五百六十条第五款规定："定出金钱之损害赔偿时，须衡量受害人于法院所能考虑之最近日期之财产状况与如未受损害而在同一日即应有之财产状况之差额；但不影响其他条文规定之适用。"针对本条款，Manuel Trigo教授做出如下解释，金钱之损害赔偿金额应该以差额理论来计算，"赔偿金额按受害人如未受损害的假定财产状况与其现处实际财产状况的差额定出"。[3] Manuel Trigo教授进一步指出："定出损害赔偿时应考虑实际情况，亦即受害人所遭受的实际损害，而非以任一财产作为抽象的衡量标准，亦非按该损害的市场价值（客观价值）定出赔偿金额。因此，钢琴家失掉一只手指，电视主持、模特儿或电影名星容颜受损时所获的赔偿金额应比一般人遭受同样损害时的赔偿金额为高。"[4]

另外，Antunes Varela给出了Perreira Coelho及Vaz Serra所列举的例子来诠释这一差额理论："A损坏了一件属于B的物体，使其价值缩减到正常价值的一半。在损害发生时，它的价值是300元，而当该案件在法院审判之日，它的价值是500元。"

"在这个情况，当一般理论订定应赔偿的金额时，可得出数个不同的差额：（a）

[1] 请参见1998年澳门高等法院司法见解（第一卷）。

[2] Antunes Varela：《债法总论》，第一卷，第十版，Almedina，2010年版，第906页。

[3] Manuel Trigo：《债法概要》，朱琳琳译，杜慧芳校对，1997—1998年，澳门大学法学院三年级教材，未发行，第96页。

[4] Manuel Trigo：《债法概要》，朱琳琳译，杜慧芳校对，1997—1998年，澳门大学法学院三年级教材，未发行，第96-97页。

相关事实发生之前的状况（300元）与该事宜在法院审判之日的现行状况（250元）之间的差额。其损害为50元。（b）相关事实发生之前的状况（300元）与该事实发生之后的实时状况（150元）之间的差额。其损害为150元。（c）案件在司法审判之日如无相关事实发生即应有的状况（500元）与该事实发生之前的状况之间的差额。其损害为200元。（d）现行假设状况（500元）与同一日的真实状况（250元）之间的差额。其损害为250元。”

法律选择了最后一个方案。

“第一个方案失之于没有考虑在事实作出之日与损害的司法清算之日之间所产生中断的利润（lucro cessante）。第二个方案有同样的缺陷，而且又没有考虑原损害的现行影响。第三个方案忘记了曾经存在于受害人财产上的价值，因此，未能向审判者提供出损害的准确幅度。”❶

（4）终止导致损害之事件。

《澳门民法典》五百六十条第四款指出：“然而，如导致损害之事件仍未终止，受害人有权请求终止，而不适用上款所指之限制，但所显示之受害人利益属微不足道者除外。”这种方式是指当肇致损害之事件仍未终止时，意即加害人的侵权行为仍在继续时，为了防止损害的进一步扩大化，受害人可以请求法院责令其终止导致损害之事件的责任形式，除非受害人利益微不足道，可以忽略不计。

2. 特殊的民事救济方式

另外，如上所述，除民事救济形式之外，一些特殊侵权领域自身可能还存在着自己独有的损害救济手段。

（1）消除起因。

如澳门3月11日第2/91/M号法律《环境纲要法》的第三十五条第一款规定民事损害赔偿承担的方式之一消除起因，消除起因是指行为人的环境污染侵权行为对他人的人身、财产安全以及其他合法权益造成损害或可能造成损害，换而言之，即加害人的行为可能或将要导致某种损害结果的出现，处于威胁或危险中的人有权要求行为人采取措施消除其起因，而为防止环境侵害或阻止侵害进一步扩大而由加害人必须采取的措施。

（2）特定给付。

如澳门8月14日第40/95/M号法令《核准对工作意外及职业病所引致之损害之弥补之法律制度》第二十七条规定，弥补权涵盖“特定给付及金钱给付”。本法令第二十八条规定了特定给付之内容：“特定给付旨在使受害人之健康、工作能力或谋生能力得以恢复，其中包括：（a）一般或专门之医疗及外科疗理，包括必要之诊断及治疗；（b）药物疗理；（c）护士护理；（d）入住医院；（e）提供、更新或维修假体及矫形器具；（f）机能康复；（g）第十四条所规定之运输。”

---

❶ Antunes Varela：《债法总论》，第一卷，第十版，唐晓晴译，未出版，第628页。

（3）回收产品。

如产品责任方式有损害赔偿，以及澳门第17/2008号行政法规《产品安全的一般制度》第五条（生产商的义务）和第六条（经销商的义务）对售出产品的回收等，其中回收产品也是生产商和经销商承担产品责任的一种方式，当然金钱损害赔偿是生产商或经销商承担产品责任最主要的形式。

（二）损害赔偿请求的正当性

一般而言，有正当性请求损害赔偿的主体是受害人自己，无论是财产损害，还是非财产损害。但《澳门民法典》第四百八十九条第二款（《葡萄牙民法典》第四百九十六条第二款）规定在受害人因加害人的加害行为致死时，对死者近亲属的"非财产性反射损害"的赔偿作出了特别规定❶，非财产损害赔偿请求的主体范围相当广泛。《澳门民法典》第四百八十九条第二款（《葡萄牙民法典》第四百九十六条第二款）规定了享有非财产损害之赔偿请求主体的范围和顺序，但澳门法与葡萄牙法不同的是，在缺乏前一顺位的人时，有事实婚关系的人可以成为损害赔偿请求的主体，即在澳门"非财产性损害"之反射可以远至"有事实婚关系的人"身上。❷意大利持同样的观点，可以将"非财产性损害"反射到远至"非婚姻生活伴侣"身上，如意大利琅西亚诺地方法院1991年6月29日之判决中，某人的非婚姻生活伴侣被杀，法院认可了此人作为受害人的非婚姻生活伴侣的精神损害赔偿请求权。❸又比如意大利罗马地方法院1991年7月9日之判决中，一人受侵害致死，此人已婚而且还有一个妾，除了死者婚姻生活伴侣以及其他家庭成员获得精神损害赔偿之外，此受害人的妾即非婚姻生活伴侣也得到了"非财产性反射损害"的补偿。❹在受害人死亡时，澳门支持对非婚姻生活伴侣给予"非财产性反射损害"的补偿，但葡萄牙法不同，根据《葡萄牙民法典》第四百九十六条第二款之规定，"非婚姻生活伴侣不能就非财产性反射损害要求赔偿"，在实务中，葡萄牙里斯本上诉法院1992年3月17日

---

❶ "非财产性反射损害"这一术语是冯·巴尔采用的。请参见：克雷斯蒂安·冯·巴尔，《欧洲比较侵权行为法》（下册），焦美华译，张新宝审校，法律出版社，2001年版，第224页。

❷ 《澳门民法典》第一千四百七十一条（概念）：两人自愿在类似夫妻状况下生活者，其相互关系即为事实婚关系。第一千四百七十二条（产生效力之一般条件）：一，具有事实婚关系之两人仅在符合下列各条件下，其事实婚关系方产生本法典所规定之效力，但法律另有规定者除外：① 均为十八岁以上；② 非处于第一千四百七十九条b项及c项，以及第一千四百八十条所指任一情况；③在上条所指状况下生活至少两年。二，计算上款③项所指之期间时，须遵守下列规则：①开始同居时，如事实婚关系中之一方或双方尚未成年，则有关期间须自年纪较轻之一方成年之日起计；②如事实婚关系中之任一方为已婚，则有关期间须自其与配偶事实分居时起计。

❸ 克雷斯蒂安·冯·巴尔：《欧洲比较侵权行为法》（下册），焦美华译，张新宝审校，法律出版社，2001年版，第225页，注解1152。

❹ 克雷斯蒂安·冯·巴尔：《欧洲比较侵权行为法》（下册），焦美华译，张新宝审校，法律出版社，2001年版，第225页，注解1152。

之判决反对赋予受害人之非婚姻生活伴侣有正当性作精神损害赔偿请求。❶

再者，值得注意的是，如 Manuel Trigo 教授所指出的，“如属导致受害人死亡的情况，同条第三款就规定须同时考虑受害人所受的非财产损害及根据同条第二款享有损害赔偿权之人所受的非财产损害”❷，只有在受害人死亡时，才能同时考虑受害人和第四百八十九条第二款之规定享有损害赔偿权之人这两种不同主体所受的非财产损害，后者在受害人没有死亡时并不享有非财产损害赔偿请求的权利。澳门中级法院于 2002 年 10 月 24 日，编号第 144/2002 号司法判决案件可能有助于更好地解释《澳门民法典》第四百八十九条第二款和第三款，第 144/2002 号案件的主题为非财产损害赔偿和《澳门民法典》第四百八十九条的伸延解释。❸ 案情简介：1999 年 9 月 18 日下午 5 时 30 分至 6 时之间，受害女童 A 及其母亲 C 就女童鼻子的问题到镜湖医院由嫌疑医生 E 诊治。该诊室内，除 A、C 以及 E 之外，还有另一名由母亲 D 陪同下的受害男童 B 就其耳朵的问题由另一名医生诊治。同一诊室内还有其他病人。诊症期间，嫌疑医生 E 左臂弄翻其桌上一支点燃的酒精灯，使酒精流于整张桌子上引致着火，立即烧着受害女童 A，并波及坐在邻近的受害男童 B。受害者因烧伤之损害引致该两名儿童 A 和 B 留下疤痕，并严重损害他们的外表。初级法院除了在刑事行为方面以“过失伤害身体完整性”之罪名的判决外，民事行为方面，判决该疑犯 E 和镜湖医院向该两名受害儿童 A 和 B 的父母分别支付 448462 澳门元和 501305 澳门元。上诉人 E 就初级法院判决其因违反《澳门民法典》第四百八十九条第三款第二部分的规定向两名受害儿童 A 和 B 的父母支付因上述损害作出名为非财产损害赔偿（精神损害赔偿）的费用向中级法院提出诉讼请求，“要求初级法院撤销其向受害女童 A 的父母和受害男童 B 的父母就受害人父母的非财产损害（精神损害）分别支付 160000 澳门元的判决，即向受害女童 A 父母赔偿的金额减至 288462 澳门元，以及向受害男童 B 父母赔偿的金额减至 341305 澳门元”。合议庭透过考量《澳门民法典》第四百八十九条第二款和第三款第二部分，法律的本意是只有受害人因侵害行为致死的情况下其亲属才有权请求非财产损害赔偿，所以合议庭认为此案件中不可以裁定上诉人 E 向两名受害儿童 A 和 B 的父母支付 160000 澳门元作为他们因孩子为受害人所受损害为由的非财产损害赔偿。故而，中级法院就上诉人 E 的请求，认为初级法院就 E 向受害女童 A 的父母和受害男童 B 的父母就受害人父母的非财产损害（精神损害）不符合《澳门民法典》第四百八十九条之规定，亦没有对第四百八十九条之规定进行伸延解释，因此此项决定缺乏法律依据，从而据此撤销了初级法院就 E

---

❶ 葡萄牙里斯本上诉法院 1992 年 3 月 17 日之判决，载 CJ XVII（1992-2），第 167 页。请参见：克雷斯蒂安·冯·巴尔，《欧洲比较侵权行为法》（下册），焦美华译，张新宝审校，法律出版社，2001 年版，第 225 页。

❷ Manuel Trigo：《债法概要》，朱琳琳译，杜慧芳校对，1997—1998 年，澳门大学法学院三年级教材，未发行，第 97 页。

❸ 请参见：http：//www. court. gov. mo/c/cdefault. htm.

向两名受害儿童A和B的父母就受害人父母的非财产损害（精神损害）分别支付160000澳门元的判决，即向受害女童A父母赔偿的金额减至288462澳门元，以及向受害男童B父母赔偿的金额减至341305澳门元。

再者，《澳门民法典》对人在胎儿期间的利益给予了较为全面的保护，规定胎儿一旦出生且为活体即具有了自然人的人格，可以就胎儿期间所遭受到的侵害主张权利（《澳门民法典》第六十三条第二款和第三款）。另外，值得注意的是，《澳门民法典》第四百八十八条赋予在因死亡或身体伤害时的第三人损害赔偿请求的权利，即为冯·巴尔所说的“第三人（反射性）财产损失”❶。本条第一款和第二款规定：“一、侵害他人致死时，应负责任之人有义务赔偿为救助受害人所作之开支及其他一切开支，丧葬费亦不例外。二、在上述情况及其他伤害身体之情况下，救助受害人之人、医疗场所、医生，又或参与治疗或扶助受害人之人或实体，均有权获得损害赔偿。”正如Manuel Trigo教授所言：“为了鼓励援助受害人，埋葬死者，保证弥补在上述紧急状况中救助受害人的乐于助人者的损害，上述条文确认了赔偿义务对第三人的效力。”❷本条第三款指出能行使损害赔偿请求之权利的主体还有“可要求受害人扶养之人，或由受害人因履行自然债务而扶养之人”。

（三）损害赔偿原则

1. 全额赔偿原则

诚如Manuel Trigo教授所指出的，由法院定出“可获赔偿的损害指所造成的全部损害”。❸的确，透过《澳门民法典》第四百八十九条和第五百五十八条，可知澳门民法采用了全部赔偿原则，损害赔偿包括人身损害赔偿和财产损害赔偿，损害赔偿的内容既可能是财产赔偿也可能是非财产赔偿，其不仅涵盖因加害行为“侵害所造成之损失”，以及“受害人因受侵害而丧失之利益”，除非《澳门民法典》第四百八十七条规定之因过失而产生的责任之损害赔偿缩减的情况：“责任因过失而生者，得按衡平原则以低于所生损害之金额定出损害赔偿，只要按行为人之过错程度、行为人与受害人之经济状况及有关事件之其他情况认为此属合理者。”对此，有学者指出，《葡萄牙民法典》第四百九十四条（《澳门民法典》第四百八十七条）规定之非合同民事责任赔偿数额减轻条款仅限于加害人过失所肇致的损害，如果是加害人侵害行为所肇致的损害是由其故意而为的，“在与特殊案件的进一步情况无关时，减轻

---

❶ 克雷斯蒂安·冯·巴尔：《欧洲比较侵权行为法》（下册），焦美华译，张新宝审校，法律出版社，2001年版，第227页。

❷ Manuel Trigo：《债法概要》，朱琳琳译，杜慧芳校对，1997—1998年，澳门大学法学院三年级教材，未发行，第97页。

❸ Manuel Trigo：《债法概要》，朱琳琳译，杜慧芳校对，1997—1998年，澳门大学法学院三年级教材，未发行，第97页。

赔偿一般不予考虑”[1]，即在行为人故意侵权的情形下，一般不得减轻加害行为人的损害赔偿责任。此外，根据《葡萄牙民法典》第四百九十九条（《澳门民法典》第四百九十二条）之规定，《葡萄牙民法典》第四百九十四条（《澳门民法典》第四百八十七条）既适用于因法事实所生之责任，也同样适用于风险责任，尤其是交通肇事民事责任领域。[2] 再者，与《葡萄牙民法典》第四百九十四条（《澳门民法典》第四百八十七条）规定的非合同民事责任赔偿数额减轻条款有关之法律特别规定是《葡萄牙民法典》第四百八十九条（《澳门民法典》第四百八十一条），该条“涉及行为免责之人的责任”，即不可归责者的“衡平责任”。[3]另外，《澳门商法典》第九十一条规定的产品责任则有力地体现诠释了全部赔偿原则，其不仅包括财产上的损害赔偿，也涵盖人身的损害赔偿，只是排除缺陷产品本身。[4]

2. 限额赔偿原则

澳门非合同民事责任法在坚持全部赔偿原则的同时，也考虑赔偿义务人之赔偿能力，辅之以限额赔偿原则。限额赔偿原则是针对赔偿额的限定，涵盖最高额的限制。如《澳门民法典》对交通事故民事责任的第五百零一条（最高限额）和第五百零三条（责任之限额）之规定就很好地诠释了限额赔偿原则。再如澳门 8 月 14 日第 40/95/M 号法令《核准对工作意外及职业病所引致之损害之弥补之法律制度》第二十八条规定第二至四款对“特定给付”最高款额之规定。[5]又如澳门 12 月 13 日第 109/99/M 号法令《核准海上商事之法律制度》第三十五条规定的责任之一般限制。

第 109/99/M 号法令第三十三条（不得享受责任限制之行为）同时规定：“如经证明，毁损系由一人之故意或明知可能造成毁损而轻率地作为或不作为所造成，则该人无权限制其责任。”另外，有学者指出，《葡萄牙民法典》第四百九十四条（《澳门民法典》第四百八十七条）规定之非合同民事责任赔偿数额减轻条款“只有在全额赔偿显失公平时方可适用”，在限额赔偿原则下，赔偿数额减轻条款原则上没有适用之空间。[6]

3. 过失相抵原则

根据《澳门民法典》第五百六十四条第一款之规定，“如受害人在有过错下作出

---

[1] 克雷斯蒂安·冯·巴尔，乌里希·德罗布尼希主编：《欧洲合同法与侵权法及财产法的互动》，吴越、王洪、李兆玉、施鹏鹏等译，法律出版社，2007 年版，第 136 页。

[2] 克雷斯蒂安·冯·巴尔、乌里希·德罗布尼希主编：《欧洲合同法与侵权法及财产法的互动》，吴越、王洪、李兆玉、施鹏鹏等译，法律出版社，2007 年版，第 136-137 页。

[3] 克雷斯蒂安·冯·巴尔，乌里希·德罗布尼希：《欧洲合同法与侵权法及财产法的互动》，吴越、王洪、李兆玉、施鹏鹏等译，法律出版社，2007 年版，第 137 页。

[4] 在财产损害方面，规定仅限于缺陷产品以外属于通常用于个人使用或消费的财产。

[5] 澳门 8 月 14 日第 40/95/M 号法令《核准对工作意外及职业病所引致之损害之弥补之法律制度》第二十八条规定第 2-4 款。

[6] 克雷利斯蒂安·冯·巴尔，乌里希·德罗布尼希：《欧洲合同法与侵权法及财产法的互动》，吴越、王洪、李兆玉、施鹏鹏等译，法律出版社，2007 年版，第 137 页。

之事实亦为产生或加重损害之原因，则由法院按双方当事人过错之严重性及其过错引致之后果，决定应否批准全部赔偿，减少或免除赔偿”。该条款体现的是“过失相抵原则”，或者说“受害人之过失导致责任分担，此原则是指当受害人对于损害的产生或者损害恶果的加剧具有过错时，为了以示公平，依法减轻或者全部免除赔偿义务人的损害赔偿的制度”。[1] 过失相抵原则主要有以下六个方面的特点：第一，受害人因他人的侵权行为而遭受了损害，也就是说，他人的侵权行为与受害人遭受损害结果有《澳门民法典》第五百五十七所要求之因果关系。第二，过失相抵是双方当事人对侵权损害的产生或者加剧都有过错的法律后果，换言之，因为双方当事人均有过错，肇致了损害的产生或损害后果的加剧。第三，被侵权人的过错包括故意和过失，具体而言，只有当被侵权人对于损害的产生或者损害结果的加剧具有过错时（或者故意或者过失），才有“过失相抵原则”适用的空间。否则，即使损害的产生或者损害结果的加剧是因受害人的行为所肇致的，也不能适用“过失相抵原则”来减轻或免除赔偿义务人的责任。第四，《澳门民法典》第五百六十四条第二款指出，除非另有规定，如行为人之责任纯粹是基于过错推定而产生的话，则受害人之过错可以完全排除或剔除行为人的损害赔偿责任。第五，过失相抵的法律效果是减轻或者免除加害人的赔偿责任，是根据双方的过错程度以及由此肇致的损害后果来确定判断，可知受害人的过错可能导致加害者责任的免除，而不仅仅是减轻。第六，过失相抵由澳门法院依职权行使，《澳门民法典》第五百六十六条指出，法院应当慎重考量或查明受害人是否有过错。另外，《澳门民法典》第五百六十五条指出：“受害人之法定代理人或使用人有过错，即等同受害人有过错。”即受害人应对其负责的人的过错等同于受害人有过错。《澳门商法典》第九十条第一款也诠释了“过失相抵原则”“如受害人对损害之发生亦有过错，法院得根据有关情况将损害赔偿减少或排除”，可知当损害是由于受害人的过错或《澳门民法典》第五百六十五条所指受害人之法定代理人或使用人之过错引起时，可减轻或免除生产者的责任。

（四）受害人受损的同时获利之解决

1. 损益相抵规则或损害利益的代偿

赔偿权利人因第三人的侵权行为受到损害，但其亦可能基于发生损害的同一原因而获得利益，可能受害人受到损害后的利益相对于受到伤害前的利益不但没有减少，反而增加了，此时加害人可以主张抵消赔偿额吗？即是否有“损益相抵规则”或者说“损害利益的代偿”[2]适用的空间？由乌尔里希·马格努斯主编的比较研究报

---

[1] 史尚宽：《债法总论》，中国政法大学出版社，2000年版，第303页。
克雷斯蒂安·冯·巴尔，乌里希·德罗布尼希：《欧洲合同法与侵权法及财产法的互动》，吴越、王洪、李兆玉、施鹏鹏等译，法律出版社，2007年版，第150-151页。

[2] 乌尔里希·马格努斯：《侵权法的统一：损害与损害赔偿》，谢鸿飞译，法律出版社，2009年版，第294页；Antunes Varela，《债法总论》，第一卷，第十版，唐晓晴译，未出版，第650页。

告（涵盖奥地利、比利时、德国、法国、意大利、英国、荷兰、希腊、南非以及美国）指出："各国的一般倾向是承认受害人所得的利益应从损害中扣除，这符合损害赔偿不能使受害人获益这一一般原则的"，即禁止赔偿获利。[1]比较报告同时指出，"从实际损害中扣除的利益必须是合理的、公正的，尤其是这种扣除必须不违反附随利益的给付目的"[2]，正如乌尔里希·马格努斯在其国别报告中所指出的，"利益的抵消必须符合损害赔偿的目的：加害人不能从受害人获益的事实中获得不合理的利润"。[3]比较报告更进一步指出："社会保障和社会保险支付在多大程度上可以减少受害人对加害人的请求，支付人是否可以取得法定让与的债权或者代位权，各国法律制度差别相当大。"[4]可知各国倾向于认为侵权行为致损的同时若给受害人带来利益，损益必须要相互抵消，但是抵消要合理公正。在葡萄牙和中国澳门地区民法中，损益相抵规则没有被忽视，《葡萄牙民法典》第五百六十八条和《澳门民法典》第五百六十二条规定（受害人权利之让与），"如损害赔偿因任何物或权利之丧失而产生者，则应负责任之人在作出支付行为之时或其后，得要求受害人向其让与受害人对第三人所拥有之权利"。此法律条款源自大陆法系的典型代表《德国民法典》第二百五十五条之规定[5]，其正是对损益相抵规则的特别规定，可知葡萄牙和中国澳门地区都承认附随利益的抵消，或说"损害利益的代偿"或说损益相抵规则。

《葡萄牙民法典》第五百六十六条第二款（《澳门民法典》第五百六十条第五款）所采取的差额法，"定出金钱之损害赔偿时，须衡量受害人于法院所能考虑之最近日期之财产状况与如未受损害而在同一日即应有之财产状况之差额；但不影响其他条文规定之适用"。对此，Antunes Varela 指出："它勒令在清算金钱赔偿的金额时，将受害人的真实财产状况与如没有损害事实的存在时受害人所身处的状况作对比。"[6]其进一步指出："当一项造成责任的事实在产生损害的同时还使受害人获得利益，在确定赔偿的准确价值时，原则上应从损失上减去这一利益的金额。"[7]即比较侵权行为发生后受害人的实际财产状况和侵权行为没有发生时受害人之假定应有财产状况，若侵权行为或说发生损害的同一原因同时给受害人（或赔偿权利人）带来利益，在评定损害赔偿金时，应从所得差额中扣除所获利益，再由赔偿义务人进行赔偿。

---

[1] 乌尔里希·马格努斯：《侵权法的统一：损害与损害赔偿》，谢鸿飞译，法律出版社，2009年版，第294页。

[2] 乌尔里希·马格努斯：《侵权法的统一：损害与损害赔偿》，谢鸿飞译，法律出版社，2009年版，第294页。

[3] 乌尔里希·马格努斯：《德国法中的损害赔偿》，载乌尔里希·马格努斯：《侵权法的统一：损害与损害赔偿》，谢鸿飞译，法律出版社，2009年版，第148页。

[4] 乌尔里希·马格努斯：《侵权法的统一：损害与损害赔偿》，谢鸿飞译，法律出版社，2009年版，第294页。

[5] 《德国民法典》，杜景林、卢谌译，中国政法大学出版社，1999年版，第59页。

[6] Antunes Varela：《债法总论》，第一卷，第十版，唐晓晴译，未出版，第650页。

[7] Antunes Varela：《债法总论》，第一卷，第十版，唐晓晴译，未出版，第650页。

损益相抵制度肇始于罗马法❶，《法国民法典》第一千一百四十九条❷以及新《荷兰民法典》第6：100条都有规定。❸损益相抵规则是损害和损害赔偿范畴中的确定损害赔偿额的一个重要的规则，其适用条件涵盖如下要素。第一，受害人遭受损害，成立非合同民事责任损害赔偿之债，这是适用损益相抵规则的前提或基础，没有侵权损害赔偿则没有适用损益相抵规则的必要。第二，受害人基于侵权损害赔偿之同一原因或者说因同一损害事实的发生而获得原先无法获得的利益，即损失和利益来自同一侵权行为，这是适用损益相抵规则的必要条件。如果赔偿权利人所受之利益和发生损害出于不同原因，赔偿义务人不能主张损益相抵。又或者如果某一方当事人因另一方当事人的行为而获得利益，但并未因此受到损害，则可能引致《澳门民法典》第四百六十七条所规定之不当得利的问题，而非损益相抵问题。第三，致损事实与所受利益之间具有因果关系，责任主体要证明，若不发生损害，受害人就不可能获得利益，这是适用损益相抵规则的基础条件。在作出损益相抵这一扣减时，损害事实和受害人所获利益之间是否具有因果关系很难辨别。Antunes Varela 举出一个很好的例子加以说明："一位出租车乘客在运送的途中被搭载他的出租车抛弃，而他在该处地方出人意料地捡到一件价值不菲的东西，又或者在那里买了一张彩票而后者中了大奖。在上述的任何一种情况，乘客所取得的利益均不会影响不履行运输合同的出租车车主或司机之赔偿的订定。"因为在这种情况下，利益与损害没有损益相抵所要求之因果关系，"在损害事实以及受害人所获得的利益之间"没有"真正的因果关系"，只是"单纯偶发、偶然或随机的重叠"。❹

损益相抵规则与过失相抵规则有相同点和不同点。第一，损益相抵规则与过失相抵规则都属于债法的制度，都适用于任何涉及损害赔偿范围之情形，其不仅适用于合同民事责任领域，亦适用于非合同民事责任领域。第二，损益相抵规则与过失相抵规则二者所保护的对象相同，都属于损害赔偿范围的限制性规则。如果说全部赔偿原则是对赔偿权利人利益的保护，损益相抵规则与过失相抵规则均是对赔偿义务人利益的保护，为了减轻赔偿义务人的赔偿责任，从而平衡赔偿权利人与赔偿义务人双方的利益，体现民法损害赔偿以补偿为目的之功能和其对公平正义理念之追求。损益相抵规则与过失相抵规则的不同点在于两者的适用条件不同。过失相抵规则之适用要求受害人对于损害的发生或加重具有过错，否则即使受害人的行为造成了损害的产生或加重，但并没有过错，也不承担责任；而且，受害人的行为在客观上造成了损害（积极损害或消极损害）的产生或加重。但损益相抵的适用与当事人主观上有无过错无关。

---

❶ 查士丁尼：《法学总论》，张企泰译，商务印书馆，1997年版，第213页。

❷ 《法国民法典》，罗结珍译，中国法制出版社，1999年版，第290页。

❸ 马克·H. 温森克、维勒姆·H. 范·布姆：《荷兰法中的损害赔偿》，载乌尔里希·马格努斯，《侵权法的统一：损害与损害赔偿》，谢鸿飞译，法律出版社，2009年版，第222页。

❹ Antunes Varela：《债法总论》，第一卷，第十版，唐晓晴译，未出版，第650页。

2. 损益相抵规则的适用范围和排除情形

损益相抵规则不仅适用于侵权损害赔偿的情形，同时也适用于违约损害赔偿的情形。行为人的侵权行为或违约行为通常会给受害人带来损害，因此责任主体应当承担侵权或违约损害赔偿责任，但是也不排除这些行为同时也会给受害人带来利益的可能性。在侵权损害赔偿或非合同责任领域中，例如，A损毁B汽车或摩托车一辆，则A在赔偿B汽车或摩托车全部损失时，应扣除汽车或摩托车残留的零部件之利益。又如A因实施加害行为致使B造成20000澳门元的损失，B对于损害结果的出现并没有过错，同时B因该损害事实而获益8000澳门元，被侵权人B因损害行为而获得的利益8000澳门元应从损害赔偿总额20000澳门元中扣除。或者在违约损害赔偿或合同责任领域中，一农夫认为种植番茄已经赚不了什么钱了，于是向供应者订了其他农作物的种子，但是因为供应者有过错地违反了他们之间供应该农作物种子的合同，于是农夫最后只好又开始种番茄，但最后农夫却赚了很多钱。[1]受害人所获得的利益与损害事实具有适当因果关系，若不发生违约之损害，受害人就不可能获得利益。

如果受害人在损害发生前投保了人身意外或侵害的保险等，当损害发生后，当事人按照保险合同应当得到保险人所赔付的保险金，加害人能否以此为由主张适用损益相抵规则呢？保险利益与损害赔偿不应相抵吗？损益相抵规则的适用范围之排除情形，Antunes Varela指出："倘若利益来自受害人本人所作出的一项盈利行为；又或者源自第三人所做的一项旨在使受害人获益而不是使加害人免责的行为，同样不会有代偿的发生。……受害人自费购买了人身意外或侵害的保险，而最终真的成了受害人。"[2]可知Antunes Varela主张，受害人自费购买的保险利益与损害赔偿不能相抵，赔偿权利人可同时获得保险赔偿金和赔偿义务人给付的损害赔偿，即其赞成受害人获得双重赔偿。一般对此给出的理由是因为被保险人所得的保险收益是自己支付保险费而购买的保险或订立的保险合同，保险人不能代位行使被保险人提起诉讼的权利，人身伤害保险金的赔付并不消除或抵消非合同民事责任之损害赔偿。[3]德国联邦最高法院曾一度对人身保险赔偿金采用损益相抵规则，但后来所采取的态度是不管是在什么情形下，都不支持适用损益相抵规则。[4]但是当该保险是由侵权行为人为受害人购买或订立的，情况可能就会有所区别。如迪特尔·梅迪库斯指出的："只是在由致害人订立并融资的同车意外保险的情形，……与致害人责任保险的给付相同，这种同车意外保险的给付应当使致害人对于同车人得到免责。"[5]同理可知，若委托人

---

[1] Antunes Varela：《债法总论》，第一卷，第十版，唐晓晴译，未出版，第650页。

[2] Antunes Varela：《债法总论》，第一卷，第十版，唐晓晴译，未出版，第651页。

[3] 彼得·凯恩：《阿蒂亚论事故、赔偿及法律》，王仰光、朱呈义、陈龙业、吕杰译，中国人民大学出版社，2008年版，第410页。

[4] 迪特尔·梅迪库斯：《德国债法总论》，杜景林、卢谌译，法律出版社，2004年版，第503页。

[5] 迪特尔·梅迪库斯：《德国债法总论》，杜景林、卢谌译，法律出版社，2004年版，第503-504页。

为受托人支付工伤事故保险，则受托人因工伤事故所获赔的保险金额，应允许从委托人的赔偿责任中扣除。因工伤损害事故之发生，受托人作为赔偿权利人同时基于保险合同取得保险赔偿金给付请求的权利，受托人请求赔偿义务人赔偿时，委托人作为赔偿义务人可以主张保险赔偿金给付请求的权利是一种利益而据此主张适用要求损益相抵，此时不支持受托人同时获得保险金和损害赔偿，受托人不可以获得双重赔偿。

Antunes Varela 举出例子以示说明："由于受寄托人的疏忽而使被寄托之物被盗窃；由可归责于第三人的事实导致有关风险已被投保之物毁灭；工人在工作地点被撞伤，而他之所以被撞伤是因为汽车的驾驶者或所有权人有过错。在所有的这类情况中，受害人都享有双重的损害赔偿请求的权利（一方面，针对盗窃者、将物毁灭的人、引致撞车的人；另一方面，则针对受寄托人、保险公司以及顾主单位）：它并不是因所遭受的损害而获取两次赔偿，而是因为要更有效地保护（受害人）免受其中一项赔偿失败的风险。"[1] Antunes Varela 主张："倘若两项损害赔偿之债权成处于同一层面的连带之债，被迫支付全数赔偿的一方有权对另一方行使求偿权。然而，倘若有关责任处于不同层面，其中一位责任人作出履行的后果则有所不同。倘若作出履行的是主责任人（交通意外的过错方），则另一方的责任消灭；倘若履行由次责任人或附属责任人作出（保险公司或雇主单位），则另一方的义务不会消灭，而是全部保留。"[2] 这是指当有两个主体对受害人承担赔偿责任，其中一个是主责任人，另一个是次责任人或附属责任人，主责任人和次责任人是连带债务人，对外负连带责任。尽管他们对外要承担连带赔偿责任，但他们之间的内部关系中，主责任人要承担全部责任，所以次责任人赔偿以后可以向主责任人追偿，但主责任人不能向次责任人或附属责任人追偿。Antunes Varela 进一步指出，如果出现第一种情形，"（例如在工作地点被车撞倒的情况），是法律直接将请求损害赔偿的债权从受害人（被补偿者）的手上转到次责任人（违约人）的手上"[3]，这是根据连带债务的一般规定，次责任人赔偿后，受害人对主责任人的请求的权利依法直接移转给次责任人。此种情形比如澳门 1994 年颁布了新修订的《汽车民事责任之强制性保险条例》（11 月 28 日第 57/94/M 号法令）第二十五条（代位及诉）第一款规定，"当汽车保障基金对受害人支付损害赔偿后，将为受害人权利之代位人，且有权享有法定迟延利息及就在赔偿之支付及征收过程中之开支获得偿还"，作出赔偿的第三方继承了原告的权利，汽车保障基金支付损害赔偿后享有对侵害人的代位求偿权。Antunes Varela 谈及的第二种情形是指"当损害赔偿源自物或权利的丧失，必须是受害人本人在履行时或之后将针对主责任人的（请求赔偿的）权利转移给清偿人"[4]，这种情形仅限于物或者权利

---

[1] Antunes Varela：《债法总论》，第一卷，第十版，唐晓晴译，未出版，第 651-652 页。
[2] Antunes Varela：《债法总论》，第一卷，第十版，唐晓晴译，未出版，第 652 页。
[3] Antunes Varela：《债法总论》，第一卷，第十版，唐晓晴译，未出版，第 652 页。
[4] Antunes Varela：《债法总论》，第一卷，第十版，唐晓晴译，未出版，第 652 页。

的丧失，例如寄托合同（《澳门民法典》第一千一百一十一条），由于受寄托人的疏忽或说保管不善而使寄托物被小偷偷走，受寄托人向所有权人赔偿损害之时或之后，可以请求所有权人让与他对小偷的请求的权利，这种情形按照澳门的法律（《澳门民法典》第五百六十二条）请求移转，而不是依法自动移转，这是对他们之间的追偿进行的特别规定。但按照目前的理论，其实在物或权利的丧失的情形下，根据连带债务的规定对第三人的追偿权也是存在的，《澳门民法典》第四百九十条，可以适用于一个主体负合同责任，另一个主体负非合同责任的情形。如果一个主体负合同责任，而另一个主体负侵权责任，只要是对同一个损害负责，无论请求之权利的基础是什么，都要承担连带债务。而根据《澳门民法典》第五百六十二条转让以后对第三人的请求的权利也存在，两者存在竞合。

再者，因亲属法上的继承而得到的利益能否扣减？这种情况在司法实践中并不少见，尤其是存在人身伤害致人死亡的情形。根据《澳门民法典》第四百八十八条，如果侵害人的行为肇致受害人死亡或身体伤害，受害人扶养之人有权要求加害人赔偿扶养费。而依照《澳门民法典》第四百八十九条，如果侵害人的行为肇致受害人死亡，死者近亲属因遭受精神痛苦享有非财产之损害之赔偿请求的权利。例如 B 驾车不慎造成交通肇事，撞死 A 的父母，A 可提起侵权损害赔偿之诉，请求赔偿扶养费和请求非财产损失（因遭受精神痛苦），但同时无谋生能力的 A 作为继承人因被继承人遭受不法侵害死亡而取得了死者留下的遗产。此时，B 能否主张 A 所继承的其父母的财产应从损害赔偿额中予以扣除或抵消？[1]这一问题曾在德国引起较长时间的讨论，通说认为应区别遗产的本金和收益，遗产的本金原则上不应当被扣减，原因是其最终要归于继承人，而遗产的收益如果是因为损害而提前取得，继承人因继承提前开始所获得的利益应予以扣减。[2]但是，这种区分遗产的本金和收益处理（在后者部分赞成损益相抵规则）没能坚持得很彻底。比如，在联邦最高法院的一裁判中，一位母亲 A 继承了在一起由 B 引发的损害事故中死亡的独生子 C 的遗产。该案的被告 B 要求扣减原告所获得的遗产利益，理由是若不发生事故，母亲 A 很有可能早于其儿子 B 死亡，即其本不能继承儿子 B 的遗产，因此，对原告 A 来说，遗产之获得损害所肇致的利益，然而，联邦最高法院最终仍否决了被告 B 的主张，不支持损益相抵规则的适用。[3]对于德国曾有判例中的区分遗产的本金和收益，在后者部分赞成损益相抵规则的处理方式（当然德国没有一直坚持这种处理方法），我们认为不是没有研究的空间的，因为本身区分遗产的本金和收益难度巨大，不可低估。而且该财产的价值一直处于动态的变化过程中，与发生此侵权行为之前的状态相比，前后财产价值的大小很难判定。再者，按照继承法之目的，继承是继承人基于遗嘱、

---

[1] 乌尔里希·马格努斯：《侵权法的统一：损害与损害赔偿》，谢鸿飞译，法律出版社，2009 年版，第 8 页。

[2] 迪特尔·梅迪库斯：《德国债法总论》，杜景林、卢谌译，法律出版社，2004 年版，第 502-503 页。

[3] 迪特尔·梅迪库斯：《德国债法总论》，杜景林、卢谌译，法律出版社，2004 年版，第 503 页。

合同或法律规定取得遗产利益（《澳门民法典》第一千八百六十六条），是为了继承人利益考量的，而不是为了对受害人实施加害行为的侵权人之利益。根据《澳门民法典》第一千八百六十六条，继承权是继承人的固有权利，貌似赔偿权利人因加害人的行为导致受害人死亡之损害事故而获得遗产的利益，但是继承的遗产利益只是受害人财产所有权的某种延伸，受害人的继承人因继承关系所获得利益与损害事故没有适当因果关系，并未产生新的利益。当受害人的继承人要求加害人赔偿损失时，该继承所得利益不允许从损害赔偿额中扣减，不适用损益相抵规则。笔者认为，澳门对此所持的态度是因亲属法上的继承而得到的利益不能扣减，即赔偿义务人不得以死者的近亲属作为赔偿权利人可以继承死者的遗产利益而主张适用损益相抵规则。

另外，对于第三人的赠予或者资助利益能否适用损益相抵？可能的情形是，因为第三人的赠予或者资助，受害人受到伤害后的利益相对于受到伤害前的利益非但没有减少，反而增加了，如1998年法国世界杯比赛中，德国足球伤害一名法国警察案。[1]对此，由乌尔里希·马格努斯主编的比较报告中的大多数国家的做法是，在确定侵权损害赔偿金时，不应当考虑第三人或慈善机构等对受害人的慷慨解囊之援助行为，所产生的利益不得扣减，因为第三人赠予或者资助的目的不是为了减轻加害人或者说赔偿义务人的责任，而完全是为了受害人之利益，是在于对赔偿权利人的一种基于同情所给予的帮助。[2]至于澳门对第三人对受害人的赠予是否可以与损害赔偿进行损益相抵的态度，笔者认为，首先，从第三人角度，第三人是否对受害人赠予或者资助，完全取决于该第三人的意愿，与加害人的行为无关。第三人对受害人的或者资助之目的在于使受害人受益，是为了受害人所受伤害的治疗或损失的弥补，而非使加害人免除责任或减轻责任，第三人的赠予或者资助行为与损害行为无关。如果适用损益相抵，则最终受益的不是受害人而是加害人，这与第三人的意愿相背离，所以受害人对第三人的赠予得到的利益不应与损害相抵。再者，以受害人为视角，依《澳门民法典》第九百四十四条第一款之规定，“凡未被法律特别禁止接受赠予之人”都有接受他人赠予财产的权利，这是符合民法公平正义价值之追求和公序良俗原则的权利，其他任何人或法律都无权剥夺，其所得是正当和合法的利益，不应从损害赔偿额中予以扣除。

（五）损害赔偿的支付方式

对于损害赔偿的支付方式，在司法实务中，有判决一次性支付的赔偿金，也有

---

[1] 在1998年法国世界杯比赛中，德国足球流氓残忍地伤害了一名法国警察，事后很多人帮助这名警察，同时，他因在执行公务中受伤，也获得了一笔数额巨大的保险金，这些款项的总和远远超过了迄今为止无论是在德国法院还是法国法院对于非财产损失的判决赔偿数额，也远远超过了该家庭支付治疗和护理费用的标准。请参见：克雷斯蒂安·冯·巴尔，《欧洲比较侵权行为法》（下册），焦美华译，张新宝审校，法律出版社，2004年版，第516页。

[2] 乌尔里希·马格努斯：《侵权法的统一：损害与损害赔偿》，谢鸿飞译，法律出版社，2009年版，第295页。

判决以年为计算单位，分月或数月或分年来多次支付的赔偿金（又称为定期金）。而《澳门民法典》第五百六十一条对损害赔偿的定期金亦作出了规定。

（六）强迫性金钱处罚

在澳门侵权损害惩罚性赔偿制度是缺失的，澳门原则上不承认非合同民事责任法的惩罚功能。诚然，根据《澳门民法典》的第三百三十三条可知，在绝对权利遭到侵犯时，即在澳门侵权行为法中，也可以适用强迫性金钱处罚。[1]据此可知，侵权损害赔偿的数额除了以受害人的实际损失为准的补偿性损害赔偿（包括直接损失和间接损失），表面上看也规定有强迫性金钱处罚，无论在合同责任领域还是在侵权责任领域，其制裁功能似乎透过此得到了确认，但是令人遗憾的是，强迫性金钱处罚单纯是为了强迫债务人履行债务而设定的，这个债务或者来自合同之债，或者来自我们这里所说环境侵权之债，只是一种强制债务人履行债务的惩罚措施，不关乎这个侵权行为本身的损害赔偿之债。[2]笔者认为适度的惩罚性金钱处罚在侵权有其适用的空间，彰显了侵权行为法的惩罚功能，适度的惩罚性金钱处罚对于遏制侵权行为的发生应当有其重要意义。比如某个污染者（如某个企业）为追求高额利润和降低生产成本，对污染物不做任何处理就直接进行排放，从而肇致了严重的环境污染，如果仅仅规定赔偿实际损害，不加以惩罚性损害赔偿，可能并不足以遏制环境侵权行为，污染主体并不会因环境成本的考虑而做出其行为，其在经济利益的驱使下难免会再度造成严重的环境损害恶果，它在某种程度上其实放纵了污染者的污染行为，也大大降低或扼杀了受害人维护自己权利的积极性和主动性，仅仅只是实际的损害赔偿可能会使环境污染受害人或生态破坏得不到应有的救济。虽然民事责任以损害的补偿性为目标，并不以像刑事责任那样重在惩罚性，但在一些如损害后果极为严重或行为人主观上恶意为之的特殊情形下，是否可以考虑采用适度的惩罚性金钱处罚以威慑侵权行为人不是没有进一步研究的空间的。

（七）损害赔偿责任的社会化

如我们在侵权责任的归责原因体系及调整范围部分所介绍的那样，现代侵权民事责任制度更加关注受害人的利益保护和救济，注重风险分配与承担责任。风险责任原则在诠释分配正义的价值目标的同时也加重了加害人的负担，为了消除风险责任所带来的负面影响，作为损失分散机制的民事责任保险制度[3]和专项赔偿基金[4]等

---

[1] 根据《葡萄牙民法典》第829-A条之规定，强迫性金钱处罚仅适用于不履行义务的情况。

[2] 唐晓晴：《预约合同法律制度研究》，澳门大学法学院，未出版，第120页。

[3] 如澳门1994年颁布了新修订的《汽车民事责任之强制性保险条例》（11月28日第57/94/M号法令）。

[4] 如汽车保障基金制度（FGA），FGA是根据《汽车民事责任强制性保险条例》（11月28日颁布第57/94/M号法令）第二十三条第一款的规定设立。另外，值得注意的是，“游艇民事责任强制保险条例”（12月13日颁布第104/99/M号法令）生效后，为将汽车保障基金的保障范围扩大适用于《游艇民事责任强制保险条例》内所述的游艇类型于事故对第三人造成损害的赔偿，原“汽车保障基金”的名字修改为“汽车及航海保障基金”。但在这里，为了本文的需要，笔者在下文仍称之为“汽车保障基金”。

社会保障制度便逐渐产生，以适当的方式分散风险或转移损失，将责任主体和侵权损害赔偿主体的逐渐分离。[1]如有的学者所说的，“在侵权法体系的背后往往深藏着一个保险体系”[2]，民事责任风险严格化的发展趋势促进责任保险制度的发展，透过强制保险来协助和强化被害人损害赔偿请求的权利的实现，责任保险制度与风险责任两者相辅相成，共同在解决非合同民事责任损害赔偿中发挥作用，以维护侵权行为法的完整性。

澳门的民事责任之强制性保险有如8月14日第40/95/M号法令第六十二条第一款的规定，工作意外的保险具有强制性质。[3]澳门第11/2004号行政法规《空运人及航空器经营人的民事责任制度》第二十一条（保险的强制性）规定住所设于澳门且以本澳为主要营业中心的航空器经营人，以及于本澳登记的航空器的经营人，须订立民事责任强制保险。澳门4月22日第27/91/M号法令《核准超轻型航空器条例》第一条第四款条规定，超轻型航空器之所有人及驾驶人有为因航空器对第三人造成损害而生的民事责任购买保险之强制性。澳门12月13日第104/99/M号法令《设立游艇民事责任强制保险之法律制度》第一条规定，用于海上运动、钓鱼运动或娱乐之船舶和水上摩托车等被列为游艇（葡文缩写为ER）之船舶必须向获得许可之保险人购买在使用该船舶时对第三人引致损害之民事责任强制保险。[4]澳门7月15日第38/96/M号法令、同日第168/96/M号训令、同日第169/96/M号训令规定了由装置宣传物及广告物所产生之民事责任之保险属强制性。澳门6月14日第263/99/M号训令《核准旅行社职业民事责任统一保险单之一般条件及特定条件》和第25/2007号行政命令《修改6月14日第263/99/M号训令》规定必须为旅行暨旅游社以及旅

---

[1] Manuel Trigo：《债法概要》，朱琳琳译，杜慧芳校对，1997—1998年，澳门大学法学院三年级教材，未发行，第122页。

[2] 李响：《美国侵权行为法原理及案例研究》，中国政法大学出版社，2004年版，第201-202页。

[3] 另外，请参见：第94/99/M号训令——调整8月14日第40/95/M号法令规定对工作意外及职业病所引致之损害作出之弥补之限额。第12/2001号法律——修改《工作意外及职业病法律制度》。第6/2007号法律——修改工作意外及职业病保险法律制度。第130/2009号行政命令——调整8月14日第40/95/M号法令第四十七条第二款及第五十条第四款所规定的限额。第89/2010号行政命令——调整8月14日第40/95/M号法令第四十七条第二款、第五十条第四款及第五十一条第一款所规定的限额。第236/95/M号训令——核准工作意外保险之保险费表及条件--废止8月10日第144/85/M号训令。第237/95/M号训令——核准工作意外及职业病之统一保险单--废止八月十日第143/85/M号训令。第94/99/M号训令——调整8月14日第40/95/M号法令规定对工作意外及职业病所引致之损害作出之弥补之限额。第95/99/M号训令-提高8月14日第236/95/M号训令核准之“工作意外保险费表及条件”内第二章载明之表所订定之百分率而计得之保险费金额。第263/99/M号训令——核准旅行社职业民事责任统一保险单之一般条件及特定修件——废止5月31日第164/93/M号训令。第41/2008号行政命令——调整8月14日第40/95/M号法令第四十七条第二款、第五十条第四款及第五十一条第一款所规定的限额。

[4] 另外，请参见：第57/94/M号法令——修正汽车民事责任之强制性保险制度——若干废止。第27/97/M号法令——设立在澳门地区求取及从事保险业务之新法律制度——若干废止。第24/2003号行政法规——订定游艇民事责任强制保险统一保险单的条款。第3/2004号行政法规-核准游艇民事责任强制保险费率表。

游旅社职业的活动购买民事责任保险。澳门第2/91/M号法律《环境纲要法》第三十二条规定“从事被类别为对环境造成高度危害的活动”之任何人购买民事责任保险的强制性。澳门6月5日第38/89/M号法令《订定从事保险中介人业务的制度》❶ 第十一条规定，保险经纪人的职业上固有的民事责任保险属于强制性保险。澳门第39/2003号行政法规《设立律师职业民事责任强制保险》第一条规定设立律师职业民事责任强制保险。❷

下面就以交通肇事为例，简要介绍一下澳门地区的交通事故损害赔偿责任社会化制度。因车辆所导致的交通事故，根据现行《澳门民法典》第四百九十六条规定，肇事车辆所负的责任是一种不以其就损害发生有过错为必要的无过错责任原则。为了使得受害人的损害赔偿请求的权利能够真正地得到实现，葡萄牙和中国澳门地区都建立了强制汽车责任保险制度。在解决交通事故损害赔偿问题上，强制汽车责任保险制度和汽车保障基金（葡文缩写为FGA）成为风险责任重要的配套机制。

在处理澳门道路交通肇事所造成的损害而生之民事责任上，1994年颁布的新修订的《汽车民事责任之强制性保险条例》（11月28日第57/94/M号法令）第一条以及后续数条规定的强制汽车责任保险制度和第二十五条以及后续数条汽车保障基金是风险责任重要的配套机制。❸ 同颁布于1983年的第一部汽车保险法例《汽车民事责任强制性保险条例》（7月9日第7/83/M号法令）相比，新法例不仅大幅度地增加了赔偿金额之最低限额，而且将保障范围扩大到被撞车辆上的免费乘客。

车辆强制责任保险作为一种法定的财产险是以车辆持有人为被保险人对交通事故受害第三者的损害赔偿责任为保险标的，其根本目的是为了保护交通事故受害者的受损利益能得到及时、便捷、有效的弥补，在使受害人快速获得基本保障的同时，也维护交通安全。此种做法可以最大限度地保障受害者的利益，同时被保险人也为汽车责任保险的保护对象，只是对受害人和被保险人的保护方式不尽相同而已。

依照澳门目前适用的强制性车险制度（参考1994年11月28日颁布的第57/94/M号法令和相关训令），澳门的车辆强制责任保险有以下特点。①澳门车辆强制责任保险具有强制性的特点，其在一些方面超越了契约自由原则，如其明确规定了投保人的强制投保义务和保险人的强制承保义务。按照澳门第3/2007号法律法令第八十六的规定，任何机动车辆的持有人都负有购买车险的义务，这是一项强制性的责任保险，只有持有有效的第三者民事责任保险，才能在公共道路上行驶，以保障驾驶者肇致第三者伤亡或财产损失所引致的法律责任，在公共道路上行驶而没有购买有

---

❶ 后来有第45/91/M号法令、第51/94/M号法令、第27/2001号行政法规、第14/2003号行政法规对此法令有所修订。

❷ 另外，请参见：第40/2003号行政法规——律师职业民事责任强制保险统一保险单。第41/2003号行政法规——律师职业民事责任强制保险保险费率表。

❸ 在澳门，第一部汽车保险法例——《汽车民事责任强制性保险条例》（7月9日第7/83/M号法令），颁布于1983年。1994年颁布了新修订的《汽车民事责任之强制性保险条例》（11月28日第57/94/M号法令），于1995年1月1日开始生效。

关保险，可被罚款。②强制责任保险突破了保险合同的相对性，澳门法律规定受害人❶可以在保险金额范围内，向保险人直接行使损害赔偿请求的权利，保险人不可以以向被保险人的抗辩事由抗辩受害人的直接请求之权利。实际上，道路交通事故的受害人可以直接向保险人请求支付保险限额度内的损害赔偿额是车辆强制责任保险立法的重要内容。③车辆强制责任保险制度不仅覆盖受害人人身损害赔偿，也将财产赔偿纳入保险范围。❷ ④就现行车辆强制责任保险保障额度而言，汽车保险法例因不同的车辆设有不同的最低投保额，但也同时设置了许多不同的更高额度的保障级别以供投保人自由选择。⑤车辆强制保险是保障车辆在使用过程中对第三人造成伤害时作出补偿，对第三人引致损害的民事责任保险，即其立法目的是最大限度地保障交通事故受害人或第三人的利益救济，但不是所有的人都受第三者民事责任保险保护的，所以对受害人或第三人范围的界定极为重要。第 57 / 94 / M 号法令规定，第三人主要是指被保险人（即肇事者）之外受到损害的其他人，例如交通事故中被撞伤的行人、车辆中的乘客等都是第三人，不过法律亦明确规定了不受车辆强制保险保障的人士，一旦造成损害亦不会受车辆强制保险的保护。❸ ⑥车辆强制保险是人之保险而不是物之保险，所以对于肇事者本身的损失，例如车辆维修费等一般不是受保之列。⑦保险公司对保险事故承担的也是无过错责任，即如果肇事车辆投了车辆第三者责任强制保险，那么一旦发生交通事故肇致他人人身伤害或者财产损失，保险公司就应当首先予以赔偿，即受害人之损失首先由保险公司在机动车强制保险责任范围内予以赔偿，不论交通事故当事人各方是否有过错以及当事人的过错程度如何。再者，保险公司在车辆第三者责任强制保险责任限额范围内承担责任，由投保人或肇事者等交通事故当事人须对不足部分对受害人承担损害赔偿责任。即如果交通事故所导致的各种损害（包括人身伤亡和财产损失）超出了每一车辆事故责任保险的责任限额或受保金额（例如自用轻型汽车的最低保险金额是澳门币 100 万元），对于超出部分保险公司不予赔偿，由投保人或肇事者对余额承担责任。对超出责任限额的部分，由交通肇事当事人按照《澳门民法典》的相关条款的归责原则进行分担。⑧第 57 / 94 / M 号法令第十六条规定了“保险人的求偿权”，假如在做出

---

❶ 受害人，是指因车辆交通事故而遭受人身及财产损害，依法可以直接向保险人行使损害赔偿请求权利之人。

❷ 除强制性的第三者民事责任保险外，汽车保险法例亦提供对“车辆本身保险”之附加的非强制性的保险。

❸ 统一保单条款规定之下，澳门“强制性的民事责任第三保”所提供的保障，是因事故引致（对）第三人身体侵害或物质损害所负民事责任，而根据现行法律被要求之损害赔偿；但应该注意的是，保单同时也明确了对“某些人”民事责任是不作保障的，这“某些人”是指：①车辆的驾驶者、保险单权利人，以及车辆的所有权人、用益权人、保留所有权的取得人、承租人或使用人等人士；尤其是因共有被保车辆而责任受保障的人。②上项所指人士的配偶、直系血亲的尊亲属、卑亲属，以及其所收养的人，和直至第三亲等的其他血亲或与其共同居住或由其供养的直至第三亲等的姻亲。③在执行职务时发生交通事故且应对该事故负责任的法人或公司的法定代理人，以及替被保险人服务的雇员、散工和受托人。④也不保障因为和上述三项所指人有联系，而根据《民法典》的规定有权要求赔偿的人。

赔偿后，保险公司对故意造成事故者等被保险人一方有“求偿权”。❶

这里笔者以抢劫、盗窃、盗用的车辆发生交通事故为例子，结合风险责任和民事责任强制保险，探讨一下责任的承担问题。如果抢劫、盗窃、盗用的车辆发生交通事故（例如，有人抢劫车辆后，驾车逃走时撞伤路人），如果按照第3/2007号法律《道路交通法》的相关规定，确定应由车辆一方承担责任的，责任承担的归责如下：①根据《澳门民法典》第四百九十六条第一款之规定，被抢劫、盗窃、盗用之车辆的所有权人不承担责任，而应由抢劫、盗窃、盗用车辆并以该车辆造成交通事故之人承担赔偿责任。②依照1994年11月28日颁布的第57／94／M号法令《汽车民事责任之强制性保险条例》第三条第二款：“保险之保障亦包括在故意造成之交通事故，及在抢劫、盗窃或盗用车辆时发生可归责于犯罪行为人之交通事故中，对第三人所受损失作弥补之义务。”对于抢劫、盗窃、盗用车辆并以该车辆造成交通事故之情形，对交通肇事之受害人，一般来说只要车辆有购买有关保险，属于汽车保险责任的承保范围，无论造成意外的责任归属，只要受害人请求，保险公司应该按照有关条款，在保险限额内对受害者事先作出赔偿。③虽然保险公司须要对上述情况发生的损害赔偿作出垫付，但对于抢劫、盗窃、盗用车辆之正犯及从犯且以该车辆造成事故者，按照第57／94／M号法令《汽车民事责任之强制性保险条例》第十六条之b）项，保险公司在作出赔偿之后，有权向抢劫、盗窃、盗用车辆之正犯及从犯等交通事故之人提出求偿要求，即要求相关人士清偿保险公司已支付的赔偿金额。❷④《澳门民法典》第四百九十八条规定，如果交通事故归责于受害人或第三人，或因车辆运作范畴之外的不可抗力所肇致的，这属于交通事故侵权责任的免责事由，抢劫、盗窃、盗用车辆之正犯及从犯并以该车辆造成交通事故者的责任同样可以基于这些免责事由而被排除。例如，损害系由行人一方故意碰撞的，抢劫、盗窃、盗用车辆并以该车辆造成交通事故之人无须承担责任。❸

车辆强制责任保险作为救助交通事故受害人的有效途径之一，分散和转移了投保人或被保险人对受害人应该承担的赔偿责任，以责任保险来避免加害人面临巨额赔偿责任，也有利于为被保险人分担风险，维护被保险人的利益。车辆强制责任保险除了为被保险人分散风险，还尽最大的能力保护受害人。车辆强制责任保险是政

---

❶ 1994年11月28日颁布的第57／94／M号法令第十六条：“一、故意造成事故者；二、未具法定资格，或在酒精、痳醉品、其他毒品或有毒产品的影响下驾驶的人士，或遗弃遇难人的驾驶者；三、对在货物运输过程中或因货物处理不当引致之跌落而对第三人造成之损害负民事责任者。四、有责任将车辆送往（《道路法典》所规定的）定期检验而未履行该义务的，但如果能证明有关灾祸（事故）并非因（被保）车辆的运作不良所引致或加重的除外。”

❷ 11月28日颁布的第57／94／M号法令《汽车民事责任之强制性保险条例》第十六条（保险人之求偿权）：保险人在缴付赔偿后，仅对下列者有求偿权：b）抢劫、盗窃、窃用车辆之正犯及从犯且以该车辆造成事故者……

❸《澳门民法典》第四百九十八条规定：“第四百九十六条第一款及第三款所定之责任，仅在就事故之发生可归责于受害人本人或第三人时，或事故系由车辆运作以外之不可抗力原因所导致时，方予排除，但不影响第五百条之规定之适用。”

府基于社会公共利益的考量将交通事故责任社会化的一种制度安排，将由交通事故肇致的、应由肇事者承担的责任在一定程度内转移分散给社会，在保险人、被保险人与受害人之间力求达致平衡，为受害者提供基本保障，这是社会公益性的一种体现。

理论上，上述的以风险责任为主导，配合以自1983年起颁布实施的车辆第三者责任强制保险制度，所共同组成的确保受害人损害可以实际得到赔偿的法制，应该是相当完美和无懈可击的。但是在实践中，仍可能发生如下情形导致受害人的损害无法获得填补的情况：如交通事故肇事汽车不明（如因驾驶者交通肇事逃逸引致肇事汽车无法查知，或动力车辆驾驶人或所有人违法未投责任保险，或责任保险合同无效（如因损害系投保人故意促使保险事故发生从而导致责任保险合同无效）的情形；或责任保险人被宣告破产，其自身丧失清偿能力；或保险公司不愿意承保；等等。此时如果只依赖于强制保险制度给予及时补救，受害人的合法权益仍然得不到有效的保障。[1]因此，鉴于第三者责任强制保险可能出现的缺失或局限性，不可能穷尽社会中的复杂关系，为了确保交通事故受害人的损害可以得到弥补，汽车保障基金制度（FGA）[2]应运而生。FGA是根据《汽车民事责任强制性保险条例》（11月28日颁布第57/94/M号法令）第二十三条第一款的规定设立，赋予适用于《汽车民事责任强制性保险条例》所述的汽车类型于交通事故所造成的死亡及身体损害支付赔偿。FGA的主要任务，在于交通事故发生后，当责任保险制度运作上有盲点或疏漏时，如应就交通事故责任者未投责任保险且无赔偿损害的财力时，由FGA出面负责填补受害人的人身损害，体现了一种对人权的尊重和保障。为避免在类此情形下被害人的损害无法获得填补，其保障的对象，原则上与车辆第三者责任强制保险相同，但保障内容上具有从属性与补充性。根据11月28日颁布的第57/94/M号法令第三十九条的规定，由澳门金融管理局负责管理"汽车保障基金"的运作。[3]鉴于"汽车保障基金"的性质，其主要功能包括收取及支付意外事故的赔偿金，并在委任律师的协助下，作为受害人权利之代位人，在事后对赔偿义务人进行代位追偿。

如上所述，FGA制度是为了填补强制汽车责任保险的缺口而创设的，它作为一种配套的辅助设施而存在。FGA与机动车第三者责任强制保险有着诸多不同之处。首先，FGA与机动车第三者责任强制保险的性质不同，后者是一种强制性的商业保险，而FGA对受害人的补偿并不以保险合同为依据，其性质并非保险，是出于对受害者人权保护的角度而进行的一种社会援助。其次，它们性质的不同，也引致了它们身

---

[1] 笔者在这里并没有否认机动车第三者责任强制保险的重要性之义，只是在这种场景，它的确发挥不了作用。

[2] 《游艇民事责任强制保险条例》（12月13日颁布第104/99/M号法令）生效后，为将汽车保障基金的保障范围扩大适用于"游艇民事责任强制保险条例"内所述的游艇类型于事故对第三人造成损害的赔偿，原"汽车保障基金"的名字修改为"汽车及航海保障基金"。但在这里，为了本文的需要，笔者在下文仍称之为"汽车保障基金"。

[3] 保险监察处须支持该基金的行政运作，并就财务及预算管理方面提供一切所需要的协助。

份的不同。与责任保险人不同的是，FGA 并不与汽车保有人、所有人或驾驶人一并承担连带责任。再者，在内容方面，FGA 是用于某些特定情形下道路交通事故中对受害人的生命的拯救或人身伤害赔偿，而不包括受害人的财产损失赔偿，而车辆强制保险已将受害人的财产损失纳入赔偿范围。FGA 对于交通事故受害人的充分保护具有的重要意义是不言而喻的，它是机动车第三者责任强制保险制度不可或缺的重要补充。

二、本法域对该规则的规定

（一）《澳门民法典》

第六十三条（人格之开始）

一、人格始于完全出生且有生命之时。

二、未出生之人获法律所承认之权利系取决于其出生。

三、人格之保护范围包括对胎儿造成之损害，但以符合上款之条件为限。

四、然而，生父母无须就受孕时对子女造成之畸形或传给子女之疾病负责，亦无须就受孕后对胎儿造成之损害负责，但属故意造成之损害者除外。

第六十七条（人格之一般保护）

一、任何人均获承认具有人格权，而人格权应在毫无任何不合理区分下受保护，尤其是应在不分国籍、居住地、血统、种族、民族、肤色、性别、语言、宗教、政治或意识形态之见解或信仰、教育、经济状况或社会地位下受保护。

二、任何人均有权受保护，以免其人身或精神上之人格遭受不法侵犯或侵犯之威胁。

三、受威胁之人或被侵犯之人得就有关情况请求采取适当措施，以避免威胁之实现或减轻已发生之侵犯所造成之后果，而不论有关威胁或侵犯之事实是否导致民事责任。

四、受威胁之人或被侵犯之人，亦得按照诉讼法之规定请求采取上款所指之措施，作为保全措施。

第四百八十八条（因死亡或身体伤害而对第三人之损害赔偿）

一、侵害他人致死时，应负责任之人有义务赔偿为救助受害人所作之开支及其他一切开支，丧葬费亦不例外。

二、在上述情况及其他伤害身体之情况下，救助受害人之人、医疗场所、医生，又或参与治疗或扶助受害人之人或实体，均有权获得损害赔偿。

三、可要求受害人扶养之人，或由受害人因履行自然债务而扶养之人，亦有权获得损害赔偿。

第四百八十九条（非财产之损害）

一、在定出损害赔偿时，应考虑非财产之损害，只要基于其严重性而应受法律保护者。

二、因受害人死亡，就非财产之损害之赔偿请求权，由其未事实分居之配偶及子女，或由其未事实分居之配偶及其他直系血亲亲属共同享有；如无上述亲属，则由与受害人有事实婚关系之人及受害人之父母，或由与受害人有事实婚关系之人及其他直系血亲尊亲属共同享有；次之，由受害人之兄弟姊妹或替代其兄弟姊妹地位之甥侄享有。

三、损害赔偿之金额，由法院按衡平原则定出，而在任何情况下，均须考虑第四百八十七条所指之情况；如属受害人死亡之情况，不仅得考虑受害人所受之非财产损害，亦得考虑按上款之规定享有赔偿请求权之人所受之非财产损害。

第五百五十八条（损害赔偿之计算）

一、损害赔偿义务之范围不仅包括侵害所造成之损失，亦包括受害人因受侵害而丧失之利益。

二、在定出损害赔偿时，只要可预见将来之损害，法院亦得考虑之；如将来之损害不可确定，则须留待以后方就有关损害赔偿作出决定。

第五百五十九条（临时损害赔偿）

损害赔偿应留待在执行判决程序中定出时，法院得在其认为证实之数额范围内实时判债务人支付一项损害赔偿。

第五百六十条（金钱之损害赔偿）

一、如不能恢复原状，则损害赔偿应以金钱定出。

二、如恢复原状虽为可能，但不足以全部弥补损害，则对恢复原状所未弥补之损害部分，以金钱定出其损害赔偿。

三、如恢复原状使债务人负担过重，则损害赔偿亦以金钱定出。

四、然而，如导致损害之事件仍未终止，受害人有权请求终止，而不适用上款所指之限制，但所显示之受害人利益属微不足道者除外。

五、定出金钱之损害赔偿时，须衡量受害人于法院所能考虑之最近日期之财产状况与如未受损害而在同一日即应有之财产状况之差额；但不影响其他条文规定之 适用。

六、如不能查明损害之准确价值，则法院须在其认为证实之损害范围内按衡平原则作出判定。

第五百六十一条（定期金之损害赔偿）

一、经考虑损害之连续性，法院得应受害人声请，就全部或部分损害赔偿定出终身或暂时定期金之赔偿方式，并命令采取必要措施以担保该支付。

二、如就定期金之订立、金额之多少或期间之长短，又或定期金之免除或提供担保等事宜作出决定所根据之情况有明显变更者，任何一方当事人均得要求变更有关判决或协议。

第五百六十三条（损害金额之指出）

要求损害赔偿之人无须指出其评估损害之准确金额；如在诉讼程序中显示之损害高于初时所预计者，则亦不因该人曾请求特定数额之赔偿而使其不能在诉讼过程中要求更高数额之赔偿。

第五百六十四条（受害人之过错）

一、如受害人在有过错下作出之事实亦为产生或加重损害之原因，则由法院按双方当事人过错之严重性及其过错引致之后果，决定应否批准全部赔偿，减少或免除赔偿。

二、如责任纯粹基于过错推定而产生，则受害人之过错排除损害赔偿之义务，但另有规定者除外。

第五百六十五条（法定代理人及帮助人之过错）

受害人之法定代理人或使用人有过错，即等同受害人有过错。

第五百六十六条（受害人过错之证明）

声称受害人有过错之人须证明该过错之存在；但即使无人声称受害人有过错，法院亦得查明之。

第一千二百七十条（建筑物之倒塌）

如任何楼宇或其他工作物有全部或部分倒塌之危险，且其倾倒可能引致相邻之房地产受损害，该相邻之房地产之主人得按第四百八十五条之规定，要求须对损害负责之人采取必要措施以消除有关危险。

（二）澳门第 2/91/M 号法律《环境纲要法》

第三十五条（消除起因及恢复原状）

一、违反者必须消除违反起因及将环境恢复原状或相当于原状。

二、倘违反者在指定限期内，不履行上述责任，有关当局将着令拆除及进行恢复环境原状所必需的工程和工作，费用则归违反者承担。

（三）澳门 4 月 22 日第 28/91/M 号法令《订定本地区行政当局、公共法人其权利人及公共管理代理人之合约外民事责任制度》

第五条（求偿权）

当履行任何赔偿时，本地区行政当局及其他公法人对犯过错之机关据位人或行政人员享有求偿权，但必须该过错人之所为系出于故意或明显欠缺担任职务所需之注意及热心。

第八条（损害赔偿义务）

一、本地区行政当局及其他公法人、其机关据位人及行政人员之赔偿义务不取决于受害人行使对造成损害之非法行为之上诉权。如尽管已撤销非法行为并已执行撤销之判决而损害继续时，上述赔偿义务仍然存在。

二、如损害系归因于受害人没有提起上诉或其诉讼行为之过失，则该受害人之补偿权不得保持。

（四）澳门8月14日第40/95/M号法令《核准对工作意外及职业病所引致之损害之弥补之法律制度》

第二十七条（给付）

弥补权包括特定给付及金钱给付。

第二十八条（特定给付的内容及支付）❶

一、特定给付旨在使受害人之健康、工作能力或谋生能力得以恢复，其中包括：

a）一般或专门之医疗及外科疗理，包括必要之诊断及治疗；

b）药物疗理；

c）护士护理；

d）入住医院；

e）提供、更新或维修假体及矫形器具；

f）机能康复；

g）第十四条所规定之运输。

二、特定给付不得超过下列最高款额：

a）每名工作意外或职业病受害之劳工：澳门币300万元；

b）在卫生场所以外接受诊疗：每日澳门币300元，此款额包括诊疗中之诊断及治疗上之开支。

三、如特定给付之开支超过上款a项所定之最高限额，则受害人应根据有关求助卫生护理之法定制度之规定，接受医疗、外科、药物及住院方面之疗理。

四、第二款规定的限额应每年作出分析，且在考虑社会发展状况及通货膨胀率，以及听取劳工事务局及澳门金融管理局的意见后，得以行政命令调整。❷

❶ 已更改，请查阅澳门第48/2006号行政命令、第20/2005号行政命令、第6/2007号法律、第6/2015号法律。

❷ 已更改，请查阅第6/2007号法律。

第二十九条（急救）

雇主或代表雇主作领导或监察之人，在获悉发生意外后，不论有关弥补之责任属谁，应立即确保受害人获得必需之急救。

第三十九条（责任书）

一、一经要求，责任实体必须签署支付遇难人之治疗及住院费用之责任书。

二、如遇难人因健康状况之严重性而必须立即入院及接受紧急治疗，任何人不得以责任实体拒绝签署责任书为拒绝遇难人立即入院和接受紧急治疗。[1]

三、如卫生场所无正当理由而不履行上款所指之关于紧急治疗及入院方面之义务，则应对因不履行该义务而导致遇难人侵害或疾病之恶化负责。

第四十一条（假体及矫形器具）

一、向遇难人提供之假体及矫形器具应适合于所用作之用途。

二、遇难人享有获得提供假体及矫形器具之权利，该等器具包括视觉及听觉上之矫正或补偿之器具，其中包括假牙。

三、关于假体及矫形器具之性质、质量或合适程度及其更新或维修器具之需要方面之意见分歧，将根据恢复工作能力方面之治疗专家之意见解决。

四、属更新或维修之情况，责任人应付之负担，不得超过购买与不能使用之器具相同之新器具之费用；如无相同之器具，则不得超过购买技术上适合于所用作之用途之相似器具。

五、因每一工作意外而向每名劳工提供、更新或维修假体及矫形器具之费用，不得超过以下款额：

a）提供及首次安装费用之限额为澳门币 2 万元；

b）自首次安装起十年内之维修、更新及透过手术安装之费用之限额为澳门币 6 万元。

六、上款所指之限额，可根据第二十八条第四款之规定调整。

第四十二条（选择与假体及矫形器具相应价值之权利）

一、如遇难人拟购买价格更高之器具，得选择与主治医生指定之假体及矫形器具相应价值之金额。

二、如作上述之选择，责任实体得在证实有关安装后，向器具供应者支付上款所指之金额。

三、如责任实体无合理解释或未得过难人同意之情况下，延迟进行上款所指之支付或证实有关安装，则上款之规定不妨碍遇难人对延迟安装器具而遭受之损害有

---

[1] 澳门第 6/2015 号法律。

弥补权。

第四十三条（因意外引致不能使用之器具之更新或维修）

如工作意外在遇难人身上安装之假体或矫形器具不能再使用或受损，应由意外之责任人承担有关更新或维修所必需之费用。

第四十四条（法院通知及执行）

一、如责任实体无合理解释而拒绝或延迟提供、更新或维修假体及矫形器具，遇难人得申请有权限之法院通知责任实体于十日内存入有关提供、更新或维修之相应金额，供其支配。

二、如未作上述之存放，根据以确定金额之给付判决为依据之执行程序之规定，对有关金额进行执行。

三、执行之所得将用作在法院证实器具已正当安装后，支付有关费用予提供或维修假体及矫形器具之实体。

四、主动或透过执行支付第一款所指金额，不妨碍遇难人对延迟所引致之损害有弥补权。

第四十五条（器具之更新或维修权之丧失）

如器具之损坏或不能再使用系因遇难人之严重且不可原谅之过失所引致者，遇难人将丧失假体及矫形器具之更新或维修权利，但器具之损坏或不能再使用系因使用期间超过正常使用期间所引致者除外。

第四十六条（内容）

金钱给付包括：

a）对绝对或部分暂时无工作能力之损害赔偿；

b）属长期无能力之情况，对相应于工作能力或谋生能力下降程度之损害赔偿；

c）属死亡之情况，损害赔偿及丧葬费。

第四十七条（因无能力之给付）

一、如工作意外或职业病引致受害人之工作能力或谋生能力下降，受害人有权享有以下给付：

a）暂时绝对无能力——相等于基本回报之三分之二之损害赔偿。

b）暂时部分无能力——相等于工作能力或谋生能力下降三分之二之损害赔偿。

c）长期绝对无能力（百分之百之减值）——损害赔偿之金额相等于：

①如劳工年龄小于 25 岁，每月基本回报之 132 倍；

②如劳工年龄为 25 岁或大于 25 岁而小于 35 岁，每月基本回报之 120 倍；

③如劳工年龄为 35 岁或大于 35 岁而小于 45 岁，每月基本回报之 108 倍；

④如劳工年龄为 45 岁或大于 45 岁而小于 56 岁，每月基本回报之 96 倍；

⑤如劳工年龄为56岁或大于56岁，每月基本回报之84倍。

⑥长期部分无能力（小于百分之百之减值）——损害赔偿之金额相应于遇难人如为长期绝对无能力而根据上款之规定应将款额乘以减值之百分率。

二、上款c）项所规定之损害赔偿以澳门币37.5万元为下限及澳门币125万元为上限，而上款d）项所规定之损害赔偿以澳门币125万元为上限。❶

三、为第一款c）项及d）项规定之效力，受害人之年龄按以下方法计算：

a）属工作意外之情况，受害人于发生工作意外之日之年龄；

b）属职业病之情况，受害人于获确定及明确诊断有关疾病之日之年龄。

四、在确定减值之系数时，应采用附于本法规之无能力表。

五、发生工作意外当日之工资由雇主负责。

六、第二款所规定之限额，可根据第二十八条第四款之规定调整。

第四十八条（补充性给付）

一、获确定为长期无能力之受害人，如因侵害或疾病，而必须得到第三者之长期照顾，有权收取根据上条第一款c项或d项或第二款规定之应得金额百分之五十之补充性给付。

二、确定上款所指之给付时，应与主要给付同时进行。

第四十九条（由暂时无能力转为长期无能力）

一、为期超过24个月之暂时无能力推定为长期无能力，而主治医生应根据附于本法规之无能力表，确定有关系数。

二、无能力之系数须经法院认可；如未向遇难人提供必需之医疗及康复治疗，法院得将上款所规定之期限最多延长12个月。

第五十条（因死亡之给付）

一、如工作意外或职业病引致受害人死亡，受害人之家人得共同享有相应于以下数额之损害赔偿：

a）如受害人年龄小于25岁，每月基金回报之120倍；

b）如受害人年龄为25岁或大于25岁而小于35岁，每月基金回报之108倍；

c）如受害人年龄为35岁或大于35岁而小于45岁，每月基金回报之96倍；

d）如受害人年龄为45岁或大于45岁而小于56岁，每月基金回报之84倍；

e）如受害人年龄为56岁或大于56岁，每月基金回报之72倍。

二、为上款规定之效力，以下者视为受害人之家人：

a）配偶；

b）有权享有扶养金之前配偶；

---

❶ 已更改，请查阅第89/2010号行政命令。

c）年龄小于18岁之未成年子女，包括胎儿；

d）年龄不超过25岁且经济上依赖受害人之子女；

e）因身体或精神上患有疾病而不能工作之任何年龄之子女；

f）受害人之直系血亲尊亲属，但仅以受害人定期向其提供扶养者为限。

三、为第一款规定之效力，受害人之年龄系根据第四十七条第三款所规定之标准确定。

四、第一款所规定之损害赔偿以澳门币30万元为下限及澳门币100万元为上限。[1]

五、损害赔偿之款额按以下方式分配：

a）60%给予配偶或有权享有扶养金之前配偶；如两者仍生存，则有关款额应由两者均分；

b）25%给予子女，如受害人有超过一名子女，则有关款额由子女均分；

c）15%给予直系血亲尊亲属。

六、如无根据本法规规定享有损害赔偿权之子女及直系血亲尊亲属，有关款额归其配偶。

七、如受害人属单身、鳏夫或寡妇，并遗下有损害赔偿权之子女及直系血亲尊亲属，损害赔偿之全部金额由子女及直系血亲尊亲属均分。

八、如受害人属单身、鳏夫或寡妇，并无具损害赔偿权之子女及直系血亲尊亲属，损害赔偿将全部归社会保障基金。

九、应将属受害人子女之损害赔偿存入，供有权限法院支配，并由法院决定损害赔偿之处分。

十、为本条规定之效力，根据《澳门民法典》第二千零二十条之规定以事实婚与受害人一起生活者等同于配偶。

十一、第四款规定之限额，可根据第二十八条第四款之规定调整。

第五十一条（丧葬费）

一、受害人丧葬费之款额相等于30日之基本回报，且最低限额为澳门币4356元，最高限额为澳门币16940元，而该款额将交予能证实已支付有关费用者。[2]

二、如属移送尸体到外地之情况，上款所规定之款额将提高至两倍。

三、上两款所指限额，可根据第二十八条第四款之规定调整。

第五十二条（对暂时无能力之损害赔偿之支付）

一、遇难人在接受医院治疗，门诊治疗或恢复机能法治疗期间，有权享有绝对或部分暂时无能力之损害赔偿。

---

[1] 已更改，请查阅第89/2010号行政命令。

[2] 已更改，请查阅第89/2010号行政命令。

二、上款所指之损害赔偿，应每15日作一次计算及支付。

第五十三条（支付地点）

本法规所规定之支付，须在责任实体位于澳门特别行政区的住所支付。

第五十四条（计算方式）

一、损害赔偿按以下方式计算：

a）如受害人于意外发生当日获取之基本回报为其通常收取之基本回报，则以该回报为基础；

b）属对职业病之弥补，则以劳工终止处于风险前一年内所获取之平均报酬为基础；如确定及明确诊断职业病之日早于终止处于风险之日，则以确定及明确诊断疾病之日前一年内所获取之平均报酬为基础。

二、对于收取周薪、月薪或年薪之劳工，其每日之基本回报分别为周薪之1/7、月薪之1/30或年薪之1/360。

三、对于以实际提供劳务之期间、以工作效益或以生产之数量厘定工资之劳工之每日基本回报，为本法规之效力，系以最近三个月内所获取之全部款额除以该期间之工作日数计算；属劳动关系之期间短于三个月之情况，上指期间则相应缩短。

四、如无上款所指之数据，则以同一雇主实体内与受害人属同一职级并担任同类职务之劳工中，在上指期间内所获取之每日平均报酬之最低者为计算之基础。

五、如无具上款所规定条件之劳工，则参考在相同行业之其他雇主实体内处于同样情况下之劳工之报酬作计算。

六、如受害人为学徒或实习者且无报酬，损害赔偿则以在同一雇主实体内或类似雇主实体内与受害人属相应职级之劳工之平均回报作计算基础。

七、如受害人年龄小于18岁，损害赔偿则以同一雇主实体内或类似雇主实体内之年龄为18岁或18岁以上之非熟练劳工之平均回报为计算基础；如受害人之实际收入高于上指劳工之回报，则以受害人之收入为计算基础。

八、每月基本回报相等于每日基本回报乘以30。

九、为本条规定之效力，基本回报在任何情况下不得低于企业规章、协议或适用之法律规定所规定者。

第五十五条（于暂时无能力期间内之工作安排及解雇）

一、雇主必须在受害劳工因工作意外或职业病而处于暂时部分无能力之期间内，安排与其健康状况相符之职务。

二、处于暂时部分无能力之劳工之报酬，应与其无能力之程度相应，且报酬按以下者计算：

a）属工作意外之情况，以发生工作意外当日所获取之回报为基础；

b）属职业病之情况，以确定及明确诊断疾病之日或终止处于风险之日前一年内之每日平均回报为计算基础。

三、如雇主在受害劳工因工作意外或职业病而处于暂时无能力时无合理理由而终止与该劳工之劳动关系，应向其支付相等于三个月工资之损害赔偿，而该损害赔偿不得少于澳门币 1 万元，且不妨碍现行劳动法例所定之其他损害赔偿，包括解雇损害赔偿。

四、如遇难人未在发出康复证明之日起 48 小时内返回工作，上款所规定之损害赔偿义务即终止。

第六十条（无效行为）

一、与本法规所赋予之权利或保障相反或抵触之协议无效。

二、旨在放弃本法规所规定之权利之行为及合同亦无效。

第六十一条（给付权之特别制度）

与本法规所规定之给付有关之债权不可转让，不可查封及不可放弃，并为一般法所定作为担保工作回报之优先债权，且在法定等级上优先于工作回报。

（五）12 月 13 日第 109/99/M 号法令《核准海上商事之法律制度》

第十三条（所有人之损害赔偿权）

因污染而生之责任，或因船舶经营人之债务而对船舶设定负担、将船舶假扣押或查封之情况，如导致船舶所有人遭受损害，船舶所有人有权要求船舶经营人作出损害赔偿。

第三十一条（受责任限制之债权）

一、以下债权，不论责任基础如何，均受责任限制之约束，但不影响第三十二条及第三十三条之规定之适用；

a）在船上发生或与船舶营运、救助作业直接相关之人身伤亡或财产灭失、毁损（包括对港口工程、港池、航道及助航设施造成之毁损），以及由此引起之任何损害之债权；

b）货物、旅客或其行李之海上运送因迟延而造成之任何损害之债权；

c）与船舶营运或救助作业直接相关且侵犯非合同权利而引致之其他损害之债权；

d）沉没、遇难、搁浅或被弃船舶（包括船上一切物品）之浮升、移走、销毁或使之不能为害之债权；

e）船舶上之货物之移走、销毁或使之不能为害之债权；

f）责任人以外之其他人，为避免或减少责任人按本章之规定得限制责任之损害而采取措施之债权，以及因此等措施而造成之进一步损害之债权。

二、上款所指债权，不论其为合同或非合同之返还之诉之标的或担保之标的，均受责任限制约束；然而，如上款（d）项至（f）项所指债权，涉及与责任人订立之合同约定之应付回报，则责任人不得限制其责任。

第三十二条（不受责任限制之债权）

以下各条之规定不适用于下列各项：

a）救助款项或共同海损中之分担额之债权；

b）1969年11月29日《油污损害民事责任布鲁塞尔公约》或当时生效之该公约之任何修正案或议定书所规定之油污损害之债权；

c）任何规范或禁止核损害责任限制之国际公约或法律所规定之核损害之债权；

d）因核损害而生之对核动力船舶所有人之债权；

e）所任职务与船舶服务或救助作业有关之船舶所有人或救助人之受托人之债权，或该等受托人之继承人、亲属或其他有权主张债权之人之债权，只要按规范船舶所有人或救助人与其受托人间之劳动合同之法律，船舶所有人或救助人无权就该债权限制其实任，又或按照该法律，船舶所有人或救助人仅得以较第三十五条所规定者为高之金额限制其责任。

第三十三条（不得享受责任限制之行为）

如经证明，毁损系由一人之故意或明知可能造成毁损而轻率地作为或不作为所造成，则该人无限制其责任。

第三十五条（责任之一般限制）

一、除下条另有规定外，对因同一事故而生之债权之责任限制，应按下列各项之规定计算责任限额：

a）关于人身伤亡之债权：

①吨位不超过300吨之船舶，责任限额为166667计算单位；

②吨位300吨以上至500吨之船舶，责任限额为333000计算单位；

③吨位超过500吨之船舶，应在第②点所规定之数额上增加下列数额：

500吨以上至3000吨之部分，每吨增加500计算单位；

3000吨以上至30000吨之部分，每吨增加333计算单位；

30000吨以上至70000吨之部分，每吨增加250计算单位；

超过70000吨之部分，每吨增加167计算单位。

b）关于其他债权：

①吨位不超过300吨之船舶，责任限额为83333计算单位；

②吨位300吨以上至500吨之船舶，责任限额为167000计算单位；

③吨位超过500吨之船舶，应在第②点所规定之数额上增加下列数额：

500吨以上至30000吨之部分，每吨增加167计算单位；

30000吨以上至70000吨之部分，每吨增加125计算单位；

超过70000吨之部分，每吨增加83计算单位。

二、如按第一款a）项计算之款项不足以偿付该项所指全部债权，则按第一款b）项计算之款项，应用以支付第一款a）项所指债权之未付部分，此未付部分应与第一款b）项所指债权并列受偿。

三、任何不以船舶进行救助作业之救助人，或仅在被施以海上救助之船舶上作业之救助人，其责任限额应按吨位为1500吨之船舶计算。

四、船舶吨位，按照1969年《国际船舶吨位丈量公约》附件一所规定之总吨位丈量规则计算。

第一百七十三条（援引责任限额之权利之丧失）

一、如经证明，毁损系由运送人之故意或明知可能造成毁损而轻率地作为或不作为所造成，则运送人无权援引第一百六十七条、第一百六十八条及第一百七十条第一款所规定之责任限额。

二、如经证明，毁损系由运送人或实际运送人之履行辅助人之故意或明知可能造成毁损而轻率地作为或不作为所造成，则该辅助人无权援引上述责任限额。

（六）澳门第11/2004号行政法规《空运人及航空器经营人的民事责任制度》

第十五条（因对第三人造成的损害而产生的责任的限度）

一、航空器经营人因对第三人造成的损害而按照上条的规定所承担的责任，其上限为：

（一）如航空器的最大起飞重量不超过2000公斤，上限为$ 15000000（澳门币1500万元）；

（二）如航空器的最大起飞重量超过2000公斤，但不超过6000公斤，上限为$ 45000000（澳门币4500万元）；

（三）如航空器的最大起飞重量超过6000公斤，但不超过25000公斤，上限为$ 120000000（澳门币2亿2000万元）；

（四）如航空器的最大起飞重量超过25000公斤，但不超过100000公斤，上限为$ 500000000（澳门币5亿元）；

（五）如航空器的最大起飞重量超过100000公斤，上限为$ 900000000（澳门币9亿元）。

二、本条第一款所指金额可透过行政长官批示定期修订，使之适应空运市场情况的演变。

三、如航空事故所引致损害的价值预计高于本条所订限度，应为全部受害人登记，并随即优先结算对死亡或身体上的损伤引致的损害的赔偿，如有必要，则按比例分配；如尚有余额，则按比例分配予受财产损害的其余受害人。

第十六条（航空器经营人与对航空器拥有权利的人的连带责任）

如航空器经营人在损害发生时不拥有对航空器的专用权，则向其移转航空器使用权的实体须与航空器经营人负连带责任。

第十八条（民事责任的延伸）

一、如受害人或其继承人证实损害是由航空器经营人或其代表有过错的行为或不作为引致，且航空器经营人代表的行为并未超越本身的劳动关系范围，则第十五条第一款所指经营人的责任的限度可提高。

二、如属盗窃、盗用、抢劫航空器或属任何不法僭用航空器指挥权的情况，航空器经营人仍须负弥补所造成损害的责任，但不影响经营人针对以作为或不作为的行为造成有关损害的人享有求偿权。

三、如航空器是由经营人的代表指挥或操作，即使该等代表的行为超越本身职务范围，经营人亦须就航空器对第三人造成的损害承担责任，但不影响经营人针对该等代表享有求偿权。

第十九条（航空器的碰撞）

一、如两艘或两艘以上的航空器于飞行中或在地面操作时发生碰撞，则赔偿对第三人造成损害的义务应由引致事故的航空器的经营人承担，又或由牵涉在内的各经营人按照在碰撞中所占责任比例分担。

二、如无法确定引致碰撞者，责任应视为平均分担，并由每一直接涉及碰撞者按此比例承担就所造成的损害向第三人作出赔偿的义务。

（七）11 月 29 日第 88/99/M 号法令《订定在提供邮政服务，设置及使用邮政基础设施时须遵守之一般原则》

第三十三条（赔偿金额）

一、按照所提供之服务，遗失或损坏邮件之赔偿金额订定于《邮政服务收费及罚款总表》内。

二、视赔偿金额已包括寄件人为寄出邮件而作之一切开支及所遗失物品之金额或对物品所造成之损坏之金额，公共邮政经营人无须对因遗失、延误或损坏邮件而引致之损失或其他间接后果负任何责任。

三、如邮件仅受局部损坏，须按情况计算赔偿金额；在任何情况下，赔偿金额均不得超过为遗失邮件之情况而定出之金额。

四、因遗失或损坏保价邮件而作出之赔偿，不得与其他赔偿同时作出。

(八) 第 17/2008 号行政法规《产品安全的一般制度》

第五条 生产商的义务

一、除遵守安全的一般义务外，生产商尚有下列义务：

(一) 如未经适当警告则不能立即察觉使用产品的固有危险，须以澳门特别行政区其中一种正式语文向消费者提供所需的一切重要资料，使消费者能评估及预防该等危险；

(二) 按照所供应产品的特征，采取适当措施使消费者认识产品可能产生的危险；

(三) 采取适当行动预防产品可能产生的危险，包括必要时从市场回收产品；

(四) 应主管实体的要求送交产品样本作安全检测。

二、上款（一）项所指的资料应以书面方式附于产品。

三、如适用，第一款（二）及（三）项所指的措施应包括：

(一) 标明有关产品或整批产品，以供识别；

(二) 进行抽样测试；

(三) 对投诉进行分析；

(四) 将有关控制措施及其结果通知经销商。

第六条 （经销商的义务）

经销商有下列义务：

(一) 停止经销基于专业原因或透过所掌握的信息而知悉或应当知悉的不安全产品；

(二) 在其经销活动范围内，致力控制已投入市场产品的安全，尤其是向消费者提供一切关于产品存在危险的信息；

(三) 采取并协助旨在消除产品危险的行动，尤其是从市场回收该等产品；

(四) 应主管实体的要求送交产品样本作安全检测。

(九)《澳门民事诉讼法典》

第三百八十五条 （恶意诉讼）

一、当事人出于恶意进行诉讼者，须判处罚款。

二、因故意或严重过失而作出下列行为者，为恶意诉讼人：

a) 提出无依据之主张或反对，而其不应不知该主张或反对并无依据；

b) 歪曲对案件裁判属重要之事实之真相，或隐瞒对案件裁判属重要之事实；

c) 严重不履行合作义务；

d) 以明显可受非议之方式采用诉讼程序或诉讼手段，以达致违法目的，或妨碍发现事实真相、阻碍法院工作，或无充分理由而拖延裁判之确定。

三、不论案件利益值及因所作之裁判而丧失之利益值为何，对恶意进行诉讼所作之判处，均得提起上诉，但仅得上诉至上一级法院。

第三百八十六条　（损害赔偿）

一、他方当事人得请求判处恶意诉讼人作出损害赔偿。

二、上述损害赔偿得为：

a）偿还因诉讼人之恶意导致他方当事人所作之开支，包括诉讼代理人或技术员之服务费；

b）偿还上述费用及因诉讼人之恶意而对他方当事人造成之其他损失。

三、法官根据恶意诉讼人之行为选择认为最适当之赔偿方式，且必须订定一定金额。

四、如未具备立即在判决中订定损害赔偿金额所需之资料，则在听取双方当事人之意见后，作出谨慎裁断，订定认为合理之金额，并得将当事人提出之开支及服务费之款项缩减至合理范围。

五、服务费须直接向诉讼代理人支付，但当事人指明已向其代理人支付者除外。

（十）澳门《医疗事故法》咨询文本

……

六、损害赔偿

医疗服务使用者在医疗活动中遭受的医疗人身损害按程度分为四级：第一级：死亡或者重度残疾；第二级：中度残疾或者器官组织损伤导致严重功能障碍；第三级：轻度残疾或者器官组织损伤导致一般功能障碍；第四级：不属于前三个级别的其他人身损害。

确定损害赔偿数额时可遵循衡平原则，并考虑下列因素：第一，损伤恢复的可能性；第二，人身损害的分级；第三，各方对该等损害所应承担的责任程度；第四，该等损害与原有疾病状况之间的关系；第五，双方经济状况和视为合理的其他情况。

下列人士依次具有损害赔偿请求权：

（一）因人身损害致死的医疗服务使用者的继承人；

（二）人身损害的医疗服务使用者本人、对其行使亲权的人、监护人、保佐人、法定代理人或者受权人。

具有损害赔偿请求权的人士可要求负有连带责任的任何一方承担全部损害赔偿责任，连带责任人之间享有相互求偿权。

对医疗服务使用者所遭受的人身损害负有共同责任的主体承担连带民事责任。

医疗机构与在其场所提供医疗服务的医务人员承担连带民事责任。

因过失引起的损害赔偿项目和计算标准如下：

（一）医疗费，按照治疗医疗服务使用者非必需的人身损害的实际医疗费用计算，凭据支付，但不包括原发病的医疗费用。结案后确实需要治疗的，按照基本医疗费用支付。

（二）误工费，医疗服务使用者有固定收入的，按照本人因误工减少的固定收入计算；无固定收入的，按照就业人口每月工作收入中位数计算。

（三）住院伙食补助费，按照医疗服务使用者所住医院的伙食标准，以实际支出的费用计算。

（四）陪护费，医疗服务使用者住院期间需要专人照顾生活的，按照陪护人减收的固定收入或就业人口每月工作收入中位数计算，最多只计一位陪护人。

（五）残疾金，根据伤残情况和等级，按照医疗服务使用者最近12个月的月均工作收入或就业人口每月工作收入中位数计算，自定残之月起最长赔偿35年；但是，年满60周岁的，不超过20年；年满70周岁的，不超过10年。

（六）残疾用具费，因残疾需要配置补偿功能器具的，凭医疗机构证明，按照普及型器具的费用计算。

（七）丧葬费，按照普通丧葬形式所需的实际费用计算。

（八）被扶养人生活费，以医疗服务使用者生前实际扶养且没有劳动能力的人为限，按照医疗服务使用者最近12个月的月均工作收入或就业人口每月工作收入中位数计算。对不满18周岁的，扶养到18周岁；对年满18周岁但无劳动能力的，扶养25年；但是，年满60周岁的，不超过20年；年满70周岁的，不超过10年。

（九）交通费，按照医疗服务使用者和最多一位陪护人实际支出的交通费用计算，凭据支付。

（十）精神损害抚慰金，以享有损害赔偿请求权的人为限，按照双方的责任程度、经济状况和其他视为合理的情况确定。

（十一）其他合理的必要开支。

非因过失引起的损害赔偿项目和计算标准限于医疗费、住院伙食补助费、残疾用具费、丧葬费和交通费。

损害赔偿可按照医疗服务使用者的实际需要，以金钱方式支付，或者以其他方式支付。

对确定性损害的赔偿数额一次性结算；经争议双方书面同意后，可分期履行。

具有损害赔偿请求权的人士自知悉或者应当知悉医疗服务使用者在医疗活动中所遭受的人身损害之日起3年内，提出损害赔偿请求，但法律另有规定者除外。

连带民事责任人自开始履行赔偿义务之日起3年内，提出相互求偿请求，但法律另有规定者除外。

三、有关该规则的典型案例（关于非合同民事责任损害赔偿的订定）

澳门终审法院2009年12月17日之合议庭裁判第32/2009号上诉案：[1]

[1] 本案由艾林芝总结，内容有做适当删减。

（一）案情简述

2005年4月10日，戊驾驶由丁公司承保的轻型汽车撞到了未成年人丙，未能确定是谁的过错。

丙因此受伤入院，已支付的医疗费用为4179147元澳门币。

甲、乙是丙的父母，向初级法院提起诉讼，要求丁和戊支付医疗费用，并向甲、乙支付500000元澳门币，向丙支付不低于3000000元澳门币的非财产损害赔偿。

2008年1月25日，初级法院判保险公司丁向众原告支付医疗费用为4179147元澳门币，以及向丙支付1500000元澳门币的非财产损害赔偿。

众原告向中级法院提起上诉，认为初级法院订定的赔偿金额太低，要求改为不低于3000000元澳门币。中院在2009年2月26日第545/2008号上诉案之合议庭裁判中判决，除医疗费用，丁向甲、乙各支付50000元澳门币，向丙支付250000元澳门币作为非财产损害赔偿。

最后，原告方认为赔偿金额太少，被告方认为太多，且不应向甲、乙支付损害赔偿（因为原告在中院的上诉中没有提到）。因此，各方均向终审法院提起上诉。

（二）法律问题

终审法院面对的主要问题有两个：首先是，父母可否因为未成年人受伤而要求非财产损害赔偿；其次是，受害人丙的非财产损害赔偿的金额如何订定。

（三）各方意见

对于第一个问题，初级法院认为：《澳门民法典》第四百八十九条第二款只规定了父母对于子女的死亡，享有非财产损害之赔偿请求之权利。本案中未成年人丙并未死亡，因此未成年人的父母本身不享有因未成年儿子之意外而得到非财产性损害赔偿的权利。

中级法院认为：

……《澳门民法典》第四百八十九条第二款规定了在死亡的情况中谁是（非财产）损害赔偿的权利人。

但那里没有说，在没有死亡的情况，相关受害人没有要求非财产损害赔偿的权利。父母承受的痛苦应该得到补偿。在有些情况中，他们承受的痛苦甚至比未成年人承受的更多。我们的实证法，民法典第五百五十六条中规定的一般原则是，对一项损害有义务弥补之人，应恢复假使未发生引致弥补之事件即有之状况。恢复的不应只是那些财产损害，还应包括精神或非财产损害——虽然其金额由其严重性来决定。

《澳门民法典》第四百八十九条规定，第一款，在定出损害赔偿时，应考虑非财产之损害，只要基于其严重性而应受法律保护者……

最后，中级法院就此事宜，判保险公司向未成年人父母每人支付5000元澳门币非财产损害赔偿。终审法院面对此问题时，没有对父母可否因未成年人受伤而要求非财产损害赔偿表态，而是技术性回避了问题，以中级法院过度审理为由，裁定中级法院这部分判决无效：

“就一审判决内关于非财产性损害赔偿所做的判处，众原告在其向中级法院提出的上诉陈述中，只提到给予未成年人订定的金额（150000 元澳门币），众原告希望将该金额提高至 3000000 元澳门币，但从来没有提出没有向父母订定任何非财产性损害赔偿的问题。众原告从来没有请求撤销一审判决中就此部分所做出的判决，相反众原告认同所作的决定。这样，判决的该部分已转为确定。”

“被上诉裁判在给予父母每人金额为 50000 元澳门币的作为非财产性赔偿并废止第一审判决中的这一部分时，根据《民事诉讼法典》第六百三十三条、第五百七十一条第一款 d）项第二部分、第五百六十三条第三款、第五百八十九条第二款第一部分及第三款，因过度审理而导致无效。”

对于第二个问题，即受害人丙的非财产损害赔偿的金额如何订定。

终审法院在判决书中提到：

“非财产性损害是那些不能以金钱可以衡量而可以通过要侵害人作出一项金钱义务补偿的损失。”

“可予以补偿的那些非财产性损害只是那些‘……基于其严重性而应受法律保护者’（《澳门民法典》第四百八十九条第一款）。”

“责任因过失而生者，损害赔偿之金额，由法院考虑第四百八十七条所指之情况后按衡平原则定出（《澳门民法典》第四百八十九条第三款第一部分）。”

亦即，应考虑行为人过错的程度和该行为人和受害人的经济状况。

“根据第四百九十二条的规定，这一规范（第四百八十七条）适用于客观责任或风险责任，正如第四百八十九条的规定。”

终审法院指出：

“与被告保险公司所辩称的相反，未成年人及其家庭属低下阶层的事实并不导致法院订定一项少的金额作为非财产性损害的补偿。未成年人的父母能否在其有生之年节省到所订定的金额（250000 元澳门币）是完全不重要的。”

……

“在纯过失或风险责任的情况下，关于订定的赔偿金额较所造成的损害的金额为低的可能，如受害人的经济状况明显良好或合理以及/或侵害人的经济状况明显差或较差时，受害人的经济状况才重要，这看来是明显的。只有这样，才解释到会出现所遭受的损害不获全数赔偿的情况。这也是从法理中所得出的。正如 Mario De Brito 所解释：‘原则上，当行为人的经济状况愈好时赔偿愈高，而在受害人的经济状况愈好时赔偿愈低。’

“即使一个人贫穷，也不能如被告提出的，因其一生中从不曾有钱，法院就订出低微的赔偿金额。但反之亦属事实。法院不能订定出赔偿金额以便补偿不能归责于侵害行为人的受害人资源之匮乏。一宗交通意外不应作为致富的途径。”

……

“第一审判决认为没有证实汽车驾驶者有过错，因此，对被告所作出判处系基于客观责任或风险责任而不是主观责任或过错责任。”

……

“这样，我们面对的是一宗非因汽车驾驶员的过错（亦不是行人即未成年人的过错）造成的意外，该意外致使未成年人受到损伤及其非财产性损害。因此，在订定非财产性损害赔偿金额时，这一事实不能不予以考量，正如我们所知道的一样，法律规定了在客观责任上损害赔偿的最高限额（《澳门民法典》第五百零一条）。”

最后，终审法院认为：

“在对已认定的事实作出考量后，我们认为被上诉裁判所订定的金额（250000 元澳门币）属过高，而由第一审判决所订定的金额（150000 元澳门币）较为合理。”

四、在《东亚侵权法示范法》中对该规则作出规定的基本意见

澳门法域的建议是，对行使非财产损害赔偿请求之权利的近亲属的范围应涵盖具有事实婚关系的人，即有事实婚关系的人可作为损害赔偿请求之权利的主体。另外，对人在胎儿期间的利益应给予较为全面的保护，规定胎儿一旦出生且为活体者可以就胎儿期间所遭受到的侵害主张权利。再者，非合同责任不能仅仅只是限于实际的损害赔偿，适度的惩罚性金钱处罚有利于非合同民事责任之受害人合法权益的捍卫和救济，有利于促使行为人对于其正侵犯的权利应有之尊重，所以笔者认为可以尝试一下惩罚性赔偿制度。

专题之十：抗辩事由与消灭时效

一、该问题基本规则

(一) 抗辩事由

自助行为制度、正当防卫和紧急避险等抗辩事由都属于私力救济方式，虽然公力救济仍是澳门权利救济体系的最主要和最重要救济方式，但是私力救济作为公力救济的重要补充，其重要性是不言而喻的。因为无论公力救济如何有效，公力救济总有不能充分发挥作用的时候，在特殊情况下，公力救济无法保护人们的合法权益时，这时正当的自我救济就成为必要，私力救济方式由此进入非合同民事责任法的视野。

与瑞士等为代表的采用将自助行为等私立救济制度规定在抗辩事由或免责事由中的立法体例有所不同，《德国民法典》将自助行为、正当防卫以及紧急避险等以自力实现权利的制度放在权利行使与保护的章节中❶，效仿《德国民法典》，葡萄牙和中国澳门地区也采用这种立法体例。澳门对自助行为、正当防卫以及紧急避险等私立救济方式在《澳门民法典》第一卷“总则”第二编“法律关系”第四分编“权利之行使及保护”中予以规定。自助行为、正当防卫以及紧急避险等制度虽然没有置于债权编民事责任章节的抗辩事由中，但澳门所采用的立法体例并不妨碍其成为侵权责任的抗辩或免责事由，而且从某种意义上来讲，此种立法体例更强化权利之行使与保护。因为自助行为、正当防卫以及紧急避险等直接被视为法律赋予公民之权利，强调民法作为权利法始终坚持以权利为本位，鼓励权利主体以一种积极的方式去行使权利和保护自身的合法权益。其作用在于确定一个因为侵害他人的合法权益而原则上具有不法性的行为，由于具备特定的违法阻却事由而例外地不具有不法性。透过认定自助行为、正当防卫以及紧急避险等特殊事由不具有实质不法性，即不满足侵权行为的不法性这一构成要件，在侵权法中具有阻却不法的法律效果❷，行为人可以以此作为其抗辩事由或免责事由能够对抗侵权民事责任的成立，从而不应当承担侵权损害赔偿责任。❸

---

❶ 迪特尔·梅迪库斯：《德国民法总论》，邵建东译，法律出版社，2001年版，第121-135页。

❷ Antunes Varela：《债法总论》，第一卷，第十版，唐晓晴译，未出版，第393页。

❸ Antunes Varela：《债法总论》，第一卷，第十版，唐晓晴译，未出版，第383-394页。

1. 自助行为

如前所述，葡萄牙和中国澳门地区采用《德国民法典》将自助行为置于权利行使的章节的模式❶，《澳门民法典》在总则中对自助行为予以一般原则性的规定，并在分则中规定特殊的自助行为。《澳门民法典》在总则第三百二十八条中对自助行为作出一般规定：“一、为实现或确保自身权利而使用武力，且因不及采用正常之强制方法以避免权利不能实现而有必要采用上述自助行为时，只要行为人之行为不超越避免损失之必要限度，则为法律所容许。二、为消除对行使权利之不当抵抗，自助行为得为将物押收、毁灭或毁损之行为或其他类似之行为。三、如所牺牲之利益大于行为人欲实现或确保之利益，则自助行为属不法。”这一条着重强调了自助行为的行使限度以保护的利益须大于牺牲之利益为标准。另外，第三百三十条规定：“如权利人因误认符合自助行为或正当防卫之前提而作出行为，则必须赔偿由此所引致之损失，但该错误属可原谅者除外。”《澳门民法典》除了在总则中对自助行为作了一般规定外，还在“所有权”中对自助行为作了具体规定，即在认可自助行为制度的同时，也规定占有人的自力救助行为。《澳门民法典》第一千二百零二条是关于占有人的自助行为，“受妨害或被侵夺之占有人，得按第三百二十八条及第三百二十九条之规定运用本身之力量及威严，或得向法院求助，以保持或回复其占有”，而第一千二百三十九条规定：“容许以第三百二十八条及第三百二十九条所规定之自助行为或正当防卫保护所有权。”这两条规定的目的就是为了以防即便依赖公力救济仍无法避免占有人之权利无法实现的情形发生。

---

❶ 《德国民法典》在其总则编中，第二百二十九条之规定，“以自助为目的而取走、破坏或者毁损物的人，或者以自助为目的而扣留有逃跑嫌疑的义务人，以自助为目的而除去义务人对某一行为的抵抗（该行为系义务人有义务加以容忍）的人，如果不能适时地获得官方的救助，并且存在不立即介入则请求权的实现将落空或者存在极为困难的危险，则不是不法的实施行为”，本条款规定了自助行为。第二百三十条规定，“自助不得超出对避开危险所为必要的限度，在取走物的情况下，以不实施强制执行为限，必须申请物的假扣押，在扣留义务人的情况下，以其不被重新释放为限，必须向扣留进行地辖区的区法院申请对人的保全假扣押；必须将义务人不迟延地押送到法院，假扣押申请被拖延或者驳回的，必须不迟延地返还所取走的物，并释放被扣留的人”，本条款规定了自助行为的限度和实施自助行为后应履行的义务。第二百三十一条规定，“错误地认为存在排除违法性的必要条件而实施第二百二十九条所称行为之一的人，即使其错误非因过失而引起，也负有向另一方赔偿损害的义务”，该条款规定了错误自助行为的后果。对于误认为符合自助行为的构成要件而实施自助行为，根据无过错责任归责原则，即使其没有过错，也必须承担损害赔偿责任。同时，在《德国民法典》的分则中，第五百六十二b条第1款规定，“出租人即使不经诉诸法院也可以阻止搬移在出租人的质权支配下的物，但以出租人有权对搬移提出异议为限，承租人搬出的，出租人得占有这些物”，本条款规定了出租人的自助权。第八百五十九条第二至四款规定，“动产被以法律所禁止的私力（从占有人那里取走的，占有人可以用强力向当场被捉住或者被追赶的行为人夺回该动产 土地占有人的占有因法律所禁止的私力）而被侵夺的，土地占有人可以在被侵夺后，立即通过赶走行为人来收回占有，对依照第八百五十八条第二款须承认自己的占有有瑕疵的人，占有人有同样的权利”，本条款规定了占有人的自助行为。第八百六十条规定，“依照第八百五十五条为占有人行使事实上的支配力的人，也有权行使占有人依照第八百五十九条而享有的权利”，本条规定了占有辅助人的自助行为。请参阅：《德国民法典》，陈卫佐译，法律出版社，2006年版。

(1) 自助行为的界定和性质。

关于自助行为的界定，德国学者迪特尔·梅迪库斯认为，自助行为“是为了阻止那些依靠官署的援助仍无法避免的危害请求权行为的发生，……然而，这种自用助行为并不能使债权得到清偿，而只能暂时保全债权”。[1] 卡尔·拉伦茨指出，法律允许的自助是“为了保证权利而采取的法律上允许的，具有进攻性的行为”。[2] Antunes Varela认为，自助行为“就是为实现或确保自身权利而使用武力（事实方法）”。[3] Antunes Varela更进一步指出：“自助行为（自我保护或者德国学者所说的Selbsthilfe）在原始法律体系中有巨大的适用范围，在因权利的司法保障的完善而逐渐丧失重要性。这是一种原始的与粗犷的实现正义的方式，面对更强对手时它会失败，而面对更弱的对手时，它则导致过当并附带严重损害公共和平；但是当国家保护权利的手段不可能及时地避免无法修理的损害时，它可以变成必要。”[4]尽管上述学者对自助行为的表述都不尽相同，但是都强调自助行为是权利主体为保护自己的合法权益，自助行为作为公力救济的补充，适用于公力救济无法有效发挥其效用的情况。

笔者认为，根据《澳门民法典》第三百二十八条，自助行为是指当权利人的权利受到侵害后，为保护自身的合法权益，在权利人不能及时请求公力救济或公力怠于救济的紧迫情况下，权利人自己帮助自己，凭借私力对义务人的财产予以押收、毁灭或毁损之行为或其他类似之行为，以排除其对权利人行使权利之不当抵抗。第三百二十八条强调了自助行为实施的前提条件是为了阻止依赖公力救济仍无法避免权利无法实现的情形发生，的确，自助行为作为侵权法上的一项重要的用以维护自身合法权益的私力救济方式，只有在来不及请求公力救济或不能获得公力救济等情况下，由于公力救济不能及时发挥作用，才被法律认可为适当，否则即为侵权行为，应负损害赔偿责任。

澳门透过设置自助行为制度，能使权利人在实施自助行为时知道自己行为的性质，实施自助行为以捍卫自己的利益和维护自身权益，不失为一种有效的救济途径。至于自助行为的性质，自助行为是侵权法上阻却或排除不法性的抗辩事由，从而产生避免承担侵权责任的法律后果。自助行为制度的本质是具有不法阻却性的自我救济方式。虽然行为人透过实施自助行为可能给相对人造成了一定的损害，但是不用承担侵权责任，因为其虽然可能满足侵权行为的其他构成要件，但是自助行为人却不具有实质不法性，自助行为人并不是故意或过失要去侵害相对人，行为人只是在其合法权益遭受侵害人的侵害之后，权利人在来不及请求公力救济等紧急情况下，为了维护自身合法权益而作的一种正当的主动防御行为。

---

[1] 迪特尔·梅迪库斯：《德国民法总论》，邵建东译，法律出版社，2001年版，第133页。

[2] 卡尔·拉伦茨：《德国民法通论》（上册），谢怀拭等译，法律出版社，2003年版，第358页。

[3] Antunes Varela：《债法总论》，第一卷，第十版，唐晓晴译，未出版，第394页。

[4] Antunes Varela：《债法总论》，第一卷，第十版，唐晓晴译，未出版，第394页。

（2）实施自助行为的前提条件。

正如卡尔·拉伦茨所指出的："在一个法治社会中，社会为公民提供了足够的法律保护，因此，公民利用自己的力量来实现自己的请求权，即使这种请求权是成立的，也只能是一种例外，而且还有特殊的和及其严格限制的前提条件的约束，因此，它只在极少数例外的情况下才能允许使用……自助行为是只能是一种对请求权进行暂时保全的措施，请求权的最终实现还必须通过司法程序进行。"❶因此，虽然《澳门民法典》在其权利之行使与保护编中认可自助行为，但自助行为毕竟是一种私力的行使❷，为了防止自助行为人滥用私力救济损害相对人的合法权利，法律从自助行为的时间要件、行使主体以及行使限度等方面予以限制，或者说是规定了采用自助行为的前提条件，同时对不能成为抗辩事由而阻却不法的错误自助行为（《澳门民法典》第三百三十条）作出明确规定，规定应根据错误自助行为的损害后果承担相应的侵权责任。

第一，自助行为保护的必须是自己所拥有的法律认可的合法权利。首先，行为人就是权利人，如 Antunes Varela 所言，"行为人必须是所企图实现或确保之权利的权利人"，如果行为人的行为不是为了保护行为人自己的权利，则不能成立自助行为，因为为了他人或社会公共利益都不能实施自助行为。❸再者，自助行为捍卫的是法律认可的合法之权利。行为人对于不受法律保护的权利或自己的非法获益，不能实施自助行为，否则有悖于自助行为作为一种正当的私力救济方式设立的初衷。第二，在自己的合法权益受到不法侵害，情况紧急来不及请求公力救济或不能获得公力救济的情况下，即自助行为行使的时间界限或情势要件，也即 Antunes Varela 所说的"必要性"条件下，权利人可以采取合理的自助措施，如对侵权人的财产进行毁损、剥夺以及消除或排除行使权利时相对人之抵抗❹，因为如不及时采取自助措施则请求权无法实现或难以实现，正如卡尔·拉伦茨所说的，"不能及时得到官方的帮助，……如果不及时反击，请求权的实现就有受到阻碍或很难实现的危险"。❺第三，自助行为不得超过必要的限度，即 Antunes Varela 所说的，实施自助行为的"适当性"，"行为人不得超越为避免损害所必需的限度"，因为实施自助行为是对他人权利的一种具有攻击性的行为，是在损害他人利益的基础上保护和捍卫自己的利益，具有侵权行为的表面特征，权利人所实施的方式手段和行为强度应与其所要保护的权利要求相当，如果使用不当，极易导致对他人权利的侵害，由此造成损害的，应当承担侵权责任。第四，行为人实施自助行为的"相关利益的相对价值"，即 Antunes

---

❶ 卡尔·拉伦茨：《德国民法通论》（上册），谢怀拭等译，法律出版社，2003 年版，第 371 页。

❷ José de Oliveira Ascensão：O Direito-Introdução e Teoria Geral，7ª Edição，Almedina，1993，第 82-86 页。

❸ José de Oliveira Ascensão：O Direito-Introdução e Teoria Geral，7ª Edição，Almedina，1993，第 82-86 页。

❹ 值得注意的是，侵权人以外的任何第三人的财产不能成为自助行为的行使对象。

❺ 卡尔·拉伦茨：德国民法通论（上册），谢怀拭等译，法律出版社，2003 年版，第 371 页。

Varela 所说的，行为人所牺牲的利益不能大于其想实现或确保的利益。[1]

（3）错误的自助行为。

所谓错误的自助行为，是指自助行为不具备可以实施自助行为的前提条件，其情况类似于正当防卫中的假想防卫，如误把相对人合法的正当防卫或紧急避险行为当作不法侵害，而实施自助行为。对于错误的自助行为，《德国民法典》第二百三十一条规定："因误认存在阻却不法行为的必要条件而实施第二百二十九条所称的行为的人，即使其错误非出于过失，仍应对另一方负有损害赔偿的义务。"[2] 据此可知，对于行为人错误实施自助行为而产生的侵权行为，采用无过错责任归责原则，错误自助行为给他人合法权益造成损害的，不以行为人的过错作为承担侵权民事责任的构成要件，即使行为人没有过错，也应承担相应的损害赔偿责任。但澳门对此持不同见解，如《澳门民法典》第三百三十条（对自助行为或正当防卫之前提具有之错误）之规定："如权利人因误认符合自助行为或正当防卫之前提而作出行为，则必须赔偿由此所引致之损失，但该错误属可原谅者除外。" 笔者以为，这样的规定更为合理，对于错误的自助行为，不能对抗侵权民事责任构成要件之满足，因而不能成为抗辩事由而阻却不法，行为人一般应根据自己错误自助行为所造成的损害后果承担全部赔偿责任，但如 Antunes Varela 所说，"除非他作为时错误地确信这些要件会发生"，而且行为人能够证明该错误是可以原谅的[3]，这种情况下应该根据情况适当减轻或免除其责任。

总之，自助行为作为私力救济的一种方式，法律明确了其存在的合理性，强调自助行为作为公力救济的补充。自助行为制度作为私力救济的一种方式，因其本身的特点，具有公力救济无法拥有的优势。首先，自助行为制度为权利主体解决纠纷提供了一种合法有效的方法，有利于拓展保护民事权利的途径。再者，行使自助行为有利于降低侵权纠纷的救济成本，节约司法资源，提高司法效率。

但尽管如此，自助行为也并不是一种必然的选择。对自助行为不加限制地实施极易肇致私力的滥用，从而可能会引致整个社会的混乱无序。

2. 正当防卫

根据《澳门民法典》第三百二十九条（正当防卫）："一、为排除行为人或第三人之人身或财产受正进行之违法侵犯而作之行为，只要系在不能以正常方法排除该侵犯之情况下作出，且行为所引致之损失并非明显超越该侵犯可引致之损失者，视为正当。二、即使防卫属过当，只要过当系因行为人本身无过错之精神紊乱、恐惧或惊吓而引致者，其行为亦视为正当。" 第三百三十条（对自助行为或正当防卫之前提具有之错误）："如权利人因误认符合自助行为或正当防卫之前提而作出行为，则必

---

[1] Antunes Varela：《债法总论》，第一卷，第十版，唐晓晴译，未出版，第 395 页。

[2] 《德国民法典》，杜景林、卢谌译，中国政法大学出版社，1999 年版，第 51 页。

[3] Antunes Varela：《债法总论》，第一卷，第十版，唐晓晴译，未出版，第 395 页。

须赔偿由此所引致之损失，但该错误属可原谅者除外。”

（1）正当防卫的概念和性质。

根据《澳门民法典》第三百二十九条（正当防卫）第一款：“为排除行为人或第三人之人身或财产受正进行之违法侵犯而作之行为，只要系在不能以正常方法排除该侵犯之情况下作出，且行为所引致之损失并非明显超越该侵犯可引致之损失者，视为正当。”可知所谓正当防卫，是指当行为人或第三人之人身或财产及其他权利正在遭受不法侵害时，而在公力救济缺失或滞后等法律不能及时保护的紧急情况下，被侵犯人为制止不法侵害的继续进行对不法侵害者实施的、未明显超过必要限度的行为。

正当防卫作为一个重要的法律制度，虽然外表可能符合侵权的某些构成要件，但在性质却属于阻却不法性事由，而且是有利于及时有效地保障行为人或第三人之人身或财产等合法权益的一项私人救济方式。正当防卫权作为法律赋予公民的一种合法手段，本身是自主性的而非强制性的，主体既可以选择行使，也可以不行使。正当防卫要在法律规定的范围之内行使，不能明显超过必要的限度，一旦超出法律允许的范围，就可能会转化成不法的侵害行为。正当防卫能不能正确行使或成立受到限度条件等诸多因素的影响，所以法律在保护正当防卫权的同时，也对正当防卫的构成要件及其实施进行了严格的限定，以防止其被滥用。正当防卫作为不法阻却事由之一，只有符合法律规定的条件，才能成立正当防卫，才属于正当行为，否则要承担法律责任。

（2）正当防卫的成立要件。

根据《澳门民法典》第三百二十九条（正当防卫）第一款可知，正当防卫必须满足下列条件方具有合法性或正当性，才能阻却行为的不法性。[1]

第一，防卫起因条件。必须针对存在客观的不法侵害行为，不法侵害是正当防卫的起因和前提条件，亦是正当防卫得以成立的客观基础和根据，没有不法侵害就谈不上对合法权利和利益进行正当防卫的问题。正当防卫只能适用于不法侵害行为，所以对任何合法行为，均不能适用正当防卫行使正当防卫权利。例如，对于依法执行公务或者命令的行为，或者对于正当防卫和紧急避险等排除不法性的行为，因为他们都是适法行为，所以行为人不能以自己或者他人的人身或财产正在遭受违法侵害为借口而实行正当防卫。综上，如果没有不法侵害，就不能进行正当防卫行为，对合法行为不成立正当防卫。另外，不法侵害分为作为与不作为两种形式，冯·巴尔指出，根据 Antunes Varela 和 Vaz Serra 等学者的观点，“作为正当防卫对象的加害

---

[1] 《澳门民法典》第三百二十九条（正当防卫）：一、为排除行为人或第三人之人身或财产受正进行之违法侵犯而作之行为，只要系在不能以正常方法排除该侵犯之情况下作出，且行为所引致之损失并非明显超越该侵犯可引致之损失者，视为正当……

行为须是积极的作为；仅不作为尚不够”，认为正当防卫是不能针对不作为行为的[1]，不作为不能构成正当防卫之不法侵害的内容。

第二，防卫的必要性条件。正当防卫必须是在无法及时请求公力救济或公力救济怠于行使等紧急情况下实施，防卫行为须是不得已而采取的，因为如 Antunes Varela 所说的，“使用正常手段不可行或不见效”[2]。

第三，防卫的时间条件。要实行正当防卫则必须存在不法侵害，正当防卫的时间要件强调不法侵害必须正在进行，行为人必须面临着正在进行的不法侵害才能实行，对“侵犯之正在进行”的一般理解是不法侵害已经开始而且尚未结束的一个区间段。冯·巴尔指出：“正当防卫禁止报复行为。因此它只能是防卫行为。而只有当加害行为正在进行时才得谈得上防卫。”其举出了葡萄牙的两个相关判决（葡萄牙最高法院 1991 年 9 月 25 日的判决[3]和科英布拉上诉法院 1990 年 4 月 4 日之判决[4]）以说明正当防卫的时间条件是，“侵犯必须已经开始，但尚未结束”。[5]如 Antunes Varela 所说的，“倘若侵犯已过去（不是正在进行），反应便没有理由，因为损害已经既遂；倘若侵犯是将来的，则正常可使用固有的强制手段”[6]，所以正当防卫必须是在不法侵害行为已经开始实施尚未结束之前进行，在侵害行为实施以前或结束以后，都不能实行所谓的正当防卫，这两种情况都属于防卫不适时，两者均不具备实行正当防卫的时间条件。另外，正当防卫的时间要件也强调不法侵害行为必须是实际上客观存在的，而不是主观推测臆想，误以为不法侵害存在，这种情况下的防卫构成如冯。巴尔所说的《葡萄牙民法典》第三百三十八条（《澳门民法典》第三百三十条）规定之假想防卫[7]，不成立正当防卫，因非法侵害根本就不存在。一般而言，对于因错误地以为符合正当防卫之前提而作出行为，权利人都必须赔偿由此所产生的损失，但也并不意味着所有的错误地认为符合正当防卫之前提而作出的行为都是不当行为[8]，如 Antunes Varela 指出：“只有当他错误地以为符合了使其防卫正当化的前提，而他的错误又属不可以原谅时，他才要负责。”[9]

---

[1] 克雷斯蒂安·冯·巴尔：《欧洲比较侵权法研究》（下），焦美华译，张新宝审校，法律出版社，2001 年版，第 615 页。

[2] Antunes Varela：《债法总论》，第一卷，第十版，唐晓晴译，未出版，第 396 页。

[3] 克雷斯蒂安·冯·巴尔：《欧洲比较侵权法研究》（下），焦美华译，张新宝审校，法律出版社，2001 年版，第 615 页，注解 86。

[4] 克雷斯蒂安·冯·巴尔：《欧洲比较侵权法研究》（下），焦美华译，张新宝审校，法律出版社，2001 年版，第 615 页，注解 86。

[5] 克雷斯蒂安·冯·巴尔：《欧洲比较侵权法研究》（下），焦美华译，张新宝审校，法律出版社，2001 年版，第 616 页。

[6] Antunes Varela：《债法总论》，第一卷，第十版，唐晓晴译，未出版，第 396 页。

[7] 克雷斯蒂安·冯·巴尔：《欧洲比较侵权法研究》（下），焦美华译，张新宝审校，法律出版社，2001 年版，第 620 页。

[8] 克雷斯蒂安·冯·巴尔：《欧洲比较侵权法研究》（下），焦美华译，张新宝审校，法律出版社，2001 年版，第 619-620 页。

[9] Antunes Varela：《债法总论》，第一卷，第十版，唐晓晴译，未出版，第 397 页。

第四，防卫意图或目的条件。根据《澳门民法典》第三百二十九条第一款之规定，正当防卫是“为排除行为人或第三人之人身或财产受正进行之违法侵犯而作之行为”，可知正当防卫的目的必须是正当的，是为了保护本人或他人的人身或财产免受正在进行的不法侵害，防卫行为之目的在于制止不法侵害、保护合法权益为内容的，这是成立正当防卫的主观要件，也是民法典规定正当防卫免于承担民事责任的基本条件。防卫若非出于这个防卫意图或目的，而是出于侵害他人之目的，或出于保护自己或他人的非法利益之目的，此时其主观目的背离了正当防卫行为防卫目的之正当性，即便存在正当防卫的外在表现形式，但所谓的防卫行为并不属于真正严格意义上的正当防卫。[1]

第五，防卫对象条件。正当防卫的性质决定了其必须针对不法侵害人本人实施从而来实现防卫意图，即在正当防卫的场合，防卫人的行为对象是特定的，不得针对无关第三人，这是成立正当防卫的对象条件。换而言之，为了成立正当防卫，实行的对象只能是对侵害者本人而非其他任何人。针对第三人的防卫，可能构成紧急避险，也可能构成侵权，但不可能构成正当防卫。另外，对于防卫对象，Antunes Varela 指出，并不要求不法侵害人本人是可归责的或是有过错的，“针对精神错乱者的侵犯或针对因突然瘫痪而将要撞到人或摧毁财物的驾驶者完全适用正当防卫”。[2] Antunes Varela 更进一步指出：“要达到违反法律，则只需侵犯属客观的，而无须理会侵犯人是否可归责以及有否过错。”[3]也正如冯·巴尔所言，对一个没责任能力的儿童也能实施正当防卫，“理由是加害行为中的‘不法性’就构成了正当防卫的充分原因”。[4]据此可知，正当防卫将不法侵害的范围延伸至精神病人、未成年人等自然无责任能力者所实施的侵害，即对精神病人和自然无责任能力的未成年人也可以实施正当防卫，并不过问侵害人是否具有归责能力，自然无责任能力者的侵害行为并不因为其本人无归责能力而阻却其不法性。另外，正当防卫的对象仅是不法侵害人，动物作为财产可以作为正当防卫的所保护的客体，但动物不能成为正当防卫的对象。

第六，防卫限度条件。防卫限度是正当防卫中的关键性问题，防卫行为对不法侵害者所造成损害的上限要求。正当防卫的必要限度是它和防卫过当相区别的一个分水岭或分界线，正当防卫的行为必须没有明显超过的必要限度。根据《澳门民法典》第三百二十九条（正当防卫）第一款所说的“且行为所引致之损失并非明显超越该侵犯可引致之损失者”，可知正当防卫行为人为保护自己或他人的合法权益所采

---

[1] 《澳门刑法典》第三十一条（正当防卫）：“为击退对行为人本人或第三人受法律保护之利益正在进行之不法侵犯而作出之事实，如其系击退该侵犯之必要方法者，为正当防卫。”

[2] Antunes Varela：《债法总论》，第一卷，第十版，唐晓晴译，未出版，第 396 页。

[3] Antunes Varela：《债法总论》，第一卷，第十版，唐晓晴译，未出版，第 396-397 页。

[4] 克雷斯蒂安·冯·巴尔：《欧洲比较侵权法研究》（下），焦美华译，张新宝审校，法律出版社，2001 年版，第 614-615 页。

取的防卫行为对不法侵害人本人所造成的损害必须并非明显超越不法侵害所造成的损害。正当防卫必须在一定限度条件下进行，防卫行为不能明显超过必要的限度，正当防卫行为明显超过必要限度可能成立防卫过当，一旦逾越了行为正当的界限，明显地超过防卫的客观需要；很可能就变成了非法的行为。正当防卫之行为人所采取的必要限度受到不法侵害手段和强度的制约或限制，因为正当防卫的行为人防卫行为之目的是为了排除和制止不法侵害，因此，在防卫过程中所运用的手段和强度必须“不会引起明显地高于其所欲排除的损害”，换而言之，在正当防卫的过程中，只要防卫之行为人所采取的防卫行为的损害程度与不法侵害行为可能造成的损害结果相差不能过于悬殊，前者不能明显超越后者，否则可能成立防卫过当。简而言之，正当防卫的必要限度是正当防卫成立的核心所在。在满足其他条件的情况下，没有超过必要限度，即符合正当防卫的构成要件，正当防卫之行为人对因进行正当防卫所肇致损害不负责任；但若超过必要限度，则可能构成防卫过当，可能要承担侵权损害赔偿责任，甚至可能是犯罪行为，从而不排除承担刑事责任的可能。但在实践中对于如何正确理解和把握以及认定正当防卫的必要限度并不是很容易的。如前所述，根据《澳门民法典》第三百二十九条（《葡萄牙民法典》第三百三十七条）第一款所述之限度条件，意味着如果防卫行为人之防卫行为所肇致的损失将明显大于不法侵害行为所肇致的损失则不能成立正当防卫。冯·巴尔对此持否定态度，他认为“在认定防卫行为的合理性时对保护和威胁的权利和利益进行权衡，也并不意味着因为生命、身体完好性的利益高于财产利益，在保护财产时就不能对身体施加暴力了”。❶ 不过冯·巴尔进一步指出，葡萄牙对此也以判例的方式弱化这一规定，葡萄牙里斯本上诉法院在1975年1月29日的判决中指出：“倘若防卫措施对被侵犯者来说是唯一的，则即使导致的损害高于其保护的利益，施加该措施也是合法的，倘若被侵犯者有多重选择，则只能适用会对侵犯者造成最低限度损害的防卫方式。”❷ 冯·巴尔在实践中，针对不同情况的不法侵害，正当防卫行为人所采取的防卫手段和强度都会有所不同，所以笔者极力赞同冯·巴尔所说的：“不能以此给各方利益附加‘抽象’的价值尺度，因为正当防卫法并未规定法益顺序；而始终必须具体案件具体分析。”❸ 综上，笔者以为这一限度条件有进一步深入研究的空间。

尽管正当防卫发生的情形非常复杂，可能会出现假想防卫和防卫过当以及事后防卫的情况，但一般情况下只要满足上述六个条件即可阻却行为的不法性。关于正当防卫，下面还有两个问题值得注意：第一，激起正当防卫情形的责任问题。对于

---

❶ 克雷斯蒂安·冯·巴尔：《欧洲比较侵权法研究》（下），焦美华译，张新宝审校，法律出版社，2001年版，第619页。

❷ 克雷斯蒂安·冯·巴尔：《欧洲比较侵权法研究》（下），焦美华译，张新宝审校，法律出版社，2001年版，第619页，注解101。

❸ 克雷斯蒂安·冯·巴尔：《欧洲比较侵权法研究》（下），焦美华译，张新宝审校，法律出版社，2001年版，第619页。

激起正当防卫情形不能视为正当防卫，属于不法防卫的一种。所谓激起正当防卫就是指故意以挑拨、寻衅等不正当的手段特意激怒他人，挑逗引诱他人向自己实施伤害行为，然后以“正当防卫”为借口或幌子来向对方实施加害行为。虽然激起正当防卫情形具备正当防卫的表面形式，就是针对对方侵害自己的行为实施反击，但只是徒具其表，正当防卫的防卫意图是缺失的。如冯·巴尔所言：“激起他人加害自己者，也不能再实施正当防卫，因为他自己是这里的加害者。”[1]另外，葡萄牙里斯本上诉法院1975年1月29日之判决提出：“加害行为不是被防卫者自己激起的，是正当防卫的默示条件。”[2] 葡萄牙里斯本上诉法院1991年9月25日之判决也明确指出，“提出正当防卫主张者不能是激起了加害行为的人”[3]。第二，对于互殴、聚众斗殴行为，相互的殴斗是一种相互加害的行为，行为双方都具有违法性。其主观目的都是为了侵害对方，而不是保护自己及他人的合法权益，故对双方而言都不成立正当防卫。正如冯·巴尔所言：“正当防卫在互殴中很少能成为有效的免责论据，因为卷入互殴的各方通常不仅是基于防卫目的。”[4]但在特定斗殴情形下，斗殴已经停止，一方已经撤退或放弃，另一方还是继续实施加害行为的，此时，不排除已经停止斗殴行为的一方享有对后者的不法侵害进行正当防卫的权利。

3. 紧急避险

(1)“紧急避险”的概念和性质。

根据《澳门民法典》第三百三十一条（紧急避险）第一款：“一、在同时符合下列要件时，为排除威胁行为人本人或第三人受法律保护之利益之正在发生之危险而作出之行为，如其系排除该危险之适当方法，则为法律所容许：(a) 危险情况非因行为人己意造成，但为保护第三人之利益者，不在此限；(b) 保全之利益明显大于牺牲之利益；(c) 按照受威胁利益之性质或价值，要求受害人牺牲其利益属合理者。”可知“紧急避险”作为民法中私力救济中的一种重要形式，是当事人的一项民事权利，其是指出于保护本人或第三人的人身、财产和其他合法权利免受正在发生的现实危险之目的，紧急状态下迫不得已而采取的损害他人合法权益的行为。冯·巴尔指出，学理上根据危险之来源不同将紧急避险分为两大类，即攻击性的紧急避险和防御性的紧急避险。[5]对此，《澳门民法典》并未明确规定，李莉娜对此持肯定态

---

[1] 克雷斯蒂安·冯·巴尔：《欧洲比较侵权法研究》（下），焦美华译，张新宝审校，法律出版社，2001年版，第616-617页。

[2] 克雷斯蒂安·冯·巴尔：《欧洲比较侵权法研究》（下），焦美华译，张新宝审校，法律出版社，2001年版，第616-617页。

[3] 克雷斯蒂安·冯·巴尔：《欧洲比较侵权法研究》（下），焦美华译，张新宝审校，法律出版社，2001年版，第616-617页。

[4] 克雷斯蒂安·冯·巴尔：《欧洲比较侵权法研究》（下），焦美华译，张新宝审校，法律出版社，2001年版，第617页。

[5] 克雷斯蒂安·冯·巴尔：《欧洲比较侵权法研究》（下），焦美华译，张新宝审校，法律出版社，2001年版，第621、624页。

度，其认为《澳门民法典》第三百三十一条第一款“既肯定了攻击性紧急避险的有效性，也肯定了防御性紧急避险的有效性”。[1]

同正当防卫一样，紧急避险也是一项重要的阻却不法性的事由。[2]紧急避险之所以被认为阻却或排除不法性，主要在于紧急避险行为虽然损害了法律所保护的某种利益，但目的或意图却是为了保护较之更为重要的利益，它是为了保护一个合法利益而牺牲另一个合法利益。[3]在价值不同的两种合法利益发生冲突相对立的情况下，法律要同时保护两者几乎已经不可能，保护一种利益必然牺牲另外一种利益。在不能两全而只能保全其中之一的紧急情况下，需要对发生冲突的私权之间进行利益衡量，法律认可了为了保全较大的权益而牺牲较小权益的行为。行为人为了本人或者他人的合法权益免受正在发生的危险，在迫不得已的情况下，尽管造成了某种合法权益的损害，但保护了更为重要的利益，实际上对于整体社会利益来说是有利的，避险行为中法益的损害应当是不可避免和必要的，牺牲价值小的利益保护价值大的利益，从而获得社会整体利益之保护和维持，所以实质上阻却了不法性，避险行为被正当化，是一种适法行为。

（2）紧急避险的成立条件。

紧急避险作为一项特定的权利，是透过损害一种合法权益保护另外一种合法权益的行为。紧急避险行为的合法实施，需要一定的成立条件，亦即紧急避险的构成要件。为了防止紧急避险被滥用，所以如何界定其构成要件，显得尤为重要。

构成紧急避险应具备以下要件：

第一，避险起因或前提。必须有现实存在的威胁合法利益的危险发生，这是紧急避险最基本的前提条件。可采用紧急避险的危险必须是现实客观确实存在的而不是行为人主观上的臆想，即对主观想象之危险不能实施紧急避险。如前所述，正当防卫的危险来源通常只能是来自于人的不法侵害行为，紧急避险则不同，其危险来源可能是来自人的不法侵害，也可能是源于自然因素的原因（如自然灾害）、又或者是动物的侵袭（如恶犬咬人）以及人的生理需要、病理方面的原因。

第二，避险时间。紧急避险强调的必须是面临正在发生的危险，是在行为人或第三人之合法权益遭受侵害的紧急情况下，为了避免合法权益遭受损失或遭受更大的损害后果而赋予避险之权利，因此只能在危险正在进行的紧迫状态下才允许适用，即危险已经出现或发生但尚未结束或消除的时间区间范围内实行，这是成立紧急避险的时间条件。[4]即作为紧急避险基础或前提的危险状态必须具有现实紧迫性，不允

---

[1] 李莉娜：《紧急避险：游离于合法与非法之间——兼论澳门法中有关紧急避险的成立与法律后果》，载于《澳门理工学报》，2006年第4期，第85-86页。

[2] 除此之外，正当防卫和紧急避险的相似之处还有诸如行为目的相同，两者都是为了保护本人或者他人的人身、财产等受法律保护之权益。另外两者都造成了一定的损害。

[3] 这同正当防卫不同，正当防卫是合法权益与非法权益碰撞、较量与对抗。

[4] Antunes Varela：《债法总论》，第一卷，第十版，唐晓晴译，未出版，第397-398页。

许采取事前避险或事后避险的行为，对于已经发生之危险或尚未发生之危险都不能采用紧急避险。

第三，避险意图或目的。紧急避险的目的必须是正当的，行为人实行紧急避险必须是出于保护本人或者他人的合法权益免受正在发生的危险之目的，即要具有避险意图或目的，这也是紧急避险成立之主观条件。对于紧急避险条款所保护法益的界定，李莉娜教授认为可以借鉴和参考《澳门刑法典》第三十四条第一款之规定❶，认为紧急避险中所保护的对象涵盖生命权、身心完整权、名誉权以及自由权等，笔者对此也持赞同态度。❷

第四，避险的必要性。前述的危险的现实性或者紧迫性只是紧急避险的前提条件，紧急避险行为还受到其他如避险行为必须出于迫不得已的这一要件的限制。换而言之，只能在迫不得已的情况下才能实施，这是紧急避险的客观限制条件，只有在行为人找不到任何其他方法，紧急避险确有必要时而采用，避险行为须是不得已而为之的。这是因为紧急避险牺牲的是合法权益，是以损害某种合法权益来保全另一种合法权益的行为，所以法律规定只有在迫不得已的情况下，为了保护更大的利益，除牺牲较小的合法权益外，没有其他可供选择的方法，如果当时能够采取其他措施避免危险，就不允许采取紧急避险的方式。

第五，避险对象。如前所说的，正当防卫时所针对的对象只能是人，且只能是不法侵害者本人，不能对不法侵害者以外的第三人实施防卫。正当防卫的损害只能对不法侵害的本人实施，而紧急避险的损害可以对第三者实施。紧急避险时所针对的对象是第三者的合法权益，其中涵盖之范围可能是人，也可能是物，但紧急避险所针对的不能是避险之行为人之利益，这是紧急避险成立的对象条件。❸如 Antunes Varela 所言，如行为人为了保护他人的利益而牺牲自己的利益，则不成立紧急避险，视乎情况可能构成无因管理。❹ 另外，为了保护被侵害的合法权益，法律并没有排除对精神病人和无责任能力的未成年人实施紧急避险的可能性。

第六，避险限度。避险行为不能超出必要限度造成不应有的损害，这是紧急避险成立的限度条件。避险行为不得超过必要的限度，其判断标准一般而言是避险行为所能造成的损害不超过危险所肇致的损害为限度。具体而言，是依据《澳门民法典》第三百三十一条（紧急避险）第一款 b）项和 c）项两项标准来判定，或者“保全之利益明显大于牺牲之利益”，又或者“按照受威胁利益之性质或价值，要求受害

---

❶ 《澳门刑法典》第三十四条第一款之规定：“作出可适当排除危险之不法事实者，如该危险属威胁行为人本人或第三人生命、身体完整性、名誉或自由之正在发生而不能以他法避免之危险，且按照案件之情节，期待作出其他行为属不合理者，其行为无罪过。”

❷ 李莉娜：《紧急避险：游离于合法与非法之间——兼论澳门法中有关紧急避险的成立与法律后果》，载于《澳门理工学报》，2006 年第 4 期，第 88 页。

❸ 李莉娜：《紧急避险：游离于合法与非法之间——兼论澳门法中有关紧急避险的成立与法律后果》，载于《澳门理工学报》，2006 年第 4 期，第 88 页。

❹ Antunes Varela：《债法总论》，第一卷，第十版，唐晓晴译，未出版，第 398 页。

人牺牲其利益属合理者”，这是紧急避险成立的重要条件之一，也是衡量紧急避险是否超过必要限度的界限。❶如果行为人的避险行为超过必要限度或采取措施不当导致不应有或不必要的损害，这时属于紧急避险超过必要限度而失去平衡之情形，可能引致侵权责任之承担，行为人应当承担相应的责任。

另外，根据《澳门民法典》第三百三十一条（紧急避险）第一款a项：“危险情况非因行为人己意造成，但为保护第三人之利益者，不在此限。”可知，一般情况下，危险之发生不可归责于行为人本人，紧急避险行为所要避免的危险，不能是因为行为人本人之过错（故意或过失）所造成的，行使紧急避险权利的前提或基础是行为人主观上不能有损害他人的故意或过失，否则不成立紧急避险，但也有例外。具体而言，分两种情况：第一，如果行为人对危险的造成是故意的，危险之产生是因为行为人主观上有故意或者过失而肇致的，为排除威胁行为人本人受法律保护之利益之正在发生之危险不能采取避险行为，否则可能成立侵权行为；第二，行为人对危险的造成是故意的，但为排除威胁第三人之合法权益之正在发生之危险可以采取避险行为。第一种情况下，显然不能成立紧急避险，行为人以紧急避险为由而要求免于承担责任，可能要按《澳门民法典》第三百三十一条（紧急避险）第二款之规定或根据第四百七十七条以及后续数条承担相应的责任。❷第二种情况下，成立紧急避险。但尽管成立紧急避险，但此时情况比较特殊，不能完全免责，因为危险之发生可归责于行为人本人，所以此时行为人本人仍要承担损害赔偿之债，行为人本人应按《澳门民法典》第三百三十一条（紧急避险）第二款之规定，但这不同于我们一般意义上的侵权损害赔偿之债。在这种情形下，笔者认为如Antunes Varela所说的：“损害赔偿之债不是基于行为非法（因为是合法行为），也不是风险（因为损害是因行为人的自愿行为造成，不是出于巧合也不是因为不可抗力）：这是因为相互公正原则，对受损利益之权利人之补偿必须服从于更高的利益。”❸

---

❶ 为何有两种判断标准，可能是鉴于以下之原因。合法利益的冲突一般存在下列三种情形：一是保护法益的价值明显大于牺牲法益的价值，这是紧急避险的常见的不存在争议的类型，其明显能阻却不法性；二是保护法益的价值明显小于牺牲法益的价值，此明显属于避险过当的情形（所谓避险过当，是指在具备紧急避险的其他要件时，避险行为超过必要限度造成不必要的损害时），不能阻却不法性；三是保护法益的价值等于牺牲法益的场合或很难比较两种法益的大小时，判断其是否合法非常棘手，颇富争议。在第三种情形下，可能就考虑适用第二种判断标准。笔者以为，根据这个判断标准，即使紧急避险造成的损害等于所保护的权益，也并不必然构成避险过当，要视乎具体情况具体分析。笔者认为，这种非单一的判断标准更为科学合理。

❷ 《澳门民法典》第三百三十一条（紧急避险）第二款：“然而，危险系完全因行为人之过错而造成时，行为人必须向受害人赔偿其遭受之损失；如非纯因行为人过错而造成危险，则法院得依衡平原则定出赔偿，且除判令行为人作出赔偿外，还得判令其他从该行为得益之人或导致该紧急避险情况出现之人作出赔偿。”

❸ Antunes Varela：《债法总论》，第一卷，第十版，唐晓晴译，未出版，第399页，注解3。

4. 受害人之同意

（1）受害人之同意的概念和性质。

Antunes Varela 认为："受害人的同意是权利人认可一项行为的作出，如没有了这一认可的话，该行为将构成对此'权利的侵犯'或对'保护相关利益之规范'的违反。"[1]根据《澳门民法典》第三百三十二条（受害人之同意）："一、在取得他人同意之情况下作出损害该人权利之行为，为法律所容许。二、然而，如上述行为系法律所禁止或违背善良风俗之行为，受害人之同意不阻却行为之不法性。三、为受害人之利益及按其可推定之意思而造成之损害，视为经受害人同意之损害。"笔者以为，所谓"受害人之同意"，是指受害人事先表示自愿承担将来发生的某种损害结果之意思表示，无论受害人的同意是以明示的或者以推定的方式表示出来，只要不违反法律和违背善良风俗，都可以作为一种正当理由，让加害人在受害人所表示的自愿承担的损害结果的范围内免于承担民事责任。"受害人同意"也是阻却违法事由之一，可以作为加害人的抗辩理由或免责事由。

（2）受害人之同意的构成要件。

"受害人之同意"应当符合以下条件。第一，受害人的同意必须预先作出，即在侵害行为实行之前作出，这是受害人之同意的时间要件。第二，加害人所侵害的权利，必须是法律规定可以自由处分或抛弃之权利。一般来说，财产权大多可以由权利人自由作出处分或者抛弃，受害人之同意可以阻却不法。但是，人身权与主体的人身不可分离的人身权则不然。如根据《澳门民法典》第七十条第二款"生命权不得放弃或转让，亦不得受法定或意定之限制"，即使加害人经受害人同意，也不能侵害其生命权。一般而言，对权利人的人身权加以侵害，不能阻却不法。第三，受害人必须具有承诺能力，受害人之同意作为一种意思表示，应以受害人有承诺能力为前提，缺乏承诺能力之人作出接受损害之意思表示，不能视为受害人之同意。第四，受害人的同意必须以明示的或者默示的方式作出。除了以口头或书面等明确方式表示外，也可以以推定方式来判定受害人之同意之损害。即受害人之同意一般情况下应明示方式做出，但是在为受害人之利益及按其可推定之意思足以表明其接受损害，采用推定方式亦没有什么不可，如 Antunes Varela 所说的："当损害是为受害人之利益而作出并符合其假定意思者（《葡萄牙民法典》第三百四十条第三款）[2]，视为存在受害人的同意。"[3]第五，"受害人同意"原则的另一构成要件是受害人的同意不得违反法律和违背善良风俗。违反澳门法律和违背善良风俗的"受害人之同意"是无效的，不能据此免责。如 Antunes Varela 所言："即使获得病人同意的安乐死行为人

---

[1] Antunes Varela：《债法总论》，第一卷，第十版，唐晓晴译，未出版，第 399 页，注解 3。

[2] 《澳门民法典》第三百三十二条第三款。

[3] Antunes Varela：《债法总论》，第一卷，第十版，唐晓晴译，未出版，第 400 页。

也不会免除责任，得到房地产之业主同意而在其住宅纵火的行为人也不会免责。"❶第六，为防止加害人利用受害人的同意，受害人的同意必须是真实自愿的，凡因欺诈、胁迫等作出的同意接受某种损害结果的之意思表示，非为本人真实的意思表示，不能认定为受害人之同意。第七，加害人的侵害行为不得超过受害人同意的范围和限度。在受害人之同意的范围内，加害人可以受害人之同意对抗加害人，但是超出受害人同意的范围和限度的，对受害人无效，不能阻却不法，加害人仍须对超出的部分承担赔偿责任。

5. 其他抗辩事由

除了以上在《澳门民法典》总则部分规定的抗辩事由外，还有其他的如第三人之行为、受害人的过错或可归责于受害人之原因而肇致的情事，以及不可抗力等外来的抗辩事由，这三种抗辩事由也是侵权责任中非常重要的抗辩情事。❷如澳门4月22日第28/91/M号法令《订定本地区行政当局、公共法人其权利人及公共管理代理人之合约外民事责任制度》第九条（危险责任）、澳门第11/2004号行政法规《空运人及航空器经营人的民事责任制度》第十七条（因对第三人造成的损害而产生的责任的阻却事由）第一款第一项，以及澳门8月25日第35/97/M号法令《规范在海事管辖范围内禁止投掷或倾倒有害物质》第九条（例外）c）项等规定，不可抗力通常可作为抗辩事由或免责事由，以免于承担侵权损害赔偿责任。《澳门民法典》第五百六十四条（受害人之过错）也是一项重要的抗辩事由❸，再者，可根据《澳门民法典》第五百六十五条（法定代理人及帮助人之过错）"受害人之法定代理人或使用人有过错，即等同受害人有过错。"另外，《澳门商法典》第九十条第一款规定："如受害人对损害之发生亦有过错，法院得根据有关情况将损害赔偿减少或排除。"同条第二款规定："如第三人之行为亦系造成损害之原因之一，则企业主之责任不得减少，但不影响上条第二款及第三款之规定之适用。"

第三人之行为、受害人的过错或可归责于受害人之原因而肇致的情事，以及不可抗力可以作为抗辩事由理论基础在于，在导致损害发生的具体事实过程中，因第三素因的介入引发了行为人之行为与损害之间的因果关系之中断。❹具体而言，因果关系中断是指被告侵权行为发生后，又发生了第三人的行为、受害人的行为以及介入的自然因素等介入原因，使行为人之行为与损害之间原本存在的因果关系产生被切断的效果。一般来说，在因果关系被中断的情况下，行为人之行为与受害人之损

❶ Antunes Varela：《债法总论》，第一卷，第十版，唐晓晴译，未出版，第400页。

❷ Antunes Varela：《债法总论》，第一卷，第十版，唐晓晴译，未出版，第618-623页。

❸《澳门民法典》五百六十四条（受害人之过错）："一、如受害人在有过错下作出之事实亦为产生或加重损害之原因，则由法院按双方当事人过错之严重性及其过错引致之后果，决定应否批准全部赔偿，减少或免除赔偿。二、如责任纯粹基于过错推定而产生，则受害人之过错排除损害赔偿之义务，但另有规定者除外。"

❹ Antunes Varela：《债法总论》，第一卷，第十版，唐晓晴译，未出版，第618-623页。

害后果之间不存在适当因果关系，故而不用承担非合同民事责任。但是这里值得指出的是，有时不可抗力、第三人之过错作为行为人之抗辩事由并不是绝对的，如不可抗力、第三人之过错的情况并不必然排除《澳门民法典》第四百九十五条中“为本身利益而饲养或利用动物之人”，如 Antunes Varela 指出，“因利用每种动物所导致之特定危险”标准“大大地限制了适用于排除责任的情况”，对此，Antunes Varela 进一步解释，认为即便“损害之近因”是不可抗力或第三人的过错，“只要所出现之损害与利用此动物时特有之危险相对应，动物之使用人的责任仍然存在”❶。

以下以交通事故领域中的免责事由为例，来解释一下不可抗力等外来介入因素作为抗辩事由的情形。车辆造成之事故之侵害人仅能通过证明《澳门民法典》的第四百九十八条规定法定的免责条件来排除自己的责任，而不能通过证明自己没有过错来免除自己的责任。❷根据现行《澳门民法典》第四百九十八条规定：“仅在事故归责于受害人本人或第三人，或因车辆运作以外的不可抗力所引致时，才排除车辆使用者的客观责任。”因为这三种情况的出现“中断了车辆本身之风险与损害之间的因果关系”。❸

（1）事故归责于因车辆运作以外的不可抗力。

Antunes Varela 认为“当不可抗力来自车辆运作以外时，也会排除驾驶者的责任”，但是不可归责于车辆持有人或驾驶者的车辆结构缺陷或者功能障碍，或是其车辆运作上的改变（例如车胎爆裂，油缸着火等）都不属于不可抗力之情形，车辆持有人或驾驶者的责任不能被排除。❹在不可抗力之情况下，即使持有人或驾驶者尽到了法律要求之谨慎注意义务，其损害仍难以避免。如被海啸吞没的车辆所造成的事故，诸如此类的事件是来自车辆运作以外的不可抗力，而且车辆不处于所有者的控制之下，驾驶者或所有者无须对车辆造成之损害负责。

（2）事故可归责于受害人本人。

Antunes Varela 指出，《葡萄牙民法典》第五百零五条（《澳门民法典》第五百六十四条第一款）所指的“仅在就事故之发生可归责于受害人本人”意味着：“仅证明受害人在事故中有过错并不足以排除驾驶者或车辆之持有人的责任，因为他们也可能同时存在过错。因此，只有在证明了受害人有过错且驾驶者或车辆之持有人没有过错时，才可以确定地排除责任。很多立法及学者都肯定，车辆之所有权人及驾驶者之责任，只有在证明受害人是导致事故的唯一过错人，或事故仅归咎于受害人之过错时，才可以被排除。”❺ 即如果事故完全归责于受害人，而车辆持有人或驾驶者

---

❶ Antunes Varela：《债法总论》，第一卷，第十版，唐晓晴译，未出版，第 461-462 页。

❷ 《澳门民法典》的第四百九十八条规定：“第四百九十六条第一款及第三款所定之责任，仅在就事故之发生可归责于受害人本人或第三人时，或事故系由车辆运作以外之不可抗力原因所导致时，方予排除，但不影响第五百条之规定之适用。”

❸ Antunes Varela：《债法总论》，第一卷，第十版，唐晓晴译，未出版，第 475 页。

❹ Antunes Varela：《债法总论》，第一卷，第十版，唐晓晴译，未出版，第 479 页。

❺ Antunes Varela：《债法总论》，第一卷，第十版，唐晓晴译，未出版，第 477 页。

没有任何过错，其才可以免责。[1]

Antunes Varela 进一步指出，《葡萄牙民法典》第五百零五条（《澳门民法典》第四百九十八条）所说的“仅在就事故之发生可归责于受害人本人”关乎的“不是过错的问题”，所以“不以此判断受害人需否对源于已经做出之事实（不法的）之损害负责”。[2]他觉得“过错只作为一种因果联系，被用来判断何时事故中所出现的损害不必被认为是车辆本身风险的法律上的效果，而是被害人做出之事实之后果”[3]，故而他认为，“虽然受害人（作出）之事实是可受被害人非难或谴责之事实，但其实法律是想将所有归根于受害人之事故包括在内，即使没有他的过错亦然”[4]。对此，冯·巴尔也指出：“葡萄牙法律的一个独有的特征是，公平责任被扩张适用于机动车的保有者的责任：《葡萄牙民法典》第五百零三条明确规定‘缺乏民事行为能力的人……根据第四百八十九条之规定负责。”[5]也即按照《澳门民法典》第四百九十六条第二款规定之“不可归责者按第四百八十二条之规定负责”[6]，即如果受害人是不可归责者，在特定条件下，要承担《澳门民法典》第四百八十二条规定之衡平责任。为了对《澳门民法典》第四百九十六条第二款有更清晰的理解，笔者套用 Antunes Varela 所举的例子，如果车辆持有人或驾驶者知道在公路上行走的是一个小孩、一个精神失常之人等不可归责者，而他也履行了适当的谨慎注意义务、采取了适当措施，但仍避免不了车辆事故的发生，此时车辆持有人或驾驶者一方没有过错，如果此时事故归责于受害人之事实时，车辆持有人或驾驶者的客观责任被排除，在这种情况下，按照《澳门民法典》第四百八十二条规定之衡平责任，接受不可归责者本人之责任，原因在于如 Antunes Varela 所说的“仅仅因为被害人是一个不可归责者，而要求驾驶者对受害人故意造成之事故的效果负责，这并不公平；在这种条件下所出现之事故不应包含在车辆使用之特有风险之中”[7]。

另外，如果交通肇事是由车辆持有人或驾驶者之过错与“受害人之事实”共同引致的，即它们两者之间的责任发生竞合时，则应根据《澳门民法典》第五百六十

---

[1] 比如，受害人的蓄意造成事故发生，如受害人碰撞车辆或故意碰瓷，车辆持有人或驾驶者可主张免除责任，车辆一方不需要承担赔偿责任。

[2] Antunes Varela：《债法总论》，第一卷，第十版，唐晓晴译，未出版，第 478 页。

[3] Antunes Varela：《债法总论》，第一卷，第十版，唐晓晴译，未出版，第 478 页。

[4] Antunes Varela：《债法总论》，第一卷，第十版，唐晓晴译，未出版，第 477-478 页。

[5] 克利斯蒂安·冯·巴尔：《欧洲比较侵权行为法》（上册），张新宝译，法律出版社，2001 年版，第 118 页。

[6] 《澳门民法典》第四百八十二条（由不可归责者作出之损害赔偿）：“一、如侵害行为由不可归责者作出，且损害不可能从负责管束不可归责者之人获得适当弥补者，即可按衡平原则判不可归责者弥补全部或部分之损害。二、然而，计算损害赔偿时，不得剥夺不可归责者按其状况及条件而被界定之生活所需，亦不得剥夺其履行法定扶养义务之必要资源。

[7] Antunes Varela：《债法总论》，第一卷，第十版，唐晓晴译，未出版，第 478 页。

四条第一款处理。❶

（3）事故可归责于第三人。

这里的第三人，不是严格意义上的第三人，他不仅可以指路上的行人，还可以是另一辆车的驾驶者或其上的乘客，亦可指本辆车上的乘客等。其次，如同对“可归责于受害人之事故”的理解一样，Antunes Varela 认为“可归责于第三人之事故”也是将其看成是“不法事实之责任”❷，因为此时同样也存在第三人没有过错，为不可归责者的情形，而根据《澳门民法典》第四百九十六条第二款（《葡萄牙民法典》第五百零三条第二款）规定的适用第四百九十二条（《葡萄牙民法典》第四百八十九条）的衡平原则，即也“接受不可归责者本人之责任”。❸再者，如果事故应归责于“第三人之事实”时❹，而车辆之持有人或驾驶者并没有过错，车辆之持有人或驾驶者的客观责任则被排除。另外，在第三人与驾驶者的共同过错的情形，即第三人与车辆之持有人驾驶者都有过错时，此时应该根据《澳门民法典》第五百六十四条之规定来处理。最后，如果事故应归责于“第三人之事实”的情形是由动物所肇致之事故，此时应该根据《澳门民法典》第四百九十五条（《葡萄牙民法典》第五百零二条）由为了自己的利益而利用动物之人承担风险责任或者《澳门民法典》第四百八十四条（《葡萄牙民法典》第四百九十三条第一款）由负有管束义务之人承担过错推定责任。❺

（二）侵权责任免责条款

侵权责任的免责事由包括法定的责任事由，如前述之紧急避险或正当防卫，也涵盖约定的免责事由，如免责条款，即合同当事人以协议排除或限制其未来可能发生之侵权责任的合同条款。当然，后者未必都有法律效力。具体而言，免责条款是合同当事人事先约定，如果在合同履行期间，发生了某些违约行为或侵权行为之情况下，则应免除或限制当事人违约责任或侵权责任的条款。按照合同免责条款协议约定的免除责任的性质，可以分为违约责任的免责条款和侵权责任的免责条款。违约责任免责条款所免除的责任内容为违约责任，免除责任的主体为违约人，而侵权责任免责条款所免除的责任为侵权责任，免除责任之主体为侵权行为人。再者，侵权责任是基于法律强制规定而产生的，所以对其保护相比较违约责任而言更为严格，通常不能轻易地免除或限制，而且即使允许加入这样的条

---

❶ 《澳门民法典》第五百六十四条（受害人之过错）：“一、如受害人在有过错下作出之事实亦为产生或加重损害之原因，则由法院按双方当事人过错之严重性及其过错引致之后果，决定应否批准全部赔偿，减少或免除赔偿。二、如责任纯粹基于过错推定而产生，则受害人之过错排除损害赔偿之义务，但另有规定者除外。”

❷ Antunes Varela：《债法总论》，第一卷，第十版，唐晓晴译，未出版，第479页。

❸ Antunes Varela：《债法总论》，第一卷，第十版，唐晓晴译，未出版，第479页。

❹ Antunes Varela：《债法总论》，第一卷，第十版，唐晓晴译，未出版，第479页。

❺ Antunes Varela：《债法总论》，第一卷，第十版，唐晓晴译，未出版，第479页。

款，也比违约责任免除条款所设定的限制更多。限于本部分的研究目的，在此我们只探讨侵权行为免责条款。

对于侵权责任免责条款是否有效，各个国家或地区态度可能不尽一致。冯·巴尔指出，欧洲国家有的“限制了免责协议的可能性”，有的“完全剥夺了免责协议的可能性”，有的“仅限于因轻微过失导致的物损或/身体伤害”。[1]欧盟 1985 年第 85/374 号指令（《1985 年 7 月 25 日欧盟理事会关于协调统一成员国有关缺陷产品责任的法律、法规与行政规章的第 85/374/EEC 号指令》），1990 年 6 月 13 日第 90/314/EEC 号指令（关于一揽子旅游）第四条和第五条第二款，1993 年第 93/13 号指令（《1993 年 4 月 5 日欧盟理事会关于消费者合同中的不公平条款的第 93/13/EEC 号指令》）第三条第一款 t 项以及附件 I。[2]瑞典于 1971 年 4 月 30 日发布施行之《不当契约条件禁止法》以消费者合同为其调整之对象。英国于 1977 年颁布之《不公平合同条款法》调整侵权责任限制或免除条款之效力。[3] 基本上照搬 1977 年英国《不公平合同条款法》之内容的 1989 年香港《管制免责条款条例草案》规定了香港合同责任和侵权责任免除的一般原则。葡萄牙 1985 年 10 月 25 日第 446/85 号法令调整合同一般条款问题（第十八条规定“不得在一般交易条款中免除对消费者人身伤亡和物损的赔偿责任”），后来透过 1998 年 8 月 31 日第 220/95 号立法将欧盟消费者合同中的不公平条款之第 93/13/EEC 号指令引入上述法律，接着又通过 1999 年 7 月 7 日第 249 号对此加以修订。[4]

澳门对侵权行为免责条款亦有明文规定，侵权责任减轻或免除条款的效力由澳门 9 月 28 日第 17/92/M 号法律《制定合约的一般条款法律制度》来调整。侵权行为免责条款体现了合同双方当事人的真实意愿，当事人可以自由商议决定合同之内容，诠释了《澳门民法典》第三百九十九条所规定的作为合同法的核心原则之一的“合同自由”原则。但另一方面，从订立非合同民事行为免责条款的双方关系来看，通常有一方当事人居于主导地位（如雇佣劳动关系中的雇主与雇工等），侵权行为免责条款可能会被肆意滥用，合同订立一方当事人利用免责条款将风险归于对方从而免除或限制自己应承担的法律责任，另一方当事人的合法权益可能会被严重侵害，从而引致社会之不公。对不公平免责条款应予以规制，所以在“契约自由”的原则下，澳门立法和司法实践对侵权行为免责条款也并不是一律禁止的，而是对其加以严格

[1] 克雷斯蒂安·冯·巴尔：《欧洲比较侵权行为法》（下册），焦美华译，张新宝审校，法律出版社，2001 年版，第 683 页。

[2] 克雷斯蒂安·冯·巴尔、乌里希·德罗布尼希：《欧洲合同法与侵权法及财产法的互动》，吴越、王洪、李兆玉、施鹏鹏等译，法律出版社，2007 年版，第 138 页。

[3] 克雷斯蒂安·冯·巴尔、乌里希·德罗布尼希：《欧洲合同法与侵权法及财产法的互动》，吴越、王洪、李兆玉、施鹏鹏等译，法律出版社，2007 年版，第 141 页。

[4] 克雷斯蒂安·冯·巴尔、乌里希·德罗布尼希：《欧洲合同法与侵权法及财产法的互动》，吴越、王洪、李兆玉、施鹏鹏等译，法律出版社，2007 年版，第 140 页；克雷斯蒂安·冯·巴尔，《欧洲比较侵权行为法》（下册），焦美华译，张新宝审校，法律出版社，2001 年版，第 683 页，注解 460。

的限制。这在某种意义上可能对契约自由正义之追求有些影响，但却也没有背离“契约自由”原则应有之义。对免责条款的效力进行限制是从保护双方当事人的基本权益出发的，在尊重“当事人意思自治”原则的同时，对处于弱势或被动地位的一方当事人采取适当的立法倾斜，以防止合同对方当事人利用不规范的合同条款规避法律责任的行为，以捍卫保护当事人合法权益之目的和实现法律的公平正义之价值追求。

《澳门民法典》第二百七十三条（法律行为标的之要件）第二款亦规定：“违反公共秩序或侵犯善良风俗之法律行为无效。”《澳门民法典》第七百八十九条（法定代理人或帮助人之行为）也规定：“一、债务人须就其法定代理人或其为履行债务而使用之人之行为对债权人负责，该等行为如同债务人本人作出。二、经利害关系人之事先协议，得排除或限制上述责任，只要该排除或限制不涉及违反公共秩序规范所定义务之行为。”而澳门第17/92/M号法律第十一条规定了禁止的一般合同条款之一般原则：“一、禁止将违反善意原则、不适当地损害附合人的一般合同条款加载合同内。二、当有怀疑时，下列条款，被视为存有不适当的损害：（a）与法定规范的主要原则不兼容，且与该法定规范有分歧；（b）限制由合同性质所产生的主要权利和义务，以致危害已达致的合同的目的。”可知条款不得违背公共秩序或善良风俗原则，与此原则相抵触的免责条款无效，虽然这个规定较为抽象，但它对判断确认侵权行为免责条款之效力具有普遍的指导意义。第十二条规定了绝对禁止的条款：“一、在任何情况，涉及直接或间接排除或限制责任之下述一般合同条款款止加入具体合同内：（a）对人之生命、精神或身体完整性或健康造成损害之责任；（b）在另一方立约人或第三人之权义范围内造成之非合同财产损毁之责任；（c）在故意或严重过失的情况下因确定不履行、迟延履行或瑕疵履行而引致之责任；（d）在故意或严重过失的情况下，由代理人或辅助人之行为引致之责任；……二、下述之一般合同条款亦被禁止：……（e）变更关于举证责任及风险分担之规则；（f）限制或以任何方式变更提议人或其代理人在合同上已承担之规定。”有学者指出：“德国法的起点是责任约定限制在侵权法领域原则上是允许的。”❶ 由于受到德国法的影响，葡萄牙和中国澳门地区对此也持类似态度，正如 Antunes Varela 所说的：“至于侵权责任，当损害产生自单纯疏忽时，同样也不妨碍利害关系人在法律的限制内以约定排除或限制责任。”❷原则上当事人可以透过合同对将来可能发生之非合同领域的责任减轻或免除作出事先约定，即主张非合同责任领域的排除或限制不是不可能的。❸所以，如

---

❶ 克雷斯蒂安·冯·巴尔、乌里希·德罗布尼希：《欧洲合同法与侵权法及财产法的互动》，吴越、王洪、李兆玉、施鹏鹏等译，法律出版社，2007年版，第140页。

❷ Antunes Varela：《债法总论》，第一卷，第十版，唐晓晴译，未出版，第634页。

❸ 但同时 Antunes Varela 又指出，“在实务上由于侵权责任产生自绝对权或适用于普遍人之规范的违反，实在难以想象利害关系人何以有利益预设及接受特定的一人或多人的侵犯”。请参见：Antunes Varela，《债法总论》，第一卷，第十版，唐晓晴译，未出版，第634页。

果在合同订立后发生侵权行为，尽管侵权行为具备了《澳门民法典》第四百七十七条规定的承担非合同民事责任的全部构成要件（或因不法事实所生之责任或风险责任），但侵权行为人却可能根据此免责条款不承担或不全部承担相应的非合同民事责任，即免除或限制了其侵权责任。但值得指出的是，虽然在某种程度或范围上透过合同协议约定免除或限制当事人侵权责任是可能的，但是并非所有的侵权行为均可约定责任免除。首先，公民的生命健康权利作为一项绝对的民事权利，任何人不得侵犯公民的生命健康权，合同当事人不能约定涉及人身伤害或死亡的免责条款，所有对公民生命健康造成损害之侵权行为责任不能进行责任免除，这是法律的绝对禁止性规定。再者，条款不得免除或排除故意或严重过失的侵权行为责任，德国有这方面的明文规定，如“根据《德国民法典》第三百零九条第七项，用标准格式免除对因重大过错（故意，重大过失）所负的责任一般是无效的”[1]。免除“故意”和免除“严重过失”责任的条款在葡萄牙和中国澳门地区都是无效的。[2]而 Figueiredo Dias 和 Sinde Monteiro，以及 Almeida Costa 等葡萄牙学者所持的具有代表意义之观点为：“医生的一些重要注意义务是公共秩序的内容，因此不能协议免除。”[3]另外，第十三条规定了相对禁止之条款，如“s）对损害订立不适度之罚则（违约金）”等。第十四条第一款规定：“按照本法律的规定，被禁止的一般合同条款无效。”[4]第二十三条第一款规定：“恐防在具体合同内加载与本法律的规定有抵触的一般合同条款时，第十八条所指的实体可声请临时禁止。”另外，在交通事故领域，《澳门民法典》第四百九十七条（责任之受益人）第四款规定：“排除或限制运送人对损及被运送人之事故所负责任之条款，均属无效。”

（三）消灭时效

时效的消灭或丧失也可以成为加害人的一种抗辩事由。在《澳门民法典》中，时效在总则部分和非合同民事部分都有出现。按照《澳门民法典》第三百零二条，一般时效期间为 15 年。而根据《澳门民法典》第四百九十一条第一款，基于非合同民事责任而请求损害赔偿之权利一般适用一个更短的时效期间（3 年），特别时效期间优于普通时效规定，非合同损害赔偿请求权的时效期间为或者说侵权责任时效期间一般为 3 年，自受害人知道或应当知道其有权请求损害赔偿时开始，权利主体必须遵守这个时效期间。然而，逻辑上也可能发生受害人对其请求赔偿的权利知道得很晚，于是反而超过一般时效的 15 年期间，所以该款的后半部也规定了在不知的情

---

[1] 克雷斯蒂安·冯·巴尔、乌里希·德罗布尼希：《欧洲合同法与侵权法及财产法的互动》，吴越、王洪、李兆玉、施鹏鹏等译，法律出版社，2007 年版，第 140 页。

[2] 克雷斯蒂安·冯·巴尔：《欧洲比较侵权行为法》（下册），焦美华译，张新宝审校，法律出版社，2001 年版，第 682 页。

[3] 克雷斯蒂安·冯·巴尔：《欧洲比较侵权行为法》（下册），焦美华译，张新宝审校，法律出版社，2001 年版，第 683 页。

[4] 可知有时某些侵权行为免责条款是合同的一个组成部分，但这并不意味该免责条款就一定具备法律效力，对免责条款订入合同的认定却并不意味着对其法律效力的认定。

形下，自加害行为发生之时起，因 15 年间不行使而归于消灭。根据《澳门民法典》第三百零二条和第四百九十一条第一款，可知事实上有两个不同的时效在起作用，一个是知悉或应知悉本人权利和侵权行为人起 3 年，但若受害人不知情，非合同民事责任损害赔偿中发挥作用的则是总则里的最长为 15 年的一般时效期间，因为第四百九十一条第一款最后部分规定“但不影响自损害事实发生时起已经过有关期间而完成之一般时效”。

根据《澳门民法典》第四百九十一条第一款，时效开始的时间要求对权利之损害的积极认知，不要求受害人知悉损害的全部范围，甚至也不要求对肇事方身份的积极认知或确认，所以不能以受害人的过失而不知道肇事方或侵权人的身份事实作为理由而引致时效被延长，因时效期间是自权利得以行使时开始进行的，所以为了时效的起算，受害人需要知悉或了解属于自己的权利。可知，侵权赔偿请求权原则上在 3 年时效期间届满后消灭，但根据《澳门民法典》第四百九十一条第三款，因行为人的犯罪行为导致的侵权损害赔偿请求权在澳门政府追诉权消灭之前不消灭，如果该追诉时效期间较长，则民事侵权诉讼时效可以直接适用刑法有关追诉时效的规定，但如果此犯罪行为之刑事责任因非出于追诉时效期间消灭之原因而完成，损害赔偿请求权自发生该原因起最初 1 年内消灭，即仍然还有 1 年的诉讼时效期间，但在第四百九十一条第一款规定的时效期间届满前不消灭。《澳门民法典》第四百九十一条关于非合同民事责任时效之规定不仅只是适用于因不法事实所生之责任，也适用于风险责任。另外，如果不是因受害人的过错，而是因不可抗力或加害人的故意而导致直至时效终结时也无法查明肇事方或侵权人的身份，可以适用《澳门民法典》第三百一十三条（因不可抗力或债务人欺诈之中止）。

产品责任在时效方面的规定相对而言特殊一点，产品责任中的受害人损害赔偿请求权之时效，自受害人知悉或应知悉损害、瑕疵及生产者认别资料之日起 3 年。[1] 可知时效的起算点，即诉讼时效期间是从受害人知道或应当被合理地认为已经知道损害、缺陷和加害人身份时起计算。受害人之“损害赔偿请求权自企业主将造成损害之产品投入流通之日起经过 10 年而失效，但受害人所提起之诉讼正待决者除外”[2]。赋予受害人的索赔权利从造成损害的产品投入流通起算满 10 年后丧失，但受害人在此期间对生产者提起诉讼的除外。产品进入流通满 10 年后，生产者对产品缺陷造成的损害不承担责任。

---

[1] 《澳门商法典》第九十三条。

[2] 《澳门商法典》第九十四条。

二、本法域对该规则的规定

(一)《澳门民法典》

第三十九条（时效及失效）

时效及失效均受适用于时效或失效所涉及之权利之有关法律规范。

第二百七十三条（法律行为标的之要件）

……

二、违反公共秩序或侵犯善良风俗之法律行为无效。

第二百九十一条（时效、失效及权利之不行使）

一、凡非为不可处分之权利或法律并无表明免受时效约束之权利，均因其不在法律所定之时间内行使而受时效约束。

二、对于按照法律或各当事人之意思而应在一定期间内行使之权利，适用失效之规则，但法律明确指出适用时效规则者除外。

三、所有权、用益权、使用权、居住权、地上权及地役权均不受时效约束，但在法律特别规定之情况下该等权利得因不行使而消灭；在后一情况下，适用失效之规则，但另有规定者除外。

第二百九十二条（定性之变更）

一、如一法律将前法所视之时效期间视为除斥期间，或将前法所视之除斥期间视为时效期间，则该新作之定性亦适用于正进行之期间。

二、然而，在上述第一种情况下，如在旧法生效期间，时效已中止或中断，则新法之适用对该中止或中断不构成影响；在上述第二种情况下，有关期间则按时效之一般规定而成为可中止或中断之期间。

第二百九十三条（时效制度之不可违背）

法律行为旨在变更法定时效期间者属无效；法律行为旨在以其他方式促使或阻碍导致时效产生效力之条件成就者，亦属无效。

第二百九十四条（时效之受益人）

所有可因时效而受益之人，包括无行为能力人，均为时效之受益人。

第二百九十五条（时效之放弃）

一、时效之放弃，仅在时效期间届满后作出，方予容许。

二、放弃得以默示为之，且无须受益人之接受。

三、具有正当性放弃时效之人，仅为对时效所生利益可予处分之人。

第二百九十六条（时效之主张）

一、法院不得依职权代为主张时效；时效必须由其受益人或受益人之代理人透过司法或非司法途径主张后，方生效力。

二、如属无行为能力人，则时效亦可由检察院主张。

第二百九十七条（时效之效果）

一、时效完成后，受益人可拒绝履行给付，或以任何方式对抗他人行使时效已完成之权利。

二、主债权时效之完成，导致收取利息权及其他从属权利之时效亦告完成。

三、然而，对时效已完成之债自愿作出给付以履行债务之人，不得请求返还该给付，即使在不知时效已完成之情况下亦然；对以任何方式满足或承认时效已完成之权利或为其提供担保，亦适用该制度。

四、如属保留所有权直至收取价金时为止之出卖，且价金债权之时效已完成，则出卖人在未收取价金前，仍得请求返还有关之物，而不受时效所影响。

第二百九十八条（第三人主张时效）

一、时效得由债权人及对时效完成之宣告有正当利益之第三人主张，即使债务人已放弃时效亦然。

二、然而，如债务人已放弃时效，则债权人仅在符合债权人争议权之要件下方得主张时效。

三、如被起诉之债务人未主张时效而被判给付，则该已确定之裁判并不影响债务人之债权人所获承认之上述权利。

第二百九十九条（时效之开始进行）

一、时效期间自权利得以行使时开始进行；然而，如时效之受益人仅在催告后经过一段时间方须履行义务，则时效期间于该段时间经过后方起算。

二、附停止条件或始期之权利，其时效仅在条件成就或期限届至后方开始进行。

三、如订定债务人在能够履行债务时方履行，或由债务人任意确定何时履行债务，则时效仅在债务人死亡后方开始进行，如债务人为法人，则仅在其消灭后方开始进行。

四、如属未清算之债务，则时效自债权人得促成清算时开始进行；促成清算后，债务净额之时效在经协议或经确定判决定出净额时起开始进行。

第三百一十三条（因不可抗力或债务人欺诈之中止）

一、基于不可抗力之原因，债权人在其权利之时效期间最后三个月内不能行使其权利者，时效在该段不能行使权利之存续期间内中止，且不在该中止原因终止后一个月内完成。

二、因债务人之欺诈导致债权人未有行使其权利者，适用上款之规定。

第三百二十一条（除斥期间之开始）

如法律未规定始日，则除斥期间于可依法行使权利时开始进行。

第三百二十七条（权利之冲突）

一、在相同或同类权利上出现冲突时，各权利人应尽量妥协，使有关权利能在不对任一当事人造成较大损害之情况下同样产生效力。

二、权利不相同或其所属类别不相同时，以在具体情况下应被视为较高之权利为优先。

第三百二十八条（自助行为）

一、为实现或确保自身权利而使用武力，且因不及采用正常之强制方法以避免权利不能实现而有必要采用上述自助行为时，只要行为人之行为不超越避免损失之必要限度，则为法律所容许。

二、为消除对行使权利之不当抵抗，自助行为得为将物押收、毁灭或毁损之行为或其他类似之行为。

三、如所牺牲之利益大于行为人欲实现或确保之利益，则自助行为属不法。

第三百二十九条（正当防卫）

一、为排除行为人或第三人之人身或财产受正进行之违法侵犯而作之行为，只要系在不能以正常方法排除该侵犯之情况下作出，且行为所引致之损失并非明显超越该侵犯可引致之损失者，视为正当。

二、即使防卫属过当，只要过当系因行为人本身无过错之精神紊乱、恐惧或惊吓而引致者，其行为亦视为正当。

第三百三十一条（紧急避险）

一、在同时符合下列要件时，为排除威胁行为人本人或第三人受法律保护之利益之正在发生之危险而作出之行为，如其系排除该危险之适当方法，则为法律所容许：

a）危险情况非因行为人己意造成，但为保护第三人之利益者，不在此限；

b）保全之利益明显大于牺牲之利益；

c）按照受威胁利益之性质或价值，要求受害人牺牲其利益属合理者。

二、然而，危险系完全因行为人之过错而造成时，行为人必须向受害人赔偿其遭受之损失；如非纯因行为人过错而造成危险，则法院得依衡平原则定出赔偿，且除判令行为人作出赔偿外，还得判令其他从该行为得益之人或导致该紧急避险情况出现之人作出赔偿。

第三百三十二条（受害人之同意）

一、在取得他人同意之情况下作出损害该人权利之行为，为法律所容许。

二、然而，如上述行为系法律所禁止或违背善良风俗之行为，受害人之同意不阻却行为之不法性。

三、为受害人之利益及按其可推定之意思而造成之损害，视为经受害人同意之损害。

第三百九十九条（合同自由）

一、当事人得在法律限制范围内自由设定合同内容，订立不同于本法典所规定之合同或在本法典规定之合同内加入当事人均接受之条款。

二、当事人亦得将涉及两项或多项全部或部分受法律规范之法律行为之规则，纳入同一合同内。

第四百七十七条（一般原则）

一、因故意或过失不法侵犯他人权利或违反旨在保护他人利益之任何法律规定者，有义务就其侵犯或违反所造成之损害向受害人作出损害赔偿。

二、不取决于有无过错之损害赔偿义务，仅在法律规定之情况下方存在。

第四百八十一条（可归责性）

一、在损害事实发生时基于任何原因而无理解能力或无意欲能力之人，无须对该损害事实之后果负责；但行为人因过错而使自己暂时处于该状态者除外。

二、未满 7 岁之人及因精神失常而成为禁治产之人，推定为不可归责者。

第四百八十二条（由不可归责者作出之损害赔偿）

一、如侵害行为由不可归责者作出，且损害不可能从负责管束不可归责者之人获得适当弥补者，即可按衡平原则判不可归责者弥补全部或部分之损害。

二、然而，计算损害赔偿时，不得剥夺不可归责者按其状况及条件而被界定之生活所需，亦不得剥夺其履行法定扶养义务之必要资源。

第四百八十三条（行为人、教唆人及帮助人之责任）

不法行为之行为人、教唆人或帮助人有数人者，各人均须对所造成之损害负责。

第四百八十四条（有管束他人义务之人之责任）

基于法律或法律行为而对自然无能力人负有管束义务之人，须就该自然无能力人对第三人所造成之损害负责；但证明其已履行管束义务，又或证明即使已履行管束义务而损害仍会发生者除外。

第四百八十五条（由楼宇或其他工作物造成之损害）

一、楼宇或其他工作物因建造上之瑕疵、保存上出现缺陷而全部或部分倒塌者，该楼宇或工作物之所有人或占有人须对由此而造成之损害负责；但证明其本身无过错，又或证明即使已尽应有之注意义务亦不能避免该等损害者除外。

二、基于法律或法律行为而对楼宇或工作物负有保存义务之人，须代该楼宇或工作物之所有人或占有人对完全因保存上出现缺陷而造成之损害负责。

第四百八十六条（由物、动物或活动造成之损害）

一、管领动产或不动产并对之负有看管义务之人，以及对任何动物负有管束义务之人，须对其看管之物或管束之动物所造成之损害负责；但证明其本身无过错，又或证明即使在其无过错之情况下损害仍会发生者除外。

二、在从事基于本身性质或所使用方法之性质而具有危险性之活动中，造成他人受损害者，有义务弥补该等损害；但证明其已采取按当时情况须采取之各种措施以预防损害之发生者除外。

三、上款之规定，不适用于因陆上交通事故而产生之民事责任，但有关活动或其所使用之方法，与陆上通行时通常出现之危险相比具特别及更高之危险性者除外。

第四百八十七条（过失情况下损害赔偿之缩减）

责任因过失而生者，得按衡平原则以低于所生损害之金额定出损害赔偿，只要按行为人之过错程度、行为人与受害人之经济状况及有关事件之其他情况认为此属合理者。

第四百九十一条（时效）

一、损害赔偿请求权，自受害人获悉或应已获悉其拥有该权利及应负责任之人之日起经过3年时效完成，即使受害人不知损害之全部范围亦然；但不影响自损害事实发生时起已经过有关期间而完成之一般时效。

二、应负责任之人相互间之求偿权，亦自履行时起经过3年时效完成。

三、如不法事实构成犯罪，而法律对该犯罪所规定之追诉时效期间较长，则以该期间为适用期间；然而，如刑事责任基于有别于追诉时效完成之原因而被排除，则损害赔偿请求权自发生该原因时起经过一年时效完成，但在第一款第一部分所指之期间届满前不完成。

四、损害赔偿请求权之时效完成，不导致倘有之请求返还物之诉权或因不当得利请求返还之诉权之时效完成。

第四百九十六条（由车辆造成之事故）

一、实际管理并为本身利益而使用任何在陆上行驶之车辆之人，即使使用车辆系透过受托人为之，亦须对因该车辆本身之风险而产生之损害负责，而不论该车辆是否在行驶中。

二、不可归责者按第四百八十二条之规定负责。

三、为他人驾驶车辆之人，须对因该车辆本身之风险而产生之损害负责，但该人虽在执行职务，而车辆不在行驶中者除外。

第四百九十七条（责任之受益人）

……

四、排除或限制运送人对损及被运送人之事故所负责任之条款，均属无效。

第四百九十八条（责任之排除）

第四百九十六条第一款及第三款所定之责任，仅在就事故之发生可归责于受害人本人或第三人时，或事故系由车辆运作以外之不可抗力原因所导致时，方予排除，但不影响第五百条之规定之适用。

第四百九十九条（车辆碰撞）

一、如两车碰撞导致两车或其中一车受损，而驾驶员在事故中均无过错，则就每一车辆对造成有关损害所具之风险按比例分配责任；如损害仅由其中一车造成，而双方驾驶员均无过错，则仅对该等损害负责之人方有义务作出损害赔偿。

二、在有疑问时，每一车辆对造成有关损害所具之风险之大小及每一方驾驶员所具有之过错程度均视为相等。

第五百零二条（由电力或气体之设施造成之损害）

一、实际管理用作输送或供应电力或气体之设施并为本身利益而使用该设施之人，须对因输送或供应电力或气体而导致之损害负责，亦须对因设施本身而造成之损害负责，但在事故发生时，该设施符合现行技术规则之要求，并处于完好之保存状态者除外。

二、对因不可抗力所导致之损害，无须弥补；凡与以上所指之物之运作及使用无关之外因，均视为不可抗力之原因。

三、对耗用能源之器具所造成之损害，不得要求依本条之规定获弥补。

第七百八十九条（法定代理人或帮助人之行为）

一、债务人须就其法定代理人或其为履行债务而使用之人之行为对债权人负责，该等行为如同债务人本人作出。

二、经利害关系人之事先协议，得排除或限制上述责任，只要该排除或限制不涉及违反公共秩序规范所定义务之行为。

（二）《澳门商法典》

第八十八条（责任之排除）

如证明有下列情况，商业企业主无须对产品瑕疵负责：

a）商业企业主未将产品投入流通；

b）根据具体情况，可合理推定产品于开始流通时并无瑕疵；

c）制造产品并非为了出售或其他具经济目的之形式之销售，亦非在经营企业时生产或销售有关产品；

d）产品瑕疵系因遵守公共当局之强制性规定而造成；

e）以产品投入流通时之科技知识水准未能验出瑕疵之存在；

f）如为组件，有关瑕疵系因其所组装之产品之设计或产品生产商之指示而造成。

第九十三条（时效）

损害赔偿请求权之时效，自受害人知悉或应知悉损害、瑕疵及企业主认别资料之日起经3年完成。

第九十四条（失效）

损害赔偿请求权自企业主将造成损害之产品投入流通之日起经过十年而失效，但受害人所提起之诉讼正待决者除外。

（三）澳门第11/2004号行政法规《空运人及航空器经营人的民事责任制度》

第十七条（因对第三人造成的损害而产生的责任的阻却事由）

一、就航空器基于下列原因而对第三人造成的损害，航空器经营人不负赔偿责任：

（一）地震、地动及其他自然灾祸；

（二）第三人使用变更原子核的武器或爆炸装置。

二、如经营人证实倘有的对第三人造成的损害是由受害人或已继承其请求赔偿权的人实施的过错行为引致，即使过错行为属过失或不作为，均须准确地按有关的行为或不作为造成的损害的程度及比例，解除经营人的责任。

（四）澳门4月22日第28/91/M号法令《订定本地区行政当局、公共法人其权利人及公共管理代理人之合约外民事责任制度》

第九条（危险责任）

本地区行政当局和其他公法人对由于行政部门异常危险之运作或由于具有同样性质之对象和活动造成的特别和非常之损害承担责任，但根据一般规定，能证明在该部门运作或在执行其活动时发生外来不可抗力或系受害人或第三人之过错者除外。

（五）澳门12月13日第110/99/M号法令

第六条（损害赔偿请求权之时效）

一、公共实体、其机关据位人及行政人员因其公共管理行为造成损失而须承担非合同民事责任时，因此产生之损害赔偿请求权，包括求偿权，系按《澳门民法典》第四百九十一条之规定完成时效。

二、损害赔偿请求权系因受司法上诉所针对之行为而产生时，如按第一款之规定，该权利之时效应于就该司法上诉所作之裁判确定后满6个月之前完成，则有关时效必须待该裁判确定6个月后方完成。

（六）《澳门刑事诉讼法典》

第二百零九条（种类）

一、曾受明显违法之拘留或羁押之人，就被剥夺自由而受之损害，得向有管辖权之法院声请赔偿。

二、受羁押之人所受之羁押虽非违法，但因在审查羁押所取决之事实上之前提时存有明显错误而使羁押显得不合理，且受羁押之人因被剥夺自由而遭受不正常及特别严重之损害时，上款之规定，亦适用之。

三、如该错误系同时因受羁押之人之故意或过失而促成者，则上款之规定，不适用之。

第二百一十条（期间及正当性）

一、在任何情况下，损害赔偿之请求均不得在被拘留或拘禁之人获释或就有关之刑事诉讼程序作出确定性裁判1年后提出。

二、如曾被不合理剥夺自由之人死亡而其本身未放弃请求损害赔偿权，则其未分居及分产之配偶、直系血亲卑亲属及直系血亲尊亲属得声请损害赔偿。

三、依据上款之规定判予各声请赔偿者之损害赔偿总和，不得超逾应判予被拘留或拘禁之人之损害赔偿。

（七）澳门8月14日第40/95/M号法令《核准对工作意外及职业病所引致之损害之弥补之法律制度》

第七条（不给予弥补权之情况）

一、在下列情况下发生之工作意外，不给予弥补权：

a）受害人故意引致者，或因受害人在无正当理由而违反雇主所定安全措施情况下作为或不作为所引致者；

b）完全因受害人之严重且不可原谅之过失而引致者；

c）因受害人长期或偶然丧失理智而引致者，但丧失理智系因提供劳务而引致者，或非属受害人之意愿，又或在明知劳工丧失理智之情况下，雇主或其代表人仍容许其提供劳务者除外；

d）因不可抗力之情况而引致者；

e）因公共秩序之变更或其他相同性质之事实引致者；

f）因第三人作出的行为，经考虑受害人在有关行为作出前或作出时的行为，以及受害人与行为人之关系或受害人与行为人的活动圈子之关系，尤其是与有组织犯罪的关系后，证实纯属因受害人之个人原因而非工作原因所引致者，即使是在受害人从事职业活动时发生者亦然。[1]

二、上款b）项之规定不包括因习惯于所提供劳务之危险而引致之作为或不作为。

三、为第一款d）项规定之效力，不可抗力为：不论有无人之干预，由不可避免之自然力量所引致之情况，而非因工作条件所引致，亦非因从事由雇主实体在有明显危险之情况下仍明示命令进行之工作所引致，亦非因正常执行由于发生不能预测之自然现象而必须进行之工作所引致。

四、发生第一款所指之任一情况，不免除雇主实体向遇难人提供急救及确保将其送往可作医治之地点之义务。

第八条（易感染疾病）

意外受害人如易感染疾病，不妨碍其享有完全之弥补权，但如上指之身体状况为引致侵害或疾病之唯一原因或被故意隐瞒者除外。

第九条（发生意外前之侵害或疾病）

一、如意外所引致之侵害或疾病，因意外前之侵害或疾病而恶化，或意外前之侵害或疾病因意外而恶化，确定无能力程度时均完全视为因意外所引致者，但意外前之侵害或疾病之损害已获弥补者除外。

二、如受害人在发生意外前已受无能力之影响，弥补应相应于完全归责于意外所引致之无能力与先前之无能力程度之差。

三、如侵害或疾病系在治疗意外所引致之侵害或疾病过程中显示出且系因治疗所引致者，亦应享有弥补权。

第十条（意外之证明）

一、劳工在下列情况下所受之侵害或所患之疾病，视为工作意外所引致之后果，但有相反证明者除外：

a）于工作地点及工作时间内；

b）于第三条a）项（1）至（5）点所规定之情况下；

---

[1] 请查阅第12/2001号法律。

c）意外发生后 3 日内。

二、如侵害或疾病在上款 c 项所指期间内未得到承认，或在该期间过后方显示出，受害人或有损害赔偿请求权之法定受益人，应证明侵害或疾病系工作意外所引致之后果。

第十六条（弥补权）

一、终止处于风险之日与确定及明确诊断疾病之日之相隔期间，如不超过附于本法规之职业病表内所规定之期间，有权享有对职业病之弥补权。

二、属石末沉着病之情况，如劳工处于该风险之期间少于 5 年，则应由劳工证明疾病为所从事之活动之必然及直接后果，而非为身体机能之正常损耗。

三、弥补权之范围包括对以往存在疾病之恶化，但恶化须明显为劳工所从事之职业活动所引致者。

第十七条（可归责之期间）

一、受害人曾为其提供劳务之每一雇主实体，应分别按受害人提供劳务之时间之比例，对职业病负起弥补之责任，或由有关保险人以同一制度负起有关责任；但该受害人须在引致疾病之工作终止前之 2 年内在同一行业或于同一环境下为雇主工作最少 3 个月。

二、最后之雇主实体或有关保险人应作全部弥补，而该实体或保险人对根据上款规定应负起责任之其他实体有求偿权。

第五十六条（由其他劳工或第三人引致之意外）

一、如意外系由其他劳工或第三人引致，已作出弥补之雇主实体或保险人有权对所有支付获偿还，而引致意外者及受害人有承担该偿还之义务，但受害人仅偿还其从引致意外者处取得之弥补。

二、为上款之效力，雇主实体或保险人得作为主要当事人而参与由受害人向引致意外者提起之损害赔偿之诉，或得直接要求受害人返还由雇主实体或保险人已作之给付。

三、如意外因故意或严重过错引致者，而受害人在意外发生之日起 1 年内仍未作偿还，雇主实体或保险人亦得对引致意外者提起偿还之诉。

四、雇主实体及保险人如未作出全部或部分弥补，则无义务弥补受害人已从引致意外者处取得之弥补。

五、如意外非因故意或严重过错引致，雇主实体或保险人不享有向劳工索取偿还之权利，但得就受害人从该劳工取得之弥补要求受害人返还由雇主实体或保险人已作之给付。

第五十九条（失效及时效）

一、对关于本法规所规定给付之诉讼权，自下列日期起两年后失效：

a）属工作意外之情况，由遇难人在医学上治愈之日起计；如属死亡之情况，则由死亡之日起计；

b）属职业病之情况，由向受害人通知确定及明确诊断有关疾病之日起计；如无发出疾病通知或仅于死亡前1年内发出通知，则由死亡之日起计。

二、对透过裁判所定之给付之权利之时效期间为两年，由裁判转为确定日起算。

三、时效期间由受益人亲自获悉确定给付时开始。

四、时效期间因执行之诉而中断。

（八）12月13日第109/99/M号法令《核准海上商事之法律制度》

第二十八条（船舶经营人因船员之行为而负之民事责任）

一、船舶经营人对船员在履行获交托之职务时所作之不法行为，须按委托人对受托人之行为承担责任之规定，承担责任。

二、船舶经营人在履行债务时对船员之作为或不作为，须按债务人对其履行辅助人之作为或不作为承担责任之规定，承担责任。

三、然而，如船长为救助、保证航行安全或保障海上航行所涉及之整体利益而履行法律规定之义务，则船舶经营人无须承担责任。

四、对于引航员在船上之作为或不作为，船舶经营人须承担责任，但引航员之登船系由当地有关法律所规定者除外。

第一百二十九条（对不适航之责任）

一、对于因不适航所致或所生之灭失或毁损，除非系由于船舶经营人未按上条第一款之规定作出合理注意：使船舶处于适航状态，确保适当配备船员、装备船舶及配备供应品、使货舱、冷藏舱及其他载货处所能妥善收受、运载及保存货物，否则船舶经营人或船舶均无须承担责任。如因船舶不适航而造成灭失或毁损，有关已作出合理注意之举证责任，由船舶经营人或由援引本条所规定之免责之人承担。

二、不论船舶经营人或船舶，对于在下列情况所生或所致之灭失或毁损，均无须承担责任：

a）船长、大副、引航员或船舶经营人之受雇人管理船舶时之过失行为；

b）火灾，但因船舶经营人之过失或过错而造成者除外；

c）海上或其他可航水域之危险、风险或意外；

d）意外事故；

e）战争行为；

f）公敌行为；

g）政府、主管部门或人民之禁制或强制行为，或司法扣押；

h）检疫限制；

i）托运人、货物所有人或彼等之代理人或代表之行为或不行为；

j）不论任何原因，局部或全部罢工、关厂、停工或劳动限制；

k）民众暴动、骚乱；

l）在海上或内水救助或企图救助人命或财产；

m）因货物之隐有瑕疵、特别性质或本身瑕疵而生之体积或重量耗损，又或其他灭失或毁损；

n）包装不当；

o）标志不当或不善；

p）经合理注意仍未发现之隐有瑕疵；

q）不可归责于船舶经营人或其代理人或受雇人之过失之其他原因，但援引此项免责利益之人须负举证责任。

三、对于船舶经营人或船舶所遭受之灭失或毁损，不论导致灭失或毁损之原因为何，只要不可归责于托运人本人或其代理人或受雇人之过失行为，托运人均无须承担责任。

四、为救助或企图救助人命或财产而绕航或任何有合理理由而绕航，均不视为违法或违约，对由此而生之任何灭失或毁损，行为人无须承担责任。

五、a）除非在货物装船前托运人已申报该货物之性质及价值，并在提单内载明，否则，在任何情况下，运送人或船舶对货物或与货物有关之灭失或毁损所负赔偿责任，以灭失或毁损之货物每件或每单位不超过666.7计算单位，或毛重每公斤不超过2计算单位之数额为限，择其较高限额适用之。

b）全部赔偿金额，应参照货物按合同规定卸载或应卸载之当地当日之价值计算。货物价值按其在交易所之价格确定，如无交易所价格，则依当时之市场价格，如无当时之市场价格，依相同性质及质量之货物当时之价格。

c）如货物用集装箱、货盘或类似装运器具集装，提单中所载之装于此类装运器具之货对象数或单位数，须视为本款所指货对象数或单位数；在上述情况以外，每一装运器具须视为一件或一个单位。

d）本条所指计算单位，指国际货币基金组织规定之特别提款权。本款a项所指金额，须按当地货币于有管辖权之法院所在地法所定日期之价格换算为当地货币。

e）如证明毁损系由运送人之故意或明知可能造成毁损而轻率作为或不作为所造成，则运送人或船舶均无权享受本款所规定之责任限制之利益。

f）本款a项所指申报，如在提单中载明，则构成一推定；该推定对船舶经营人不具约束力，而船舶经营人得对之提出争议。

g）经船舶经营人、船长或船舶经营人之代理人与托运人双方协议，得定出不同于本款a项所定最高限额，但约定之最高金额不得低于该项所定最高金额。

h）如托运人故意虚报货物性质或价值，则对于货物或与货物有关之灭失或毁损，船舶经营人或船舶均无须承担责任。

六、具有易燃性、易爆性及危险性之货物，如船舶经营人、船长或船舶经营人之代理人知悉其性质或特性后不会允许装船者，船舶经营人得于卸载前之任何时间将货物卸在任何地点、销毁或使之不能为害，而不予赔偿；对于因该等货物之装船而直接或间接造成或产生之一切毁损及费用，该等货物之托运人须承担责任。如船舶经营人知悉货物之性质并已同意装船，在任一货物对船舶或货物构成危险时，亦得同样将货物卸在任何地点、销毁或使之不能为害，而不负赔偿责任，但由倘有之共同海损所导致者除外。

第一百三十条（免责范围及责任限制之范围）

一、本章之规则所定之抗辩及责任限制，适用于就运送合同所涉及之货物之灭失或毁损对船舶经营人提起之赔偿之诉，不论该诉讼系基于合同责任或非合同责任。

二、如向船舶经营人之履行辅助人提起上述诉讼，该辅助人得援引船舶经营人可按本章之规定援引之抗辩及责任限制。

三、船舶经营人及其履行辅助人所承担之金额总数，在任何情况下均不得超过上条所定之限额。

四、然而，如经证明，毁损系由履行辅助人之故意或明知可能造成毁损而轻率地作为或不作为所造成，则该履行辅助人不得援引本条之规定。

第一百七十七条（合同条款之无效）

发生导致旅客人身伤亡或行李灭失或毁损之事故前订立之合同之任何规定，如旨在免除运送人对旅客之责任，或订立低于以上各条所定责任限额（但第一百六十八条第四款所规定者除外），或将运送人所承担之举证责任移转予他方，均无效；然而，该等规定之无效，并不导致运送合同无效，有关运送合同仍受本编之规定规范。

第二百六十四条（意外事故或不可抗力所造成之碰撞）

如碰撞系由意外事故或不可抗力所造成，或对碰撞原因有疑义，则由遭受损害之当事人各自承担有关损害。

（九）澳门11月29日第88/99/M号法令《订定在提供邮政服务，设置及使用邮政基础设施时须遵守之一般原则》

第三十二条（责任之一般原则）

一、公共邮政经营人无须承担因遗失或损坏在公共邮政服务范围内之邮件而生之责任，但挂号邮件、保价邮件、在邮政包裹、特快专递或电子信函等公共服务范围内寄出之邮件除外。

二、出现下列情况时，公共邮政经营人亦无须承担因遗失或损坏挂号邮件、保价邮件、在邮政包裹、特快专递或电子信函等公共服务范围内寄出之邮件而生之责任：

a）邮件之遗失或损坏系因寄件人或收件人之过错而生；

b）邮件之遗失或损坏系由无法预料或不可抗力之原因造成；

c）邮件被根据适用法例之规定属有权限之当局扣留或扣押；

d）有关服务要求申报邮件内容或属须办理海关手续之邮件时，发现所申报者为虚假资料；

e）收件人或退回邮件时之寄件人于邮件交付时未作出书面保留；

f）提供之服务有缺陷，尤其是延误，但交付期限已获保证之情况除外；

g）损坏在寄件人或收件人愿意承担责任下寄出之邮件；

h）属退回邮件回执之情况。

第三十四条（寄件人承担邮寄责任）

一、易于损坏或需要特别小心处理之邮件，得在寄件人或收件人承担邮寄责任下寄出，公共邮政经营人无须对倘有之损害负民事责任。

二、寄件人须在邮件外面或为此而制定之适当表格上声明承担邮寄责任，收件人则须预先将承担邮寄责任之文件寄给公共邮政经营人。

第三十五条（声明异议）

一、关于遗失或损坏邮件之声明异议，须以书面方式向公共邮政经营人提出，其中须指出有关遗失或损坏邮件之资料，并提交所提供服务之收据或其他等同档。

二、承认寄件人有受偿权时，须以挂号信通知寄件人其应得之赔偿。

三、寄件人应自作出上款所指通知之日起 3 个月内要求领取赔偿。

四、如责任须由其他实体承担，则支付赔偿后，公共邮政经营人代位取得已获赔偿之人之权利。

第三十六条（时效）

受偿权之时效，自接受投寄邮件之日起，经过 1 年完成。

（十）澳门 8 月 25 日第 35/97/M 号法令《规范在海事管辖范围内禁止投掷或倾倒有害物质》

第九条（例外）

本法规之规定不适用于在下列情况下投掷或倾倒第二条所指之物质又或固体或液体废物：

a）船舶为本身安全或其他船舶之安全，又或为救助人命所作之投掷或倾倒；

b）任何设施为本身安全或为有关工作人员之安全所作之投掷或倾倒；

c）在适当证明之不可抗力之情况下所作之投掷或倾倒，但在事后必须采取适当措施制止继续投掷或倾倒，或减少投掷或倾倒之数量，以及制止及减轻所产生之后果。

（十一）《医疗事故法》咨询文本

三、责任制度

无论是过错责任部分，还是无过错责任，即风险责任部分，医务人员和医疗机构在下列情形下都不承担责任：

（一）在紧急情况下为抢救垂危者的生命而采取适当的紧急医学措施造成不良后果的；

（二）无过错输血感染造成不良后果的；

（三）可归责于医疗服务使用者的过错导致不良后果的；

（四）因不可抗力造成不良后果的。

或者，也可以考虑完全采取过错责任制度，或者无过错责任制度，即风险责任制度。

六、损害赔偿

……

具有损害赔偿请求权的人士自知悉或者应当知悉医疗服务使用者在医疗活动中所遭受的人身损害之日起3年内，提出损害赔偿请求，但法律另有规定者除外。

连带民事责任人自开始履行赔偿义务之日起3年内，提出相互求偿请求，但法律另有规定者除外。

（十二）澳门9月28日第17/92/M号法律《制定合约的一般条款法律制度》

第十一条（一般原则）

一、禁止将违反善意原则、不适当地损害附合人的一般合同条款加载合同内。

二、当有怀疑时，下列条款，被视为存有不适当的损害：

a）与法定规范的主要原则不兼容，且与该法定规范有分歧；

b）限制由合同性质所产生的主要权利和义务，以致危害已达致的合同的目的。

第十二条（绝对禁止的条款）

一、在任何情况，涉及直接或间接排除或限制责任之下述一般合同条款款止加入具体合同内：

a）对人之生命、精神或身体完整性或健康造成损害之责任；

b）在另一方立约人或第三人之权义范围内造成之非合同财产损毁之责任；

c）在故意或严重过失的情况下因确定不履行、迟延履行或瑕疵履行而引致之责任；

d）在故意或严重过失的情况下，由代理人或辅助人之行为引致之责任；……

二、下述之一般合同条款亦被禁止：

a）变更关于举证责任及风险分担之规则；

b）限制或以任何方式变更提议人或其代理人在合同上已承担之规定。

第十三条（相对禁止之条款）

……

a）对损害订立不适度之罚则（违约金）。

……

第十四条（效力）

一、按照本法律的规定，被禁止的一般合同条款无效。

二、无效是根据一般规定而提出。

第二十三条（临时禁止）

一、恐防在具体合同内加载与本法律的规定有抵触的一般合同条款时，第 18 条所指的实体可声请临时禁止。

二、经作出适当的配合后，按照诉讼法未特定的保全措施所指规定作出临时禁止。

三、有关该规则的典型案例（关于损害赔偿请求权的消灭时效）

葡萄牙里斯本中级法院 2008 年 10 月 7 日的合议庭裁判第 6760/2008-7 号上诉案：[1]

（一）案情简述

（1）原告在 2000 年 12 月 16 日乘坐由被告（某保险公司）承保的车辆，由于司机的过错，发生交通事故造成原告身体及精神受损。

（2）原告在 2003 年 12 月 12 日向法院提起诉讼，要求判被告向其支付 49440.04 欧元的损害赔偿。被告在 2003 年 12 月 18 日被传唤。

（3）被告答辩时指，《澳门民法典》第四百九十一条第一款规定的损害赔偿请求权自受害人知悉其拥有该权利及应负责任之人之日起经过 3 年时效完成。因此，该案之时效在 2003 年 12 月 16 日已经完成。

（4）第一审法院判决时效完成，开释被告。

（5）原告对时效开始计算的日期有不同意见，于是向里斯本中级法院提起上诉。

（二）法律问题

中级法院面对的法律问题是，损害赔偿请求权的消灭时效如何开始计算，以及其期限可否延长。

---

[1] 本案例由艾林芝翻译并总结，原有条文为葡萄牙法条文，已改为相应的澳门法条文。

（三）主要观点

原告在上诉书状中提到：

“在计算 3 年消灭时效时，不应认为事故发生当日是开始之日，因为当时所发生的创伤，原告无能力理解其权利状况。”

“因此，至少是应该以 2000 年 12 月 17 日原告做完外科手术及麻醉醒来后时作为开始计算的日期。”

“根据民法典第三百一十五条第二款，传唤未于声请后 5 日内作出，且其原因不能归于申请人，则视时效于该 5 日后即告中断。因此自 2003 年 12 月 17 日后，时效已经中断，消灭时效没有完成。”

“此外，由于不法事实构成刑事犯罪，根据《澳门民法典》第四百九十一条第三款、《澳门刑法典》第一百四十条及第一百一十条第一款 d）项，消灭时效应该延长至 5 年。”

合议庭法官引用 Vaz Serra 教授的意见认为：

“为了开始计算时效期间，必须要求受害人知悉，这在法律上是损害赔偿的基础，不知悉相关情势之人不知道其可以要求损害赔偿，这不应是构成一个较短期的消灭时效期间的理由。”

合议庭法官指出：“第四百九十一条第一款订定的时效期间，自受害人知悉其拥有的权利时开始计算，这可能与事故发生的日期不必然的一致……”

“原告在事故发生后处于无意识的状况，其遭受之损害以及实施之外科手术使得其（至少在事发当日）不可能知悉透过本诉讼主张的权利……”

“同样的，关于第四百九十一条第三款的可适用性的问题，在起诉状中单纯抽象的提出相关事实符合特定犯罪即可，还是需要具体证实……我们认为前面所展示的已经可以得出立即适用第四百九十一条第三款的结论了。”

最后，法院判决撤销被上诉的判决，案件程序继续。

四、在《东亚侵权法示范法》中对该规则作出规定的基本意见

澳门法域的建议是，将自助行为、正当防卫以及紧急避险等以自力实现权利的制度放在权利行使与保护的章节中，这种立法体例并不妨碍其成为侵权责任的抗辩或免责事由，而且从某种意义上来讲，此种立法体例更能强化权利之行使与保护，因为自助行为、正当防卫以及紧急避险等直接被视为法律赋予公民之权利，鼓励权利主体以一种积极的方式去行使属于自己的权利以捍卫或保护自身的合法权益。

专题之十一：产品责任（包括药害责任）

一、该问题基本规则

产品责任是生产者或销售者对其生产或销售有缺陷产品造成他人人身伤害或财产损失而引起的损害赔偿责任。产品责任法所调整的是作为平等法律关系主体的产品生产销售者与产品消费者之间因产品损害而生的损害赔偿关系。现代产品责任法已不再仅仅充当呵护消费者的角色，它更多地注重生产经营者与消费者之间利益的平衡，愈来愈成为现代工业社会合理分摊缺陷产品损害风险的一种工具。当介绍澳门的产品责任法时，按照笔者的理解，与欧共体产品责任法结合起来讨论将是个不错的诠释方法，因为葡萄牙是欧盟的成员国之一，其产品责任法制是按照《欧共体产品责任指令》的要求颁布实施的，而中国澳门地区现行的产品责任制度主要是以葡萄牙法为蓝本建立起来的。1977 年，欧洲委员会通过了世界上第一个有关产品责任的实体法规范《关于人身损伤及死亡的产品责任欧洲公约》（又称为《斯特拉斯堡公约》，它是旨在协调产品责任法的第一个国际公约，建议各成员实施生产商对缺陷或不安全产品的严格责任。1985 年，欧共体发布了《1985 年 7 月 25 日欧盟理事会关于协调统一成员国有关缺陷产品责任的法律、法规与行政规章的第 85/374/EEC 号指令》（以下简称《产品责任指令》）❶，并经《1999 年 5 月 10 日欧洲议会与欧盟理事会的 1999/34/EC 号指令》修订。❷根据《产品责任指令》的第十九条，成员国有义务于 3 年内，即至 1988 年 7 月，订立相符的国家法律。葡萄牙则于 1989 年经由 11 月 6 日第 383/89 号以及 4 月 24 日第 131/2001 号法令将《产品责任指令》纳入葡萄牙国内法，制定了本国的产品责任法。另外，1992 年 6 月 29 日第 92/59/CEE 号指令为欧共体引入了一项产品安全的一般义务❸，这项指令后来被列入为各成员国，并经 2 月 29 日第 16/2000 号法令修改的 11 月 20 日第 311/95 号法令列入葡萄牙的内部法律。

澳门产品责任理论一直在推陈出新，产品责任的立法体系渐趋完善。为了加强对消费者的保护，澳门早于 1988 年已订立了《消费者的保护》法律，规定向消费者

---

❶ 《欧盟官方公报》1985 年 8 月 7 日第 210 期。

❷ 《欧盟官方公报》1999 年 6 月 4 日第 141 期。

❸ 并经《2001 年 12 月 3 日欧洲议会与欧盟理事会关于一般产品安全 2001/95/EC 号指令》的修订。请参见《欧盟官方公报》2002 年 1 月 15 日第 11 期。

提供产品时，须确保消费者获得安全保障的权利，禁止向消费者出售“在正常或可预见情况下使用时危及消费者的健康或安全的物品”。❶

以前，澳门没有单独的产品责任法，澳门的产品责任的法律规定分散在《澳门商法典》、澳门第12/88/M号《消费者的保护》和《澳门民法典》中，它们较集中地规定了产品责任的主要问题，对生产者、销售者的归责原则及责任构成、产品及缺陷的概念、损害及赔偿的方式和范围等都作出了明确规定，成为澳门处理产品责任案件的主要法律依据。《澳门商法典》第一卷第八编“商业企业主之民事责任”第八十五条至第九十四条对生产商的产品责任作了规定❷。为提供给消费者更有力的保护，规范生产商及经销商就产品安全所承担的义务，澳门特别行政区政府2008年制定了《产品安全的一般制度》（第17/2008号行政法规），并赋予澳门特别行政区政府经济局保护消费者及对经济违法行为的监察职权，负责监管产品质量和执行处罚。❸《产品安全的一般制度》非常重大的改革在于确立回收有危险产品的法律依据。当生产者将不安全的产品投放市场的时候，他们必须迅速采取措施清除产品的危险，根据《产品安全的一般制度》的第五条一款第三项的规定，“采取适当行动预防产品可能产生的危险，包括必要时从市场回收产品”，否则，将由政府出面强制召回或销毁产品，并向负有此义务的生产商及销售商追究相应费用。❹另外，在可能的情况下，生产商及销售商应主管实体的要求送交产品样本作安全检测。❺事实上，在应对新的产品安全规定上，生产商需要越来越清醒地认识到他们在新的法律下所负有的责任，因为在产品安全领域，最小程度的危险如果一不小心滑出消费者的掌控之外的话都可能轻易地衍生出产品责任的问题并导致严重的声誉受损。❻

（一）产品责任的归责原则

如前所述，产品责任是指因缺陷产品肇致受害人人身伤害以及缺陷产品以外的其他财产损害，而由生产者或销售者对受害人所承担的一种侵权的民事责任。在性质上，产品责任已经是一种独立于违约责任的一种侵权责任。它不以加害人与受害人之间存在合同关系为前提，而是基于产品缺陷造成他人损害事实而产生的，它是

---

❶ 第12/88/M号《消费者的保护》的第四条（某些物品或服务供应的禁止）：“一、禁止供应在正常或可预见情况下使用时危及消费者的健康或安全的物品或服务。二、行政当局将阻止上款所指服务的提供及物品的供给，并倘有需要时，对后者进行没收。”

❷ 《澳门商法典》对产品责任的处理是一项颇受争议的举措，起码在体系上产品责任不是纯粹的商法内容。该法典的起草人Augusto Garcia教授曾向笔者表示，这一处理方式乃立法者有意为之，主要是要趁商法典制定之机将先前一直无法推进的产品责任立法落实。

❸ 第17/2008号行政法规《产品安全的一般制度》的第七条（主管实体）：“一、经济局是监察本行政法规遵守情况的主管实体。……”

❹ 《产品安全的一般制度》的第十四条的规定：“产品应予回收或销毁时，负有此义务的生产商及经销商须承担有关操作的负担。”

❺ 《产品安全的一般制度》的第五条第一款第四项。

❻ 由于澳门经济几乎没有生产环节，所以产品责任的案件不多，特别行政区成立至今尚无一例专门因产品责任而上诉到中级和终审法院的案件。

对法律或者法定义务的直接违反而产生的法律责任。产品责任的归责原则就是指产品损害事故发生后，法律是以行为人的主观过错还是以发生的客观损害事实作为判断标准进而确定行为人是否承担赔偿责任和怎么样承担赔偿责任，下面对在澳门语境下的产品责任归责原则进行简单的探讨。

欧共体于 1977 年和 1985 年分别通过了《斯特拉斯堡公约》和《产品责任指令》确认产品责任适用无过错责任原则。1985 年的《产品责任指令》第一条明确规定："商品制造者应当对商品的缺陷造成的损害承担责任，而不论他是否知道或可能知道这一缺陷。"澳门产品责任法也实行客观责任制度，根据《澳门商法典》第八十五条第一款规定："作为生产商之商业企业主不论有否过错，均须对因其投入流通之产品之瑕疵而对第三人所造成之损害负责。"该条从维护消费者利益的宗旨出发，明确规定生产者应对产品缺陷致损承担风险责任，不仅免除了受害者证明加害人过失的举证义务，而且不允许加害人以自己已尽注意义务进行抗辩。同法八十五条第二款："生产商系指制成品、组件或原料之制造商，以及透过加于产品上之名称、商标或其他识别标志而表现为生产商者。"第三款，除了本身是产品制造者外，"经营企业时进口产品以便出售、出租、融资租赁或以其他方式销售"均视同为生产商，另外"无澳门之生产商或进口商之识别资料之产品之销售商"也被视为生产商，"但获受害人书面通知后以书面将生产商、进口商或前手销售商之认别资料回复受害人者除外"。

根据上述条款的规定，可知产品责任是一种在性质上较为特殊的侵权责任。其特殊性主要表现在下面将要论述到的归责原则的适用方面。因产品缺陷致人损害的侵权责任采用的是多元的归责方式，即采取的是风险责任和过错责任的双轨制归责原则。第一，对于产品制造商，澳门的产品责任法采用的是风险责任原则，即生产商承担无过错责任或风险责任。从保护受害人角度出发实行风险责任归责原则，原告无须证明加害人主观上存在过错，而被告也不得以自己没有过错作为自己免除责任的事由，除非被告有下文将要阐述的法定免责事由。第二，产品销售商原则上承担过错归责中的过错推定。当损害发生时，法律上推定被告有过错，由被告证明自己没有过错而免责，实现举证责任倒置。过错推定原则减轻原告的举证责任。《澳门民法典》第三百三十五条所规定的由主张权利之人负责证明创设权利之事实是举证责任分配中的一项基本原则，但在产品责任中，这一举证责任分配原则受到挑战。

在现代生产条件下，产品从生产到批发到零售，组成一个完整而复杂的生产销售链条，处于该链条中成品、原材料、组件的生产者、进口商、批发商、零售商等都可能成为产品责任主体。不像美国采取复合主体制[1]，中国澳门地区同欧盟一样，采单一主体制，仅生产者负担风险责任，仅在无法提供生产者或供货者的情况下，销售者才被视为生产者负风险责任。

根据澳门产品责任的风险责任的归责原则，构成产品责任，须具备以下要件：

---

[1] 即生产者和销售者均负无过错责任。

第一，产品存在缺陷；第二，受害人存在人身、缺陷产品以外的其他财产的损害后果；第三，产品的缺陷与受害人的损害后果之间存在因果关系；第四，不法性。[1]该四个要件的举证责任均在受害人即原告一方。只要原告能够同时证明上述四个事实时，被告就要承担赔偿损失的责任。[2] 产品责任的这四个要件，直接区别于《澳门民法典》第四百七十七条规定之过错责任的五个构成要件，即受害人不必证明产品生产者的过错，因而减轻了受害人的诉讼负担，有利于保护受害人的权利。风险责任蕴涵的基本含义是不考虑产品的提供者主观上是否存在过错，即它所关注的重心不是产品提供者的主观过错，而是产品存在缺陷造成他人损害的事实，只要产品具有缺陷导致他人受到损害，产品的生产者就应当承担责任。但是值得注意的是，原告证明第一个要件是必须证明产品所存在的缺陷是在生产者或销售者把该产品投入市场时就有的。如果使用者或消费者在拿到产品之后，擅自改变了产品的性能，因而造成了人身伤害或财产上的损害，他就不能要求生产者或销售者赔偿损害。同过错责任原则比较，风险责任原则是一种客观责任，它不必考虑被告是否已做到“适当注意”的问题，即使被告在制造或销售产品时已经做到了一切可能做到的注意，但如果产品有缺陷并且使原告遭到损失，被告仍须对此负责。但是需要指出的是，风险责任原则并非是要求产品提供者对一切产品损害均负责任的绝对责任原则。它虽然要求产品提供者对缺陷产品所致损害负无过错责任，但同时也允许其提出抗辩，抗辩有效时，产品提供者不负赔偿责任。

（二）产品责任的构成要件

如上所述，产品侵权责任的构成要件主要包括产品存在缺陷、不法性、损害后果以及缺陷与损害之间的因果关系四个方面，过错不再是产品责任的构成要件。在这里不对其构成要件一一赘述，只强调以下几个问题。

1. 产品及产品缺陷

（1）产品的概念。

“产品”是产品责任适用的客体，是受害人能否以产品责任为由提起诉讼的一个前提条件和关键因素，所以在谈论产品责任的开始就非常有必要厘清法律意义上的“产品”的概念。

根据《产品责任指令》（85/374/EEC）第二条的规定：“为本指令之目的，产品指除初级农产品和狩猎产品以外的所有动产，即使已被组合在另一动产或不动产之内。初级农产品是指泥土种植业、畜牧业、渔业产品，不包括经过加工的这类产品。产品亦包括电。”关于澳门法律中的产品的概念，下面的两个法条是我们首先要给予关注的。一是《澳门商法典》的第八十六条指出的：“一、任何动产，即使与其他动

---

[1] Antunes Varela：《债法总论》，第一卷，第十版，唐晓晴译，未出版，第 376 页。

[2] 如根据《欧共体产品责任指令》第四条，证明损毁、缺陷及损毁与缺陷两者之间的因果关系，责任在受害人。

产或不动产组装，均视为产品。二、来自土地、畜牧、捕鱼及狩猎之产物，如未加工不视为产品。”另一个是《产品安全的一般制度》的第二条第一项的规定：“产品：经制作或加工后，以有偿或无偿方式供应或提供予最终消费者消费的所有物品。”《澳门商法典》第八十六条的规定与《产品责任指令》的第二条在表达方式上虽然有所区别，但实质上除了其没有涉及电这种无形产品外，其他所涵盖的内容基本一样。未加工初级农产品及猎物等产品在中国澳门地区的产品责任法中的产品定义之外，当然，经处理农产品及猎物均属澳门产品责任法的管制范围。电力和气体等无形产品其实是由《澳门民法典》第五百零二条规定的❶（笔者认为它是属于《产品安全的一般制度》的第二条第二款第六项所说的“已有专门规定对其安全性作出规范的产品”。所以笔者认为在澳门法律中，产品不仅涵盖了电力，而且收编了气体等无形产品，将其也纳入其调整范围。澳门将初级农产品排除在外的，无论是根据《产品安全的一般制度》的第二条第一款，还是依据《澳门商法典》的第八十六条。❷）对于不动产，按照《澳门商法典》第八十六条的规定：“一、任何动产，即使与其他动产或不动产组装，均视为产品。二、来自土地、畜牧、捕鱼及狩猎之产物，如未加工不视为产品。”根据本条，虽然我们有理由相信澳门法律将不动产排除在产品之外，但根据第17/2008号行政法规《产品安全的一般制度》的第一条第二款“本行政法规不适用于下列产品：……（二）不动产……”，虽然它将不动产放逐在自己所管辖的范围之外，但将不动产放在产品的篮子里，仍认为不动产是某种产品，而且态度很明确。《澳门商法典》是1999年颁布的，《产品安全的一般制度》是2008年出台的，基于新法优于旧法原则，所以，笔者认为澳门的产品责任法将不动产揽入怀中。简而言之，按照澳门的法律规定，产品既可以是动产，也可以是不动产。根据以上定义，澳门未将服务列入产品范围。此外，澳门的产品范畴同所述指令一样，都没有涵盖的物品还包括人体器官和组织、血液以及知识产品。之所以没有将它们纳入产品的疆域，可能是认为它们过于特殊，以致客观产品责任法中的产品无法驾驭它们，所以将它们排除在风险责任之外。

（2）产品缺陷。

一般侵权责任强调过错，而产品责任是特殊侵权责任，不强调行为人的主观过

---

❶ 《澳门民法典》第五百零二条：“一、实际管理用作输送或供应电力或气体之设施并为本身利益而使用该设施之人，须对因输送或供应电力或气体而导致之损害负责，亦须对因设施本身而造成之损害负责，但在事故发生时，该设施符合现行技术规则之要求，并处于完好之保存状态者除外。二、对因不可抗力所导致之损害，无须弥补；凡与以上所指之物之运作及使用无关之外因，均视为不可抗力之原因。三、对耗用能源之器具所造成之损害，不得要求依本条之规定获弥补。”根据本条，可知电力或气体运行事故责任有两个免责事由，第一，如果行为人能举证事故发生时，该设施符合现行技术规则的要求，并且保存状态好的，行为人就无须承担责任；第二，不可抗力。

❷ 《产品安全的一般制度》的第二条第一款：产品，经制作或加工后，以有偿或无偿方式供应或提供予最终消费者消费的所有物品。《澳门商法典》的第八十六条：“一、任何动产，即使与其他动产或不动产组装，均视为产品。二、来自土地、畜牧、捕鱼及狩猎之产物，如未加工不视为产品。”

错，过错不是产品责任的构成要件，只要缺陷产品给受害人造成损害，行为人不管有无过错，都必须承担产品责任，以此来平衡当事人的利益。产品缺陷是产品责任的至关重要的概念，是产品责任的一个重要的构成要素，是受害人享有损害赔偿请求之权利的基础和前提，因此，研究在立法上和实践中对‘缺陷”一词的定义和解释的重要性是不言而喻的。在当下，我们研究产品责任，一般是在产品存在缺陷的前提下进行的，产品责任通常系产品存在缺陷所致。

根据《澳门商法典》的第八十七条所述："一、考虑到包括外表、特性及可作之合理使用在内之各种具体情况，一项产品于开始流通时未能提供合理预期之安全者，则视为有瑕疵。二、产品并不因后来有另一更完善之产品在市场上流通而视为有瑕疵。"在考虑了所有情况后，若产品未给人们提供有权期待的安全程度，那么该产品就是有缺陷的。与《澳门商法典》第八十七条的规定相比，《产品安全的一般制度》这个新法规对于产品瑕疵的定义进行了根本性的变革，赋予了消费者更加给力的保护。❶而根据第 17/2008 号行政法规《产品安全的一般制度》的第三条，产品安全的定义几乎接近极限，"安全产品"的定义是指"产品未显现出任何危险"，或者"仅显现出轻微危险，只要该等轻微危险与产品的使用兼容且根据保护消费者的健康与安全的严格标准判断其为可接受者"。"安全产品"意味着要么不存在任何危险，要么它最小程度的危险是在消费者的把握之中的。对于产品生产者和销售者来说，这似乎显得有点苛刻，因为其中认定产品安全的标准相当高，即便轻微的危险也可能被认定为缺陷产品。

以前，澳门在进口产品方面，由于没有具体标准，质量和安全标准参差不齐。

为此，《产品安全一般制度》行政法规不仅明确列举了在认定产品缺陷时应当考虑的相关因素，而且它规定了在澳门生产及出售的产品，必须符合一定的安全标准。❷澳门所采用的安全标准是参考由第 19/2008 号行政长官批示颁布的安全标准，涵盖国际电工委员会（IEC）标准、中国内地（GB）标准、欧盟（EN）标准、美国（UL）标准及日本（JIS）标准，所有产品必须符合或不低于这些标准。具体的安全标准参数，可参阅由第 19/2008 号行政长官批示颁布的产品安全标准表（目前已认可部分灯具、家庭电器、音响及视听器材、信息科技设备以及手提工具等产品的安全标准）。另外，根据第 17/2008 号行政法规第二条第六项的规定，检验机构是"经行政长官以批示认可的产品安全检验机构"。而自第 17/2008 号行政法规生效起即生效的第 290/2008 号行政长官批示，公布了其认可的"产品安全的一般制度"的检验机构，总共有 23 家，它们来自中国内地（1 家）、中国澳门地区（1 家）、中国香港

---

❶ 《澳门商法典》第八十七条规定："一、考虑到包括外表、特性及可作之合理使用在内之各种具体情况，一项产品于开始流通时未能提供合理预期之安全者，则视为有瑕疵。二、产品并不因后来有另一更完善之产品在市场上流通而视为有瑕疵。"

❷ 第 17/2008 号行政法规《产品安全的一般制度》的第三条第二款和第三款。

地区（18家）、新加坡（3家）。[1]

不受第17/2008号行政法规《产品安全的一般制度》规管的6项产品包括：①食品；②不动产；③飞机、船舶或车辆；④转口、过境或出口的产品；⑤使用过的产品，例如古董或二手交易市场的物品；⑥已有专门规定对其安全性作出规范的产品。[2] 虽然该六类物品并不适用《产品安全的一般制度》，但不代表它们就不是产品，更不意味着该六类产品的质量问题不受法律的规范，涉及产品责任问题《澳门民法典》、《澳门商法典》和其他相关的专门性法规对其安全性作出规范。如有些产品已存在具体的产品安全法律要求，即有些已有对该类产品的专门规定，如玩具和某些儿童产品的强制性安全标准。澳门第439/2009号行政长官批示规定了玩具和某些儿童产品的安全标准，已于2009年11月生效，这些标准主要是基于中国内地（GB）标准而制定的。

2. 损害事实

产品责任法中的损害事实是指缺陷产品导致受害人存在人身、缺陷产品以外的其他财产的损害后果。换而言之，损害作为一种客观事实，是指因死亡或人身伤害引起的损害，以及缺陷产品本身以外的任何财产的损害或灭失。损害是任何侵权责任都必不可少的构成要件，它是权利人诉请法律救济、责任人承担侵权赔偿的前提。因此，损害的事实不仅关系到产品责任的责任构成，而且关系到产品责任的赔偿法律效果。因产品责任法律制度要对受害人遭受缺陷产品的损害本身进行筛选，从而得以确认其是否属于产品责任损害赔偿范围，所以说损害是产品责任法律制度中一个不可或缺的重要因素。简单来说，因产品缺陷致人损害，包括财产损害和人身损害。世界产品责任法一般都是从人身损害和财产损害这两个方面界定缺陷产品造成的损害的，如根据《欧共体产品责任指令》（99/34）第九条："本指令的损害是指（a）因死亡或人身伤害引起的损害；（b）缺陷产品本身以外的任何财产的损害或灭失。其损害不得低于500欧洲货币单位，但该财产必须是：①通常为个人使用或消费所需的那类财产；②受害人主要将其用于私人用途或消费。"澳门也是从这两个方面对产品责任因果关系中的损害要件作出规定的。根据《澳门商法典》第九十一条，可知产品侵权责任可获赔偿之损害涵盖"瑕疵产品造成人身伤亡之损害，以及对瑕疵产品以外之物造成之损害，只要该物一般系供私人使用或消费，受害人亦主要将之作此用途者"。同一般侵权行为的法律构成一样，损害事实的客观存在是产品责任构成要件之一，只有消费者、使用者或第三人在人身或财产方面受到缺陷产品的损害，才可能发生产品损害赔偿责任的问题。产品责任立法规定的损害包括人身损害和财产损害。人身损害产品责任中的人身损害，人身损害指因产品缺陷，造成的消费者或者第三人人身权利的损害，可能对人身损害所涵盖的内容上有不同解释，这

[1] 290/2008号行政长官批示。

[2] 第17/2008号行政法规《产品安全的一般制度》的第一条第二款。

主要是对于精神损害的理解上，但笔者认为人身损害包括了两个方面的内容。一是有形的损害，一般是指产品具有缺陷而对他人生命、身体健康所造成的损害，具体包括生命丧失、肢体伤残及健康受损；二是无形的损害，根据《澳门民法典》的第四百八十九条，称其为非财产损害，即我们通常所说的精神损害，它是指由于产品缺陷造成的受害人精神上的伤害与痛苦，它一般以存在有形的人身损害为前提。财产损害是指缺陷产品造成的缺陷产品以外其他财产的毁损、灭失，对缺陷产品本身所受的损害不依产品责任法赔偿。

3. 产品自身损害

关于产品责任存在一个十分棘手的问题：缺陷产品本身的损害如何处理，是否应当包括在产品责任侵权损害的赔偿范围之内？缺陷产品本身的损害恐怕不易得到侵权法的庇护。欧共体及其成员国的产品责任法也排除产品自损的侵权责任，而是产品的瑕疵担保的契约责任上。中国澳门地区法律持同样的见解，虽然澳门第12/88/M号《消费者的保护》并没有明文规定关于产品责任的赔偿范围是否及于瑕疵产品本身之损害，但根据《澳门商法典》第九十一条，可知产品侵权责任可获赔偿之损害所涵盖之内容。[1] 本条明文规定将瑕疵产品本身之损害排除于产品责任的赔偿范围，即产品责任的保护对象并不包括产品自身的损害，认为产品责任并不是产品自身品质问题和自身损坏造成的财产损失，而是产品因缺陷造成他人的人身伤害或缺陷产品以外的其他财产损害所引起的责任。确保产品的价值和品质，是合同明示或默示担保责任的范围。如果产品缺陷仅仅导致缺陷产品本身的损害，则不构成产品责任，仅仅构成产品违约责任，属于合同法的范畴，按合同责任处理，应当由产品的购买者向产品的销售者追究违约责任，而不是追究产品侵权责任。因此，产品责任的赔偿范围是产品因缺陷造成他人人身伤害或缺陷产品以外的其他财产损害。

在具体司法实践中，可能一些案件既涉及产品自身的损害又涉及人身与产品以外财产的损害。在一般情况下，产品自身损害依法律的规定，只能以违约责任提起诉讼，行使违约责任请求之权利；请求赔偿对人身和产品自身以外的财产的损害，受害人可以行使产品侵权损害赔偿请求之权利，请求赔偿损失。但在这种情况下，受害人可以同时以这两种请求之权利为基础提起诉讼。法院在判决赔偿产品自身损失的时候所遵循的是合同法的相关规定，判决赔偿人身和产品以外财产损害时所援引的是产品责任法的规定。

4. 因果关系

任何损害赔偿责任不论系依侵权或违约而发生，皆应以加害原因与损害之间具有因果关系为其要件，此于产品责任亦无例外。在产品责任（包括医疗产品责任）的案件中，产品缺陷或瑕疵与造成受害人的损害事实之间存在着因果关系是适用风

---

[1] 《澳门商法典》第九十一条：瑕疵产品造成人身伤亡之损害，以及对瑕疵产品以外之物造成之损害，只要该物一般系供私人使用或消费，受害人亦主要将之作此用途者，则属可获赔偿之损害。

险责任原则的重要构成要件之一，它是指产品缺陷与受害人的损害结果之间存在着引起和被引起的关系，产品缺陷是原因，损害后果是结果。产品责任案件属于民事案件，澳门侵权责任法中的因果关系理论借鉴大陆法系国家的做法实行相当因果关系说或适当因果关系说。❶

（三）产品责任的主体

1. 产品责任的权利主体

依照澳门第12/88/M号《消费者的保护》的第二条所述，“为本法律之目的，凡接受由具有职业性质从事经济活动的个人或团体供给之物品或提供为其私人使用之服务的人士视为消费者”，本条阐释了消费者的含义。另外，《澳门商法典》第八十五条第一款规定：“作为生产商之商业企业主不论有否过错，均须对因其投入流通之产品之瑕疵而对第三人所造成之损害负责。”澳门同《产品责任指令》一样，法例并没有指定索偿人的范围，只说因缺陷产品肇致他人损害，生产商要对第三人所造成之损害负责。虽然以上条款并没有界定第三人的范围，但笔者认为《产品责任指令》所蕴涵的理念一样，产品侵权责任的权利主体应包括但不限于消费者。由于产品侵权责任并不以合同关系的存在为前提，所以原告不必是购买者、使用者或者消费者。具体而言，就是产品侵权损害赔偿请求之权利人是因缺陷产品而遭受人身、财产损害的人，他们可能是产品买受人、使用人或者是因产品责任事故而肇致其人身或财产损害的其他人，无论他们与产品的生产商、销售商有没有合同关系，都可以提起损害赔偿请求之诉。而产品瑕疵责任则不同，基于合同的相对性原则，其权利主体只包括消费者，即与产品的提供者有直接合同关系的相对人，并不囊括因产品受害的第三人，这也是侵权责任与违约责任在权利主体上的区别。总而言之，根据产品侵权责任的特殊性质，因为产品造成损害的受害人既可能是消费者也可能是消费者以外的第三人，所以这两个主体都可作为产品侵权责任的权利主体。例如，A购买的一辆小汽车因存在产品缺陷问题，在使用过程中刹车失灵，发生了车祸，导致A和乘便车的B受重伤，则A和B都有权提起产品责任侵权之诉。

另外，遵循《澳门商法典》第九十一条（可获赔偿之损害）所阐述的：“瑕疵产品造成人身伤亡之损害，以及对瑕疵产品以外之物造成之损害，只要该物一般系供私人使用或消费，受害人亦主要将之作此用途者，则属可获赔偿之损害。”由此可见，缺陷产品致人损害如果为人身损害，《澳门商法典》第九十一条和《产品责任指令》一样，任何受害者都是产品责任的权利主体，均可要求赔偿。而对于财产损害，《澳门商法典》第九十一条的可获赔偿之损害澳门虽然没有规定财产损害赔偿的必须是超过一定的价值的最低追偿额度，但将财产损害限制在个人消费领域，从而把对法人或其他社会组织和团体非个人消费领域的为商业或职业的目的而使用或消费的

---

❶ Antunes Varela：《债法总论》，第一卷，第十版，唐晓晴译，未出版，第619-625页。

财产损害排除在外。简而言之，缺陷产品致人损害如果为财产损害，只有基于生活消费目的私人消费者才能成为产品责任的权利主体，可以按照产品责任法得到损害赔偿。意味着涉及财产损害，澳门产品责任法的权利主体仅包括个人消费者，不包括法人、无法律人格之社团以及特别委员会等。

2. 产品责任的责任主体

《澳门商法典》第八十五条第二款和第三款对产品生产者的概念和范围做出明确的界定，"……二、生产商系指制成品、组件或原料之制造商，以及透过加于产品上之名称、商标或其他识别标志而表现为生产商者。三、下列者亦视为生产商：a）经营企业时进口产品以便出售、出租、融资租赁或以其他方式销售；b）无澳门之生产商或进口商之认别资料之产品之销售商，但获受害人书面通知后以书面将生产商、进口商或前手销售商之认别资料回复受害人者除外。"另外，的第17/2008号行政法规《产品安全的一般制度》第二条第三款也界定了生产商的范畴："（1）在澳门特别行政区设立或登记的产品制造者；（2）在产品上标示其名称、商标或其他区别标志而表现为制造者的任何人；（3）产品代理人；（4）产品进口商；（5）其活动可影响产品安全者。"笔者认为它与《澳门商法典》第八十五条第二款和第三款的界定大同小异，是一脉相承的。鉴于《澳门商法典》中关于产品责任的规定是涉及一切产品的基本原则，因为第17/2008号行政法规《产品安全的一般制度》就剔除了几类产品，所以笔者认为相对而言分析《澳门商法典》第八十五条第二款和第三款对于生产者的诠释可能对我们对生产商的理解和把握更加给力。

《澳门商法典》第八十五条第二款所规定的生产者包括：

（1）制成品的生产者。

（2）组件的生产者，如果系组件瑕疵引致产品缺陷的，那么，受害人可以直接起诉组件的生产者。组件生产者的责任取决于缺陷的来源。如果组件是有瑕疵的，组件生产者应承担责任；如果组件是没有瑕疵的，但成品是有缺陷的，则由最终制造者承担责任；如果组件的有关瑕疵系"因其所组装之产品之设计或产品生产商之指示而造成"的，应由最终制造者承担责任。[1]

（3）原材料的生产者，原材料的生产者提供的是用于制造成品或组件的基础材料产品，其品质与成品或组件的品质息息相关，因为其品质常常会影响到成品或组件的品质，基础材料的瑕疵往往会肇致成品或组件的缺陷。

（4）"透过加于产品上之名称、商标或其他识别标志而表现为生产商者"[2] 是指任何在产品上标明自己的名字或在产品上使用自己的商标或其他识别标志而昭告天下人或说表明自己是该产品生产商的人。由于符合产品责任承担者的外观条件，虽然他不是产品真正的生产商，但他通过以上这些主动的行为将自己置于生产商的地

---

[1] 《澳门商法典》第八十八条f）款。

[2] 《澳门商法典》第八十五条第二款。

位，所以应视为生产商而承担相应的责任。

《澳门商法典》第八十五条第三款所规定的生产者包括：

（1）进口商，是指在其营业活动范围内将产品输入澳门特别行政区的人。考虑到澳门地区以内的消费者向国外的生产者主张产品责任的难度，为了保护国内的消费者，澳门规定进口商应对本地区以内的受害人承担本应由国外的生产者承担的产品责任。但只有当进口商是以销售、出租、融资租赁或以其他销售方式等经济目的的进口产品时，他才须承担责任。而对于为了满足自身的需求，或只是为了供私人使用，则不用承担责任。一般而言，在不影响生产者产品责任的前提下，进口产品的进口者视为生产者并承担相应责任。

进口商在产品责任主体中的地位显得非常独特，从其经济属性上来讲，进口商是中间商，性质上属于销售商，但在产品责任中，却要求其承担与生产者相同的责任，其背负的责任与其他销售者并不一样。进口商与生产者在产品供应链中演绎着不同的角色却承载着相同的责任，是因为在国际产品责任中，基于对消费者权益的保护，进口商被赋予特殊的身份。这个要求可能有点高，但是并不过分。因为但凡涉及进口，商品的生产者一般在国外，当消费者在因缺陷产品招致损害时，如果要通过起诉生产者来维权的话，可能要打一场旷日持久而且艰苦卓绝的维权战争，因为他可能要面对法律冲突、去国外起诉以及判决的执行在国外等等一系列的问题，这其中的重重困难可能远远超过我们的想象，极不利于消费者权益的维护。而进口商一般与生产者或其代理人的接触却是直接的，是一切的产品责任主体中与生产者关系最密切的，所以将其视为生产者，肩负生产者的责任。如前所述，对于进口产品，由进口商承担责任，但这并不意味着，作为出口企业的生产商就可以高枕无忧了。因为进口商在承担了侵权损害赔偿责任之后，必然要向作为合同另一方的生产商实施追偿权。

（2）产品的销售商。它是指在产品的生产者、进口者不能确定的情形下，即在匿名的场合，若无法确认产品的实际生产者，则由供货商承担生产者的责任；如果进口产品未标明进口商，则也由供货商承担责任。在以上两种情况下，产品的销售商或称提供者均被视为产品的生产商，除非他在得到受害人的书面通知后能在合理的期限内书面告知受害者已认定的产品生产商或进口商或向自己提供产品的前手销售商。

赋予销售者与生产者不同的归责原则，可能主要是考虑到销售者在产品供应链中的所扮演的角色与生产者不同，两者地位和身份悬殊。销售者是生产者与消费者的桥梁，相对于生产者来说，销售者对于产品品质控制的能力不是很强，不像生产者对产品的设计、制造处于积极主动的彪悍地位，销售者可能对生产过程一无所知，而且其财力比较生产者而言一般较弱，其承担损害赔偿、分散风险的能力一般不如生产商给力，所以销售者一般承担过错责任。例外的是对于销售者不能指明缺陷产品的生产者或供货者时，当销售者在不能提供产品的生产者或进口者的场合下被视为生产者承担风险责任。根据《澳门商法典》第八十五条第三款 b 项，可知受害者没有自主选择赔偿义务主体的权利，因为其将生产商作为第一责任人，只有当真正的生产者无法明确或难以查清时才由销售者或其他主体承担责任。

（四）产品责任承担方式

在因产品缺陷而引起的人身和财产损害案件频发的今天，产品责任损害赔偿制度也已经得到澳门的高度重视，并得到了进一步的发展和完善。产品责任方式有损害赔偿，以及第 17/2008 号行政法规《产品安全的一般制度》第五条（生产商的义务）和第六条（经销商的义务）对售出产品的适当警告、回收产品等，而损害赔偿是承担产品责任最主要的形式。产品责任中的损害赔偿，指因产品缺陷而给他人造成损害，产品制造商等责任主体应以其财产赔偿受害人所其因缺陷产品所遭受损害的责任形式。

根据《产品责任指令》第九条的规定可知[1]，即损害是指人身伤亡或对缺陷产品本身以外的任何财产的损害或灭失，并且该财产是价值不低于 500 欧洲货币单位的用于个人使用或消费的财产。[2]《产品责任指令》第九条采用了全部赔偿原则，其不仅包括财产上的损害赔偿，也涵盖人身的损害赔偿，只是排除缺陷产品本身，而《澳门商法典》第九十一条也体现了全部赔偿原则，损害赔偿包括人身损害赔偿和财产损害赔偿。《产品责任指令》第九条也诠释了限额赔偿原则。限额赔偿原则是针对赔偿额的限定，涵盖最低额和最高额的限制。《产品责任指令》针对财产损害规定了损害赔偿的起点限额，它要求因缺陷产品所致财产损失（不包括缺陷产品本身）必须达到 500 欧洲货币单位以上，受害人才可以依产品责任法获得赔偿，否则不得判给财物损失赔偿，对此不予以考虑。规定最低额可能是为了避免过多过滥地引起产品责任小诉讼，将价值低于 500 欧洲货币单位的其他一切财产损害剔除在赔偿范围之外。但与《产品责任指令》第九条所规定的以财产损失达到 500 欧元为法院受理案件的最低标的数额的规定不同的是[3]，澳门法律也没有要求因缺陷产品所致财产损失（不包括缺陷产品本身）达到一定数额以上，受害人方可依产品责任法获得赔偿。换言之，在中国澳门地区，因缺陷产品导致的任何财产损失都可以提起诉讼。同时，依照《产品责任指令》第十六条第一款可知，对于同类产品的同一缺陷造成的人身伤害或者死亡，欧共体允许各成员国有权在其损害赔偿中规定一个不少于 7000 万欧

---

[1] 《欧共体产品责任指令》（99/34）第九条规定："损害是指对缺陷产品本身以外的任何财产的损害或灭失，其价值不得低于 500 欧洲货币单位，但该财产须是：属于通常用于个人使用或消费的财产；主要由受害人为其个人使用或消费目的而使用。"

[2] 值得注意的是，该指令并不影响欧共体成员国有关非物质损害（如精神损害）的规定。

[3] 和《产品责任指令》不同的是，希腊 2251/94 号法案第六条第六款，规定了由缺陷产品导致的任何财产损失都可以提起诉讼，而《法国民法典》第一千三百八十六条也规定由缺陷产品导致的任何财产损失都可以提起诉讼。

洲货币单位的上限。[1] 虽然最低额不是选择性条文，但对总损失赔偿是否加以上限是《产品责任指令》拥有的三项可供选择的规定的其中之一，它授权各成员国就此问题自行定夺，以此来限制生产商因同一缺陷所要承担的全部责任。7000 万欧洲货币单位的最高责任限额已由 3 个国家采用，即德国、葡萄牙及西班牙。[2] 规定上限的理由则可能是由于《产品责任指令》在追究生产者的产品责任时采用的是无过错责任原则，不可否认，生产者在承担责任时可能处于不利地位，这在一定程度上加重了产品责任生产者的责任，故而为了平衡生产者和消费者的利益，规定最高限额会有助于生产者量化其风险和承担赔偿。但另一方面，鉴于权利主体求偿性质的不同，就总损失赔偿额度订立一个适用于全部损毁财物的赔偿限额的合理性与可行性可能是值得商榷的，这个课题有进一步研究的空间。鉴于此，澳门产品责任法没有像《欧共体产品责任指令》和葡萄牙那样加设上限以此来限制制造商因同一缺陷所要承担的全部责任。

关于损害赔偿的范围，参酌前述《产品责任指令》第九条之规定[3]，另外，欧共体成员国对此也有相似规定，如德国、英国及挪威。[4]而根据前述的《澳门商法典》第九十一条规定的可获赔偿之损害的范畴，可知澳门也传承了《产品责任指令》的关于损害赔偿的立法精神，规定凡缺陷产品致人损害，在人身伤害方面，任何受害者均可要求赔偿；在财产损害方面，规定仅限于缺陷产品以外属于通常用于个人使用或消费的财产，只有基于生活消费目的的私人消费者才能依产品责任法获得赔偿，它排除了为商业目的使用或其他非个人消费目的的财产损害。这一规定是由《澳门商法典》第九十一条的保护消费者的立法目标决定的，作出这种限制规定，其主要目的在于凸显对处于弱势地位的最终消费者个人使用或消费的私有财产的呵护。然

---

[1] 《欧洲经济共同体产品责任指令》第十六条："对于同类产品的同一缺陷而引致的死亡或人身伤害，任何成员国可规定对于生产商总损失赔偿责任加设上限，但该总责任上限的额度不应少于 7000 万欧洲货币单位。"

[2] 但是英国、芬兰、意大利、丹麦、希腊、瑞典、荷兰、比利时、奥地利、爱尔兰及卢森堡等都没有设定赔偿上限。

[3] 《产品责任指令》第九条之规定："为本条之目的，损害是指：（a）死亡、人身伤害；（b）对缺陷产品本身以外任何财产的损害或灭失，其价值不低于 500 欧洲货币单位，但该财产必须是：属于通常用于个人使用或消费的财产主要由受害人为其个人使用或消费目的而使用。"

[4] 如《德国产品责任法》第一条第（一）款规定："如果缺陷产品造成他人死亡、人身或者健康伤害、财产损害，生产者应当就造成的损害对受害者予以赔偿。在造成财产损害的情况下，只有受到损害的是缺陷产品以外的财产，该财产通常是用于私人使用或消费，而且受害者主要为这种目的而获得该财产，才适用本法。"此外，《英国消费者保护法》第五条、《挪威产品责任法》第八条也有类似规定。

而，随着产品责任法的进一步发展和完善，这种限制性规定的合理性是值得商榷的。❶

另外，关于在性质上属于慰藉和补偿的精神损害赔偿问题，在产品责任领域是否赔偿"非物质损害"（精神损害）的问题上，《产品责任指令》并不是直接加以规定的，是否适用精神损害赔偿由成员国自己做出选择，关于精神损害不排除适用国内法的规定。在欧盟中，有英国、葡萄牙等 10 个国家将精神损害赔偿纳入赔偿范围。❷虽然澳门第 12/88/M 号《消费者的保护》没有对产品责任赔偿范围作明确的规定，但《澳门商法典》第九十一条对产品责任赔偿范围作出了较为明确的规定。根据《澳门商法典》第九十一条，对人身伤害应赔偿由此造成的财产损失应予以赔偿似乎毋庸置疑。有争议的是对于缺陷产品造成他人人身伤害的同时，对受害人造成的精神损害是否应予赔偿？笔者认为澳门法律并没有将精神损害赔偿剔除在产品损害赔偿范围之外。理由如下：第一，缺陷产品所造成的人身损害涉及肉体伤害，而精神损害与肉体伤害相关，且它是为人身损害所包含的；第二，依据《澳门民法典》第四百八十九条规定，其赔偿范围及于非财产上的损害❸；第三，参考葡萄牙的立法思想，葡萄牙也将精神损害赔偿纳入赔偿范围；最后，允许缺陷产品的受害人提出精神损害赔偿是国际上通行的做法。所以笔者认为中国澳门地区已将精神损害纳入产品责任赔偿的范围，对缺陷产品造成的人身伤害能请求精神损害赔偿。

（五）产品责任的抗辩事由

毋庸置疑，与生产者相比，消费者处于弱者地位，消费者合法权益固然要得到保护，但是生产者的利益也不应当受忽视。产品责任法在保护消费者权益的同时，也要兼顾产品提供者的利益。所以法律在注重保护消费者合法权益的同时，也赋予生产者相应的抗辩事由来保护其正当权益不被侵犯。所谓产品责任的抗辩事由，是指消费者或者使用者因使用某缺陷产品引起伤害或损失，向生产者、销售者提起诉

---

❶ 毋庸置疑，该规定能起到保护个人消费者的作用，但也因此使法人和无法律人格之社团和特别委员会等与自然人在法律上的地位不平等，因此即便法人和无法律人格之社团和特别委员会等与自然人一样受到同一缺陷产品肇致同样的财产损害，却因对被损害之财产的使用目的的不同，而无法得到同样的保护。如前所述，与时俱进的现代产品责任法应该不再仅仅是保护消费者的法律，它应该越来越成为合理分摊现代社会缺陷产品损害风险的工具，其主要立法目的应是鼓励制造商生产更为安全的产品，而不再是仅仅保护个人消费者，在这种理念的支配下再去区分个人消费财产与非个人消费将失去其现代产品责任法应有之意义。

❷ 爱尔兰则规定"有可能"赔偿，意大利规定除非该行为已构成犯罪，否则不予以赔偿。但德国、希腊、荷兰 3 个国家将精神损害赔偿排除在产品损害赔偿范围之外。

❸ 《澳门民法典》第四百八十九条："一、在定出损害赔偿时，应考虑非财产之损害，只要基于其严重性而应受法律保护者。二、因受害人死亡，就非财产之损害之赔偿请求权，由其未事实分居之配偶及子女或由其未事实分居之配偶及其他直系血亲卑亲属共同享有；如无上述亲属，则由与受害人有事实婚关系之人及受害人之父母或由与受害人有事实婚关系之人及其他直系血亲尊亲属共同享有；次之，由受害人之兄弟姊妹或替代其兄弟姊妹地位之甥侄享有。三、损害赔偿之金额，由法院按衡平原则定出，而在任何情况下，均须考虑第四百八十七条所指之情况；如属受害人死亡之情况，不仅得考虑受害人所受之非财产损害，亦得考虑按上款之规定享有赔偿请求权之人所受之非财产损害。"

讼时，生产者和销售者可根据充分的证据进行抗辩，并以此减轻或免除自己责任的事实。所规定的产品责任主体的抗辩事由包括责任排除事由、减轻事由及其他抗辩事由。

1. 责任排除事由

责任排除事由，又称生产者的特别免责事由，是指生产者的缺陷产品虽然给受害者造成了损害，但法律明文规定不承担法律责任的情形。

对于过错责任原则，没有过错可以成为加害人的免责事由；而风险责任原则，免责事由只能由法律作出明确的特别的规定，加害人免责的条件只是法定的免责事由。风险责任原则所关注的不是生产商的主观过错，而是产品存在缺陷造成他人损害的事实。但值得注意的是，产品责任领域的风险责任原则并不是要求生产商对一切产品损害均负责任，它虽然要求生产商对缺陷产品所致损害承担无过错责任，但同时也允许其提出理由进行抗辩，主张产品责任并不成立。

为了防止对产品生产商施加过重的责任，《澳门商法典》在为生产者设定了严格或者说无过错的产品责任的同时，亦赋予生产者相当的免责事由。《澳门商法典》第八十八条规定了六种责任免除事由，对无过错责任的适用其实是有所弱化的，因为根据《澳门商法典》第八十八条规定，生产者能证明下列情形之一的，则无须对产品瑕疵负责，即其责任可以被排除："a）商业企业主未将产品投入流通；b）根据具体情况，可合理推定产品于开始流通时并无瑕疵；c）制造产品并非为了出售或其他具经济目的之形式之销售，亦非在经营企业时生产或销售有关产品；d）产品瑕疵系因遵守公共当局之强制性规定而造成；e）以产品投入流通时之科技知识水准未能验出瑕疵之存在；f）如为组件，有关瑕疵系因其所组装之产品之设计或产品生产商之指示而造成。"根据《澳门商法典》第八十八条规定生产者之免责事由，由生产商承担举证责任，证明符合第八十八条规定之任一情形。《澳门商法典》规定的生产商的免责事由与《产品责任指令》第七条共六款的规定大体相同。[1] a）～e）项都比较好理解，值得注意的是f）项，作为组件的制造者，如果能够证明缺陷是由该最终产品的设计或依照最终产品的生产者的指示而肇致的，其组件生产者不承担产品责任，而应由该最终产品的生产者承担产品责任。对于归因或归咎程度，按照《产品责任指令》第七条f）项、《澳门商法典》的第八十八条f）项只要求组件制造商证明有关瑕疵是归因于设计或该产品生产者的指示所致，其不同于英国于1987年通过的

---

[1] 根据《产品责任指令》第七条的规定，在下列情况下，生产商无须对产品瑕疵负责：a）生产者未将有关产品投入流通；b）斟酌情况可以判定，此产品于生产者将之流入市场时，尚未具有该造成损害之瑕疵；c）生产者并非为了出售或具有其他营利目的之销售形式而制作此产品，亦非在其职业活动范围内生产或销售有关产品；d）产品瑕疵系基于生产者将之流入市场时，因遵守或符合当时之公权者所颁布之强行规定而产生；e）以产品投入流通时之科学技术水准，无法发现瑕疵之存在；（成员国有权选择在其法例删去此项免责辩护）f）在零部件生产者的情形，零配件之缺陷起因于使用该零配件的产品之设计或该产品生产者的指示。

《消费者保障法》（Consumer Protection Act）第四条第一款 f）项的规定，关于 f）项要求组件制造商证明有关瑕疵是完全归因于设计或该产品生产者的指示所致。[1]它也不同于日本的《产品责任法》第四条第二项规定的：“如产品用作另一产品的组件或原料，而有关瑕疵相当大程度上归因于符合制造商提明有关规格的指示而起。”[2]

2. 责任的减免事由

前面谈论的是产品责任并不成立的情形，而下面是探讨责任成立后主张减轻或免除责任的理由。产品责任的减免事由，是指法律规定的减轻或者免除生产者损害赔偿责任的情形。而排除事由则是指在法定情形下不构成产品责任而无须承担产品责任的事由，与排除事由不同的是，减免事由是在产品责任成立或者已经构成的前提下法律明文规定的减轻或者免除的事由。产品有缺陷致使消费者遭受损害时，生产者或销售者固不能免其责，不过，有些损害的发生或扩大并非完全系因为产品引发的事由，此时，若损害赔偿责任全部由生产者或销售者负担并不公平。因此规定了以下责任减轻事由。

（1）被害人有过失。

《产品责任指令》第八条规定：“当损害是由于产品缺陷和受害人的过错或受害人应对其负责的人的过错共同引起时，可减轻或免除生产者的责任。” 而根据《澳门商法典》第九十条第一款所述：“如受害人对损害之发生亦有过错，法院得根据有关情况将损害赔偿减少或排除。” 可知本条的规定同《产品责任指令》第八条指出的一样，被害人的过错可能导致生产者责任的免除，不仅仅是减轻。

（2）第三人之过错。

第三人之过错是一般侵权行为法上加害人有效的抗辩事由。但在产品责任中，有些立法则对该减免事由的运用作出限制。如《产品责任指令》第八条规定：“当损害是由于产品缺陷和第三人的行为或疏忽共同引起时，不得减轻生产者的责任。” 这样规定的目的是为了给无辜受害人的利益以充分保障。

按照《澳门商法典》第八十九条第一款：“如须对损害负责之企业主多于一名，则各人之责任为连带责任。” 依据该规定，两个或两个以上对同一损害负责的人承担连带责任。再者，根据《澳门商法典》第九十条第二款的规定：“如第三人之行为亦系造成损害之原因之一，则企业主之责任不得减少，但不影响上条第二款及第三款

---

[1] 如前所述，欧共体部长会议于 1985 年采用《产品责任指令》，规定成员国于 1988 年 7 月 30 日前通过相应的法例时，英国为了实施欧共体指令，于 1987 年通过了消费者保障法，该法于 1988 年 3 月 1 日生效。该法第四条第一款 f）项规定：“如属组件制造商，则制成品的有关瑕疵是完全因制成品的设计，或组件制造商符合制成品制造商提供的指示而致。”

[2] 日本于 1994 年 7 月颁布《产品责任法》，并于颁布 1 年后生效。日本的《产品责任法》虽然与 1985 年的《产品责任指令》有一些差别，但大致上是以其为模式而建立的。请参见：经济合作发展组织《经济合作发展组织国家的产品责任规则》，1995 年版，第 47-49 页。

之规定之适用。”❶即如果产品损害是由产品的缺陷和第三人的行为共同引致的，在生产者的责任与第三人之责任之间发生竞合时，在外对受害人的责任承担上，不得减免生产者的责任。但在责任内部，依据《澳门商法典》第九十条第二款和第八十九条第二款：“在责任人之内部关系上，应考虑有关情况，尤其是每一责任人所造成之危险、倘有之行为过错之严重性及对所造成之损害应分担之责任。”意味着产品责任虽然是一种风险责任，但所谓无过错是在确定责任问题上不予考虑主观情节而已，并不代表在发生竞合时，在责任的内部承担上不考虑过错程度。同时根据《澳门商法典》第八十九条第三款：“如不能确定各人之责任，则须平均分担。”

3. 其他抗辩事由

产品侵权责任的抗辩事由，除了以上几点外，受害人的故意和超过诉讼时效❷也是产品生产者和销售者的抗辩事由。这两种抗辩事由是一般侵权责任的非常重要的二个抗辩情事，它们在产品侵权责任中也是适用的。

二、本法域对该规则的规定

（一）《澳门民法典》

第四百七十七条（一般原则）

一、因故意或过失不法侵犯他人权利或违反旨在保护他人利益之任何法律规定者，有义务就其侵犯或违反所造成之损害向受害人作出损害赔偿。

二、不取决于有无过错之损害赔偿义务，仅在法律规定之情况下方存在。

第五百零二条（由电力或气体之设施造成之损害）

一、实际管理用作输送或供应电力或气体之设施并为本身利益而使用该设施之人，须对因输送或供应电力或气体而导致之损害负责，亦须对因设施本身而造成之损害负责，但在事故发生时，该设施符合现行技术规则之要求，并处于完好之保存状态者除外。

二、对因不可抗力所导致之损害，无须弥补；凡与以上所指之物之运作及使用无关之外因，均视为不可抗力之原因。

三、对耗用能源之器具所造成之损害，不得要求依本条之规定获弥补。

---

❶ 《澳门商法典》第八十九条（连带责任）：“……二、在责任人之内部关系上，应考虑有关情况，尤其是每一责任人所造成之危险、倘有之行为过错之严重性及对所造成之损害应分担之责任。三、如不能确定各人之责任，则须平均分担。”

❷ 《澳门商法典》第九十三条（时效）：“损害赔偿请求权之时效，自受害人知悉或应知悉损害、瑕疵及企业主认别资料之日起经3年完成。第九十四条（失效）：损害赔偿请求权自企业主将造成损害之产品投入流通之日起经过10年而失效，但受害人所提起之诉讼正待决者除外。”

（二）《澳门商法典》

第八十五条（作为生产商之商业企业主之客观责任）

一、作为生产商之商业企业主不论有否过错，均须对因其投入流通之产品之瑕疵而对第三人所造成之损害负责。

二、生产商系指制成品、组件或原料之制造商，以及透过加于产品上之名称、商标或其他识别标志而表现为生产商者。

三、下列者亦视为生产商：

a）经营企业时进口产品以便出售、出租、融资租赁或以其他方式销售；

b）无澳门之生产商或进口商之认别资料之产品之销售商，但获受害人书面通知后以书面将生产商、进口商或前手销售商之认别资料回复受害人者除外。

第八十六条（产品）

一、任何动产，即使与其他动产或不动产组装，均视为产品。

二、来自土地、畜牧、捕鱼及狩猎之产物，如未加工不视为产品。

第八十七条（瑕疵）

一、考虑到包括外表、特性及可作之合理使用在内之各种具体情况，一项产品于开始流通时未能提供合理预期之安全者，则视为有瑕疵。

二、产品并不因后来有另一更完善之产品在市场上流通而视为有瑕疵。

第八十八条（责任之排除）

如证明有下列情况，商业企业主无须对产品瑕疵负责：

a）商业企业主未将产品投入流通；

b）根据具体情况，可合理推定产品于开始流通时并无瑕疵；

c）制造产品并非为了出售或其他具经济目的之形式之销售，亦非在经营企业时生产或销售有关产品；

d）产品瑕疵系因遵守公共当局之强制性规定而造成；

e）以产品投入流通时之科技知识水准未能验出瑕疵之存在；

f）如为组件，有关瑕疵系因其所组装之产品之设计或产品生产商之指示而造成。

第八十九条（连带责任）

一、如须对损害负责之企业主多于一名，则各人之责任为连带责任。

二、在责任人之内部关系上，应考虑有关情况，尤其是每一责任人所造成之危险、倘有之行为过错之严重性及对所造成之损害应分担之责任。

三、如不能确定各人之责任，则须平均分担。

第九十条（与受害人及第三人之责任竞合）

一、如受害人对损害之发生亦有过错，法院得根据有关情况将损害赔偿减少或排除。

二、如第三人之行为亦系造成损害之原因之一，则企业主之责任不得减少，但不影响上条第二款及第三款之规定之适用。

第九十一条（可获赔偿之损害）

瑕疵产品造成人身伤亡之损害，以及对瑕疵产品以外之物造成之损害，只要该物一般系供私人使用或消费，受害人亦主要将之作此用途者，则属可获赔偿之损害。

第九十二条（不得排除）

对受害人之责任不得排除或设定限制，与此相反之订定视为并无订定。

第九十三条（时效）

损害赔偿请求权之时效，自受害人知悉或应知悉损害、瑕疵及企业主认别资料之日起经三年完成。

第九十四条（失效）

损害赔偿请求权自企业主将造成损害之产品投入流通之日起经过十年而失效，但受害人所提起之诉讼正待决者除外。

（三）第 17/2008 号行政法规《产品安全的一般制度》

第一条（标的）

一、本行政法规订定产品安全的一般法律制度。

二、本行政法规不适用于下列产品：

（一）食品；

（二）不动产；

（三）飞机、船舶或车辆；

（四）转口、过境或出口的产品；

（五）使用过的产品，例如古董或二手交易市场的物品；

（六）已有专门规定对其安全性作出规范的产品。

第二条（定义）

为适用本行政法规，下列词语的含义为：

（一）产品：经制作或加工后，以有偿或无偿方式供应或提供予最终消费者消费的所有物品；

（二）使用过的产品：已从市场上被他人消费或使用的同一物品；

（三）生产商：

a）在澳门特别行政区设立或登记的产品制造者；

b）在产品上标示其名称、商标或其他区别标志而表现为制造者的任何人；

c）产品代理人；

d）产品进口商；

e）其活动可影响产品安全者；

（四）经销商：上项未列明的产品经营者；

（五）正常或可合理预见的使用：产品的使用符合产品的性质或特征，或按生产商所建议的清楚明确的指示或方式使用；

（六）检验机构：经行政长官以批示认可的产品安全检验机构；

（七）证明文件：由检验机构发出的证明产品经检验并符合安全标准的书面文件。

第三条（产品安全）

一、在正常或可合理预见的使用条件下，产品未显现出任何危险或仅显现出轻微危险，只要该等轻微危险与产品的使用兼容且根据保护消费者的健康与安全的严格标准判断其为可接受者，则视为安全产品，但尤须考虑：

（一）产品的特征，尤其是产品的构成；

（二）如有关产品与其他产品一同使用属可合理预见者，须考虑该产品对其他产品的影响；

（三）产品的外观、包装、卷标，倘有的关于使用、装配、保存及弃置的说明，以及生产商提供的其他指示或资料；

（四）使用有关产品时会有较大危险的消费者类别，尤其是儿童。

二、凡具第二条（七）项所指证明文件或不低于经认可的安全标准的产品亦视为安全产品。

三、上款所指的安全标准须由行政长官以批示公布。

四、任何人均可自费将产品送交经认可的检验机构作产品安全检测。

第四条（安全的一般义务）

……只可将安全产品投放市场。

第五条（生产商的义务）

一、除遵守安全的一般义务外，生产商尚有下列义务：

（一）如未经适当警告则不能立即察觉使用产品的固有危险，须以澳门特别行政区其中一种正式语文向消费者提供所需的一切重要资料，使消费者能评估及预防该等危险；

（二）按照所供应产品的特征，采取适当措施使消费者认识产品可能产生的危险；

（三）采取适当行动预防产品可能产生的危险，包括必要时从市场回收产品；

（四）应主管实体的要求送交产品样本作安全检测。

二、上款（一）项所指的资料应以书面方式附于产品。

三、如适用，第一款（二）及（三）项所指的措施应包括：

（一）标明有关产品或整批产品，以供识别；

（二）进行抽样测试；

（三）对投诉进行分析；

（四）将有关控制措施及其结果通知经销商。

第六条（经销商的义务）

经销商有下列义务：

（一）停止经销基于专业原因或透过所掌握的信息而知悉或应当知悉的不安全产品；

（二）在其经销活动范围内，致力控制已投入市场产品的安全，尤其是向消费者提供一切关于产品存在危险的信息；

（三）采取并协助旨在消除产品危险的行动，尤其是从市场回收该等产品；

（四）应主管实体的要求送交产品样本作安全检测。

第八条（危险产品）

一、凡不符合本行政法规第三条规定的产品均视为危险产品。

二、行政长官可透过批示禁止危险产品的生产、进口或供应，以及禁止危险产品投放市场或命令从市场回收或予以销毁。

三、有关对外贸易主管部门应采取适当措施禁止进口上款所指的危险产品。

第十四条（回收或销毁产品的负担）

产品应予回收或销毁时，负有此义务的生产商及经销商须承担有关操作的负担。

（四）澳门6月13日第12/88/M号法律《消费者的保护》

第二条（消费者定义）

为本法律之目的，凡接受由具有职业性质从事经济活动的个人或团体供给之物品或提供为其私人使用之服务的人士视为消费者。

第三条（消费者的权利）

消费者有权：

a）获得健康的保护及安全，防止物品或服务的宣传或供应的不忠实或不规则行为；

b）获得指导及取得资料；

c）要求对抗损害其利益的危险；

d）要求预防个人或团体的损失及获得赔偿；

e）接受可获得之公平；

f）参与在法律或行政上订定其权益。

第四条（某些物品或服务供应的禁止）

一、禁止供应在正常或可预见情况下使用时危及消费者的健康或安全的物品或服务。

二、行政当局将阻止上款所指服务的提供及物品的供给，并倘有需要时，对后者进行没收。

第五条（危险的一般预防）

一、为着消费者之健康或安全，对正常或可预见使用有危险的物品或服务，应于订立供应合约前，由供应者通知消费者。

二、行政当局将定期公布列出有毒或危险物质以及准加入食物产品之添加剂、色素及防腐剂之名单。

三、在本法律附属法例将订定：

a）可影响消费者健康或安全的物品及服务，特别是机器、电器及电子器具以及设备的供应及使用；

b）食物或卫生物品的制造、包装、卷标、保存、手工制造、运输、贮藏及出售的保持及清洁应遵守之规则；

c）以动物制造之食品在工业冷藏库保存的条件；

d）预先包装产品的卷标应包括有关效期说明情况及条件。

第六条（危险特别预防）

按照上条规定，下列物品及服务为管制及预防危险特别措施之对象：

a）预先包装的食品；

b）冷藏食品；

c）用于接触食品的用品及对象；

d）药物；

e）肥田料及杀虫剂；

f）治疗精神病的物品及一般有毒或危险的物品；

g）化妆品及洗洁用品；

h）兽医使用之物品；

i）饲养动物之食品；

j）耐用物品及用具；

k）机动车辆；

l）纺织品；

m）玩具及儿童游戏品。

第七条（在订定合约时有要求同等及忠实之权）

在订定合约时，消费者有要求同等及忠实之权，尤其是：

a）防止由滥用有格式的合约及不规则方法的销售宣传而妨碍冷静评估合约条文及自由作出订立合约的决定；

b）清楚及准确订定其目的为提供物品或服务的合约条文；

c）在对无明文要求提供之物品或服务的不可要求付款方面；

d）有权取得耐用物品供应者在物品出售后提供援助服务，该等服务包括在所供应物品一般平均使用期内配件的供应；

e）有权因物品不妥善或服务不完善时获得协助或一般因违反供应合约而引致之损失获得赔偿。

第八条（有获得指导之权）

政府采取措施确保消费者获得关于消费问题之长期指导。

第九条（有取得资料之权）

一、为对订立合约作出决定，消费者有权获知关于将向其提供之物品或服务的主要特征，以便能在竞争之物品及服务中作一清楚及理性的选择以及在最佳情况下使用该等物品及服务。

二、在出售地方提供之卷标内所载明或透过广告所公布关于有关物品及服务之性质、成分、质量、有效期、用途、使用方法、价格及其他重要特征的资料应是真实及清楚的。

三、生产者、制造者、入口者、批发人、包装者、贮藏者及零售者或提供服务者，有责任提供资料，以便生产—消耗的各个环节中有能力遵守向下一环节提供资料，直至消费者为止。

四、提供资料之责任不得以制造秘密未为法律保护为理由而受限制。

第十条（接受可获得公平之权）

倘诉讼案卷之费用不超过本法区法院权限之费用时，消费者有权对因违犯载于本法律及其管制法例之规则产生之损失及损害而拟获赔偿之案卷预先费用的豁免。

第十一条（参与权）

消费者参与在法律或行政上订定其权利或利益之权系按照法律之规定，以代表方式行使之。

（五）9月4日第7/89/M号法律《订定广告活动之制度事宜》

第十二条（消费者的保护）

一、广告活动不应对消费者引致任何精神上，心智上或身体上的损害。

二、广告信息不得在购买条件方面欺诈消费者，特别是关于下列情况：

a）物品或服务的价值或价格；

b）首期、分期、信贷条件及付款的其他条件；

c）物品交付及更换条件或合约的解除；

d）宣传物品或服务的免费，但倘不向消费者要求包括邮费、运费或税项在内的任何费用者则例外。

三、按照商业主要观念，提供视为正当的方程式及建议不受上款的规定所限。

(六) 澳门第5/2013号法律《食品安全法》

第二十条（异常食品或食品添加剂）

一、为供公众食用而生产、配制、制作、制造、运输、贮存、以存放之方式持有、出售、为出售而存有或展示、进口、出口不对他人生命造成危险或不对身体完整性造成严重危险之下列异常食品或食品添加剂，以任何方式将之作交易者，处以下列处罚：

a）属伪造之食品或食品添加剂……

b）属腐败之食品或食品添加剂……

c）属变坏之食品或食品添加剂……

第二十一条（妨害食品或食品添加剂之真实性、质量或组成之其他违法行为）

为供公众食用而生产、配制、制作、制造、运输、贮存、以存放之方式持有、出售、为出售而存有或展示、进口、出口以下食品或食品添加剂，或以任何方式将之作交易者，科最高60日罚金：

a）非属异常者，但其性质、组成、质量或原产地与出售时所作之标明或所载之特性不符；

b）在取得、配制、制作、制造、包装、保存、运输或贮存之过程中，未遵守有关法律规定；或

c）未遵守法律或特别规章所定有关食品或食品添加剂方面之规则，尤其是有关保障清洁及卫生之法律或特别规章所定之规则。

第二十二条（持有可用于伪造食品或食品添加剂之物质或用具）

持有可用于伪造食品及食品添加剂之物质、产品、商品、对象、用具或任何机器而无合理解释者，及拥有或正在制造不符合法律规定且可作上述用途之产品而无合理解释者，科最高60日罚金。

第四十二条（一般定义）

一、为本法律规定之效力，下列用词之定义为：

a）食品——任何供人食用之经处理或未经处理之物质，连同在制造、配制及处

理食品过程中所使用之所有成分，该等物质包括饮料及香口胶类产品；

b）成分——在制造或配制食品时，故意作为构成食品组成部分而加入之包括食品添加剂在内之物质，该等物质虽然在制成品中有所改变，但仍然存在；

c）调味品——指不论有无营养价值而作为食品成分使用，以引发或提高人之食欲之食品，且采用之分量不致有害；

d）元素——成分内所含之物质；

e）预先包装食品——在向消费者展示供出售前已作包装之食品；包装连同食品一起出售，且包装可全部或局部覆盖食品，以使在不拆开包装前其内之食品不至于改变；

f）新鲜或易变坏食品——除冷冻处理外，未经任何保存处理、能在一段短时间内保存其固有或特殊属性之动物或植物来源之天然或加工食品；

g）食品添加剂——本身通常不属于食品亦不属于某一食品之特有成分或有营养价值或无营养价值之物质；为求技术或特殊感觉效果在食品之取得、处理、包装、运输或贮藏之任一过程中，故意添加其中，用以与食品合并、使在食品中出现其转化物或改变食品之特征。

二、食品添加剂不包括为提高营养价值而添加在食品中之物质。

第四十三条（异常食品）

一、以下食品不论是否对消费者健康造成损害，均视为异常食品：

a）不真实者；

b）食品不处于成熟、新鲜、保存、展示供出售、包装之良好状况，或其他供食用或使用所必须之良好状况；

c）不符合其本身之分析特征。

（七）8月17日第50/92/M号法令《订定供应予消费者之熟食产品标签所应该遵守之条件》

第一条（适用范围）

一、本法规之规定旨在订定处于向最终消费者供应之状态起，无论以本地为原产地或进口之预先包装或非预先包装食品之卷标应遵守之条件。

二、本法规不适用于非预先包装之新鲜产品。（已更改，请查阅：第56/94/M号法令）

三、本法规不适用于酒精含量超过5%的饮料。（已更改，请查阅：第7/2004号行政法规）

第二条（定义）

一、为适用本法规的规定，下列用语的含义为：（已更改，请查阅：第7/2004号行政法规）

a）食品——任何供人食用之经处理或非处理之物质，包括饮料及香口胶类之产品，其内包含在制造、准备及处理过程中所使用之成分；

b）成分——指在制造或配制食品时，有意作为食品组成部分而加入的包括食品添加剂在内的物质，该等物质虽然在制成品中有所改变，但仍然存在；（已更改，请查阅：第7/2004号行政法规）

c）食品添加剂——指有营养价值或无营养价值的物质，而物质本身通常既非食品亦非某一食品的特有成分，但在取得、处理、包装、运输或贮藏食品的任一过程中为求产生技术上或特殊感觉的效果，将该物质有意添加在食品中，用以与食品混合、使之在食品中出现转化物或改变食品的特征；（已更改，请查阅：第7/2004号行政法规）

d）新鲜或容易变坏之食品——除冷藏处理外，未经任何保存处理之动、植物本身或由其加工而来之所有食品，但仍可在短时间内保存其应有之特征。（已更改，请查阅：第56/94/M号法令）

二、"食品添加剂"不包括为提高营养价值而添加在食品中的物质。（已更改，请查阅：第7/2004号行政法规）

（八）澳门第7/2003号法律《对外贸易法》

第二条（定义）

为适用本法律的规定，下列用词的定义为：

（一）出口：将任何货物运离澳门特别行政区，但属以转运方式运离者除外；

（二）本地产品出口：将原产地为澳门特别行政区的任何货物运离澳门特别行政区；

（三）再出口：将任何先前进口入澳门特别行政区的货物，不经加工运离澳门特别行政区，或虽经加工，但尚不足以取得以澳门特别行政区作为原产地的资格的货物运离澳门特别行政区；

（四）暂时出口：将任何货物运离澳门特别行政区一段时间，目的是以原有状态或在外地经加工、改良或维修后再进口；

（五）进口：将任何来自外地的货物运入澳门特别行政区，但属以转运方式运入者除外；

（六）再进口：将任何先前从澳门特别行政区出口的货物运回澳门特别行政区；

（七）转运：货物经过澳门特别行政区而到下一目的地；

（八）以邮寄方式进行的活动：经邮政局或获官方准许经营的其他实体进行的活动；

（九）纺织品：任何天然或人造纤维，任何线、织造品及成衣等形式的天然及人造纤维合成品，又或以该等纤维为主要原料制成的任何产品；

（十）禁止：限制贸易自由的例外措施，以防止对澳门特别行政区或第三人造成损失的行为；

（十一）免除：法律规定在特定情况下进出口货物可无须缴纳税项，但须办理为发出准照所规定的手续；

（十二）产地来源证：指证明出口货物的原产地为澳门特别行政区的文件，用以向第三人证明该货物曾于澳门特别行政区接受足以令该货物取得以澳门特别行政区作为原产地的资格的加工程序。

第五条（例外的禁止及许可）

一、基于公众利益，行政长官得以公布于《澳门特别行政区公报》的批示，例外地对某些货物的进口、出口及转运加以禁止、限制或设定条件，尤其是基于下列原因：

（一）公共安全理由；

（二）防止欺诈行为；

（三）保护人的生命、健康或安全；

（四）保护动物及植物的生命或健康；

（五）保护环境；

（六）履行约束澳门特别行政区的国际法文书所产生的义务。

二、行政长官得许可就用于文化、艺术、体育及推广活动的货物进行暂时性对外贸易活动。

（九）澳门第40/2004号行政法规《卫生检疫及植物检疫》

第三条（禁止销售）

按有关对外贸易法例的规定，须由民政总署进行卫生检疫及植物检疫的货物，因以下或其他原因未通过检疫者，不可销售予公众：

（一）变坏、腐烂或伪造；

（二）肮脏、令人恶心、带有寄生虫或病原体；

（三）呈现病征或病虫害；

（四）曾受感染或被不当处理；

（五）含有添加剂、其他物质或因变质而不宜供人食用；

（六）供人食用，但未按适用法例的规定进口或屠宰。

第七条（行动及措施）

一、民政总署有权限人员在执行职务时，可采取下列行动：

（一）检查按有关对外贸易法例的规定，须由民政总署进行卫生检疫及植物检疫的货物；

（二）收集样本进行研究及化验；

（三）查阅对执行其工作所需的主要文件，尤其是发票及卫生检疫或植物检疫证明书；

（四）索取对有效执行其工作所需的资料及详细说明；

（五）请求警察当局、行政当局及司法当局提供因执行职务所需的协助，尤其是在执勤时遇到阻拦或反抗的情况；

（六）命令采取适当的卫生与植物检疫保护措施及监察有关遵守情况。

二、如不符合清洁、卫生及食物安全的要求，又或未通过卫生检疫及植物检疫，除施予倘有的行政或刑事处分外，尚可执行下列措施：

（一）禁止货物入境；

（二）将货物退回来源地；

（三）销毁；

（四）施加强制隔离期；

（五）对货物进行特别处理，使之符合卫生及食物安全的要求；

（六）在包装上加上封条；

（七）许可货物在有条件限制下运往工业加工地点；

（八）禁止出售或要求回收受影响的整批货物；

（九）施加关于货物的储存、运输或展示的专门标准；

（十）消毒；

（十一）杀灭虫鼠；

（十二）接种疫苗或采取其他预防措施，并对动物加以识别；

（十三）施加关于动物的食宿及清洁的专门标准；

（十四）销毁动物。

第八条（负担）

监察及检验工作期间收集货物进行化验，无须向受检货物或场所的拥有人支付货物的价金；因采取第七条所指措施而导致的开支及损失，均由该人承担。

第九条（合作义务）

所有人均有义务在卫生检疫及植物检疫工作上与民政总署有权限人员合作，以及遵守由适当表明身份的人员根据第七条的规定所发出的正当命令及指示。

三、在《东亚侵权法示范法》中对该规则作出规定的基本意见

澳门法域的建议是，产品责任制度应综合考量产品的瑕疵担保责任制度以及消费者保护的法律制度之相关规定，以避免造成法律适用标准上的不统一。

专题之十二：环境污染责任

一、该问题基本规则

（一）环境和环境侵权

1. 环境的概念

当我们说起环境保护，通常语境下的“环境”主要涉及人们所赖以生存的自然环境。根据澳门3月11日第2/91/M号法律《环境纲要法》（订定本地区环境政策应遵守总纲及基本原则）第六条a）项，环境是指“综合物理、化学和生物各系统及其彼此间的关系，且直接或间接、实时或在未来影响生物、人类和人类健康，以及生活质素的经济、心理、社会和文化各因素”。依据本条，可知环境无论在内涵上还是外延上都是极其丰富的，不仅包括生态环境，也涵盖人文环境。

2. 环境侵权的内涵[1]

环境问题日益严重，环境侵权案件不断增加，环境侵权问题逐渐成为威胁人类生存、发展和社会稳定的重要因素。澳门第2/91/M号法律《环境纲要法》的第十七条给出了污染的定义：“所有对健康和安居，不同的生活方式、自然和人为生态系统的平衡及永久性以至物理和生物情况的稳定，产生负面影响的行为和活动，概视为污染和破坏本地区环境的因素。”该法第二十三条第一款及第28/2004号行政法规《公共地方总规章》第八条、第十条和第十四条[2]，阐明了污染的方式和途径。[3]根据上述的《环境纲要法》和《公共地方总规章》的相关条款，可知环境侵权包括污染和破坏，从广义上来说也涵盖生态环境和人文环境的破坏，而不仅仅指环境污染侵害，换言之，澳门环境法的调整范围也关乎生态环境资源和人文环境资源的保护，它们也被纳入“环境侵权”之范畴。只有将生态环境和人文环境侵权真正纳入我们关注的视野，我们对环境侵权的概念的理解才是完整的。

---

[1] 严格意义上来来讲，澳门并没侵权责任或侵权行为这一说法，在澳门，相对应的概念是民事责任（非合同责任），但笔者在本文中一直有用到这些概念，只是为了行文的方便和为了与别的法域的概念的统一，表述上可能是不太严谨的。请参见：Antunes Varela，唐晓晴译，《债法总论》，第一卷，第十版，未出版，第372-375页。

[2] 第28/2004号行政法规《公共地方总规章》第八条（环境资源）、第十条（固体废料的管理）和第十四条（污染性液体）。

[3] 澳门《环境纲要法》第二十三条（禁止污染）。

不同于一般的直接侵害到其人身、财产的侵权行为，环境侵权是首先作用于客观环境，然后作用于人身或财产。环境侵权的原因多是由于人的行为导致，一般是加害行为污染了客观环境，造成对人类赖以生存的客观环境的破坏，进而影响到社会民众，侵害他人的与环境相关的人身权、财产权或其他合法权益，造成了多重性的损害恶果。环境侵权的对象一般为不特定的人或物，范围非常广泛。环境侵权的表现形式具体来说包括但不限于以下几种，如水污染侵害、土壤污染侵害、噪声污染侵害、固体废物侵害、化学品污染侵害、放射性污染侵害和大气污染侵害等。

有国内学者对于澳门环境侵权给出的定义为："环境污染侵权是指向环境排放污染，致使他人受到威胁或被损及在人类生活、健康和自然生态平衡的环境方面的权利的行为。"❶环境侵权是对一切环境污染、生态破坏以及人文环境所造成的合法权益损害的总括，而环境公益层面的环境侵权不仅侵害他人权利，也侵害公众权益。笔者认为环境侵权的概念可以扩大界定为：由于人为活动导致环境污染、生态环境或人文环境的破坏，并因而对他人的人身权、财产权、环境权等合法权益、生态环境或人文环境造成损害或有造成损害的可能，并依法应当承担民事责任的一种特殊侵权行为。日趋严峻的环境侵权问题毋庸置疑使环境侵权研究日益成为侵权法理论体系中的重要章节。在运用法律手段对环境进行综合保护时，民法在环境保护方面，起着非常重要的作用，其透过调整因环境污染致害而引起的民事责任关系，透过追究环境侵权者的民事责任，使污染者为其加害行为付出代价，以实现社会公平正义。它既可以增强人们环保意识，使环境污染和环境破坏行为得到及时制止，达到保护环境的目的，又可以弥补受害人的损失，从而实现澳门的可持续发展。

（二）澳门视角下的环境权和环境公益诉讼

环境权是在全球环境危机日益严重的大背景下，随着人们的环保意识日益增加的情况下逐渐进入我们的视野的，成为环境法学关注的焦点的，环境权的概念在很多国际宣言中都有体现。❷在中国澳门地区，环境权又意味着什么呢？随着环境问题对人类生存日益严重的威胁，人们的维权意识日益苏醒，要求享有在适宜的、健康

---

❶ 毛庆国：《论我国区际环境污染侵权法律冲突及其解决》，《法学评论》，1999年第3期（总第95期），第58页。

❷ 如1966年《经济、社会、文化权利国际盟约》第十一条、1970年的《东京宣言》、1972年在瑞典首都斯德哥尔摩召开的联合国人类环境会议发表的《人类环境宣言》、1992年《里约环境与发展宣言》原则一、1994年联合国《人权和环境原则草案》第一部分第二条，它们的基本理念是将对环境的权利视作人类的基本权利。基于环境保护的重要性，除了国际法之外，世界上有不少国家的法律都对环境权作了规定，它们对环境权的法律保护模式可能会有所不同，将环境权的基本权利和义务写入宪法已然成为了许多国家或地区立法的一种趋势。如《法国环境宪章》第一条和第二条、《马里宪法》（1992年）第十五条、《芬兰宪法》（1995年）第十四条a款、《哈萨克斯坦共和国宪法》（1993年）第十二条、《挪威宪法》第一百一十条第一款、《韩国宪法》第三十五条第一款、《土耳其宪法》第五十六条、上述的《葡萄牙共和国宪法》（1982）第六十六条第一款、《西班牙宪法》第四十五条第一款、《瑞士宪法》第二十四条第七项、1996年的南非新宪法第二十四条、美国《伊利诺伊州宪法》第十一条、《弗吉尼亚州宪法》第十一条第一款、《宾夕法尼亚州宪法》第一条第二十七款以及《马萨诸伊州宪法》第四十四条等。环境权除了在一系列国际环境法律文件或有些国家的国内立法中确立下来之外，关于环境权的理论探讨也方兴未艾，笔者在这里就不再赘述。

的、安全的、舒适的环境中生活的权利的呼声越来越高。2010年引起社会极大关注的九澳飞灰堆填区事件从某种意义上讲是公民享有环境权的一种表现或反映，意味着公民有拒绝环境恶化（即空气污染、水污染、噪声污染等）的权利❶，因环境因素被污染而导致环境质素下降或生态环境破坏，从而影响了人们拥有健康、安全、舒适、宁静、优美的环境的权利。Cândida da Silva Antunes Pires教授和Viriato Manuel Pinheiro de Lima大法官认为，虽然澳门法律没有明确宣布环境权，但已有涉及环境权的法律规定。例如，《澳门特别行政区基本法》中涉及居民的基本权利和义务的第三章中虽然没有明文规定居民享有环境权，但是他们认为环境权作为公民的一项基本权利已蕴涵在《澳门特别行政区基本法》第四十一条中所说的“澳门居民享有澳门特别行政区法律保障的其他权利和自由”中。又比如，澳门第2/91/M号法律《环境纲要法》第三条第一款之规定：“第h项之所述人都有权享受符合人类生活和生态平衡的环境且有义务加以维护……。”❷该法第五条规定：“为有一个适合健康和安居，社会和市民文化发展，甚至改善生活质素的环境，必须采取措施，特别是对下列方面：……h）加强保护消费者；……”再者，同法第二十九条第四款之规定：“直接受到威胁或被损及在人数生活、健康和自然生态平衡的环境方面的权利的人士，得要求终止侵害的因素及获得有关的赔偿。”另外，该法第三十三条之规定：“对于因违反本法律及其他管制法例的规定的不合法行为而受损、意图获得赔偿的个案，当赔偿金额不超越有关初等法院的法定上诉利益限额时，将确保有权免缴预付金。”他们认为所有以上这些实际上都已经暗示了公民环境权的基本内容。而同样根据上述的澳门《环境纲要法》第三条第一项，毛庆国先生则更加旗帜鲜明地认为“澳门在立法上已确立了独立的环境权”。❸而澳门助理总检察长António Simões Redinha在这方面甚至更前卫，其走得更远。他认为：“澳门的立法者认为没有必要通过刑法对环境这种法益作为独立的价值进行保护，但事实上它是一种独立的价值，而且宪法视其为基本的权利之一。”所以，他振臂高呼“澳门有必要对环境权作出刑法的保护”，而且一路高歌法律应将“环境”这种法益视为一种“独立的价值”进行保护。❹ 为了佐证他的观点，他给予了我们相当给力的证据，他主要以葡萄牙的相关规定为视角

---

❶ 九澳堆填区被怀疑有毒飞灰损害邻近居民的身体健康。具体详情是指在2010年11月，“有垃圾焚化中心员工爆料，指中心管理混乱，尾气排放超标，缺乏监管，其后传媒对事件追踪报道，进而揭发九澳飞灰堆填区将焚化炉尾气清除出来的灰烬，未经特别处理下倾倒于堆填区，导致毒灰满天飞，飘出堆填区外，居民担心已吸入过多毒灰，影响健康。受九澳堆填区飞灰影响的区域，涉及的学校及社团包括九澳老人院、雷鸣道主教纪念学校、九澳圣若瑟学校、圣路济亚中心、少年飞鹰等，估计人数800～1000人。环保局和卫生局分别成立了专责小组跟进”。引自《澳门堆填区毒飞灰祸民》，载于《东方日报》，2011年1月16日。

❷ 澳门《环境纲要法》的第三条第一款。

❸ 毛庆国：《论我国区际环境污染侵权法律冲突及其解决》，载于《法学评论》，1999年第3期（总第95期），第58页。

❹ António Simões Redinha：《污染在澳门刑法上的重要性》，刑法研讨会论文（1993年14至16日，澳门大学），载于《法律学院学报》，1997年版，第3期，第166页。

来进行探讨。[1]他认为葡萄牙的法律，无论是《葡萄牙共和国宪法》《环境纲要法》，还是民法以及刑法上，都确认有环境权的存在并给予其保护。在民法上，António Redinha带我们重回1866年的葡萄牙《民法典》中寻觅环境保护的相关规定，如“通过对财产权的限制（对向他人的财产散发出烟及气味的限制）或是希望通过适用权利之滥用的范畴来针对噪声的污染”等。[2] António Redinha还给出了发生在20世纪60年代的类似法国民法上“相邻妨害”的经典案例，Santarém的一间诊所的老板曾经控告其邻居，理由是邻居在与其诊所相连的院子里建造的鸡窝里所养的公鸡在夜里的叫唤声使其诊所的病人得不到休息，导致病人的健康受损。[3]虽然最后这个诉讼以原告的失败而告终略微让人感觉有些惆怅，但António Redinha仍在其论文中坚定地表明他的立场，他认为20世纪60年代的人们“拥有一个健康及生态平衡的环境的权利”还依赖于“是否拥有对某些财产的所有权或使用权”，还不是一种独立的权利诉求，它与现在的环境权不可同日而语，他认为现在的环境权已得到了“真正的自立”，“拥有健康的环境的权利”是“每个人密不可分的权利”，并被“人格权”揽入怀中。[4]在刑法方面，António Redinha认为，葡萄牙1995年的《刑法典》将环境权作为“独立的价值”加以保护，认为“其不仅预见而且惩治‘对自然的损毁’（第二百七十五条）及作为对环境构成要素（水、土壤、空气以及声音）的侵害行为的‘污染罪’”。[5]但是在澳门，根据11月14日第58/95/M号法令通过之澳门新《刑法典》第二百六十八条[6]，António Redinha和Ana Felício都认为，该条是对生命、身体完整性或巨额之财产进行保护，其所保护的法益并不是环境，环境污染只是一种媒介，因为它而使生命、身体完整性或巨额之财产等法益受到损害，并没有将环境作为一种独立的法益来进行保护。[7]故而，António Redinha也呼吁澳门的立法者对

---

[1] 当然他也没有放弃对他国和国际社会的关注，如António Simões Redinha认为“不仅是葡国的宪法制度将拥有健康的环境当作基本权利之一”，并强调“奥地利、中国、西班牙、希腊、荷兰、秘鲁、波兰、罗马尼亚、瑞士及土耳其”都持这种观点。请参见：António Simões Redinha，《污染在澳门刑法上的重要性》，刑法研讨会论文（1993年14至16日，澳门大学），载于《法律学院学报》，1997年版，第3期，第166页。

[2] António Simões Redinha：《污染在澳门刑法上的重要性》，刑法研讨会论文（1993年14至16日，澳门大学），载于《法律学院学报》，1997年版，第3期，第165页。

[3] “后原告的财产权得到了法院的确认，但案件在终审时被裁定理由不成立……”。参见：António Simões Redinha，《污染在澳门刑法上的重要性》，刑法研讨会论文（1993年14至16日，澳门大学），载于《法律学院学报》，1997年版，第3期，第165页。

[4] António Simões Redinha在其论文中提到，Gomes Canotilho教授认为环境权是“人格及人类完全、全面发展的基本条件”（《立法及司法见解杂志》，第3799期，第292页），同时认为它是一种“与健康、生命、人格及财产等宪法所保护的权利所不同、相对独立的”权利（《立法及司法见解杂志》，第3802期，第6页）。请参见：《污染在澳门刑法上的重要性》，刑法研讨会论文（1993年14至16日，澳门大学），载于《法律学院学报》，1997年版，第3期，第165页。

[5] António Simões Redinha：《污染在澳门刑法上的重要性》，刑法研讨会论文（1993年14至16日，澳门大学），载于《法律学院学报》，1997年版，第3期，第166页。

[6] 《澳门刑法典》第二百六十八条（污染）。

[7] Ana Maria Alves de Veiga Felício：《环保法在澳门》，载于《法律学院学报》，1997年第1期，第73页。

这一问题予以相当的关注，希望澳门的刑法典也能赋予环境权这样的保护。[1]

我们极为认同上述专家、学者的观点，认为环境权是可持续发展中的一项重要的法定权利，虽然《澳门特别行政区基本法》第三章“居民的基本权利与义务”中没有将环境权作为居民一项法定权利明确列在居民的基本权利之内，缺乏环境权作为基本人权的条文，但并不意味着《澳门特别行政区基本法》没有给予环境权一个确定的法律支持，而且《环境纲要法》中并没有遗漏对此的规定。《环境纲要法》第三条第一项指出环境权是人人都享有的权利，但同时也规定人人都有保护环境这个义不容辞的责任。在环境保护领域，环境要素不能成为个人的财产，它是特殊的物品，是人们维持生存和发展的依托，是人们共享的“公产”，无论是政府还是个人都不能将其据为己有和肆意损害，简而言之，大气、水、日照、通风等自然环境是公产，它与每一个人的利益都休戚相关，对于所有的人而言都有着毋庸置疑的重要性。另外，第2/91/M号法律《环境纲要法》中涉及环境权的一揽子子权利的规定或许更加有说服力，诸如清洁空气权、清洁水权、清洁食品权、合适的日照权等，例如《环境纲要法》第八条第一款（空气）之规定：“所有人都有权享用适合于其健康及安居的空气质素，无论在公共的康乐、休憩和行走空间，甚至在其居所、工作地点及人类活动的其他地方。”该法第十二条第一款（光及照度）指出：“所有人在其居所、工作场所，以及公共康乐、休憩和行走的地方，有权享用合乎健康、安居和舒适的照度。”该法第二十二条第一款（食品）规定：“所有人有权获得不受生物传染和化学污染而供消耗的适当食品。”当然，不仅仅居民享有环境权，而且法人也同样被赋予此权利，例如污染企业本身也有环境权，只是在享有权利的同时也负有义务。如果以澳门政府为视角，它当然也不例外，澳门政府同样被赋予环境权和被要求承担此义务。按照《澳门特别行政区基本法》第一百一十九条的规定：“澳门特别行政区政府依法实行环境保护。”这一条款意味着澳门特别行政区政府有保护环境和防治污染的义务。[2] 政府是公共利益的代言人，在环境公益保护上无疑发挥着相当重要的作用，它有保护自然环境、保障公民有得到健康生活环境的权利。只有确立政府的环境权，才能实现对澳门地区环境长久而又持续的保护。政府享有不可剥夺的环境权，同时，保护环境也是政府必须承担的基本义务，政府应当努力保障公民的良好

---

[1] 笔者也相信这一天的到来也并不会很遥远。其实中国内地1997年新修订的《中华人民共和国刑法》第六章妨碍社会管理秩序罪设立专门一节“破坏环境资源保护罪”，澳门地区的确可以将环境权作为”独立的价值”透过刑法来实现对其的保护。

而且根据澳门3月11日第2/91/M号《环境纲要法》第三十四条（破坏环境的罪行），“违反本法律所规定事项者，视为破坏环境的罪行”。笔者认为，立法者其实也尝试着将对环境作为一种自主性独立法益的破坏入罪化进行保护，这在某种程度上反映出立法者的意图，只是遗憾的是，这一端倪是通过《环境纲要法》来反映的，而不是透过《刑法典》将破坏环境的行为直接犯罪化。

[2] 也正如António Simões Redinha所言，该条“确认了对环境的保护”。请参见：António Simões Redinha，《污染在澳门刑法上的重要性》，刑法研讨会论文（1993年14至16日，澳门大学），载于《法律学院学报》，1997年版，第3期，第166页。

环境权。上述规定，以及有关澳门特别行政区政府管理环境资源的众多立法，也已经间接说明政府的环境权在法律中的稳固地位。

如上分析，虽在澳门的《澳门特别行政区基本法》中未明确出现“环境权”的字样，但已体现了环境权的部分内容，意味着环境权作为人的一项基本权利在《澳门特别行政区基本法》中已得到了彰显，而且其在《环境纲要法》中得到了确认，加上很多环境权利可以在相关的法规中找到法律依据。但是仅承认环境权的公权性质或是没有合适的保障机制，还是不能有效地保护环境，因为公众也不能以此为依据，提起民事诉讼请求恢复原状、消除起因或要求环境侵权损害赔偿。但无法否认的是，环境权的确立依据给环境公益诉讼提供了坚实的实体法基础，而环境权也需要私法化或是提供合理可行的保障措施。如前所述，环境权是伴随着环境危机而产生的权利概念，说环境权是整个社会公共利益的重要方面似乎并无不妥。因为环境是一种公共物品，任何对环境的污染和破坏，既侵害个人环境权益，也侵害社会甚至整个人类的公共利益，所以，保护环境公共利益，也正是对公民个人环境权的保护。❶在司法实践方面，中国澳门地区没有环保法庭，为了维护捍卫环境权，同葡萄牙一样通过建立环境权的保障机制来给予配合，应运而生的环境民事公益诉讼正是这样一种重要的保障方式，透过《澳门民事诉讼法》第五十九条建立环境权诉讼模式即公众诉讼，为了帮助环境权实现的环境民事公众诉讼赋予公众环境诉讼主体资格，使环境权这一高度抽象的权利在司法实践中透过公民的参与变得生动具体，为环境权的真正实现带来了契机。

根据《澳门民事诉讼法典》第五十九条（维护大众利益之诉讼）之规定：“对于尤其旨在维护公共卫生、环境、生活质素、文化财产及公产，以及保障财货及劳务消费之诉讼或保全程序，任何享有公民权利及政治权利之居民，宗旨涉及有关利益之社团或财团，市政厅以及检察院，均有提起以及参与之正当性。”该条以法律的形式确认了上述主体参与环境民事公众诉讼的权利，而环境民事公众诉讼是民事公益诉讼的一种特殊适用。由于环境是人类赖以生存和发展的基本条件，所以对环境公共利益的保护已成为澳门公众诉讼的一个重要组成部分。根据该条可知，澳门通过立法的方式授权“任何人”在法律规定的特别情况下，为了保护环境这一社会公共利益，对违反环境法的行为提起公众诉讼，对诉讼资格进行了相当广泛的确认，不仅作为政府利益代表的检察机关、市政厅可以提起环境公益诉讼，环境诉讼的主体更是扩大到一般民事主体，涵盖“任何享有公民权利及政治权利之居民以及宗旨涉及有关利益之社团或财团”等，即也赋予普通公民和环保团体为了保护环境公益提起环境民事公益诉讼的权利。❷具体而言，针对损害环境公共利益的行为，为了保护社会公共利益，上述主体享有直接的起诉权，都有以自己的名义，代表澳门特别

❶ 格瑞尔德·J. 波斯特马：《哲学与侵权行为法》，北京大学出版社，2005年版，第337页。

❷ 《澳门民事诉讼法典》第五十九条。

行政区政府或者不特定的多数人，向司法机关提起或参与环境侵权之诉或保全程序的权利，要求法院对环境公益予以救济的法律制度，并不需要原告证明有任何法律上的利害关系或利益遭到了侵犯。环境公益诉讼制度是对任何分散性或集合性利益的保护，它是维护公众环境权益、遏制环境污染的有力武器，发挥公民参与环境保护的社会监督作用，以救济和填补被损害的环境公益，使“保护环境，人人有责”在法律上得到了切实的体现，以期实现整个社会公共环境利益的最大化。简而言之，环境民事公益诉讼以维护环境公益为目的，是公民参与环保事务，维护环境权的重要途径。例如，对污染者违反环境法规超标排放污水造成公众环境污染的行为，该区域的居民们为维护自己的环境权可以向法院提起环境民事公众诉讼。

（三）环境侵权民事责任的归责原则

同葡萄牙一样，在中国澳门地区，环境污染侵权作为一种特殊的侵权行为，环境民事责任归责原则并不是单一的，过错责任和无过错责任这两种归责原则都在环境民事责任中适用，两者是并存的，贯彻于整个环境侵权责任制度并对责任规范起着统领作用。对于“纯粹对环境的损害”的环境侵权与“对人的损害”的环境侵权这两个不同的适用范围平行适用不同的归责原则，它们共同勾勒契合成比较完整的环境民事责任制度，反映了现代立法价值取向多元化的特点。澳门环境侵权采用的过错责任原则和无过错责任原则相结合的二元归责体系，从总体上把握了对环境污染侵权行为的有效归责，两者没有主次之分，只是各自有不同的适用范围，彼此不能互相交叉，不会繁杂到令人眼花缭乱而令人无所适从，它们不会造成法律适用上的混乱。它们同为环境侵权行为法的重要归责原则，彼此也不能互相代替，既不能以过错责任代替无过错责任，也不能以无过错责任取代过错责任，单一的归责体系无法承担起环境侵权领域应有的重任。

1. 对人的损害

根据《澳门民法典》四百八十六条第二款之规定：“在从事基于本身性质或所使用方法之性质而具有危险性之活动中，造成他人受损害者，有义务弥补该等损害；但证明其已采取按当时情况须采取之各种措施以预防损害之发生者除外。”可知因环境污染造成他人人身、财产损失或环境权或其他合法权益损害的，属于适用那些“基于本身性质或所使用方法之性质而具有危险性之活动”所引致的损害。[1] 与同样严格实行过错推定责任的物、动物以及其他危险性活动相比，环境侵权给受害人造成的损害，给社会带来的危险，有过之而无不及，所以环境民事侵权责任的归责原则适用的是过错责任原则中的过错推定责任。

2. 纯粹对环境的损害

环境侵权的成立不以对人或财产的损害的发生为前提，虽然环境侵权通常会给

---

[1] 如前所述，受损害环境资源的赔偿范围包括：财产权益的损害，即指环境污染造成他人财物的减少或毁损；人身权益的损害，即与人的人格、身份密切关联的合法权益所受到的伤害；环境权。

他人带来人身伤害、财产损害，或给环境权以及其他的合法权益造成损害，但环境侵权的成立不需要有人身或财产损害结果的发生。如果有下述的1991年制定的澳门第2/91/M号法律《环境纲要法》的第三十条第一款规定的情形发生同样可成立环境侵权，行为人即应承担相应的责任。

《澳门民法典》第四百八十六条第二款仅涵盖涉及私人合法权益的环境侵害的侵权归责原则的规定，对不涉及私人合法权益的环境侵害的归责原则在现有的民事赔偿责任理论中也并不缺失。《环境纲要法》的第三十条第一款规定了对于单纯环境的侵害的加害人的客观责任❶，“任何人因某类特别危险的行为，即使经遵守适用法例，无论有否过错，当对环境造成明显损害时，须负赔偿责任”，可知对于不涉及私人合法权益的纯粹环境污染或破坏等环境侵权的损害赔偿，实行的是无过错的民事责任归责原则，过错并非构成侵权责任的构成要件，也不是关注的焦点，即环境侵权责任的产生不需要以加害人的过错为前提。❷该条款规定了适用这一原则的两个前提：第一，它只适用于对于环境的损害是“明显”的情形；第二，损害的原因必须是对环境“某类特别危险的行为”。由此可知，行为人是否承担损害赔偿责任，是以其排污行为对于环境是否造成明显损害作为重要的判断基础。值得注意的是，该原则不适用于因环境侵权肇致的他人人身健康损害、私人财产损害或者其他任何经济上的损失。纯粹的环境损害的侵权行为作为一种特殊的侵权方式，有别于一般侵权行为，也有别于因环境污染造成他人人身或财产损失的环境侵权行为。《澳门民法典》第四百七十七条第一款规定，一般侵权实行的是过错责任原则，加害人的故意或过失是承担民事责任的要件之一，❸而纯粹的环境损害的侵权行为属于《澳门民法典》第四百七十七条第二款所述的“不取决于有无过错之损害赔偿义务”的特殊侵权之列，❹只要加害人的行为具备前面我们所说的一般的民事侵权责任构成要件中的前面四个，❺

---

❶ 无过错责任的概念最早是美国学者巴兰庭于1916年在《哈佛法律评论》上发表的一篇关于交通事故责任的文章中提出的，其诞生后被适用于工业事故中。后来，随着现代社会的飞速发展，肇致环境问题日益突出，公害事件屡屡发生，便将无过失责任被移植到环境损害赔偿领域之中。在立法上，无过错责任最早源于1838年德国的《普鲁士铁路法》，该法规定：“铁路公司所运输的人和物，或因转运之故对别的人和物造成损害，应负赔偿责任。容易致人损害的企业，虽企业主毫无过失，也不得以无过失作为免除赔偿责任的理由。”随着环境问题日益凸显，越来越多的国家将无过错责任原则运用到环境侵权中，并将无过错责任作为环境侵权责任的归责原则。

❷ 侵权民事责任的构成要件是指侵权行为人承担侵权民事责任须具备的条件，即在什么情况下侵权行为人方承担环境侵权的民事责任。

❸ 《澳门民法典》第四百七十七条第一款：“因故意或过失不法侵犯他人权利或违反旨在保护他人利益之任何法律规定者，有义务就其侵犯或违反所造成之损害向受害人作出损害赔偿。”

❹ 《澳门民法典》第四百七十七条第二款：“不取决于有无过错之损害赔偿义务，仅在法律规定之情况下方存在。”

❺ 如前所述，一般的民事侵权责任构成要件包括五个方面：必须具有污染环境的行为，包括作为和不作为；具有损害后果；污染环境的行为与损害事实之间存在因果关系；可归责性；加害人主观上具有过错。

并且不存在法定的免责事由，[1]那么就应该对其所造成的损害承担相应的民事责任，无须对加害人的主观过错加以证明和考量，加害人是否有过错，不影响侵权责任的成立。

对纯粹的环境损害的侵权行为适用的风险责任或无过错责任原则也有别于因环境污染造成他人人身或财产损失的环境侵权行为适用的过错推定。它们固然有共同点，即二者都不用对加害人的主观过错承担举证责任，而且，“责任的过错推定与无过错责任必须由法律特别规定”。[2]但两者也有着重要的区别，主要是实行过错推定的场合首先是推定加害人主观有过错，只要加害人能证明自己没有过错就无须承担责任，说明过错推定责任原则考虑加害人的主观过错。而风险责任原则不以过错为侵权损害赔偿责任的构成要件，其根本就不考虑加害人的主观状况，加害人即使证明自己没有过错，证明其已经尽到了最大的注意义务并努力避免侵害的发生，但这仍不能成为其免责的理由，其仍然要承担民事责任，除非具有法定免责事由。

3. 连带责任

如上所述，环境污染侵权责任适用过错推定责任和风险责任归责原则，而环境污染共同侵权作为一种与单独环境污染侵权相比而言因为所涉主体的因素从而较为特殊，但其归责原则并不会因此有所改变，仍适用这两个原则。只是对于环境污染共同侵权而言，由于其主体不是单个的，而是为复数，其适用归责原则的情形更为复杂而已。

对于纯粹涉及环境的损害，实行的是无过错责任原则，那么数个环境污染共同侵权责任人或者均无过错，或者均有过错，又或者有的责任人有过错，而有的责任人无过错等三种情形。根据风险责任原则的要求，环境污染损害发生以后，既不考虑责任人主观上是否有过错，也不要求责任人有共同的过错，只要责任人的行为造成了环境污染损害后果，且数个责任人的行为具有关联共同性，这数个责任人就应共同承担民事责任。因此，数个环境污染共同侵权责任人主观上无论有无过错，根据《澳门民法典》第四百九十条第一款的规定：“如有数人须对损害负责，则其责任为连带责任。”即只要共同造成污染损害后果的，就应当共同对环境污染和生态环境的破坏承担连带责任，唯如此方才体现对生态环境的充分保护。对于致人的损害，实行的是过错推定责任，同样根据上述的《澳门民法典》第四百九十条第一款之规定，可知只要共同造成污染损害后果的，就应当共同对受害人承担连带责任，毋庸置疑这有利于对环境污染共同侵权受害人的保护。

环境污染致人损害的共同侵权作为一种特殊的共同侵权，其责任主体的责任有外部责任和内部责任之分。对外，如上所述，环境污染共同侵权责任人应当对受害

---

[1] 环境侵权的免责事由稍后再行探讨。

[2] 唐晓晴：《债法》，载刘高龙、赵国强主编《澳门法律新论》（上册），澳门基金会出版，2005 年版，第 237 页。

人承担连带赔偿责任。环境污染共同侵权责任人的外部责任主要有以下特征。第一，如前所述，《澳门民法典》第四百九十条第一款，环境污染共同侵权责任人对受害人共同承担责任，换言之，环境污染共同侵权责任系该法典第五百零五条第一款所指的“连带之债”，而非第五百二十七条所规定的“可分之债”。第二，根据《澳门民法典》第五百零五条第一款的规定，环境污染共同侵权责任人中的每一个人都有义务对受害人承担全部给付之责任❶，而在单独环境污染侵权的情况下，行为人只需对自己所造成的损害承担责任。第三，依据《澳门民法典》第五百零五条第一款、五百一十二条第一款以及第五百一十一条之规定，共同侵权责任人作为一个整体对损害结果承担责任，受害人可以要求全部环境污染共同侵权责任人一起承担全部损害的赔偿责任，也可以只要求其中一个或者一部分侵权责任人（或债务人）承担全部给付或部分给付，受害人可以根据各侵权责任人（或债务人）的偿付能力等因素自由选择，而被要求之侵权责任人（或债务人）则没有选择的权利，必须要对受害人承担全部责任，不得以自己的行为只造成部分损害而主张仅承担部分责任。第四，按照《澳门民法典》第四百九十条第一款，环境污染共同侵权这种连带责任是一种法定责任，它并不会因为环境污染共同侵权责任人之间的内部约定而免除或部分免除，共同侵权责任人不得以此约定对抗受害人要求其承担全部给付的权利。但是这并不意味着共同侵权责任人不能在内部达成减轻或者免除某个或某一部分责任人的责任的协议，只是这种约定仅对共同侵权责任人内部产生效力，对于外部的受害人并不产生效力。

与共同侵权责任人要对外承担连带责任的外部关系不同的是，对内部关系而言，共同侵权责任人仍然是承担“可分之债”。❷根据《澳门民法典》第五百一十七条第一款所述：“作出超过本身须分担部分之给付以满足债权人权利之债务人，有权向每一共同债务人要求偿还其各自须分担之部分。”另外，依据《澳门民法典》第四百九十条第二款之规定：“负连带责任之人相互间有求偿权，其范围按各人过错之程度及其过错所造成之后果而确定；在不能确定各人之过错程度时，推定其为相同。”换而言之，当某一个或者一部分环境污染共同侵权责任人在承担了全部或者超出了自己应承担的份额的责任之后，其有权向其他共同侵权责任人追偿。虽然在外部关系上对受害人承担无过错责任，但对内归责时还是遵循每个责任人的过错程度及其过错所造成的后果的原则来确定，只是在无法确定各个责任人的过错程度时，才推定其是均等的。

---

❶ 《澳门民法典》第五百零五条第一款：“如多名债务人中任何一人均负有全部给付之责任，而全部给付一经作出时，全体债务人之债务随即解除者，或如多名债权人中任何一人均有权单独要求全部给付，而全部给付一经作出时，债务人对全体债权人之债务随即解除者，均为连带之债。”

❷ 其实本段内容不仅单单适用环境污染致人损害，也同样适用实行无过错责任原则纯粹涉及环境的损害。《澳门民法典》第五百二十七条（可分之债）：“各债权人或债务人在可分之债中所占之部分均等，只要法律或有关法律行为并无指出其他分配比例……。”

（四）环境侵权救济中的主体

1. 环境侵权的权利主体

根据第2/91/M号法律《环境纲要法》第二十九条第四款："直接受到威胁或被损及在人数生活、健康和自然生态平衡的环境方面的权利的人士，得要求终止侵害的因素及获得有关的赔偿。"据此，一般而言，请求环境侵权救济的主体是环境侵权中的受害人，其与实施侵权行为的主体存在直接的利害关系，双方之间具有法律上的权利义务。具体来讲，环境侵权中的受害人是指由于环境侵权行为而使自己的财产权、人身权、环境权益以及其他合法权益受到损害的当事人。但其实环境诉讼主体不仅仅只限于直接受害人，这对于环境私益诉讼是如此，但是对于环境公益诉讼则不然，对于不涉及私人权益的环境损害，如上所述，由于环境公共利益直接关系到人们的生命健康以及全社会的可持续发展，根据《澳门民事诉讼法典》第五十九条规定的主体为了维护社会公共环境利益，根据法律的授权，都可把侵害公共环境利益之人推上被告席，有权以自己的名义提起诉讼，以当事人的身份参加诉讼。

2. 环境侵权的责任主体

环境侵权救济中的义务承担者主要是环境侵权中的加害人，即实施了环境侵权的行为，由此造成他人财产权、人身权、环境权益以及其他合法权益受到损害，或造成环境污染或生态破坏，并因此要承担民事责任的主体。如果属于共同侵权，则共同侵权行为人对于受害人负连带赔偿责任。受害人既可以向全体的环境污染共同侵权责任人要求承担责任，也可以仅向其中的任何一个人或者数个行为人请求赔偿全部损失，而任何一个共同侵权人都有义务向受害人负全部的赔偿责任。环境污染共同侵权责任人中的某一个人或一部分人对受害人的损失承担了全部责任后，得向其他未承担责任的人追偿。

（五）环境侵权民事责任的抗辩事由

环境侵权责任抗辩事由是对污染损害加害人和受害人之间利益，或加害人权益与环境保护进行平衡的一种手段，意味着环境侵权行为法在关注受害人损害填补和环境保护的同时，也需要考虑加害人行为的正当性，兼顾污染损害加害人的利益，为了避免对加害人课以不公平的民事责任，赋予排污者相应的抗辩事由援引以此保护其正当权益不被侵犯。所谓环境侵权责任的抗辩事由，从有利于加害人的角度出发，规定在何种情形下，依据什么样的事实和理由，加害人可以免除或减轻承担损害赔偿的责任。抗辩事由是其手中的一个有力武器，为加害人提供了给力的理由，使加害人合法地免除或减轻承担责任。[1]环境侵权责任主体的抗辩事由包括责任免除事由、减轻事由及其他抗辩事由。

---

[1] 当然真正意义上的免责似乎是空中楼阁，这里我们所说的免除或减轻其民事责任主要是针对侵权人而言的。

理论上认为，常见的民事责任的抗辩事由有：正当防卫❶、紧急避险❷、受害人同意❸、自助行为❹、第三人过错、受害人的过错、不可抗力以及超过诉讼时效等。侵权责任抗辩事由其与责任构成要件特别是归责原则是紧密联系的。如上所述，在澳门环境侵权领域，风险责任原则与过错推定责任两者并用。鉴于环境污染侵害的特殊性，所以在抗辩事由上也要区分这两种不同的情形。第一，过错推定责任的抗辩事由。因过错推定责任只是过错责任原则的一种特殊形式，加害人不仅可以以自己主观无过错予以抗辩，而且还可以以法律规定的一般免责事由作为抗辩。《环境纲要法》未明确规定过错推定责任下的环境侵权的抗辩事由，抗辩事由都是零星地散布在特别法中。因此，探讨澳门的环境侵权责任免责事由需区分不同的情形：当特别法有规定时，适用该特别法的规定；如果没有特别法的规定，在因水污染、大气污染、土壤污染等环境污染导致的人身、财产损害、环境权损害以及其他合法权益的损害中，侵权责任免责事由仍需遵循一般侵权责任的规定。第二，无过错责任的抗辩事由。在无过错责任的归责原则下，加害人的过错不是责任构成的要件之一，加害人以自己无过错而侵权责任不构成为理由的抗辩不成立，其免责事由是由法律予以特别规定的，法律没有明文规定的，不能作为免责事由。下面仅就不可抗力和紧急避险等两种环境侵权法定抗辩事由进行一下简单的介绍。

1. 不可抗力

一般而言，不可抗力的客观事件出乎任何人意料之外且无法克服和避免的，是人力所不能抗拒的力量，可以是如地震、海啸、火山爆发、台风等自然现象，也可能是如战争等社会现象。加害人非但主观上没有过错，而且其行为与损害结果也没有法律上的因果关系。不可抗力是民事责任中非常重要的免责理由之一。

《环境纲要法》未规定不可抗力的条款，但根据1997年8月25日第35/97/M号法令《规范在海事管辖范围内禁止投掷或倾倒有害物质》第九条，“本法规之规定不适用于在下列情况下投掷或倾倒第二条所指之物质又或固体或液体废物，……c）在适当证明之不可抗力之情况下所作之投掷或倾倒，但在事后必须采取适当措施制止继续投掷或倾倒，或减少投掷或倾倒之数量，以及制止及减轻所产生之后果”❺。据此可知，完全由不可抗拒的原因，并经及时采取合理措施，仍然不能避免造成海洋污染，免于承担责任，但对于大气污染、水污染或土壤污染等环境污染或生态破坏呢，不可抗力可否作为免责理由？❻笔者未见有规定。

---

❶ 《澳门民法典》第三百二十九条。
❷ 《澳门民法典》第三百三十一条。
❸ 《澳门民法典》第三百三十二条。
❹ 《澳门民法典》第三百二十八条。
❺ 这是一部防止海事管辖范围，包括水域公产及澳门地区周边水域之污染之法规。
❻ 如前所述，无过错责任的抗辩事由是由法律予以特别规定的，法律没有明文规定的，不能作为免责事由。

2. 紧急避险

关于紧急避险，《澳门民法典》第三百三十一条规定：“一、在同时符合下列要件时，为排除威胁行为人本人或第三人受法律保护之利益之正在发生之危险而作出之行为，如其系排除该危险之适当方法，则为法律所容许：a）危险情况非因行为人己意造成，但为保护第三人之利益者，不在此限；b）保全之利益明显大于牺牲之利益；c）按照受威胁利益之性质或价值，要求受害人牺牲其利益属合理者。”实践中，为避免自己或他人人身权、财产权或环境权所受的紧迫危险而肇致环境污染损害他人利益或对环境本身造成明显损害的，能否成为环境侵权责任的免责事由？

《环境纲要法》未规定紧急避险的条款，只有在第28/2004号行政法规《公共地方总规章》和8月25日第35/97/M号法令《规范在海事管辖范围内禁止投掷或倾倒有害物质》规定有紧急避险的条款。如《公共地方总规章》第十四条第一款：“一、除紧急避险的救助工作外，禁止：（一）排放废水或任何污染性液体到公共地方，或任其流到该等地方；（二）在违反适用的技术规定及规则的情况下，将废水排入污水排放系统；（三）将非来自清洁公共地方的废水或任何污染性液体排入雨水排放系统。”又如《规范在海事管辖范围内禁止投掷或倾倒有害物质》第九条：“本法规之规定不适用于在下列情况下投掷或倾倒第二条所指之物质又或固体或液体废物：a）船舶为本身安全或其他船舶之安全，又或为救助人命所作之投掷或倾倒；b）任何设施为本身安全或为有关工作人员之安全所作之投掷或倾倒。”鉴于此，因紧急避险的原因造成水污染或海洋污染，免于承担责任。

二、本法域对该规则的规定

（一）《澳门民法典》

第三百三十一条（紧急避险）

一、在同时符合下列要件时，为排除威胁行为人本人或第三人受法律保护之利益之正在发生之危险而作出之行为，如其系排除该危险之适当方法，则为法律所容许：

a）危险情况非因行为人己意造成，但为保护第三人之利益者，不在此限；

b）保全之利益明显大于牺牲之利益；

c）按照受威胁利益之性质或价值，要求受害人牺牲其利益属合理者。

二、然而，危险系完全因行为人之过错而造成时，行为人必须向受害人赔偿其遭受之损失；如非纯因行为人过错而造成危险，则法院得依衡平原则定出赔偿，且除判令行为人作出赔偿外，还得判令其他从该行为得益之人或导致该紧急避险情况出现之人作出赔偿。

第四百七十七条（一般原则）

一、因故意或过失不法侵犯他人权利或违反旨在保护他人利益之任何法律规定者，有义务就其侵犯或违反所造成之损害向受害人作出损害赔偿。

二、不取决于有无过错之损害赔偿义务，仅在法律规定之情况下方存在。

第四百八十六条（由物、动物或活动造成之损害）

……

二、在从事基于本身性质或所使用方法之性质而具有危险性之活动中，造成他人受损害者，有义务弥补该等损害；但证明其已采取按当时情况须采取之各种措施以预防损害之发生者除外。

（二）澳门3月11日第2/91/M号法律《环境纲要法》

第二十九条（一般的权利和义务）

一、在建立一健康和生态平衡的环境并以较快步伐改善生活质素方面，所有人都有合作的义务。

二、在改善环境和生活质素范畴内，个人、社团及集体的主动应受到适当的关注。

三、行政当局将鼓励私人机构/人士参予有利于实施本法律所定目标的主动。

四、直接受到威胁或被损及在人数生活、健康和自然生态平衡的环境方面的权利的人士，得要求终止侵害的因素及获得有关的赔偿。

第三十条（客观责任）

一、任何人因某类特别危险的行为，即使经遵守适用法例，无论有否过错，当对环境造成明显损害时，须负赔偿责任。

二、对因损害环境而根据环境受损程度而定的赔偿数额，将由补充法例订明。

（三）《澳门民事诉讼法典》

第五十九条（维护大众利益之诉讼）

对于尤其旨在维护公共卫生、环境、生活质素、文化财产及公产，以及保障财货及劳务消费之诉讼或保全程序，任何享有公民权利及政治权利之居民，宗旨涉及有关利益之社团或财团，市政厅以及检察院，均有提起以及参与之正当性。

（四）澳门第28/2004号行政法规《公共地方总规章》

第十四条（污染性液体）

一、除紧急避险的救助工作外，禁止：

（一）排放废水或任何污染性液体到公共地方，或任其流到该等地方；

（二）在违反适用的技术规定及规则的情况下，将废水排入污水排放系统；

（三）将非来自清洁公共地方的废水或任何污染性液体排入雨水排放系统。

二、禁止于总排水网络覆盖范围建造或使用平算式雨水口、用作倾倒废水的储水池或水池，但经特别许可并按主管公共实体明确规定的条件进行者除外。

（五）8月25日第35/97/M号法令《规范在海事管辖范围内禁止投掷或倾倒有害物质》

第一条（标的）

本法规规范在海事管辖范围内禁止投掷或倾倒有害物质之事宜，以防止污染及保护环境

第八条（紧急措施）

港务局局长有权限尽快采取一切措施以制止因违反本法规规定所产生之污染，而费用则由违法者承担。

第九条（例外）

本法规之规定不适用于在下列情况下投掷或倾倒第二条所指之物质又或固体或液体废物：

a）船舶为本身安全或其他船舶之安全，又或为救助人命所作之投掷或倾倒；

b）任何设施为本身安全或为有关工作人员之安全所作之投掷或倾倒；

c）在适当证明之不可抗力之情况下所作之投掷或倾倒，但在事后必须采取适当措施制止继续投掷或倾倒，或减少投掷或倾倒之数量，以及制止及减轻所产生之后果。

三、有关该规则的典型案例（关于环境污染责任）

葡萄牙终审法院判决书[1]卷宗号：97A711；类别：复审上诉；日期：1998年2月6日；起草人：Garcia Marques：

主要法律问题关键词：赔偿义务；民事责任；客观民事责任；因果关系；过错推定；因物或活动而导致的损害；环境；特别危险的活动。

主要涉及的法律条文：《葡萄牙民法典》第三百四十六条，第四百八十三条，第四百九十三条第二款，第五百六十三条；《葡萄牙环境保护纲要法》第四十条第四款，第四十一条，第五十二条第二款；葡萄牙1990年3月7日第74/90号法令第四十八条第一款。

案件摘要：

原告三人，其中第一原告为一家餐饮公司，第二原告为该公司经理，第三原告

[1] 本案由澳门大学教师蒋依娃翻译及总结，内容有做适当删减。

为第二原告妻子。被告为一家加油站。该加油站位于第一原告业务范围内的一家餐厅附近。

1990年4月，被告，即某加油站发生泄漏事故，一部分液体燃料流出，渗入地下，其碳氢化合物对土壤的含水层造成了污染。

污染范围包括提供给第一原告餐馆用水的一处水源，其化学分析资料显示碳氢化合物成分超标。

应卫生专员要求，停止使用该水源。致使第一原告的餐馆经营用水以及其他原告居住的楼房的生活用水开始由运水车供应，供应时间为早上9时至晚上8时。

因此，餐馆生意遭受损失，居民生活不便。

被告之加油站定期对其设备进行常规检测，并经常在需要的情况下做额外的检测。

泄漏事故发生后，加油站立即停止了发生泄漏的设备端。

待决问题：

根据《葡萄牙民法典》第四百九十三条，和《葡萄牙环境保护纲要法》第四十条第四款、第四十一条、第五十二条第二款，并且结合加油站日常经营活动的危险性，是否应该为案件中数字原告因水源中某化学成分超标而负责。争论的中心为：本案中是否存在因特殊的危险活动而导致的环境损害的客观责任？

原告观点：

审理本案的初级和中级法院都没有正确理解《葡萄牙环境保护纲要法》第四十条第四款、第四十一条、第五十二条第二款的内容。

在讨论环境损害相关导致之责任的相关问题时，不法行为和损害之间是否有因果关系的认定并不应该单纯地按照其他传统的民事责任认定中的相关规定而为之。这里的因果关系应该被理解为一种较大的可能性，而非绝对肯定。

被告观点：

加油站泄漏的燃料并未导致原告日常用水源的化学成分的改变。在对涉案水源的实验室检验中，其碳氢化合物的存在的直接原因并非燃料中的石油成分。

在认定民事客观责任时，最重要的构成要件之一是：不法行为和遭受损害之间的因果联系。即使涉及具体的环境损害，也必须存在此要件。

终审法院之观点：

有关因危险性活动而产生的民事责任，应该以《葡萄牙民法典》第四百九十三条第二款为基础进行规范。在此条款中，过错推定的原则得以适用，但是，此处的推定并非绝对，如果当事人能够证明确实在活动进行过程中采取了适当的预防危险发生的措施，那么此推定可以被推翻。

从民法典的角度而言，在无特殊制度规范的前提下，对环境造成威胁的一切活动而引发的民事责任问题都应该被划入主观责任的范围。

《葡萄牙环境纲要法》颁布后，环境客观责任的认定成为可能。因此，在环境保护相关案件里，民事责任的基本要件的范围被拓宽，即使当事人没有过错，也应为环境损害负责。

尽管如此，在进行环境损害之客观责任的认定时，仍然有必要考虑一些因素：什么是危险的对环境有威胁的活动（《葡萄牙环境保护纲要法》第四十一条第一款，第四十三条）；在行为和损害之间是否存在因果联系，损害的客观性（或者说严重性）。

环境损害有的时候并不会实时产生，而是在活动或者行为实施以后数日，数月甚至数年才会显现。因此，一些环境法学家认为，民法典第三百四十六条中说明的行为与损害之间的因果联系的标准并不适用在环境损害问题上。

案件中的上诉者（即原告）未能在一审和二审中提供有效证据证明他们所遭受的环境损失与加油站燃料泄漏事故有直接联系。

终审法院认为，环境侵害的案件中，要认定当事人的责任，在不法行为与损害之间是否存在因果关系的问题上，因为不同于传统意义的民事责任，再加上环境损害的隐蔽性和延迟性，行为和损害之间的因果关系可以为非绝对，但至少应该存在基本的可能性。

因此，该案件被判定为上诉人败诉，维持原判。

四、在《东亚侵权法示范法》中对该规则作出规定的基本意见

澳门法域的建议是，《东亚侵权法示范法》有必要对环境权作出民法的保护，

而纯粹的环境损害（不涉及私人合法权益的环境侵害）的侵权行为作为一种特殊的侵权方式，应有别于因环境污染造成他人人身或财产损失的环境侵权行为，应针对这两种情况采用不同的归责原则。

专题之十三：网络侵权责任

一、该问题基本规则

网络上流行的“人肉搜索”“网络追杀令”“网络搜索令”“网络通缉令”或港澳地区的“起底”等就像是一把双刃剑，在进行道德评价的同时，还可能引致侵权问题，甚至可能犯罪刑事化问题。虽然互联网只是个虚拟的但也是个公共的空间，原本不愿被公之于众的个人信息可能透过网络快速并呈几何状无限扩散，被“人肉”的主体隐私权同样也应受法律保护。根据《澳门特别行政区基本法》第二十七条以及第三十七条的规定，公民享有言论自由的保障，以及“艺术或文学表达”自由的保障，另外，依照《澳门民法典》第八十条规定了公民的言论权，可知言论、新闻、出版的自由固然不容侵犯，但也要保障个人资料隐私权得到应有的尊重及保护，让言论及出版自由与个人资料的保护两种基本权利之间达致某种平衡。在允许个人资料的合理使用的同时，也避免资料提供者的隐私权遭到侵害，从而使个人信息的披露、自由流动与个人信息保护在法律的规范下达到平衡。因此，从立法层面加强个人资料的保护，已成为我们这个时代背景下隐私权保护的不容回避的重大研究课题。

鉴于个人资料的重要性，为加强隐私权的保护，澳门于 2005 年 7 月 1 日制定了第 8/2005 号法律《个人资料保护法》，也是一部直接针对网络隐私权（当然不限于此）的保护的立法，该法于 2006 年 2 月正式生效。2007 年 3 月，澳门设立个人资料保护办公室，行使《个人资料保护法》所赋予的职权。在这之前，在澳门现行法律体系中，《澳门特别行政区基本法》《澳门民法典》以及一些单行法律中有涉及公民的隐私权及个人资料之保护的规定，为网络隐私权的保护奠定了一定的法律基础。《澳门特别行政区基本法》第三十条及其他条文对隐私权作了明文规定。《澳门特别行政区基本法》第三十条规定：“澳门居民的人格尊严不受侵犯……享有个人的名誉权、私人生活和家庭生活的隐私权。”个人的名誉权、私人生活和家庭生活的隐私权是澳门居民的基本权利。第三十二条又规定：“澳门居民的通信自由和通信秘密受法律保护……”另外，《澳门民法典》第七十四条和第七十八条分别规定了保留私人生活隐私权和个人经历保密权，而且《澳门民法典》第七十九条对“个人资料之保护”作了特别规定，并且在其他的单行法律中也有或是直接或是间接涉及一般隐私权事宜及针对个人数据保护的规定。

澳门第 8/2005 号法律《个人资料保护法》是一部相对比较完整系统地规范和保

障个人资料保护的法律，它参考借鉴了欧盟和其成员国（如葡萄牙）以及中国香港地区的相关法律规定，涵盖个人资料保护应遵守的一系列基本原则，资料信息当事人所享有的权利保障范围等，以及违反有关规定时相应的救济和处罚制度，为公民的权利在行政和司法层面的保护提供了保障。为了对《个人资料保护法》有更为全面的认识和理解，2011年1月，中国澳门特别行政区政府的个人资料保护办公室公布了《在互联网上发布个人资料的注意事项》（以下简称《注意事项》），列出一些指引，同时列举一些例子予以说明，供社会各界参考。[1] 同年2月，个人资料保护办公室又公布了《在互联网上发布个人资料的注意事项》的补充说明。

根据《个人资料保护法》第七条的规定，个人资料的范围十分广泛，“个人资料”不限于“私隐”范围。除了辨认个人身份资料、私人生活、病历资料为“个人资料”，还涵盖“敏感资料”，包括“世界观或政治信仰、政治社团或工会关系、宗教信仰”“种族和民族本源”，以及“遗传资料”等。《个人资料保护法》第二条规定了个人资料处理的一般原则，“个人资料的处理应以透明的方式进行，并应尊重私人生活的隐私和《澳门特别行政区基本法》、国际法文书和现行法律订定的基本权利、自由和保障”。《个人资料保护法》所说的网络隐私权，主要是涉及机构和个人在互联网上发布个人资料是否侵犯资料当事人隐私权的问题。下面结合《个人资料保护法》和个人数据保护办公室对《个人资料保护法》的解读（按照其对该法的解释内容和顺序）[2]，来阐述一下该法的重要内容。

（一）《个人资料保护法》的适用范围

1. 法律的适用范围

根据《个人资料保护法》第三条和第四条，除了一些特殊情况外（如个人在互联网上发布只属于其本人的信息资料），个人或机构在互联网上发布个人信息资料的行为，基本上都受《个人资料保护法》规范和约束。

2. 区分内联网和互联网

个人数据保护办公室指出，要注意区分内联网和互联网，“在内联网上发布个人资料”，虽也受《个人资料保护法》规范，但“应视为是机构内部的个人资料处理”，而不是“在互联网上发布个人资料”。但是，一旦内联网的使用者超出了允许的范围，则也视为“在互联网上发布个人资料”。[3]

---

[1] 澳门特别行政区政府个人资料保护办公室：《在互联网上发布个人资料的注意事项》，第6页，来自http：//www.gpdp.gov.mo/cht/forms/guide/ppdi_ch.pdf，2011-07-03。

[2] 澳门特别行政区政府个人资料保护办公室：《在互联网上发布个人资料的注意事项》，第1-16页，来自http：//www.gpdp.gov.mo/cht/forms/guide/ppdi_ch.pdf，2011-07-03。

[3] 澳门特别行政区政府个人资料保护办公室：《在互联网上发布个人资料的注意事项》，第2页，来自http：//www.gpdp.gov.mo/cht/forms/guide/ppdi_ch.pdf，2011-07-03。

（二）负责处理个人资料的实体

《个人资料保护法》第四条第一款（五）项规定了“负责处理个人资料的实体”，指引认为“最重要的判断要素是相关处理的控制权及决定权”。[1]

（三）资料来源的合法性要求

指引指出，根据《个人资料保护法》第二条和第五条的规定：“在互联网上发布个人资料，有关的资料应是合法收集得来。”否则，有关行为人需承担相关法律责任。[2]

（四）资料处理的正当性条件

指引指出，如果任何机构或个人要在互联网上发布个人资料，须满足《个人资料保护法》所规定的正当性条件，分为“一般的处理正当性条件”“处理敏感资料的正当性条件”“处理与不法行为相关资料的正当性条件”。[3]

1. 一般的处理正当性条件

根据《个人资料保护法》第六条的规定，在互联网上发布个人资料，至少要满足其所列举的五个正当性条件之一。

2. 处理敏感资料的正当性条件

指引指出，根据《个人资料保护法》第七条的规定敏感资料所涵盖的范畴，“法律原则上禁止处理敏感资料，但在保障非歧视原则以及具备第十五条、第十六条所规定的安全措施的前提下”，也准许在法律规定的八种情况之任一下进行处理。[4]

3. 处理与不法行为相关资料的正当性条件

指引指出，《个人资料保护法》第八条规定了处理与怀疑从事不法活动、刑事违法行为或行政违法行为等不法行为相关资料的正当性条件。

（五）适度原则

指引指出：“即使‘负责处理个人资料的实体’已经有在互联网发布别人个人资料的正当性，但也需要遵守《个人资料保护法》规定的适度原则。”[5]

（六）资料当事人的权利

指引指出，根据《个人资料保护法》的规定，资料当事人享有五项基本权利，

---

[1] 澳门特别行政区政府个人资料保护办公室：《在互联网上发布个人资料的注意事项》，第2-3页，来自http：//www.gpdp.gov.mo/cht/forms/guide/ppdi_ch.pdf，2011-07-03。

[2] 澳门特别行政区政府个人资料保护办公室：《在互联网上发布个人资料的注意事项》，第3页，来自http：//www.gpdp.gov.mo/cht/forms/guide/ppdi_ch.pdf，2011-07-03。

[3] 澳门特别行政区政府个人资料保护办公室：《在互联网上发布个人资料的注意事项》，第4-6页，来自http：//www.gpdp.gov.mo/cht/forms/guide/ppdi_ch.pdf，2011-07-03。

[4] 澳门特别行政区政府个人资料保护办公室：《在互联网上发布个人资料的注意事项》，第5页，来自http：//www.gpdp.gov.mo/cht/forms/guide/ppdi_ch.pdf，2011-07-03。

[5] 澳门特别行政区政府个人资料保护办公室：《在互联网上发布个人资料的注意事项》，第7页，来自http：//www.gpdp.gov.mo/cht/forms/guide/ppdi_ch.pdf，2011-07-03。

即信息权（第十条）、查阅权（第十一条）、反对权（第十二条）、不受自动化决定约束的权利（第十三条）及损害赔偿权（第十四条）。

（七）新闻、文学及艺术的表达以及言论自由

《澳门特别行政区基本法》第二十七条规定："澳门居民享有言论、新闻、出版的自由……"指引认为："'言论、新闻、出版的自由是公民的基本权利，个人资料私隐权也不例外，两者是并存的。任何一项基本权利的行使都必须尊重另一基本权利，应根据合法、善意、适度等原则在两者之间取得平衡。"[1]指引指出，"为保障言论、新闻、出版的自由，《个人资料保护法》作出了特别规定，主要体现在通过对信息权、查阅权和更正权的限制方面"，主要体现在《个人资料保护法》第十条第六款、第十一条第三款到第四款等规定中。[2]指引进一步指出，澳门第 7/90/M 号法律《出版法》涵盖了出版行业的"言论、新闻、出版的自由"的保障及限制方面和资料当事人的保障方面的相关规定，而《个人资料保护法》则规定了出版行业在互联网上发布个人资料时，要满足的正当性要件。[3]

（八）转移资料到澳门以外

指引指出，按照《个人资料保护法》第十九条至第二十条之规定："将个人资料转移出澳门以外的地方，需受法律限制。"[4]

另外，根据《个人资料保护法》第十四条（损害赔偿权 ）之规定："一、任何因资料的不法处理或其他任何违反个人数据保护范畴的法律规定或规章性规定的行为而受损害的人均有权向负责处理资料的实体要求获得所受损失的赔偿。二、如负责处理资料的实体证实其并非引致损害事实的归责者，得部分或全部免除责任。三、如有次合同，适用《澳门民法典》第四百九十二条及随后数条关于委托关系的规定。"据此，指引指出，如"负责处理个人资料的实体"有不当发布了他人的个人资料之行为，利用网络侵害他人民事权益的，应当承担侵权责任，且资料当事人受到损害，资料当事人对"负责处理个人资料的实体"享有损害赔偿请求之权利。[5] 根据该条第三款之规定，可知在有次合同的情形下，在侵权行为发生后，适用委托人之责任的风险责任，承担无过错责任。当然，如果在没有次合同的情况下，侵权行为适用的还是《澳门民法典》第四百七十七条规定的过错责任原则。据此可知，澳门网

---

[1] 澳门特别行政区政府个人资料保护办公室：《在互联网上发布个人资料的注意事项》，第 12 页，来自 http：//www. gpdp. gov. mo/cht/forms/guide/ppdi_ ch. pdf，2011-07-03。

[2] 澳门特别行政区政府个人资料保护办公室：《在互联网上发布个人资料的注意事项》，第 12 页，来自 http：//www. gpdp. gov. mo/cht/forms/guide/ppdi_ ch. pdf，2011-07-03。

[3] 澳门特别行政区政府个人资料保护办公室：《在互联网上发布个人资料的注意事项》，第 12 页，来自 http：//www. gpdp. gov. mo/cht/forms/guide/ppdi_ ch. pdf，2011-07-03。

[4] 澳门特别行政区政府个人资料保护办公室：《在互联网上发布个人资料的注意事项》，第 16-17 页，来自 http：//www. gpdp. gov. mo/cht/forms/guide/ppdi_ ch. pdf，2011-07-03。

[5] 澳门特别行政区政府个人资料保护办公室：《在互联网上发布个人资料的注意事项》，第 11 页，来自 http：//www. gpdp. gov. mo/cht/forms/guide/ppdi_ ch. pdf，2011-07-03。

络侵权责任的归责原则适用的《澳门民法典》第四百七十七条规定的过错责任和第四百九十二条规定的风险责任二元制的归责体系。

二、本法域对该规则的规定

(一)《澳门特别行政区基本法》

第二十七条

澳门居民享有言论、新闻、出版的自由，结社、集会、游行、示威的自由，组织和参加工会、罢工的权利和自由。

第三十条

澳门居民的人格尊严不受侵犯。禁止用任何方法对居民进行侮辱、诽谤和诬告陷害。

澳门居民享有个人的名誉权、私人生活和家庭生活的隐私权。

第三十二条

澳门居民的通信自由和通信秘密受法律保护。除因公共安全和追查刑事犯罪的需要，由有关机关依照法律规定对通信进行检查外，任何部门或个人不得以任何理由侵犯居民的通信自由和通信秘密。

第三十七条

澳门居民有从事教育、学术研究、文学艺术创作和其他文化活动的自由。

(二)《澳门民法典》

第七十四条（保留私人生活隐私权）

一、任何人均不应透露属他人私人生活隐私范围之事宜。

二、隐私之保留范围按有关事件之性质及各人之条件而界定，且尤其以本人所作之行为而显示出其欲保留之范围予以界定；对于公众人物，则尤其以有关之事实与具知名度之原因两者间所存有之关系予以界定。

第七十八条（个人经历保密权）

一、关于某一指明身份之人之个人经历资料，未经其同意，不得将其全部或部分公开或使用。

二、基于安全或司法方面之要求，或为着科学、文化或教学之目的，又或基于与公众人物有关之其他应予重视之利益而有合理理由公开或使用某人之个人经历资料者，不适用上款之规定。

第七十九条（个人资料之保护）

一、任何人均有权知悉载于信息化之数据库或纪录内有关其本人之资料及该等资料之用途，并得要求就该等资料作出更正或更新；但关于司法保密方面另有特别规定者除外。

二、收集个人资料以便作信息化处理时，应严格依照收集该等资料之目的而进行收集，并应让当事人知悉该等目的。

三、为知悉关于第三人之个人资料而查阅信息化数据库及纪录，以及与信息化数据库及纪录连接，须就每一个案获得负责监察个人信息资料之收集、贮存及使用之公共当局之许可。

第四百七十七条（一般原则）

一、因故意或过失不法侵犯他人权利或违反旨在保护他人利益之任何法律规定者，有义务就其侵犯或违反所造成之损害向受害人作出损害赔偿。

二、不取决于有无过错之损害赔偿义务，仅在法律规定之情况下方存在。

第四百九十二条（适用规定）

规范因不法事实而产生责任之规定中可适用之部分，延伸适用于风险责任之各种情况，但法律另有规定者除外。

第四百九十三条（委托人之责任）

一、委托他人作出任何事务之人，无论本身有否过错，均须对受托人所造成之损害负责，只要受托人对该损害亦负赔偿之义务。

二、委托人仅就受托人在执行其受托职务时所作出之损害事实负责，但不论该损害事实是否系受托人有意作出或是否违背委托人之指示而作出。

三、作出损害赔偿之委托人，就所作之一切支出有权要求受托人偿还，但委托人本身亦有过错者除外；在此情况下，适用第四百九十条第二款之规定。

（三）澳门第 8/2005 号法律《个人资料保护法》

第二条（一般原则）

个人资料的处理应以透明的方式进行，并应尊重私人生活的隐私和《澳门特别行政区基本法》、国际法文书和现行法律订定的基本权利、自由和保障。

第三条（适用范围）

一、本法律适用于全部或部分以自动化方法对个人资料的处理，以及以非自动化方法对存于或将存于人手操作的数据库内的个人资料的处理。

二、本法律不适用于自然人在从事专属个人或家庭活动时对个人资料的处理，但用作系统通信或传播者除外。

三、本法律适用于对可以认别身份的人的声音和影像进行的录像监视，以及以其他方式对这些声音和影像的取得、处理和传播，只要负责处理资料的实体的住所在澳门特别行政区（以下简称特区），或者通过在特区设立的提供信息和电信信息网络服务的供货商而实施。

四、本法律适用于以公共安全为目的对个人资料的处理，但不妨碍适用于特区的国际法文书以及区际协议的特别规定、与公共安全有关的专门法律和其他相关的规定。

第四条（定义）

一、为本法律的效力，下列用词之定义为：

（一）“个人资料”：与某个身份已确定或身份可确定的自然人（“资料当事人”）有关的任何信息，包括声音和影像，不管其性质如何以及是否拥有载体。所谓身份可确定的人是指直接或间接地，尤其透过参考一个认别编号或者身体、生理、心理、经济、文化或社会方面的一个或多个特征，可以被确定身份的人。

（二）“资料当事人”：其资料被处理的自然人。

（三）“个人资料的处理”（“处理”）：有关个人资料的任何或者一系列的操作，不管该操作是否通过自动化的方法进行，诸如资料的收集、登记、编排、保存、改编或修改、复原、查询、使用，或者以传送、传播或其他透过比较或互联的方式向他人通告，以及资料的封存、删除或者销毁。

（四）“个人资料的资料库”（“资料库”）：任何有组织结构并可按特定标准查阅的个人资料的集合体，而不论数据库的建立、储存以及组织的形式或方式如何。

（五）“负责处理个人资料的实体”：就个人资料处理的目的和方法，单独或与他人共同作出决定的自然人或法人，公共实体、部门或任何其他机构。

（六）“次合同人”：受负责处理个人资料的实体的委托而处理个人资料的自然人或法人，公共实体、部门或任何其他机构。

（七）“第三人”：除资料当事人、负责处理个人资料的实体、次合同人或其他直接隶属于负责处理个人资料的实体或次合同人之外的、有资格处理资料的自然人或法人，公共实体、部门或任何其他机构。

（八）“资料的接收者”：被告知个人资料的自然人或法人，公共实体、部门或任何其他机构，不论其是否第三人，但不妨碍在某个法律规定或具组织性质的规章性规定中订定被告知资料的当局不被视为资料的接收者。

（九）“资料当事人的同意”：任何自由、特定且在知悉的情况下作出的意思表示，该表示表明当事人接受对其个人资料的处理。

（十）“资料的互联”：一个数据库的资料与其他一个或多个负责实体的一个或多个数据库的资料的联系或同一负责实体但目的不同的资料库的资料联系的处理方式。

（十一）“公共当局”：《民法典》第七十九条第三款所指的实体。

（十二）“具组织性质的规章性规定”：规范有权限作出本法所指资料处理行为或其他行为的实体，其组织或运作的法规或章程中所载的规定。

二、为上款（五）项的效力，如法律规定或具组织性质的规章性规定订定了处理的目的和方法，则在其中应指定负责处理有关个人资料的实体。

第五条（资料的性质）

一、个人资料应：

（一）以合法的方式并在遵守善意原则和第二条所指的一般原则下处理；

（二）为了特定、明确、正当和与负责处理实体的活动直接有关的目的而收集，之后对资料的处理亦不得偏离有关目的；

（三）适合、适当及不超越收集和之后处理资料的目的；

（四）准确，当有需要时作出更新，并应基于收集和之后处理的目的，采取适当措施确保对不准确或不完整的资料进行删除或更正；

（五）仅在为实现收集或之后处理资料的目的所需期间内，以可认别资料当事人身份的方式被保存。

二、经负责处理个人资料的实体要求以及当存有正当利益时，公共当局得许可为历史、统计或科学之目的，将上款（五）项所规定的保存期限延长。

第六条（个人数据处理的正当性条件）

个人资料的处理仅得在资料当事人明确同意或在以下必要的情况下方可进行：

（一）执行资料当事人作为合同一方的合同，或应当事人要求执行订立合同或法律行为意思表示的预先措施；

（二）负责处理个人资料的实体须履行法定义务；

（三）为保障资料当事人的重大利益，而资料当事人在身体上或法律上无能力作出同意；

（四）负责处理个人资料的实体或被告知资料的第三人在执行一具公共利益的任务，或者在行使公共当局权力；

（五）为实现负责处理个人资料的实体或被告知资料的第三人的正当利益，只要资料当事人的利益或权利、自由和保障不优于这些正当利益。

第七条（敏感资料的处理）

一、禁止处理与世界观或政治信仰、政治社团或工会关系、宗教信仰、私人生活、种族和民族本源以及与健康和性生活有关的个人资料，包括遗传资料。

二、在保障非歧视原则以及第十六条所规定的安全措施的前提下，得对上款所指的资料在下列任一情况下进行处理：

（一）法律规定或具组织性质的规章性规定明确许可处理上款所指的资料；

（二）当基于重大公共利益且数据的处理对负责处理的实体行使职责及权限所必

需时，经公共当局许可；

（三）资料当事人对处理给予明确许可。

三、当出现下列任一情况时，亦得处理第一款所指的资料：

（一）保护资料当事人或其他人重大利益所必需，且资料当事人在身体上或法律上无能力作出同意；

（二）经资料当事人同意，由具有政治、哲学、宗教或工会性质的非牟利法人或机构在其正当活动范围内处理资料，只要该处理仅涉及这些机构的成员或基于有关实体的宗旨与他们有定期接触的人士，且有关资料未经资料当事人同意不得告知第三人；

（三）要处理的资料明显已被资料当事人公开，只要从其声明可依法推断出资料当事人同意处理有关资料；

（四）处理资料是在司法诉讼中宣告、行使或维护一权利所必需的，且只为该目的而处理资料。

四、如处理与健康、性生活和遗传有关的资料是医学上的预防、诊断、医疗护理、治疗或卫生部门管理所必需的，只要由负有保密义务的医务专业人员或其他同样受职业保密义务约束的人进行，并根据第二十一条规定通知公共当局和采取适当措施确保信息安全，得处理有关资料。

第八条（怀疑从事不法活动、刑事违法行为或行政违法行为）

一、只有法律规定或具组织性质的规章性规定赋予特定权限的公共部门，在遵守现行资料保护程序和规定的情况下，可设立和保持关于怀疑某人从事不法行为、刑事或行政违法行为，以及判处刑罚、保安处分、罚金或附加刑决定的集中登记。

二、如处理是负责实体实现其正当目的所必需，且资料当事人的权利、自由和保障不优先，在遵守资料保护和信息安全规定的情况下，得对关于怀疑某人从事不法行为、刑事或行政违法行为，以及判处刑罚、保安处分、罚金或附加刑决定的个人资料进行处理。

三、基于刑事侦查目的而处理个人资料，应仅限于预防一具体的危险或阻止一特定违法行为，以及行使法律规定或具组织性质的规章性规定所赋予的权限而必需的，并应遵守适用于特区的国际法文书或区际协议的规定。

第九条（个人资料的互联）

一、法律规定或具组织性质的规章性规定未规定的个人资料的互联，须由负责处理个人资料的实体或与其共同负责的实体根据第二十二条第一款的规定向公共当局提出请求并取得其许可。

二、个人资料的互联应：

（一）符合法律或章程规定的目的和负责处理个人资料的实体的正当利益；

（二）不得导致歧视或削减资料当事人的权利、自由和保障；

（三）须有适当的安全措施；

（四）考虑需互联的资料的种类。

第十条（信息权）

一、当直接向资料当事人收集个人资料时，除非资料当事人已经知悉，负责处理个人资料的实体或其代表人应向资料当事人提供如下信息：

（一）负责处理个人资料的实体的身份及如有代表人时其代表人的身份；

（二）处理的目的；

（三）其他信息，如：

（1）资料的接收者或接收者的类别；

（2）当事人回复的强制性或任意性，以及不回复可能产生的后果；

（3）考虑到资料收集的特殊情况，为确保资料当事人的资料得到如实处理，在必要的情况下享有查阅权、更正权和行使这些权利的条件。

二、作为收集个人资料的基础文件应包括上款所指的信息。

三、当资料并非向资料当事人收集时，负责处理个人资料的实体或其代表，在对资料进行登记时，应向当事人提供第一款规定的信息，但当事人已知悉者除外；或当规定需将资料向第三人通告时，应最迟在第一次通告前，向当事人提供第一款规定的信息。

四、当在公开的网络上收集资料时，应该告知资料当事人，其个人资料在网络上的流通可能缺乏安全保障，有被未经许可的第三人看到和使用的风险，但当事人已知悉者除外。

五、在下列任一情况下，可免除本条所规定的提供信息的义务：

（一）经法律规定；

（二）基于安全、预防犯罪或刑事侦查的理由；

（三）尤其是当以统计、历史或科学研究为目的处理资料时，在不可能告知资料当事人或作出告知的成本过高，又或当法律或行政法规明确规定了资料的登记或公开时，但在该等情形下应通知公共当局。

六、在根据下条第三款规定尊重资料当事人基本权利的前提下，本条所规定的提供信息的义务，不适用于专为新闻、艺术或文学表达目的而对资料的处理。

第十一条（查阅权）

一、在不得拖延的合理期限内及无须支付过高费用的情况下，资料当事人享有自由地、不受限制地从负责处理个人资料的实体获知以下事项的权利：

（一）确认与当事人有关的资料是否被处理、处理目的、被处理资料的类别、资料接收者或接收者的类别；

（二）被清楚地告知需要处理的资料及有关资料的来源；

（三）了解对与其有关的资料的自动化处理原因；

（四）对未依据本法律规定处理的资料，尤其是对不完整或不准确的资料的更正、删除或封存；

（五）将根据上项规定对资料进行的更正、删除或封存，通知曾知悉有关资料的第三人，第三人亦应同样对资料进行更正、删除、销毁或封存，但证实不可能通知或作出通知的成本过高者除外。

二、当处理与安全、预防犯罪或刑事侦查有关的个人资料时，查阅权通过在该情形下有权限的当局行使。

三、在上条第六款规定的情况下，查阅权通过公共当局行使，以确保现行适用的规定，主要是确保言论和信息自由、出版自由、新闻工作者的职业独立和保密规定的实施。

四、在第二款和第三款规定的情况下，如告知资料当事人可能妨害安全、预防犯罪或刑事侦查或者妨害言论和信息自由或出版自由时，分别由在该情形下有权限的当局或公共当局，在不损害本款所拟保护价值的限度内，将所采取的措施告知资料当事人。

五、关于健康资料，包括遗传资料的查阅权由资料当事人选择的医生行使。

六、当资料不被用作对特定的人采取措施或作出决定之用时，在明显没有侵犯资料当事人的权利、自由和保障，尤其是私人生活权利危险的情况下，以及当上述资料专用于科学研究，或专为统计所必需的时间内以个人资料形式储存时，法律得限制查阅权。

第十二条（反对权）

一、除法律有相反规定者外，资料当事人有权在任何时候，以与其私人情况有关的正当和重大的理由反对处理与其有关的个人资料。当反对理由合理时，负责实体不得再对该等资料进行处理。

二、资料当事人亦有权在无须费用的情况下，反对负责处理资料的实体以直接促销或其他方式的商业考察为目的而对与其有关的个人资料进行处理；或免费要求负责处理资料的实体，在基于直接促销目的或为第三人利益使用有关资料而第一次向第三人通告前，向其作出告知，且在无须费用的情况下，明确反对负责处理资料的实体通告或使用有关资料。

第十三条（不受自动化决定约束的权利）

一、任何人有权不受对其权利义务范围产生效力或对其有明显影响并仅基于对资料的自动化处理而作出的决定的约束，且有关资料仅用作对该人人格某些方面，尤其是专业能力、信誉、应有的信任或其行为方面的评定。

二、在不妨碍遵守本法律其他规定的情况下，个人得受根据第一款作出决定的约束，只要有关决定：

（一）是在订定或执行一合同范围内，以订定或执行该合同的要求得到满足为条件，或已有适当的措施保障其正当利益尤其是其申述权和表达权时；

（二）经订明保护资料当事人权利及正当利益的保障措施的法律许可。

第十四条（损害赔偿权）

一、任何因资料的不法处理或其他任何违反个人资料保护范畴的法律规定或规章性规定的行为而受损害的人均有权向负责处理资料的实体要求获得所受损失的赔偿。

二、如负责处理资料的实体证实其并非引致损害事实的归责者，得部分或全部免除责任。

三、如有次合同，适用《澳门民法典》第四百九十二条及随后数条关于委托关系的规定。

第十五条（处理的安全性）

一、负责处理个人资料的实体应采取适当的技术和组织措施保护个人资料，避免资料的意外或不法损坏、意外遗失、未经许可的更改、传播或查阅，尤其是有关处理使资料经网络传送时，以及任何其他方式的不法处理；在考虑到已有的技术知识和因采用该技术所需成本的情况下，上述措施应确保具有与资料处理所带来的风险及所保护资料的性质相适应的安全程度。

二、负责处理个人资料的实体，在委托他人处理时，应选择一个在资料处理的技术安全和组织上能提供足够保障措施的次合同人，并应监察有关措施的执行。

三、以次合同进行的处理，应由约束次合同人和负责处理资料实体的合同或法律行为规范，并应特别规定次合同人只可按照负责处理资料的实体的指引行动，并须履行第一款所指的义务。

四、与资料保护有关的法律行为之意思表示、合同或法律行为的证据资料，以及第一款所指措施的要求，应由法律认可的具有证明效力的书面文件载明。

第十六条（特别的安全措施）

一、第七条第二款和第八条第一款所指的负责处理资料的实体应采取适当的措施，以便：

（一）控制进入设施：阻止未经许可的人进入处理上述资料的设施；

（二）控制资料载体：阻止未经许可的人阅读、复制、修改或取走资料的载体；

（三）控制输入：阻止未经许可而对已记载的个人资料加入其他资料，以及未经资料记载人许可的知悉、修改或删除；

（四）控制使用：阻止未经许可的人透过资料传送设施使用资料的自动化处理系统；

（五）控制查阅：确保经许可的人只可以查阅许可范围内的资料；

（六）控制传送：确保透过资料传送设施可以查证传送个人资料的实体；

（七）控制引入：确保可以在随后查证引入了哪些个人资料、何时和由谁引入，该查证须在每一领域的适用规章所定的、与资料处理的性质相符的期间内进行；

（八）控制运输：在个人资料的传送和其载体的运输过程中，阻止以未经许可的方式阅读、复制、修改或删除资料。

二、考虑到各负责处理资料的实体的性质和进行处理的设施的种类，公共当局在确保尊重资料当事人的权利、自由和保障的情况下得免除某些安全措施。

三、有关系统应确保将与健康和性生活有关的个人资料，包括遗传资料，同其他个人资料分开。

四、当第七条所指的个人资料在网络上流通可能对有关当事人的权利、自由和保障构成危险时，公共当局得决定以密码进行传送。

第十七条（由次合同人处理资料）

次合同人和任何隶属于负责处理资料的实体或次合同人的人在查阅资料时，如没有负责处理资料的实体的指引则不得对资料进行处理，但履行法定义务者除外。

第十八条（职业保密）

一、负责处理个人资料的实体和在履行职务过程中知悉所处理个人资料的所有人士，均负有职业保密义务，即使相应职务终止亦然。

二、为公共当局从事顾问或咨询工作的公务员、服务人员或技术员均负有相同的职业保密义务。

三、上述各款的规定不排除依法提供必要信息的义务，但载于为统计用途所组织的数据库者除外。

第十九条（原则）

一、仅得在遵守本法律规定，且接收转移资料当地的法律体系能确保适当的保护程度的情况下，方可将个人资料转移到特区以外的地方。

二、上款所指的适当的保护程度应根据转移的所有情况或转移资料的整体进行审议，尤其应考虑资料的性质、处理资料的目的、期间或处理计划、资料来源地和最终目的地，以及有关法律体系现行的一般或特定的法律规则及所遵守的专业规则和安全措施。

三、由公共当局决定某一法律体系是否能确保上款规定的适当保护程度。

第二十条（排除适用）

一、当资料当事人明确同意转移或转移符合下列任一情况时，经对公共当局作出通知后，得将个人资料转移到一个法律体系不能确保上条第二款规定的适当保护程度的地方：

（一）转移是执行资料当事人和负责处理个人资料的实体间的合同所必需，或是应资料当事人要求执行订定合同的预先措施所必需者；

（二）转移是执行或订定一合同所必需，而该合同是为了资料当事人的利益由负责处理个人资料的实体和第三人之间所订立或将要订立者；

（三）转移是保护一重要的公共利益，或是在司法诉讼中宣告、行使或维护一权利所必需的或法律所要求者；

（四）转移是保护资料当事人的重大利益所必需者；

（五）转移自作出公开登记后进行。根据法律或行政法规，该登记是为着公众信息和可供一般公众或证明有正当利益的人公开查询之用者，只要在具体情况下遵守上述法律或行政法规订定的查询条件。

二、在不妨碍第一款规定的情况下，只要负责处理资料的实体确保有足够的保障他人的私人生活、基本权利和自由的机制，尤其透过适当的合同条款确保这些权利的行使，公共当局得许可将个人资料转移到一个法律体系不能确保上条第二款规定的适当保护程度的地方。

三、当个人资料的转移成为维护公共安全、预防犯罪、刑事侦查和制止刑事违法行为以及保障公共卫生所必需的措施时，个人资料的转移由专门法律或适用于特区的国际法文书以及区际协议规范。

三、在《东亚侵权法示范法》中对该规则作出规定的基本意见

同香港于1996年12月实施的《个人资料（私隐）条例》相比，澳门第8/2005号法律《个人资料保护法》也是一部相对而言比较完整系统的规范和保障个人资料保护的法律，其在保护范围上甚至超过香港。因香港的《个人资料（私隐）条例》仅涉及“私隐”，澳门的《个人资料保护法》不限于“私隐”范围，还涵盖“敏感资料”。但澳门特别行政区政府的个人数据保护办公室同香港个人资料私隐专员公署的地位不可同日而语，其不是一个独立的主管执行监察机关。因此，对澳门法域的建议是，应制定完整而统一的《个人资料保护法》，同时建立专门的执法机构，以便更好地保护公民的个人资料信息权。